上海市版权局著作权合同登记 图字：09 - 2010 - 703 号

L·罗森菲耳德　主编

尼耳斯·玻尔集

第三卷

对应原理

1918-1923

J·汝德·尼耳森　编　　戈　革　译

华东师范大学出版社

20 世纪 20 年代，坐在书桌前的尼耳斯·玻尔

译者说明

1. 本书作者可以说是科学史上一位“大名垂宇宙”的人物.他的生平,见本书第一卷所载其得意门生雷昂·罗森菲耳德撰写的《传略》;他的科学-哲学思想应该由科学史界和科学哲学界进行广泛深入的讨论和研究,在此不以个人的一己之见加以评论.

2. 本书所收的文章和书信,除英文文本外,还附有丹麦或其他语种的原文.译本主要据英文部分译出(有些书信只有德文或法文,也分别译出),其他语种的原文,一律略去不排,以省篇幅.德、法文部分的翻译,得到许多同志的大力协助,已分别标出,以示感谢.

3. 人名译法:有通用译法者尽量采纳通用译法,但也有少数例外;索引中已有者,正文中不再附注原文.

4. 中译本排列次序一依外文版原书.

5. 外文版原书中的少数印刷错误或明显的笔误,都在译本中作了改正,一般不再附注说明.

6. 本书中的边码均为外文版原书中的页码.

7. 中译本的脚注格式参照外文版原书,少量中译者注另行标出.

8. 表示量、单位的符号一般照录原书,不强求与现行标准相合.

第三卷前言 V

通过在 1918 年发表《论线光谱的量子论》这篇论著，玻尔在量子论的发展中开始了一个新阶段，这一阶段大致延续到了 1923 年的年底. 在这一阶段中，他的研究具有双重目的：发展一种逻辑合理的和适于应用的量子论；解释周期系中各元素的结构和属性. 虽然这两种努力是密切地相互关联的，但是他在这一期间发表的著作却通常是强调这两个方面中的这一个或那一个方面.

起初我们打算把玻尔在这六年中的著作编成单独的一卷，但是材料的数量使得这种办法成为不可能的了. 因此，主要处理普遍量子论的加工的那些论文和稿件就被收集到了本卷之中，而以确定周期系中各元素的原子结构并解释其性质为目的的那些资料则将在第四卷中给出*. 尽管这种划分方法或多或少和玻尔发表他的结果的方式相符，但这毕竟还是有些随意性的. 例如，玻尔于 1922 年 6 月间在哥廷根发表的七次沃耳夫斯开耳演讲的译文将编入第四卷中，虽然这些演讲的前一半是致力于线光谱的普遍理论的. 另一方面，我们在本卷中编入了在 1919 年和 1920 年向一般听众发表的两篇演讲，这些演讲既处理了量子论的基本公设又处理了原子知识的近期发展.

本卷由两编组成：第一编包含论文和稿本，而且前面有一篇引言；第二编按
照第二卷中的方式给出引言中曾经全文引用(当不是英文时才给出)或部分引用 VI
的那些信件的全文. 第一编的标题强调了对应原理在玻尔试图把量子公设逻辑合理地应用于一些原子体系时所占的主导地位，在那些体系中，各电子的运动通常被说成是条件周期性的. 尽管这种体系的定态可以通过涉及它们的浸渐不变量的量子条件来定义，但是在推导辐射性质时提供了指导的却是对应原理——该原理是玻尔对理论的最有独创性的贡献. 玻尔现在不再是单干的了；他很快就

---

* 第四卷将包括下列各篇已发表的论文：
"原子结构"，*Nature* **107**(1921)；**108**(1921)208；
"各元素的原子结构及其物理性质和化学性质"，*Fysisk Tidsskrift* **19**(1921)153；
"原子结构"，诺贝尔受奖演说(1921—1922)；
"X 射线谱和元素周期系"(和 *Coster* 合撰)，*Z. Phys.* **12**(1923)342；
"线光谱和原子结构"，*Ann. d. Phys.* **71**(1923)228.

变成了理论光谱学乃至实验光谱学领域公认的领袖，这种扩大是由他的想法的成功所刺激起来的. 新的形势不论多么顺利，却也不是没有问题，而引言中所引用的那些通信也正显示了当时的压力，玻尔正是在那种压力下为得到原子体系量子论的一种合理表述而进行了不屈不挠的斗争.

在本卷的编选过程中，我们曾经由于得到J·布鲁克斯·斯潘塞教授、杜安·H·D·罗勒教授、E·吕丁格和K·斯陶耳岑堡的指导和积极合作而在各方面获益匪浅. 在准备本卷的资料方面，S·海耳曼夫人的工作是无比宝贵的.

L. R.（雷昂·罗森菲耳德）

附　言

由于雷昂·罗森菲耳德于1974年3月23日去世，出版《尼耳斯·玻尔集》的计划受到了无法弥补的损失. 他是这一计划的发起人，而且设想了它的宏大规模. 作为主编，他奠定了整个出版物的基础，并且详细地过问了各卷的准备工作. 此外，他还通过为第一卷写的玻尔传略而使这一计划有了一个鼓舞人心的开端.

为了沿着雷昂·罗森菲耳德所设想的路线把工作继续下去，非常值得珍视的是因斯·汝德·尼耳森教授自愿负起了主编的责任，不但要把这一卷，而且要把第二卷和第四卷编辑完成；这几卷的编辑工作在雷昂·罗森菲耳德逝世以前就已经在进行着了.

尼耳斯·玻尔研究所

目　录

第一编　对应原理

第二编　通信选(1917—1923)

期刊名缩写表 X

Ann. de Chim. et de Phys. *Ann de chim. et de phys.*	Annales de Chimie et de Physique (Paris)
Ann. d. Phys. *Ann. d. Physik*	Annalen der Physik (Leipzig)
Ann. de Phys.	Annales de Physique (Paris)
Astrophys. Journ.	The Astrophysical Journal (Chicago, Ill.)
Ber. Akad. Berlin *Berl. Ber.* *Berliner Sitzungsber.*	Sitzungsberichte der Königlich Preussischen Akademie der Wissenschaften zu Berlin
Ber. d. D. Phys. Ges.	Berichte der deutschen physikalischen Gesellschaft (Braunschweig)
Dan. Vid. Selsk., mat.-fys. Medd.	Matematisk-fysiske Meddelelser udgivet af Det Kongelige Danske Videnskabernes Selskab (København)
Dan. Vid. Selsk. Skrifter, naturvid.-mat. Afd. *D. Kgl. Danske Vidensk. Selsk. Skrifter, naturvidensk. og mathem. Afd.*	Det Kongelige Danske Videnskabernes Selskab. Skrifter. Naturvidenskabelig og mathematisk Afdeling (København)
Fys. Tidsskr.	Fysisk Tidsskrift (København) XI
Handl. Akad. Stockholm	Kungl. Svenska Vetenskapsakademiens Handlingar (Stockholm)
Jahrb. d. Ra. u. El *Jahrb. d. Rad. u. Elek.*	Jahrbuch der Radioaktivität und Elektronik (Leipzig)
Kop. Akad.	Det Kongelige Danske Videnskabernes Selskab (København)
Math. Ann.	Mathematische Annalen (Berlin)

Mém. de l'Acad. des Sci.	Mémoires de l'Académie des Sciences de l'Institut de France (Paris)
Münch. Ber.	Sitzungsberichte der mathematisch-physikalischen Classe der Königl. Bayerischen Akademie der Wissenschaften zu München
Nachr. K. Ges. d. Wiss. Göttingen	Nachrichten der Königlichen Gesellschaft der Wissenschaften zu Göttingen
Naturwiss.	Die Naturwissenschaften (Berlin)
Phil. Mag.	Philosophical Magazine (London)
Phil. Trans. Roy. Soc.	Philosophical Transactions of the Royal Society (London)
Phys. Rev.	The Physical Review (New York)
Phys. Zeit. Physik. Zeit. *Phys. Zs. Phys. ZS.* *Phys. Zeitschr.* *Physik. Zeitschrift*	Physikalische Zeitschrift (Leipzig)
Proc. Acad. Amsterdam	Proceedings, Koninklijke Nederlandse Akademie van Wetenschappen (Amsterdam)
Proc. Cambridge Philos. Soc. *Proc. Cambr. Phil. Soc.* *Proc. Cam. Phil. Soc.* *Proc. Camb. Phil. Soc.*	Proceedings of the Cambridge Philosophical Society (Cambridge)
XIII *Proc. Lond. Math. Soc.*	Proceedings of the London Mathematical Society (London)
Proc. Lond. Phys. Soc. *Proc. Phys. Soc. London*	Proceedings of the Physical Society (London)
Proc. Roy. Soc. of Edinburgh	Proceedings of the Royal Society of Edinburgh
Roy. Ast. Soc.	Monthly Notices of the Royal Astronomical Society (London)
Sitzungsber. d. Bayer. Akad. d. Wiss. *Sitzungsber. d. Münchener Akad.* *Sitz. der Münchener Akad.*	Sitzungsberichte der mathematisch-physikalischen Classe der Königl. Bayerischen Akademie der Wissenschaften zu München
Verh. d. D. Phys. Ges. *Verh. d. Deutsch. Phys. Ges.*	Verhandlungen der Deutschen Physikalischen Gesellschaft (Braunschweig)

Verh. Deut. Phys. Ges.	
Versl. Akad. Amsterdam	Verslag，Koninklijke Nederlandse Akademie van Wetenschappen (Amsterdam)
Z. f. Phys. Zs. für Phys.	Zeitschrift für Physik (Braunschweig)
Z. Phys. ZS. f. Phys.	
Zeitschr. f. Phys.	
Zeitschr. f. Physik	
Zeit. f. Physik	

第一编　对应原理 >>>>> 1

引　　言 3

J·汝德·尼耳森撰

在 1916 年 1 月间，当玻尔还在曼彻斯特大学时，他就已经完成了一篇叫做“论量子论对周期体系的应用”的论文；这篇论文原拟在《哲学杂志》的 4 月号上刊出. 到了 1916 年 3 月间，他已经收到了这篇论文的校样，而这时他却收到了索末菲于 1915 年和 1916 年初发表的两篇论文的抽印本(Sitzungsber. d. Bayer. Akad. d. Wiss.，pp. 425，459). 这些把量子论扩展到了某一类非周期运动的论文，就使得玻尔撤回了他的论文，以便修订它并把量子论的索末菲推广考虑在内.

这一修订工作被证实为一种困难的和费时间的繁重任务. 这一工作在曼彻斯特开始而在丹麦继续进行了. 玻尔于 1916 年秋天回到丹麦担任了在哥本哈根大学为他设置的理论物理学教授的职务. 大约就在这个时候，青年荷兰物理学家 H·A·克喇摩斯出人意料地在哥本哈根出现了；他写信给玻尔说：“……因为我不愿意到一个现正有战争的国家去，所以我决定来哥本哈根，并且希望现在来学习数理物理学……”他请求约定会见时间[*].

克喇摩斯从此就作为玻尔最亲密的助手和合作者而在哥本哈根待了十年. 玻尔建议克喇摩斯研究受电场扰动的氢原子的傅立叶系数的计算问题，而且他们开始了关于氦原子结构的冗长的而结果颇不成功的计算.

1. 论线光谱的量子论

通过修订从《哲学杂志》撤回的论文而得到的内容广博的论文，标上了“论线光谱的量子论”[**]的题目，而且不得不分成四个部分. 第一部分，“关于普遍理 4

---

* 这封信的全文见本卷原第 652 页.

** 此文在以后将简称为 Q. o. L.(这是 L. F. Curtiss 在一篇玻尔论文的英译本中所用的简写，该译文由剑桥大学出版社于 1924 年出版.)

论”,是在1917年11月完成的,而且在1918年4月27日就准备好了付印稿.第二部分,“关于氢光谱”,于1918年12月30日问世.第三部分,“关于原子序数较高的原子”,它的出版却由于玻尔和别人所造成的这一领域的迅速发展而大大地延了期,直到1922年11月间才和一篇处理较晚的工作并使论著有一个自然的结束的附录一起出版.原来打算在第四部分中把普遍理论应用于原子和分子的构造,而这一部分一直没有完成.

这篇论著是作为丹麦皇家科学文学院的一篇研究报告而发表的(Dan. Vid. Selsk. Skrifter, naturvid-mat. Afd., 8. Række, Bd. IV, Nr. 1(1918)).由于受到论著的篇幅以及当时欧洲的不安定状态的影响而采取这种发表手段,无疑是使得玻尔处理量子论问题的新颖方法迟迟不为大多数物理学家所知的原因之一.

玻尔的这篇论著,正如它的四个小标题所指示的那样,是内容广博的.它由关于量子电动力学和经典电动力学之间的一种类似性的基本假设统一了起来,这种观点过了一两年后就被叫成了“对应原理”.在这里试着追溯一下这一原理的发展可能是有兴趣的;这一原理注定要成为20年代早期的量子论进展的主要指南,而且后来也被纳入了量子力学之内.

2. 对应原理的发展

对应原理的萌芽在玻尔关于原子结构的那些最早的论文中就已经可以找到,而且在一篇叫做《论氢光谱》的演讲中得到了强调;那篇演讲是于1913年12月20日在哥本哈根物理学会发表的,不久以后就在该学会的期刊上登载了出来(Fysisk Tidsskrift **12**(1914)97).在这篇演讲中,关于量子论和经典电动力学的对应性的想法仅限于针对缓慢振动所预言的频率的相等[*].在被撤回的1916年的论文中,在第445页的底注中可以找到一个补充想法[**]:“(16)式〈$E_{n_2}-E_{n_1}=h\nu$〉对谐振子的直接应用将不但得出等于ω的ν值,而且得出等于2ω、3ω…的ν值.但是,具有这些频率的辐射却显然是没有被发射的,因为某些红外吸收谱线并不由双倍频率及三倍频率的谱线所伴随,而一切资料都表明这些吸收谱线是
5 由分子中两个原子彼此之间的相对谐振动所引起的.”稍后一些,论文的正文中还包含这样的叙述:“其次,在比值$\omega_{n_1}/\omega_{n_2}$和1相差甚小的那一极限下,(16)式

* 见第二卷,第二编,XII.中译者按:“第445页”为英文原版页码,原书误作“p. 269”,下面“(16)式”又误作“(20)式”.下面还有一些误标原书页码处,径改不再出注.

** 见第二卷,第三编,XI.

的应用就给出一个频率，它不是收敛于 ω 而是收敛于 $(n_2-n_1)\omega$；但是这恰恰是我们根据同普通辐射理论的类比所将预期的，因为任何并非谐振子的周期性体系的运动都可以分解成一些谐振项，它们和一些频率相对应，那些频率等于转动频率 ω 的整数倍……”

在尼耳斯·玻尔文献馆中保存的 Q. o. L. 一文各部分的各种早期稿本中，有玻尔手写的八页底稿和另外某人用铅笔写的四页底稿是特别值得注意的. 它们和一张便条一起装在一个吕宋纸的封套中，便条上(用丹麦文)写道：“亲爱的尼耳斯：我在把一些东西放进哈若德的抽屉里时发现了这些稿件. 爱你的妈妈.”在封套的外面，玻尔自己写道：“推广对应原理的最初迹象(Første Antydning af Generalisation af Korrespondensprincippet).”玻尔手写的那一部分底稿见本卷原第 47 页.

玻尔在这一底稿中假设说，尽管谐振子的量子数在跃迁中只能改变一个单位，但是如果运动不是完全简谐的，则存在一个出现较高 Δn 值的小几率. 作为证据，他指出了新近才在某些双原子气体的光谱中发现的弱的泛频谱线. 他也提出，正常塞曼效应可以通过一个假设来加以解释，即和原子绕场的转动相联系着的量子数 n_3 只能改变一个值 $\Delta n_3=0, \pm 1$. 他推测，进一步的这一类考虑也许能够解释组合原理所预言的那些谱线在光谱中实际出现时的那种表观的不规则性.

3. 对应原理的表述

在 Q. o. L. 一文的引言(第 4 页)中，整篇著作的一般倾向是用下面的叙述来表明的：“即将证明，通过力图尽可能密切地追索量子论和普通辐射理论之间的类比，似乎可能给〈量子论的〉那些突出的困难带来某些光明.”在第一部分的第 15—16 页[本卷原第 81—82 页]上，出现了关于单自由度体系的对应原理的叙述：“为了得到上节提到的在缓慢振动的极限下和普通辐射理论的必要联系，我们必须进一步要求，刚刚针对频率证明了的那种关系在大 n 的极限下对于光谱中不同谱线的强度也能成立. 现在，既然根据普通的电动力学和不同的 τ 值相对应的那些辐射的强度是由(14)〈$\xi=\sum C_\tau \cos 2\pi(\tau\omega t+c_\tau)$〉中的各个系数 C_τ 来 6
直接确定的，那么我们就必须预期，对于大的 n 值来说，这些系数将根据量子论确定从一个 $n=n'$ 的已给定态到一个 $n=n''=n'-\tau$ 的相邻定态的**自发跃迁几率**. 现在，运动可以分解成的那些用不同的 τ 值来表征的不同谐振动的振幅，和从所给定态到用不同的 $n'-n''$ 值来表征的不同的相邻态的跃迁几率，二者之间的这种联系显然可以被预期为具有普遍的性质. 没有关于跃迁机制的详细理论，我们当然不能得到上述几率的精确计算(除非 n 很大)，但是我们却可以预期，即使对于小的 n 值，和给定的 τ 值相对应的谐振动的振幅也会以某种方式提供其 $n'-n''$ 等于 τ 的两个态之间的跃迁几率的一种量度. 例如，一般说来处于一个定态的原子体系是由某一几率自发地过渡到能量较小的任一其他态的，但是，如果对于所给体系的一切运动来说(14)式中的系数 C 对于某些 τ 值都为零，我们就会被引导着预期 $n'-n''$ 等于其中一个这种 τ 值的任何跃迁都将是不可能的."

在第一部分的其次一节中，原理被扩展到了条件周期性的体系. 我们在第31—32 页[本卷原第 97—98 页]上看到:"只要谈的是频率，我们就这样看到，对于条件周期体系来说，存在一种量子论和普通辐射理论之间的联系，其特点和在§2 中已经在单自由度周期体系的简单情况下证明其存在的联系完全相同. 现在，按照普通的电动力学，各粒子沿不同方向的位移表示式(31) $\langle\xi=\sum C_{\tau_1\cdots\tau_s}\cos 2\pi[(\tau_1\omega_1+\cdots\tau_s\omega_s)t+c_{\tau_1\cdots\tau_s}]\rangle$ 中的各系数 $C_{\tau_1\cdots\tau_s}$，将按众所周知的方式确定所发射的具有相应频率 $\tau_1\omega_1+\cdots\tau_s\omega_s$ 的那种辐射的强度和偏振. 因此，正如对于单自由度的体系一样，我们必须得出这样的结论: 在各个 n 的大值极限下，条件周期体系的两个定态间的自发跃迁几率，以及伴随而来的辐射的偏振，可以根据(31)式中和由 $\tau_k=n_k'-n_k''$ 给出的一组给定的 τ 相对应的那些系数 $C_{\tau_1\cdots\tau_s}$ 的值来直接确定，如果 n_1', $\cdots n_s'$ 和 n_1'', $\cdots n_s''$ 是表征该两个定态的那些数的话."

4. 论线光谱的量子论，第一部分和第二部分

Q. o. L. 一文的第一部分包含了用来解释线光谱的一切普遍公设和普遍原
7 理的详尽讨论，其中包括玻尔的关于定态的存在的公设以及他的频率关系式. 玻尔从普朗克公式的爱因斯坦推导中采用了二定态间的跃迁几率的概念. 正如在他那 1916 年的未发表论文中一样，他认识到了艾伦菲斯特的"浸渐假说"的根本重要性，他把这一假说叫做定态的"力学可变换性"原理. 他意识到了这一原理对确定能量的重要性，而且他详细讨论了当出现简并时在这一原理的运用中所要求的修订. 他使用了汉密尔顿方程，导出了具有微小不同的初始条件的条件周期体系的两个定态之间的能量微分公式 $\delta E=\sum\omega_k\delta I_k\Big(\omega_k$ 是坐标 q_k 的频率，而 $I_k=\int p_k\mathrm{d}q_k$ 对于缓慢力学变换是不变量，正如 J·M·布尔杰斯所证明的那样$\Big)$. 当不出现任何简并时，他就应用了索末菲所给出的量子条件 $I_k=n_kh$.

他在第二部分中应用普遍理论来详细讨论了当把相对论改正和外电场及外

磁场的效应考虑在内时的氢原子光谱. 他广泛使用了微扰理论并确定了久期微扰,确定了这些微扰的频率以及所涉及的附加能量. 这种办法在许多情况下使用起来要比索末菲和艾普斯坦的那些方法更简单一些,而且,当受扰运动是简并的时,它也比他们的处理方法导致更少的量子条件. 另外,通过研究受扰运动并应用对应原理,也能够确定氢谱线劈裂而成的那些成分线的偏振并估计其强度. 特别说来,在某些事例中,可以预言某些跃迁不可能发生,而另外一些跃迁则只能通过适当改变量子数 1 来发生. 至于一般方法的证实,特别是对应原理的证实,玻尔提到了克喇摩斯关于 H_α、H_β 和 H_γ 的斯塔克成分线的强度的计算,这种计算和帕邢的实验结果惊人地符合,尽管量子数并不是很大.

关于玻尔所用的微扰理论方法,他指定了瑞典天文学家 C·V·L·查尔利的《天体力学》(*Die Mechanik des Himmels*, Veit, 1907)作为参考书. 两三年后,玻尔和一个合作者(几乎可以肯定是克喇摩斯)开始了讲述微扰理论的撰写工作,这种讲述原拟作为一篇较大著作的一章. 他们特别注意了利用不同方法所能得到的近似程度. 关于这一课题的 11 页打字稿(标有"1921 年春"字样)保存在尼耳斯·玻尔文献馆中. 但是,由于这份稿子未经完成或校订,从而包含许多含糊的叙述和明显的差错,因此我们认为不宜把它编入玻尔的著作集中.

在玻尔文献馆中,还有 Q. o. L. 一文第二部分的一些小段落的校样,这些段落包含了在发表文本中被略去的一些考虑. 第一份校样的日期是 1918 年 2 月 20 日,并标明为第 57—63 页,这份稿子处理的是氢的塞曼效应,在同年 12 月发
表的定稿论文中被换成了第 79—92 页的内容. 虽然对比之后发现二者有一些共 8
同的句子,但是这种对比却表明了玻尔在这一较晚的日期对文章作了多么彻底的修改. 另一份校样是第 37—40 页,日期是 1918 年 4 月 30 日,这份稿子处理的是微扰理论,和定稿论文的第 38—46 页相对应. 二者的对比表明玻尔在论述方面达成了一种简化,其一部分原因是他引用了 D/Dt 这个符号来表示对时间求的导数的平均值. 这些未采用的校样已经印在本卷原第 54—60 页和原第 61—64 页上. 有些铅笔的改文和写在纸边上的小注现在大多看不清楚了.

5. 论线光谱的量子论,第三部分(1918, 1922)

Q. o. L. 一文的第三部分是要处理原子序数较高的元素的光谱;当第一部分在 1918 年问世时,第三部分就已经写成了底稿. 但是,当第二部分问世以后,由于这期间通过玻尔本人的工作以及别人的理论工作和实验工作而揭露出来的那些困难,玻尔感到[第三部分]有必要加以修订. 但是,这种修订一直没有完工. 在

1922 年 5 月 24 日，克喇摩斯写信给索末菲谈到了玻尔在第三部分和第四部分中遇到的困难. 在 6 月 1 日，索末菲回信说他的意见是玻尔不应该发表第四部分，而应该以原始形式发表第三部分来作为第一、二两部分的尾声，并在一篇附录中给出关于近期工作的文献. 玻尔接受了这一建议. 他在 1922 年 9 月间写完了附录，于是第三部分就在 1922 年 11 月 30 日发表了.

玻尔在第三部分的印行本的主体中描述了较高元素的线系光谱的一般外貌，并且提到了他在 1913 年就已经得出的结论：这些光谱是由一个叫做线系电子的电子的跃迁所引起的，该电子在离核较远处运动，其距离比其他电子到核的距离要大得多. 他提到了索末菲通过假设线系电子近似地在一个辏力场中运动而对这些光谱作出的形式上的诠释. 不同的线系对应于确定线系电子角动量的那一量子数的不同的值，而这一量子数只能改变±1. 他提到了他和克喇摩斯的关于氦原子的著作，并且简略地讨论了锂和铍的可能结构. 最后，他提到了斯塔克效应和塞曼效应所引起的问题.

附录由四条注释构成，每一条注释属于原来的第三部分的一节；这一附录简略地概括了自 1918 年以来在理解线系光谱方面取得的主要进展. 玻尔在这些注释中除了举出若干种别人的著作，例如索末菲的"原子结构和谱线"(*Atombau und Spektrallinien*)，作为参考文献以外，他还不但举出了他的柏林演讲(Z.
9 Phys. **2**(1920)423)，而且举出了他对哥本哈根化学会和物理学会的演讲(Fys. Tidsskr. **19**(1921)153)以及他在《自然》杂志上发表的文章(Nature **107**(1921)104). 后两篇文章将编入本书第四卷中. 他指出了，原来的第三部分中所设想的 He、Li 和 Be 的模型是站不住脚的，而且特意强调了他在 1920 年得到的(见第四卷)并由 D · S · 罗切斯文斯基和 E · 薛定谔(Z. Phys. **4**(1921)347)所独立得到的结论：在碱金属原子和其他原子的基态中，线系电子有一个大于 1 的主量子数，而且它的轨道可能穿入内部电子的区域中去. 他指出，索末菲和考塞耳的"光谱学位移定律"对于周期系中某些较后的周期(铁族金属，稀土族元素)是不适用的. 联系到 J · 斯塔克的观察结果的讨论，他提到了克喇摩斯的计算(*Intensities of Spectral Lines*, Dan. Vid. Selsk. Skrifter, naturvid. -mat. Afd., 8. Række, Bd. III, Nr. 3(1919)及 Z. Phys. **3**(1920)199)以及 H · M · 汉森[*]、高峰俊夫和 S · 沃尔诺[**]在他自己的研究所中所做的实验[***]. 他提到，多

---

* 见第一卷，原第 XXVII 页.

** 斯文 · 沃尔诺(1898—)，丹麦物理学家，1924 年到 1927 年在理论物理学研究所任助教，丹麦工业大学助理教授(1927—1936)和教授(1936—1938)，奥尔胡斯大学教授(1938—1958)，从 1958 年到 1966 年任柏麦斯特和维因公司的反应堆部主任，他主要是在光谱学和原子物理学方面进行工作的.

*** 参阅 H. M. Hansen、T. Takamine and S. Werner, Dan. Vid. Selsk., mat. -fys. Medd. **5**(1923) no. 3.

重结构不能用线系电子在辏力场中的运动来解释，从而它的描述需要某个第三量子数. 最后他讨论了特别是由朗德得出的在解释反常塞曼效应方面的进展，但是他的结论是这一效应还没有很好地得到理解.

由 P·赫兹翻译的 Q. o. L. 第一到三部分的德文译本是 1923 年问世的(Friedr. Wieweg & Sohn, Braunschweig).

6. 论线光谱的量子论，第四部分

在尼耳斯·玻尔文献馆中，只能找到 Q. o. L. 一文第四部分的一份粗糙的和不完备的手写稿. 玻尔在第三部分第一页的底注中写道：“早在第一部分问世时，全篇论著的在很大程度上可以付印的底稿已经存在了.”根据这种说法，并根据第三部分曾经给索末菲看过这一事实(见原第 8 页)，可以推测一份更加接近完工的稿本是存在过的.

大体说来，现存稿本的三分之一是玻尔的笔迹；其余的绝大部分是克喇摩斯写的(一部分是用铅笔写的)，而还有一两页是第三个人用铅笔写的，这 10
个人可能是玻尔的夫人或母亲. 玻尔和克喇摩斯都曾经修改过这份稿子. 这些改笔大都是用铅笔写的，而且其中有许多现在已经无法辨认了. 各页并未统一编号；有些页上没有号码或什么记号也没有，而且有些页显然已经散失了.

玻尔手写的几页包括关于氢原子的初步论述，而且特别说来是处理了氢分子的形成. 稿中指明，一个氦分子不能按同样方式来形成. 向克喇摩斯或另一个人口授的六七页是处理的 N·杰尔汝姆* 关于双原子分子的振动和转动的理论(Nernst Festschrift, Halle, 1912; Verh. d. D. Phys. Ges. **16**(1914)737). 玻尔借助于他的频率关系式修订了这一理论，并且预言了一个红外吸收谱带所应劈裂而成的那些成分线. 他把自己的结果和巴尔(Eva v. Bahr)的测量及布尔杰斯的计算进行了比较. 差不多同样多的几页用在了色散现象方面. 玻尔抛开了德拜的和索末菲的理论，试图计算氢和氦的色散. 最后，还有一些页上写了一些关于反常塞曼效应和 X 射线谱的说法. 这份稿子所包含的资料已重印在本卷的原第 185—200 页上. 中断处用横线隔开，稿件的情况和字迹不明之处都在底注中标出.

---

* 见第一卷，原第 98 页.

7. 与《论线光谱的量子论》这一作品的撰写及完善有关的通信

在1917[*]年2月28日，玻尔给C·W·奥席恩[**]写了一封信，由克喇摩斯转交；当时克喇摩斯正要到瑞典去做短期旅行，以便认识瑞典的某些物理学家和数学家，并就量子论作一次演讲. 玻尔写道："……我还没能设法完成……关于量子论基础的那篇论文……我们[即玻尔和克喇摩斯]曾经一起做了氦光谱方面的工作，而且已经在问题的纯力学方面做了一种相当大的工作……"[†]

克喇摩斯写信给玻尔，谈到了他和若干瑞典物理学家的会见. 他在1917年3月12日的信中提到："这里许多人批评了频率关系式 $h\nu = E_1 - E_2$；他们说，电子将需要一个情报局来计算即将发射的频率……"[††]

11 1917年12月27日，玻尔在结束了Q. o. L.的第一部分以后写信给卢瑟福说："……现在看来，果然能够在一定程度上从一种统一的观点沿着我在曼彻斯特就已试过的那同一种普遍路线对理论及其一切不同的应用作一番概观了."玻尔表明论文将包括关于强度和偏振的讨论，并将详细讨论氢谱线的塞曼效应. 他接着说："在目前，我自己对理论的前途是极感乐观的……"[***]

在1917年的年底，克喇摩斯(他当时又去瑞典度过几个星期)在写给玻尔的贺年信中说："……当您能够把您的论文向全世界公开时，那将是一件绝大的乐事……我非常盼望再见到您，但是我无权这样做，因为我还没有结束我的强度计算……"[****]

在1918年5月初，玻尔把Q. o. L.第一部分的副本寄给了几个选定的物理学家，其中包括艾伦菲斯特；他用英文给艾伦菲斯特写了一封信，我们有这封信的玻尔手迹：

亲爱的艾伦菲斯特教授：

非常感谢你通过克喇摩斯先生对我的致意. 我早就想给你写信，特别是想谈谈克喇摩斯的情况，他在这儿的停留曾经是我在这种可悲年月中的一

---

* 信上写的是1916年，但这是一个笔误. 1916年2月间克喇摩斯还没到哥本哈根，而且关于氦的工作还没有开始.

** 见第一卷，原第101页.

† 信的全文见本卷原第671页.

†† 信的全文见本卷原第654页.

*** 信的全文见本卷原第682页.

**** 信的全文见本卷原第656页.

大慰藉.我认为他是个很有前途的青年物理学家,而且他对我的工作也曾经帮助很大.我们曾经一起在氦光谱的力学方面做了大量的工作,而且他现在正准备以自己的名义发表两篇论文:关于氢谱线的精细结构成分线的强度和塞曼效应,以及关于相对论改正和外电场对这些谱线的共同效应.

迟迟没有写信的原因是近几年来我正在写一篇关于量子论的论文,我希望能够将这篇论文和信一起寄给你.但是,由于理论的应用方面的不间断的迅速进步,我发现很难结束这篇论文,而且由于它的篇幅越来越大,以致变得有点无法控制了,因此我近来决定把它分四部分发表,现在将第一部分的副本寄上.这一部分处理的是普遍理论的原理,而且大部分是以往工作的叙述.你将看到,这些考虑在很大程度上是以你关于"浸渐不变性"的重要原理为基础的.但是,就我所能理解的来说,我是从一种和你的观点稍有不同 12
的观点来考虑问题的,因此我没有应用你的原始论文中的同样术语.我的意见是,定态中运动的连续可变换性的条件可以认为是这些态的必要稳定性的直接推论,因此在我看来,主要的问题就在于证实普通"力学"在计算体系的一次连续变换的效应时的适用性.照我看来,几乎不能把这种证实完全建筑在热力学考虑的基础上,但是这种证实却似乎是由利用普通力学计算定态本身中的运动来和实验取得的一致而很自然地暗示了的.我曾经力图证明,从这种观点来看,所述原理的那些特有的例外怎样就能显得清楚一些.我很遗憾地觉得自己的话讲得很不明白,但是我的借口是,我写这些话的用意只是要请你注意我的文章中的论证路线和你的文章中的论证路线开始分道扬镳的地方,因为我只怕我在文章中为了行文的简洁而没有把自己的意思足够讲清楚.我也感到遗憾的是没有能够提到斯麦卡耳近来那篇很有意思的论文(Phys. Zeitschr. **19**(1918)7),那篇论文是以你的关于"先验几率"在连续变换中的不变性的基础工作为依据的.当初次收到那篇论文时我的文章的第一部分已经准备付印了,但是我希望在我的论著的最后一部分加一个附言来再行讨论它.

我非常希望等战争结束以后能有机会和你相见.克喇摩斯曾经多次和我说起在莱顿所过的很有趣的科学生活,从而我也很愿意等又能够旅行时也到荷兰来一趟.致以最亲切的问候.

你的忠实的

尼耳斯·玻尔

在1918年5月7日,他也向奥席恩和索末菲寄出了类似的信件,但却更简单一些.索末菲在5月18日的复信中表明,他对量子论的新形式并不完全满意,并且提到了弗拉姆和汝宾诺维兹的某种工作. 他写道:"波动过程只发生在以太中,它服从麦克斯韦方程并且按照量子论作为具有任意本征频率 ν 的一种线性振子而起作用. 原子只供应一定数量的能量和角动量来作为波动过程的原料. 但是它和振动毫无直接关系. 以太按照你的 $h\nu$ 定律由能量来确定其频率,并由角
13 动量来确定其偏振. 汝宾诺维兹通过比较能量和角动量而求得了关于角量子数的一个条件:它最多能够改变一个单位(0, ±1)……您通过在高量子数下对经典的和量子论的发射进行有趣的对比而得到了相同的结果. 您的方法可能更普遍一些,但是上述观点似乎在物理学上对我更有启发性……"[*]

直到 1921 年他发表"论量子论中的辐射偏振问题"一文(英译文见本卷原第 350 页)时,玻尔才终于把握了索末菲所提到的汝宾诺维兹的方法.

艾普斯坦在 1918 年 5 月 14 日的一封长信中接受了玻尔的新的处理方式,并且讨论了 Q. o. L. 第一部分的若干细节. 他写道:"……您的有关跃迁情况的考虑(从第 28 页开始)由于其惊人的简单性而很有说服力. 量子处理和经典处理之间的分歧,终于显得不像以前所设想的那么巨大了. 我在此可以不再赘述关于斯塔克效应的条件的那些说法,因为那些说法我在不久以前已经在一篇有关量子论的通俗文章(刊于 Naturwissenschaften)中提出了……"[**]

玻尔和艾普斯坦之间在 1918 年秋季进一步通过信. 艾普斯坦在一张日期为 10 月 2 日的明信片上说到,他曾经按照玻尔的理论计算了否勒线系的斯塔克效应中的谱线强度,并且得到了量子论新观点的一种美好的证实. 他在 10 月 24 日的另一张明信片中谈到,假如他早些知道克喇摩斯已经进行了这些计算,他就可以不必发表他的文章了. 但是他却提出,在尽可能多的刊物上宣布这些很重要的东西可能是有用的[†].

德拜在 1918 年 6 月 6 日的一封信中为 Q. o. L. 的第一部分向玻尔表示了感谢,并且写道:"……当我说它掀起了普遍的兴趣时,我是丝毫没有夸张的. 尤其是你那个计算强度的法则,显然更具有最大的重要性……"但是他对于单独一个轨道的傅立叶系数的应用却不十分满意,他建议利用 $\frac{1}{2}(C'+C'')$ 或 $\sqrt{C'C''}$ 之类的表示式[††].

1918 年秋季,当玻尔正在为他的 Q. o. L. 第二部分的最后定稿而奋斗时,他在写给 O · W · 瑞查孙的下列信件中表达了自己的心情:

---

* 信的全文见本卷原第 686 页.

** 信的全文见本卷原第 637 页.

† 两张明信片的全文见本书原第 641 页.

†† 此信全文见本书原第 607 页.

8月15日,1918 14

我亲爱的瑞查孙:

很久没有给你写信,十分抱歉,但是我不再试图为自己辩护,而只想简略地解释一下时间是怎样过去的,尽管我觉得恐怕这并不需要太多的解释,而且我知道你了解事情是怎样发生的,以及从科学观点来看我的日子是怎样在一段段的大喜过望的时间和悲观失望的时间、精力充沛的时间和精疲力竭的时间、开始撰写论文的时间和不想把它们发表出来的时间中渡过的,因为在所有的时间内我都在逐渐改变我关于量子论这个可怕的谜的观点.最近几年中,这种不成功的笔墨生涯方面的情况已经达到了顶点(至少我希望它已达到顶点),而且我一直在把我们在英国就已谈到过的那篇关于理论原理的论文重写了又重写.某些日子以前,当论文变得相当不好控制时,我已决定把它分成四个部分,而第一部分则在几个月前印成了单行本.我很惭愧没有寄给你一本,但是我从卢瑟福那里听说你已经看到了他那一本(我对他简直更感惭愧,于是我立即补寄了他一本),因而你应当已看到它并没有包含多少新东西.因为这种原因,我才迟迟没有付邮,而希望在几个星期以后把第一部分和第二部分一起寄去.但是我在第二部分中遇到了意外的麻烦,这一部分的校样我在半年多以前已经拿到了,而我现在第一次重新作好了付印的准备.正如你或将在引言中已经看到的,第二部分只处理氢光谱,但是除了给出第一部分中那些一般考虑的例证以外,我曾经试图指出一种新的处理方法,这种方法在讨论第三部分中所处理的更复杂的光谱时将是有用的.我非常希望把论文的其余部分写完,因为它包含着一些我希望是有趣的结果,也因为我已经着手进行关于若干特殊问题的工作,而那些工作却被迫停顿了.但是我现在偏偏感到有点疲劳过度,并且已经决定和一位友人一起到乡间去作一次徒步旅行;但是当我回来时,我希望能够在秋季将事情办清,那时我就终于又会感到自由自在了.我很抱歉,啰哩啰嗦写了这么些,而且我打算只把这封信寄出去,因为我正坐在这里想着你对我的各种文字上的困难和缺点永远表现的那种亲切而有益的兴趣,而且也因为我对自己很久没有写信深感惭愧.

从我的妻子写给瑞查孙夫人的信中,你可以了解到所有这些痛苦只涉及我生活中的著述一面,而从家庭的观点来看这些年则确实是很幸福的.我们最大的男孩儿已经会说许多话了,而且当他看到我在写我那不幸的论文时,他就会走来要我给他画火车和小房子,而这却是一种更加愉快的工作. 15
我也用不着说,当全世界的其他地方几乎全都处于可悲的状态时,我能把我的时间用在科学工作上这使我感到何等地得天独厚.虽然战争当然几乎是在一切事物方面都能深切感受到的，这里的科学生活却没有受到多大干扰.事实上，人们发现比平常更加需要把心思集中在和物质生活关系不太大的那些事物上.在我这方面，我很高兴有一些来自中立国家的外籍青年物理学家到哥本哈根这儿来居住，尤其是我从前曾经在信中和你谈过的荷兰青年克喇摩斯博士，他很聪明，而且在我的工作中帮助很大.我有一个相当有根据的希望，即很快就会为那些特别和理论研究有关系的实验建立一个小实验室，而且我强烈地盼望再开始做起实验来.这个可能出现的实验室将建在哥本哈根的一座美丽的花园中，而且在实验室和课堂上方还有一层楼房，那是打算让我们搬去住的.我无法形容我们多么盼望你和瑞查孙夫人来到的那一天，因为你们曾经答应到哥本哈根来居住.我们将竭尽所能，使你们感到像我们在伦敦所感到的那样舒适.当这次可怕的战争过去以后世界又将怎样地变化呢？我们在这里正开始很有希望地认为[战争]结束确实开始在望了.我妻子和我有各种计划，打算一旦可能就到英国来，我们常常谈到和想到当在那儿停留时曾经有过的一切快乐的时光和有趣的经历.

我们两人都向你和瑞查孙夫人以及孩子们致以最亲切的问候.

你的忠诚的

N·玻尔

8. 原子和分子的问题.在莱顿发表的演讲(1919年4月25日)

1919年1月13日，艾伦菲斯特邀请玻尔到莱顿去过些天，并在荷兰自然科学和医药科学会议上发表一次演讲.玻尔立即接受了邀请，并提到他已把Q. o. L.的第二部分寄给艾伦菲斯特.演讲是在4月25日发表的，标题是《原子和分子的问题》；正如它的标题所表明的，这是一篇颇为一般性的演讲.玻尔在开始时说："这篇演讲的主要用意将只在于强调，和近几年以前科学家们看待这种问题的方式相比，现在……考虑所谈到的问题的方式是何等地不同."当在演讲
16 的相当靠后的部分简略地叙述了对应原理以后，他强调了他的信念，即对于小的
量子数，"在不同类型跃迁的几率和原子运动所能分解成的那些对应谐振动的振幅之间也将存在密切的联系".玻尔显然非常细心地准备了这次演讲，因为在尼耳斯·玻尔文献馆中有好几份英文副本和一份丹麦文本.莱顿演讲的全文见本卷原第201页.

玻尔在莱顿时参加了克喇摩斯的博士论文的答辩("光谱线的强度"，Dan.

Vid. Selsk. Skrifter, 8. Række, Bd. III. Nr. 3(1919)).他也对他和克喇摩斯的关于氦的工作进行了简略的说明[*].

玻尔和艾伦菲斯特之间的亲密而持久的友谊就是从这次访问开始的.在5月14日,艾伦菲斯特感谢了玻尔的来访,并邀请他在任何方便的时候再到莱顿来:“……你永远将受到我们大家的热情欢迎……”在1919年6月4日,艾伦菲斯特在一封长信中因为没有更早地写信而对玻尔表示了歉意,他解释他曾经情绪低沉,“……除了外在的压抑外还有内在的压抑:你已经走了,曲终人不见了”.

9. 在伦德和哥本哈根同索末菲的会晤(1919年9月)

1919年2月5日,索末菲写信感谢了玻尔寄赠Q. o. L.的第二部分,并感谢玻尔豁达而诚恳地承认了他的和他的学生的工作.索末菲也提到他正在写一本叫做《原子结构和光谱线》的书.但是他指出,他仍然对玻尔的对应方法有些不满意:“您的关于经典理论和量子理论之间的类比的那一形式原理,是很有趣的和很有成果的.但是,汝宾诺维兹的论述尽管不那么广泛,目前在我看来却是更加令人满意的……”[**]

1919年7月27日,玻尔给索末菲写了信: 17

亲爱的索末菲教授:

我已经从盖特勒教授那里听到您儿子早逝的不幸消息,我对您的深切悲痛表示由衷的同情.我正好要给你写信,因为我已经从席格班教授那里听说您将于9月间到伦德来,所以我满怀巨大的期望和喜悦盼望在那里和您相见.我想,您大概会因为很久没听到关于我的论文续篇的任何消息而感到纳闷了.虽然我已经把拙文第三、四部分的稿子搁置了一年多,但是由于受外界条件的影响,我却还很不幸地没能把它们准备到可以付印的地步.我现在刚刚从荷兰旅行回来,在那里,我在莱顿发表了一篇有关原子问题的演讲;今年夏天我正在忙着对我的论文的第三部分进行最后的修改,这一部分和我在莱顿的演讲一样,主要处理的是元素的线系谱.

我从您和考塞耳合写的优美论文(Verh. d. D. Phys. Ges. **21** (1919)

---

* 见1919年7月27日尼耳斯·玻尔致A·索末菲的信,原第17页;德文原信参阅原第688页.

** 信的全文见本卷原第687页.

240)中看到,您已经又在为这些同样的问题而忙碌了.我完全同意您的看法.您所谓的选择原理,我在莱顿是详细讨论了的.但是,正如在拙作的第二部分中一样,我是把它当作关于强度的更加概括性考虑的特例来看待的,而且,仅仅是为了尽可能清楚地强调这一观点,我在拙文中才没有更多地强调关于角动量的考虑;附带提到,关于角动量的重要性,我甚至在还没有得出普遍观点时就已经认识到了.

读到您和考塞耳所写的关于(光谱学)位移定律的那些话,也使我十分高兴.我认识到这一定律的重要性已经很久了,而且早在两年以前我们就在哥本哈根的物理实验室中开始了一些实验,希望观察锂的火花光谱,其专门目的就是要检验一种普通氦光谱理论的推论,那种理论是我在 1916 年秋天就已经和克喇摩斯博士一起做出的.

我无法形容因为如此迟迟没有发表我的论文而感到多么惭愧.但是,在为了使论文具有令人满意的形式而遇到的那些困难中,以及在我那种使一切结果以一种系统化的次序而出现的不幸癖好中,我曾经受了许许多多的罪.当我读了朗德的美好论文(Phys. Zeitschr. **20**(1919)288)时,我给他写了一封长信,并且对他谈到了我们的工作;附带说到,这种工作我在莱顿已经简略地报告过了.在一级近似下,我们和朗德得到了相同的结果,但我们却是从一种实质上不同的观点得到的,这种观点和在拙文第二部分中给出的那种处理方式直接有联系.

18 和朗德相反,我们曾经假设,尽管内部电子轨道是偏心的,但是内部电子的能量(动能加上相对于核的势能)的平均值却是恒定的.我们根据关于受扰周期体系的能量平均值的一条普遍定理得到了这种结论,该定理是我在上述论文中推出的.不过,我们之所以像朗德一样得到了相同的和测量结果的符合,却起源于我们曾经以一种稍有不同的方式确定了各个定态这一事实.

例如,我们没有像朗德那样令外层电子的平均角动量等于 $h/2\pi$ 的整倍数,而是令整个体系的总角动量等于这样一个倍数,而这就恰恰给出一个结果,它是和人们根据内部轨道的偏心率所必须承认的结果不同的:内部电子的平均角动量要小于 $h/2\pi$.

通过这样确定各个定态,人们就不但能够在辐射的发射过程中满足角动量守恒原理,而且在这一情况下该原理的推论还成为量子论和普通辐射理论的普遍类比原理的特例.例如,和朗德相反,克喇摩斯和我在定态能量之差和外层电子的运动所能分解成的那些谐振动的频率之间得出了一个关系式,这一关系式对应于简单有心体系的定态能量和定态频率之间的类似关系式.

不幸的是,目前克喇摩斯正卧病在鹿特丹,因此我们可能还要过一段时间才能发表我们的详细计算.

致以衷心的问候,并期待着很快能够和您见面并有机会和你讨论所有这些不同的问题.

您的很忠诚的
尼耳斯·玻尔

正如以上这封信中所提到的那样,索末菲曾经接受了邀请于 1919 年 9 月中旬前后到伦德(在瑞典)的一次学术会议上去发表演讲. 会议开了两三天,出席的不但有瑞典物理学家,而且还有大多数丹麦物理学家和一些挪威物理学家.

玻尔邀请了索末菲在伦德会议以后到哥本哈根来演讲,于是索末菲就在 9 月 21 日来到了哥本哈根,并在次日晚间对物理学会发表了他的演讲. 在索末菲演讲以后,玻尔发表了简短的致谢辞:

我愿意以(哥本哈根)物理学会的名义对这次美好的演讲表示最深切的 19
谢意;您在这篇演讲中以如此奇妙的明晰方式报道了您自己的和您的学生们的工作结果. 正如我们全都知道的那样,在您的科学事业刚一开始时,您并没有参加物理学家的狭窄圈子,而是在超出大多数物理学家的视野之外的纯数学问题方面进行了工作的. 但是,当您在那一领域中取得了美好的成果以后,您已经越来越感到自己受到了那些具有物理本性的问题的吸引,而且我们全都知道您在以自己伟大的数学洞察力,在以一种典范的和优美的方式来解决数理物理学中的特殊困难方面取得了何等巨大的成功,特别是相形之下,正如我们根据自己的亲身经验所知道的,在处理这样的问题时,大多数物理学家所必须采取的态度往往是并非内行的. 您已经越来越被吸引到问题的物理方面来了,而且,正如我们所知道的并且刚才已经有幸亲自看到的,您现在正以全部的精力从事其中的一个问题,而对于这个问题我们所能期望于数学演绎方法的并不像所能期望于物理归纳方法的那么多;这就是各元素的原子结构和分子结构的问题. 正如我们所知道的和刚刚已经听到的,您在这一领域中已经取得了杰出的成就,而且,通过您的谱线精细结构理论,您已经得到了具有根本重要性的结果. 在取得这些结果时,您的伟大的数学洞察力当然对您来说是曾经有最大的重要意义的;但是我们所特别赞赏的,却是那种大胆的和富有成果的想象力,您正是用这种想象力来领会了量子论中那种不连续性的复杂特性,并从而得到了必须认为对今后谱线领域中的一切工作都带有根本性的一些观点.正是由于这种原因,我们非常感谢您通过这次访问不但用您的数学计算启示了我们,而且给了我们一个机会来对您的思想方式得到一种深刻的认识.我愿意再一次表示我们的衷心的感谢;我们为在这里见到您而特别感到高兴,因为您是在这种困难的年月从外国到我们斯堪的纳维亚来报告您的科学结果的第一个科学家.最后我愿意表示,希望您的访问并不是最后的一次,希望我们不久就有那种喜悦和荣幸,能够在这里再次见到您,以便您能够把您的有成果工作中的未来进展告诉我们.

10. 论较新原子物理学的纲领
(1919 年 12 月 2 日)

在 1919 年 12 月 2 日,玻尔对哥本哈根化学会发表了一篇演讲,叫做 *Om den nyere Atomfysiks Program*(论较新原子物理学的纲领).这篇演讲的现存文本是不全的,共有 13 页打字纸,这显然是根据参加听讲的两个人的速记稿转
20 录的.包含着演讲的引言的第一页,以及记了演讲的结尾部分的最后十页,似乎很好地记录了这些部分,尽管它们还包含许多差错(其中最糟的是把"Polarisation"写成"Pulverisation").这些部分的译文见本卷原第 221 页.另外的两页代表记录演讲的中间部分的一种不成功的而且很快就放弃了的尝试.这或许处理的是氢原子的光谱和结构,而且,根据结尾部分的第一句话可以推测,中间部分是以讨论弗兰克和赫兹关于低速电子和原子的碰撞的实验而告终的.对于这些实验的解释,玻尔曾有过重大的贡献*;这些实验为定态的存在提供了最强有力的验证,并且演示了那些定态的惊人的非力学的稳定性.玻尔在演讲的结尾处指出,随着在物理学中引入一些和化学概念很相像的概念,这两门学科之间的分界线已经完全消失了.

11. 论光和物质之间的相互作用
(1920 年 2 月 13 日)

一篇叫做 *Om Vekselvirkningen mellem Lys og Stof*(论光和物质之间的相互作用)的演讲,是玻尔于 1920 年 2 月 13 日在丹麦皇家科学文学院发表的.这篇演讲是仔细地打印出来的,而且在最后几页中的一页上还"给读者"指出了参

---

* 参阅第二卷第二编第 6 节和第三编第 4 节.

考文献，这表示演讲稿打算发表，或许是打算在科学院的院刊上发表. 最后一行表明曾经打算给演讲辞写一个附加部分.

玻尔是通过指出明确区分光和物质的巨大困难来开始的. 然后他追溯了关于光的本性的各种学说，从牛顿的微粒学说到麦克斯韦的电磁学说. 在认识了一切物质都由带电粒子组成之后，电磁学说似乎提供了相互作用的一种解释. 但是，根本性的困难出现了(普朗克、爱因斯坦)，它们迫使我们承认我们对于相互作用过程并没有任何真正的理解. 不过，通过研究现象，已经能够做出某些形式上的叙述了. 玻尔随后对谱线理论、弗兰克和赫兹的实验等等做了一种简略的说明. “……但是读者或者已经注意到，所用的表达方式虽然和物理学相去甚远，而它却和化学家们在他们全部经验的迫使下久已习惯于使用的那种语言刚好重合……物理学和化学之间的一种联系就已经创立了，这种联系是和以前所曾设想过的任何东西都不相对应的.”

这篇演讲的译文见本卷原第 227 页.

12. 论元素的线系光谱(1920 年 4 月 27 日) 21

玻尔于 1920 年 4 月 27 日在柏林对德国物理学会发表了演讲. 这篇演讲的讲稿于 7 月 21 日寄给了《物理学报》，不久以后就在 *Über die Serienspektren der Elemente* 的标题下发表了(Z. Phys. **2**(1920)423). 这篇讲稿由 A · D · 乌登译成了英文，并且作为第二篇文章收入了剑桥大学出版社于 1922 年在《光谱理论和原子构造》的总标题下出版的三篇文章之中.

在这篇论文中，第一次出现了“对应关系”和“对应原理”这两个名词. 玻尔在英译本的序文(收入本书第四卷中)中评论这一点如下：“在利用一条普遍原理来阐明问题方面进行了尝试，该原理假设在根本不同的经典电动力学观念和量子论观念之间存在一种形式上的对应性. 这一对应原理的最初萌芽可以在第一篇文章(“论氢光谱”[*])中推导用普朗克恒量和卢瑟福原子模型中描述氢原子所必需的那些量来表示的氢光谱恒量表示式的地方找到.”玻尔利用对应原理处理了 Q. o. L. 第二部分中处理过的那些事例，也处理了一些更多的问题，其中包括在 Q. o. L. 第三部分和第四部分中提到过的一些问题. 这时他已经抛弃了电子环的概念，但他仍然保留了在任何元素的基态中一切电子的主量子数都等于 1 的假设. 在英文本的第 53 页[本卷原第 275 页]上，他在一个括号中改正他的假设如下：“在下一篇文章中[即 1921 年 10 月 18 日中在哥本哈根的物理学会和化学会

---

* 见本书第二卷，第二编，XII.

的联合会上发表的演讲的译文,见本书第四卷],读者将发现在图 1 中指定给各个定态的量子数 n 的值必须改动. 尽管这种改正绝不会影响这篇文章中的其他结论,但它却使得这一段[论及斯除特关于钠蒸气共振辐射的实验]中的推理不能再保留了."

玻尔在他的柏林演讲中已经能够引用克喇摩斯的学位论文和即将问世的另一篇论文(Z. Phys. **3**(1920)199),克喇摩斯在这篇论文中曾经用对应原理来处理了弱电场对氢光谱的精细结构成分线的效应,这是不能用分离变量法来求解的一个问题. 玻尔用下列的叙述结束了这篇论文:"特别说来,我的意图就是要指明,尽管这些观点和关于辐射现象的普通观念之间有着根本的不同,我们却发现仍然能够在光谱和原子中的运动之间的普遍对应的基础上,在一定意义上应用
22 这些观念来作为考察光谱的一种指南."

玻尔在柏林见到了许多德国物理学家(普朗克、弗兰克、玻恩、拉登堡、朗德、考塞耳等). 特别说来,他第一次见到了爱因斯坦. 他给爱因斯坦留下的印象很令人感动地体现在下面这封日期为 1920 年 5 月 2 日的信中:

亲爱的玻尔先生:

从牛奶和蜂蜜仍然在流着的中立世界传来的华贵礼品,使我有幸给您写信. 在生活中很少有人像您那样,仅仅由于他的在场就能使我感到如此的愉快. 现在我明白为什么艾伦菲斯特那么喜欢您了. 我现在正阅读您那些伟大的论文,而且在阅读中——当我在什么地方被卡住时——很高兴地觉得您那年轻的面孔如在眼前,正在微笑着和解释着. 我从您那里学到了很多东西,特别是也学到了您怎样很有感情地对待科学问题.

您从一些量子态导出另一些量子态的那种方式("黎曼曲面方式"),还使我有些地方弄不明白. 事实上我觉得,从态 $I_1 = h$ 得出态 $I_2 = 2h$ 的那种过程的逆过程,将从态 $I_1 = h$ 得出态 $h/2$,而态 $h/2$ 肯定不能被假设成一个量子态. 归根结底,人们是在某个地方引用了积分时间的不连续变化,如果我对您的意思理解得正确的话. 我正很高兴地盼望能在哥本哈根和您谈谈.

同时,祝你生活愉快,工作顺利!

您的

A·爱因斯坦

玻尔在 1920 年 6 月 24 日写了复信,而且,在表示了因为听说爱因斯坦将在

哥本哈根发表演讲*而感到高兴以后，他写道："见到您并和您交谈，是我所曾有过的最伟大的经验之一，而且我也无法说出我多么感谢在访问柏林时受到您的一切亲切接待，多么感谢您那封我很惭愧地没有及早作答的热情来信……"**

玻尔在柏林也见到了马科斯·普朗克. 他回国不久，就给普朗克写信感谢在柏林受到的热情接待以及在那里得到的许多有趣的和激动人心的经历. 普朗克在5月7日回复了玻尔. 在感谢玻尔归还了一篇借阅的论文之后，普朗克写道：
"您带着如此高兴的心情回顾您的柏林之行，这实在是你的好意，但是我向你保 23
证，而且是衷心地保证，我有这样一个坚定的信念，而且我知道我的许多同道也有这样的信念，那就是，我们从你那里得到的，在许多方面远远超过了我们所能给予的……请相信我，你的许多说法仍然萦绕在我的心中，我常常回想起它们来……"***

玻尔在柏林也认识了杰姆斯·弗兰克. 在1920年10月18日，玻尔写信给弗兰克问起他近日的关于氦的实验. 他提到他相信自己已经找到了弗兰克所发现的氦的亚稳态的一种解释. 最后他邀请弗兰克于1921年初到哥本哈根来在即将建成的新的理论物理学研究所中工作一段时间****. 弗兰克在哥本哈根度过了1921年的2月份和3月份.

1920年10月，索末菲将他的《原子结构和光谱线》的第二版寄给了玻尔. 在收到玻尔的致谢信以后，索末菲于11月11日给他写信说："……在我那本书的附录中您可以看到，我曾经努力对您的对应原理……给予了更大的重视……不过我必须承认，您的原理的那种超出量子论之外的根源仍然使我烦恼不已，尽管我完全承认该原理揭示了量子论和经典电动力学之间的一种最重要的联系. 这在您的柏林演讲中表现得特别美妙；关于这一点，考塞耳刚刚还很热诚地表示了自己的看法……"*****

13. 朗德在哥本哈根物理学会上的演讲(1920年10月)

玻尔在和阿耳弗瑞德·朗德在柏林见面以前就和他通过不少的信了，特别

* 爱因斯坦于6月25日对丹麦天文学会发表了题为"引力和几何学"的演讲. 集会是在工业大学礼堂举行的. 稍早一些，艾伦菲斯特曾在5月14日给玻尔的明信片上写道："一周以来爱因斯坦和我在一起. 真妙！……他异常热情地和我谈起了你，谈起了他在柏林怎样听到你和见到你……"(明信片全文见本卷原第609页).

** 信的全文见本卷原第634页.

*** 明信片全文见本卷原第677页.

**** 信的全文见本卷原第644页.

***** 信的全文见本卷原第690页.

是在有关氦原子的结构方面. 在 1920 年 7 月 29 日,玻尔向他发出了到哥本哈根来讲学的邀请,而在 10 月初,朗德就在那里发表了一次演讲,处理的是包括所谓"Würfelatome"(立方形原子)在内的三维原子模型. 虽然玻尔当时不能接受朗德的理论,但是这篇演讲却给他的关于较重元素结构的研究提供了重要的启发. 在 10 月 26 日,朗德写信感谢了玻尔在哥本哈根对他的款待,他写道:"……我也把您关于不同的原子壳层可以互相穿透的想法告诉了玻恩教授和斯特恩,而且我正在热切地盼望着答应过的将对 $n=1$、$n'=1$ 的一组椭圆进行更深入论证的那
24 篇论文……"*

在朗德来访的两个月以后,玻尔于 1920 年 12 月 15 日对哥本哈根物理学会发表了一篇关于较重元素的电子结构的演讲. 在这篇演讲中,玻尔提出了理由,说明应该假设在较重元素的基态中线系电子具有大于 1 的量子数,而且它的轨道可以穿入内部电子区域之内. 显然是向奥斯卡·克莱恩口授了的这一演讲内容将收入本书的第四卷中. 那里也将给出和朗德的一些进一步的通信.

从这时起,玻尔的主要精力就转向了解释较重元素的电子结构和元素周期系.

14. 理论物理学研究所落成典礼
(1921 年 3 月 3 日)

当玻尔在 1916 年 9 月开始就任哥本哈根大学教授时,他只在老的工业大学(Den Polytekniske Læreanstalt)的物理图书室旁边有单独的一个房间. 只有到了 1920 年初,他才有了一个秘书.

玻尔很快就感到需要一个能够在里边检验他的理论的实验室,于是他就提议建立这样一个机构. 这一计划的实现由于以阿格·伯尔勒为首的少数几个私人的大量捐款而得到了大大的促进,伯尔勒是玻尔的一位老同学和朋友. 这笔捐款用来购买了属于哥本哈根市当局的一块适当的地皮. 政府曾拨过两次款,而卡尔斯伯基金会也捐了款. 第一栋楼房的兴建是在 1919 年和 1920 年间进行的;这栋楼房的设计和装备用去了玻尔许多的时间和精力,而且无疑这就是他在这段时间内常常为操劳过度而诉苦的原因之一. 在楼房设备方面的一个巨大难题就是当时正在横扫欧洲的越来越严重的通货膨胀.

在 1921 年 1 月 20 日写给艾伦菲斯特的一封信中(见本卷原第 29 页),玻尔谈到他和克喇摩斯正在把文件和书籍搬进新楼房中去. 当时图书室和办公室已

---

* 信的全文见本卷原第 664 页.

经完工了,但是实验室却还没有完工.

理论物理学研究所(Universitetets Institut for teoretisk Fysik)于 1921 年 3 月 3 日正式落成.政府方面和大学方面的官方代表以及若干感兴趣的公民参加了落成典礼,当然还有大多数丹麦的和少数外籍的物理学家和化学家.

大学校长、著名语言学家奥托·杰斯波森在致辞中提到“在唯物主义的名声 25
如此不妙的时候能够建立这样一个研究所是一件可喜的事”,而且,他在表示对玻尔的信任时说:“你已经懂得怎样在你周围聚集起本国的和外国的研究人员,并从而以最美好的方式重振在世界大战期间被切断了的国际工作.我以欢悦而期望的心情宣布这一研究所开幕了.”*

玻尔在落成典礼上的致辞是从解释理论物理学一词所代表的意义开始的,并且他指出,理论物理学教授的职位刚一设立,一个在那里可以用实验来检验理论预见的研究所的必要性就已经被感觉到了.他接着就向使这一新研究得以实现而出了力的许多个人表示感谢,其中包括提供了必要款项的那些人以及担任了实际工作的建筑师们和匠人们.他特别提到,在研究所的筹备中得到了他的同道、讲师汉森博士**的巨大协助,此人后来曾任哥本哈根大学校长多年.

玻尔然后说到,研究所将主要装备起来以进行光谱学的研究,虽然已经定购的打算安装在楼房底层一个深井中的巨大光栅还没有交货.他交给听众一些小的复制光栅,让他们通过光栅来看一根白炽铂丝和一个盖斯勒管,这样他就通俗地解释了光谱学的性质并演示了连续光谱和氦的线光谱.他提到了研究原子问题的一两种另外的方法.玻尔接着说,事实上,杰姆斯·弗兰克教授已经在研究所中度过了一段时间,并且已经在研究所的一间实验室中安装起了研究低速电子和原子之间的碰撞的设备.对于放射现象也将予以注意.事实上,玻尔的老朋友、匈牙利化学家乔治·德·希维思已经来到哥本哈根将近一年了,他在物理化学实验室中找到了位置,直到理论物理学研究所建成为止.

在即将结束致辞时,玻尔提到了他从克喇摩斯那里得到的巨大协助,不但在他的科学工作中,而且在他对学生的教育和指导中.接着他说了这样的话:“这就引导我再一次强调,这一研究所不但是以进行科学研究为目的,而且它还将是培养物理学家和对物理学抱有特别兴趣的其他人员的一个基地,而且我愿意借此机会说明,作为本研究所顺利成长的一个预兆,这些任务的结合是具有最大重要

---

* Aage Bohr, Niels Bohrs Institut (Berlingske Tidendes Kronik, 1971 年 3 月 4 日).

** 见本书第一卷原第 XXVII 页.

26 意义的一个问题.事实上,科学研究的本性就规定了谁也不敢对未来作出确定的承诺;我们必须有所准备的是,在我们面前此刻看似开阔而平坦的道路上,成堆的障碍可能出现,它们可能把道路完全堵死,或是要克服它们就得有全新的概念.因此,最最重要的就是:不能仅仅依靠有限圈子里的那些研究人员的才能和本事,而必须把数量不断增加的青年人介绍到科学的结果和方法中去,这个任务对不断从新的方面来提出可供讨论的问题有卓越的贡献,而且,同样重要的是,通过青年人自身的贡献,新的血液和新的思想才被不断地引入工作之中……"*后来证实,这些话确实是具有先知性质的.

在理论物理研究所落成时,这一图片刊登在1921年的丹麦报纸B. T.上.标题是"一个新的研究所".

27 在1965年,已经扩建了若干栋楼房的这一研究所被重新命名为尼耳斯·玻尔研究所(Niels Bohr Institutet).

* 玻尔致辞的全文见本卷原第283页.

15. 玻尔为关于原子结构的早期论文德译本撰写的序言(1921)

当最初向玻尔提出以德译本重新出版他的关于原子结构的早期论文时，他是迟疑不决的. 但是，经过进一步的考虑，他得出了结论认为这样一个译本可以帮助德国读者了解原子结构理论的发展. 它将是尤其有用的，如果它能包括原拟发表在 1916 年 4 月号《哲学杂志》上而当索末菲的 1915—1916 年的论文于 1916 年 3 月间寄到曼彻斯特时又由玻尔撤回的那篇论文，并能有一篇序言以按照他在 Q. o. L. 第一部分和第二部分中以及在他的柏林演讲中表达了的他对理论的当前看法来对那些旧论文的内容加以讨论.

玻尔在 1920 年 11 月 4 日写完了这样一篇序言. 早期论文的德译工作是物理化学家雨果·斯廷增博士担任的，他在 1920 年 12 月间完成了这一工作. 它是在《从 1913 年到 1916 年的关于原子结构的论文》(*Abhandlungen über den Atombau aus den Jahren* 1913—1916, Friedr.-Vieweg & Sohn, Braunschweig, 1921)的标题下作为一本书出版的. 斯廷增说到，玻尔很细心地校阅了译文. 他是在正致力于他的较重元素原子结构概念的一次重大进展(见第四卷)的时候做了这一工作的. 在校样上增加的一个小注中，玻尔援引了他于 1920 年 12 月 15 日对哥本哈根物理学会发表的演讲. 他预告说，那篇演讲不久就会和 Q. o. L. 的译文一起用德文出版；但是这篇演讲却从来没有以任何语种出版过.

上述序言的全文见本卷原第 325 页.

16. 论量子论中的辐射偏振问题(1921)

索末菲在他于 1918 年 5 月 18 日和 1919 年 2 月 5 日写给玻尔的信中曾经提到 A·汝宾诺维兹的某种工作，这种工作虽然索末菲也承认没有对应原理那么普遍，但是却更合索末菲的口味(见本卷原第 12 页). 汝宾诺维兹在 1920 年在哥本哈根度过了几个月，从而他和玻尔可能讨论过这个问题，尽管当时玻尔几乎正在用他的全部时间来从事理论物理学研究所的建造和装备工作. 在 1921 年年 28
初，汝宾诺维兹写了一篇新论文(Z. Phys. **4**(1921)343)，他在文章中通过把空腔中的辐射看成和一个原子相互作用着的量子力学体系，就能够推出关于原子体系所发辐射的偏振的某些法则. 这就引导玻尔写了一篇简短的论文，他在文中把他称为“耦合观点”的汝宾诺维兹处理方法和他自己的对应关系的观点作了对比. 玻尔于 1921 年 7 月 17 日将他的论文寄给了《物理学报》(Zeitschrift für

Physik)，而且这篇文章很快就用“*Zur Frage der Polarisation der Strahlung in der Quantentheorie*”的标题发表了. 该文的译文见本卷原第 350 页.

在 1921 年 8 月 22 日给汝宾诺维兹的信中，玻尔写道：“……至于《物理学报》上的那篇短文，我是应用了您的短文来借机报道曾经常常萦绕在我心中的某些想法的……我相信，和对应性观点更加不一致的不是您的做法而是您的结果，这是我不能同意的. 至于您的计算，我相信在那里看到了制订耦合观点方面的实质性进展……”[*]

17. 量子论对原子问题的应用. 在第三届索尔威会议上的报告(1921 年 4 月)

1920 年 5 月 2 日，H·A·洛伦兹邀请玻尔在即将于 1921 年 4 月间在布鲁塞尔召开的索尔威会议上作了一次报告，而玻尔在 6 月 13 日表示了接受邀请. 他在提到去年曾在莱顿见到洛伦兹时写道：“……有机会听到你关于我正在和它们斗争着的那些科学问题的意见，我真说不出这是我的一种多么美妙的经验……”[**]

当时玻尔工作过度，身体不好. 艾伦菲斯特从到荷兰小住的克喇摩斯那里听到了这一点，于是艾伦菲斯特就在 1920 年 8 月 19 日写给玻尔的一张明信片上说道：“亲爱而又亲爱的玻尔！……干脆把一切次要的东西都放下吧!!!! 例如，如果您后悔接受出席索尔威会议的邀请，那就毫不犹豫地撤消诺言吧. 谁也不会比洛伦兹更了解你……无论如何，你谢绝演讲吧. 只参加参加讨论……”[***]

29 两个月以后，在 1920 年 10 月 17 日，艾伦菲斯特再次劝告玻尔不必为索尔威会议准备一篇论文：“赫兹施普隆[****]和韦伯[*****]已经告诉过我，您是多么地疲劳和烦躁……而且，不论大家多么盼望能在布鲁塞尔见到您，所有的人还是肯定认为，与其把您累坏了倒不如请您别来的好……”[†]玻尔在 11 月 22 日给艾伦菲斯特写了回信：“……我感受到您的友情，有如我平生所得到的最大的好运气之一种. 我所满意的关于好运的唯一定义，而且是我在许多情况下曾经强烈感觉到

---

[*] 信的全文见本卷原第 680 页.

[**] 信的全文见本卷原第 666 页.

[***] 明信片全文见本卷原第 609 页.

[****] [Einar Hertzsprung，丹麦天文学家，生于 1873 年，殁于 1967 年；1909—1919 年在哥本哈根做教授，1920—1944 年在莱顿. 最著名的是他关于天体演化和变星的工作. 参阅 Nordisk Astronomisk Tidsskrift (1967) p. 127.]

[*****] [见第一卷原第 501 页的注 7.]

[†] 信的全文见本卷原第 610 页.

它的正确性的唯一定义，就是超过人们所配享受的那种幸运；我用不着说这个定义在现在这一情况下是多么正确了……”于是玻尔诉说了他曾经为了新研究所而忙到什么地步；但是现在这事既已将近做完，他就答应开始新的一页，从而他肯定是打算到布鲁塞尔来的[†]. 但是，艾伦菲斯特并不满足于玻尔的诺言，于是他在 1920 年 12 月 27 日又写道：“请让克喇摩斯复信而不要自己复信——因为这是您所不懂的一门艺术，正如您最近这封虽然亲切但却绝对无用的复信所证明的那样……”然后艾伦菲斯特答应替玻尔作报告，试图对他的 Q. o. L. 和柏林演讲做一简单综述. 然后玻尔就可以到布鲁塞尔来，爱说什么就说什么，不必管艾伦菲斯特的发言了[††].

1921 年 1 月 20 日，玻尔给洛伦兹写信表示遗憾说，由于他忙于哥本哈根的新研究所的完工，也由于他忙于某些有关周期系的诠释的新想法，他还没有能够写完索尔威报告. 但是他答应在 2 月 14 日截止期以前交稿. 他已经听卢瑟福说过报告可以用英文撰写，这对他是很合适的.

在同一天，玻尔回复艾伦菲斯特上一来信如下：

亲爱的艾伦菲斯特：

尽管我在前一封信中曾经向您恭贺新年，但是我没有答复您 12 月 27 日提出帮助我或代替我撰写索尔威会议报告的亲切建议的那封盛情来信，还是感到说不出的惭愧. 尽管不成其为辩解，我的理由却是我近来在关于原子的工作方面已经取得了某些进展，已经在对应原理的基础上发展了一种
论证路线，它似乎使我们能够颇为详尽地确定一切元素的原子中的各电子 30
的运动和组态. 这种论证提供了各元素化学性质的周期律的一种详细解释，而且也似乎提供了不同物质的特征磁性的普遍诠释的基础. 由于这些问题和报告内容的密切联系，我推迟了〈报告的〉撰写，希望能同时寄给您一篇有关结果的短文，这篇短文我打算以一封来信的形式在《自然》上发表；但是，由于近几周来在实验室的完工方面负担甚重，我还没能把这篇短文写完. 虽然实验室还没有完全弄好，还不太能进行实验工作，但是它总算弄得差不多，以致用作图书室和办公室的房间都已整理就绪了，从而近几天来我们已经正在把文件和书籍搬进新楼里来，而克喇摩斯和我现在正坐在这里，并希望我们两个都将有一段安静时间来工作了. 因此，我希望不久就会把那篇短文寄给您，同时也把报告充分写好；正因为最近的进展给问题带来的新光

† 信的全文见本卷原第 611 页.
†† 信的全文见本卷原第 612 页.

明，这篇报告可能和我几个月以前所设想的有颇大的出入．因此，请暂时不必讨论您上次的盛情来信中所提的那些问题，等到我很快就会寄去下一封信时再说；再次感谢您对我的一切盛意．现在且代替我们这里所有的人向您的家庭和你本人祝贺新年．

永远是您的

［尼耳斯·玻尔］

正如在本卷原第 24 页上所提到的，玻尔在 1920 年 12 月 15 日对哥本哈根物理学会所做的演讲中提出了他那些关于周期表上一切元素中的电子分布的新想法．这篇演讲的一篇近似讲稿的译文，以及他写给《自然》的那封信，都将编入本书第四卷中．

玻尔在 3 月间完成了他的索尔威报告的第一部分，但是，由于健康欠佳，他不得不放弃布鲁塞尔之行．在日期为 1921 年 3 月 23 日的下列信件中，他向艾伦菲斯特表示了歉意，并且请艾伦菲斯特提出他的报告：

亲爱的艾伦菲斯特：

我刚刚给洛伦兹发了一份电报，您也许已经从他那里得悉我因健康欠
31 佳而不得不放弃布鲁塞尔之行了．您知道，我劳累过度已经有很长一段时间了，而且我现在觉得很不好．因此大夫已经最迫切地建议我彻底休息几星期，而且他强烈地建议我不要再受到布鲁塞尔会议所将给我带来的劳累．您可以明白，要我作出这种决定曾经是很困难的．因为我曾经抱着那样的欣幸心情，盼望和那么多的杰出物理学家相见，尤其是再和您聚首．

至于有关原子的报告，现在是刚刚完成，但是只有其中的第一部分是已经准备好了的，这一部分处理的是普遍的观点．随信附寄的文本将于今天分寄给参加会议的人们，而处理特殊应用的第二部分则要到复活节以后才能准备完毕，那时将立即寄上．整个报告完成得这么晚，实在抱歉；但是我的越来越差的精力已经把工作大大推迟了．

我对此特别抱歉，因为在目前的情况下我必须请您替我向会议参加者们提出报告了．事实上，既然它是以书面形式出现的，我就不知道以演讲的形式提出这种内容到底是不是必要的了．我只知道，如果这是必须做的，您就能够比我做得好得多，尤其是您在开始并引导关于一个课题的讨论方面会比我高明得多．

关于在这么晚的时候才来请求您同意替我承担工作，我再次表示歉意，而且希望这不会给您带来太多的麻烦和不快．我对这一次的和所有以前的

帮助都是满怀感谢的.

您的忠实的

尼耳斯·玻尔

艾伦菲斯特在得悉玻尔不得不放弃布鲁塞尔之行以后,但可能是在收到上面这封信以前,又于 3 月 25 日给玻尔和克喇摩斯两个人写了信.他要求克喇摩斯立即寄信到他在布鲁塞尔下榻的旅馆,告诉他玻尔关于各种索尔威报告的说法(“……用电报式的但是可读懂的文体……”).他在写给玻尔的信中说:“亲爱的可怜的玻尔:真是可怕的憾事,但您保重自己是完全对的……”他也要求简单地、不必多么经心地告诉他[关于报告的]一些看法:“……因为我将总是说‘如果我对玻尔和克喇摩斯的理解是正确的话’,这样你们两个就是得到充分保护的了.请用这种办法来帮助我并尽量挽回一切损失吧……”*

在 3 月 28 日,玻尔给艾伦菲斯特写了一封长信,他在信中表示了歉意,因为他甚至不能实践上一封信中关于他的报告的第二部分的诺言.然后他相当详细 32
地讨论了这一部分所拟包含的内容:“……首先要处理正常原子中量子数大于一的轨道的出现……于是就可以推知,观测到的 S 谱项和氢谱项之间的很大偏差是这样一件事实的结果:在相应的定态中,线系电子在每一个近核点上都比内部电子离核更近一些……”玻尔清楚地指出,他是在实验事实的指引下[得出这些结论]的:“没有事实的指引,当然是很难知道我们可能已经得出什么结果(无论如何这是完全超出我的工作方法的主张之外的)……”**他援引了他新近发表在《自然》上的那封信(见第四卷).

在索尔威会议上,玻尔的报告的第一部分“量子论对原子问题的应用”可能并不曾宣读,因为它在不久以前已经分发给与会人士.但是,艾伦菲斯特关于对应原理及其主要推论作了简略的报告,接着就进行了热烈的讨论,主要参加者是洛伦兹、朗之万和艾伦菲斯特.卢瑟福、W·L·布喇格、塞曼和毛瑞斯·德布罗意提出了问题.

在讨论结束时,密立根提出了关于在他的实验室中进行的两种类型的实验的长篇报告;那就是用 α 粒子轰击原子的实验和部分剥离的原子的远紫外光谱的实验.这篇报告可能曾经和玻尔报告中的答应过的但当时没拿到手的第二部分有些关系.

当索尔威会议已经结束时,洛伦兹给玻尔发了如下的电报:“会议以关于对

---

* 这些明信片的全文见本卷原第 615 页.

** 信的全文见本卷原第 616 页.

应原理的最有兴趣和最热烈的讨论而告结束.全体衷心致谢.洛伦兹”(1921年4月6日).在4月12日,玻尔给艾伦菲斯特写了信,感谢他承担玻尔的责任的那种亲切而美妙的方式.他告诉艾伦菲斯特,按照医生的建议,他也已经放弃了哥廷根之行和剑桥之行*.艾伦菲斯特于26日寄给玻尔一张明信片:玻尔终于决定休息一下,这是很好的,而尤其重要的是他不要接受任何别的邀请,因为那会使得那些曾经盼望在布鲁塞尔见到玻尔的人们不高兴**.

洛伦兹在1921年5月20日写给玻尔的信中对于玻尔不能参加索尔威会议表示了遗憾:“……我现在要再一次告诉你,我们大家没能和你在一起都感到何等地惋惜.我们全都深深地为你的病体担忧,而且我最真诚地希望你现在已经完全恢复健康,并希望你又能够重新开始对科学进步具有那么巨大的重要性的工
33 作了.艾伦菲斯特教授已经尽其所能来弥补了你的缺席,而且他向我们就对应原理所作的阐述取得了很大的成功……”然后他说希望能够得到玻尔报告的第二部分,以编入会议的论文集中,并且问玻尔能不能在几个星期之内寄去,或者,如果对玻尔更合适的话,可以在7月的上半月寄去***.

在5月29日致洛伦兹的一封信中,玻尔表示感谢洛伦兹和艾伦菲斯特在有关布鲁塞尔会议的方面对他表示的一切盛意.他已经有了一段休假,而且现在感到好一些了,“……而且我这些天来正在把我的工作再承担起来.我正在考虑的第一件事当然就是我的报告的第二部分,而且我希望在几星期内就能把它寄给你了”.****

在1921年6月28日,玻尔邀请艾伦菲斯特到哥本哈根作两次演讲.艾伦菲斯特不无迟疑地接受了邀请(“我能在哥本哈根讲些什么? ……”)并且答应在12月间前来.7月10日,玻尔感谢了艾伦菲斯特的接受邀请,并且告诉他12月将是一个令人满意的时间.然后他接着说:“……您难以想象您的友谊对我意味着什么.特别是在我几乎觉得对此地的和别处的许多人犯了罪的这个时候……”他请艾伦菲斯特转告洛伦兹,他将在两星期之内寄出索尔威会议的讲稿,但是他担心稿子可能太长了:“……您最好亲口告诉他,我是充分热心地要完成它的;事实上,一旦将这件事办完,那对我就将是关系重大的一个问题了.”*****

1921年7月17日,艾伦菲斯特告诉玻尔说他已经立即给洛伦兹写了信,并

---

* 信的全文见本卷原第620页.

** 明信片的全文见本卷原第621页.

*** 信的全文见本卷原第666页.

**** 信的全文见本卷原第667页.

***** 信的全文见本卷原第621页.

且告诉了他“索尔威问题在您精神上造成了多大的负担，特别是任何的篇幅精简将给您带来多大麻烦. 喏，亲爱的玻尔，我所认识的每一个人都只为一件事而哭叫，那就是您把您的文章写得那么简略而紧凑，以致人们在从压缩饼干(“Press-Kuchen”)中弄出所有的概念来时总是遇到最大的困难. 因此，我毫不怀疑地认为洛伦兹将立即告诉您，不必为报告的篇幅而担心……索尔威论文集最后必将出版，里边有一篇玻尔的作品是必要的，而把整个的玻尔都放进去则是不必要的. 您不但要完全康复，而且要心情愉快和无忧无虑，这对于物理学的发展来说，要比您的一篇著作是否有些零乱或差错更重要得多. 因为，我向您保证，圣彼得在天国的大门那儿是不会因为这个而责怪您的. 而自今一百年后，绝不会有人因为您的一篇论文中有点小错而感到烦恼，他们感到烦恼的却将是您以 36 岁的年 34
龄而受到了被累垮的威胁(而且那时他们不会责备您，而是会责备那些加重您的负担的人们!!!!!)……玻尔啊玻尔，那文章写得好点儿或坏点儿毕竟不是那么重要的……”*

正像艾伦菲斯特所预言的那样，洛伦兹也在同一天给玻尔写了信，告诉他不必为报告太长而苦恼：“……你的课题是那样地重要，致使我们急于发表你关于它所要说的一切的话. 因此，如果你就在现有的形式下把稿子寄来，那就是我很大的快慰了. 稿子将立即交弗尔沙弗耳特教授译出(他也翻译了卢瑟福的论文)，而我们即将麻烦你的，只是请你从内容方面帮我们看看校样. 弗尔沙弗耳特先生将负责校样的改正工作. 我将是分外感谢你的，因为我知道你是在精力尚未完全恢复的时候，而且是当你有许多使你更感兴趣的工作要做的时候做了这件工作的……”**

玻尔感谢了(无日期信稿)艾伦菲斯特的劝告，并且提到了洛伦兹的信. 但是，既然他的报告的第二部分现在已经增加到将近一百页打字稿，玻尔就建议只把他已经交去的一部分(即报告的第一部分)加几句结束语付印***. 1921 年 8 月 7 日，艾伦菲斯特告诉玻尔说他相信没人反对报告的长度，从而他劝玻尔把那一百页加几句简单的结束语一起交去，然后让洛伦兹去处理一切. “因为这次第三届会议本来就是以您为中心和重点而筹备的……”†但是，玻尔没有接受艾伦菲斯特的建议，并且在 9 月 1 日写信给洛伦兹，再次提议只发表原先的稿件，加一些引言和结束语，而且他又附寄了一份原先的稿件. 他在同一天将这种决定通知

* 信的全文见本卷原第 623 页.
** 信的全文见本卷原第 667 页.
*** 信的全文见本卷原第 624 页.
† 信的全文见本卷原第 625 页.

了艾伦菲斯特[†].

在 9 月 16 日，玻尔又从西兰岛北岸的蒂比尔克给艾伦菲斯特写了信. 他在开头处说，他希望艾伦菲斯特不要因为索尔威报告的事而对他太不满意，接着他告诉艾伦菲斯特，他近来做了许多有关原子的工作，并附寄了一封新的致《自然》的信(Nature, **108**(1921)208)[††].

在 9 月 27 日，艾伦菲斯特写信给玻尔说他刚从德国回来，在那里他见到了
35 哈若德，而且说他已经看到了玻尔 9 月 16 日的信和他给《自然》的关于原子结构的信. "……最使我高兴的是，您的信中到处洋溢着某种类似于'神秘的狂喜'的东西……"既然玻尔的索尔威报告是不完全的，洛伦兹就要求他把他的报告浓缩成几条简略的"摘要"，并且请求玻尔原谅. 他也讨论了各式各样的其他问题，包括一种好的色散理论的必要性问题[*].

玻尔在 1921 年 10 月 10 日答复艾伦菲斯特的来信如下：

亲爱的艾伦菲斯特：

衷心感谢您的亲切的来信，此信使我欣幸不已. 我只是抱歉，竟然使您为了我的原因而在索尔威报告方面费那么多心. 难道不能只作为您自己的演讲和讨论来写您的报告，而根本不必宣称代表任何别人在当时所抱有的确切观点吗？不过，总的说来我当然还是欣赏表示在我的报告中的那些普遍观点的，即使在这段时间内这些观点已经在若干方面有所发展，特别是在力学在量子论中的应用方面. 撰写一篇新的详细处理原子结构的整个问题的长论文的工作现在正在顺利地进行，而且我希望很快就把样本寄给您.

您关于色散问题的那些说法当然使我特别感兴趣，而且我也迫切地盼望着得到有关您的观点的一种更详细的阐述. 在这方面我愿意说，我的关于偏振问题的那篇论文〈Z. Phys. **6**(1921)1〉的目的，只在于以尽可能清楚的方式做一个客观的综述而已.

您所谈到的这篇文章的"倾向"，或许是指"简谐波列"之类的说法. 但是，使用这些说法只是为了使人们想到整个辐射理论所依据的经验，此外并无任何更多的用意，而无论是"波"还是"波列"，也都只是指的说明衍射光栅的简单作用所必须应用的那些概念，此外并无别的意思.

---

† 9 月 1 日致洛伦兹和艾伦菲斯特的信，分见本卷原第 668 页和原第 626 页.

†† 信的全文见本卷原第 626 页. 致《自然》的信将编入第四卷中.

* 信的全文见本卷原第 627 页.

盼望更多地听到您的见解，我代表我们这里所有的人向您致以最衷心的问候.

您的

[尼耳斯·玻尔]

这似乎是讨论索尔威报告的很长通信中的最后一封信. 未交出的第二部分
的若干稿本将编入第四卷中. 玻尔终于交了稿的报告见本卷原第 364 页. J·E· 36
弗尔沙弗耳特教授准备的并于 1923 年印在索尔威基金会的会议文集中的法文译本，很紧密地遵循了所交的底稿，除了在报告末尾和另外一两个地方有些改动而且已经注明以外；[本卷所载]报告的改动了的结尾是根据已发表的法文本翻译的. 既然艾伦菲斯特关于对应原理的报告是以玻尔的名义做出的，本卷也按照它刊载在会议论文集上的形式复印了这篇报告(见原第 381 页). 此外也复印了关于对应原理的讨论(见原第 388 页).

艾伦菲斯特在 1921 年 12 月下旬在哥本哈根发表了两篇演讲. 他曾到挪威和瑞典短期旅行，归途在哥本哈根停留了几天.

18. 量子论对一般原子问题的应用(1921)

在尼耳斯·玻尔文献馆中有一个没标日期的纸夹子，上面有“量子论对一般原子问题的应用”的字样. 里边的内容是：(1) 具有同一标题的 25 页打字稿，(2) 第6—25 页复写稿，这显然是(1)的一种较晚的文本，在某些改笔和补充字句方面和(1)有所不同. (1)的第 1—4 页和复写稿(2)的全部，见本卷的原第 397—414 页.

根据引论中的叙述可以推知，玻尔的用意是要作为丹麦皇家科学文学院的研究报告发表一篇综合性的论文，来代替因“外界条件”而迟迟没有发表的 Q. o. L. 的第三部分和第四部分. 打算写的论著包括两部分. 第一部分是要对量子论的一般理论论证和以前的应用做一综述，而第二部分则将包括对周期表中表现出来的各元素特定性质的可能解释的详细讨论. 玻尔写道：“至于本文所采用的表达理论的方式，却要求读者有很大的耐心；这种表达方式常常有那样一种外貌，显得是时而应用一些明确叙述的理论观念，时而又通过从已确立的事实得出的信息来发展这些观念. 这种手法当然显示了理论思想的品格，但是它却应该被认为是关于所考虑课题的当前工作的特征；对于这些工作来说，问题不仅仅在于发展实验事实的诠释，同样也在于利用这些事实来发展我们的还不完善的理论观念. 因此，对于这些课题来说，解释的真实性问题也许就

37 在比其他科学领域中更高的程度上仅仅是一个内在合理性和内在和谐性的问题了.”

现在的稿子只是第一部分的片段. 在四页引论以后,论文内容是在下列各标题下给出的:第一章:普遍原理 §1. 基本公设;§2. 定态的一般性质;§3. 具有简单周期性质的体系的态关系式;§4. 量子论中的辐射问题.

在 §4 中说到下一节将讨论对应原理. §4 的最后一句是:“虽然怎样才能在量子论的基础上发展一种详细的色散理论在目前还是一个没有解决的问题,但是,建筑在这种基础上的一种很有希望的开端,却似乎被包含在拉登堡近来发表的那些关于这一现象的有兴趣的考虑中(Z. Phys. **4**(1921)451)了.”

拟写的论著从来没有写完和发表. 一件很有趣的事实是,约占稿件三分之一的一些零散段落是和玻尔寄给 1921 年 4 月间在布鲁塞尔召开的第三届索尔威会议的那份稿子中的词句或段落完全相同(或实际上完全相同)的.

在 1921 年 9 月 16 日致索末菲的信、8 月 15 日致汝宾诺维兹的信和 10 月 10 日致艾伦菲斯特的信中,玻尔提到他正在撰写“一篇我的原子结构观点的综合性报告”. 这似乎就把未发表的作品的日期确定在 1921 年底了. 正如根据编入本书第四卷中的那些材料可以看出的,这正是玻尔把主要精力用在元素周期系的诠释方面的时候.

19. 电场和磁场对谱线的效应.
第七届古茨瑞演讲(1922)

玻尔在 1922 年 3 月 24 日对伦敦物理学会发表了标题如上的第七届古茨瑞演讲. 参加听讲的有 165 位研究员和来访者. 按照他的习惯,玻尔在发表演讲时没有完备的讲稿,而只有一些或多或少粗略的提纲. 准备一篇供发表用的定稿对玻尔来说是一种相当沉重的负担,这从他在 7 月 15 日写给克喇摩斯的信可以看出;他在信中写道,“……我曾力图写完那篇不幸的(‘ulyksalige’)古茨瑞讲稿”[*],然后他说他不得不放弃这件事. 讲稿终于在 1923 年 7 月间交出,而且不久以后就发表了(Proc. Phys. Soc. (London)**35**(1923)275). 这篇讲稿见本卷原第 415 页.

古茨瑞演讲的前五节基本上包括了 Q. o. L. 的第二部分. 但是,通过略去某
38 些证明和引用这一期间所得到的实验数据,玻尔曾经澄清了主要课题并把它弄得更容易阅读了. 演讲的这一标题的选定,表示了玻尔的 1918 年的著作和他的

---

* 信的全文见本卷原第 656 页.

对应原理在物理学家中间传播的缓慢程度.

演讲的最后一节处理了外场对多电子原子所发射的光谱的效应.这主要依据的是在从发表1918年著作到发表演讲这一期间由玻尔(以及别人)所推敲出来的那些想法.既然讲稿是在发表了演讲一年多以后才完成的,玻尔在发表讲稿时也补充了1922年3月以后出现的一些参考文献.

20. 论量子论的选择原理(1922)

在《哲学杂志》的1922年4月号上,P·D·福提、F·L·摩勒尔和W·F·麦格尔斯发表了一篇短文《选择原理的一个重要例外》,描述了关于钾的电弧光谱的实验,他们在实验中观察到了和等于2的角量子数改变相对应的谱线,这是和众所周知的选择定则相抵触的.玻尔于1922年4月11日给《哲学杂志》的编者发了一封信,他在信中讨论了观察到的现象,并且提出新谱线的出现可能是由于强场对发光原子的干扰引起的,这种强场是所述实验中高离子密度的结果.这种新谱线的出现已经在1918年的Q. o. L.中预见到了,而且玻尔在古茨瑞演讲中也提到了;他在信的末尾援引了这篇演讲.他得到结论说,可以认为实验是支持对应原理的.这封信见本卷原第447页.

21. 同位素线系光谱之间的差别(1922)

1922年6月10日,艾伦菲斯特发表了致《自然》编者的一封信,标题是"同位素线系光谱之间的差别";他在信中指出,近来由许多不同的作者应用过的一个公式(见F. W. Aston, *Isotopes*(London 1922), p. 123)只有对于包含单独一个电子的原子才是精确适用的,而对于包含多个电子的原子则是十分不正确的.

艾伦菲斯特曾经在发表以前把他的信给玻尔看过,而且玻尔给他写了一篇后记;他在后记中支持了艾伦菲斯特的论点,并且更加详细地讨论了问题.

艾伦菲斯特的和玻尔的致《自然》编者的信,见本卷原第453页.

22. 论量子论对原子结构的应用. 39
I. 基本公设(1923, 1924)

玻尔在1921年打算写一篇关于原子结构量子论的综合性论著.但是他发现这个任务太巨大,而且他的若干作品也还没有写完和没有发表.在1921年和

1922 年期间，他在诠释具有多个电子的元素的光谱和解释周期系方面取得了颇大的进展. 例如，在 1921 年，他在《自然》上发表了两篇短文(Nature **107**(1921) 104; **108**(1921)208)[*]，并于 1921 年 10 月 18 日在哥本哈根的物理学会和化学会的联合会议上发表了演讲(Fys. Tidsskr. **19**(1921)153)[**]. 在演讲的德文本(Z. Phys. **9**(1922)1)中，他在一条小注中提到某些带基本理论性质的论点将在一篇论文中详加讨论，该论文不久就会在《物理学报》上刊出.

但是玻尔很快就决定了，与其写一篇单独的论文，倒不如写一系列简短的论文更加切实可行. 于是，在 1922 年 5 月 9 日，当写信感谢朗德赠送一本小书 *Fortschritte der Quantentheorie*《量子论的进展》, Th. Steinkopf, Dresden and Leipzig 1922)时，他就写道:"……我已经希望在几星期内寄一篇论文给《物理学报》，这是一系列短文中的第一篇，这些短文将详细讨论我的〈1921 年 10 月 18 日的〉演讲所依据的那些看法……"玻尔对于朗德给他近期的论文提供了那么多版面表示满意，"……不然的话，由于这些论文的形式不是那么容易接受，它们就可能只受到很少的注意……"[***]在日期为 1922 年 5 月 19 日的一封给艾伦菲斯特的信中，玻尔再次提到了发表一系列短论文的计划，并且说其中第一篇在几天之内就将完稿. "……这些论文将主要处理量子论的普遍原理，而且您将发现我已经从我们的讨论中获益匪浅……"[****]

不久以前，在 1922 年 4 月 30 日，玻尔在一封亲笔信中感谢了索末菲赠送《原子结构和光谱线》的第三版，他并且写道:"……最近几年以来，我曾经在一种印象下常常感到自己在科学上是很孤独的，那种印象就是，我那种尽我所能来系统地发展量子论原理的努力曾经很少为人们所理解. 在我看来，达到如此一种内在的和谐以使人们能够得到一种今后发展的可靠基础，这不是一件徒托空谈的小事而是一种严肃认真的尝试. 我很清楚事情澄清得还多么不够，也很清楚我在以一种容易接受的形式表达我的思想方面是多么无能……我将在一篇文章中更深入地论述这样一些问题，该文不久即将在《物理学报》上发表，并将包含对于作
40 为我的有关原子的演讲[*****]的依据的那些东西的进一步讨论……"[******]

关于玻尔当时感到许多物理学家对他理解得很差一事，可以在他写给阿图尔·哈斯的一封信中找到另一个证据. 哈斯曾经请求玻尔寄给他一些近期论文的抽印本，以帮助他准备他的 *Einführung in die theoretische Physik*(理论物理

---

[*] 这些论文将编入第四卷中.

[**] 这些论文将编入第四卷中.

[***] 信的全文见本卷第 478 页.

[****] 信的全文见本卷第 452 页.

[*****] 这是指我们刚刚提到的 1921 年 10 月 18 日的演讲.

[******] 信的全文见本卷第 502 页.

学引论)的新版本，玻尔在 1922 年 4 月 11 日写道："……为了您的书的利益起见，我可以借此机会指出：照我的观点看来，在大多数专门书籍(例如索末菲的有名著作)中可以找到的这一理论的表达方法，不论是从这一理论的发展过程来说还是从它目前的立脚点来说，都显得并不特别合适，即不能使读者对量子论的原理得到一种对于这一理论的内容可称公正合理的洞察……"*

玻尔并没有能够像他所希望的那么快地完成他在给朗德、艾伦菲斯特和索末菲的信中所提到的那篇论文．论文的完成可能是由于他 1922 年 6 月间的哥廷根之行而被推迟了，他在哥廷根发表了七篇沃耳夫斯开耳演讲(见第四卷)．但是，论文到底完成了，并且在 1922 年 11 月 15 日为《物理学报》所接受，而且不久就发表了出来(Z. Phys. **13**(1923)117)．玻尔在这篇论文第 1 页的一条底注中说："这篇研究报告将形成以这一标题发表的一系列文章的第一篇．各文的目的在于系统地剖析在原子结构的研究中所曾遇到的那些问题．在处理方法上，它们将密切追随在 1918 年发表的一篇作品，它属于哥本哈根科学院论文之列(《论线光谱的量子论》……)……在实质上，这些文章密切地追随了这一作品的一种总结形式，作为一篇哥本哈根演讲**的译文而刊载于 Zs. für Phys. **9**，1，1922……"

在论文的引论中，玻尔提出了他在许多场合下常常重述的一种说法："……自然过程的每一种描述必须建筑在已经由经典理论引入和定义了的那些概念上．"论文分为三章：定态，辐射过程和论量子论的形式化本性．每一章又分成若干节．玻尔在许多地方表明，所讨论的问题将在本系列的后继论文中更充分地加以处理．例如，他在第一章 §4 中说："……我们将试图证明，尽管以上的考虑包含着不确定性，但是看来仍然能够通过量子数的引用来以一种 41
合理的方式表征原子的运动，即使对于多电子原子也是如此……截然的、稳定的定态的要求，可以按照量子论的语言称之为关于**量子数的存在和永久性**的普遍原理．"

在最后一章中，他简略地讨论了色散现象和反射现象；关于这些现象，不论是经典理论还是当时的量子论都还不曾能够提供一种适当的说明．他提到 R·拉登堡的近期工作(Z. Phys. **4**(1921)451)，认为是有希望的；这种工作后来曾由克喇摩斯加以推广，并且被证实为走向海森伯量子力学的重要的一步．

一件有趣的事实是这篇论文和克喇摩斯的论文"*Über das Modell des*

---

* 信的全文见本卷第 647 页．

** 这篇演讲的译文将编入第四卷中．

Heliumatoms"(论氦原子的模型)(Z. Phys. **13**(1923)312)发表在《物理学报》的同一卷上. 克喇摩斯的文章是由于两个原因而引人注意的：在玻尔和克喇摩斯在若干年内所做的关于氦的结构的大量工作中，这是唯一实际发表了的一篇文章；由于无法和观察到的电离电势取得一致，这篇文章很清楚地显示了经典力学从而还有微扰理论在精确地描述哪怕是处于定态的原子中的电子运动时的无能为力，这是玻尔在这一篇以及他的其他近期论文中提到的一件事实.

过了一段时间，玻尔的论文由美国物理学家 L · F · 科尔提斯译成了英文，并且在《剑桥哲学会会刊》(Proceedings of the Cambridge Philosophical Society **22**(1924)1)上发表了. 有一两条译者注给出了在 1923 年发表的一些论文作为参考文献. 这篇文章的译文见本卷原第 455 页.

23. 论量子论对原子结构的应用.
II. 线系光谱理论(1923)

答应在《物理学报》上发表的一系列论文，实际上只发表了其中的第一篇. 但是，在尼耳斯 · 玻尔文献馆中有一个第二部分，全都是打字稿，而且显然是准备好了付印的. 根据玻尔和别人的通信，可以找到一些迹象说明这是什么时候写的和为什么一直没有发表.

泡利曾经于 1922 年秋季来到哥本哈根，并且在这里停留了将近一年. 他曾经协助玻尔准备这篇论文，并且把玻尔的另一篇论文译成了德文. 泡利在 1923 年 7 月 16 日从汉堡寄给玻尔的一封长信中写道："……在度夏的过程中，您也许会终于得到关于线系光谱的多重结构和反常塞曼效应的一种救命的概念. 但是，如果您竟然改变了您的计划并放弃为 Z. Phys 写的论文而宁愿更多地休息一下的话，我希望您千万别由于为我考虑而影响您的决定……"在日期为 1923 年
42 8—9 月的一封较晚的信中，泡利对玻尔带着克喇摩斯去英国表示了失望(玻尔在去美国的途中要在英国停留，以便参加大英科学协会在利物浦召开的会议，见原第 575 页). 泡利因为玻尔剥夺了他和克喇摩斯作伴的机会而生气了，因为他早就盼望和克喇摩斯一起去寻求某种非常需要的娱乐. 他认为这是玻尔希望让克喇摩斯协助他完成 Z. Phys. 的论文，但是他却争论说根本没有时间做这种事，因为玻尔的时间将全部用于准备他在英国和美国所要发表的演讲. "……最重要的是，现在您所能支配的时间在任何情况下都不足以完成整篇的论文了. 或是现在只发表一部分，或是把整个问题留到明年 1 月份再说，除此以外没有别的选择. 如果您设想还有别的可能，那就只是一种错觉. 而且我相信我只是通过力图使您消除这一错觉而为您做一件好事……"在 1923 年 10 月 11 日，克喇摩斯

给在美国的玻尔写信说："……但是，从今天开始，我将全力以赴地搞德文译本，并且希望在不多几天之内把它结束. 舒耳兹小姐已经把我们在英国写成的部分全都打印好了……"[*]

1923 年 11 月 22 日，海森伯给玻尔写了一封长信，讨论了反常塞曼效应. 玻尔在 1924 年 1 月 31 日回覆这封信时写道："……最近几天，我计划联系到为出版者写完我关于量子论和原子结构的论文第二部分的工作，再次把注意力转向反常塞曼效应所引起的问题；论文的第一部分已经在一年以前在 Z. Phys. 上刊出了. 在泡利离开这里的不久以前，他曾精力充沛地在完成这个第二部分方面帮了我的忙. 虽然已经弄出了一份稿子，我却不得不延期发表它，而我则很不幸地一直没能亲自来致力于这件事. 在这个第二部分中，我曾经企图比以往稍微更仔细地考察多电子原子的问题，特别是对于所涉及的量子论的基本问题采取一个立场……"玻尔有些问题要和海森伯详谈，并邀请他到哥本哈根来住一两个星期[**]. 海森伯于 3 月间来了，而又过了些时候玻尔也到哥廷根去了一趟，他在那里也和玻恩交换了意见. 他们安排好，海森伯应于 1924 年 9 月间到哥本哈根作较长的停留. 1924 年 6 月 18 日，玻尔让克喇摩斯给在哥廷根的海森伯带去了一封信；他在信中写道："……我打算延期发表我的长篇综述文章，直到你于 9 月间来到此地为止. 因此，我曾经想到也许写一篇关于光谱理论的问题的短文，其范围涉及主量子数的诠释和确定……"[***]

考虑一下论文的内容就可以得到一个线索，表明玻尔之所以迟疑发表此文 43
和计划写一较短论文的原因.

论文包括四节：单电子原子的光谱，关于多电子原子的初步论述，多电子原子的光谱，外场对线系光谱的效应. 第一节没有包含什么新东西，而且可以看成是提供了关于所处理的课题的一个完全适当的说明. 在这一节的末尾，玻尔提到他有一段时间曾经相信，互成一角度的电场和磁场对氢原子的微扰会造成不很细锐的定态和谱线的漫散变宽. 但是他指出，艾普斯坦新近曾经证明，在这一情况下微扰在一级近似下也是双周期性的，从而也将造成细锐的成分线(P. S. Epstein, Z. Phys. **8**(1922)211).

玻尔在其次一节中指出，定态中不同电子之间的相互作用不能用经典运动方程来精确描述；而情况却是，每一个电子的运动似乎是由一种非力学的稳定性来支配着的，这种稳定性和整个原子当受到外界影响时所显示的稳定性相类似.

---

* 这些信的全文见本卷原第 673、第 674 和第 661 页.

** 信的全文见本卷原第 649 页.

*** 信的全文见本卷原第 650 页.

因此,在其次一节中给出的关于原子中电子运动的描述,就是建筑在曾在以前的论文中提到过的关于量子数的存在和永久性的形式公设上的.其次一节分成了三小节.在头两小节中发展了一种理论,它导致了关于两个“本征量子数”(Eigenquantenzahlen)n 和 k 的一种诠释和关于光谱项的瑞兹公式的一种推导.文中假设,最外电子或称线系电子通常是在一个轨道上进行有心运动,那个轨道位于原子心以外,由一系列近似于开普勒椭圆的等同的并且按角度等距分布的圈线构成.这些圈线由另外一些可以穿入原子心的圈线来连接.在大部分时间内,线系电子都在外部的圈线上运动,但在穿入内部的圈线上电子却受到一个增大了的指向原子核的吸引力,这就大大减小了它的能量.文中假设线系电子和原子心之间并不发生任何的能量的交换和角动量的交换.

§3 的第三小节处理了谱项的多重结构(双重谱项,三重谱项等等).玻尔试探性地把这种多重结构看成线系电子和原子之间一种相互作用的后果,并且引入两个附加量子数来表征线系电子轨道平面绕整个原子的固定角动量轴线的一种旋进以及原子心的一种转动.但是他注意到这种理论并不能充分说明实验结果,从而预告在本系列的第三篇论文中讨论某些遗留的问题.

44 在论文的第四节即最后一节中,处理了均匀的电场和磁场对线系光谱的效应.虽然要想定量地解释针对均匀电场中的原子所得到的大量数据,就需要对出现在未受扰原子和受扰原子的定态量子条件中的那些符号的运动学意义有一种精确的认识,但是,在以前各节中发展起来的理论却给观察到的所有一般性特点提供了一种令人满意的解释.另一方面,经过解释当一个或两个谱项具有多重结构时所显示的反常塞曼效应的彻底努力,玻尔得出结论认为它是不能在目前的量子论的基础上来加以理解的.他推测这可能是由加在线系电子和原子心中各电子之间的相对取向上的一种约束(“Zwang”)引起的,这种约束不能用力学概念来描述.

在解释多重结构和反常塞曼效应这些相互关联的现象时的失败,几乎肯定就是促使玻尔推迟并终于放弃发表上述论文的原因.他在某些信件中提到的那篇较短的论文,也许就是要处理的这一论文的前几部分,那几部分是对所考虑的实验结果做出了适当的说明的.但是,这篇短文也从来没有完成.

在尼耳斯·玻尔文献馆中保存着三个片段:*Die Gesetze der Serienspektren*(线系光谱的规律),4 页打字稿,日期为 1924 年 6 月 19 日;*Atombau und Korrespondenzprinzip*(原子结构和对应原理),2 页;*Atomteoretiske Problemer*(原子理论的问题),8 页;这些片段可能是打算用作这样一篇短文的几部分的.这些片段似乎都是在同一时间写成的,即在和克喇摩斯及 J·C·斯累特尔合撰的论文(Phil. Mag. **47**(1924)785)发表以后的某个时候;那篇论文在量子论中引入了本质上新的想法,从而将编入较后的一卷中.

未发表的稿子 *Über die Anwendung der Quantentheorie* II(论量子论的应用 II)是相当有趣的,因为它代表了"旧量子论"的最终表述,而且清楚地显示了有心运动的概念在诠释线系光谱方面的成功和失败.此稿的译文见本卷原第 501 页.有一条公式中的一个明显笔误以及少数几个印刷错误都已经过改正.前两个段落的原文和英译本见原第 559—568 页,最后一部分只印了译文,见原第 569 页.

24. 大英科学协会在利物浦召开的会议(1923)

玻尔于 1923 年 9 月间在他去美国的途中在英国停留了一下,并且参加了大
英科学协会在利物浦召开的会议.克喇摩斯随他去了英国,但没去美国.主席致
辞"论光谱的起源"是由多伦多大学的 J·C·马克楞南教授作的,而玻尔也发表 45
了一两次演讲,其中包括对应原理的一种简练的论述.这一论述刊于《分科会报
A》(Sectional Transactions A)的第 428—429 页上,并见本卷原第 576 页.

玻尔在利物浦会议上的演讲的另一部分的摘要于 1923 年 10 月 22 日寄给了马萨诸塞州阿默斯特的 A·O·阮肯.根据这份摘要可以断定,玻尔曾经概略介绍了原拟在《物理学报》上发表的《论量子论的应用 II》一文的前几节中所给出的关于线光谱的诠释(见原第 501 页).在他的论述的结尾处,他清楚地指出了所假设的最外电子的运动不能从经典力学导出,而是必须看成借助于对应原理而根据光学资料推测出来的.这份摘要于 1924 年 2 月 9 日在《自然》上刊出(Nature **113**(1924)223),其译文见本卷原第 578 页.

25. 在美国发表的演讲(1923)

玻尔在 1923 年秋季到美国去做了一次巡回演讲.他于 9 月 19 日和曾任大英国科学协会利物浦会议主席的 J·C·马克楞南一起乘"苏格兰女王号"从英国启航.在 10 月 1 日、2 日和 3 日,玻尔在多伦多大学发表了三次演讲.在 10 月 5 日,马克楞南给当时已在阿默斯特的玻尔写了信,并告诉他这些演讲得到了多大的赞赏:"……它们将在今年冬天对我们起到一种伟大启发的作用."玻尔也在哈佛、耶鲁、阿默斯特、哥伦比亚和芝加哥大学发表了演讲.他在耶鲁发表了席利曼演讲.既然这几篇席利曼演讲显然是他在美国发表的最全面的演讲,他就准备了比别的讲稿更详细的讲稿.只有最后一篇席利曼演讲是特别处理的周期系的诠释,而其他几篇演讲则讨论的都是量子论的普遍问题.因此,这些讲稿都已编

入本卷而没有编入第四卷(见原第 587 页). 玻尔在这些演讲中用过的幻灯片可惜已经不复存在了.

在 1923 年 10 月 29 日,玻尔在上述各美国大学中的某一大学的一个科学俱乐部中发表了一篇题为《论现代原子理论中的某些哲学方面》的演讲. 这篇演讲的内容可以用下列的笔记来表明(笔记是由美国物理学家弗兰克・霍伊特手写的):

作为科学的依据的那些概念的逐渐成长. 力学的发展. 伽利略、牛顿和爱因斯坦. 主观条件的描述的独立性. 电磁理论. 法拉第、麦克斯韦. 光的电磁理论. 爱因斯坦的工作. 经典物理学定律的可能是最后的形式.

46 原子世界的定律. 电的原子构成以及原子结构的发现. 物理考虑的本性的改变. 问题倒过来了. 辐射的量子论. 佯谬. 折衷的不可能. 借助于几率考虑来描述原子过程. 几率概念的分析. 依据经典概念来发展图景的好处的可疑性. 关于科学中的解释是何所指的分析.

玻尔于 1923 年圣诞节前不久从美国回了国. 然后他和克喇摩斯几乎立刻就同 J・C・斯累特尔进入了关于光的本性这一两难问题的新处理的讨论[*]. 在以后的几年中,虽然在很大程度上是受了玻尔的启迪,量子论的一些主要进展却是由更年轻的物理学家们取得的;玻尔在这几年中的勤奋工作,将在第五卷和以后的几卷中加以处理.

---

* N. Bohr, H. A. Kramers and J. C. Slater, Z. Phys. **24**(1924)69; Phil. Mag. **47** (1924)785. 并参阅 L. Rosenfeld, Archive for History of Exact Sciences **7**(1971)69.

Ⅰ. 推广对应原理的最初迹象

底　稿*

---

* ［见引言第 2 节.］

48 按照引论中的基本假设,辐射被原子体系的每一次发射或吸收都是通过两个不同定态之间的一次完全跃迁来进行的,而对应于这一过程的辐射频率和所发射或所吸收的能量之间的关系则由(3)式〈$h\nu = E' - E''$〉给出. 如上所述,这些假设对于解释光电效应和温度辐射等现象似乎是必要的,而且也给普遍的光谱线组合原理提供了一种解释,但是,与此同时,假设中所涉及的本质不连续性却使得利用普通的力学理论和电动力学理论来详细地描述辐射的发射机制和吸收机制成为不可能的了. 当我们考虑一种情况时上述假设和力学、电动力学理论之间的对立就是特别突出的,那情况就是,一个给定体系在定态中的运动通常是如此地不规则,以致不能用一种简单方式把它和一个确定的频率联系起来,而且这种运动通常甚至在体系的不同定态中也是完全不同的.

但是,不必描绘两个定态之间的跃迁机制的任何细节,我们却将看到,以(3)式为基础的线光谱理论可以在形式化的意义上看成普通辐射理论的一种自然的推广.

[此处划掉了一段]

首先考虑一个体系的特例;对于这个体系来说,每一个轨道都是周期性的,而不以初始条件为转移,而且它的定态是由(6)式给出的. [(6)式可能是指 $E_n = -2\pi^2 me^4/h^2n^2$, $\omega_n = 4\pi^2 me^4/h^3n^3$.] 在这种情况下,我们可以针对每一定态谈到一个确定的频率,但是这一频率对于不同的定态将是不同的. 在和大的 n 值相
49 对应的极限下,和相邻的 n 值相对应的频率值之比和 1 相差很小;只有在这种极限下,我们才能指望和普通的辐射理论有一种简单的联系.

[划掉了 5 行]

设一个定态和 $n = n_0 + m$ 相对应而另一个定态和 $n = n_0$ 相对应,而此处的 m 远小于 n_0,在这种情况下,对应于这两个定态之间的可能跃迁,我们在(4)式〈$\delta E = \omega_{n_0}\delta J$〉中令 $\delta E = E_{n_0+m} - E_{n_0}$,并令 $\delta J = mh$,就得到 $E_{n_0+m} - E_{n_0} = h\omega_{n_0} m$. 而且,通过应用(3)式,我们由此就针对所考虑的跃迁得到

$$\nu = m\omega_{n_0} \tag{X}$$

但是可以看到,这恰恰就是那样一种辐射的频率,按照普通的辐射理论这种辐射应该是被处于和 $n = n_0$ 中的体系所吸收或所发射的. 但是,按照普通理论,和对应于(7)式中不同 m 值的不同频率相对应的那些辐射是同时被发射或吸收的,而按照现在的理论这些频率却是和一些完全不同的过程相联系着的,这些过程对应于体系从一个给定的态到不同的相邻定态的过渡. 因此,承认了和量子论的特性有着本质联系的这种区别,我们就看到,对于所考虑的体系来说,我们通过关系式(3)的应用就得到和普通理论的一种所能希望的最紧密的联系. 但是,对于公式(X)却可以注意到,在体系的纯简谐运动的这一特例中,我们根据普通理论只能预期有对应于 $m = 1$ 的一种频率. 因此,为了保留和这一理论的类似性,我们可以预期在简谐运动的情况下体系只能在对应于相继 n 值的态间进行单步式的过渡. 在具有不依赖于能量的恒定频率 ω_0 而其定态由(5)式[可能是指 $E_n = nh\omega_0$]给出的线性谐振子这一特例中,通过(3)式的应用,由此就导致一个简单的结果,即所发射的或吸收的任何辐射都将具有一个等于 ω_0 的频率. 但是,如果运动只是近似简谐的,我们就将预期体系有一种很小的趋势在和差别更大的 n 值相对应的态间发生过渡,并从而引起等于基频 ω_0 的整数倍的一些频率的发射或吸收. 这是和近来一种很有兴趣的观察结果相一致的[E. C. Kemble, Phys. Rev. **8**(1916)701],那就是,人们发现在某些双原子气体的红外光谱中有一些很弱的谱线,其频率和光谱中某些强谱线的频率的二倍很相近,这可能是由分子中两个原子彼此之间的近似的谐振动引起的.

[此处划掉了一段. 有六行左右没有划掉,但无法辨认] 50

这些想法似乎得到前一章所讨论了的索末菲和艾普斯坦关于电场和磁场对氢光谱的效应的理论的有力支持. 例如,按照索末菲的理论,磁场中的一个氢原子的能量由下式给出:

$$E_{(n_1 n_2 n_3)} = E_{(n_1+n_2+n_3)} + n_3 \cdot \left\langle \frac{e}{m}\frac{H}{4\pi c}h \right\rangle$$

式中 n_1、n_2 和 n_3 是分别和运动的几个分量相对应的量子数,那就是相对于矢径长度的运动分量,相对于矢径和磁力之间的角距离的运动分量,以及相对于通过力的方向的固定平面和通过矢径及力的那个平面之间的角距离的运动分量. 第一项和氢光谱的简单理论中的能量表示式相当,如果令 $n_1 + n_2 + n_3$ 等于 n 的话. 第二项表示了磁场对体系能量的影响.

[划掉了两行]

现在,观察到的磁场对氢光谱的效应就是通常所说的正常塞曼效应,那就是:每一条谱线都劈裂成三条成分线,其中一条和原谱线具有相同的频率,并且是平行于场而偏振的,另外两条成分线对称地位于原谱线的两侧,并且显示一种以磁场为轴线的圆偏振.后两条谱线和未移动谱线之间的频率差等于〈$eH/m4\pi c$〉,如所周知,这就是根据建筑在普通电动力学上的洛伦兹理论所应预期的.按照现在的理论,这种结果就表明:除了和平行于场而偏振的未移动谱线相对应的 n_3 保持不变的那种跃迁以外,我们只能有 n_3 改变一个单位并和两条圆偏振成分线相对应的那种跃迁.

本文作者在一篇较早的论文〈Phil. Mag. **27**(1914)506〉中曾经表示了一种观点,认为磁场对氢光谱的效应不是起源于场中原子的能量的改变,而是起源于场对不同定态之间的跃迁机制的影响.这是根据一件事实推断出来的,那就是,磁场中氢光谱的谱线不能表示成一种完全的组合光谱的形式.但是,我们现在却看到,对组合原理的表现偏差并不是这一原理在本情况下不适用的结果,而是由
51 于一些谱线的有系统的缺失的结果,那些谱线是通过这一原理的不受限制[?]*
的应用所能预期的.

这显然和上述那些关于简单周期体系的考虑有着密切的类似性.虽然当存在磁场时电子的运动只是准周期的,我们却立即看到对应于 n_3 的运动比对应于其他两个坐标的运动更加和一种简谐运动相类似.例如这可以从一件事实看出,那就是,体系仅有的真正简谐运动就是电子绕场的轴线的沿圆周轨道的运动,也就是只有 n_3 异于零的那种运动.因此,认为在单独一次跃迁过程中 n_3 不同于 n_1 和 n_2 而只能改变一个单位,这就是上述那些考虑的一种自然的推广了.我们根据圆偏振的方向必须得出这样的结论:在一次发射中,n_3 的数值不可能增大.这一结果和索末菲提出的假设相对应;按照那种假设,对于一个准周期[?]体系来说 n_1、n_2、n_3 各数不可能由于自发[?]过程而有所增大.

这些初看起来可能显得是高度假说性的考虑,现在似乎以一种显著的方式得到了斯塔克关于电场对氢[?]体系的效应的观察结果的支持.

[划掉了两行]

按照斯塔克的观察,每一条氢谱线在电场中都劈裂为若干条分别平行于和

* [中译者按:方括号中的问号可能表示原稿有模糊处.]

垂直于电力而偏振的成分线. 当我们在普通的氢线系中向大的序数过渡时,成分线的数目就从一条谱线到另一条谱线有规则地递增.

按照艾普斯坦的理论,电场中一个氢原子的能量由下式给出:

$$E_{n_1 n_2 n_3} = \langle -K/(n_1+n_2+n_3)^2 \rangle + \left\langle \frac{3h^2 F}{8\pi^2 em} \right\rangle \cdot (n_1+n_2+n_3)(n_2-n_1)$$

式中 n_1 和 n_2 是和一个平面上的双曲坐标相对应的量子数,该平面经过场的轴线和从核到电子的矢径,而 n_3 则和以上一样是和这一平面及通过场轴线的固定平面之间的角距离相对应的量子数. 和在上一情况中一样,第一项是和当令 $n_1+n_2+n_3=n$ 时由简单氢光谱理论所给出的能量值相对应的,而最后一项则给出场的效应. 正如艾普斯坦所指出的,通过(3)式 $\langle h\nu = E' - E'' \rangle$ 的应用,这一公式立即导致一个简单结果,即不同成分线之间的距离必须等于某一数的整数倍,而那个数对于氢光谱中的所有谱线都是相同的. 经发现,这个结果和观察结果完全 52
相符,虽然斯塔克事先并没有注意到这一情况. 此外,经发现,这一理论能够近似地说明所观察到的不同成分线之间的距离以及不同氢谱线中的成分线的条数. 但是,为了得到全面的符合,艾普斯坦却发现必须引入某些似乎不太可能的假设. 例如,他得出结论说,和一次给定的跃迁相对应的辐射的偏振[?]取决于 n_3 是改变了偶数个还是奇数个单位. 在前一情况下偏振是平行于场的,而在后一情况下则是垂直于场的. 但是,对于测量结果的更仔细的检查却表明,除了对于被斯塔克说成有问题的或很不清楚的少数几条成分线以外,完全的符合可以通过和关于塞曼效应的上述考虑尽可能类似的下面一组假设来得到:1) 按照索末菲法则,n_1、n_2、n_3 这些量的任何一个都不能由于一次自发的发射过程而有所增大;2) n_3 绝不能减少多于一个的单位;3) 如果 n_3 保持不变[?]则偏振平行于电力,如果 n_3 因跃迁而改变则偏振垂直于电力;4) n_3 绝不能等于零. 这些假设的形式上的理由将在下一章中加以讨论.

[划掉了一段]

通过进一步地发展这种类型的考虑,看来就有可能对于组合原理所预言的各元素光谱中那些谱线的出现或不出现的那种众所周知的表观难测性得到一种理解. 但是,可以指出,对于不存在[?]外场时所发射的普通光谱,不能指望得到上述那种简单的法则. 这是由于这样一件事实:当存在外场时轨道的形状和取向都是完全确定的,而当不存在外场时取向[?]却有一定程度的任意性,从而就不可能无歧义地比较那些和所给定态中准周期运动的各个分量相对应的量子数. 索末菲的氢谱线精细结构理论提供了这方面的一个有趣的例子. 在这里,定态是仅仅根据两个数 n_1 和 n_2 得出的,它们和径向运动及轨道平面上的角运动相对应,而轨道平面[?]本身则是任意的. 正如帕邢的观察结果所证实的,出现不同成分线的趋势在很大程度上依赖于产生光谱时所用的放电的本性. 例如,当使用恒稳电压放电或迅烈放电时,就曾观察到条数不同的成分线.

[若干词组和补充文句无法辨认]

Ⅱ. 未使用的《论线光谱的量子论》的校样，第二部分 53

(1918*)

* ［见引言第4节.］［中译者按：原书此处是影印的校样原本，上面有一些(铅笔?)校改之处——应是玻尔的亲笔.中译本不能表现这种情况，只能请有兴趣详加考订的读者们参阅原书了.］

54 不依赖于各粒子的速度而可以由一个只依赖于位置坐标的势函数推得.但是,在现有的情况下,如果磁场的效应足够小,以致我们可以忽视和磁场引起的力与体系中电荷引起的力之比的平方具有相同数量级的小量,则在这些方面所要引入的修改是很简单的.在这种近似下我们首先就有,正如拉摩尔[1]所证明的,当存在一个均匀的外磁场时,在辏力场中转动的电子体系的运动和没有场时体系的一种力学上可能的运动之间的差别,只表现为叠加上了整个体系绕着通过力心并平行于磁力的一条轴线而进行的一种匀速转动.这一转动的频率由下式给出:

$$\omega' = \frac{e}{4\pi c m} H \tag{55}$$

式中 c 是光速而 H 是磁场强度.其次,朗之万[2]在他的抗磁性理论中曾经证明,如果外磁场是慢慢建立起来的,则由于按照普通电动力学将伴随着磁力的变化而出现的电力,也正是这样一种转动将叠加在体系的原有运动上面.因此,根据关于定态的力学浸渐不变性的普遍原理,似乎就可以很自然地假设:当存在磁力时,对于由一组若干个在辏力场中运动着的电子所构成的原子体系来说,其定态中的运动将和没有磁力时体系的定态运动只差一个叠加上的匀速转动,其转动频率为 ω',所绕轴线通过力心并平行于磁力.

如果我们暂时假设磁场对定态中体系能量的总效应仅仅来自刚才提到的那种转动,那么,略去和 ω' 的平方成正比的小量以及和 ω' 与电子速度同光速之比的平方[即 v^2/c^2]的乘积成正比的小量,我们就得到这些态中的附加能量的表示式

$$\delta E = \delta T = \Sigma \frac{\partial T}{\partial \dot{q}_3} \delta \dot{q}_3 = \pm 2\pi\omega' \Sigma p_3, \tag{56}$$

式中 T 是体系的动能,和式是对所有的电子求的,每一个电子的位置用一组坐标 q_1、q_2、q_3 来描述,其中 q_1 和 q_2 的作用在于确定电子在一个平面上的位置,该平面包含该电子和通过力心并平行于磁力的轴线,而 q_3 则代表这一平面和通

1) J. Larmor, Aether and Matter, Cambridge 1900, p. 341.

2) P. Langevin, Ann. de chim. et de phys. V, p. 70 (1905).

过轴线的一个固定平面之间的角距离. 于是可以看到，磁场所引起的附加能量是 55
和体系绕上述轴线的角动量的值成正比的，而由此就可以推知，场对按(1)算出的各谱线的效应，将依赖于体系在定态中相对于场方向的取向.

为了确定这一取向，我们可以按照一种方式来进行，这种方式和讨论上面那些问题时所遵循的方式是十分相似的. 例如，既然当存在场时体系将得到一个附加的频率 ω'，而这个频率是不依赖于运动的特点和体系的取向的，那么我们就将预料，对于没有场时的体系的任一定[态]，当有场时都将存在若干个这样的态，它们的能量之差将是 $h\omega'$ 的整数倍. 因此，现在回到简化了的氢原子模型，我们就将得到结论认为，当存在磁场时，这一体系在定态中的能量将由下式给出：

$$E = E_n \pm n'h\omega', \tag{57}$$

式中 E_n 对于和同一 n 值相对应的一切定态都是相同的，而且可以令它等于(35)式所给出的 $-W_n$，因为根据和在□页上及□页上提到过的考虑同种类的考虑，我们必须推断和场的方向相垂直的一个圆形轨道将属于定态之列. 事实上，如果 $E_n = -W_n$，我们根据(56)和(57)的比较就看到，这些轨道和(57)中 $n' = n$ 的情况相对应. 将(56)和(57)互相比较，我们就进一步看出，在任何定态中体系必须相对于场而适当取向，使得在忽略正比于磁场强度的小量的情况下绕轴的角动量等于 $h/2\pi$ 的整数倍. 既然如果没有磁场则轨道在空间中的取向是任意的，那么，按照和以前问题的考虑完全类似的考虑，我们就将得到结论认为，在这一磁场的建立过程中，轨道一般将自行调整到角动量具有了这些值中的一个值为止，其调整方式是不能用普通力学(包括伴随磁场的变化而来的电力的作用在内)来描述的. 我们在这里为了简单而考虑了简化的氢原子，但是可以看到，如果把相对论的修订考虑在内，上面这些考虑也照样是成立的. 在这种情况下，我们只要不用(35)中的 $-W_n$ 来作为 E_n，而引用(49)所给出的没有磁场时氢原子定态中的总能量就行了.

当出现磁场时氢原子必须相对于场有一个取向，刚刚求得的这一结果起初是由索末菲和德拜在引论中提到过的那些论文中得出的. 这些作者考虑了体系相对于一个以频率 ω' 绕轴转动的坐标系的运动，这种运动在上面谈到的近似下和没有场时体系相对于固定坐标系的运动相同. 为了分离变量，采用极轴平行于
磁力的极坐标，上述结果就能立即求得，如果定态是通过应用本节的条件(22)来 56
确定的话. 事实上，将 q_1 看成从核到电子的矢径的长度，将 q_2 看成从轴到这一矢径的角距离，将 q_3 看成通过轴及电子的平面和通过轴并相对于转动坐标系为固定的平面之间的夹角，我们由(22)就得到：$I_3 = 2\pi p_3 = n_3 h$. 这种推导涉及一个表观上的困难，因为在转动坐标系中按极坐标的分离变量是针对每一个极轴

方向都可以进行的，当应用(22)时，这就导致电子绕通过核的轴线的角动量的任意值. 但是，索末菲和德拜的处理方法的一个根据却在于这样一个事实：只有通过选择平行于磁力方向的极轴，才能得到能量和发生在体系中的基本频率之间的一个关系式，而通过这种关系式才能在大 n 的极限下保证和普通辐射理论的正确联系. 这从求得表示式(57)时所用的那种简单考虑已经可以推出，但是可以更直接地用下述办法来加以证明.

为了普遍起见，试考虑包含一个电子的体系，该电子在具有对称轴的一个力场中运动，并且让我们假设，如果没有加上磁场则运动是条件周期性的，而且在一个坐标系 q_1、q_2、q_3 中可以进行分离变量，此处 q_1 和 q_2 的作用在于固定电子在一个包含电子和轴的平面上的位置，而 q_3 则是这一平面和通过轴的一个固定平面之间的角距离. 当没有场时，运动将由第 32 页[*]上的(32)式和(34)式给出. 如果我们现在设想把体系放在一个平行于对称轴的均匀磁场中，则当相对于一个以(55)所给的频率 ω' 而绕轴匀速转动的坐标系来考虑时，运动将又是由相同的方程来给出的；而相对于一个固定坐标系来说，运动则将由完全同类的表示式来给出，这种表示式可以通过令(32)保持不变并按照所叠加转动是和粒子绕轴的转动同向或反向而把(34)中的 ω_3 改成 $\omega_3+\omega'$ 或 $\omega_3-\omega'$ 来得出. 当没有磁场时，这一体系的两个相邻态的总能之差由(29)给出；当存在磁场时，这一能量差的表示式就是

$$\delta E=\omega_1\delta I_1+\omega_2\delta I_2+\omega_3\delta I_3\pm\delta(2\pi\omega' p_3),$$

式中的各个 ω 和各个 I 是相对于转动坐标系来计算的，而最后一项则起源于转动对动能的效应. 既然 $I_3=2\pi p_3$，由此即得

$$\delta E=\omega_1\delta I_1+\omega_2\delta I_2+(\omega_3\pm\omega')\delta I_3, \tag{58}$$

57 此式的类型和(28)完全相同. 因此，如果定态是通过对相对于转动坐标系的运动应用条件式(22)来确定的，那么，由(58)可知，对于足够弱的磁场，我们就会在 n 是大数的极限下得到利用(1)式算出的光谱和按照普通电动力学所应预期的辐射之间的同样关系——即和在上一节中针对普通的条件周期体系所讨论的关系恰好相同.

和上节关于具有对称轴的条件周期体系定态间跃迁几率的考虑完全类似，由上面的考虑就得到，当存在磁场时，在所考虑的体系的定态之间只可能有两种类型的跃迁. 在引起线偏振平行于磁力的辐射的第一类跃迁中 n_3 保持不变，而

---

* [中译者按：这是论文校样的期刊页数，不是原书或中译本的页数，以后也有类似情况，不再一一注明.]

在第二类跃迁中 n_3 却减少或增加一个单位，而这种跃迁则分别引起和粒子绕轴的转动同向或反向的圆偏振. 根据体系的角动量和磁场引起的总能改变量之间的简单关系可以得到，和第一类跃迁相对应的所有谱线，其频率都不受磁场的影响，而和第二类跃迁相对应的那些频率则分别变成 $\nu+\omega'$ 或 $\nu-\omega'$，如果 ν 是对应谱线在没有磁场时的频率的话.

至于上一节中关于具有对称轴的体系的定态间跃迁中的角动量守恒的考虑，那却应该看到，对于引起圆偏振光的那种跃迁，我们必须假设辐射所具有的角动量当存在磁场时也将等于 $\frac{h}{2\pi}$. 另一方面我们却不能预期当存在场时这一角动量也将恰好被体系本身角动量的改变所补偿；但是，按照和受普通电动力学支配的辐射发射过程中所将出现的情况的类比，我们必须预期磁场的存在对跃迁中角动量的改变只有很小的影响，即引起正比于磁力的小改变量. 但是，根据拉摩尔定理的证明可以看到，如果把根据普通电动力学所应预期的辐射也考虑在内，则当相对于上述的转动坐标系来考虑时，磁力也将对运动毫无影响. 因此我们就看到，在磁场作用下当相对于转动坐标系来计算时体系在定态中的角动量等于 $\frac{h}{2\pi}$ 的整数倍这一假设，可以看成是得到了关于角动量守恒的考虑的支持的.

上面这些考虑是和关于磁场对氢光谱中各条谱线的效应的观察结果相符的；这种观察表明，当忽略精细结构时，每一条谱线都劈裂为正常的塞曼三重线.
上述这些考虑的另一种简单应用可由同方向的电场和磁场对氢谱线的联合效应 58
来提供. 在这种情况下我们必须预期，光谱和普通斯塔克效应的差别只在于每一条垂直于场而偏振的成分线都劈裂成两条对称的成分线，它们是沿相反方向圆偏振的，并且具有等于 $\nu+\omega'$ 和 $\nu-\omega'$ 的频率，如果 ν 是没有磁场时相应成分线的频率的话. 这似乎是和伽尔巴索[1)]关于这样两个场对氢谱线 H_α 的联合效应的观察结果相一致的. 至于磁场对氢谱线精细结构的效应，却至今还没有进行过观察，但是，和索末菲及德拜的预见相一致，我们根据上面的考虑将预期每一条精细结构成分线当存在磁场时会劈裂成正常的塞曼三重线. 在这方面可以提到，索末菲和德拜在他们的上述论文中根本没有解释氢谱线的塞曼效应成分线的偏振，也没有解释从来不曾观察到除了上面考虑的成分线以外的对应于定态间其

1) Garbasso, Phys. Zeitschr. XV, p. (1914).

他种类跃迁的成分线这一事实;不过索末菲(前引文第□□页)曾经让人们注意一个事实,即在观察到的偏振和关于氢谱线斯塔克效应中的不同成分线的偏振的艾普斯坦经验法则之间显现着某种类似性(见第 53 页).当比较两种效应的理论时可以看到,在成分线的频率方面,我们从塞曼效应将得到关于体系绕轴的角动量在跃迁中的改变不能超过$\frac{h}{2\pi}$的这一假设的一种更直接的检验,而关于成分线强度的一般考虑则只能在斯塔克效应的情况下得到直接的检验,因为,在塞曼效应中根据连续性的理由似乎事先就必须预期和每条谱线所劈裂而成的三条成分线中每一条成分线相对应的辐射强度是相同的.

最后这种结果在大 n 的极限下可以直接根据和普通电动力学类比得出,这种结果又可以反过来用以针对小的 n 值得到有关定态之间的跃迁几率的信息.这一点将在克喇摩斯关于氢谱线的精细结构及其斯塔克效应成分线的相对强度的论文中更仔细地加以讨论.在这里可以只指出,当考虑磁场中氢原子的不同定态的先验几率时,似乎有必要假设在转动坐标系中满足(22)式而又 $n_3=0$ 的任何态都在物理上不可能出现,虽然从力学观点来看这种态中的运动在任何方面都不是奇异的.事实上,通过假设一个平行于磁场的电场慢慢被建立起来而同时磁场则慢慢减为零,就将能够不经过简并态而浸渐地把任何这样的态变换成第
59 54 页上联系到斯塔克效应的考虑而讨论过的一个对应态.

以上我们曾经假设,当存在磁场时氢原子各定态的总能之差可以直接根据所叠加的转动对体系动能的效应来计算.按照第　节中所讨论的理论,必须预期许多元素的原子和分子具有一个合角动量;为了说明这种元素中的顺磁性的不存在,作者在一篇较早的论文[1]中曾经假设,只要关心的是和磁力同数量级的量,氢原子的总能量当存在磁场时将和不存在磁场时并无不同;而且这一假设被认为得到了下述事实的支持:当存在磁场时,氢光谱显然并不形成一种组合光谱,而假如各个频率能够通过(1)式的直接应用来计算,则是应该预期它会形成组合光谱的.但是,正如德拜所指出的(前引论文第　　页),这种观点将是和暗示了(1)式的普遍有效性的爱因斯坦温度辐射理论不可调和的;而且,正如前面所证明的,氢光谱中的塞曼效应也可以并不看成涉及了离开组合原理的一种偏差,而是看成提供了关于某些可能组合谱线的分类的一个有教育意义的例子,而这种分类是可以根据普遍的考虑而得到一种简单解释的.尽管顺磁性不存在的原因可能和§6中所讨论的不存在从原子体系的所谓正常态到其他态的自发跃迁的那种特殊性质有关,但是,根据和普通电动力学理论的类比,认为各定态中

1) Phil. Mag. XXVII p. 518(1914).

的总能之差可以按照以上所述的方式来计算却仍然似乎是一种自然的假设，因为按照这一理论，磁场将不会影响辐射的发射过程中的能量交换，既然由场所引起的力在任何时刻都将和电子速度的方向相垂直.

在本节的一切计算中，我们为了简单曾假设原子核的质量和电子的质量相
比是无限大. 但是，关于有限核质量的必要改正是可以很简单地求得的. 如果我
们暂时忽略相对论修订的微小效应，则两个粒子将绕着它们的重心而沿闭合轨
道转动，从而正如在以前的一篇论文[1]中所指出的，在这一情况下我们就得到大
n 极限下的利用(1)式确定的频率和按照普通辐射理论所将预期的频率之间的
必要联系，如果各定态是由条件式(24)来确定，而该式中由(5)来定义的 I 是通
过将积分扩展到两个粒子的各个坐标来计算的话. 这一点可以从(8)式推得，该 60
式对于具有任意自由度数的体系的周期运动都是成立的. 用这种方法确定的定
态中能量和频率的表示式，从而还有光谱的表示式，和由(35)及(36)给出的那些
表示式之间只有一点不同，即 m 被换成了 $\frac{m+M}{mM}$ [中译者按：原意如此，略有
误.]，此处 m 和 M 分别代表电子的质量和核的质量. 经发现，这一改正量能够在
实验误差范围内说明测得的氢谱线和氦火花谱线的频率比同根据简单公式(36)
所应预期的频率比之间的微小偏差. 如果原子受到外电场或外磁场的作用，或是
把相对论修订考虑在内，粒子的轨道就不再是闭合的了；但是，如果略去数量级
与 $\frac{m}{M}$ 和外力强度的乘积相同或 $\frac{m}{M}$ 和电子速度对光速之比的平方的乘积相同的小
量，则微扰的缓慢频率将和假设核质量为无限大时出现的那些频率相同. 因此，
在这种近似下就直接得到，外场或相对论修订对光谱的效应将和以上计算了的
那些效应相同. 正如在以前的论文中所证明的，这一公式在很好的近似下和氢光 61
谱的测量结果相符合，如果我们令 $N=1$ 并引入 e、m 和 h 的实验值的话[2]. 而且
也已进一步指出，根据氢光谱的这种诠释，我们在相继定态中的运动彼此相差很
小的极限下就得到谱线频率和定态中的转动频率之间的一种联系，正如按照以
上各节中的一般考虑所应预期的那种联系一样.

但是，尽管有这样得到的一致性，却发现不可能利用建立在单一条件(24)上的简单理论来详细说明外场对氢光谱的效应. 正如在引论中所指出的，这一困难已经通过索末菲建立更多的(15)型的条件，并通过艾普斯坦和施瓦尔兹席耳德随后沿这一路线发展可以分离变量的条件周期体系的定态理论而被消除了. 只

1) Phil. Mag. XXVII p. 509 (1914).

2) N. Bohr，前引论文，并参阅 R. A. Millikan, Phil. Mag., XXXIV p. 1(1917).

要我们考虑的是上述这种简化了的氢原子模型，那就显然可知定态不能由不同于(24)的任何超力学条件来表征，因为体系形成条件周期体系的一种简并情况，它在连续无限多的不同坐标系中都可以分离变量，而这在我们利用(22)来确定体系的定态时就会导致歧义性. 事实上，在第 20 页上提到的核位于其中一个焦点上的任何一个椭圆坐标系中都可以做到分离变量；而且可以看出，每一个对于 $n>1$ 满足(24)的轨道也对于另一焦点的适当位置满足(22)(参阅第 24 页上的例子). 但是，一旦原子受到外场的作用或是把相对论所要求的修订考虑在内，(22)式就会完全地或部分地失去其歧义性，因为，如果可以得到分离，对应坐标的选择就会受到限制. 在这些问题的下述讨论中，我们将不像刚刚提到的那些作者们一样立即着手应用(22)，而是将要指明，怎样通过把问题当作一个不同种类的小外场影响下的周期体系的微扰问题来处理，就能以一种简单的方式得出若干结果，而且我们即将看到，这种方法在受扰体系不可分离变量时也可以应用. 在这些计算中我们将利用一条力学定理，下面我们首先着手证明这条定理.

试考虑一个体系，如果没受干扰，它的每一个轨道都是周期性的，而不以初始条件为转移；而且让我们假设，针对某一组坐标 $q_1 \cdots q_s$，运动方程已经利用汉密尔顿-雅科毕偏微分方程求了解. 于是，体系的运动就由方程(18)来确定，而轨
62 道则由恒量 $\alpha_1 \cdots \alpha_s$、$\beta_1 \cdots \beta_s$ 来表征. 现在令体系受到某一小外力场的作用，该场具有恒定的作为各个 q 的函数而给出的势 Ω. 在这个场的影响下，运动将不再是真正周期性的，但是，如果外力和体系的内力相比是很小的，则运动在数量级和未受扰轨道的周期相同的时间间隔内将和未受扰时的体系的运动相差很小. 因此我们可以说运动是有着缓慢变化的恒量 $\alpha_1 \cdots \alpha_s$、$\beta_1 \cdots \beta_s$ 的“近似周期运动”，并可以把这些恒量在任一时刻的值理解为和一个轨道相对应，该轨道就是假如干扰力在所考虑的时刻突然消失时即将出现的轨道. 正如在普通的天文学摄动理论中一样，各个 α 和 β 的随时间的变化率将由下式给出：

$$\frac{d\alpha_k}{dt}=-\frac{\partial\Omega}{\partial\beta_k},\ \frac{d\beta_k}{dt}=\frac{\partial\Omega}{\partial\alpha_k},\ (k=1,\ 2,\ \cdots,\ s) \tag{37}$$

式中 Ω 看成 $t+\beta_1$，β_2，…，β_s、α_1，…，α_s 的函数，通过把求解(18)式而得到的各个 q 的表示式代入来求得.

由于能量守恒，$\alpha_1+\Omega$ 在微扰时间内将保持恒定，这是很容易根据(37)来验证的. 因此，在微扰时间内，可以称之为体系的“内能”的 α_1 只能改变一个和 $\lambda\alpha_1$ 同数量级的小量，式中 λ 代表一个小量，和微扰力与体系内力之比同数量级. 既然未受扰运动的周期 σ 只依赖于 α_1，那么就进一步得到，略去和 $\lambda\sigma$ 同数量级的小量，受扰运动的近似的周期将保持恒定. 但是，由于干扰力的效应，轨道的形状

和位置一般在时间过程中将变化颇大. 事实上，正如由(37)可以看出的，在和σ/λ同数量级的一段时间之内，$\alpha_2\cdots\alpha_s$ 和$\beta_2\cdots\beta_s$ 这些量一般就会得到和它们的原值同数量级的改变量.

为了更进一步考查微扰对内能的效应，让我们考虑下列表示式：

$$\bar{\Omega}_0=\frac{1}{\sigma}\int_t^{t+\sigma}\Omega_0 dt,$$

它代表Ω在一个运动周期σ中的平均值，该运动就是假如干扰力对体系运动的效应在时刻t突然消失时所将出现的. 既然对于给定的各个σ和β来说这一平均值不会显式地包含时间，$\bar{\Omega}_0$ 就将是$\beta_2\cdots\beta_s$、$\alpha_1\cdots\alpha_s$ 的函数，从而它的时间变化率就按照(37)是由下式给出的：

$$\begin{aligned}\frac{d\bar{\Omega}_0}{dt}&=\frac{\partial\bar{\Omega}_0}{\partial\alpha_1}\frac{d\alpha_1}{dt}+\sum_2^s\left(\frac{\partial\bar{\Omega}_0}{\partial\alpha_k}\frac{d\alpha_k}{dt}+\frac{\partial\bar{\Omega}_0}{\partial\beta_k}\frac{d\beta_k}{dt}\right)\\&=-\frac{\partial\bar{\Omega}_0}{\partial\alpha_1}\frac{\partial\Omega}{\partial\beta_1}+\sum_2^s\left(-\frac{\partial\bar{\Omega}_0}{\partial\alpha_k}\frac{\partial\Omega}{\partial\beta_k}+\frac{\partial\bar{\Omega}_0}{\partial\beta_k}\frac{\partial\Omega}{\partial\alpha_k}\right).\end{aligned}\tag{38}$$

由(38)立即得到，$\bar{\Omega}_0$ 在和σ同数量级的时间间隔内的变化将是和$\lambda^2\alpha_1$ 同数 63
量级的小量. 但是可以证明，在干扰力能够使原有轨道发生颇大变化的足够长的时间间隔之内，$\bar{\Omega}_0$ 的变化也将是和$\lambda^2\alpha_1$ 同数量级的小量. 事实上，$\bar{\Omega}_0$ 对$\alpha_2\cdots\alpha_s$、$\beta_1\cdots\beta_s$ 的各个偏导数在和σ同数量级的时间间隔内只能有和λ^2 同数量级的小改变量，因此，既然周期σ只依依于α_1，各该偏导数在这种近似下就将等于在受扰运动的近似周期中计算的Ω的相应导数的平均值. 因此，略去和$\lambda^3\dfrac{\alpha_1}{\sigma}$同数量级的小量，我们通过在(38)的右端到处把$\Omega$换成$\bar{\Omega}_0$，就得到$\dfrac{d\bar{\Omega}_0}{dt}$在上述时间间隔内的平均值. 既然$\dfrac{\partial\bar{\Omega}_0}{\partial\beta_1}=0$，而且如果把$\Omega$换成$\bar{\Omega}_0$ 则括号中的各项将互相抵消，那么我们就得到上面提到的结果，即$\bar{\Omega}_0$ 在一段和σ/λ 同数量级的时间间隔内的总改变量将是和$\lambda^2\alpha_1$同数量级的. 现在，略去这种数量级的小量，$\bar{\Omega}_0$ 就等于Ω在受扰运动的近似周期中的平均值，从而在干扰力能够使原有轨道改变颇大的一段足够长的时间之内，后一平均值$\bar{\Omega}$的改变也只能是和$\lambda^2\alpha_1$ 同数量级的小量. 在着手讨论这一结果之前可以指出，在上述证明中引入$\bar{\Omega}_0$ 的理由在于这样一件事实：既然周期σ依赖于α_1，导数$\dfrac{d\beta_1}{dt}=\dfrac{\partial\Omega}{\partial\alpha_1}$就将和$\Omega$的其他偏导数相反而不是时间的近似周期函数. 因此，$\bar{\Omega}_0$ 不依赖于β_1 这一点对于论证就是不可缺少的.

由于 $\alpha_1+\Omega$ 的恒定性，由刚刚证明了的结果就可以得到，在一个近似周期中计算的内能平均值 $\bar{\alpha}_1$ 当略去和 $\lambda^2\alpha_1$ 同数量级的小量时也将保持恒定，即使干扰力是在足以引起轨道的颇大变化的一段长时间中起作用的. 内能平均值在微扰期间内的这种很可注意的“近似不变性”是周期体系所特有的，而且可以证明，不但在干扰力的势像上面所假设的那样保持恒定的情况下，而且在微扰场随时间而缓慢变化的情况下这种“近似不变性”也是成立的. 为了证明这一点，让我们假设，在一段和 $\sigma\sqrt{1/\lambda}$ 同数量级从而和周期 σ 相比是很大而和引起轨道的颇大改变的必要时间 σ/λ 相比则很小的时间间隔之内，干扰力的势是均匀增大的，从而在具有这种数量级的时间间隔内可以用 $\Omega=\Omega'+\frac{t}{\theta}\Delta\Omega'$ 来表示，此处 Ω' 和 $\Delta\Omega'$
64 是各个 q 的函数，而 $\Delta\Omega'$ 和 Ω' 相比是很小的. 既然各个 α 和 β 的改变量在任一时刻都等于 Ω' 和微扰势的附加部分在单独存在时所引起的改变量之和，我们通过和以上针对恒定势所作的计算颇为相似的计算就首先得到，在时间间隔 θ 内，由于微扰场的变化而引起的 $\bar{\Omega}'$ 的改变量将是一个和 $\frac{\theta}{\sigma\alpha_1}\Omega'\Delta\Omega'=\Delta\Omega'\times\sqrt{\lambda}$ 同数量级的小量. 其次考虑 $\bar{\alpha}_1+\bar{\Omega}'$ 在时间间隔 θ 中的改变量. 通过和 §1 中第 11 页上给出的关于 δE 的计算十分类似的一种计算，我们得到 $\alpha_1+\Omega'$ 在从 0 到 t 的一段和 θ 之差仅为和 σ 同数量级的小量的时间间隔中所经受的总改变量：

$$
\begin{aligned}
\delta(\alpha_1+\Omega') &= -\int_0^t \frac{t}{\theta}\sum_1^s \frac{\partial\Delta\Omega'}{\partial q_k}\dot{q}_k dt \\
&= -\int_0^t \frac{t}{\theta}\frac{d\Delta\Omega'}{dt}dt \\
&= \frac{1}{\theta}\int_0^t \Delta\Omega' dt-\frac{t}{\theta}\cdot\Delta\Omega'_t.
\end{aligned}
\tag{39}
$$

此式右端的第一项可以用在受扰运动的近似周期中计算的 $\Delta\Omega'$ 的平均值来代替，如果我们略去和 $\frac{\theta}{\sigma\alpha_1}\Omega'\Delta\Omega'$ 同数量级的以及和 $\frac{\sigma}{\theta}\Delta\Omega'$ 同数量级的小量的话；可以看到，这些小量都是和 $\Delta\Omega'\times\sqrt{\lambda}$ 同数量级的. 因此，如果我们按照和 §1 中的步骤相对应的步骤，通过在受扰运动的一个近似周期中求(39)两端的平均值来计算 $\bar{\alpha}_1+\bar{\Omega}'$ 的改变量，我们就得到这一改变量是和 $\Delta\Omega'\sqrt{\lambda}$ 同数量级的小量. 因此，由于上述有关 $\bar{\Omega}'$ 在同一时间间隔内的改变量数量级的结果，我们就看到 $\bar{\alpha}_1$ 在时间间隔 θ 中的改变量也是和 $\Delta\Omega'\sqrt{\lambda}$ 同数量级的小量. 在建立了和势 $\Omega=\Omega'+\Delta\Omega'$ 相对应的场以后，让我们把后一表示式写成 Ω''，其次让我们假设，在一个新的和 θ 同数量级的时间间隔中，微扰场又均匀地增加到 $\Omega''+\Delta\Omega''$，此处 $\Delta\Omega''$

是和 $\Delta\Omega'$ 同数量级的；依此类推. 于是，如果在一段和 σ/λ 同数量级的时间间隔以后微扰势的总改变量是和 Ω 的原有值乘以某一因子 μ 所得的乘积同数量级的，那么我们就得到，$\bar{\alpha}_1$ 在这一时间间隔中由于微扰场的变化而发生的总改变量将是和 $\mu\Omega\sqrt{\lambda}$ 或 $\mu\lambda^{3/2}\alpha_1$ 同数量级的小量，而正如以上证明的，由场的恒定部分引起的 $\bar{\alpha}_1$ 的改变量则是和 $\lambda^2\alpha_1$ 同数量级的. 于是我们看到，只要涉及的是和干扰力在一段时间中所做的功同数量级的小量，而该段时间则是和周期 σ 同数量级的，周期体系的内能平均值就将在干扰力能够引起轨道颇大变化的一段足够长的时间间隔内保持恒定，不但在干扰力具有恒定势的情况下是如此，而且在微扰场于这一时间间隔内经受和场本身同数量级的缓慢变化的情况下也是如此.

Ⅲ. 论线光谱的量子论第一至三部分

(D. Kgl. Danske Vidensk. Selsk. Skrifter, naturvidensk. og mathem. Afd., 8 Række, IV. 1,1—3 (1918—1922)*)

* [见引言第 1—5 节.](小的印刷错误和语文拼写错误未经改正.原注接着举了一些未加改正的拼写错误的例子,中译本不必引用.——中译者注)

ON
THE QUANTUM THEORY OF LINE-SPECTRA

BY

N. BOHR

D. Kgl. Danske Vidensk. Selsk. Skrifter, naturvidensk. og mathem. Afd., 8. Række, IV. 1

KØBENHAVN
HOVEDKOMMISSIONÆR: ANDR. FRED. HØST & SØN, KGL. HOF-BOGHANDEL
BIANCO LUNOS BOGTRYKKERI
1918

谨以此文纪念我尊敬的老师 68

C·克瑞斯先森教授

（1843年10月9日—1917年11月28日）

69

引 论

在试图根据把普朗克在其温度辐射中引入的基本概念适当应用于欧内斯特·卢瑟福爵士的有核原子理论来发展光谱理论的某些纲要时,作者已经证明,用这种办法来得到关于支配着元素线光谱的某些主要规律的一种简单诠释,特别说来得到关于氢光谱的巴耳末公式的一种推导是可能的[1]. 在所给的那种形式下,理论只有在周期体系的情况下才能加以详细的论述,而且显然不能详细说明氢光谱和其他元素光谱之间的特征差别,或详细说明外电场和外磁场对氢光谱的特征效应. 但是,近来索末菲[2]曾经开辟了解决这一困难的出路;他通过引入理论对一种简单类型的非周期运动的适当推广,并通过将电子质量随速度的微小变化考虑在内,得到了氢谱线精细结构的一种被证实为和测量结果非常符合的解释. 索末菲在他关于这一课题的第一篇论文中就已指出,他的理论显然给其他元素光谱的复杂结构的诠释提供了一个线索. 稍晚一点,艾普斯坦[3]和施瓦尔兹席耳德[4]又彼此独立地通过采用索末菲的概念来处理更加广泛的一类非周期体系而得到了关于由斯塔克发现的电场对氢光谱的特征效应的一种详细解
70 释. 随后,索末菲[5]本人和德拜[6]曾经沿着同样的路线指出了关于磁场对氢光谱的效应的一种诠释;这种诠释虽然还没有得出关于观察结果的完备解释,但却无疑地代表了走向这一现象的详细理解的重要的一步.

尽管在这些研究中有了很大的进步,许多带根本性的困难却仍然没有解决,这不但在用来计算所给体系的光谱频率的方法的有限适用性方面是如此,而且尤其在所发射谱线的偏振和强度的问题方面更是如此. 这些困难和量子论各主要原理中所涉及的那种对力学及电动力学的普通概念的激烈背离有着密切的联

---

1) N. Bohr, Phil. Mag., XXVI, pp. 1, 476, 857(1913); XXVII, p. 506(1914); XXIX, p. 332(1915); XXX, p. 394(1915).

2) A. Sommerfeld, Ber. Akad. München, 1915, pp. 425, 459, 1916, p. 131, 1917, p. 83. Ann. de Phys. LI, p. 1(1916).

3) P. Epstein, Phys. Zeitschr. XVII, p. 148(1916). Ann. d. Phys. L, p. 489, LI, p. 168 (1916).

4) K. Schwarzchild, Ber. Akad. Berlin, 1916, p. 548.

5) A. Sommerfeld, Phys. Zeitschr. XVII, p. 491(1916).

6) P. Debye, Nachr. K. Ges. d. Wiss. Göttingen, 1916, Phys. Zeitschr. XVII, p. 507(1916).

系,也和迄今未能用形成一种同等合理和同等发育的结构的一些想法来代替普通想法这一事实有着密切的联系. 但是,在这一方面,近来通过爱因斯坦[1)]和艾伦菲斯特[2)]的工作也已经得到了巨大的进步. 因此,在理论的这种状态下,从一种一致的观点来试图讨论不同的应用,特别是从它们和普通的力学及电动力学的关系方面来试图考虑那些基本假设,就可能是有兴趣的了. 本论文曾经进行了这种尝试,而且即将指明,通过力图尽可能密切地追索量子论和普通辐射理论之间的类比,似乎可能给那些突出的困难带来某些光明.

本论文分成四部分.

第一部分　包含理论的普遍原理的简单讨论,并处理普遍理论对单自由度周期体系的应用和对上面提到的一类非周期体系的应用.

第二部分　包含氢光谱理论的详细讨论,以举例阐明普遍的考虑.

第三部分　包含关于联系到其他元素光谱的解释而出现的那些问题的讨论.

第四部分　包含关于建筑在量子论对有核原子的应用上的那种原子和分子的构造理论的普遍讨论.

1917 年 11 月于哥本哈根

1) A. Einstein, Verh. d. D. Phys. Ges. XVIII, p. 318(1916), Phys. Zeitschr. XVIII, p. 121(1917).

2) P. Ehrenfest, Proc. Acad. Amsterdam, XVI, p. 591(1914), Phys. Zeitschr. XV, p. 657(1914), Ann. d. Phys. LI, p. 327(1916), Phil. Mag. XXXIII, p. 500(1917).

71 # 第一部分　关于普遍理论

§1. 普 遍 原 理

线光谱的量子论是建筑在下述各基本原理上的：

I. 一个原子体系可以而且只能长久地存在于和它的一系列不连续的能量值相对应的某一系列态中，从而体系的任何能量改变，包括电磁辐射的发射和吸收，都必然是通过两个这种态之间的完全跃迁来进行的．这些态将被称为体系的"定态"．

II. 在两个定态之间的跃迁中被吸收或被发射的辐射是"单频的"，并具有一个频率 ν，由下列关系式给出：

$$E' - E'' = h\nu, \tag{1}$$

式中 h 是普朗克恒量，而 E' 和 E'' 是所考虑的两个态中的能量值．

正如作者在引论中所提到的那些论文中已经指出的，这些假设给由元素线系光谱的频率测量推得的基本的谱线组合原理提供了一个直截了当的诠释．按照巴耳末、黎德伯和瑞兹所发现的定律，一种元素的线系光谱中各谱线的频率可以用下列类型的公式来表示：

$$\nu = f_{\tau''}(n'') - f_{\tau'}(n'), \tag{2}$$

式中 n' 和 n'' 是整数，而 $f_\tau(n)$ 是作为所考虑元素之特征的 n 的一系列函数中的一个．根据上面的假设，这一公式显然可以通过一种设想来加以诠释，即认为元素原子的定态形成一组序列，而第 τ 个序列中第 n 个态的能量，当略去一个任意恒量时可以由下式给出：

$$E_\tau(n) = -hf_\tau(n). \tag{3}$$

于是我们看到，原子定态中的能量值可以利用关系式(1)而从光谱的测量中
72 直接得到．但是，为了在这些量值和由其他来源得出的有关原子构造的实验资料之间得出一种理论联系，却有必要引入关于支配着所给原子体系的定态和这些态间的跃迁的那些规律的进一步的假设．

现在,在大量的实验资料的基础上,我们不得不假设一个原子或分子是由若干个运动着的带电粒子构成的,而且,既然上面的基本假设意味着在定态中并不发射任何辐射,我们就必须假设普通的电动力学定律不经过激烈的改动是不能适用于这些态的. 但是,在许多情况下,和辐射的发射相联系着的那一部分电动力学力的效应,在任何时刻都比和库仑定律相对应的带电粒子之间那些简单的静电吸引力和静电排斥力的效应小得多. 因此,即使辐射理论必须完全改动,认为有可能在这种情况下通过只保留静电力来在描述定态中的运动方面得到一种密切的近似,却也还是一个自然的假设. 因此,我们在以下将像在引论中所提到的所有那些论文中一样,暂时计算定态中各粒子的运动,就好像各质点按照包括相对论所要求的修订在内的普通力学而进行的那种运动一样,而在以后讨论特殊的应用时,我们将回头再来讨论这种办法所能达到的近似程度问题.

如果我们其次来考虑两个定态之间的跃迁,那么根据假设 I 和假设 II 中所涉及的那种本质上的不连续性立刻就能显然地看到,一般说来,利用普通力学来即使是近似地描述这一现象或是利用普通电动力学来即使是近似地计算这一过程所吸收或发射的辐射的频率,都是不可能的. 另一方面,根据曾经可能利用普通的力学和电动力学来在缓慢振动的极限范围内说明温度辐射现象这一事实,我们却可以预期,任何能够适应着观察结果来描述这一现象的理论,都将形成普通辐射理论的某种自然的推广. 现在,起初由普朗克给出的那种形式下的温度辐射理论是被公认为缺乏内在一致性的,因为在他的辐射公式的推导中,在性质上和 I 及 II 相似的一些假设是和一些显然和它们相对立的假设一起被应用了的. 但是,最近爱因斯坦[1)]曾经在假设 I 和 II 的基础上,通过引入关于体系在两个定态之间的跃迁几率以及关于这一几率对周围空间中具有对应频率的辐射密度的
依赖方式的某些补充假设,成功地给出了普朗克公式的一种逻辑合理的和发人 73
深省的推导,那些补充假设是由和普通辐射理论的类比所提示出来的. 爱因斯坦将对应于二定态之间的跃迁而频率为 ν 的辐射的发射或吸收和由根据普通电动力学所预期的、由一个以该频率进行着谐振动的粒子所组成的体系的发射或吸收作了对比. 根据后一理论,这样一个体系将在没有外界激发时发射频率为 ν 的辐射;按照和这一事实的类比,爱因斯坦首先就假设,根据量子论,处于用字母 n' 来表征的能量较大的定态的体系将有一个几率 $A^{n'}_{n''}dt$ 在时间间隔 dt 中自发地过渡到用字母 n'' 来表征的能量较小的定态. 此外,根据普通的电动力学,除了上面提到的独立发射以外,当周围空间中存在频率为 ν 的辐射时,谐振子还将依赖于这种辐射和振子之间的偶然周相差而发射或吸收辐射能量. 与此类似,爱因斯

1) A. Einstein,前引论文.

坦其次又假设，按照量子论，当周围空间中存在辐射时，体系除了上面提到的从态 n' 到态 n'' 的自发跃迁几率以外，还依赖于这种辐射而既具有在时间 dt 中从态 n' 过渡到态 n'' 的也具有在该时间中从态 n'' 过渡到态 n' 的某种几率. 这些几率被假设为正比于周围辐射的强度，并分别用 $\rho_\nu B_{n''}^{n'} dt$ 和 $\rho_\nu B_{n'}^{n''} dt$ 来表示，此处 $\rho_\nu d\nu$ 代表周围空间的单位体积中分布在频率 ν 和 $\nu + d\nu$ 之间的辐射数量，而 $B_{n''}^{n'}$ 和 $B_{n'}^{n''}$ 是恒量，它们和 $A_{n''}^{n'}$ 一样只依赖于所考虑的那些定态. 爱因斯坦没有引入有关这些恒量值的详细假设，正像关于用来确定所给体系的定态的那些条件或是各定态出现于一个统计平衡中的相对机会所依赖的各定态的“先验几率”，都没有什么详细假设一样. 但是他已证明，怎样根据上述的普遍假设，利用关于熵和几率之间的关系的玻耳兹曼原理和维恩的众所周知的位移定律，就能导出一个适用于温度辐射的公式，该公式除了一个待定恒量以外和普朗克公式相重合，只要我们假设和两个定态之间的跃迁相对应的频率是由关系式(1)来确定的就行了. 因此可以看到，通过把论证路线反一个方向，爱因斯坦的理论可以看成关系式(1)的一种很直接的支持.

在下面关于量子论对确定所给体系的线光谱方面的应用的讨论中，正如在温度辐射理论中一样，将没有必要引入关于两个定态之间的跃迁机制的详细假设. 但是我们将证明，即将用来确定各定态中的能量值的那些条件是属于那样一
74 种类型的，即可以使得利用(1)式算出的频率，在相继定态中的运动彼此相差较小的极限下和根据普通辐射理论按照定态中体系的运动而预期的那些频率相重合. 因此，为了在缓慢振动的极限下得到和普通辐射理论的必要关系，我们就直接被引导到了关于这一极限下两个定态之间的跃迁几率的某些结论. 这又导致关于任意二定态间跃迁几率和这些定态中的体系运动之间的联系的某些普遍见解，而且可以证明，这些见解将给所论元素的光谱中各不同谱线的偏振和强度的问题带来光明.

在上面的考虑中，我们在提到原子体系时曾经不言而喻地把它理解为若干个在力场中运动着的带电粒子，该力场在前面谈过的近似下具有只依赖于各粒子的位置的势. 这可以更加确切地说成一个处于恒定外界条件下的体系，而接着出现的就是关于当外界条件改变时，例如当使原子受到某种变化的外力场的作用时所能预期发生的定态改变的问题. 现在，一般说来，我们显然必须假设这种改变并不能利用普通力学来计算，正如对应于恒定外界条件的不同定态之间的跃迁也不能利用普通力学来计算一样. 但是，如果外界条件的改变是很慢的，我们根据定态的必要稳定性就能预期，在变化过程中，体系在任一时刻的运动都只和对应于瞬时外界条件的定态中的运动有着很小的差别. 现在，如果上述变化也是以一个恒定的或变化甚慢的速率进行的，则体系中各粒子所将受到的力就会

在任一时刻都和另一些力相差很小，那些力就是各粒子所将受到的来自我们所设想的另一些缓慢运动的粒子的力，这另一些粒子和原来的体系一起，形成一个处于定态的体系. 因此，从这种观点看来，似乎可以很自然地假设，在上述的近似下，定态中原子体系的运动可以通过普通力学的直接应用来计算，不但在恒定的外界条件下是如此，而且一般说来当这些条件缓慢而均匀地变化时也是如此. 这种假设可以叫做定态的力学可变换性原理；这是由艾伦菲斯特[1)]引入量子论中来的，而且，在以下各节中即将看到，当讨论到用来从连续无限多种力学上可能的运动中定出原子体系的各个定态的那些条件时，这一假设是有巨大重要性的. 75
在这方面可以指出，定态的力学可变换性原理使我们能够克服一个根本性的困难；初看起来，这种困难似乎是包含在(1)式中所涉及的两个定态之间的能量差的定义之中的. 事实上，我们曾经假设，这样两个态之间的直接跃迁是不能用普通力学来描述的，而另一方面，如果不存在两个态之间的连续的力学联系的任何可能性，我们也就没有任何方法来定义二者之间的能量差. 但是，很显然，这样一种联系恰恰就由使我们能够把所给体系的定态力学地变换成另一体系的定态的艾伦菲斯特原理提供了出来，因为作为后一个体系，我们可以取里边作用在各粒子上的力都很小的一个体系，而且我们在那里还可以假设一切定态中的能量值都将趋于重合.

至于在温度平衡下不同定态在许多同类原子体系中间的统计分布问题，出现在不同态中的体系数可以按照众所周知的办法根据熵和几率之间的玻耳兹曼基本关系式推导出来，如果我们已知这些态中的能量值以及在计算整个分布的几率时所应指定给每一个态的先验几率的话. 和普通统计力学的考虑相反，我们在量子论中没有确定这些先验几率的任何直接手段，因为我们不掌握关于不同定态之间的跃迁机制的任何详细信息. 但是，如果一个给定原子体系的各个态的先验几率是已知的，那么，对于从这一体系可以不经过下面谈到任一奇异体系而通过连续变换来形成的任一其他体系，各个先验几率就是可以推导出来的. 事实上，当考察解释热力学第二定律的必要条件时，艾伦菲斯特[2)]曾经导出了关于和外界条件的一个微小变化相对应的那一先验几率改变量的某一普遍条件；由这个条件就可以推知，除了在某些特例中以外，原子体系的一个给定的定态的先验几率在一个连续变换中必将保持不变；在那些特例中，某些定态的能量值将在变

---

1) P. Ehrenfest，前引论文. 在这些论文中，所讨论的原理被称为“绝热假说”，这是和艾伦菲斯特所采用的论证路线相适应的，在那种路线中热力学的问题占有重要地位. 但是，从本文所持有的观点来看，上面这种名称可能更直接地反映了原理的内容及其适用界限.

2) P. Ehrenfest, Phys. Zeitschr. XV, p. 660(1914). 这一关系的上述诠释并不是由艾伦菲斯特明显地叙述出来的，但是，如果把量子论取成和基本假设Ⅰ相对应的形式，这种诠释就会直接浮现出来.

换过程中趋于重合. 我们即将看到，这种结果就使我们有了一种确定所给原子体系的不同定态的先验几率的合理基础.

76

§2. 单自由度的体系

作为上节所讨论的原理的最简单的例证，我们将从考虑单自由度的体系开始；在这种情况下，已经能够建立定态的普遍理论了. 这是由于一个事实，即**运动将是单周期性的**，如果体系各部分之间的距离并不会随着时间而无限增大的话；而无限增大的情况则由于显而易见的理由是不能代表上述意义下的定态的. 由于这种原因，正如艾伦菲斯特[1)]所指出的，对于单自由度的体系来说，定态的力学可变换性原理的讨论就可以建筑在一条力学定理的基础上；这条定理是由玻耳兹曼得到的，而且原先是他在讨论力学和热力学第二定律的解释的关系时应用了的. 为了以下各节中那些考虑的目的，在这里以一种形式来给出证明将是合适的；这种证明和艾伦菲斯特所给出的稍有不同，而且照顾到了相对论所要求的对于普遍力学定律的修订.

为了普遍起见，试考虑一个具有 s 个自由度的保守的力学体系，它的运动服从下列的汉密尔顿方程：

$$\frac{dp_k}{dt}=-\frac{\partial E}{\partial q_k},\ \frac{dq_k}{dt}=\frac{\partial E}{\partial p_k},\ (k=1,\ 2,\ \cdots,s) \tag{4}$$

式中 E 是总能，看成广义位置坐标 $q_1\cdots q_s$ 和对应的正则共轭动量 $p_1\cdots p_s$ 的函数. 如果各个速度都很小，以致由速度引起的粒子质量的改变可以忽略，则各个 p 是按照通常方式由下式定义的：

$$p_k=\frac{\partial T}{\partial \dot{q}_k},\ (k=1,\ 2,\ \cdots,\ s)$$

式中 T 是体系的动能，看成广义速度 $\dot{q}_1,\cdots,\dot{q}_s\left(\dot{q}_k=\dfrac{dq_k}{dt}\right)$ 以及 $q_1,\cdots,q_s$ 的函数. 如果把相对论改正考虑在内，则各个 p 由一组类似的表示式来定义*，那里的动能要用 $T'=\sum m_0c^2(1-\sqrt{1-v^2/c^2})$ 来代替，此处的和式是对体系的所有粒子求的，v 是其中一个粒子的速度而且 m_0 是它的对零速度而言的质量，而 c 则是光的速度.

---

1)　P. Ehrenfest，前引论文，Proc. Acad. Amsterdam，XVI，p. 591(1914).

*　T'的表示式依据原文. ——中译者注

现在让我们假设体系以周期 σ 而进行周期运动，并且让我们写出这样一个表示式：

$$I=\int_0^\sigma\sum_1^s p_k\dot{q}_k d t ; \tag{5}$$

很容易看到，这个表示式是不依赖于用来描述体系运动的坐标 $q_1\cdots q_s$ 的特殊选 77
法的. 事实上，如果略去质量随速度的变化，我们就得到

$$I=2\int_0^\sigma T d t ,$$

而且，如果将相对论改正包括在内，我们就得到一个完全类似的表示式，式中的动能用 $T''=\sum\frac{1}{2}m_0 v^2/\sqrt{1-v^2/c^2}$ 来代替.

其次考虑体系某种新的周期运动，通过第一种运动的微小改变而形成，但是它可能要求某些外力，以便成为力学上可能的运动. 于是，关于 I 的变分，我们就得到

$$\delta I=\int_0^\sigma\sum_1^s(\dot{q}_k\delta p_k+p_k\delta\dot{q}_k)dt + \left|\sum_1^s p_k\dot{q}_k\delta t\right|_0^\sigma ,$$

式中最后一项涉及由于周期 σ 的变化而引起的积分限的改变. 然后，通过积分号下括号中第二项的分部积分，我们就得到

$$\delta I=\int_0^\sigma\sum_1^s(\dot{q}_k\delta p_k-\dot{p}_k\delta q_k)dt + \left|\sum_1^s p_k(\dot{q}_k\delta t+\delta q_k)\right|_0^\sigma ,$$

式中最后一项可以看出等于零，因为括号中的项以及 p_k 在两个积分限处都将是相同的，既然改变了的运动和原来的运动都被假设为周期运动. 因此，利用方程(4)，我们就得到

$$\delta I=\int_0^\sigma\sum_1^s\left(\frac{\partial E}{\partial p_k}\delta p_k+\frac{\partial E}{\partial q_k}\delta q_k\right)d t=\int_0^\sigma\delta E d t . \tag{6}$$

现在让我们假设，运动的微小改变是由一个小的外场引起的，而该场是在一段比 σ 长得多的时间 θ 中以均匀速率建立起来的，从而一个周期中的相对增量就很小. 在这种情况下，δE 就在任意时刻都等于外力从开始建立场以来对体系各粒子所作的总功. 设这一时刻为 $t=-\theta$ 并设外场在 $t\geqslant 0$ 时的势由表示成各 q 的函数的 Ω 来给出. 于是，在任一给定时刻 $t>0$，我们就得到

$$\delta E = -\int_{-\theta}^{0} \frac{\theta + t}{\theta} \sum_{1}^{s} \frac{\partial \Omega}{\partial q_k} \dot{q}_k dt - \int_{0}^{t} \sum_{1}^{s} \frac{\partial \Omega}{\partial q_k} \dot{q}_k dt,$$

此式经过分部积分,就给出

78

$$\delta E = \frac{1}{\theta} \int_{-\theta}^{0} \Omega dt - \Omega_t,$$

此处应该代入第一项的 Ω 中的各个 q 值是和渐增外场影响下的运动相对应的那些值,而应该代入第二项中的则是和在时刻 t 的位形相对应的那些值. 但是,略去和外力的平方同数量级的小量,我们在这一 δE 的表示式中就可以不取和受扰运动相对应的各个 q 值,而取和体系的原有运动相对应的那些 q 值. 在这样的近似下,第一项就等于在一个周期 σ 中计算的第二项的平均值,从而我们就有

$$\int_{0}^{\sigma} \delta E dt = 0. \tag{7}$$

由(6)和(7)可以推知,如果和外场的一个恒定值相对应的运动是周期性的,则 I 在小外场的缓慢增长过程中将保持恒定. 其次,如果和 Ω 相对应的外场被认为是体系的一个固有部分,则按照同样的办法可以看出 I 在一个新的小外场的建立过程中将保持恒定;如此等等. 由此可见,**对于体系的进行得足够慢的任何有限变换 I 都将保持不变**,如果运动在这一过程中的任一时刻都是周期性的而且变化的效应是根据普通力学来计算的.

在我们开始应用这一结果以前,我们将针对每一个轨道都是周期性的而不依赖于初始条件的那些体系提到(6)式的一个简单推论. 在这种情况下,我们可以取体系的一种和稍微不同的初始条件相对应的未受扰运动来作为改变后的运动. 由此就得出 δE 为恒量,从而我们从(6)式就得到

$$\delta E = \omega \delta I, \tag{8}$$

式中 $\omega = \frac{1}{\sigma}$ 是运动的频率. 这一等式形成周期体系的 E 和 I 的变分之间的一个简单关系式,这个关系式在以后经常会用到.

现在回到单自由度的体系,我们将从普朗克的**线性谐振子**的原始理论采取我们的出发点. 按照这种理论,对于由一个以不依赖于能量的恒定频率 ω_0 作着线性谐振动的粒子所构成的体系,各个定态是由下列众所周知的关系式给出的:

$$E = nh\omega_0, \tag{9}$$

式中 n 是一个正整数,h 是普朗克恒量,E 是总能,该总能被假设为在粒子处于

静止时等于零.

由(8)式立即可以看出,(9)式是和下式等价的: 79

$$I=\int_0^\sigma p\dot{q}dt=\int pdq=nh, \tag{10}$$

式中后一个积分是在 q 在它的界限之间完成的一次完全振动中求的. 因此,我们根据定态的力学可变换性原理就将像艾伦菲斯特一样地假设,(10)式不但适用于普朗克振子,而且适用于可以通过粒子所在力场的逐渐变化而以一种连续的方式从线性谐振子形成的**任何单自由度周期体系**. 可以立即看到,其运动属于振动类型的一切这种体系,也就是粒子在一个周期中先后沿不同方向两次经过轨道上任何一点的一切体系,都能满足上述条件. 但是,如果我们把自己限制在单自由度的体系方面,那就可以看到,其运动属于转动类型的体系,也就是说粒子在一个周期中只有一次经过轨道上每一点的那种体系,是不能够不经过奇异态而以一种连续的方式由线性谐振子形成的;在所谓奇异态中,周期变得无限地长,而结果也变得不明确了. 我们在这里将不去更仔细地讨论这种由艾伦菲斯特指出过的困难,因为它在我们考虑多自由度的体系时就消失了;那时我们即将看到,(10)式的一个简单推广式对于每一运动都为周期运动的任何体系都能成立.

至于(9)式对统计问题的应用,在普朗克理论中曾经假设了和不同 n 值相对应的不同的振子态是**先验等几率**的,而且这一假设得到了在这种基础上求得的和低温下固体比热的测量结果的一致性的有力支持. 现在,根据上节提到的艾伦菲斯特的考虑可知,一个给定的定态的先验几率是不会由于一次连续变换而有所改变的,从而我们将预期,对于任何单自由度体系来说,和(10)中的不同整数 n 相对应的不同的态都是先验等几率的.

正如普朗克联系到(9)式的应用而指出过的,可以很简单地看到,建筑在(10)式所给不同态的等几率假设上的统计考虑,将在普通统计力学已被证实能够给出和实验相符的结果的极限下显示和该种理论考虑的必要联系. 设一个力学体系的位形和运动由 s 个独立变量 $q_1\cdots q_s$ 和对应的动量 $p_1\cdots p_s$ 来表征,并设体系的态在 $2s$ 维的相空间中用一个坐标为 $q_1\cdots q_s$、$p_1\cdots p_s$ 的点来代表. 那么,按照普通的统计力学,这个点位于相空间的一个小体积元中的几率并不依赖
于这一体积元的位置和形状,而是简单地正比于按通常方法定义的它的体积 80

$$\delta W=\int dq_1\cdots dq_s dp_1\cdots dp_s. \tag{11}$$

但是,在量子论中是不能直接应用这些考虑的,因为代表体系态的点不能在 $2s$ 维的相空间中连续地移动,而是只能位于相空间中某些维数较低的曲面上. 对于

单自由度体系来说，相空间是一个二维的面，而代表(10)式所给的某体系的态的点将位于该面上的一些闭合曲线上. 现在，一般说来，对于和(10)式中 n 的相邻整数值相对应的任何两个态，运动将是相差颇大的，从而量子论和普通统计力学之间的一种简单的普遍联系是根本谈不到的. 但是，在 n 很大的极限下，相邻态中的运动将彼此只有很小的差别，从而不论体系的代表点是连续地分布在相曲面上还是只位于和(10)式相对应的一些曲线上都将没有多大差别，如果第一种情况下位于两条这样的曲线之间的体系数等于第二种情况下位于其中一条曲线上的体系数的话. 但是可以看到，由于有上述的不同定态的先验等几率假说，这一条件恰好是满足的，因为和(10)式相对应的两条相继曲线之间的相面积元等于

$$\begin{aligned}\delta W &= \int dq\,dp = \left[\int p\,dq\right]_n - \left[\int p\,dq\right]_{n-1} \\ &= I_n - I_{n-1} = h,\end{aligned} \tag{12}$$

从而按照普通的统计力学代表点位于任意两个这种面积元上的几率就是相同的. 由此我们就看到，(10)式所给出的定态的等几率假说，在所有那样一些应用中都和普通统计力学给出相同的结果；在那些应用中体系的绝大多数态都和大的 n 值相对应. 这种类型的考虑曾经引导了德拜[1)]，使他早在艾伦菲斯特根据自己的定态的力学可变换性理论证明条件式(10)形成普朗克条件式(9)的唯一合理的推广以前，就指出了(10)式可能对于单自由度体系具有普遍的适用性.

现在我们将讨论建筑在(1)和(10)上的单自由度原子体系的光谱理论和普通的辐射理论之间的关系，而且我们即将看到，这种关系在许多方面和刚刚提到的(10)式的统计应用与建筑在普通统计力学上的那些考虑之间的关系是相当类
81 似的. 既然在和(10)中的不同 n 值相对应的两个态中频率 ω 的值一般是不同的，我们就立即看到，我们不能指望在按(1)式计算的和两个定态间的跃迁相对应的辐射频率与体系在这些态中的运动之间有什么简单的联系，除非是在 n 很大的极限下，那时相邻定态中的运动频率之比和 1 相差很小. 现在考虑对应于 $n=n'$ 的态和对应于 $n=n''$ 的态之间的一个跃迁，并且让我们假设 n' 和 n'' 是一些大数而且 $n'-n''$ 比 n' 和 n'' 都小得多. 在这种情况下，我们可以在(8) 中取 $E'-E''$ 作为 δE 并取 $I'-I''$ 作为 δI，因此我们由(1)和(10)就得到在两个态之间的跃迁过程中被发射或被吸收的辐射的频率如下：

$$\nu = \frac{1}{h}(E'-E'') = \frac{\omega}{h}(I'-I'') = (n'-n'')\omega. \tag{13}$$

---

1) P. Debye, Wolfskehl-Vortrag. Göttingen(1913).

现在，在一个周期体系的定态中，各粒子沿任一给定方向的位移总可以利用傅立叶级数表示成一些谐振动之和：

$$\xi = \sum C_\tau \cos 2\pi(\tau\omega t + c_\tau), \tag{14}$$

式中各个 C 和各个 c 是一些恒量，而和式应该遍及 τ 的一切正整数值. 因此，按照普通的辐射理论，我们应该预期体系将发射由频率等于 $\tau\omega$ 的一系列谱线构成的光谱，但是，正如所看到的，这恰好等于我们通过把不同的 $n'-n''$ 值代入(13)式中所得到的那一系列频率. 因此我们看到，至少就频率来说，在 n 很大的极限下，在普通辐射理论和建筑在(1)及(10)上的光谱理论之间是存在紧密联系的. 但是可以指出，尽管根据第一种理论对应于不同 τ 值的具有不同频率 $\tau\omega$ 的辐射是同时被发射或被吸收的，而根据现在这种建筑在基本假设 I 和 II 上的理论，这些频率却是和完全不同的发射过程或吸收过程相联系着的；这些过程和体系从给定的态到不同的相邻定态的跃迁相对应.

为了得到上节提到的在缓慢振动的极限下和普通辐射理论的必要联系，我们必须进一步要求，刚刚针对频率证明了的那种关系在大 n 的极限下对于光谱中不同谱线的强度也能成立. 现在，既然根据普通电动力学和不同 τ 值相对应的那些辐射的强度是由(14)中的各个系数 C_τ 来直接确定的，那么我们就必须预期，对于大的 n 值来说，这些系数就将根据量子论确定从一个 $n=n'$ 的已给定态到一个 $n=n''=n'-\tau$ 的相邻定态的**自发跃迁几率**. 现在，一方面是运动可以分解成的用不同的 τ 值来表征的那些不同谐振动的振幅，另一方面是从所给定态 82
到用不同的 $n'-n''$ 值来表征的不同的相邻定态的那些跃迁几率，二者之间的这种联系显然可以被预期为具有普遍的性质. 没有关于跃迁机制的详细理论，我们当然不能得到上述几率的精确计算(除非是 n 很大)，但是我们却可以预期，即使对于小的 n 值，和给定 τ 值相对应的谐振动的振幅也会以某种方式提供其 $n'-n''$ 等于 τ 的两个定态之间的跃迁几率的一种量度. 例如，一般说来处于一个定态的原子体系是有某一几率自发地过渡到能量较小的任一其他态中的，但是，如果对于所给体系的一切运动来说(14)式中的系数 C 对于某些 τ 值都为零，我们就会被引导着预期 $n'-n''$ 等于其中一个这种 τ 值的任何跃迁都将是不可能的.

这些考虑的一个简单例证，是由以上联系到普朗克理论曾经说过的线性谐振子提供出来的. 既然在这一情况下对于任何不等于 1 的 τ 值 C_τ 都等于零，我们就将预期，对于这个体系来说，只有 n 值改变一个单位的那些跃迁才是可能的. 因此，我们由(1)和(9)就得到一种简单的结果：一个线性谐振子所发射或吸收的任何辐射的频率，都等于恒定的频率 ω_0. 这种结果似乎得到了关于双原子气体吸收光谱的观察结果的支持;这些观察结果表明,有些很强的吸收谱线按照普遍的理由是可以归因于分子中两个原子彼此之间的相对振动的,这些谱线并不被对应于频率整倍数的强度级别相同的谱线所伴随,而假若体系有任何较大的倾向在不相邻的态间过渡的话,根据(1)式是应该预期有这种伴随谱线的. 在这方面可以指出,在某些双原子气体的吸收光谱中,出现一些对应于主要谱线的双倍频率的微弱谱线[1);这一事实的自然解释可以通过下述假设来得出:对于有限的振幅来说,振动并不是精确的谐振动,从而分子也具有在不相邻的态间发生过渡的一种微小几率.

---

§3. 条件周期体系

如果我们考虑多自由度的体系,则只有在特殊情况下运动才会是周期性的,从而确定各个定态的普遍条件就不能利用上节那种简单的考虑来导出. 但是,正如在引论中提到的,索末菲等人近来曾经通过(10)式的适当推广,在求出适用于很重要
83 一类多自由度体系的条件方面取得了成功;经发现,这种条件和(1)联系起来,给出的结果是令人信服地和关于线光谱的实验结果相符合的. 后来,这些条件曾由艾伦菲斯特而且尤其是由布尔杰斯[2)证明了对于缓慢力学变换是不变的.

如果我们首先考虑那样一些体系,它们的对应于不同自由度的运动是在动力学上相互独立的,我们就会很自然地被引到所考虑的那种推广. 如果在适用于具有 s 个自由度的体系的汉密尔顿方程(4)中,总能 E 的表示式可以写成一个和式 $E_1+\cdots+E_s$,而式中 E_k 只包含 q_k 和 p_k,那么就会出现上述这种情况. 作为这种体系的一个例证,可以考虑在力场中运动的一个粒子,在该力场中,分别和三个互相垂直的平面相垂直的那些分力只是离开各该平面的距离的函数. 既然在这种情况下对应于每一个自由度的运动一般将是周期性的,正如对于单自由度的体系一样,那么我们显然就可以预期,条件式(10)在这里将由一组 s 个条件式来代替:

$$I_k=\int p_k d q_k = n_k h,\ (k=1,\ \cdots,\ s) \tag{15}$$

式中的积分是分别在各个 q 的一个完整周期中求的,而 $n_1\cdots n_k$ 则是一些整数. 可以立即看到,这些条件对于体系的任何使对应于不同坐标的运动的独立性得到保持的缓慢变换来说是不变的.

---

1) 参见 E. C. Kemble, Phys. Rev., VIII, p. 701, 1916.

2) J. M. Burgers, Versl. Akad. Amsterdam, XXV, pp. 849, 918, 1055(1917), Ann. d. Phys. LII, p. 195(1917), Phil. Mag. XXXIII, p. 514(1917).

另一种情况是，虽然对应于不同自由度的运动并不是相互独立的，但是却可以通过坐标的适当选择来把每一个动量 p_k 表示成只是 q_k 的函数；在这种情况下就得到更加普遍的一类体系，对于这些体系来说和单自由度体系的类似联系也是存在的，而且在它们那里也会出现和(15)式同类型的一些条件. 这种类型的一个简单体系就是一个在辏力场中沿平面轨道运动的粒子. 将从力场的中心到粒子的矢径长度取作 q_1，把这一矢量和轨道平面上一条固定直线之间的角距离取作 q_2，那么，既然 E 中不包含 q_2，我们就由(4)立刻得到众所周知的结果，即在运动过程中角动量 p_2 为恒量，而且由 p_1 和 q_1 随时间的变化来给出的径向运动将和单自由度体系的运动完全相同. 因此，索末菲在他的量子论对非周期体系光谱的基本应用中，就假设了上述体系的定态由形式如下的两个条件来给出：

$$I_1 = \int p_1 dq_1 = n_1 h, \quad I_2 = \int p_2 d q_2 = n_2 h. \tag{16}$$

尽管第一个积分显然必须在径向运动的一个周期中加以计算，初看起来要确定 84
对 q_2 的积分限却似乎是有困难的. 但是，如果我们注意到，这种类型的积分在把 q 换成 q 的某一函数的坐标变换中是不变的，这种困难就不存在了. 事实上，如果我们不取矢径的角距离，而是取这一角度的周期为 2π 的某一连续周期函数来作为 q_2，则轨道平面上的每一个点将只和一组坐标相对应，而 p 和 q 之间的关系也就和其运动属于振动类型的单自由度周期体系中的关系完全相同了. 由此可见，条件式(16)中的第二个积分必须在矢径的一次完整转动中进行计算，从而这个条件也就和一个简单条件相等价，那就是粒子绕场心的角动量等于 $\frac{h}{2\pi}$ 的整数倍. 正如艾伦菲斯特所指出的，对于使体系的中心对称性保持不变的那种特殊变换，条件式(16)是不变的. 这可以由一件事实直接推得，即角动量在这种类型的变换中保持不变，而且只要 p_2 保持恒定，径向坐标的运动方程就和适用于单自由度体系的运动方程相同. 正如在引论中提到过的，索末菲在(16)式的基础上已经得出了关于由电子质量随速度的变化而引起的氢光谱的谱线精细结构的一种精彩的解释[1)]. 我们将在第二部分中再来讨论这种理论.

---

1) 在这方面可以指出，和(16)式类型相同的条件曾由 W · 威耳孙独立地提出(Phil. Mag. XXIX, p. 795(1915)及 XXXI, p. 156(1916))，但是他只把这种条件应用到了当忽略相对论修订时电子在氢原子中进行的那种简单的开普勒运动. 但是，正如在以下的讨论中即将看到的，由于周期体系在多自由度体系的量子论中所占的独特地位，这种应用却包含了一种歧义性，它使得结果不能再有直截了当的物理诠释. 普朗克在他那关于多自由度体系的“相空间的物理结构”的有趣理论中也确立了和(16)式类似的条件(Verh. d. D. Phys. Ges. XVII p. 407 以及 p. 438(1915)，Ann. d. Phys. L p. 385，1916). 和本论文中所讨论的线光谱问题并无直接关系的这种理论，建筑在一个几何问题的深入分析上，那就是怎样按照和用(10)式所给曲线来划分单自由度体系的相曲面的办法相类似的办法，把和多自由度体系相对应的多维相空间分成“格胞”的问题.

正如艾普斯坦[1)]和施瓦尔兹席耳德[2)]所指出的，索末菲所考虑的那些有心体系，形成更普遍的一类体系的特例；对于那一类体系，和(15)式同类型的条件可以适用. 这些就是所谓的条件周期体系；如果运动方程是利用汉密尔顿-雅科毕偏微分方程[3)]来加以论述的，我们就会被引导到这种体系. 设在总能 E 作为各个
85 q 和 p 的函数的表示式中，将那些 p 都分别代成某一函数 S 对相应坐标 q 的偏导数，并考虑偏微分方程：

$$E\left(q_1, \cdots, q_s; \frac{\partial S}{\partial q_1}, \cdots, \frac{\partial S}{\partial q_s}\right) = \alpha_1, \tag{17}$$

这是通过令这一表示式等于一个任意恒量 α_1 而得出的. 于是，如果

$$S = F(q_1, \cdots, q_s; \alpha_1, \cdots, \alpha_s) + C,$$

是(17)式的一个全积分，此处 $\alpha_2 \cdots \alpha_s$ 和 C 都像 α_1 一样是任意恒量，那么，正如汉密耳顿和雅科毕所证明的，通过令

$$\frac{\partial S}{\partial \alpha_1} = t + \beta_1, \ \frac{\partial S}{\partial \alpha_k} = \beta_k, \ (k = 2, \cdots, s) \tag{18}$$

并令

$$\frac{\partial S}{\partial q_k} = p_k, \ (k = 1, \cdots, s) \tag{19}$$

式中 t 是时间而 $\beta_1, \cdots \beta_k$ 是一组新的任意恒量，我们就得到运动方程(4)的通解. 通过(18)，各个 q 就被作为时间 t 和 $2s$ 个恒量 $\alpha_1, \cdots \alpha_s, \beta_1, \cdots \beta_s$ 的函数给了出来，这些恒量例如可以根据某一给定时刻的各个 q 值和各个 p 值来确定.

现在，前面提到的那一类体系是这样的：对于它们来说，在正交坐标的某种适当选择下，能够找到(17)式的一个形式如下的全积分：

$$S = \sum_{1}^{s} S_k(q_k, \alpha_1, \cdots, \alpha_s), \tag{20}$$

式中 S_k 只是 s 个恒量 $\alpha_1, \cdots, \alpha_s$ 和 q_k 的函数. 在这种可以对方程(17)进行所谓“分离变量”的情况下，我们由(19)就得到，每一个 p 都只是各个 α 和对应的 q 的函数. 如果在运动中各个坐标并不会在时间进程中变为无限大或收敛于固定的极限，则每一个 q 都将像在单自由度体系的情况中一样在两个固定值之间进行振动，各该固定值对于不同的 q 是不同的，而且是依赖于各个 α 的. 正如在单自

1) P. Epstein，前引论文.

2) K. Schwarzschild，前引论文.

3) 例如参阅 C. V. L. Charlier, Die Mechanik des Himmels, Bd. I, Abt. 2.

由度体系的情况中一样，每当 q_k 经过这些极限中的一个极限时，p_k 就将变成零并变号. 除了一些特例以外，体系在运动中永远不会两次经过和同一组 q 值及 p 值相对应的一个位形，但是它在时间进程中却将经过离开和 q_1，…，q_s 的一组定值相对应的任一位形的任何给定的不论多小的距离处，这些 q 值代表位于某一 s 维闭域中的一个点，该闭域由和等于上述振动限的恒定 q 值相对应的 s 对 $s-1$ 维曲面来限定. 这种类型的运动就叫做"条件周期运动". 可以看到，运动的特点只依赖于各个 α 而不依赖于各个 β；这些 β 恒量的作用只在于当各个 α 为已 86
知时确定体系在所给时刻的确切位形. 对于某些特殊体系可能有这种情况：轨道并不是到处稠密地覆盖上面提到的 s 维的域，而是对于一切的 α 值都限制在一个维数更小的区域之内. 我们在下文中将把这样一种情况叫做"简并情况".

既然对于一个可以按 q_1，…，q_s 来分离变量的条件周期体系来说各个 p 只是对应的 q 的函数，我们就可以正如在独立自由度的情况或辏力场中准周期运动的情况中一样构成一些下列形式的表示式

$$I_k = \int p_k(q_k, \alpha_1, \cdots, \alpha_s) dq_k, \ (k = 1, \cdots, s) \tag{21}$$

式中的积分是在 q 的一次完整振动中求的. 因为一般说来轨道将到处稠密地覆盖一个按上述特定方法限定的 s 维的区域，所以就有，除了简并情况以外，是不能对于不同的两个坐标系 q_1，…，q_s 和 q'_1，…，q'_s来分离变量的，除非 $q_1 = f_1(q'_1)$，…，$q_s = f_s(q'_s)$；而且既然这种类型的坐标变换不会影响表示式(21)的值，那就可以看到各个 I 的值对于体系的给定运动是完全确定的. 因此，通过令

$$I_k = n_k h, \ (k = 1, \cdots, s) \tag{22}$$

式中 n_1，…，n_s 是正整数，我们就得到**一组条件式**，它们是适用于单自由度体系的**条件式(10)的自然推广**.

既然由(21)式给出的各个 I 只依赖于 α_1，…，α_s 而不依赖于各个 β，一般说来各个 α 就能反过来由各个 I 的值来确定. 因此，一般说来，运动的特点就将由条件式(22)来完全确定，特别说来总能的值也将由它们完全确定；按照(17)式，总能是等于 α_1 的. 但是，在上面提到的简并情况下，条件式(22)却包含一种歧义性，因为一般对于这种体系来说将存在可以分离变量的无限多种不同的坐标系，而当把条件式(22)应用上去时，就会得到不同的定态运动. 我们在以下即将看到，这种歧义性将不会影响定态中总能的确定，而总能正是建筑在(1)式上的光谱理论中的以及量子论对统计问题的应用中的不可缺少的因素.

如果忽略相对论的修订，在来自两个固定力心的和距离的平方成反比的吸引力影响下运动着的粒子，就是条件周期体系的一个众所周知的典型例子. 正如

雅科毕所证明的，这个问题可以通过分离变量来求解，如果采用所谓椭球坐标的话，所谓椭球坐标就是把 q_1 和 q_2 取作两个参量，来分别表征以两个力心为焦点
87 并通过运动粒子的瞬时位置的一个旋转椭球和一个旋转双曲面，而把 q_3 取作通过二力心和粒子的那个平面与通过二力心的固定平面之间的夹角，或者，和上面的叙述密切一致，把 q_3 取作这一角度的某一周期为 2π 的连续周期函数. 这一问题的一个极限情况，可由绕核转动并受到附加电场的影响的一个电子来提供，因为这个电场可以看成是由离第一个核无限遥远的第二个核所引起的. 因此，这种情况中的运动将是条件周期性的，而且可以在抛物面坐标系中分离变量，如果取原子核作为两组旋转抛物面的焦点，而把它们的轴线取得和电力方向相平行的话. 正如在引论中所提到的，艾普斯坦和施瓦尔兹席耳德通过把条件式(22)应用到这一运动上，曾经相互独立地得到了外电场对氢光谱中各谱线的效应的解释；经发现，这种解释是和斯塔克的测量结果令人信服地符合的. 我们在第二部分中将回头讨论这些计算结果.

在上面这种表述普遍理论的方式中，我们曾经应用了艾普斯坦所用的同样步骤. 施瓦尔兹席耳德通过引用天文学摄动理论中众所周知的所谓"角变量"，曾经赋予理论以一种很简洁的形式；在这种形式中，和单自由度体系的类似性是以一种多少不同的方式出现的. 这种处理方式和上面给出的处理方式之间的联系，曾由艾普斯坦详加讨论[1].

如上所述，最初根据和单自由度体系的类比建立起来的条件式(22)，后来已被普遍地证明**对于使体系保持条件周期性的任何缓慢变换都是力学地不变的**. 这种不变性的证明，最近曾由布尔杰斯[2]通过有趣地应用建筑在施瓦尔兹席耳德对角变量的引用上的接触变换理论来给出. 我们在这儿不再详细讨论这些计算，而只将考虑和定态的力学可变换性问题有联系的某些问题，这些问题对于普遍理论及其以后的应用的逻辑一致性来说是重要的. 我们在§2 中已经看到，在适用于单自由度周期体系的关系式(10)的力学不变性的证明中，带有本质重要性的是外界条件在一个周期的时间内的相对改变量可以弄得很小. 这可以看成量子论中定态的确定的本性方面的一个直接推论. 事实上，体系的一个给定态是不是定态，这个问题的答案并不仅仅依赖于各粒子在一个给定时刻的运动或离它们瞬时位置最近处的力场，而是在各粒子已经经历了一个完整的态的循环从
88 而可以说它们已经摸清楚了整个力场对运动的影响以后才能得出的. 例如，如果在单自由度周期体系的情况下力场发生了给定数量的变化，而且在单独一个周

1) P. Epstein, Ann. d. Phys. LI, p. 168(1916). 并参阅本论文第 29 页[本卷原第 95 页]的注.

2) J. M. Burgers，前引论文. Versl. Akad. Amsterdam, XXV, p. 1055(1917).

期的时间之内它的相对改变量并不很小，那么，在新场已经建立好以前，粒子显然就无从知道场的改变的性质，也无从按照这种改变来调整自己的定态. 根据完全同样的理由，条件周期体系定态的力学不变性的一个必要条件就是，在体系已经近似地经历了坐标空间中上述那一 s 维域中的一切可能位形的那段时间之内，外界条件的变化可以弄得要多小就多小. 因此，这个条件也就形成条件式(22)对力学变换的不变性的布尔杰斯证法的一个不可缺少的要点. 正因如此，当我们在体系的变换中经过一个上面提到的简并情况时，我们就遇到一种典型的困难；在简并情况中，对于每一组 α 值来说轨道都不是到处稠密地覆盖那个 s 维的域，而是限制在一个维数更小的域中的. 显然可见，当我们通过条件周期体系的一个缓慢变换来接近一个这种的简并体系时，轨道经过任一可能位形的附近所需要的时间间隔就将变得很长，而且当到达简并体系时将变为无限长. 作为这种情况的一种后果，当我们经过一个简并体系时条件式(22)**一般不会保持为力学不变**，这是和上面提到的利用(22)来确定这种体系的定态时的歧义性密切有关的.

有一种简并体系的典型情况，可以作为这一点的一个例证；这种情况是由那样一个多自由度体系形成的，对于该体系来说，每一种运动都是**单周期性**的，而不以初始条件为转移. 在这种在物理应用方面有很大重要性的情况中，我们由(5)和(22)就得到，对于任何可以分离变量的坐标系来说，都有

$$I=\int_0^\sigma(p_1\dot{q}_1+\cdots+p_s\dot{q}_s)dt=x_1I_1+\cdots+x_sI_s, \tag{23}$$

式中的积分是在一个运动周期中求的，而 x_1，… x_s 则是一组没有公因子的正整数. 现在我们将预期，任何一种运动，只要可以找到一个坐标系使它在里边满足(22)，它就将是定态运动. 对于任何这样的运动，我们由(22)就得到

$$I=(x_1n_1+\cdots+x_sn_s)h=nh, \tag{24}$$

式中 n 是一个整数；如果像在以下即将提到的应用中一样各个 x 中至少有一个等于 1，则 n 可以取一切正值. 反过来说，如果所考虑的体系在一个连续无限的坐标系集合中都能分离变量，我们就必将得出一般说来满足(24)的每一种运动 89
都将是定态运动的结论，因为一般说来对于任何一种这样的运动都能找到一个坐标系使它在里边满足(22). 于是就能看到，对于一个多自由度的周期体系来说，条件式(24)就形成条件式(10)的一种简单的推广. 根据适用于任一周期体系的两个相邻运动的(8)式可以进一步得到，正如对于单自由度体系那样，体系的能量将由 I 的值完全确定.

现在考虑一个处于满足(24)的定态中的体系，并且让我们假设有一个外场

以连续的速率被慢慢建立起来，而且体系的运动在这一过程中的任一时刻都可以在某一坐标系中分离变量. 假若我们假设场对体系运动的效应在任一时刻都可以利用普通力学来直接计算，我们就会发现 I 相对于上述各坐标而言的那些值将在过程中保持恒定，但是这就将意味着(22)中各个 n 的值一般将不是整数，而是完全依赖于体系起初所具有的满足(24)的那种偶然性的运动. 但是，力学一般并不能直接被应用来确定受到一个渐增外场的影响的周期体系的运动，这却正是我们根据简并体系对力学变换来说的特殊地位所将预期的. 事实上，当存在小的外场时，周期体系的运动将在轨道的形状和位置方面经历缓慢的变化，而且，如果受扰运动是条件周期性的，这种变化就将是周期性的. 因此，形式地看来，我们可以把一个受到外场作用的周期体系和一个单自由度的、里边的粒子在作着缓慢振动的简单力学体系相对比. 现在可以看到，轨道缓慢变化的频率是和外场的强度成正比的，从而就显然不可能以那么慢的速率建立外场，使得它的强度在这一变化的一个周期中的相对改变量很小. 于是，在场的增长期间出现的过程，就和当一个振动粒子受到外场的影响而外场在一个周期中变化颇大时出现的过程相类似. 正如后一过程通常会引起辐射的发射或吸收而且不能利用普通力学来加以描述一样，我们必须预期多自由度周期体系在外场建立中的运动也不能用普通力学来确定，而是场将引起一些效应，其种类和在由辐射的发射或吸收伴随着的二定态间的跃迁中出现的效应相同. 因此我们将预期，在场的建立过程中，体系一般将以某种非力学的方式自行调整，直到达到了一个定态为止；在这种定态中，轨道的上述缓慢变化的频率和由于外场的存在而引起的体系附加
90 能量之间有一个关系，其种类和由(8)及(10)表示的单自由度周期体系的能量和频率之间的关系相同. 正如在第二部分中即将联系到物理应用来证明的，如果存在场时的定态是由条件式(22)来确定的，则上述条件恰恰可以得到保证，而且也将看到，这些考虑在不能进行任何分离变量的情况下也将提供一种确定受扰周期体系的定态的手段.

由于简并体系在条件周期体系的普遍定态理论中占有特殊地位，让我们来求得一种通过定态的一个连续序列而不经过那样的体系来力学地联系给定体系的两个不同定态的办法；在那种体系中，力是很小的，而且一切定态中的能量趋于重合(参阅第 9 页[本卷原第 75 页]). 事实上，如果我们考虑一个可以连续地变换为另一体系的条件周期体系，对于那另一个体系来说，每一个轨道都是周期性的，而且在适当的坐标选择下每一个满足(24)式的态也将满足(22)式，那么显然首先就有，我们能够从对应于(22)中一组 n 值的一个态经过定态的一个连续序列按一种力学方式过渡到 $x_1n_1+\cdots\cdots+x_sn_s$ 具有相同的值的任何另一个态. 此外，如果还存在同样性质的第二个周期体系，而第一个周期体系可以连续地变

换到第二个周期体系,但是后者的一组 x 是不同的,那么一般就能够通过一个循环变换而按一种力学的方式在所给条件周期体系的满足(22)式的任何两个定态之间进行过渡.

为了得到这种循环变换的一个例子,让我们考虑由一个绕固定正核运
动的电子所构成的体系,那个核对电子作用一个和距离平方成反比的吸引
力. 如果我们略去很小的相对论改正项,每一个轨道就都是周期性的,而不
以初始条件为转移,而且体系将可以在极坐标系中分离变量,而且在第 20
页[本卷原第 86 页]上提到的那种椭球坐标系中也可以分离变量,如果我们
把核取作一个焦点的话. 很容易看到,任何针对 $n>1$ 的值满足(24)式的轨
道,也将对于适当选择的椭球坐标满足(22)式. 通过假想有另一个带无限小
电荷的核位于另一焦点上,轨道就可以进一步变成另一个轨道,它对于同一
n 值满足(24)式,但是可以有任意给定的偏心率. 现在考虑一个满足(24)的
体系的态,并且让我们假设,通过上述方法,轨道起初被调节得在平面极坐
标下和(16)式中的 $n_1=m$ 及 $n_2=n-m$ 相对应. 然后使体系经历一个缓慢
的连续变换,在变换中作用在电子上的力场保持为辏力场,但是吸引力的定
律却通过变换而慢慢地被改变,直到力和距离成正比时为止. 在末态中也和
在初态中一样,电子的轨道将是闭合的,但是在变换期间轨道却不闭合,而
且平均转动周期和径向运动周期之比(在原有运动中这个比值为 1)在变换
期间将连续地增大,直到它在末态中等于 2 为止. 这就意味着,应用了极坐
标,(22)式中的 x_1 和 x_2 在第一个态中是 $x_1=x_2=1$ 而在第二个态中是
$x_1=2$ 和 $x_2=1$. 既然在变换过程中 x_1 和 x_2 将保留它们的值,那么我们在末
态中就有 $I=h(2m+(n-m))=h(n+m)$. 现在,在后一态中,体系不但在极
坐标系中可以分离变量,而且在任何直角笛卡儿坐标系中也可以分离变量,从 91
而我们通过适当地选择坐标轴的方向就可以得到,任何对于 $n>1$ 满足(24)
式的轨道也将满足(22)式. 在沿坐标轴方向的各分力的无限小的变化中,如果
变化的方式使得在这些方向上的运动仍然互相独立但具有稍微不同的周期,
那么就可以进一步把椭圆轨道力学地变换成另一个和各轴间的任意给定比
值相对应的轨道. 现在让我们假设,用这种方法把电子轨道变换成了一个圆形
轨道,从而当回到平面极坐标时我们就有 $n_1=0$ 和 $n_2=n+m$; 然后,设用一
个缓慢变换来改变吸引力的定律,直到它又成为平方反比定律为止. 可以看
到,当达到了这个态时,运动将再次满足(24)式,但是这一次我们有 $I=h(n+m)$,而不是像在原有的态中一样有 $I=nh$ 了. 通过重复进行这种类型的循环
过程,我们可以从所考虑体系的满足 $n>1$ 的(24)式的任一定态过渡到任何

另一个这样的态而在任何时刻都不离开定态区域.

定态的力学可变换性理论给了我们一种手段来讨论条件周期体系的不同定态的先验几率问题,各该定态用(22)中各个 n 的不同值组来表征.事实上,由§1中所提到的那些考虑就能推知,如果一个给定体系的各定态的先验几率是已知的,那么立刻就能够导出另一个体系的各定态的几率,如果第一个体系可以不经过简并体系而连续地变换到第二个体系的话.现在,根据和单自由度体系的类比,对于和不同坐标相对应的运动是相互独立的那种多自由度的体系,看来必须假设和(15)式中不同组的 n 相对应的一切态的先验几率都相同.因此,我们根据以上的叙述就将假设,对于可以从一个这种体系不经过简并体系而以连续方式形成的任意体系,由(22)给出的一切态都将有相同的先验几率.可以注意,按照这一假设,我们将在大 n 的极限下得到和普通统计力学理论的联系,其联系和在单自由度体系的情况中得到的完全相同.例如,对于条件周期体系,如果坐标选得使对应于每一自由度的运动都属于振动类型,就可以立即看到由(11)给出的相空间元的体积等于[1)]

$$\delta W = \delta I_1 \delta I_2 \cdots \delta I_s, \tag{25}$$

该体积包含着所有那样的点 $q_1, \cdots, q_s$、$p_1, \cdots, p_s$,它们代表的是(21)式所给 I_k 值介于 I_k 和 $I_k + \delta I_k$ 之间的那些态.因此,由对应于条件式(22)中各 n 的相继值的 s 对曲面限定的相空间体积,就将等于 h^s,从而该体积对于各个 n 的每一种组
92 合都是相同的.于是,在极限情况下,当各个 n 很大,而对应于各个 n 的相继值的定态彼此相差很小时,我们根据对应于(22)中 n_1、$n_2 \cdots n_s$ 各不同值组的定态具有相等的先验几率这一假设,就得到应用普通统计力学所将得到的相同结果.

上述考虑适用于每一个非简并的条件周期体系,这一事实就使我们想到一个假设:对于由(22)式确定的一切态,先验几率将是相同的,即使不能把所给的体系不经过简并体系而交换到一个具有独立自由度的体系.即将证明,这种假设得到了氢谱线斯塔克效应中各成分线强度的考虑的支持,这种考虑将在第二部分中谈到.但是,当考虑一个简并体系时,我们却不能假设不同的定态是先验等几率的.在这种情况下,定态将由数目少于自由度数的一些条件来表征,而一个态的几率必须根据某一非简并体系的不同定态的数目来确定;这些定态将和所给的态重合,如果后一体系被连续地变换为所考虑的简并体系的话.

为了阐明这一点,让我们看一个简并体系的简单情况;该体系由一个在辏力

1) 参阅 A. Sommerfeld, Ber. Akad. München, 1917, p. 83.

场中沿平面轨道运动的带电粒子所构成，其定态由(16)中的两个条件式给出. 在这一情况下，轨道平面是未经确定的，而且根据和普通统计力学的对比就已经可以得出，由(16)式中 n_1 和 n_2 的不同组合来表征的各个态的先验几率不可能是相同的. 例如，简单的计算表明[1]，和 I_1 介于 I_1 及 $I_1+\delta I_1$ 之间而 I_2 介于 I_2 及 $I_2+\delta I_2$ 之间的态相对应的相空间体积等于 $\delta W=2I_2\delta I_1\delta I_2$，如果运动是用普通的极坐标来描述的话. 因此，对于大的 n_1 和 n_2，我们必须预期对应于给定组合 (n_1, n_2) 的定态的先验几率和 n_2 成正比. 对应于各个 n 的小值的态的先验几率问题曾由索末菲联系到氢谱线精细结构的不同成分线的强度问题进行了讨论(参阅第二部分). 根据关于相空间中可以认为和用不同的组合 (n_1, n_2) 来表征的态相联系着的那种区域体积的考虑，索末菲提出了关于这种态的先验几率的好几种不同的表示式. 但是，由于这些区域的选法中所包含的必然随意性，我们并不能用这种办法得出对应于小值 n_1 和 n_2 的那些态的先验几率的一种合理的 93
确定. 另一方面，这一几率却可以通过把所考虑的运动看成用三个数 n_1、n_2 和 n_3 来表征的运动的一种简并情况来求出，后一运动的表征正和在条件式(22)对三自由度体系的一般应用的情况中一样. 例如，这样的运动可以通过设想把体系放在一个很小的均匀磁场中来得出. 在某些方面，这一情况是超出于本节所讨论的条件周期体系的普遍理论之外的，但是，正如我们在第二部分中即将看到的，可以很简单地证明磁场的存在对定态中的运动多加上了一个条件，即绕着场轴的角动量等于 $n'\dfrac{h}{2\pi}$，此处 n' 是等于或小于 n_2 的正整数，而且它对于在光谱问题中考虑的体系来说必须被假设为异于零. 因此，当照顾到粒子可以绕着场的轴线向两个相反的方向转动时，我们就看到，这个体系的对应于 n_1 和 n_2 的给定组合的一个态，当存在场时可以按 $2n_2$ 种不同的方式来建立. 由此可见，体系的不同的态的先验几率对于 n_1 和 n_2 的一切组合都可以被假设为正比于 n_2.

刚才提到的绕场轴的角动量不能等于零这一假设，可以根据关于某些体系的考虑来导出；对于这些体系来说，由于它们的特殊奇异性，对应于(22)中那些 n 的特定组合的运动会成为不可能. 在这种情况下，我们必须假设不存在和所考虑的组合 $(n_1, n_2, \cdots, n_s)$ 相对应的任何定态，而且根据上述的先验几率对于连续变换的不变性原理，我们从而就将预期，任何可以不经过简并情况而连续地变换到这种态的其他态，其先验几率也将等于零.

现在让我们开始考虑利用关系式(1)而由定态中的能量值算出的**条件周期体系的光谱**. 如果 $E(n_1, \cdots, n_s)$ 是由(22)确定的一个定态的总能而 ν 是和分别

1) A. Sommerfeld，前引论文.

由 $n_k=n'_k$ 及 $n_k=n''_k$ 来表征的两个定态之间的跃迁相对应的谱线的频率，我们就有

$$\nu=\frac{1}{h}[E(n'_1,\cdots,n'_s)-E(n''_1,\cdots,n''_s)]. \tag{26}$$

在一般情况，这一光谱将和根据体系的运动由普通电动力学理论所将预期的光谱完全不同. 但是，正如对于单自由度的体系一样，我们即将看到，在相邻定态中的运动彼此相差很小的极限下，在按量子论来计算的光谱和由普通电动力学所预期的
94 光谱之间存在一种密切的关系. 正如在§2 中一样，我们即将进一步看到，这种关系导致关于任意二定态之间的跃迁几率的以及关于伴随着的辐射的性质的某些普遍的看法，这些看法经发现是得到观察结果的支持的. 为了讨论这一问题，我们将首先导出条件周期体系的两个相邻态间的能量差的普遍表示式；这是可以利用和§2 中推导(8)式时所用的计算相类似的计算来简单地求得的.

试考虑在某一组坐标 $q_1,\cdots,q_s$ 下可以分离变量的一个条件周期体系的运动，并且让我们假设，体系在时刻 $t=\theta$ 的位形，将在很好的近似下和在时刻 $t=0$ 的位形相同. 通过把 θ 取得足够大，我们可以使近似程度要多好就多好. 如果我们其次考虑由第一种运动的微小改变得出的能够在一组可以和 $q_1,\cdots,q_s$ 稍有不同的坐标 $q'_1,\cdots,q'_s$ 下分离变量的某一条件周期运动，那么利用坐标 $q'_1,\cdots,q'_s$，我们就通过汉密尔顿方程(4)得到

$$\begin{aligned}\int_0^\theta \delta E dt&=\int_0^\theta\sum_1^s\left(\frac{\partial E}{\partial p'_k}\delta p'_k+\frac{\partial E}{\partial q'_k}\delta q'_k\right)dt\\&=\int_0^\theta\sum_1^s(\dot{q}'_k\delta p'_k-\dot{p}'_k\delta q'_k)dt.\end{aligned}$$

通过对括号中的第二项进行分部积分，就得到

$$\int_0^\theta \delta E dt=\int_0^\theta\sum_1^s\delta(p'_k\dot{q}'_k)dt-\left|\sum_1^s p'_k\delta q'_k\right|_{t=0}^{t=\theta} \tag{27}$$

现在，对于未改变的运动我们有

$$\int_0^\theta\sum_1^s p'_k\dot{q}'_k dt=\int_0^\theta\sum_1^s p_k\dot{q}_k dt=\sum_1^s N_k I_k,$$

式中 I_k 由(21)来定义，而 N_k 是 q_k 在时间间隔 θ 中完成的振动次数. 另一方面，对于变化后的运动，我们有：

$$\begin{aligned}\int_0^\theta\sum_1^s p'_k\dot{q}'_k dt=\int_{t=0}^{t=\theta}\sum_1^s p'_k dq'_k=\sum_1^s N_k I'_k\\+\left|\sum_1^s p'_k\delta q'_k\right|_{t=0}^{t=\theta},\end{aligned}$$

式中各个 I 对应于坐标系 $q'_1, \cdots, q'_s$ 中的条件周期运动，而包含在最后一项中的各个 $\delta q'$ 是和(27)式中的那些 $\delta q'$ 相同的. 因此，写出 $I'_k - I_k = \delta I_k$，我们由后一方程就得到

$$\int_0^\theta \delta E dt = \sum_1^s N_k \delta I_k. \tag{28}$$

在特例，当改变后的运动和改变前的运动一样是属于同一体系的未受扰运 95
动时，既然 δE 将是恒定的，我们就得到

$$\delta E = \sum_1^s \omega_k \delta I_k, \tag{29}$$

式中 $\omega_k = \frac{N_k}{\theta}$ 是在和 θ 同数量级的一段长时间内求出的 q_k 在其极限之间的平均振动频率. 这一方程形成(8)式的简单推广，而且在普遍情况下，当只能在一个坐标系中分离变量从而导致各个 I 的完全确定时，这个方程可以根据建筑在角变量的引用上的关于条件周期体系运动的周期性质的分析理论直接推导出来[1]. 由
(29)进一步得到，如果体系可以在连续无限多个坐标系中分离变量，则总能将对 96

---

1) 参阅 Charlier, Die Mechanik des Himmels, Bd. I Abt. 2，特别参阅 P. Epstein, Ann. d. Phys. LI p. 178(1916). 利用众所周知的关于汉密耳顿正则方程中各变量的变化的雅科毕定理，艾普斯坦在上述论文中讨论了的角变量概念和 I 这些量之间的联系可以用下述的简洁方式来显示；这是承蒙 H·A·克喇摩斯先生向我指出的. 试考虑通过把用方程(21)所给各个 I 来表示的各个 α 的表示式代入(20)中而得到的函数 $S(q_1, \cdots q_s, I_1, \cdots I_s)$. 这个函数将是各个 q 的多值函数；如果 q_k 在其极限间描绘一次振动而其他的 q 保持不变，则这个函数的值增加 I_k. 因此，如果我们引入由下式定义的一组新变量 $w_1, \cdots w_s$：

$$w_k = \frac{\partial S}{\partial I_k}, \ (k = 1, \cdots, s) \tag{1*}$$

那就可以看到，当 q_k 在其极限间描绘一次振动而别的 q 不变时，w_k 就增加一个单位而其他的 w 将回到它们原有的值. 因此，反过来也可以看到，当把各个 q 和由

$$p_k = \frac{\partial S}{\partial q_k}, \ (k = 1, \cdots, s) \tag{2*}$$

给出的各个 p 看成各个 I 和各个 w 的函数时，它们将是各个 w 的周期为 1 的周期函数. 因此，按照傅立叶定理，每一个 q 都可以表示成 s 重的三角级数如下：

$$q = \sum A_{\tau_1 \cdots \tau_s} \cos 2\pi(\tau_1 w_1 + \cdots + \tau_s w_s + a_{\tau_1, \cdots \tau_s}), \tag{3*}$$

式中各个 A 和各个 a 是依赖于各个 I 的恒量，和式遍及 $\tau_1, \cdots \tau_s$ 的一切整数值. 由于各个 w 的这种性质，$2\pi w_1, \cdots 2\pi w_s$ 这些量就被称为"角变量". 现在，按照上面提到的雅科毕定理(例如参阅 Jacobi, Vorlesungen über Dynamik, § 37)，由(1*)和(2*)就可看到，各个 I 和各个 w 的随时间的变化将由下式给出：

$$\frac{dI_k}{dt} = -\frac{\partial E}{\partial w_k}, \ \frac{dw_k}{dt} = \frac{\partial E}{\partial I_k}, \ (k = 1, \cdots, s) \tag{4*}$$

式中能量 E 看成各个 I 和各个 w 的函数. 但是，既然 E 是只由各个 I 来确定的，我们由(4*)式就得到，除了各个 I 在运动期间保持恒定的那种显然结果以外，各个 w 将随时间而线性地变化，从而可以表示成

$$w_k = \omega_k t + \delta_k, \ \omega_k = \frac{\partial E}{\partial I_k}, \ (k = 1, \cdots, s) \tag{5*}$$

(转下页)

于和各个相同的 I 值相对应的一切运动都相同，而不依赖于计算这些 I 时所用的特定坐标系. 因此，正如以上所提到的而且我们也已经利用(8)在纯周期体系的情况下证明过的，在简并的情况下总能也是由条件式(22)完全确定的.

现在考虑通过在(22)中分别令 $n_k = n'_k$ 和 $n_k = n''_k$ 而确定的两个定态之间的跃迁，并且让我们假设 $n'_1, \cdots, n'_s$ 和 $n''_1, \cdots, n''_s$ 是一些大数，而且差数 $n'_k - n''_k$ 比这些数小得多. 既然这些态中的运动将彼此相差很小，我们就可以利用(29)来计算能量差，而且，借助于(1)式，我们就得到对应于二态间的跃迁的辐射频率

$$\nu = \frac{1}{h}(E' - E'') = \frac{1}{h}\sum_1^s \omega_k (I'_k - I''_k)$$

$$= \sum_1^s \omega_k (n'_k - n''_k), \tag{30}$$

可以看到，这是 §2 中的表示式(13)的一种直接推广.

现在，和单自由度周期体系的情况完全类似，在前面提到的那种有关条件周期体系的运动的分析理论中已经证明，对于后一种体系来说，各个坐标 $q_1, \cdots q_s$ 从而还有各个粒子沿任一方向的位移，都可以利用形式如下的 s 重傅立叶无穷级数来表示成时间的函数：

97 $$\xi = \sum C_{\tau_1, \cdots, \tau_s} \cos 2\pi\{(\tau_1\omega_1 + \cdots + \tau_s\omega_s)t + c_{\tau_1, \cdots, \tau_s}\}, \tag{31}$$

式中的和式遍及各个 τ 的一切正负整数值，各个 ω 是前面提到的不同 q 的平均振动频率. 各恒量 $C_{\tau_1, \cdots, \tau_s}$ 只依赖于方程(18)中的各个 α，或者这就等于说只依赖于各个 I，而各恒量 $c_{\tau_1, \cdots, \tau_s}$ 则既依赖于各个 α 也依赖于各个 β. 一般说来，各个

(接上页)式中 δ_k 是恒量，而 ω_k 很容易看出是 q_k 的平均振动频率. 由(5*)立即得到(28)，而且可以进一步看到，通过把(5*)代入(3*)中就能得到这样一个结果：每一个 q，从而还有各个 q 的任何单值函数，都可以用(31)这种类型的一个式子来表示.

在这方面可以提到，第 21 页[本卷原第 87 页]上提到的施瓦尔兹席耳德确定条件周期体系的定态的方法就在于针对所给的体系寻求一组正则共轭变量 $Q_1, \cdots, Q_s, P_1, \cdots, P_s$，使得体系的位置坐标 $q_1, \cdots, q_s$ 及其共轭动量 $p_1, \cdots, p_s$ 当看成各个 Q 和各个 P 的函数时都是每一个 Q 的周期为 2π 的周期函数，而体系的能量则只依赖于各个 P. 和在索末菲的有心体系理论中确定角动量的条件相类似，席瓦尔兹席耳德接着就令每一个 P 等于 $\frac{h}{2\pi}$ 的整数倍. 这种方法和建筑在分离变量的可能性以及(22)式对各个 I 的确定上的那种条件周期体系的定态理论有所不同；它并不导致定态的绝对确定，因为，正如施瓦尔兹席耳德本人所指出的，上面这种 P 的定义使得每一个 P 中都剩下一个待定的恒量. 但是，在许多情况下，这些恒量可以根据定态的力学可变换性的考虑而简单地确定下来，而且，正如布尔杰斯所指出的(前引 Versl. Akad. Amsterdam XXV p. 1055(1917))，施瓦尔兹席耳德的方法在另一方面却有一个重要的优点，就是可以适用于某一类体系，那种体系中各粒子的位移可以用(31)这种类型的三角级数来表示，但是它的运动方程却不能在任何固定坐标系中通过分离变量来求解. 布尔杰斯给出的这一方法对转动分子的光谱的有趣应用，将在第四部分中提到.

量 $\tau_1\omega_1 + \cdots + \tau_s\omega_s$ 对于各个 τ 的不同值组将是不同的，而且在时间进程中轨道将到处稠密地覆盖某一个 s 维的区域. 但是，在一个简并情况下，轨道将限制在一个维数更小的区域中，这时对于一切 α 就将存在一个或多个形如 $m_1\omega_1 + \cdots + m_s\omega_s = 0$ 的关系式，式中各个 m 是一些整数，而且，通过将这些关系式代入，表示式就可以简化成重数小于 s 的傅立叶级数. 例如，在特例，若体系的每一个轨道都是周期性轨道，这时我们就有 $\frac{\omega_1}{x_1} = \cdots = \frac{\omega_s}{x_s} = \omega$，式中各个 x 就是出现在方程(23)中的那些数，于是在这种情况下，沿不同方向的位移的傅立叶级数就将只包含简单形式的项 $C_\tau \cos 2\pi\{\tau\omega t + c_\tau\}$，正如对于单自由度的体系一样.

按照普通的辐射理论，我们由(31) 即将预期体系在给定的态中所发射的光谱将包括频率等于 $\tau_1\omega_1 + \cdots + \tau_s\omega_s$ 的 s 重的无限线系. 一般说来，这种光谱将和(26)式所给出的光谱完全不同. 这从一个事实已经可以推知，即各个 ω 将依赖于各恒量 $\alpha_1, \cdots \alpha_s$ 的值，从而对于和这些量的不同值组相对应的连续无限多个力学上可能的态都将连续地发生变化. 于是，一般说来，对于两个对应于(22)中各个 n 的不同值组的不同定态，各个 ω 就将是十分不同的，从而我们就不能指望在按量子论算出的光谱和按力学及电动力学的普通理论所将预期的光谱之间有任何密切的关系. 但是，在(22)中的各个 n 是一些大数的极限下，分别对应于 $n_k = n'_k$ 和 $n_k = n''_k$ 的两个定态的那些 ω 的比值将趋于 1，如果差数 $n'_k - n''_k$ 比起各个 n 来是很小的话；从而正如由(30)式可以看出的，利用(1)和(22)算出的光谱在这种极限下恰好就将趋于和根据体系的运动而按普通辐射理论所将预期的光谱相重合.

只要谈的是频率，于是我们就看到，对于条件周期体系来说，存在一种量子论和普通辐射理论之间的联系，其特点和在§2 中已经在单自由度周期体系的简单情况下证明其存在的联系完全相同. 现在，按照普通的电动力学，各粒子沿不同方向的位移表示式(31)中的各系数 $C_{\tau_1, \cdots \tau_s}$，将按众所周知的方式确定所发射的具有相应频率 $\tau_1\omega_1 + \cdots + \tau_s\omega_s$ 的那种辐射的强度和偏振. 因此，正如对于单自由度的体系一样，我们必须得出这样的结论：在各个 n 的大值极限下，条件周 98
期体系的两个定态之间的自发跃迁几率，以及伴随而来的辐射的偏振，可以根据(31) 式中和由 $\tau_k = n'_k - n''_k$ 给出的一组给定的 τ 值相对应的那些系数 $C_{\tau_1, \cdots, \tau_s}$ 的值来直接确定，如果 $n'_1, \cdots, n'_s$ 和 $n''_1, \cdots, n''_s$ 是表征该两个定态的那些数的话.

没有关于定态间的跃迁机制的详细理论，我们当然不能普遍地得到两个这种定态之间的自发跃迁几率的严格确定法，除非各个 n 是一些大数. 但是，正如在单自由度体系的情况中一样，我们根据上面的考虑就很自然地想到一种假设，即对于并不是很大的那些 n 值，在一个给定跃迁的几率和两个定态中粒子位移表示式中的傅立叶系数的值之间也必应存在一种密切的联系. 这就使我们能够立刻得出某些重要结论. 例如,(31)中一般既包含 τ 的正值也包含 τ 的负值,从这一事实就可推知,我们必须预期,一般不但一切 n 都减小的那种跃迁是可能的,而且有些 n 增大而其他的 n 则减小的那种跃迁也将是可能的. 这种结论受到了关于氢谱线精细结构的以及关于斯塔克效应的观察结果的支持,但是这种结论是和索末菲联系到各个 I 的必正特性所提出的每一个 n 在跃迁中必须保持不变或减小的建议相反的. 还可以得出上述考虑的另一个直接推论,如果我们考虑这样一个体系的话: 在各粒子沿每一方向的位移的表示式中,和各个 τ 的某一组值 τ_1^0, …, τ_s^0 相对应的系数 $C_{\tau_1,\dots,\tau_s}$ 对于各恒量 α_1, …, α_s 的一切值来说都等于零. 在这种情况下我们就将很自然地预期,关系式 $n_k'-n_k''=\tau_k^0$ 对于一切的 k 都得到满足的任何跃迁都是不可能的. 在只有沿某一方向的位移表示式中的系数 $C_{\tau_1^0,\dots,\tau_s^0}$ 等于零的情况下,我们就将预期,对于每一个 k 都有 $n_k'-n_k''=\tau_k^0$ 的一切跃迁,将和一种辐射相伴随,该种辐射是在垂直于这一方向的平面上偏振的.

上面这种考虑的一个简单例证可由本节开头处提到的那一体系来提供,该体系由沿三个互相垂直的方向做着独立运动的一个粒子所构成. 在这种情况下,沿任一方向的位移表示式中的一切傅立叶系数都将等于零,如果有多于一个的已不等于零的话. 从而我们必须假设,只有那样的跃迁才是可能的,在跃迁中只有一个 n 发生变化;而且伴随着这种跃迁的辐射,将是沿着对应坐标的位移方向而线偏振的. 在特例,当沿着三个方向的运动都是简谐振动时,我们就将进一步
99 得出这样的结论: 任何一个 n 都不能改变多于一个单位,和上节关于线性谐振子的考虑相类似.

另一个例子就是具有一个对称轴的条件周期体系;这个例子具有更直接的物理重要性,因为它包括了引论中所提到的量子论对光谱问题的一切特殊应用. 在所有这些应用中,都将在一组三个坐标 q_1、q_2 和 q_3 下求得分离变量,其中前两个坐标用来确定粒子在一个通过体系轴线的平面上的位置,而最后一个坐标则等于这一平面和通过同一轴的一个固定平面之间的角距离. 由于有对称性,汉密尔顿方程中的总能表示式将不包含角距离 q_3 而只包含绕轴的角动量 p_3. 因此,后一个量在运动中将保持恒定,从而 q_1 和 q_2 的变化将和只有两个自由度的条件周期体系中的变化完全相同. 如果粒子的位置是在柱坐标系 z、ρ、θ 中加以描述的,此处 z 是沿轴方向的位移,ρ 是粒子离此轴的距离,而 θ 等于角距离 q_3,那么我们就有

$$z=\sum C_{\tau_1,\tau_2}\cos 2\pi\{(\tau_1\omega_1+\tau_2\omega_2)t+c_{\tau_1,\tau_2}\}$$

和

$$\rho=\sum C'_{\tau_1,\tau_2}\cos 2\pi\{(\tau_1\omega_1+\tau_2\omega_2)t+c'_{\tau_1,\tau_2}\},\qquad(32)$$

式中的和式遍及 τ_1、τ_2 的一切正负整数值，ω_1 和 ω_2 是坐标 q_1 和 q_2 的平均振动频率. 此外，关于 θ 随时间的变化率，我们有

$$\frac{d\theta}{dt} = \dot{q}_3 = \frac{\partial E}{\partial p_3} = f(q_1, q_2, p_1, p_2, p_3)$$
$$= \pm \sum C''_{\tau_1, \tau_2} \cos 2\pi\{(\tau_1\omega_1 + \tau_2\omega_2)t + c''_{\tau_1, \tau_2}\},$$

式中的正负号分别对应于粒子沿 q_3 增大的方向和减小的方向的转动，引入这个正负号是为了区别对应于这些方向的对称运动的两种类型. 由此即得

$$\pm\theta = 2\pi\omega_3 t + \sum C'''_{\tau_1, \tau_2} \cos 2\pi\{(\tau_1\omega_1 + \tau_2\omega_2)t + c'''_{\tau_1, \tau_2}\}, \tag{33}$$

式中的正恒量 $\omega_3 = \frac{1}{2\pi}C''_{0, 0}$ 是绕体系对称轴的平均转动频率. 现在利用直角坐标 x、y 和 z 来考虑粒子的位移，并且和以上一样取对称轴作为 z 轴；我们由(32)和(33)经过简单的并项就得到

$$x = \rho\cos\theta = \sum D_{\tau_1, \tau_2} \cos 2\pi\{(\tau_1\omega_1 + \tau_2\omega_2 + \omega_3)t + d_{\tau_1, \tau_2}\}$$
$$y = \rho\sin\theta = \pm \sum D_{\tau_1, \tau_2} \sin 2\pi\{(\tau_1\omega_1 + \tau_2\omega_2 + \omega_3)t + d_{\tau_1, \tau_2}\}, \tag{34}$$

式中各个 D 和各个 d 是一些新的恒量，和式仍然遍及 τ_1 和 τ_2 的一切正负整数值.

我们由(32)和(34)看到，现在这种情况下的运动，可以看成由一些平行于对 100
称轴的频率等于 $(\tau_1\omega_1 + \tau_2\omega_2)$ 之绝对值的线性谐振动以及一些绕着该轴进行的频率等于 $(\tau_1\omega_1 + \tau_2\omega_2 + \omega_3)$ 之绝对值的圆周谐振动所组成；这些圆周运动和运动粒子的转动具有相同的或相反的方向，如果上述表示式分别为正或为负的话. 因此，按照普通的电动力学，从体系发出的辐射将包含若干条成分线，其频率为 $|\tau_1\omega_1 + \tau_2\omega_2|$ 并平行于对称轴而偏振，还包含若干条成分线，其频率为 $|\tau_1\omega_1 + \tau_2\omega_2 + \omega_3|$ 并绕着对称轴而圆偏振(当沿着轴看去时). 于是，按照现在这种理论，我们由在这种情况下就将预期，在由(22)给出的定态之间只有两种跃迁是可能的. 在这两种跃迁中，n_1 和 n_2 都可以改变任意个单位；但是在即将给出沿对称轴而偏振的辐射的第一种跃迁中 n_3 将保持不变，而在第二种跃迁中 n_3 将减少或增加一个单位，而且发射的辐射将是分别和粒子的转动同向或反向地绕着轴而圆偏振的.

我们在第二部分中即将看到，这些结论曾在一种发人深省的方式下受到有关电场和磁场对氢光谱的效应的实验的支持. 但是，联系到关于普遍理论的讨论，证明一点却可能是有兴趣的，那就是，在具有对称轴的体系的情况下，普通的

辐射理论和建筑在(1)及(22)上的理论之间的形式上的类比，不但可以相对于频率关系式来追寻，而且可以通过角动量守恒的考虑来追寻. 对于一个有对称轴的条件周期体系，在上述的坐标选择下，绕对称轴的角动量按照(22)式应等于 $\frac{I_3}{2\pi}=n_3\frac{h}{2\pi}$. 因此，如果像以上针对和线偏振光的发射相对应的跃迁所假设的那样 n_3 是不变的，那就表明体系的角动量是保持不变的，而如果像针对和圆偏振光的发射相对应的跃迁所假设的那样 n_3 改变一个单位，体系的角动量就将改变 $\frac{h}{2\pi}$. 现在很容易看到，这一角动量和跃迁中所发射的能量 $h\nu$ 之比，恰好等于角动量和一种辐射所具有的能量之比，那种辐射是按照普通电动力学将由一个在辏力场中沿圆形轨道而转动的电子所发射的. 事实上，如果 a 是轨道半径，ν 是绕转频率而 F 是由辐射的电磁场引起的反作用力，那么，电子由于辐射而在单位
101 时间内损失的能量和绕垂直于轨道平面并通过场心的一个轴线的角动量，就将分别等于 $2\pi\nu aF$ 和 aF. 由于在普通电动力学中能够成立的能量守恒原理和角动量守恒原理，我们因此就应该预期所发射的辐射的能量和角动量之比将是 $2\pi\nu$[1)]，但是可以看到这就等于以上所考虑的体系在一次跃迁中所损失的能量 $h\nu$ 和角动量 $\frac{h}{2\pi}$ 之比，对于该跃迁来说我们曾假设辐射是圆偏振的. 看来这种一致性似乎不但支持了上述那些考虑的正确性，而且似乎也独立于方程(22)而支持了下述的假设：对于一个具有对称轴的原子体系来说，绕该轴的总角动量等于 $\frac{h}{2\pi}$ 的整数倍.

如果我们考虑受到一个微扰力场影响的条件周期体系，我们就得到关于量子论和普通辐射理论之间的关系的上述那些考虑的又一种例证. 让我们假设，原有的体系在某一坐标系 q_1，…，q_s 中可以分离变量，从而各个定态是由(22)式来确定的. 我们根据定态的必要稳定性应该得出结论：受扰体系将具有一组定态，它们和原有体系的定态只有很小的差别. 然而，一般说来，受扰体系可能在任何坐标系中都将得不到分离变量，但是如果干扰力够小，受扰的运动就又将是属于条件周期性类型的，从而可以像原有运动那样被看成若干谐振动的叠加. 因此，受扰体系各定态中各粒子的位移就将由一个和(31)类型相同的表示式来给出，式中各基频 ω_k 和各振幅 $C_{\tau_1,\cdots\tau_s}$ 可以和对应于原有体系的定态的那些量相差一些和干扰力的强度成正比的小量. 现在，如果对于原有运动来说和各个 τ 的

1) 参阅 K. Schaposchnikow, Phys. Zeitschr. XV, p. 454(1914).

某些组合相对应的那些系数 $C_{\tau_1,\cdots,\tau_s}$ 在各恒量 α_1，…，α_s 的一切值下都等于零，那么受扰运动的这些系数一般就将具有正比于干扰力的小值. 因此，我们根据上面的考虑就将预期，除了对原有体系为可能的那些定态间跃迁的主要几率以外，对于受扰体系还将存在一些对应于上述那些 τ 的组合的新跃迁的小几率. 因此我们就将预期，微扰场对于体系光谱的效应，部分地在于原有谱线的微小移动，而部分地在于强度较小的新谱线的出现.

这种情况的一个简单例子，可由一个粒子所构成的体系来提供，该粒子在一个平面上沿两个互相垂直的方向以频率 ω_1 和 ω_2 进行谐振动. 如果体系没受扰 102
动，则除了 $C_{1,0}$ 和 $C_{0,1}$ 以外所有的系数都将为零. 但是当体系受到扰动，例如受到一个任意小的辏力的扰动时，粒子位移的傅立叶表示式中就除了和基频 ω_1 及 ω_2 相对应的主要项以外还出现若干个和频率 $\tau_1\omega_1+\tau_2\omega_2$ 相对应的小项，此处 τ_1 和 τ_2 是一些整数，它们可以为正也可以为负. 因此按照现在的理论我们就会预期，当存在干扰力时就将出现一些新跃迁的小几率，这种跃迁引起的辐射类似于声学中所谓的泛频振动或结合音；这恰恰是和按照普通辐射理论所应预期的情况相同的，在那种理论中是假设了所发射的辐射和体系的运动之间的直接联系. 另一个具有更直接的物理应用的例子可由均匀外电场在造成新谱线方面的效应来提供. 在这一情况下，干扰力的势是各粒子坐标的一个线性函数，从而不论原有体系的本性如何，由普遍的微扰理论就直接得知，受扰运动的表示式中任何增入项的频率（该项和外力的量值同数量级）必然和原有运动所能分解成的那些谐振动的两个频率之和或差相对应. 在第二部分中联系到氢谱线精细结构的索末菲理论的讨论，在第三部分中联系到强外电场影响下其他元素光谱中新线系的出现问题，我们都将遇到上面这些考虑的应用.

前面提到，没有关于定态间跃迁机制的更详细的理论，我们就不能得到有关由(26)给出的条件周期体系的光谱中不同谱线的强度这一普遍问题的定量知识，除非在各个 n 是一些大数的那种极限下，或是在(31)中的某些系数 $C_{\tau_1,\cdots,\tau_s}$ 对于各恒量 α_1，…，α_s 的一切值都为零的那种特例中. 但是，我们根据类比考虑却必须预期，在普遍情况下也将有可能通过比较两种强度来得到关于光谱中不同谱线的强度的估计：一种就是和分别由 n'_1，…，n'_s 和 n''_1，…，n''_s 这些数来表征的两个定态之间的跃迁相对应的一条给定谱线的强度，另一种就是根据各该态中的运动按照普通电动力学所将预期的频率为 $\omega_1(n'_1-n''_1)+\cdots+\omega_s(n'_s-n''_s)$ 的辐射的强度，尽管各个 n 值越小这种估计当然就越不准确. 正如由以下各部分中所谈到的那些应用即将看出的，这一点是在一种普遍方式下受到和观察结果的对比的支持的.

103 # 第二部分　关于氢光谱

§1. 氢的线系光谱的简单理论

众所周知，如果我们不考虑分光本领很高的仪器所显示的各条单谱线的精细结构，氢的线系光谱中各条谱线的频率就可以用下列公式来表示：

$$\nu = K\left(\frac{1}{n''^2} - \frac{1}{n'^2}\right), \tag{35}$$

式中 K 是一个恒量，而 n' 和 n'' 是两个整数，它们对光谱中不同的谱线取不同的值. 按照第一部分第一节中所讨论的线光谱量子论的普遍原理，我们由此就将预期这种光谱是由那样一个体系发射的，它具有一系列定态，其中第 n 个定态中的能量数值除一个任意恒量以外可以在很高的近似下由下式给出：

$$|E_n| = \frac{Kh}{n^2}, \tag{36}$$

式中 h 是包含在基本关系式(1)中的普朗克恒量.

现在，根据卢瑟福的原子结构理论，一个中性氢原子必须被预期为由一个电子和一个质量比电子质量大得多的正核所组成，它们是在一个和距离的平方成反比的相互吸收力的影响下运动着的. 假设定态中的运动可以用普通力学来确定，并暂时忽略相对论所要求的改正，我们就发现每一个粒子都将描绘一个椭圆轨道，而它们的公共重心则位于椭圆的一个焦点上，而且根据众所周知的开普勒运动定律，我们知道各粒子的绕转频率 ω 和它们的相对轨道的长轴 $2a$，将完全不依赖于这一轨道的偏心率而由下式给出：

$$\omega = \sqrt{\frac{2W^3(M+m)}{\pi^2 N^2 e^4 Mm}}, \quad 2a = \frac{Ne^2}{W}, \tag{37}$$

式中 W 是将电子从核拿到无限远处时所必须做的功，Ne 和 M 是核的电荷和质量，而 $-e$ 和 m 是电子的电荷和质量.

104 正如在第一部分中所说明的，一般说来在定态中的体系运动和二定态间跃迁时发射的光谱之间并不存在什么简单联系；但是，在相继定态中的运动彼此相差较小的极限下，都必须预期这样的联系是存在的. 在现在这一情况中，这种联系首先就要求绕转频率随着 n 的增大而趋于零. 因此，按照(36)和(37)，我们可以令第 n 个定态中 W 值等于

$$W_n = \frac{Kh}{n^2}. \tag{38}$$

此外，既然(35)可以写成下列形式：

$$\nu = (n' - n'')K\frac{n' + n''}{n'^2 n''^2},$$

那么就可以看到，如果我们希望在 n' 和 n'' 两个数远远大于它们的差 $n'-n''$ 的那样两个定态之间的跃迁中所发射的辐射频率将趋于和按照普通电动力学要由这些态中的体系所发射的光谱的频率相重合，则一个必要条件将是绕转频率对于大 n 将渐近地由下式给出：

$$\omega_n \sim \frac{2K}{n^3}. \tag{39}$$

但是，由(37)和(38)可以看到，(39)就要求下列关系式得到满足：

$$K = \frac{2\pi^2 N^2 e^4 Mm}{h^3(M+m)} = \frac{2\pi^2 N^2 e^4 m}{h^3(1+m/M)}. \tag{40}$$

正如在以前的论文中所证明的，如果我们令 $N=1$ 并把从其他现象的测量结果推得的 e、m 和 h 的值代入，就确实会发现这一关系式是在实验误差范围之内得到满足的；这种结果可以认为有力地支持了第一部分中所讨论的那些普遍原理的正确性，也支持了所考虑的原子模型的实在性. 此外也已发现，如果把关于氢光谱的公式(35)中的恒量 K 换成一个等于原值四倍的恒量，这一公式就在很高的近似程度上表示氦气在强烈放电中发射的光谱中各谱线的频率. 这是应该根据卢瑟福理论预料得到的，按照这种理论，一个中性氦原子是由两个电子和一个电荷等于氢原子核电荷的两倍的核所组成的. 于是，从它那里取走了一个电子的氦原子就将形成一个和中性氢原子完全相似的动力学体系，从而就可以预期它会发射一种用(35)来表示的光谱，如果我们在(40)中令 $N=2$ 的话. 此外，
所考虑的氦光谱和氢光谱的进一步对比曾经表明，前一光谱中的恒量 K 并不是 105
恰好等于后一光谱中的恒量的四倍，而是这些恒量之比在实验误差的范围内和根据(40)所预期的值相符，如果适当照顾了对应于这些元素的原子量的氢原子和氦原子的核质量之差的话[1].

---

1) 和这一课题有关的文献，请读者参阅引论中提到的那些论文.

把由(40)给出的 K 的表示式代入公式(37)和(38)中,我们就得到定态中的 W、ω 和 $2a$ 的值:

$$W_n=\frac{1}{n^2}\frac{2\pi^2N^2e^4Mm}{h^2(M+m)},\quad \omega_n=\frac{1}{n^3}\frac{4\pi^2N^2e^4Mm}{h^3(M+m)},$$

$$2a_n=n^2\frac{h^2(M+m)}{2\pi^2Ne^2Mm}. \tag{41}$$

现在,对于所考虑的每一种运动都是周期性的而不依赖于初始条件的这种力学体系,我们就有,总能值将由第一部分中的方程(5)所定义的 I 这个量的值来完全确定. 前已谈到,这是可以由关系式(8)直接得出的,该关系式同时表明,对于每一运动都是周期运动的一个体系,频率将只由 I 或只由能量来完全确定. 关于氢原子定态中的 I 值,我们利用(8)式就由(37)和(41)得到

$$I=\int_{W_n}^{\infty}\frac{dW}{\omega}=\sqrt{\frac{\pi^2N^2e^4Mm}{2(M+m)}}\int_{W_n}^{\infty}W^{-\frac{3}{2}}dW$$

$$=\sqrt{\frac{2\pi^2N^2e^4Mm}{W_n(M+m)}}=nh.$$

因为在此情况下当 W 变为无限大时 I 显然将变为零. 可以看到,这一结果是和条件式(24)互相谐调的;而正如在第一部分中谈到的那样,(24)式表现为条件式(10)对多自由度周期体系的直接推广;而条件式(10)则确定单自由度体系的定态,而且按照艾伦菲斯特的定态的力学可变换性原理,此式又形成关于线性谐振子的可能能量值的普朗克基本公式(9)的合理推广.

在这方面应该看到,上面所讨论的在小频率极限下氢光谱和原子的运动之间的关系,是和第一部分§2中所讨论的按照量子论将由其定态按(10)来确定的单自由度体系所发射的光谱和体系在这些定态中的运动之间的普遍关系完全类似的. 同时也可以指出,在氢的情况中,这种关系就意味着原子定态中各粒子的运动一般并不是简谐运动,或者换句话说,电子的轨道一般并不是圆形的. 事实上,假若各粒子的运动像普朗克振子的运动那样是简谐振动,那么我们根据第
106 一部分中的考虑就应该预期 n' 和 n'' 之差大于1的两个原子定态之间的任何跃迁都是不可能的;但这显然和观察结果不能相容,因为,按照理论,例如普通的巴耳末线系中的谱线是对应于 $n''=2$ 而 n' 取3、4、5……各值的那些跃迁的. 联系到这种考虑可以指出,采用声学中众所周知的术语,我们可以按照量子论的观点把巴耳末线系中的较高谱线($n'=4$, 5, …)看成第一条谱线($n'=3$)的“泛音”,尽管前一些谱线的频率绝不是后一条谱线的频率的整数倍.

尽管用上面这种办法是可以得到氢光谱的某些主要特点的简单诠释的,但

是对于粒子运动和开普勒运动的偏差在那里起着重要作用的那些现象，却不曾发现可以用这种办法来详加说明. 在由电子质量随其速度而微有变化的效应所引起的氢谱线的精细结构问题中，以及在外电场和外磁场对氢谱线的典型效应问题中，情况就是这样的. 正如引论中所提到的，在处理这种问题方面，索末菲曾经取得了具有基本重要性的进展；他利用他的有心体系的定态理论得到了氢谱线精细结构的一种令人信服的解释；在那种理论中，单一的条件式 $I = nh$ 被换成了两个条件式(16). 而且艾普斯坦和施瓦尔兹席耳德进一步发展了理论，他们沿着这种路线在条件式(22)的基础上建立了一种条件周期体系的普遍定态理论，该种体系的运动方程可以通过在汉密尔顿-雅科毕偏微分方程中分离变量来求解. 如果氢原子是处在一个均匀电场或均匀磁场的作用之下的，该原子就形成属于这一类的一个体系，而且，正如艾普斯坦和施瓦尔兹席耳德针对斯塔克效应而索末菲和德拜针对塞曼效应所证明的，所考虑的理论导致定态中原子的一些总能的值，而它们和关系式(1)一起又导致在这些态间的跃迁中所发射的辐射的频率，这些频率是和测得的氢谱线当存在场时劈裂而成的成分线的频率相符合的. 正如在第一部分中所指出的，根据线光谱的量子论和普通辐射理论之间在相继定态中的运动彼此相差很小的极限下的必要的形式化关系，还可以给这些成分线的强度和偏振的问题带来某些光明. 在以下各节中，将详细地讨论所提到的这些问题. 但是，在定态的确定方面我们将并不遵循刚才提到的那些作者所采用的相同步骤，那种步骤是建筑在条件式(22)的直接应用上的；但是即将指明，怎 107
样通过直接检查电子运动对简单开普勒运动的微小偏差，就能求得确定受扰原子的定态的那些条件. 这样似乎就能得到第一部分中所讨论的那些原理的一种更直接的阐明，而且我们还将看到，这种处理方法在分离变量法不能适用的那些情况中也可以应用.

在第三部分中，将从类似的观点来处理其他元素的线系光谱. 正如作者在一篇较早的论文中所指出的，这些光谱和氢光谱之间的明显类似性的一种简单解释是由这样一件事实来提供的：在所考虑的光谱的发射中牵涉到的那些原子体系，在某种意义上可以看成一种受扰的氢原子. 另一方面，诠释氢光谱和其他元素光谱之间的典型差异的一个线索，却是通过上面提到的索末菲的有心体系的定态理论首次得到的. 正如索末菲所证明的，按照这种理论来在大致轮廓上说明支配着元素线系光谱的频率那些众所周知的定律是可能的；而且，在第三部分中即将证明，在辐射量子论和普通的辐射理论之间的形式化关系的基础上，也能够用这种办法得到另外一些定律的简单诠释，那些定律支配着按照组合原理将会构成所考虑光谱的那些线系所显示的强度上的惊人差异. 但是，在详细讨论这些问题时却有必要时刻记得，内部电子在所讨论的元素电子中所起的作用问题，是一个比固定外场对氢原子的干扰效应复杂得多的问题. 对于这些问题的处理来说，建筑在条件式(22)上的条件周期体系理论看来是不够的，而正如在第三部分中即将指明的那样，看来下面即将讲述的微扰理论在这种情况下也能适用.

§2. 受扰周期体系的定态

在第一部分中曾经证明，受到小外场的干扰影响的多自由度周期体系的定态确定问题，并不能依据关于定态的力学可变换性的普遍原理而通过考虑一种影响来直接处理，那种影响就是按照普通力学由外场的缓慢建立而作用在某一随便选定的未受扰体系的定态运动上的(见第一部分第 23 页[本卷原第 89 页]). 这是上节提到的一件事实的直接推论，那就是，受扰体系的定态要比未受
108 扰体系的定态用更多的超出力学以外的条件来表征. 另一方面，根据线光谱的量子论和普通辐射理论之间的形式化关系，我们就被引导到这样的假设：通过直接考虑外场对运动的力学效应所引起的周期性轨道的缓慢变化，来得到关于受扰体系的定态的信息是可能的. 例如，如果这些变化是属于周期性或条件周期性类型的，我们就可以预期，当外场存在时，定态中体系的附加能量值和微扰的微小频率之间的联系方式，是类似于普通周期体系或条件周期体系的定态中的能量和频率之间的联系方式的.

如果受扰体系的运动方程可以利用分离变量来求解，那就容易看到，所述关系是满足的，如果各定态是由条件式(22)来确定的话. 例如试考虑每一个轨道都是周期性轨道的一个体系，并且让我们假设当存在一个给定的小外场时在某坐标系 q_1，…，q_s 中分离变量是可能的. 于是，对于未受扰体系，我们按照方程(23)就有，由(5)定义的 I 这个量等于 $x_1 I_1 + \cdots + x_s I_s$，式中 I_1，…，I_s 由(21)定义并且是相对于刚刚提到的那个坐标系来计算的，而各个 x 是一组没有公因子的正整数. 为了简单，让我们假设至少有一个 x 等于 1，例如 $x_s = 1$，而且正如在第 22 页[本卷原第 88 页]上所提到的，由此可见(24)中表征未受扰体系定态的数字 n 就可以取一切正值. 这一条件在以下所讨论的对光谱问题的一切应用中都将得到满足；但是即将看到，扩展到不满足这一条件的问题也只要求对下面的考虑进行小小的修订. 现在我们利用(29)就得到受扰体系的两个稍微不同的态之间的总能之差

$$\delta E = \sum_1^s \omega_k \delta I_k = \omega_s \sum_1^s x_k \delta I_k + \sum_1^{s-1} (\omega_k - x_k \omega_s) \delta I_k. \tag{42}$$

既然对于未受扰体系有 $\omega_k = x_k \omega_s$，出现在最后一项中的差式 $\omega_k - x_k \omega_s$ 对于受扰体系就将是一些小量，它们恰好就代表当存在外场时轨道所经受的微小变化的

频率. 这些量在以后将用$\mathfrak{D}_k$来代表. 现在考虑受扰体系所有那些 $\sum_1^s x_k I_k$ 等于 nh 的态的集合,此处 n 是一个给定的正整数. 可以看到,这一集合就包括了受扰体系的所有可能的那样一些定态,它们满足(22),而且各该定态中的运动在任一时刻都只和未受扰体系的对于所给 n 值满足(24)的某一定态运动相差很小. 用
E_n 表示未受扰体系在这样一个态中的能量值,并用 $E_n+\mathfrak{E}$表示受扰体系在属于 109
上述集合的一个态中的能量值,我们由(42)就得到这一集合中两个相邻态之间的能量差

$$\delta\mathfrak{E}=\sum_1^{s-1}\mathfrak{D}_k\delta I_k \tag{43}$$

既然这一关系式和(29)形式相同,我们由此就看到,像条件式(22)所要求的那样使 $I_1,\cdots,I_s$ 等于 h 的整数倍,我们就得到附加能量$\mathfrak{E}$和外场加在体系上的小频率$\mathfrak{D}_k$之间的关系式,它和适用于具有 $s-1$ 个自由度的条件周期体系的定态中的总能及基频之间的关系式完全相同.

作为这些计算的一种简单举例,让我们考虑一个体系,由一个在平面上运动并受到来自一个固定点的和距离成正比的吸引力作用的粒子所构成. 如果没受扰动,这一体系的运动将是周期性的,而不依赖于初始条件,而且粒子将描绘一条以固定点为中心的椭圆轨道. 另外,未受扰体系的运动方程可以在极坐标下也可以在任何一组直角坐标下通过分离变量来求解. 在第一种情况,把 q_1 取作从固定点到粒子的矢径的长度并把 q_2 取作这一矢径和一个固定方向之间的角距离,我们就有 $x_1=2$ 和 $x_2=1$;而在第二种情况则有 $x_1=x_2=1$. 当存在外场时,轨道一般不会仍是周期性的,而是在时间进程中会覆盖平面上的一个连续区域. 但是,如果外场够小,轨道就将在任何时刻都和闭合的椭圆轨道相差很小,但是在时间进程中这一椭圆的主轴的长度和方向都将经历缓慢的变化. 一般说来受扰体系将不能分离变量,但是有两个仍然可以分离变量的情况是显而易见的;在第一种情况中,外场是以固定点为心的辏力场,从而在极坐标下可以分离变量;在第二种情况中,外力场垂直于一条给定的直线,并且作为到该直线的距离的某一函数而改变,从而在坐标轴分别平行于和垂直于所给直线的直角坐标系中是可以分离变量的. 在第一种情况,微扰将不影响椭圆轨道的主轴长度,而只是引起这些轴的方向的一种缓慢的均匀转动,而在第二种情况则主轴的长度以及它们的方向都将进行缓慢的振动. 由此可见,通过利用条件式(22)来确定受扰体系的定态,粒子轨道在定态中所将经历的那些形状和位置的循环在两

种情况下将是完全不同的. 但是可以看到，频率 $\mathfrak{D}= \omega_1 - x_1\omega_2$ 在两种情况下都等于轨道按规则的时间间隔而恢复其形状和位置的那一频率. 因此，通过利用(22)来确定定态，我们就正如由(43)可以看到的那样在两种情况中都得到，这一频率和由于场的存在而引起的体系附加能量之间的关系，将和单自由体系的定态中的能量和频率之间的关系相同；而且可以看到，上面这些考虑给分离变量法在受扰周期体系的定态确定中所涉及的那种特有的不连续性提供了一种动力学的诠释[1].

110 一般说来，并不能通过在一个固定的坐标系中分离变量来求解受扰体系的运动方程，但是我们即将看到，确定受扰体系的定态的问题可以通过在根据天体力学已经了解得很清楚的习见微扰理论的基础上，直接检查体系的附加能量及其和轨道的缓慢变化的关系来加以处理. 试考虑一个如果不受扰动则其轨道都是周期性轨道而不依赖于初始条件的那种体系，并且让我们假设，适用于某一组坐标 $q_1, q_2, \cdots, q_s$ 的运动方程是利用由第一部分中的公式(17)所给出的汉密尔顿-雅科毕偏微分方程来解出的. 于是体系的运动就由(18)来确定，而且轨道就由各恒量 $\alpha_1, \cdots, \alpha_s$、$\beta_1, \cdots, \beta_s$ 来表征. 现在，如果体系受到某一小外力场的作用，运动就将不再是周期性的，但是，按通常方式把给定时刻的密切轨道定义为如果外力在该时刻突然消失就将得出的周期性轨道，我们就发现表征密切轨道的各恒量 $\alpha_1, \cdots \alpha_s, \beta_1, \cdots \beta_s$ 将随时间而缓慢地变化. 暂时假设外力有一个作为各个 q 的函数而给出的恒定势 Ω，我们就按照微扰理论得出，密切轨道的轨道恒量的变化率将由下式给出[2]：

$$\frac{d\alpha_k}{dt} = -\frac{\partial\Omega}{\partial\beta_k}, \quad \frac{d\beta_k}{dt} = \frac{\partial\Omega}{\partial\alpha_k}, \quad (k = 1, \cdots, s) \tag{44}$$

式中 Ω 看成 $\alpha_1, \cdots, \alpha_s$、$\beta_1, \cdots, \beta_s$ 和 t 的函数，通过把求解(18)而得到的作为这些量的函数的各个 q 的表示式代入式中来求得. 方程(44)使我们能够完备地追寻外场对体系运动的干扰效应. 但是，对于现正考虑的问题，详细地检查干扰是

1) 在这方面指出一点可能是有兴趣的，即上述这种不连续性的合理诠释的可能性看来是和本论文中所采用的量子论原理的形式有着本质的联系的. 例如，如果按照普朗克在他的第二种温度辐射理论中所提出的那种形式来阐述量子论，则随后对于多自由度周期体系的发展似乎就将在许多体系的温度平衡对外界条件的微小变化而言的必要稳定性问题方面引起严重的困难. 事实上，联系到第一部分第 18 页[本卷原第 84 页]上提到的他那种"相空间的物理结构"理论(在理论中建立了和(22)同类型的条件式)，普朗克曾经导出了处于温度平衡的许多体系的总能表示式，而如果把这些表示式应用到和在上述各例子中所考虑的种类相同的体系，它们就显示一种能量对频率的依赖关系，这种关系随着是用极坐标还是用直角坐标来作为相空间结构的基础而有所不同.

2) 例如参阅 C. V. L. Charlier, Die Mechanik des Himmels, Bd. I, Abt. 1, §10.

不必要的. 事实上,我们将并不关心由各轨道恒量在和密切轨道的周期同数量的时间间隔中的微小变化来表征的微小轨道形变,而只关心由这些恒量在比密切 111
轨道的周期长得多的时间间隔中所得到的总改变量来表征的所谓轨道的"久期扰动". 正如我们在以下即将看到的,这些改变量可以在对我们的目的来说是够高的近似程度上通过取方程(44)两端的平均值来直接求得. 但是,在详细论述这些计算之前可以提到,恒量 α_1 和 β_1 所起的作用是和其他轨道恒量 α_2, …, α_s、β_2, …, β_s 所起的作用大不相同的. 例如,由第 19 页[本卷原第 85 页]上的公式(17)和(18)可以看出,α_1 就是和密切轨道相对应的总能,而 β_1 则表示体系将经过轨道上某一特殊点的那个时刻,例如,如果我们考虑一个开普勒轨道的扰动,我们就可以取通过所谓近核点的那一时刻来作为 β_1. 因此,当讨论轨道形状和轨道位置的久期扰动时,我们首先就看到 β_1 的改变量可以不予考虑. 此外,由能量守恒原理可知,$\alpha_1+\Omega$ 在运动中将保持恒定,从而在扰动过程中 α_1 的改变量只是和 $\lambda\alpha_1$ 同数量级的小量,此处 λ 代表一个小的恒量,和体系的外力与内力之比同数量级. 再者,既然未受扰运动的周期 σ 只依赖于 α_1,那么就有,略去和 $\lambda\sigma$ 同数量级的小量,密切轨道的周期就将在扰动过程中保持恒定. 另一方面,由(44)可以得出,在和 σ/λ 同数量级的时间间隔内,各恒量 α_2, …, α_s、β_2, …, β_s 一般将经受和它们本身同数量级的变化.

如上所述,表征着轨道形状和轨道位置的久期扰动的各恒量 α_2, …, α_s、β_2, …, β_s 的总改变量,可以通过在方程(44)两端取平均值来求得. 引入各个 α 和各个 β 的一个函数 Ψ,等于在未受扰体系的一个运动周期 σ 中求的势 Ω 的平均值并由下列公式给出:

$$\Psi=\frac{1}{\sigma}\int_{t}^{t+\sigma}\Omega d t, \tag{45}$$

那么就容易看出,既然 σ 只依赖于 α_1,在受扰运动的一个近似周期中计算的 Ω 对 α_2, …, α_s, β_2, …, β_s 的各个偏导数的平均值,如果我们忽略和 λ^2 成正比的小量,就可以用 Ψ 的对应导数在该周期内某一时刻的值来代替. 因此,在这种近似下我们就得到

$$\frac{D\alpha_k}{Dt}=-\frac{\partial\Psi}{\partial\beta_k},\quad \frac{D\beta_k}{Dt}=\frac{\partial\Psi}{\partial\alpha_k},\quad (k=2,\ \cdots,\ s) \tag{46}$$

式中左端的微分符号,是指示的轨道恒量变化率在受扰运动的近似周期中的平 112
均值. 由 Ψ 的定义可知,这个量一般将既依赖于 α_2, …, α_s、β_2, …, β_s 也依赖于 α_1,但是它并不依赖于 β_1. 由以上的考虑还可以得出,在所考虑的近似下,α_1 在(46)式右端的表示式中可以看成恒量,而作为 α_2, …, α_s、β_2, …, β_s 我们可以取

和等式左端各平均值所涉及的周期内的某一时刻相对应的一组值.

即将看到,方程(46)使我们可以在一个时间间隔中追寻久期扰动,该时间间隔足够长,以致外力可以在原有轨道的形状和位置方面引起颇大的变化,如果我们在各恒量 α_2, …, α_s、β_2, …, β_s 的总改变量中略去和这些恒量在单次周期中的微小振动同数量级的小量的话. 作为久期改变量的后果,轨道将经历一个形状和位置的循环;这个循环将依赖于轨道的原有形状和原有位置,并依赖于微扰场的特性,但不依赖这个场的强度. 事实上,由(46)可见,轨道在形状和位置方面的变化将仍是相同的,如果 Ψ 被乘以一个恒定因子的话;这个因子将只影响完成这些变化的快慢. 还可以进一步提到,利用(46)来确定久期扰动的问题就在于一组方程的求解,这组方程和适用于 $s-1$ 个自由度的体系的汉密尔顿运动方程是同类型的. 在这些方程中,Ψ 和普通力学问题中的总能起着相同的作用,因此,和能量守恒原理相类似,由(46)直接可得,略去和 λ^2 成正比的小量,Ψ **的值就将在扰动中保持恒定**,即使外力是在一个和 σ/λ 同数量级的时间间隔中起作用的. 事实上,略去和 λ^3 成正比的小量,我们就有

$$\frac{D\Psi}{Dt}=\sum_2^s\left(\frac{\partial\Psi}{\partial\alpha_k}\frac{D\alpha_k}{Dt}+\frac{\partial\Psi}{\partial\beta_k}\frac{D\beta_k}{Dt}\right)$$

$$=\sum_2^s\left(-\frac{\partial\Psi}{\partial\alpha_k}\frac{\partial\Psi}{\partial\beta_k}+\frac{\partial\Psi}{\partial\beta_k}\frac{\partial\Psi}{\partial\alpha_k}\right)=0.$$

既然在任何时刻 Ψ 和在受扰运动的一个近似周期中求的外力势的平均值只能相差正比于 λ^2 的小量,那么由上述可知,略去这一级的小量,在一个近似周期中求的受扰体系内能 α_1 的平均值也将在扰动过程中保持恒定,即使干扰力是在足够长的时间间隔内起作用,以致能够在轨道的形状和位置方面造成颇大的变化. 在特例,当受扰体系可以分离变量时,可以证明这一结果可由第一部分中的公式(28)直接推出. 在这一公式中取未受扰运动的周期 σ 作为时间间隔 θ,我
113 们就得到 $N_k=x_k$,式中 x_1, …, x_s 就是出现在公式(23)中的那些数. 因此,把体系的一个给定的受扰运动和一个未受扰运动(该受扰运动可以看成这一运动的微小变态)互相比较,略去和外场强度的平方成正比的小量,我们由(28)就得到

$$\int_0^\sigma\delta E\,dt=\sum_1^s x_k\delta I_k,\tag{47}$$

式中各个 I 是相对于一个坐标系来计算的,在该坐标系中可以针对受扰体系得到分离变量,而且 δE 是未受扰运动的总能和假如外力在所考虑的时刻突然消失则体系在其受扰态中所将具有的能量之差,后一能量在以上的计算中是用 α_1

来代表的. 现在,未受扰运动的能量 E 是由 $I=\sum x_k I_k$ 的值完全确定的. 因此,如果在全部时间内把受扰运动和一个具有所给恒定能量的相邻未受扰运动相比较,那么由(47)就直接得到,略去和外力平方同数量级的小量,在受扰运动的一个近似周期中求的左端的积分就在不论多长时间间隔的扰动中都保持不变.

在开始考虑如何应用适用于恒定微扰场的情况的方程(46)以前,有必要考虑**外场的一种缓慢而均匀的建立所引起的效应**. 让我们假设,在时间 $0<t<\theta$ 中(此处 θ 代表和 σ/λ 同数量级的量),外场的强度均匀地从零增加到对应于势 Ω 的值. 既然微扰场在单独一个周期中的改变量将只是一个和 λ^2 同数量级的小量,我们首先就看到,各恒量 α_2, …, α_s、β_2, …, β_s 的久期改变量将在和关于恒定场情况的同等近似程度下由和(46)形式相同的一组方程来给出,其唯一的不同就是 Ψ 要用 $\frac{t}{\theta}\Psi$ 来代替. 而且也可以证明,在这些方程中可以把 α_1 这个量看成恒量,正如在适用于恒定微扰场的方程中一样. 事实上,α_1 在任一时刻的总改变量将等于从开始建立场时算起的外力所作的功,从而就由下式给出:

$$\Delta_t\alpha_1=-\int_0^t\frac{t}{\theta}\sum_1^s\frac{\partial\Omega}{\partial q_k}\dot{q}_k dt=\frac{1}{\theta}\int_0^t\Omega dt-\frac{t}{\theta}\Omega_t, \tag{48}$$

式中右端的表示式是通过分部积分得出的;但是既然这一表示式中的两项都和
$\lambda\alpha_1$ 同数量级,那么我们就看到,在所考虑的时间间隔内,α_1 的改变量将像在恒 114
定微扰场的情况下一样只是具有这一数量级的小量. 因此我们得到的结果就是,对于原有轨道的相同的形状和位置来说,轨道在外场增长期间经历的形状和位置的循环将和在恒定外场情况下出现的循环相同,从而就有,略去和 λ^2 成正比的小量,函数 Ψ 的值在场的建立期间就将保持恒定. 因此,在这种近似下,令 $t=\theta$, 我们就由(48)得到

$$\Delta_\theta\alpha_1+\Omega_\theta=\frac{1}{\theta}\int_0^\theta\Omega dt=\Psi,$$

这就表明,由外场的缓慢而均匀的建立所引起的体系总能的改变量恰好等于函数 Ψ 的值,从而也等于在受扰运动的一个近似周期中计算的外力势的平均值. 在受扰运动的一个近似周期中取的内能的平均值将等于体系在微扰场建立以前所具有的能量.

现在,当回来考虑受到具有恒定势的外场影响的周期体系的定态确定问题时,我们将把我们的考虑建筑在一个基本假设上,那就是,这些定态是由一个由外场的存在所引起的体系附加能量和由该场引起的轨道的缓慢变化频率之间的关系式来从力学上可能态的连续无限集合中挑选出来的;这一关系式和在第 42

页[本卷原第 108 页]上在受扰体系可以在一个固定坐标系中分离变量的特例中所讨论的关系式相同. 根据这一假设我们首先就将预期，除了正比于 λ 的小量以外，属于受扰体系各定态的轨道的形状和位置的循环将只依赖于外场的特点而不依赖于它的强度. 现在，如上所证，如果外场的效应是利用普通力学来计算的，则这样的循环在外场强度的缓慢而均匀的增长中将保持不变；因此，考虑到定态的力学可变换性原理，我们就被引导到这样的结论：通过普通力学的直接应用，不但能够追寻对应于恒定外场的定态轨道的久期扰动，而且能够计算由该场强度的一种缓慢而均匀的变化所引起的定态中体系能量的变化. 如果用 $E_n+\mathfrak{E}$ 来
115 代表受扰体系的定态中的能量，此处 E_n 是未受扰体系由条件式 $I=nh$ 中 n 的一个给定整数值来表征的定态中的能量，我们于是由以上所述就得到结论：**受扰体系的各定态中的附加能量 $\mathfrak{E}$ 将等于由(45)定义的函数 Ψ 在各该定态中的值，如果我们忽略正比于力场强度的平方的小量的话**. 可以看到，这个结果和下述说法相等价：在受扰运动的一个近似周期中取的内能平均值，将等于未受扰体系的对应定态中的能量值 E_n. 在受扰体系可以在一个固定坐标系中分离变量的情况下，可以证明这一结果是利用条件式(22)来确定定态的直接后果. 事实上，如果我们假设(47)中所考虑的未受扰运动和对某一给定 n 值满足(24)的一个定态相对应，而且受扰运动也是定态运动并满足(22)，我们就看到(47)的右端将为零，从而我们就得到一个结果，即在上述的近似下体系定态中的内能平均值将在存在外场时保持不变.

根据上述结果，即当忽略正比于 λ^2 的小量时受扰体系各定态中的附加能量 $\mathfrak{E}$ 可以认为等于出现在确定轨道久期扰动的方程(46)中的函数 Ψ 在各该态中的值，我们现在就能够根据前面提到的这些方程和适用于 $s-1$ 个自由度的力学体系的汉密尔顿运动方程类型相同这一事实得出进一步的结论. 事实上我们看到，**受扰体系的定态的确定被归结成了一个问题，它和自由度较少的力学体系的这些态的确定相类似**. 正如由以下的应用所将看到的，完全和受扰体系的分离变量的可能性无关，这一问题可以依据第一部分所讨论的周期体系或条件周期体系的定态中的能量和频率之间的基本关系来直接处理，只要方程(46)的解具有周期性或条件周期性就行了. 在这方面可以再一次强调，按照它们的推导方式，这些方程只允许我们在一个时间间隔中追寻久期扰动，该间隔和足以使外力引起轨道形状和轨道位置方面的有限变化的时间间隔同数量级. 但是，考虑到原子体系各定态的必要稳定性，似乎有理由作出这样的结论：根据普通力学的严格应用所将预期的运动和通过在方程(46)的基础上计算久期扰动而确定的运动之间的任何小的出入，都不能在通过考虑这些扰动的周期性质所确定的各定态的特
116 性方面引起实质性的变化. 另一方面，根据量子论和普通辐射理论之间的普遍的

形式化关系，我们必须对于发现一种情况有所准备，那就是，对于我们只知道它的由(46)确定的久期扰动属于条件周期类型的那种受扰周期体系来说，各定态中的运动和能量并不能像一个条件周期体系的各定态中的运动和能量那样明确地加以定义，如果适用于后一体系的运动方程可以利用分离变量法精确求解的话. 例如，如果我们考虑属于上述类型的许多相似的原子体系，我们就可以对于发现一种情况有所准备，即一个给定的定态中的附加能量值对于不同的体系来说将互相有一些小量的偏差；但是必须预期，大多数体系的附加能量值将只和用上述方法确定的 Ψ 值相差一些正比于 λ^2 的小量，而只有各体系中的一个较小比例(最多和 λ^2 同数量级)的附加能量值才会和这个 Ψ 值有一些与 λ 同数量级的偏差.

至于以上这些考虑对特殊问题的应用，那就首先将看到，在具有两个自由度的受扰周期体系的情况，例如在第 43 页[本卷原第 109 页]上的例子中所考虑的体系的情况，当存在外场时确定受扰体系的定态的问题可以有一种建筑在以上所发展的方法上的通解，因为在这种情况下久期扰动一般是单周期性的. 事实上，在这种情况下，轨道的形状和位置是由两个恒量 α_2 和 β_2 来表征的，从而根据和单自由度体系的运动方程相类似的方程(46)就可以直接推知，在扰动期间 α_2 将是 β_2 的函数，而且一般说来这些量将是时间的以$\mathfrak{s}$为周期的周期函数，它除了 α_1 以外将只依赖于 Ψ 的值. 试考虑受扰体系的两个稍许不同的态，设和它们相对应的未受扰体系的那些定态(即假若外力以缓慢而均匀的速率消失时即将出现的那些态)具有相同的能量，从而也具有相同的由(5)定义的量 I 的值，于是我们通过和导致第一部分中直接由汉密尔顿方程推得的关系式(8)的那种计算完全类似的计算就得到，对于这两个态的函数 Ψ 的值的差来说，应有

$$\delta\Psi = \mathfrak{v}\,\delta\mathfrak{J}, \tag{49}$$

式中 $\mathfrak{v} = \dfrac{1}{\mathfrak{s}}$ 是久期扰动的频率，而$\mathfrak{J}$这个量由下式定义

$$\mathfrak{J} = \int_0^{\mathfrak{s}} \alpha_2 \frac{D\beta_2}{Dt} dt = \int \alpha_2 D\beta_2, \tag{50}$$

此处后面的一个积分是在 β_2 的一次完全振动中计算的. 为了确定各定态，现在 117
首先就可以看到，在其 I 值在对应的未受扰体系态中等于 nh(此处的 n 是一个给定的正整数)的那些受扰体系态的集合中，$\mathfrak{J}=0$ 的那个态必须事先被预期为一个定态. 事实上，对于这个$\mathfrak{J}$值来说，轨道的形状和位置对于恒定的外场以及在这个场的缓慢而均匀的建立期间都将并不经历久期扰动而是保持不变. 因此，和在外场的缓慢建立期间一般出现的情况相反，我们可以预期，对于轨道的这种

特殊的形状和位置来说，普通力学在计算场的建立所引起的效应中的直接应用将是合理的，因为在这种情况下显然不会有任何东西引起和由低频辐射的发射或吸收所伴随的二序态间的跃迁机制有关的某种非力学的过程. 因此，我们参照关系式(49)就看到，通过利用条件式

$$\mathfrak{I} = \mathfrak{n}\,h \tag{51}$$

($\mathfrak{n}$为整数)来确定受扰体系的定态，我们就得到存在外场时体系的附加能量$\mathfrak{E} = \Psi$和久期扰动的频率$\mathfrak{v}$之间的一个关系，这一关系和适用于单自由度体系定态的能量和频率的并由(8)和(10)来表示的那种关系是属于完全相同的类型的. 略去和干扰力的平方成正比的小量，利用(51)就能直接确定受到任意给定的小外力场作用的二自由度周期体系的各定态中的附加能量值，从而在这种近似下，利用基本关系式(1)就能确定这个场对未受扰周期体系的光谱频率的效应. 一般说来，这种效应将是使各谱线劈裂为若干条成分线，它们和谱线原有位置之间的距离是一些和外力强度成正比的小量.

当我们过渡到两个以上的自由度的受扰周期体系时，普遍问题是更加复杂的. 但是，对于给定的外场，却能够适当选择一组轨道恒量 α_2，…，α_s、β_2，…，β_s，使得在运动中每一个 α 将只依赖于对应的 β，而每一个 β 则将在两个固定界限之间进行振动. 按照和可以分离变量的普通条件周期体系理论的类比，这种情况下的扰动可以说是条件周期性的，而且，根据和第一部分中完全建筑在汉密尔顿方程的应用上的导致方程(29)的那种计算完全类似的计算，对于和它们对应
118 的未受扰体系的定态中 I 值为相同的那样两个稍许不同的受扰体系的定态，我们就得到 Ψ 值之差为

$$\delta\Psi = \sum_{1}^{s-1} \mathfrak{v}_k \delta\,\mathfrak{I}_k, \tag{52}$$

式中 $\mathfrak{v}_k$ 是 β_{k+1} 在其界限之间的平均振动频率，而各量$\mathfrak{I}_k$ 则由下式定义：

$$\mathfrak{I}_k = \int \alpha_{k+1} D\beta_{k+1}, \quad (k = 1, \cdots, s-1) \tag{53}$$

此处的积分是在 β_{k+1} 的一次完全振动中计算的. 和可以分离变量的普通条件周期体系中各粒子的位移表示式(31)相类似，我们在这种情况下就进一步得到，每一个 α 或 β 都可以通过低频谐振动的和式来表示成时间的函数：

$$\left.\begin{matrix}\alpha\\ \beta\end{matrix}\right\} = \sum \mathfrak{E}_{t_1, \cdots, t_{s-1}} \cos 2\pi\{(t_1\,\mathfrak{v}_1 + \cdots + t_{s-1}\,\mathfrak{v}_{s-1})t + c_{t_1, \cdots, t_{s-1}}\}, \tag{54}$$

式中各个$\mathfrak{E}$和各个 c 是一些恒量，前者除了 I 以外只依赖于各个$\mathfrak{I}$，和式遍历各个 t_k 的一切正负整数值. 因此，如果久期扰动是条件周期性的，我们就可以得出结

论认为,和未受扰体系一个给定的定态相对应的受扰体系的那些定态,将由下列 $s-1$ 个条件式来表征：

$$\mathfrak{I}_k = \mathfrak{n}_k h, \quad (k = 1, \cdots, s-1) \tag{55}$$

式中$\mathfrak{n}_1, \cdots \mathfrak{n}_{s-1}$是一组整数. 事实上,由(52)可以看到,我们用这种办法就得到附加能量和久期扰动的频率之间的一种关系,其类型和适用于普通条件周期体系并由(22)和(29)来表示的能量和频率之间的关系完全相同;而且,我们还可以事先得出结论认为,它的由(53)定义的每一个量$\mathfrak{I}_k$ 都等于零的那个态必然属于受扰体系的定态之列,因为在此情况轨道对于恒定外场和在该场的缓慢而均匀的建立期间都不会经受久期扰动. 既然当略去正比于外场强度平方的小量时条件式(55)就使我们能够确定由于外场的存在而引起的体系的附加能量,我们由此就看到,如果久期扰动是条件周期性的,这个场对未受扰体系光谱的效应就在于使每一条谱线劈裂为若干条成分线,和微扰场对二自由度周期体系的光谱的效应相类似. 但是,一般说来,当存在给定的外场时,一个自由度数超过 2 的周期体系所经历的扰动并不能被预期为条件周期性的并显示公式(54)所表示的那种类 119
型的周期性质. 在这种情况下,似乎并不能适当地定义定态以导致这些态中的总能量的完全确定,因此我们就被引导到这样的结论：外场对光谱的效应将不是使原有体系的谱线劈裂为若干条细锐的成分线,而是使这些谱线在宽度正比于外场强度的光谱区域中散开.

在特例,当自由度数大于 2 的受扰周期体系的久期扰动属于条件周期性的类型时,就可能出现这些扰动由数目少于 $s-1$ 的一些基频来表征的情况. 在这样的情况下,可以按照和第一部分中所用术语的类比把受扰周期体系说成是**简并的**,这时附加能量和久期扰动的频率之间的必要关系就是由比(55)所给出的条件为数更少的一些条件来保证的,从而各个定态也就是由数目少于 s 的一些条件来表征的. 如果对于一个自由度数大于 2 的受扰周期体来说久期扰动是**简单周期性**的而不依赖于轨道的初始形状和初始位置,我们就遇到这种体系的一个典型例子. 按照和二自由度受扰周期体系的情况的直接类比,受扰体系对应于相同的 I 值的两个稍许不同的态中的 Ψ 值之差,在现有情况下将由下式给出：

$$\delta\Psi = \mathfrak{v}\,\delta\mathfrak{I}, \tag{56}$$

式中$\mathfrak{v}$是久期扰动的频率,而$\mathfrak{I}$由下式定义：

$$\mathfrak{I} = \int_0^{\mathfrak{s}} \sum_2^s \alpha_k \frac{D\beta_k}{Dt} dt, \tag{57}$$

式中$\mathfrak{s} = 1/\mathfrak{v}$是扰动周期. 因此我们可以得出结论：和未受扰体系一个给定的定态相对应的受扰体系的那些定态将由单独一个条件式

$$\mathfrak{J} = \mathfrak{n}h \tag{58}$$

来表征，式中$\mathfrak{n}$是一个整数，而且可以看到此式和确定普通的多自由度周期体系的定态的条件式完全类似.

在以下各节中，我们将把以上的考虑应用于氢原子定态的确定问题，这时将把相对论改正考虑在内，并假设原子受到小外场的作用. 在这种讨论中，我们当
120 计算电子轨道的扰动时将为了简单而认为核质量是无限大. 这在体系的附加能量表示式中就导致对于和外力强度与电子质量对核质量之比的乘积同数量级的小量的忽略，但是由于该比值很小，这种简化所引起的误差在所得结果和测量结果的对比中将是毫不重要的. 既然在所考虑的情况中体系具有三个自由度，那么确定电子轨道之久期扰动的方程就将对应于二自由度体系的运动方程，从而就不可能给出定态问题的一种普遍处理. 例如，对于任何一个给定的外场，我们就会遇到扰动是不是条件周期性的问题，而且如果是的，就还会遇到用哪一组轨道恒量来适当表示这种周期性的问题. 现在，在许多特例中，外场具有一种对通过核的轴线而言的轴对称性，而且在这种情况下很容易证明定态的确定问题可以普遍求解. 通过选择电子绕核的总角动量作为 α_2 并选择这一角动量沿场轴的分量作为 α_3，我们就得到一种轨道恒量的选法，这种选法对于这一问题的讨论是适用的，而且是已经在天文学行星摄动理论中了解得很清楚的. 关于对应于这一组 α 的那一组 β，我们可以令 β_2 等于主轴和一条直线的夹角，该直线就是轨道平面和通过核并垂直于场轴的那一平面的交线，此外再令 β_3 等于这一直线和后一平面上一个固定方向之间的夹角. 对于所考虑的这一问题可以看到，在这样的恒量选择下，微扰场势的平均值 Ψ 除了依赖于 α_1 以外一般还将依赖于 α_2 和 β_2，而且也依赖于 α_3，但是却由于轴对称性而不依赖于 β_3. 正因如此，确定久期扰动的方程(46)，就将和在一个矮力场作用下在一个平面上运动着的粒子的汉密尔顿运动方程具有相同的形式. 于是，和有心体系的角动量守恒相对应，我们首先就由(46)得知 α_3 在扰动期间将保持不变. 其次，和有心体系中径向运动的简单周期性相对应，我们由(46)就看到，如果 α_3 也像 α_1 一样被看成恒量，则在扰动期间 α_2 将是 β_2 的函数并按简单周期性的方式随时间而变化. 因此，具有轴对称性的一个外场所引起的电子轨道的扰动将永远是条件周期性类型的，而完全不取决于受扰体系的分离变量的可能性. 但是，关于确定定态的那些条件的形式却可以指出，在所考虑的轨道恒量的选法下，各个 β 并不会像在第 52 页[本卷原第 118
121 页]上的普遍讨论中为了简单而假设的那样在固定的界限之间发生振动，但是可以看到，β_2 在扰动期间可以或是在这样两个界限之间进行振动，或是连续地增大

(或减小),而 β_3 则将总是连续地增大(或减小). 但是这只构成一种形式上的困难,其种类和第一部分中联系到条件式(16)的讨论所提到的困难相同,该条件式就是确定由一个在辏力场中运动的粒子所构成的体系的定态的. 于是,根据一种简单的考虑可以看到,和关系式(52)及(53)完全类似,我们在现在的情况下就得到和同一 I 值相对应的受扰体系的两个稍许不同的态的能量差如下:

$$\delta\Psi = \mathfrak{v}_1\delta\mathfrak{I}_1 + \mathfrak{v}_2\delta\mathfrak{I}_2. \tag{59}$$

式中 $\mathfrak{v}_1$ 是轨道形状和轨道相对于场轴的位置按规则的时间间隔而重复出现的频率,而且它是由 α_2 和 β_2 来表征的,$\mathfrak{v}_2$ 是轨道平面绕该轴的平均转动频率,用 β_3 来表征,而 $\mathfrak{I}_1$ 和 $\mathfrak{I}_2$ 则由下式来定义:

$$\mathfrak{I}_1 = \int\alpha_2 D\beta_2, \quad \mathfrak{I}_2 = \int_0^{2\pi}\alpha_3 D\beta_3 = 2\pi\alpha_3. \tag{60}$$

在 β_2 以一种振动方式随时间而变的情况下,第一个积分必须在这一轨道恒量的一次完全振动中进行计算,而如果 β_2 在扰动期间是连续地增大或减小的,则 $\mathfrak{I}_1$ 的表示式中的积分应该在一个等于 2π 的区间中计算,正如 $\mathfrak{I}_2$ 的表示式中的积分那样. 因此,通过利用两个条件式[1]

$$\mathfrak{I}_1 = \mathfrak{n}_1 h, \quad \mathfrak{I}_2 = \mathfrak{n}_2 h \tag{61}$$

来确定受扰体系的定态,式中 $\mathfrak{n}_1$ 和 $\mathfrak{n}_2$ 是整数,就可以看到我们将得到受扰原子的附加能量 $\mathfrak{E} = \Psi$ 和电子轨道的久期扰动频率之间的正交关系. 而且也可以看 122
到,电子沿着垂直于场轴的圆形轨道而运动的那个态,必须事先就被预期为属于受扰原子的定态,因为这一轨道在外场的均匀建立期间是并不经历久期扰动的,而且这个态也将属于由(61)所确定的那些态之列. 事实上,如果 n 是表征对应的未受扰体系定态的那个数,受扰体系的这个态就将和 $\mathfrak{n}_1 = 0$、$\mathfrak{n}_2 = n$ 或 $\mathfrak{n}_1 = n$、$\mathfrak{n}_2 = n$ 相对应,视 β_2 在扰动期间是在固定界限之间进行振动还是连续地增大(或减小)而定. 至于(61)的应用,指出一点是重要的,即根据关于原子体系定态的先验几率在外界条件连续变换期间的不变性的考虑(参阅第一部分,第 9 页和第 27 页[本卷原第 75 页和原第 93 页]),似乎必须作出不存在对应于 $\mathfrak{n}_2 = 0$ 的

1) 完全和受扰周期体系的问题无关,其中第二个条件式也可以由艾普斯坦的某些有兴趣的考虑直接得出,那些考虑涉及所谓可以进行“部分分离变量”的体系的定态(Ber. d. D. Phys. Ges. XIX. p. 116 (1917)). 在这种情况下,可以适当选择一组位置坐标 q_1, …, q_s,使得对于某些坐标来说,共轭动量可以看成只是对应的 q 的函数,从而对于这些坐标来说,各量 I 就像在能够进行完全分离变量的体系的情况下一样可以用(21)来定义. 按照和后一种体系的定态理论的类比,艾普斯坦于是就提出了一个假设:在所考虑体系的定态中将被满足的某些条件,可以通过如此定义的各个 I 等于 h 的整数倍来得到. 可以看到,在体系具有对称轴的情况下,这就导致(61)中的第二个条件式,它表示的是这样一个条件:在定态中,绕轴的总角动量必须等于 $h/2\pi$ 的整数倍. 正如在第一部分第 34 页[本卷原第 100 页]上所指出的,这一条件似乎也可以从关于二定态间跃迁中的角动量守恒的考虑中得到一种独立的支持.

定态的结论. 对于这一$\mathfrak{n}_2$值，电子的运动将在通过轴线的平面上进行，但是对于某些外场来说，这样的运动不能看成物理上可以实现的原子的定态，因为电子在扰动过程中会和核碰撞(参阅第 68 页[本卷原第 134 页]).

如果外力形成一个以核为心的矮力场，我们就得到具有轴对称的外场的一个特例，这种情况下的久期扰动是很简单的. 在这种情况下，定态的确定问题的解可由第一部分中所讨论的索末菲的有心体系普遍理论来提供；那种理论建筑在一个事实上，即这种体系可以在极坐标系中分离变量. 但是，联系到以上的考虑，直接从受扰周期体系的观点来考虑现在的问题可能是有兴趣的，因为它代表简并受扰体系的一个典型例子. 在现在的情况下，Ψ 除了依赖于 α_1 以外将只依赖于 α_2，从而我们从方程(46)就得到一种众所周知的结果，即电子的角动量和它的轨道平面在扰动期间将不改变，而微扰场的唯一久期效应将仅仅在于主轴方向的一种缓慢的均匀转动. 关于这种转动的频率，我们由(46)得到

$$\mathfrak{v} = \frac{1}{2\pi}\frac{D\beta_2}{Dt} = \frac{1}{2\pi}\frac{\partial \Psi}{\partial \alpha_2}, \tag{62}$$

由此我们就直接得到受扰体系的其对应 I 值相同的两个相邻态的 Ψ 值之差

$$\delta\Psi = 2\pi\,\mathfrak{v}\,\delta\alpha_2. \tag{63}$$

可以看到，和(56)相对应的这一关系式是和(59)相重合的，因为在现有的情况下我们有 $\mathfrak{v}_2 = 0$ 和$\mathfrak{I}_1 = 2\pi\alpha_2$. 由(63)可知，原子的附加能量和扰动的频率之间的
123 必要关系是得到保证的，如果当存在小的外矮力场时各定态是由条件式

$$\mathfrak{I} = 2\pi\alpha_2 = \mathfrak{n}h \tag{64}$$

来表征的，式中$\mathfrak{n}$是一个整数. 和索末菲条件式(16)中的第二式相等价的这一条件式和(58)相对应，而且可以看出是和条件式(61)中的第一式相重合的，而(61)中的第二个条件式在所考虑的这一特例中则不再成立，这和轨道平面在空间中的取向显然为任意的那一事实相对应. 对于一个开普勒运动来说，轨道的长轴只依赖于总能而其短轴则和角动量成正比；既然如此，那么由(64)就会看到，小外场的存在对定态中原子的运动加上了限制，使得电子轨道的短轴必须等于长轴的 n 分之一的整数倍，而长轴则是由(41)中的 $2\alpha_n$ 来给出的. 这种结果曾经作为应用条件式(16)的一个推论而由索末菲指出.

以上已经证明，可以怎样通过检查轨道的形状和位置的久期扰动来处理受扰周期体系的定态问题并确定这些定态，如果扰动是属于条件周期性的类型的. 尽管通过这些考虑就能够确定受扰体系的总能的可能值，从而也能够确定当存在微扰场时未受扰体系光谱中各谱线所将劈裂而成的那些成分线的频率，但是，

要讨论这些成分线的强度和偏振，却必须更详细地考虑受扰体系中各粒子的运动以及这一体系的总能和表征运动的各基频之间的关系. 首先可以看到，如果由方程(46)来确定的久期扰动是属于条件周期性类型的，体系中各粒子在任一给定方向上的位移，当略去和外力强度成正比的小量时，就可以在一个长得足以使这些力对轨道的形状和位置引起颇大改变的时间间隔内用下列类型的表示式来表示成谐振动的和式：

$$\xi = \sum C_{\tau,\, t_1,\, \cdots,\, t_{s-1}} \cos 2\pi\{(\tau\omega_P + t_1\,\mathfrak{v}_1 + \cdots + t_{s-1}\,\mathfrak{v}_{s-1})t + c_{\tau, t_1,\, \cdots,\, t_{s-1}}\}, \tag{65}$$

式中的求和遍历 τ, t_1, $\cdots$ t_{s-1} 的一切正负整数值，而各个 C 和各个 c 是两组恒量，前者只依赖于由(53)定义的 $\mathfrak{J}_1$, $\cdots$ $\mathfrak{J}_{s-1}$ 这些量的值以及 I 这个量的值，I 这个量表征的是假如外场以缓慢而均匀的速率消失时即将出现的那种未受扰体系的对应态. 尽管各量 $\mathfrak{v}_1$, $\cdots$ $\mathfrak{v}_{s-1}$ 和出现在公式(54)中的那些量相同，并代表轨道的形状 124
和位置的久期扰动的小频率，ω_P 这个量却可以看成代表着各粒子在它们的近似周期性的轨道上的平均绕转频率. 其次，关于受扰体系的总能也可以证明，略去和外力强度的平方成正比的小量，其 I, $\mathfrak{J}_1$, $\cdots$ $\mathfrak{J}_{s-1}$ 的值分别相差为 δI, $\delta\,\mathfrak{J}_1$, $\cdots$, $\delta\,\mathfrak{J}_{s-1}$ 的受扰体系的两个稍许不同的态的总能之差由下列关系式给出[1]：

$$\delta E = \omega_P \delta I + \sum_{1}^{s-1} \mathfrak{v}_k \delta\,\mathfrak{J}_k, \tag{66}$$

1) 按照和适用于未受扰体系的两个相邻间的能量差的公式(8)的对比，以及和公式(52)的对比，可以看到(66)蕴涵了 $\omega_P = \omega + \partial\Psi/\partial I$ 这个条件，此处 ω 是未受扰体系的由给定的 I 值来表征的对应态中的绕转频率，而偏导数中的 Ψ 被看成 I 和 $\mathfrak{J}_1$, $\cdots$, $\mathfrak{J}_{s-1}$ 的函数. 这一关系式可以利用建筑在扰动方程(44)上的考虑来验证，这种考虑照顾到未受扰体系的 α_1 和 I 之间的简单关系，也照顾到 β_1 随时间的平均变化率和 ω_P、ω 之差之间的关系. 但是，我们将不讨论这种考虑中所涉及的那种颇为复杂的计算的细节，因为所考虑的问题可以用另一种分析方法来更简洁地加以处理. 例如，H · A · 克喇摩斯先生将在 § 4 末尾所提到的论文中证明，完全不依赖于在固定位置坐标系中对受扰体系进行分离变量的可能性，本节所阐述的久期扰动理论——如果由(46)确定的这些扰动是属于条件周期性类型的话——就能提供揭示一组角变量的手段，这组角变量可以用来在和上述计算中所涉及的近似程度相同的近似程度下描述受扰体系的运动. 按照第一部分第 29 页[本卷原第 95 页]的注中所提到的角变量的定义，这就表明可以用适当的方式引入一组 s 个新变量来代替受扰体系的位置坐标 q_1, $\cdots$ q_s 和它们的共轭动量 p_1, $\cdots$ p_s，使得当看成这些新变量及其正则共轭动量的函数时，各个 q 和各个 p 都是每一个新变量的周期为 I 的周期函数. 这些正则共轭动量将和以上用 I, $\mathfrak{J}_1$, $\cdots$, $\mathfrak{J}_{s-1}$ 来代表的那些量相重合，而对应的角变量则可以很方便地分别用 w, w_1, $\cdots$, w_{s-1} 来代表. 引用这些新变量，受扰体系的总能就只是 I, $\mathfrak{J}_1$, $\cdots$, $\mathfrak{J}_{s-1}$ 的函数，如果我们忽略正比于 λ^2 的小量的话. 于是，在这种近似下，我们利用和上述小注中给出的计算相类似的计算就得到，角变量 w, w_1, $\cdots$, w_{s-1} 可以在和 σ/λ 同数量级的间隔内表示成时间的线性函数. 因此，分别用 ω_P, $\mathfrak{v}_1$, $\cdots$, $\mathfrak{v}_{s-1}$ 来代表 w, w_1, $\cdots$, w_{s-1} 的变化率，就直接得到公式(65)和(66)，正如在第一部分中得到对应公式(31)和(29)一样. 与此有关可以指出，由于引入角变量的可能性，条件式(67)就是在和另一些条件式相同的形式下出现的，那些就是确定可分离变量的普通条件周期体系的定态的条件式；这种条件式已由施瓦尔兹席耳德表述了出来，而且正如在第一部分的小注中所提到的，已经由布尔杰斯应用于某些可以这样分离变量的体系了.

此式将和(52)重合，如果 $\delta I=0$，而且可以看到此式和第一部分中的公式(29)完全类似，该公式适用于可以在一个固定的位置坐标系中分离变量的普通的条件周期体系；这正如(65)和代表这种体系中各粒子位移的公式(31)完全类
125 似一样. 另外，既然和条件式(22)完全类似，受扰体系的各个定态是由下式来表征的：

$$I=nh,\quad \mathfrak{J}_k=\mathfrak{n}_k h,\quad (k=1,\cdots,s-1) \tag{67}$$

那么我们就看到，对于足够小的外力强度，我们就在 n 和各个 $\mathfrak{n}_k$ 的大值范围内得到利用(1)式按量子论确定的各谱线成分线的频率和按普通电动力学所将预期的频率之间的一种联系，这种联系和在第一部分中讨论了的可以分离变量的普通条件周期体系情况下的类似联系恰好相同. 和第一部分中的普遍考虑完全类似，我们于是就直接被引导到有关未受扰体系各谱线当存在外场时即将劈裂而成的那些成分线的强度和偏振的一些简单结论. 例如我们将预期，在受扰体系的两个分别对应于 $n=n'$、$\mathfrak{n}_k=\mathfrak{n}'_k$ 和 $n=n''$、$\mathfrak{n}_k=\mathfrak{n}''_k$ 的定态之间的自发跃迁几率，以及各粒子位移表示式中具有 $\tau=n'-n''$，$t_k=\mathfrak{n}'_k-\mathfrak{n}''_k$ 的系数 $C_{\tau,t_1,\cdots,t_{s-1}}$ 在这些态中的值之间，将存在一种密切的联系. 例如，如果对于 τ 和 $t_1,\cdots,t_{s-1}$ 的某一组值来说，在每一方向上的位移表示式中的系数 $C_{\tau,t_1,\cdots,t_{s-1}}$ 对于受扰体系的一切运动都将等于零，那么我们就将预期，当所给的外场存在时，二定态间的对应跃迁将是不可能的；而且，如果只有对于各粒子沿某一方向的位移而言这个系数为零，我们就将预期对应跃迁将引起一种在垂直于这一方向的平面内偏振的辐射的发射.

在受到一个外力场的作用，而该力场具有对通过核的轴线而言的轴对称性的氢原子的光谱中，我们就遇到以上这些考虑的一个典型例子. 和在第一部分第 33 页[本卷原第 99 页]上所讨论的把具有轴对称性的一个普通条件周期体系的运动分解为它的谐振动分量的情况相类似，由第 54 页[本卷原第 120 页]上关于久期扰动的一般特点的讨论就可推知，受扰原子的电子运动在这种情况下可以分解若干个平行于这一轴线的频率为 $|\tau\omega_P+t_1\mathfrak{v}_1|$ 的线性谐振动以及若干个垂直于轴线的频率为 $|\tau\omega_P+t_1\mathfrak{v}_1+\mathfrak{v}_2|$ 的圆周谐振动. 因此，和第一部分中的考虑完全类似，我们就被引导到这样的结论：在这种情况下，在受扰原子的定态之间只有两种类型的跃迁是可能的. 在第一种类型的跃迁中，$\mathfrak{n}_2$ 将保持不变，而所发射的辐射将引起显示平行于轴线的偏振的氢谱线成分线. 在第二种类型的跃迁中，$\mathfrak{n}_2$ 将改变一个单位，而所发射的辐射当沿着轴线看时
126 将显示圆偏振. 按照条件式(61)，体系绕轴的角动量在定态中将等于 $\mathfrak{n}_2\dfrac{h}{2\pi}$ 记得

这一点，就可以进一步看到在现有的情况下这些结论也从有关角动量在跃迁中守恒的考虑得到独立的支持(参阅第一部分第 34 页[本卷原第 100 页])[1]. 在以下，当讨论电场和磁场对氢谱线的效应时，我们就将遇到这些考虑的应用. 但是，在磁场的情况，由于作用在电子上的外力不能由表示成电子位置坐标的函数的势导出，因而上面的考虑需要某些修订；关于这一点，我们将在 §5 中再来考虑.

在结束受扰周期体系的普遍理论以前，我们还将考虑一个问题：一个周期体系在一个给定的小外场的影响下经历着条件周期性类型的久期扰动，如果这一体系又受到远小于第一个场的第二个外场的影响，但是这第二个场的微扰效应却大于在以上的计算中忽略了的正比于第一微扰场的强度平方的那些对运动的微小效应，则它对该体系的光谱的效应如何？这个问题和第一部分中简略讨论了的微扰场对可分离变量的普通条件周期体系的光谱的效应问题是密切类似的. 正如在第 34 页[本卷原第 100 页]上提到的，完全不依赖于受扰体系的分离变量的可能性，我们在这一情况下就有，如果我们忽略和干扰力的平方成正比的小项，处于外场影响下的运动一般仍能用(31)类型的公式表示成谐振动之和的形式. 与此相应，我们在所考虑的情况下就得到，不依赖于第二外场的特性，合久期扰动一般可以表成(54)类型的低频谐振动之和的形式，如果我们忽略和第一外场所引起的久期扰动乘以来自第一、第二外场的力的强度之比的平方所得的乘积同数量级的小项的话. 让我们用 μ 来代表这个比值，并和以上一样用 λ 代表和来自第一外场的力与体系内力之比同数量级的一个小恒量. 于是，根据定态中 127
能量和频率之间的普遍关系，我们就可以预期，略去和 μ^2、λ 二量中最大的一个量同数量级的小项，就能确定当两个外场都存在时受扰周期体系在这些定态中的运动，而且，略去和 $\lambda\mu^2$、λ^2 二量中最大的一个量同数量级的小项，就能确定各个定态中的对应能量值[2]. 但是，一般说来，第二外场对受扰体系的光谱引起的效应，不必详细考虑这个场的微扰效应就能算出. 事实上，利用定态的力学可变换性原理，一般就能直接根据只由第一外场引起的久期扰动的特点，来在上述的

---

1) 加在校样上的注：在 A·汝宾诺维兹刚刚发表的一篇有趣的论文中(Phys. Zeitschr. XIX. p. 441 及 p. 465 (1918))，曾经利用关于角动量守恒的类似考虑来得出关于具有对称轴的条件周期体系的定态间跃迁可能性的结论，以及关于伴随这些跃迁的辐射偏振特性的结论. 汝宾诺维兹曾经用这种办法得出了本论文所讨论的若干结果；但是，在这方面可以提到，根据角动量守恒的考虑并不能像根据建筑在电子运动按谐振动的分解上的考虑那样，得到关于可能成分线的条数和偏振的完备知识，即使体系具有轴对称性也不例外.

2) 但是，和第 50 页[本卷原第 116 页]上的考虑相类似，却可以预期定义定态中能量的这些界限只对许多原子体系的多数体系是成立的. 例如，在现有的情况下，我们必须对发现下述事实有所准备：对于这些体系中的一个和 μ^2 同数量级的百分数(如果 $\mu^2 > \lambda$)，能量和用上述方法确定的值之间可以相差一些和 $\mu\lambda$ 同数量级的小量.

近似下确定由于第二外场的出现而引起的体系能量的改变量. 例如，让我们假设，第二个场是以均匀的速率在一个时间间隔中缓慢建立的，该间隔和体系近似地经历一切态所需的时间同数量级，那些态属于只有第一外场存在时定态中轨道所经过的形状和位置的循环. 用 θ 代表具有这一数量级的时间间隔，用 Ω 代表第一微扰场的势，并用 $\Delta\Omega$ 代表第二微扰场的势，于是，利用和第一部分第 11 页[本卷原第 77 页]上关于小外场的缓慢建立期间周期体系的能量平均值的计算完全类似的计算，我们就得到，在和 θ 同数量级的时间间隔中求出的 $\alpha_1+\Omega$ 平均值由于第二外场的建立而发生的改变量，将是和 $\theta(\Delta\Omega)^2$ 同数量级的小量；但是，利用以上所用的那些符号，这就表明它是和 $\lambda\mu^2$ 同数量级的小量. 由此即得，在这种近似下，由于第二个微扰场的存在而引起的一个给定定态中的能量改变量，等于在一个形状和位置的循环中算出的这个场的势的平均值，那个循环就是轨道当只受到第一外场影响时在受扰体系的对应定态中所将经历的. 因此，一般说来，对于光谱的效应将是原有成分线的微小位移，其量值和由第二个微扰场所引起的力的强度成正比；而且，关于定义这些位移的近似程度，由上面的论述就可以看到，如果 μ 小于 $\sqrt{\lambda}$，则当存在第二外场时的定态能量的确定，从而还有利
128 用(1)式对谱线频率所作的确定，可以和原有受扰周期体系的定态能量的确定达到相同的近似程度. 但是，如果 μ 大于 $\sqrt{\lambda}$，则一般说来各定态不能定义得像原有体系的定态那样好，从而我们由关系式(1)即将预期各成分线将变宽，尽管只要 μ 保持远小于 1 各成分线的宽度就仍将远小于它们在只有第一外场时离开原位置的位移. 只有当 μ 变得和 1 同数量级时，才能预期两个微扰场的联合效应将使未受扰周期体系的谱线变宽；当然，除非像可能出现在特殊问题中的那样，由于两个场的同时存在而引起的久期扰动仍然属于条件周期性的类型. 在某些情况下，第二个外场不但将引起原有成分线的微小位移，而且还会引起微小强度正比于 μ^2 的新成分线的出现. 如果对于原来的受扰周期体系来说，由于运动的某种奇特性，在把粒子位移表示为谐振动之和的表达式(65)中有某些和 τ, t_1, …, t_{s-1} 各数的特定组合相对应的系数 $C_{\tau, t_1, \cdots, t_{s-1}}$ 是等于零的，而当存在第二个外场时这些系数却是一些正比于 μ 的小量(参阅第一部分，第 34 页[本卷原第 100 页][1])，那么就会出现上述这种情况. 在以上的考虑中，曾经假设当第一外场存在时受扰体系是非简并的. 但是，如果这一体系是**简并的**，显然就不可能直接利用定态的力学可变换性原理来确定由于远小于第一外场的第二外场的存在而将引起的体系定态能量的改变，因为，如上所述，当只存在那个场时，体系的定态将

1) 关于确定新成分线的位置方面的肯定程度，我们必须对发现下述情况有所准备：这些频率只有在忽略和 $\lambda\mu$ 成正比的小量时才是确定的. 参阅 § 5 中第 97 页上[本卷原第 163 页]的例子的详细讨论.

由数目少于自由度数 s 的一些条件来确定,从而轨道在这些态中所将经历的形状和位置的循环将不是完全确定的. 因此,为了计算定态中的能量,将有必要考虑第二个外场对这些循环的久期扰动效应. 在特例,当第一个场引起的扰动是简单周期性的时候,用这种办法就可以看到,确定存在第二个外场时的定态的问题可以利用本节所阐明的方法简化为确定 $s-2$ 个自由度的体系的定态的问题. 如果像在下面即将考虑的应用中那样 s 等于 3,这一问题就可以有普遍解法,从而我们就必须预期,在这种情况下,一个任意的远小于第一外场的第二外场对受扰 129
体系的光谱所发生的效应将在于使每一条成分线劈裂为若干条分离的成分线,正像任意的小外场对二自由度简单周期体系光谱中各谱线的效应一样. 当考虑不同外场对氢光谱的联合作用的效应时,以及当考虑外场对其他元素的光谱的效应时,我们就将遇到上述这些考虑的应用;后一问题将在第三部分中加以讨论.

---

§3. 氢谱线的精细结构

上节中的计算可以联系到氢谱线的精细结构而作一次有教益的应用;按照在第一部分第 18 页[本卷原第 84 页]上提到的索末菲理论,这种精细结构可以通过把相对论所要求的电子质量随其速度的微小变化考虑在内来加解释. 在这方面必须首先指出,如果将相对论修订考虑在内,以上各节中关于能量和频率之间的关系以及关于定态的力学可变换性的一切普遍考虑都是毫无改变地成立的. 这可以由一件事实推知,即作为以前计算的基础的汉密尔顿方程(4),在这一情况下也可以用来描述运动. 如果当把相对论修订考虑在内时体系的运动是简单周期性的而不依赖于初始条件,我们由此就将预期各定态只由条件式 $I=nh$ 来表征,从而对应于这一方程中 n 的给定值的一切态的能量及频率都是等同的. 而且,各定态在相对论情况下也可由(22)来确定,如果体系是条件周期性的并可以分离变量;而一个受扰周期体系的定态则在相对论情况下也将由条件式(67)来表征,如果久期扰动是属于条件周期性类型的.

现在,当把相对论修订考虑在内时,氢原子中各粒子的运动将不像§1中所假设的那样是确切周期性的,而是电子的轨道将和假若粒子间的吸引力定律和平方反比定律稍有不同时按照普通牛顿力学所将出现的那种轨道属于同一类型. 如果我们暂时把核的质量看成无限大,则体系可以在极坐标系中分离变量,从而各定态可以由条件式(16)来确定. 用这种办法,索末菲得到了定态中的一个总能表示式;略去级次高于电子速度和光速 c 之比的平方的小量,这一能量由下 130

看到，关于和同一 n 值相对应的不同定态的微小能量差，公式(71)和索末菲的公式(68)给出相同的结果．事实上，比较一下(68)和(71)，我们就得到

$$E'_n = -\frac{2\pi^2 N^2 e^4 m}{h^2 n^2}\left(1 - \frac{3\pi^2 N^2 e^4}{c^2 h^2 n^2}\right), \tag{72}$$

可以看到，此式只是 n 的函数．这个表示式也可以由条件式 $I = nh$ 直接导出，例如通过考虑一个圆形轨道，在那种情况下，计算是可以很简单地完成的．

联系到以上的计算可以记起，导致公式(68)和(70)的那种定态确定，是建筑在一个假设的基础上的，那就是：电子的运动可以作为一个在保守力场中运动的质点的运动而按照普通的相对论力学定律来确定；而且我们曾经忽视了按照普通电动力学理论将会作用在加速带电粒子上的所有那些力，它们构成按照该理论将会和电子的运动相伴随的那种辐射的反作用．某种意味着对普通电动力学的激烈背离的步骤，显然在量子论中是必要的，为的是避免定态中能量的耗散．但是，我们既然对辐射的机制毫无所知，那就必须对于发现下述情况有所准备：上述处理方法只能在一种近似下确定各定态中的运动，那种近似不考虑和普遍电动力学中的辐
133 射力与由核吸引所引起的对电子的主要作用力之比同数量级的小量[1]．现在容易证明，这个比值将是和 $N^2\left(\frac{e^2}{pc}\right)^3$ 同数量级的小量，从而似乎事先就有理由在定态中的总能表示式中保留和(71)中的第二项同数量级的各个小项，而同时显得很有问题的却是，在索末菲和德拜根据条件式(16)导出的定态中的总能表示式中，保留级别比公式(68)中所保留的那些项更高的项是否有什么物理意义，除非 N 是一个大数，就像在即将在第三部分中加以讨论的伦琴射线谱的理论中那样．

以上这些涉及氢原子定态能量的确定的考虑使我们能够确定在这样两个定态间的跃迁中所将发射的辐射的频率，但是它们却完全没有接触这些跃迁在辉光气体中的**实际出现**问题，从而也没有给出关于**各成分线的条数和相对强度**的任何直接信息，那些成分线是可以预期作为相对论修订的后果而由氢谱线劈裂而成的．这一问题近来曾由索末菲[2]讨论过；在这方面，他强调了由条件式(16)中各个 n 的不同值组表征的各定态的不同先验几率的重要性．例如，索末菲企图

1）　参阅第一部分，第 6 页[本卷原第 72 页]．在这方面可以指出，利用关系式(1)来确定原子体系的频率时所涉及的近似程度，如果我们在定态的确定中忽视和普通电动力学中的辐射力同数量级的那些小力，就将是和谱线细锐性的界限密切有关的，这种界限依赖于在二态间的跃迁中所发射的辐射所包含的总波数．事实上，根据建筑在量子论和普通辐射理论之间的普遍联系上的一种考虑，看来可以很自然地假设，在二定态间的跃迁期间发射辐射的速率和按照普通电动力学这些态中的体系即将发射辐射的速率具有相同的数量级．但是，这却似乎意味着，所考虑的总波数将恰好是和作用在体系各粒子上的主要力与普通电动力学中的辐射反作用之比同数量级的．

2）　A. Sommerfeld, Ber. Akad. München, 1917, p. 83.

通过把观察到的强度和在所考虑成分线的发射中涉及的两个态的先验几率值的乘积相比较，来得到关于一条给定谱线的各精细结构成分线的相对强度的量度；而且他试图在这方面检验关于这些先验几率的不同表示式(参阅第一部分，第26页[本卷原第92页]). 但是，用这种办法并没有能够在一种令人满意的方式下说明观察结果；而且在这种基础上得出关于强度的一种解释的困难也特别显著地由下述事实表明了：观察到的成分线的条数和相对强度，显著地随激发谱
线时所在的实验条件而变. 例如，帕邢发现，当气体处于强烈的间断放电情况时， 134
出现在上述氦谱线的精细结构中的成分线数目就比气体处于连续电压作用下时为多. 但是，看来所有观察到的事实，都将在第一部分中所讨论的有关线光谱量子论和普通辐射理论之间的关系的普遍考虑的基础上得到一种简单的诠释. 按照这种关系，我们将假设，在两个给定的定态之间发生跃迁的几率不但将依赖于确定着这些态在一个统计平衡分布中的出现率的先验几率，并且将实质地依赖于这些态中粒子的运动，这种运动是用该运动所能分解而成的那些谐振动来表征的. 现在，当不存在外力时，氢原子中电子的运动形成具有对称轴的条件周期体系的运动的一个简单特例，从而可以用第一部分中针对这种运动导出的那种类型的三角级数来表示. 取通过核并垂直于轨道平面的一条直线作为 z 轴，我们由第32页[本卷原第98页]上的计算就得到

$$z = \text{const.}$$

而且

$$\begin{aligned} x &= \sum C_\tau \cos 2\pi\{(\tau\omega_1 + \omega_2)t + c_\tau\}, \\ \pm y &= \sum C_\tau \sin 2\pi\{(\tau\omega_1 + \omega_2)t + c_\tau\}, \end{aligned} \tag{73}$$

式中 ω_1 是径向运动的频率而 ω_2 是平均绕转频率，而且求和遍及 τ 的一切正负整数值. 于是，可以看到，运动可以看成若干圆周谐振动的叠加，它们的转动方向和电子绕核运行的方向相同或相反，随表示式 $\tau\omega_1 + \omega_2$ 为正或为负而定. 因此，按照刚刚提到的线光谱量子论和普通辐射理论之间的关系，我们在现有情况下就将预期，如果原子没有受到外力的干扰，则只有定态之间的那样一些跃迁是可能的：在各该跃迁中轨道平面保持不变，而且条件式(16)中的 n_2 这个数将增减一个单位，即电子绕核的角动量增减一个 $h/2\pi$. 根据所考虑的关系，我们将进一步预期，在 n_1 分别等于 n_1' 和 n_1'' 的两个定态之间的一次这种类型的自发跃迁的几率和频率为 $(n_1'-n_1'')\omega_1 \pm \omega_2$ 的一种辐射的强度之间，将存在密切的联系，这种辐射就是按照普通电动力学将由这些态中的原子所发射的，而且它将依赖于出现在电子运动中的对应于 $\tau = \pm(n_1'-n_1'')$ 的那一谐振动的振幅值 C_τ. 不必仔细检查这些振幅的数值就可以直接看到，和电子运行同向的那些圆周谐振动的振

135 幅一般要比方向相反的那些谐振动的振幅大得多，从而我们就将预期自发跃迁几率一般对于角动量减小的跃迁要比对于角动量增加的跃迁大得多. 这种预期已由帕那关于氦谱线精细结构的观察所证实；这种观察表明，对于给定的谱线来说，和前一种跃迁相对应的成分线是强得多的. 但是，在帕那的照片上，特别是在对含有氦气的真空管上作用了强烈放电的情况下，除了和角动量改变 $h/2\pi$ 的那种跃迁相对应的主要成分线以外，还出现一些较弱的成分线，它们和角动量保持不变或其改变量为 $h/2\pi$ 较高倍数的那些跃迁相对应. 根据第一部分第 34 页[本卷原第 100 页]上关于小外场对条件周期体系的光谱的影响的那些考虑，这一事实可以得到简单的诠释. 例如，当存在微扰力时，运动一般将不停留在一个平面上，从而在表示着电子在空间中的位移的三角级数中就会出现一些对应于频率 $(\tau_1\omega_1+\tau_2\omega_2)$ 的小项，此处 τ_2 可以不等于 1. 因此，当存在这样的力时我们就将预期，除了前面提到的主要跃迁的正规几率以外，还会出现另一些跃迁的小几率[1]. 这些问题的详细讨论将在 H・A・克喇摩斯先生的一篇稍晚一些的论文中给出，他在我的建议下曾经慨然承担了更进一步检查电子运动按其成分谐振动的分解问题的工作，而且他已经导出了这些振动的明确的振幅表示式，不但针对未受扰原子中电子的运动，而且针对当存在一个小的均匀外电场时的受扰运动做了这种工作. 正如即将由克喇摩斯所证明的，特别说来，这些计算使我们能够说明关于氢谱线的和类似的氦谱线的精细结构成分线的相对强度，也能够说明实验条件的改变对这一现象发生影响的那种特征方式.

---

§4. 外电场对氢谱线的效应

正如在引论中所提到的，关于斯塔克所发现的均匀外电场对氢光谱的特征
136 效应的一种详细理论，已由艾普斯坦和施瓦尔兹席耳德依据关于可以分离变量的条件周期体系的普遍理论给出. 但是，在我们详细讨论这些作者的计算结果以前，我们将首先指明可以怎样利用 § 2 中所发展起来的关于受扰周期体系的考虑来以一种简单方式处理这一问题.

试考虑质量为 m 而电荷为 $-e$ 的一个电子，绕着质量为无限大而电荷为 Ne 的一个正核而转动，而且受到强度为 F 的一个均匀电场的作用，此外让我们暂

---

[1] 加在校样上的注：正如在第一部分中所提到的，这种考虑得到了观察结果的显著支持，那种观察涉及当原子受到强外电场作用时新的线系在氦或其他元素的普通线系光谱中的出现. 正如在第三部分中即将更加详细地讨论的，用这种办法就能够详细说明关于这种线系在氦光谱中的出现的大量结果，这些结果最近曾由 J・斯塔克(Ann. d. Phys. LVI. p. 577 (1918))和由 G・李伯特(ibid. LVI, p. 589 和 p. 610 (1918))发表过.

时忽略相对论修订的微小效应. 利用直角坐标,取核为原点并把 z 轴取得平行于外场,当略去任意恒量时,我们就得到体系相对于外场而言的势,

$$\Omega = eFz.$$

现在计算 Ω 在未受扰运动的一个周期 σ 中的平均值,我们就根据对称性立即看到,这一平均值 Ψ 将只依赖于外电场在轨道长轴方向上的分量. 因此我们得到

$$\Psi = eF\cos\varphi\frac{1}{\sigma}\int_0^\sigma r\cos\theta dt,$$

式中 φ 是 z 轴和长轴之间的夹角,长轴是从核向远核点画的,r 是从核到电子的矢径的长度,而 θ 是这一矢径和长轴之间的夹角. 利用众所周知的关于开普勒运动的方程

$$r\cos\theta = a(\cos u + \varepsilon), \quad \frac{dt}{\sigma} = (1 + \varepsilon\cos u)\frac{du}{2\pi},$$

式中 $2a$ 是长轴[长度],ε 是偏心率而 u 是所谓偏近点角,于是就得到

$$\begin{aligned}\Psi &= eF\cos\varphi\frac{1}{2\pi}\int_0^{2\pi} a(\cos u + \varepsilon)(1 + \varepsilon\cos u)du \\ &= \frac{3}{2}\varepsilon a eF\cos\varphi. \end{aligned} \tag{74}$$

于是我们看到,Ψ 等于体系所将具有的相对于外场的势,假若电子位于椭圆长轴上的一个点上,而该点按 3 : 1 的比例分割二焦点间的距离 $2\varepsilon a$. 这个点可以叫做轨道的"电心". 根据 § 2 中所证明的 Ψ 在运动期间的近似恒定性,由此就首先得出,略去和外力与核吸引力之比同数量级的小量,电心在轨道的扰动期间将停留在一个垂直于外力方向的固定平面上. 由 § 2 中的考虑可以进一步推知,略去和 F^2 成正比的小量,当存在场时体系定态中的总能将等于 $E_n + \Psi$, 此处 137
E_n 是氢原子在其未受扰定态中的能量. 既然 ε 和 $\cos\varphi$ 的数值都小于 1,我们由(74)就立即得到由场引起的定态能量的可能变化的上下限. 引用(41)中的 E_n 值和 a_n 值,而且在此处和本节的以下计算中都略去由核的有限质量所引起的微小改正量——不但在附加能量的表示式中,而且为了简单在主要项中也略去这一改正量,我们就得到这些上下限的公式如下:

$$E = -\frac{2\pi^2 N^2 e^4 m}{h^2 n^2} \pm \frac{3h^2 n^2}{8\pi^2 Nem}F, \tag{75}$$

这一公式和作者早先通过把条件式 $I = nh$ 应用于和 $\varepsilon = 1$ 及 $\cos\varphi = \pm 1$ 相对应

的两个(物理上不能实现的)极限情况而得出的表示式相重合；在这些极限情况下，轨道在存在场时仍是周期性的[1)].

为了得到关于当存在场时定态中能量值的进一步的知识，有必要更仔细地考虑轨道在扰动期间的变动.既然外力具有轴对称性，定态的问题就可以利用§2中第55页[本卷原第121页]上所指出的步骤来加以处理.但是，在现在这一特例下，由于久期扰动是单周期性的，和轨道的初始形状及初始位置无关，从而我们面临的就是受扰周期体系的简并情况，因此原子的定态可以很简单地确定下来.扰动的性质已经可以根据施瓦尔兹席耳德[2)]在一种早先的尝试中所给出的计算来推得；他曾企图按照条件周期体系的分析理论，通过直接考虑运动所能分解成的那些谐振动而不借助于量子论来解释氢谱线的精细结构.从以上谈到的关于电心在一个垂直于外场方向的平面上运动的结果出发，利用关于由外电力效应所引起的电子绕核的角动量的变化的简单考虑，扰动的周期性也可以证明如下.

仍然利用以核为原点而其 z 轴平行于电力方向的直角坐标系，并且用 ξ、η、ζ 代表电心的坐标，我们按照公式(74)就有

138

$$\xi^2+\eta^2+\zeta^2=\left(\frac{3}{2}\varepsilon a\right)^2,\quad \zeta=\text{const.}\tag{1*}$$

用 P_x、P_y、P_z 代表看成一个矢量的电子绕核的角动量的平行于 x、y、z 轴的分量，我们其次就有

$$P_x^2+P_y^2+P_z^2=(1-\varepsilon^2)(2\pi ma^2\omega)^2,\quad P_z=\text{const.}\tag{2*}$$

既然角动量是垂直于轨道平面的，我们就进一步得到

$$\xi P_x+\eta P_y+\zeta P_z=0.\tag{3*}$$

现在，关于 P_x 和 P_y 随时间的变化率的平均值，我们有

$$\frac{DP_x}{Dt}=eF\eta,\quad \frac{DP_y}{Dt}=-eF\xi.\tag{4*}$$

将(1*)和(2*)对时间微分，并记得 a 和 ω 在扰动期间保持恒定，我们由此就得到

$$\xi\frac{D\xi}{Dt}+\eta\frac{D\eta}{Dt}=-K^2\left(P_x\frac{DP_x}{Dt}+P_y\frac{DP_y}{Dt}\right)$$

---

1) 参阅 N. Bohr, Phil. Mag. XXVII, p. 506 (1914)以及 XXX, p. 394 (1915). 并参阅 E. Warburg, Verh. d. D. Phys. Ges. XV, p. 1259 (1913)，该文曾第一次指出，按照量子论预期的电场对氢谱线的效应是和斯塔克观察到的效应同数量级的.

2) K. Schwarzschild, Verh. d. D. Phys. Ges. XVI, p. 20 (1914).

$$= -eFK^2(\eta P_x - \xi P_y), \tag{5*}$$

式中

$$K = \frac{3}{4\pi m a\omega}. \tag{6*}$$

另一方面，微分(3*)并引用(4*)，我们就有

$$P_x \frac{D\xi}{Dt} + P_y \frac{D\eta}{Dt} = 0,$$

此式和(5*)一起，就给出

$$\frac{D\xi}{Dt} = eFK^2 P_y, \quad \frac{D\eta}{Dt} = -eFK^2 P_x,$$

由此利用(4*)就得到

$$\frac{D^2\xi}{Dt^2} = -e^2F^2K^2\xi, \quad \frac{D^2\eta}{Dt^2} = -e^2F^2K^2\eta,$$

其解即

$$\xi = \mathfrak{U}\cos 2\pi(\mathfrak{v}\, t + \boldsymbol{a}), \quad \boldsymbol{\eta} = \mathfrak{B}\cos 2\pi(\mathfrak{v}\, t + \mathfrak{b}), \tag{7*}$$

式中$\mathfrak{U}$、$\boldsymbol{a}$、$\mathfrak{B}$和$\mathfrak{b}$是恒量，而且引用(6*)，我们就有

$$\mathfrak{v} = \frac{eFK}{2\pi} = \frac{3eF}{8\pi^2 m a\omega}. \tag{8*}$$

于是，在扰动期间，**电心将垂直于电力方向而进行缓慢的谐振动**，其频率正比于电力的强度，但是对给定的 F 值却完全不依赖于轨道的初始形状及其相对于电场方向的位置. 对于这一频率来说，在其内能平均值等于和给定 n 值相对应的未受扰体系定态能量 E_n 的那些受扰体系的态中，将 a 和 ω 代成(41)所给出的值 a_n 和 ω_n，我们由以上的计算就得到

$$\mathfrak{v}_F = \frac{3hn}{8\pi^2 Nem}F. \tag{76}$$

139

现在，我们由电心的周期运动就能得出这样的结论：当存在场时体系将能够发射或吸收一种频率为$\mathfrak{v}_F$ 的辐射，从而体系当存在场时的附加能量的值将直接由适用于线性谐振子总能可能值的普朗克公式来给出，如果在此公式中将 ω 换成 $\mathfrak{v}_F$ 的话. 既然此外还有垂直于电力方向的圆形轨道在场的缓慢建立期间不会经历久期扰动，从而必然属于受扰体系的定态之列，那么我们就得到当存在场时的原子总能如下：

$$E=E_n+\mathfrak{n}\nu_F h=-\frac{2\pi^2N^2e^4m}{n^2h^2}+\frac{3h^2n\,\mathfrak{n}}{8\pi^2Nem}F,\tag{77}$$

式中$\mathfrak{n}$是一个整数，在现有情况下可以取正值也可以取负值. 我们由(75)和(77)的对比可以看到，外场的存在对定态中的原子运动加上这样的限制：从轨道电心在上面运动的那个平面到核的距离，必须等于其最大距离$\frac{3}{2}a_n$的n分之一的整数倍.

包含在公式(77)中的结果，和艾普斯坦及施瓦尔兹席耳德利用建筑在条件式(22)上的条件周期体系的普遍理论导出的定态总能表示式相一致. 这些作者的处理方法是建筑在下述事实上的：正如在第一部分中所提到的，现有问题中的电子运动方程可以通过在抛物面坐标系中分离变量来求解(参阅第 21 页[本卷原第 87 页]). 将q_1和q_2看成两个旋转抛物面的参数，这两个抛物面通过电子的瞬时位置，其焦点位于核上，其轴线平行于场的方向，并把q_3看成通过电子及体系轴线的平面和一个通过该轴线的固定平面之间的角距离，各个动量p_1、p_2、p_3在运动过程中就将只依赖于相应的q，从而定态就将由(22)类型的三个条件式来确定. 略去和F的高次幂成正比的小量，由艾普斯坦用此法得出的总能的最后公式就由下式给出[1)]：

$$E=-\frac{2\pi^2N^2e^4m}{h^2(n_1+n_2+n_3)^2}-\frac{3h^2(n_1+n_2+n_3)(n_1-n_2)}{8\pi^2Nem}F,^{1)}\tag{78}$$

140 式中n_1、n_2、n_3是作为普朗克恒量的乘数出现在上述三个条件式右端的那些正整数.

关于当电场存在时氢原子总能的可能值，可以看到(78)和(77)相重合，如果我们令$n_1+n_2+n_3=n$而$n_1-n_2=\mathfrak{n}$. 但是同时却可以指出，通过艾普斯坦所用的办法来确定的定态中的运动，是比保证附加能量和久期扰动频率之间的正确关系所必需的那种运动更受限制的. 例如，除了确定电心在上面运动的那个平面的条件以外，艾普斯坦的理论还包括了另一个条件：电子绕受扰体系轴线的角动量等于$h/2\pi$的整数倍，而且曾经看到，这个倍数为奇或为偶，随$n+\mathfrak{n}$是奇数或偶数而定. 这种情况和下述事实密切有关：虽然如果我们忽视正比于外力强度平方的小量则所考虑的受扰体系是简并的，但是从建筑在条件式(22)上的定态理论的观点看来，体系的简并性却并不会显示出来，因为所考虑的体系只在一个坐标系中可以分离变量. 另一方面，体系的这一简并性却曾由施瓦尔兹席耳

1) P. Epstein, Ann. d. Phys. L, p. 508 (1916).

德[1]根据建筑在角变量的引用上的定态理论加以强调，在这种理论中运动的周期性质是起着本质作用的. 艾普斯坦[2]在稍晚一些讨论这一点时让人们注意了这样一件事实：如果把正比于电力平方的小量考虑在内，体系就不再是简并的了；于是他就在这里找到了利用(22)来确定定态的根据. 从受扰体系的观点来看，这将是意味着由(22)确定的所考虑体系的那些定态对于无限小的干扰肯定是稳定的，但是，如果体系受到第二个微扰场的作用，而该电场的强度只和外电力乘以该力与核吸引力之比所得的乘积同数量级，我们就已经应该预期出现对于这些态中的运动的有限偏差了. 但是，将相对论修订的影响包括在内的一种更仔细的考虑表明，由(22)确定的那些定态中的运动，其稳定程度实际上往往要高得多；引起离开这种运动的有限偏差所必需的外力，是和核吸引力乘以电子速度与光速之比的平方而得到的乘积同数量级的. 在本节结尾处我们将回头讨论这一点，那时将考虑由相对论修订和外电场所引起的对氢原子中电子运动的联合影响. 141

在公式(78)的推导中，不但略去了相对论所要求的力学定律的微小修订对电子运动引起的效应，而且略去了和普通电动力学中的辐射反作用相对应的那些可能作用在电子上的力的效应. 但是，如果我们暂时不考虑电子绕体系轴线的角动量将等于零($n_3=0$)的所有定态，则电子绕核的总角动量将在扰动期间永远保持大于或等于 $h/2\pi$，正如在精细结构理论中所考虑的那些定态中的情况一样；而且，按照第 66 页[本卷原第 132 页]上的考虑，我们因此就将预期忽视可能的"辐射力"所造成的后果将远小于相对论修订的效应，另一方面，如果电场强度和斯塔克实验中所用的电场强度同数量级，则又必须预期这种修订的效应远小于电力对氢谱线的总效应，因此这个力对电子的开普勒运动的干扰效应将远大于相对论修订的对应效应. 相反地，假若我们考虑 n_3 将等于零的一个原子态，轨道就将是平面轨道而且在扰动期间将取一些那样的形状，对于它们来说绕核的总角动量将是很小的，从而电子在这种轨道上将在运行中到达离核很近的地方. 在这样的态中，相对论修订对电子运动的效应将是相当大的，但是，完全撇开这一点不谈，一种粗略的计算却表明，按照普通电动力学将在角动量在轨道扰动期间保持为很小的那一时间间隔中发射出去的能量是如此之大，以致通过忽略和普通电动力学中的辐射力相对应的一切力来计算这些态中的运动和能量似乎是没有什么道理的. 但是我们不必更加详细地讨论这些困难，因为，根据第一部分中关于不同定态的先验几率的普遍考虑，我们被迫得出结论认为，对于外电场的

1) K. Schwarzschild, Ber. Akad. Berlin, 1916, p. 548.

2) P. Epstein, Ann. d. Phys. LI, p. 168 (1916).

任何值，将和 $n_3=0$ 相对应的任何态都是物理上不可能的，因为任何这样的态都可以不经过简并体系而连续地变换到一个态，而这个态显然不能代表一个物理上可实现的定态(参阅第 27 页[本卷原第 93 页]). 事实上，如果我们设想一个反比于离核距离的立方的外铸力场慢慢地被建立起来，就能够抵消相对论修订的
142 久期效应并得到电子将达到距核为不论多小的给定距离处的那种轨道. 至于由(22)确定的和 $n_3>1$ 相对应的其他定态，我们将按照第一部分中的考虑而预期它们的先验几率全都相等[1].

关于理论和实验的比较，必须记得斯塔克发现当存在电场时每一条氢谱线都劈裂为若干条偏振的成分线，而且不同谱线的劈裂方式也不同. 当沿着平行于场的方向看时，就出现若干条平行于场而偏振的成分线和若干条垂直于场而偏振的成分线；当沿着〈垂直于！〉场的方向去看时[原文如此]，只出现后一些成分线，但并不显示特征偏振. 除了每条谱线的分解方面的明显对称性以外，相继成分线之间的距离以及它们的相对强度是以一种表观不规则的方式从一条到另一条成分线而变化的. 但是，正如艾普斯坦和施瓦尔兹席耳德所指出的，结合关系式(1)来利用(78)，就能够很有说服力地说明斯塔克关于各成分线的频率的测量结果. 特别说来，这些测量结果的更仔细的检查表明，成分线频率之间的一切差值都等于某量的整数倍，这个量对于光谱中的一切谱线都相同，而且在实验误差范围内等于理论值 $\frac{3hF}{8\pi^2 Nem}$. 另一方面，艾普斯坦理论和施瓦尔兹席耳德理论却没有给出有关不同成分线的偏振和强度问题的任何直接信息. 但是，将公式(78)和斯塔克的观察结果相比较，艾普斯坦却指出，观察到的不同成分线的偏振显然可以用下述法则来说明：二定态的跃迁将引起一条平行于场而偏振的成分线，如果 n_3 保持不变或改变了偶数个单位；而和 n_3 改变了奇数个单位的那种跃迁
143 相对应的谱线则是垂直于场而偏振的. 这一结果可以依据线光谱量子论和普通辐射理论之间的普遍形式化关系来简单地加以诠释. 事实上，在第一部分中已经证明，对于一个具有对称轴的条件周期体系，我们将预期只有两种类型的跃迁是

---

1) 通过简单的计数，由这种结果就得到，当受到一个小的均匀电场的作用时，和未受扰原子的一个由条件式 $I=nh$ 的给定值来表征的定态相对应的不同氢原子定态的数目等于 $n(n+1)$. 这个表示式可以直接得出，如果我们记得 $n=n_1+n_2+n_3$ 并计数每一个由正整数 n_1、n_2、n_3 的给定组合来表征的态，然后再对应于电子绕场轴转动的两个可能的相反方向而把态数加倍. 考虑到温度平衡中能量值按大数目原子的统计分布对于外界条件的微小变化而言的必要稳定性(见第 40 页[本卷原第 106 页]的注)，就将看到 $n(n+1)$ 这个表示式可以看成和不同 n 值相对应的未受扰氢原子不同定态的先验几率相对值的一种量度. 确定这种先验几率的问题曾由 K·赫兹菲耳德讨论过(Ann. d. Phys. LI, p. 261 (1916))，他通过检查可以认为属于氢原子不同定态的那些不同相空间区域的体积，得到了这些态的先验几率的不同于上式的表示式. 但是，从本文所采取的关于量子论原理的观点看来，正如在第一部分第 26 页[本卷原第 92 页]上所阐述的，这样一种考虑却不能为确定原子体系定态的先验几率提供一种合理的方法.

可能的. 在第一种类型的跃迁中 n_3 保持不变而所发射的辐射是平行于对称轴而偏振的，而在 n_3 改变一个单位的第二种类型的跃迁中则引起在垂直于该轴的平面上发生圆偏振的辐射(参阅第 34 页[本卷原第 100 页]). 为了证明这是和艾普斯坦的经验法则相一致的，可以首先注意到，对于任何一条可以认为是由 n_3 改变给定整数单位的跃迁所引起的成分线，总存在另外一个将给出同频率辐射的跃迁，但是在这个跃迁中 n_3 是按照所给的那个数为偶或为奇而保持不变或改变一个单位的. 其次可以看到，在电场对氢光谱的效应这一情况，我们并不能通过直接观察来发现和第二种类型的跃迁相对应的那种辐射的圆偏振，因为，对于引起沿一个方向而圆偏振的辐射的每一个跃迁，都存在给出另一种辐射的另一个跃迁，这种辐射[和前一辐射]具有相同的频率，但其偏振方向却相反. 除了关于氢谱线当存在电场时劈裂而成的不同成分线的偏振问题以外，通过考虑定态中电子运动所能分解而成的那些谐振动，第一部分中的那些普遍考虑也使我们能够对这些成分线的相对强度问题有所阐明. 比起氢谱线精细结构成分线的相对强度问题来，现在这个问题在一个方面是比较简单的，那就是各定态可以认为是等先验几率的. 既然一条给定氢谱线在电场中劈裂而成的不同成分线是和对于一切成分线都具有接近相同的总能值的各对定态之间的跃迁相对应，这些态就可以被预期为在辉光气体中具有近似相等的出现率. 因此，我们按照第一部分中的考虑就将假设，对于给定的一条氢谱线来说，和分别由 $n_1=n'_1$、$n_2=n'_2$、$n_3=n'_3$ 及 $n_1=n''_1$、$n_2=n''_2$、$n_3=n''_3$ 来表征的不同定态对之间的跃迁相对应的不同斯塔克成分线的相对强度，将和频率为 $(n'_1-n''_1)\omega_1+(n'_2-n''_2)\omega_2+(n'_3-n''_3)\omega_3$ 的一种辐射的强度密切有关，这种辐射就是按照普通电动力学将由上述跃迁所涉及的两个态中的原子所发射的，此处 ω_1、ω_2、ω_3 是出现在电子位移的表示式(31)中的基频. 为了检验这种联系在多大程度上得到观察结果的证实，必须确定电子运动所能分解而成的那些谐振动的振幅的数值. 这一问题的检查曾由 H·A·克喇摩斯先生所承担；他曾经导出了这些振幅的完整 144
表示式，而且已经发现，对于 H_α、H_β、H_γ、H_δ 中的每一条氢谱线，都能利用这种公式来很有说服力地说明支配着由斯塔克观察到的各成分线强度的那种表观上很难理解的定律[1]. 这种一致性同时也给上面提到的那些结论提供了一种直接的实

1) 加在校样上的注：在近来的论文中，H·尼奎斯特(Phys. Rev. X, p. 226 (1917))和 J·斯塔克(Ann. d. Physik, LVI, p. 569(1918))曾经发表了关于电场对氦光谱中某些谱线的效应的测量结果；如果我们在(40)中令 $N=2$，这种光谱就是由(35)给出的. 由(78)可见，对于相同的外电场强度，这些谱线即将劈裂而成的那些成分线的频率差将比氢谱线情况下的为小. 与此相应，利用上述作者们所用的实验装置，并不能分别观察理论所预期的那许多成分线，而只能得到有关所考虑谱线的分解的一种粗略的概况. 因此，为了诠释这些观察结果，关于即将预期的各理论成分线的相对强度的一种详细考虑就是必不可少的了；而且，正如在克喇摩斯的论文中即将证明的，根据定态中电子运动所能分解成的谐振动振幅的计算，就能够令人满意地说明尼奎斯特的和斯塔克的结果.

验支持;那些结论就是,不存在和 $n_3=0$ 相对应的任何定态,而和其他 n_3 值相对应的那些定态则是等先验几率的,而且,跃迁只能发生在 n_3 相同或相差一个单位的各对定态之间. 这些问题的普遍讨论将由克喇摩斯在上节第 69 页[本卷原第 135 页]上提到的论文中给出,精细结构成分线的强度问题也将在该文中详加处理.

我们在上节和本节中已经看到,相对论修订对氢光谱中各谱线的影响问题以及电场对这一光谱的影响问题,可以怎样通过把电子的运动看成一种受扰周期运动并通过在能量和久期扰动频率之间的关系的基础上来确定各定态而予以处理. 正如索末菲和德拜最初做过的那样,这两个问题也都能够利用可以在一个固定位置坐标系中分离变量的条件周期体系的定态理论来加以处理. 但是,如果我们考虑**相对论修订**和具有任意给定强度的**均匀电场对氢光谱的共同影响**,那就不存在任何可以在里边分离变量的坐标系. 另一方面,在这一情况下,也还可以应用以上发展的那些关于受扰周期体系的普遍考虑. 事实上,参照在 § 3 中给
145 出的关于氢谱线精细结构问题的处理就可以看到,电子轨道在所考虑的问题中对开普勒椭圆的偏差,将和均匀外电场及反比于离核距离立方的外矮力的联合影响对开普勒运动引起的久期扰动相同. 既然这两个场一起形成一个具有轴对称性的微扰场,那么就可推知,当把相对论修订考虑在内时,久期扰动将是条件周期性的,从而定态问题可以利用 § 2 中第 55 页[本卷原第 121 页]上提到的方法来处理. 这样一来,我们首先就得到这样的结果: 对于外电场强度的任何一个值,我们必须预期氢谱线将劈裂成一些细锐的成分线. 其次,既然对于这一强度的任何异于零的值体系都将是非简并的,那么由条件式(61)就可以推知,我们必须假设绕场轴的角动量永远等于 $h/2\pi$ 的整数倍;这是和下述假设相协调的: 当忽略相对论修订而应用于斯塔克效应的解释时,利用分离变量法来确定各定态时所涉及的类似条件能够成立(参阅第 74 页[本卷原第 140 页]). 在条件式(61)的基础上能够详细地预言氢谱线的精细结构将怎样受到一个渐增的电场的影响,直到现象针对该场一个足够大的强度而逐渐发展成普通的斯塔克效应为止. 这种转变的问题将在 H · A · 克喇摩斯先生的一篇较晚的论文中加以处理[1],他曾经亲切地使我注意到微扰方法的这一有趣应用,并从而在针对更复杂问题的处理来详细制订这种方法方面提供了一种宝贵的鞭策.

---

1)　除了这一问题的讨论以外,那篇论文还将包括从利用角变量(参阅第 58 页[本卷原第 124 页]的注)来描述运动的可能性的观点来对受扰周期体系理论所做的普遍处理.

§5. 磁场对氢光谱的效应

正如在引论中所谈到的，建筑在线光谱量子论上的一种氢谱线塞曼效应的理论曾由索末菲和德拜独立地给出. 这些作者的计算建筑在一件事实上：当存在一个磁场时也能把电子的运动方程写成由(4)给出的正则汉密尔顿形式，如果和电子的位置坐标 q_1、q_2、q_3 相共轭的动量 p_1、p_2、p_3 经过适当定义的话. 和当忽略相对论修订时确定原子体系的定态的问题完全类似，由此就得到，如果这些 146
方程可以用分离变量法求解，我们就通过利用条件式(22)来确定定态，得到原子在存在磁场时的总能和表征电子运动的那些基频之间的一个关系，这是和适用于普通条件周期体系的定态中的能量和频率之间的关系完全相同的. 利用和第一部分第 21 页[本卷原第 87 页]上提到的布尔杰斯在证明关系式(22)对外界条件的缓慢改变而言的力学不变性时所用的步骤相类似的步骤，可以进一步证明，当适当照顾了感生电力的效应时，这些关系在磁场存在时也是不变的；这些感生电力就是按照普通电动力学理论将和磁场的变化相与俱来的. 但是，我们在以下将并不利用分离变量法来处理外磁场对氢光谱的影响问题，而是将仿照在以上各节中给出的对氢谱线的精细结构问题和斯塔克效应问题的处理，从受扰周期体系理论的观点来处理问题. 在详细论述为了使它们当存在外磁力时也能适用于原子定态的确定问题而对 §2 中的普遍考虑所作的必要修订以前，我们为了举例说明将首先指出在某些情况下怎样就能用一种简单的方式来处理均匀磁场对氢光谱的效应问题，而且可以看到这种方式提供了首先由洛伦兹在经典电子论的基础上建立的那种理论的一个密切的形式类例.

在这些考虑中我们将利用拉摩尔的一条众所周知的定理；这条定理表明，如果我们忽略和磁场强度的平方成正比的小量，则在一个在某一固定轴线周围具有轴对称性的保守力场中运动的一个电子系的运动，当存在平行于该轴的均匀外磁场时，将和没有磁场时体系的一种力学上可能的运动只有以下的差别：在整个体系上叠加了一种均匀转动，其频率由下式给出

$$\boldsymbol{\nu}_H = \frac{e}{4\pi mc} H, \tag{79}$$

式中 H 是磁场强度，c 是光速，而 $-e$ 和 m 代表电子的电荷和质量[1]. 如果磁场
不是恒定的，但它的强度却是缓慢而均匀地从零开始增长的，那么就可以进一步 147

1) J. Larmor, Aether & Matter(以太和物质), Cambridge 1900, p. 341. 这条定理是联系到在普通电动力学理论的基础上发展塞曼效应的普遍理论的尝试而建立下来的，它可以通过注意下述情况而直接加以证明，即在所谈的近似程度下，电子由于磁场的存在而得到的加速度等于由叠加上的体系转动所引起的粒子加速度的改变量.

很简单地证明,和磁力强度的变化相与俱来的电感应力将恰恰引起以上描述的那样一个叠加在体系的原有运动上的转动[1]. 而且,关于磁场对体系总能的效应[2],可以注意到所考虑的这种叠加上去的转动,并不会影响各粒子的相互势
148 能,但是,略去正比于 H^2 的小量,它却将造成动能的一个等于 $2\pi P\mathfrak{v}_H$ 的改变量,此处 P 代表体系绕轴的总角动量,轴被取得和所叠加的转动方向相同.

由这些结果可知,如果我们略去和磁力强度的平方成正比以及和这一强度乘以电子质量与核质量之比而得的乘积成正比的小量,则受到一个均匀磁场作用的氢原子的任一定态中的电子运动,只和没有场时原子在某一定态中的运动相差一个叠加上去的绕通过核并平行于磁力方向的轴线而进行的均匀转动,其转动频率由(79)给出. 但是,由于在没有磁场时由原子形成的那一体系的简并性,却并不能通过考虑磁场在缓慢而均匀地建立起来时对电子运动造成的力学效应来完全地确定受扰原子的定态,而是为了确定这些态就必须更仔细地考虑由于磁场的存在而引起的体系附加能量和该场对电子轨道所引起的久期扰动的特点之间的关系. 在拉摩尔定理的基础上,这个问题的讨论是很简单的. 事实上,既然频率 $\mathfrak{v}_H$ 不依赖于轨道的形状和位置,我们就可以按照和当存在均匀电场时确定氢原子定态所用的方式完全类似的方式来进行. 例如,忽略相对论修订的效应,我们就立刻得到结论认为原子定态中的总能将由下式给出:

---

1) 参阅 P. Langevin, Ann. de Chim. et de Phys. V, p. 70 (1905),他曾经联系到他的建立在经典电子论上的著名的原子体系磁性理论而导出了这一结果.

2) 作者在一篇较早的论文(Phil. Mag. XXVII, p. 506 (1914))中曾经假设,当存在磁场时氢原子定态中的总能将和没有磁场时对应态中的能量并无不同,只要涉及的是和磁力强度成正比的小量就行;叠加上去的转动所引起的对电子动能的效应,被认为由整个原子相对于磁场的某种"势能"所补偿. 这种假设不但是由许多元素中顺磁性的不存在所提示了的,这些元素的原子和分子按照在第四部分中即将讨论的理论应被预期具有一种合角动量? 而且这一假设还特别被认为受到下述事实的支持:氢在磁场存在时所发射的光谱在表观上并不形成那种类型的组合光谱;假若当存在场时在原子两个定态间的跃迁中被发射的辐射的频率可以利用关系式(1)而根据这些态中的能量值来计算,这种组合光谱就是应该被预期的. 但是,正如德拜所指出的(Phys. Zeitschr XVII, p. 511 (1916)),这种观点将无法和爱因斯坦的温度辐射理论(参阅第一部分,第7页[本卷原第73页])相协调,该理论蕴涵了关系式(1)的普遍有效性;而且,不但如此,正如下文即将证明的,氢谱线的塞曼效应实际上可以不被看成涉及了对组合原理的一种偏离,而是看成在某些组合谱线的系统缺失方面提供了一个有教益的例子;根据建筑在线光谱量子论和普通辐射理论之间的普遍形式化关系上的一种考虑,可以对这种谱线缺失作出简单的解释. 再者,参考了这一关系——而且记得按照普通电动力学磁场将不会影响辐射过程中的能量交换,因为由这个场引起的力既然永远垂直于速度方向,也就不会对运动电子做功——也似乎可以很自然地假设:仅仅根据所叠加的转动对电子能量的效应,就能够确定磁场在原子的不同定态中的能值差方面所造成的效应. 现在,在关于按照量子论所将预期的光谱的讨论中,我们关心的只是由于磁场的存在而引起的体系的附加能量之差,而不是附加能量的绝对值. 因此,通过一个假设就将能够避免上面提到的不存在顺磁性的那一困难;该假设就是,只要涉及的是和磁力强度成正比的小量,则只有原子体系的所谓"正常态"中的能量才是不因磁场的存在而有所改变的(所谓正常态就是体系具有最小总能值的那个定态,参阅第四部分). 按照这种观点,顺磁性的不存在就将是正常态的一种特殊性质,它和从这个态到体系的其他定态的自发跃迁的不可能性有关. 我们在本论文的以后各部分中将回来讨论这一问题;但是,为了简单,我们在本节的考虑中将不再更仔细地论述这一假说的推论;这些推论将对以下那些考虑的形式带来小的修订,但并不影响其结果.

$$E = E_n + \mathfrak{n}\mathfrak{v}_H h, \tag{80}$$

式中$\mathfrak{n}$是一个既可以为正也可以为负的整数，而 E_n 则等于未受扰原子的对应定态中的能量，这一能量由(41)中的$-W_n$ 给出. 正如在斯塔克效应的情况中一样，可以进一步看到，这一公式包括了原子的那样一些态中的能量值，在各该态中电子是沿着垂直于场方向的圆形轨道在运动的，从而这些态必须事先就被预期为属于受扰体系的定态之列，因为这样的轨道在外场缓慢而均匀的建立期间不会在形状和位置方面经受久期扰动(参阅第 73 页[本卷原第 139 页]). 事实上，既然在这些情况下我们有 $P = \pm nh/2\pi$，式中 n 是表征未受扰氢原子的定态的那个整数，那么由上述即得，所考虑的这些特殊定态中的总能将恰好由公式(80)来代表，如果我们令 $\mathfrak{n} = \pm n$ 的话. 同时由这一公式可以看出，外磁场的存在对氢原子定态中的运动加了这样的限制：略去正比于 H 的小量，电子绕场轴的角动量 149
将等于 $h/2\pi$ 的整数倍.

至于当存在磁场时氢原子的总能表示式，公式(80)是和索末菲及德拜在条件式(22)的基础上得到的公式相一致的，条件式(22)适用于可以分离变量的条件周期体系. 正如这些作者所证明的，由一个在来自固定核的吸引力和一个均匀磁场作用下运动着的电子所构成的件系，在极坐标系中是可以分离变量的，如果极轴被取得平行于磁场的话. 略去相对论修订的效应，并且把 q_1、q_2、q_3 分别取成从核到电子的矢径长度、这一矢径和体系轴线的夹角以及通过电子及该轴的平面和一个通过该轴的固定平面之间的夹角，他们得到总能的表示式如下[1)]：

$$E = -\frac{2\pi^2 N^2 e^4 m}{h^2(n_1+n_2+n_3)^2} \pm \frac{ehn_3}{4\pi mc}H, \tag{81}$$

式中 n_1、n_2 和 n_3 是作为普朗克恒量的乘数而出现在条件式(22)右端的那些整数. 正如提到过的，这一公式和(80)给出相同的结果；事实上，如果我们令 $n = n_1 + n_2 + n_3$ 并忽略由核的有限质量所引起的微小改正，就可以看出(81)中的第一项和(41)所给出的$-W_n$ 表示式相重合，而如果我们令 $|\mathfrak{n}| = n_3$，则(81)中的最后一项和(80)中的最后一项相重合. 但是，可以注意，在索末菲的和德拜的理论中定态是由三个条件来表征的，而按照以上的考虑，为了保证定态中体系能量和体系频率之间的正确关系却只需要两个条件. 例如，除了指定转动轨道的长轴长度和体系绕场轴的角动量值的条件以外，上述两位作者的理论还包含另一个

1) A. Sommerfeld, Phys. Zeitschr. XVII, p. 491 (1916) 及 P. Debye, Phys. Zeitschr. XVII, p. 507 (1916). 德拜是通过在固定的位置极坐标中直接应用条件式(22)来进行的，而索末菲却是通过对体系相对于那样一个坐标系的运动应用这些条件来确定定态的，该坐标系以频率$\mathfrak{v}_H$ 绕极轴而转动，可以简单地证明这种办法在所考虑的特例中将和在固定极坐标系中直接应用(22)得出相同的结果.

条件,即电子绕核的总角动量必须等于 $h/2\pi$ 的整数倍,从而轨道的短轴必须和在受到一个小的外矮力场扰动的氢原子中时具有相同的值(参阅第 57 页[本卷原第 123 页]). 这是由于这样一种情况:如果我们忽略相对论修订的效应,则受
150 扰原子形成一个简并体系,因为久期扰动是单周期性的. 从分离变量的观点看来,和斯塔克效应的类似情况相反,现有情况下体系的这种简并性也可以直接由一个事实来揭示,那就是分离变量不但可以在极坐标系中进行,而且可以在任何椭圆柱面坐标系中进行,椭圆的一个焦点位于核上,而另一个焦点位于场轴上的某点上. 但是,正如在斯塔克效应的情况下一样,一经把相对论修订考虑在内,体系就不再是简并的了,这时分离变量仍然是可能的,但只有在极坐标系中才是可能的. 我们在下面将回头考虑这一点.

关于氢谱线塞曼效应的观察表明,结果忽略精细结构,则每一谱线当存在磁场时将劈裂为正常的洛伦兹三重线,就是说每一条谱线都分解为三条成分线,其中一条位置不变并平行于场的方向而偏振,而其他两条外侧成分线的频率则和原有频率相差 $\mathfrak{v}_H$,而且是在和场的方向相垂直的平面上沿相反方向而圆偏振的. 正如索末菲和德拜所指出的,洛伦兹三重线的频率是属于通过应用关系式(1)而从(81)推得的那些成分线频率之列的. 但是,除了观察到的成分线以外,我们还可以由(81)和(1)预期出现若干条其他成分线,它们离开谱线原有位置的距离是 $\mathfrak{v}_H$ 的较高倍数. 对于这些成分线的并不出现,索末菲的和德拜的理论没有提出任何解释,正如对于观察到的成分线的偏振提不出解释一样;只除了索末菲在这方面曾提请人们注意这样一件事实:支配着观察到的偏振的定律,和关于观察到的氢谱线斯塔克效应成分线的偏振的艾普斯坦经验法则(参阅第 76 页[本卷原第 142 页])显示一定的类似性. 另一方面,正如在后一效应的情况下一样,关于观察到的成分线的数目及其特征偏振,却可以在线光谱量子论和普通辐射理论之间的普遍形式化关系的基础上直接得到一种解释. 首先,我们由拉摩尔定理立即得到,用 ω 代表未受扰氢原子的一个定态中的电子绕转频率,则当存在场时原子的对应定态中的电子运动可以分解为若干平行于磁场方向而频率为 $\tau\omega$(τ 是正整数)的谐振动,以及若干垂直于这一方向的圆周谐转动,其频率是 $\tau\omega+\mathfrak{v}_H$ 或 $\tau\omega-\mathfrak{v}_H$,随此种转动和所叠加的转动同向或反向而定. 其次,忽略正比于 H^2 的小量,我们就得到所考虑的受扰体系的两个相邻态之间的总能之差

$$\delta E=\delta E_0+\delta\mathfrak{E}=\omega\delta I+\mathfrak{v}_H\delta\mathfrak{J}, \tag{82}$$

151 式中 E_0 和 ω 是能量和频率的值而 I 是由(5)定义的那个量的值,它们全都和假若磁力以一种缓慢和均匀的速率而消失时即将出现的那一未受扰体系的态相对应,而 $\mathfrak{E}$ 是由于磁场的存在而引起的附加能量,$\mathfrak{J}$ 是体系绕场轴的角动量乘以 2π,

其方向取得和所叠加的转动相同. 既然(82)和关系式(66)的形式相同,而且在定态中我们有 $I = nh$ 和 $\mathfrak{I} = \mathfrak{n}h$, 我们从和§2 中第 59 页[本卷原第 125 页]上给出的考虑完全类似的考虑就得到这样的结论: 当存在磁场时,只有定态之间的两种跃迁是可能的. 在这两种类型的跃迁中,整数 n 都可以改变任意个单位,但是在第一类跃迁中整数$\mathfrak{n}$却将保持恒定而所发射的辐射将是平行于场的方向而偏振的,而在第二类跃迁中$\mathfrak{n}$却将减小或增大一个单位,而所发射的辐射则是在垂直于场的平面上圆偏振的,偏振的方向分别和所叠加的转动相同或相反. 略去正比于磁力的小量,体系绕场轴的角动量就将在第一类跃迁中保持不变而在第二类跃迁中改变 $h/2\pi$;记得这一点就可以看出,这种结论是得到关于跃迁中角动量守恒的考虑的独立支持的,这种考虑和在第一部分第 34 页[本卷原第 100 页]上给出的那种相似.

参照公式(80)可以看出,以上的结果是在观察到的各成分线的频率和偏振方面和关于氢谱线塞曼效应的实验完全相符的. 另一方面,观察到的强度却是不依赖于有关谱线起源的任何特定理论而直接地加以说明的. 事实上,由关于光谱现象的必要“稳定性”的考虑可以得出,起初并非偏振的一条谱线当存在小外场时劈裂而成的那些成分线的总辐射,不可能显示对于任何方向的特征偏振. 因此,在氢谱线塞曼效应的情况下,就必须事先预期按和每条谱线劈裂而成各成分线相对应的一切方向求和的辐射强度必然是相同的. 从线光谱量子论的观点可以看出,利用这种考虑,我们就可以反过来得到关于不同定态组间的自发跃迁几率的某些直接的定量信息;这种信息在表征这些态的整数并非很大的区域中也能适用,在这种区域中,建筑在量子论和普通辐射理论之间的形式化关系上的对这些几率值的估计只是近似性的. 这一点将在克喇摩斯关于氢谱线的精细结构成分线和斯塔克效应成分线的相对强度的论文中更加详细地予以讨论. 152

当把相对论修订考虑在内时,以及当原子同时还受到一个具有恒定势的小外力场的作用而该场在通过核并平行于磁力的轴线周围具有轴对称性时,也可以用一种和以上所用的步骤完全类似的步骤来处理均匀磁场对氢光谱的效应问题,因为在这种情况下我们显然也可以直接应用拉摩尔定理. 但是我们将不是这样进行,而是当我们已经指明怎样通过在§2 中给出的关于受扰周期体系的普遍理论的简单修订,就能把存在小磁场时氢原子的定态理论表示成一种适当形式以后,再回来讨论这些问题;那种适当形式使我们也能够讨论当原子受到一个并非均匀的磁场作用时场对氢光谱的效应,或是当同时有一个并不具有绕通过核而平行于磁场方向的轴线的轴对称性的电力作用在原子上时讨论均匀磁场的效应.

为了考查当原子受到全部地或部分地具有磁起源的小外力的作用时所出现的氢原子中电子轨道久期扰动的普遍问题，我们将像在通常的行星摄动理论中一样，在正则形式下的运动方程中去找我们的出发点. 现在，当电荷为 $-e$ 的一个电子除了受到一个标势为 V 的电场作用以外，还受到一个矢势为 $\mathfrak{A}$ 的磁场的作用时（$\mathfrak{A}$ 由 $\operatorname{div}\mathfrak{A}=0$ 和 $\operatorname{curl}\mathfrak{A}=\mathfrak{H}$ 来定义，此处 $\mathfrak{H}$ 是看成矢量的磁力），它的运动方程可以写成由(4)给出的汉密尔顿形式，如果正如当不存在磁场时那样把 E 取作等于电子动能 T 及其相对于电场的势能 $-eV$ 之和，而和电子在空间中的位置坐标 q_1、q_2、q_3 相共轭的动量则由下列方程来定义[1)]：

$$p'_k = p_k - \frac{e}{c}\frac{\partial(v\mathfrak{A})}{\partial \dot{q}_k}, \quad (k=1,\ 2,\ 3) \tag{83}$$

式中各个 p 是按通常方式定义的动量（参阅第 10 页[本卷原第 76 页]），而 $(v\mathfrak{A})$ 代表看成各个 q 及广义速度 $\dot{q}_1$、$\dot{q}_2$、$\dot{q}_3$ 的函数的电子速度 v 和矢势 $\mathfrak{A}$ 的标积. 如果我们现在假设磁力对电子运动的效应和电力的效应相比是如此地小，以致我们在计算中可以忽略一切和 $\mathfrak{H}^2$ 成正比的项，那么就容易看出，通过将(83)所定
153 义的动量代入(4)而得到的能量函数 E，将和不存在磁场时的对应函数只差一个附加项，这一项是动量的线性式并等于 $\frac{e}{c}(v\mathfrak{A})$. 事实上，用 $\varphi(p,\ q)$ 代表写成各个 q 和各个 p 的函数的 E，我们由(83)和(4)就在上述的近似下得到

$$\begin{aligned} E-\varphi(p',\ q) &= -\sum_1^3 \frac{\partial\varphi}{\partial p'_k}(p'_k - p_k) \\ &= \sum_1^3 \frac{\partial E}{\partial p'_k}\frac{e}{c}\frac{\partial(v\mathfrak{A})}{\partial \dot{q}_k} \\ &= \frac{e}{c}\sum_1^3 \dot{q}_k\frac{\partial(v\mathfrak{A})}{\partial \dot{q}_k} = \frac{e}{c}(v\mathfrak{A}). \end{aligned}$$

由此就可看出，略去和磁力的平方成正比的小量，当氢原子除了受到一个标势为 Φ 的小外电场的作用还受到一个矢势为 $\mathfrak{A}$ 的小外磁场的作用时，原子中电子轨道的久期扰动是由和 § 2 中的(44)形式相同的一组方程给出的，但是式中的各个 α 和各个 β 要由一组量 α'_1、α'_2、α'_3、β'_1、β'_2、β'_3 来代替，它们和各个 q、各个 p' 以及时间的关系与未受扰原子的轨道恒量 α_1、α_2、α_3、β_1、β_2、β_3 和各个 q、各个 p 以及时间的由方程(18)给出的关系相同，而且式中的 Ω 要由看成各个 α'、各个 β' 和时间的函数的 $-e\Phi+\frac{e}{c}(v\mathfrak{A})$ 这一表示式来代替. 现在既然在任何时

1)　例如参阅 G. A. Schott; Electromagnetic Radiation, App. F (Cambridge, 1912).

刻各量 α'_1、α'_2、α'_3、β'_1、β'_2、β'_3 只和对应的轨道恒量 α_1、α_2、α_3、β_1、β_2、β_3 相差一些正比于磁场强度的小项，那么我们就看到，略去和各轨道恒量在单独一个周期中的改变量同数量级的小量，电子轨道的形状和位置的久期扰动将又由方程(46)给出，如果在现有情况下将 Ψ 取为等于电子相对于外电力的势能 $-e\Phi$ 的平均值 Ψ_E 和 $\frac{e}{c}(v\,\mathfrak{A})$ 这个量的平均值 Ψ_M 之和的话，此处两个平均值都应在和转运期间某一时刻相对应的一个密切轨道上加以计算，而且表示成 α_1、α_2、α_3、β_1、β_2、β_3 的函数[1)]. 但是后一平均值很容易看出有一种简单的诠释. 事实上，我们有

$$\Psi_M=\frac{e}{c}\,\frac{1}{\sigma}\int_0^\sigma(v\,\mathfrak{A})dt=-\frac{e\omega}{c}B,\tag{84}$$

式中 ω 是电子在密切轨道上的绕转频率，而 B 代表在和另一磁力的方向上取的磁力在该轨道面积上的总通量，该另一磁力就是按照普通电动力学将由电子的 154
运动所引起的.

现在由§2 中的考虑可以首先推知，略去和外力的平方成正比的小量，$\Psi=\Psi_E+\Psi_M$ 将在一个时间间隔中的久期扰动期间保持恒定；该时间间隔足够长，以致干扰力能够在电子轨道的形状和位置方面造成颇大的变化，这也就是和 σ/λ 同数量级的一个时间间隔，如果 λ 正如在§2 中一样代表和作用在电子上的外力与来自核的吸引力之比同数量级的一个小量的话. 根据和在§2 中给出的考虑相类似的考虑，我们可以进一步得出结论：在受扰体系的定态中，$\Psi=\Psi_E+\Psi_M$ 这个量可以看成由于外场的存在而引起的体系的附加能量. 事实上，让我们设想这些场是以一个均匀的速率缓慢地在从 $t=0$ 到 $t=\theta$ 的时间间隔中建立起来的，此处 θ 是和 σ/λ 同数量级的一个量. 于是，略去正比于 λ^2 的小量，我们就得到体系内能在这一过程中的总改变量

$$\Delta_\theta\alpha_1=e\int_0^\theta\frac{t}{\theta}\sum_1^3\frac{\partial\Phi}{\partial q_k}\dot{q}_k dt-\frac{e}{c}\int_0^\theta\frac{\omega B}{\theta}dt,$$

式中第一项代表缓慢增大的外电力对体系做的功，而第二项代表和磁场强度的变化相伴随的感生电力所做的功. 通过对第一项进行分部积分，我们就在所考虑的近似下由这一方程得到

---

1) 如果把相对论修订考虑在内，则未受扰原子中的电子轨道并不是严格周期性的，但是可以看出这一轨道的久期变化仍然可以由方程(46)得出，只要在正文中定义了的 Ψ 表示式中加上一项，它等于§3 中公式(70)所给出的 Ψ 的表示式.

$$\Delta_\theta \alpha_1 - e\Phi_\theta = -\frac{e}{\theta}\int_0^\theta \left(\Phi + \frac{\omega}{c}B\right)dt$$
$$= \frac{1}{\theta}\int_0^\theta (\Psi_E + \Psi_M)dt = \frac{1}{\theta}\int_0^\theta \Psi dt. \tag{85}$$

现在,这一方程左端的表示式等于由外场的建立而引起的体系总能的改变量.既然右端的表示式可以看出是一个和 $\lambda\alpha_1$ 同数量级的小量,那么由(85)就首先看到,正如在§2中所考虑的情况一样(参阅第47页[本卷原第113页]),α_2、α_3、β_2、β_3 在场增加期间的久期改变量将由一组和(46)形式相同的方程来给出,只是方程(46)中的 Ψ 要用 $\frac{t}{\theta}\Psi$ 来代替,而 α_1 仍能看成一个恒量.因此,在现有情况下也可推知 Ψ 将在外场的建立期间保持恒定,从而我们就看到,(85)式右端的表示式将简单地等于 Ψ;联系到定态的力学可变换性原理,这一结果就导
155 致上面提到的结论,即受扰体系的定态中的附加能量由这些定态中的 Ψ 值来给出.

由以上的考虑可以得出,当存在外电力和外磁力时,氢原子的定态问题可以用一种方式来处理,这种方式和§2中在受到具有恒定势的小外场作用的周期体系的情况下所用的方式完全类似.例如,如果由(46)确定的久期扰动是属于条件周期性类型的,我们就将预期,略去正比于 λ 的小量,受扰体系的定态中电子轨道所经历的形状和位置的循环将由条件式(55)来表征,而且,略去正比于 λ^2 的小量,定态中原子的附加能量的可能值就将由这些条件来确定.因此我们就将得到这样的结论:当存在外磁力时,只要久期扰动属于条件周期性的类型,氢光谱的谱线也将劈裂成若干条细锐的成分线,它们的频率由条件式(67)和关系式(1)来共同确定.至于这些成分线的强度和偏振的问题,我们可以按照和§2中的方式完全类似的方式来进一步讨论.事实上,如果久期扰动是属于条件周期性类型的,电子沿任一给定方向的位移就可以用一个和(65)同类型的表示式来表示成谐振动之和的形式.而且可以证明,受扰原子的两个相邻定态中的总能之差又将由表示式(66)给出[1].因此,§2中的普遍考虑可以毫无变动地应用到关于当存在小外力时氢谱线劈裂成的那些成分线的强度和偏振的问题方面,在这些力完全地或部分地具有磁起源时也是如此.同理可以看出,在这种情况下,远小于第一外场的一个第二外场的存在对受扰氢原子的光谱引起的效应,也可以直接利用§2结尾处的考虑来加以讨论.

---

1) 参阅第58页[本卷原第124页]的注.当存在小的磁力时,也能够用一组适当选择的角变量来描述受扰体系的运动,只要久期扰动属于条件周期性的类型就行.

如果氢原子受到在通过核的一个公共轴周围具有轴对称性的外电场和外磁场的联合作用，我们就遇到上述这些考虑的一种直接应用. 引用 § 2 中第 54 页[本卷原第 120 页]上所描述的那同一组轨道恒量，我们在这一情况下就得到，Ψ_E 以及 Ψ_M 从而还有出现在(46)中的函数 $\Psi=\Psi_E+\Psi_M$ 都将除了依赖于 α_1 此外还依赖于 α_2、β_2 和 α_3，但不依赖于 β_3. 因此，电子轨道的久期扰动的一般特点将和 § 2 中所考虑的原子只受到具有轴对称的电场作用时的情况相同，从而确 156
定受扰原子的定态的那些条件又将由关系式(61)来表示. 此外，关于定态间自发跃迁的几率向题，我们也像在 § 2 中一样由关于电子运动所能分解成的谐振动的考虑得到只有两种类型的跃迁是可能的；在第一类跃迁中 $\mathfrak{n}_2$ 保持不变，而且伴随的辐射是沿着微扰场的公共轴线而偏振的；在第二类跃迁中，$\mathfrak{n}_2$ 减小或增加一个单位，而且伴随的辐射是在垂直于该轴线的平面上圆偏振的. 但是在这方面可以指出，一条给定的氢谱线当存在磁场时劈裂而成的成分线的条数，一般将是当存在一个具有轴对称性的外电场时出现的成分线条数的两倍. 事实上，在后一情况下，受扰原子和同一 n 值相对应的两个定态中的电子运动，将对于通过轴线的平面来说是对称的，而且这些定态将具有相同的附加能量值，如果 $\mathfrak{n}_1$ 是相同的而 $\mathfrak{n}_2$ 的值则数值相等而符号相反的话. 另一方面，如果原子也受到一个磁场的作用，情况就不同了，因为，和 Ψ_E 值的情况不同，函数 Ψ_M 的值对于那样两个轨道将不具有相同的符号；那两个轨道相对于轴线具有相同的形状和位置，但它们上面的电子绕转方向却相反. 试考虑受扰原子的两个态，它们的 $\mathfrak{n}_1$ 值是相同的而 $\mathfrak{n}_2$ 值则数值相等而符号相反，于是我们就得到，如果原子只受到一个具有轴对称性的磁场的作用，附加能量值就将除了符号以外是相等的；但是，如果原子既受到磁场的作用又受到电场的作用，则这样两个态中的附加能量一般就连数值也不相同了. 于是就可以看到，和原子只受到具有轴对称性的电场作用时所通常出现的情况不同，如果氢原子只受到具有轴对称性的磁场的作用，则一条给定的氢谱线所劈裂而成的各成分线的总体，在频率方面以及在强度和偏振方面都将相对于原有谱线的位置为完全对称. 此外，由上述可见，如果我们考虑一个受到具有轴对称性的电场作用的氢原子，并且让我们设想有一个在同一轴线周围具有对称性的磁场逐渐被建立起来，则当只有第一个场时出现的每一条成分线都将按下述方式劈裂成两条成分线：每一条平行于轴线而偏振的成分线将劈裂成具有相同偏振的成分线，而每一条垂直于轴线而偏振的从而起初当沿着轴线方向看时并不显示任何偏振的成分线将劈裂成两条显示相反方向的圆偏振的成分线. 如果磁场很小，则新成分线将对称地位于原成分线的两侧，而且它们 157
的强度将近似地相等，但是，当磁力对电子运动的干扰影响变得和外电力的影响具有相同的数量级时，上述这些成分线相对于原位置的分布就将是不对称的，而且它们的强度也可以相差颇大.

在本节开头处讨论了的均匀磁场的情况,就是具有轴对称性的磁场的一个特别简单的例子. 在这种情况下,我们看到通过电子轨道的总磁场通量等于磁场强度 H 和轨道在垂直于该场的一个平面上的投影面积的乘积. 既然这一面积等于 $\alpha_3/2m\omega$,我们由(84)就得到

$$\Psi_M = \frac{e\alpha_3}{2cm}H. \tag{86}$$

因此,由方程(46)就得到,当氢原子同时受到一个在通过核并平行于磁力方向的轴线周围具有轴对称性的外电场作用时,作用在该原子上的均匀磁场的效应就是在没有磁场时所将出现的久期扰动上叠加一个轨道绕该轴的均匀转动,其频率等于

$$\mathfrak{v}_H = \frac{1}{2\pi}\frac{\partial\Psi_M}{\partial\alpha_3} = \frac{e}{4\pi mc}H.$$

这一结果也可以由拉摩尔定理推出;本节开头处关于均匀磁场的效应的简单考虑就是建筑在这条定理上的. 既然所考虑的这种叠加上去的转动不会影响电子轨道形状或轨道相对于轴线的位置,那么由(61)就可推知,原子定态中的 Ψ_E 值将不会因存在磁场而受到影响,从而这个场对体系附加能量的效应就将仅仅在于增加由下式给出的一项:

$$\Psi_M = \frac{e}{2mc}\frac{\mathfrak{n}_2 h}{2\pi}H = \mathfrak{n}_2\ \mathfrak{v}_H h. \tag{87}$$

这一结果也可以根据关于磁场的缓慢而均匀的建立对运动产生的力学效应的简单考虑来预料得到(参阅第 81 页[本卷原第 147 页]). 参照以上关于定态间的跃迁几率的考虑,就可以由(87)得出,均匀磁场将使平行于轴线而偏振的成分线保
158 持不变,而使当不存在场时垂直于场而偏振的成分线劈裂成对称的二重线,这两条线当沿着轴线方向看时将显示方向相反的圆偏振,而其离开原成分线位置的距离将和等于 $\mathfrak{v}_H$ 的频率相对应.

同方向均匀电场和均匀磁场对氢谱线的联合效应问题就为上述结果提供了一种简单的应用. 例如,如果这些场的强度大得使我们可以忽略相对论所要求的微小修订,我们就将由以上所述预期,所考虑的效应和氢谱线的普通斯塔克效应的区别只在于,每一条垂直于场而偏振的成分线都劈裂成和洛伦兹三重线的外侧成分线相对应的两条对称成分线. 这似乎和伽尔巴索[1]所发表的关于这样两

---

1) A. Garbasso, Phys. Zeitschr. XV, p. 123 (1914).

个场对氢谱线 H_α 的效应的某些观察结果相符合，所考虑的问题也可能用分离变量法来加以处理，因为正如很容易证明的，受扰体系（如果略去相对论修订的话）可以在抛物面坐标系中分离变量，正如只存在电场时一样. 另一方面，如果把相对论修订考虑在内，分离变量法就不能适用了，但是，参照上节结尾处的考虑就可以看出，在这一情况下也能够立即预言由于一个平行磁场的同时存在而在电场对氢谱线精细结构的效应中引起的修订. 过渡到电场强度等于零的极限情况，就可以由以上所述立即看出，均匀磁场对氢谱线精细结构的效应将是使每一条成分线劈裂成正常的洛伦兹三重线. 只要所讨论的是各成分线的频率，这一结果就是曾经由索末菲和德拜预见了的；他们曾经利用极坐标系中的分离变量处理了所考虑的这个问题（参阅第 84 页[本卷原第 150 页]）. 联系到这一问题中的定态确定，可以指出，我们必须假设绕一个通过核并平行于磁场的轴线的角动量将等于零的任何定态都是不存在的. 事实上，正如在 § 4 中所看到的，我们必须假设，在受到均匀电场作用的氢原子的情况，任何这样的态都是不可能的，而且，通过设想电场缓慢地减小到零，而同时有一个平行于电场的磁场慢慢被建立起来，就能够不经过简并体系而得到受扰体系的定态的一种连续变换，在这种变换
过程中电子绕轴线的角动量将保持不变. 参照定态的先验几率在这样一种变换 159
中的不变性（见第一部分第 9 页和第 27 页[本卷原第 75 页和原第 93 页]），我们于是就必须得出结论：在存在磁场时的氢原子的情况，也不存在绕轴的角动量将等于零的任何定态，尽管这种定态在力学方面并不显示任何使我们据之以预料它们在物理上不可实现的那种奇异性[1].

如果我们考虑普遍问题，即并不在通过核的轴线周围具有轴对称性的小电场或小磁场对氢原子的效应问题，或是并不在公共轴线周围具有轴对称性的两个这种场的联合效应问题，我们就必须预期电子轨道的久期扰动一般并不属于

1） 加在校样上的注：在刚刚发表的一篇学位论文中，J · M · 布尔杰斯（Het Atoommodel van Rutherford-Bohr，Haarlem 1918）曾就量子论对原子构造问题的应用给出了一种很有兴趣的综述，而且在这方面涉及了本论文中所讨论的若干问题；例如关于通过应用关系式(1)而从各定态能量值推出的原子体系的光谱和这些态中的运动所能分解而成的那些谐振动频率之间的关系问题，以及关于利用艾伦菲斯特的原子体系不同定态的先验几率相对值在体系的连续变换中的不变性原理来确定这些相对值的问题. 作为后一种考虑的例证，布尔杰斯曾经利用一些态的计数导出了未受扰氢原子的不同定态的先验几率相对值的一个表示式；这些态决定于和极坐标系中的分离变量结合使用的条件式(22)，它们对应于未受扰原子的一个由条件式 $I = nh$ 中的给定 n 值来表征的定态. 仅仅排除了电子绕核的总角动量为零的那种态，布尔杰斯（前引文献，p. 259）用这种办法求得所考虑的先验几率值应为 $(n+1)^2 - 1$. 本论文第 76 页[本卷原第 142 页]上所给出的类似考虑导致了不同的结果；联系到这种考虑来指出一种情况可能是有兴趣的，那就是：试在存在小的外电场时和在存在小的磁场时通过计数将会出现的原子定态来分别导出未受扰氢原子不同定态的先验几率相对值，如果我们在两种情况下都只排除电子绕核的角动量永远等于零的那些态，则这两种相对值之间的必要相容性是不能得到的. 事实上，在磁场的情况下将得到 $(n+1)^2 - 1$ 个和给定的 n 值相对应的态，而在电场的情况下则将得到 $(n+1)^2 - 2$ 个这样的态. 另一方面，如果可能的定态是按照正文中所阐明的那种方式来挑选的，则上述这种相容性显然是可以得到的.

条件周期性的类型. 在这样的情况下,我们并不能得到定态的完全确定,从而我们可以得出结论认为外力的存在一般并不是使氢谱线劈裂为若干条细锐的成分线,而是引起这些谱线的展宽. 如果我们考虑其方向互成一个角度的均匀外电场和均匀外磁场对氢光谱的联合效应,我们就遇到原子的久期扰动似乎并不属于
160 条件周期类型的一个简单的例子. 如果两个场对电子运动的效应具有相同的数量级,我们就可以在此情况下预期氢谱线并不分解为细锐的成分线而是将变宽. 但是,根据第 60 页[本卷原第 126 页]上关于其干扰效应远小于第一个场的第二个外场对受扰周期体系光谱的效应的考虑,我们却可以得出这样的结论: 如果一个场对电子运动的效应远大于另一个场的效应,则氢谱线将仍然显示一种形成若干成分线的分解,各成分线的光谱宽度远小于它们由于较弱外场的存在而经受的位移. 在讨论这一问题时我们为了简单将忽略相对论修订的影响,即假设每一个场单独对光谱引起的效应都远大于氢谱线的固有精细结构. 像在 §2 中一样,用 μ 代表一个小恒量,其数量级和较弱外场对电子的作用力与较强外场对电子的作用力之比相同,并用 λ 代表一个和后一作用力与核吸引力之比同数量级的小恒量,那么,正如在第 61 页[本卷原第 127 页]上所证明的,我们就得到: 略去和 $\lambda\mu^2$ 同数量级的小量[1)],由于较弱场的存在而引起的原子附加能量的改变量,一般可以通过在电子轨道当只存在较强场时在原子的定态中所经历的形状和位置的循环中求对应于较弱场的函数 Ψ 的平均值来直接得出. 但是,在现在所考虑的这一特例中,当只有较强的场时由原子形成的那个受扰体系是简并的,因为电子轨道的久期扰动是单周期性的. 因此,上述那一平均值将不是完全确定的,而是对于轨道的形状和位置的不同周期循环将取不同的值,这些循环代表当只存在较强的场时电子在每一个原子定态中所能完成的那些定态运动的连续集合. 于是,正如第 62 页[本卷原第 128 页]上所提到的,为了确定当两个场都存在时的定态并确定由较弱场的存在所引起的原子附加能量的改变量,就有必要检查这种平均值与各该循环在较弱的那个外场影响下所将经历的缓慢周期性"久期"改变之间的关系. 现在,在所考虑的特例中,这一问题可以很简单地加以处理,如果我们设想较弱的场由分别平行于和垂直于较强的场的两个均匀场构成,并分别考虑这些场中每一个场所引起的久期效应. 事实上,由于当原子只受到较
161 强场的作用时电子轨道所将经历的那种形状和位置的周期性循环对该场的轴线所显示的对称性,很容易看到较弱场的垂直分量对和后一场相对应的函数 Ψ 的平均值的贡献将为零. 由此可见,略去和 μ^2 成正比的小量,较弱场的久期效应将

1) 严格说来,这一结果在略去和 λ^2 及 $\lambda\mu^2$ 中最大的一个量同数量级的小量时能够成立,但为了简单,在此处和以后将假设 μ 不小于 $\sqrt{\lambda}$(参阅第 61 页[本卷原第 127 页]).

和只有该场的平行分量作用在原子上时的效应相同；从而我们就看到，在两个场都存在时的原子的定态中，电子轨道的形状和位置的可能循环将按照较弱场平行于较强场时的相同方式来表征. 但是，当存在互相平行的均匀电场和均匀磁场时，氢原子的定态确定问题是很简单的. 事实上，由第 91 页[本卷原第 157 页]上的考虑就能看出，在这种情况下定态将由两个条件来完全确定，其中一个条件和在斯塔克效应的简单理论中一样确定电子轨道的电心在它上面运动的那个平面的位置，而另一个条件则和在塞曼效应的简单理论中一样确定电子绕场轴的角动量的值. 联系到此处所考虑的问题，注意到一个事实可能有助于举例说明，那就是，如果电场的微扰效应远大于磁场的微扰效应，则其中第二个条件可以说成是由一种缓慢而均匀的转动加在体系上的，这种转动就是磁场在电子轨道形状和位置的周期性循环上引起的转动，那种循环是当原子只受到电场作用时所将出现的. 另一方面，如果磁场的效应远大于电场的效应，第一个条件就可以说成是由形状和相对轴的位置的一种缓慢周期性振动加在体系上的，这就是电场所引起的均匀转动轨道的振动，如果原子只受磁场的作用则电子将描绘那种轨道.

如果我们考虑一个同时受到均匀电场和均匀磁场作用的氢原子，电场的强度为 F，磁场的强度为 H，二者方向之间有一个夹角 φ，那么由以上所述就可推知，如果电场的微扰效应远大于磁场的微扰效应，则后一场对光谱引起的主要效应可以描述为每一条垂直于电场轴线而偏振的斯塔克效应成分线都劈裂成两条圆偏振的成分线，它们对应于可由一个强度为 $H\cos\varphi$ 的磁场引起的洛伦兹三重线的外侧成分线. 另一方面，如果磁场的微扰效应远大于电场的微扰效应，那就可以推知，后一场对光谱引起的主要效应可以描述为正常塞曼效应的中间成分线和每一条外侧成分线都分解成若干条成分线，它们分别对应于由强度为 162
$F\cos\varphi$的电场引起的斯塔克效应的平行成分线和垂直成分线.

但是，刚刚描述的这种将和只有较弱场的平行分量作用在原子上时的情况相同的效应，却不是较弱场的存在对光谱的唯一效应. 事实上，虽然当忽略正比于 μ^2 的小量时较弱场的垂直分量对于当原子只受较强场作用时电子所将经历的形状和位置的循环并不引起任何久期效应，但是它对电子在这一循环中的运动显然会引起正比于 μ 的改变量. 例如，假如较弱的场是平行于较强的场的，受扰原子中的电子运动将包含一些平行于各该场的频率为 $|\tau\omega_P+t_1\mathfrak{v}_1|$ 类型的线性谐振动，以及一些垂直于这一方向的频率为 $|\tau\omega_P+t_1\mathfrak{v}_1+\mathfrak{v}_2|$ 类型的圆周谐振动(参阅第 59 页[本卷原第 125 页]). 但是，在普遍情况下，当较弱场并不平行于较强场时，在电子沿任意方向的位移表示式中，还出现一些振幅正比于 μ 的谐振动，而正如对微扰的进一步考虑所证明的，它们的频率等于两个频率的和或

差，其中一个是当外场互相平行时沿这一方向的位移所能分解成的谐振动中某一振动的频率，而另一个是在这一情况下出现在久期扰动表示式中的形如 $|t_1\mathfrak{v}_1+\mathfrak{v}_2|$ 的那些小频率中的一个频率. 这些附加振动中的一部分将又具有 $|\tau\omega_P+t_1\mathfrak{v}_1|$ 和 $|\tau\omega_P+t_1\mathfrak{v}_1+\mathfrak{v}_2|$ 类型的频率，并将使运动不是像在外场互相平行的情况下那样包含一些严格线性的和严格圆周的振动，而是包含一些椭圆谐振动，它们部分地是接近线性的并平行于较强场的方向的，而部分地是接近圆周的并垂直于这一方向的. 正因如此，我们就将预期，由于较弱场的垂直分量的存在，以上谈到的那些不同的成分线将不是完全偏振的. 另外，在受扰原子的运动中也将出现一些垂直于较强场的圆周谐转动，它们的振幅是一些正比于 μ 的小量，而其频率则属于 $|\tau\omega_P+t_1\mathfrak{v}_1+2\mathfrak{v}_2|$ 类型. 我们由此就预期，光谱中将出现一些新的弱成分线，它们对应于当外场互相平行时不可能出现的一种类型的定态之间的跃迁. 但是，当更仔细地考虑这些新成分线的频率时必须记得，正如上面提到的，现在这种处理微扰问题的方法，只有当我们忽略和 μ^2 同数量级的小
163 量时才能保证电子运动在和 σ/λ 同数量级的时间间隔内具有条件周期性；因此，我们必须有准备地发现小振幅振动的频率不能和大振幅振动的频率定义到相同的近似程度. 例如，虽然后一种振动的频率是在忽略正比于 $\lambda\mu^2$ 的小量的情况下定义的，所考虑的小幅振动的频率却显然只是在忽略正比于 $\lambda\mu$ 的小量的情况下定义的. 因此，和所考虑的这种类型的受扰体系的一般缺乏定态定义密切有关，我们必须有准备地发现，和强成分线不同，新的成分线将是在宽度和 $\lambda\mu$ 成正比的光谱范围内弥散开来的[1)]；对于强成分线，我们可以预期绝大部分的强度包含在宽度和 $\lambda\mu^2$ 成正比的光谱范围之内. 例如，如果外电场的效应远大于磁场的效应，我们初看起来可能预期，在每一条平行于电力而偏振的斯塔克效应成分线的两侧都将出现一条弱成分线，它将是圆偏振的，而且离开该斯塔克成分线的位移将是垂直偏振斯塔克效应成分线由于小磁场的作用而劈裂成的强成分线位移的两倍. 但是我们必须有准备地发现，这些弱成分线弥散得很厉害，以致它们无法和垂直弱成分线分开；该垂直成分线和所考虑的弱成分线位于其两侧的那条平行强成分线具有相同的频率，而且是由于上面提到的强成分线偏振方面的不够

1)　参阅第 61 页[本卷原第 127 页]的注. 考虑到关系式(1)的普遍适用性，可以看到，关于弱成分线具有这一弥散度的假设蕴涵了这样一个假设：对应的跃迁(它们的发生几率远小于和强成分线相对应的那些跃迁的几率)一般将发生在受扰原子的那样两个定态之间，它们并不全都属于许多原子中的绝大多数都将出现于其中的那一明确定义的定态总集. 例如，如果外电场的效应远大于外磁场的效应，我们就可以预期在现在考虑的跃迁中所涉及的两个态中，电心在上面运动的那一平面的位置和该平面在属于上述总集的态中的位置相重合，而电子绕电场轴线的角动量一般却将改变并不等于 $h/2\pi$ 的整数倍的一个量. 另一方面，如果磁场的效应更大一些，则电子绕该场轴线的角动量在所谈的跃迁中将改变 $h/2\pi$ 的两倍，而我们却可以预期，至少在这些跃迁所涉及的一个态中，电心在上面运动的那个平面一般将和在上述那一定态总集中的位置不同.

完全而出现的. 另一方面，如果磁场的效应远大于电场的效应，则所考虑的和电
子绕磁场轴线的角动量改变 $h/2\pi$ 的两倍的那些跃迁相对应的任何那种弱成分 164
线都将离开原有氢谱线有一个位移，这个位移将近似地等于正常塞曼效应中外侧成分线的位移的两倍，从而上述弱成分线将和每一条正常塞曼效应成分线由于小电场的存在而劈裂成的强成分线清楚地分开. 但是，我们必须有准备地发现各条弱成分线并不像初看起来所认为的那样形成两组明确分开的谱线，而它们却是只作为两条沿相反方向圆偏振的漫谱线而出现，而其光谱宽度则正比于 $\lambda\mu$[1].

---

§6. 氢的连续光谱

我们将通过简略讨论紫外区域中的特征连续氢光谱来结束本部分的考虑；这种光谱和由(35)给出的线系光谱是有着密切的联系的. 这种光谱由一种辐射构成，其频率连续地分布在从巴耳末线系高频端扩展开去的光谱区间中[2]. 这种类型的连续光谱的存在，正是根据线系光谱量子论的基本原理的一种自然推广所应预期的[3]. 例如，所考虑的光谱可以通过关系式(1)的应用来直接解释，如果我们假设由一个核和一个电子组成的体系所发射的整个光谱不但起源于电子描绘一个由条件式 $I = nh$ 来表征的闭合轨道的那种定态总集内的两个定态间的
跃迁所发射的辐射，而且起源于那样两个态之间的跃迁，其中一个(或两个)态属 165
于电子具有足以运动到离核无限远处的能量的那种态的集合. 尽管处于首先提到的那种态中的电子可以说是受到核的"束缚"而形成原子的，后来提到的这种态中的电子却可以说是"自由的". 为了说明连续光谱的出现，必须假设后一种态中的运动并不受适用于前一种态的那种类型的非力学条件的限制，而是和普通

---

1) 可以详细检验上述结果的任何实验都似乎没有被记录过，但是看来上述考虑可以对离开正常塞曼效应的显著偏差的一般特点提供一种解释；这种偏差是由 F·帕邢和 E·贝克(Ann. d. Phys. XXXIX, p. 897(1912))在一些实验中观察到的；在那些实验中，氢谱线是通过在毛细管中进行强烈的集中放电而被激发的，毛细管放在和磁场方向相垂直的位置上. 除了帕邢和贝克发表的光谱图所显示的中央成分线的偏振明确性的典型欠缺以外，尤其是有一张他们的光谱图似乎表明在原有谱线的每一侧都有一条弱的、垂直偏振的漫谱线，而且是位于正常效应外侧成分线的二倍距离处.

2) 这种光谱曾经作为发射光谱而在日珥光谱中和行星云(planetary nebulæ)光谱中被观察到(见 J. Evershed, Phil. Trans. Roy. Soc. 197A, p. 399 (1901)及 W. H. Wright, Lick Observatory Bulletin, No. 291 (1917))，也曾经在关于由阳射线所激发的光谱的直接实验室实验中被观察到(见 J. Stark, Ann. d. Phys. LII, p. 255 (1917)). 另外，它也作为一种吸收光谱而在一些星体的光谱中被观察到(见 W. Huggins, An Atlas of Representative Stellar Spectra, p. 85 (1899)及 J. Hartmann, Phys. Zeitschr. XVIII, p. 429 (1917)).

3) 参阅 N. Bohr, Phil. Mag. XXVI, p. 17 (1913)及 P. Debye, Phys. Zeitschr. XVIII, p. 428 (1917).

力学的应用相容的一切运动都将代表物理上可能的态. 从本论文所采用的量子论原理的观点来看，这种假设也会显得是很自然的[1]. 例如，首先可以注意到，利用关于定态对外界条件缓慢变换而言的力学稳定性的考虑来判别上述类型的定态的任何企图都将因为无法说明运动的本质非周期性而归于失败，这种非周期性是和非力学条件在这样变换下的不变性的概念不可调和的. 其次，参照量子论和普通辐射理论之间的形式类似性就可以看到，自由电子沿双曲线轨道的运动并不能分解为频率不连续变化的谐振动之和，而只能用一个连续频率范围内的傅立叶积分来表示，而这一事实就预先意味着，通过辐射的发射或吸收，自由电子可以过渡到和体系能量值的连续集合相对应的其他态的连续集合中的任何一个态. 通过(1)的应用，我们由上述考虑就可以推测，氢原子所发射的整个光谱，除了线系光谱和上面提到的连续光谱（这种光谱对应于从电子的自由态到由(41)中的 $n=2$ 来表征的定态的跃迁）以外，还将包含一系列连续光谱，它们对应于从自由态到其他定态的跃迁，而且其中每一个连续光谱都从当令 $n'=\infty$ 时由(35)给出的某一频率值开始向高频方向扩展开去. 此外我们还可以预期一种弱的连续光谱的存在，它作为一种连续的底层分布在整个的频率区域中，这将和两个不同的态之间的跃迁相对应，在这两个态中电子都是自由的. 可以预期，这些不同的连续光谱的相对强度，以及强度据以在每一光谱内进行分布的那些定律，都是在很大程度上随着激发辐射时所处的不同条件而变化的. 例
166 如，当作为星体的发射光谱而加以观察时氢的连续光谱在巴耳末线系的头上显示一个截然的开端，而斯塔克在上面提到的他的实验中观察到的连续光谱却没有什么截然的界限，而只在一个光谱区域中显示一个明确的极大值；这个区域和那些二态间的跃迁相对应，在其中的第一个态中，自由电子在和核"碰撞"之前相对于核的速度是和用来激发光谱的那种阳射线的速度同数量级的.

如所周知，除了线系光谱和刚刚提到的连通的连续光谱以外，还存在另一种氢光谱，即所谓多线光谱；由于它的复杂结构以及它和其他元素或元素组合所发射的带光谱的相似性，这种光谱通常被认为是属于氢分子而不是属于氢原子的. 这一假设似乎也可从量子论的观点直接得出；按照这种观点，线系光谱的简单结构是和原子中各粒子的运动的单周期性直接联系着的，而其复杂性和多线光谱所显示的复杂性同级的那种光谱则必须被假设为起源于其运动并不显示单周期性质的那种体系. 关于由量子论即将预期的氢分子构造的问题，以及这一体系中

---

1) 与此相反的一种观点曾被艾普斯坦所采用，他在一篇近期论文(Ann. d, Phys. L, p. 815 (1916))中曾经企图通过对电子在里边描绘双曲线轨道的氢原子态应用和(22)同类型的条件，来对关于吸留在金属中的氢的光电效应的某些观察结果作出解释，而且曾经试图按照相似的方式发展一种放射性物质的特征 β 射线谱的理论.

各粒子的可能运动问题,将在第四部分中加以处理. 与此有关,我们也将考虑光在氢气中的色散问题和通过气体放电来产生氢线系光谱中的各谱线时的必要电压问题.

167 # 第三部分[1] 关于原子序数较高的元素的光谱

§1. 线系光谱的一般结构

按照卢瑟福的理论，我们将假设各元素的原子包括一些围绕着一个中央核
168 而运动的电子，核具有大的质量，而其正电荷则等于氢核的电荷乘以所考虑元素的“原子序数”，即乘以元素在周期表中的号数. 当考虑这种体系的定态时，我们一般会遇到一些复杂性很大的问题. 但是，根据元素线系光谱和氢光谱的类似性，我们将立即被引到这样的结论：这些元素的普通光谱起源于那样一些定态之间的跃迁，在各该定态中有一个电子在比其他电子离核更远的地方运动，从而它受到的力和氢原子中电子所受的力只有很小的差别[2]. 事实上，这就给一种实

1） 由本论文第一部分前的引论可以看出，本来计划写一篇包含四个部分的论著，来从一种统一的观点讨论量子论对原子构造问题的应用. 早在第一部分问世时，全篇论著的在很大程度上可以付印的底稿已经存在了. 但是，由于种种原因，当时只发表了两部分；第一部分于 1918 年 3 月间问世，第二部分于 1918 年 12 月间问世. 以后各部分的延期，首先是由于课题的性质所致. 事实上，早在第二部分问世以前，由于第一部分中提出的那些普遍想法的加工而带来的理论中的发展，就已经感到有必要大大改变和扩充原来的底稿了. 但是，以后各部分的感到不可避免的相应修正却一直没有达到令人满意的结果. 特别是，包含多个电子的原子的稳定性问题越来越显得重要，而且引起了一些困难，它们揭示了在以前各部分中表述了的那些普遍想法的直接适用性的界限. 关于近几年来我在这一问题方面的工作结果的一种初步阐述，已在一篇演讲中给出；那篇演讲是大约一年以前在哥本哈根物理学会上作的，已经用丹麦文发表于 Fysisk Tidsskrift XIX, p. 153 (1921)，并以德文发表于 Zeitschrift für Physik, IX, p. 1 (1922)，此外，这篇演讲和以前发表的另外两篇演讲一起，已由 Sammlung Vieweg 出版德文本（Drei Aufsätze über Spektren und Atombau）并由剑桥大学出版社出版英文本（Three essays on spectra and atomic constitution）；在那另外两篇演讲中，阐述了理论在其较早发展阶段中的状况.

在这些情况下，原来的计划已经被放弃了，而且作者打算在一系列新的论文中来详细说明在上述那些演讲中阐述了的想法和结果. 另一方面，我曾经接到一些物理学家的建议，让我就按照第一部分问世时准备付印的那种状况把以后几部分的底稿也予以发表，来结束这篇论著. 遵照这种建议，我就在此按照它在 1918 年春季已有的形式发表这第三部分，除了公式的编号和对前两部分的援引以外没作任何别的改动，而这些改动都是在 1918 年 12 月发表第二部分以前因扩充其底稿而成为必要的.

正如由本论文末尾所加的附录可以看出的，论文中讨论的若干问题在这段时期内已经被不同的作者探索过了. 因此，第三部分的这一版本并不能看成通常意义下的一种科学出版物；发表原稿的主要意图是使以前各部分的读者了解作者当在第一部分中阐述普遍考虑时曾经想到的某些典型应用，并从而使论著有一个自然的结束. 但是，与此同时，上述附录还将就自从撰写本论著底稿以来的理论发展向读者作一简略的概述.

2） 参阅 N. Bohr, Phil. Mag. XXVI, p. 11 (1913).

验结果提示了简单的诠释;那结果就是,在元素的普通线系光谱即所谓“电弧”光谱中,第 5 页[本卷原第 71 页]上公式(2)中的函数 $f_\tau(n)$可以写成

$$f_\tau(n) = -\frac{K}{n^2}\varphi_\tau(n) \tag{88}$$

式中恒量 K 经发现以很高的近似和适用于氢光谱的公式(35)中的对应恒量相同,而 $\varphi_\tau(n)$是一个当 n 增大时趋于 1 的函数. 我们还用这种办法得到下述事实的一种诠释: 当元素原子处于强烈放电的作用下时即将出现的所谓“火花光谱”中各谱线的频率,可以用一个公式来表示,它和适用于电弧光谱的普遍公式之间的差别,只在于恒量 K 要用一个大了三倍的恒量来代替[1]. 这恰恰是应该预料得到的,如果这些光谱起源于已经失去一个电子的原子,而且在该原子中有另一个电子被弄到离核很远的距离处,从而所受的力和像在氦原子中那样一个由双倍电荷的单独核引起的力相差很小[2]. 由于这些原因,我们在以下将把电弧光谱叫做第一级线系光谱,把火花光谱叫做第二级线系光谱,并且一般地把其中恒量 K 被换成 m^2 倍的值的光谱叫做第 m 级光谱;这种光谱起源于那样一些定态之间的跃迁,在这些态中原子已经失去 $m-1$ 个电子,而且第 m 个电子已经被弄到比其他电子离核更远的距离处.

另一方面,这些简单的考虑并不能解释氢光谱和其他元素的线系光谱之间的特征差别;这种差别表现为这样一件事实: 在氢光谱中,当忽略精细结构时,对应于 $\varphi(n) = 1$ 只有一个(88)类型的函数 $f_\tau(n)$,而在其他元素的光谱中则有好几个这样的函数. 但是,在以上各节所讨论的普遍理论的基础上,这种差别的原因显然应该到下述事实中去找: 在其他的元素中,由于较内电子的作用,较外 169
电子的运动将不是单周期性的,因此,为了得到和普通辐射理论的联系就需要若干个定态序列. 例如,正如索末菲所指出的,在第一部分第 17 页[本卷原第 83 页]上考虑过的他的关于由一个在辏力场中运动着的粒子构成的体系的定态的基本理论,就能对所考虑光谱的诠释提供一个线索. 对于简单周期体系来说各定态是由一个正整数来表征的,而对于这一体系来说它们却是由两个那样的正整数 n_1 和 n_2 来表征的,其中 n_1 的作用在于确定对应于径向运动的一个(15)型的积分的值,而 n_2 则确定粒子绕中心的角动量的值. 索末菲曾将较内电子的效应和一个辏力场的效应相对比,该辏力场的势可以用离核距离的降幂级数来表示,并且令 $n_1 + n_2 = n$ 和 $n_2 = \tau$, 他发现这样就能得到定态中的能量表示式,这种表

1) 参阅 A. Fowler, Phil. Trans. Roy. Soc. A. 214, p. 225, 1914.

2) 并参阅 N. Bohr, Phil. Mag. XXX, p. 407 (1915).

3) A. Sommerfeld, Ber. Akad. München, 1915, p. 425; 1916, p. 131.

示式对于恒定的 τ 就和黎德伯及瑞兹的 $f_\tau(n)$ 的经验公式显示一种突出的普遍相似性，从而也就为一件事实提供了一种发人深省的诠释；其事实就是，忽视各谱线的实际多重结构，元素光谱的 $f_\tau(n)$ 的经验值一般就可以排成下列形式的简表：

$$\begin{array}{lllll} \varphi_1(1), & \varphi_1(2), & \varphi_1(3), & \varphi_1(4), & \cdots \\ & \varphi_2(2), & \varphi_2(3), & \varphi_2(4), & \cdots \\ & & \varphi_3(3), & \varphi_3(4), & \cdots \\ & & & \varphi_4(4), & \cdots \end{array}$$

式中的 $\varphi_\tau(n)$ 对于恒定的 τ 和渐增的 n 以及对于恒定的 n 和渐增的 τ 都趋于 1. 可以指出，从这种观点看来，如果把氢光谱的精细结构考虑在内，其他元素的线系光谱的结构就是和氢光谱的结构相类似的，其差别只在于，在后一情况下，由于电子轨道对周期轨道的小得多的偏差，各函数 $f_\tau(n)$ 所显示的差值比其他光谱的对应差值小得多.

上面这种关于各元素线系光谱的起源的观点，在一种很有教益的方式下得到上节关于原子体系在不同定态间的跃迁几率的那些考虑的支持. 例如，辏力场中运动电子的位移将由一组和第 68 页[本卷原第 134 页]上(73)所给出的类型相同的表示式来给出，从而我们就将假设，对于这种体系，只有这样的跃迁是可能的；在跃迁中，n_2 改变一个单位，或者换句话说，电子的角动量减少或增加 $\frac{h}{2\pi}$.
170 这就对应于下述事实：在元素的可见光谱中的一切通常线系中，各谱线的频率可以用 $\nu = f_{\tau''}(n'') - f_{\tau'}(n')$ 来表示，式中 τ' 和 τ'' 相差一个单位. 例如，在碱金属电弧光谱的情况，所谓主线系可以用 $\nu = f_1(1) - f_2(n)\,(n = 2,\ 3,\ \cdots)$ 来表示，锐辅线系用 $\nu = f_2(2) - f_1(n)\,(n = 2,\ 3,\ \cdots)$ 来表示，漫辅线系用 $\nu = f_2(2) - f_3(n)\,(n = 3,\ 4,\ \cdots)$ 来表示，而基线系(伯格曼线系)则用 $\nu = f_3(3) - f_4(n)\,(n = 4,\ 5,\ \cdots)$ 来表示.

同样的结论也适用于否勒在他的关于镁火花光谱的详尽研究中所观察到的为数甚多的谱线[1]. 忽略谱线的双重性，否勒用 P、S、D、p、C 来代表的那些组合以及用 s、d、f、A、B 来代表的那些线系，在我们的符号下可以用下表来表示：

$$\begin{aligned} P &= f_1(1) - f_2(2), \quad s = f_2(3) - f_1(n)\ (n = 4,\ 5,\ \cdots 7) \\ S &= f_2(2) - f_1(2), \quad d = f_2(3) - f_3(n)\ (n = 4,\ 5,\ \cdots 8) \\ D &= f_2(2) - f_3(3), \quad f = f_3(3) - f_4(n)\ (n = 4,\ 5,\ \cdots 11) \end{aligned}$$

1) A. Fowler，前引论文.

$$p=f_1(2)-f_2(3),\ A=f_3(4)-f_4(n)\ (n=6,7,\cdots 12)$$
$$C=f_3(3)-f_2(4),\ B=f_4(4)-f_5(n)\ (n=6,7,\cdots 12)$$

这个表中表示出来的不同线系之间已被发现和上述考虑相一致的那种联系，和否勒根据组合原理所给出的联系相重合；只有 B 线系是例外，按照否勒的意见，在我们的符号下该线系的频率应该由组合 $f_4(4)-f_4(n)$来给出. 假如这是正确的，它就将和 τ 必须改变一个单位的法则不相符合，从而可以很有趣地指出，按照否勒的计算，B 线系是唯一的那样一个线系，它的观察到的表观频率和由组合原理导出的值显示超过实验误差的偏差(前引论文第 253 页). 但是，根据这一线系的上述诠释，通过引入第五个定态序列就可以消除所有的不一致性；按照普遍理论，必须预期这个序列是存在的，而且它应该具有和函数 $\varphi_5(n)$相对应的总能值，该函数比 $\varphi_4(n)$更加接近于 1.

关于跃迁几率的考虑不但似乎能够说明所观察到的线系的存在，而且也似乎是和这些线系的相对强度普遍相符的. 例如，矮力场中运动电子的运动所能分解成的圆周谐转动的振幅，当转动方向和电子运行方向相同时一般将比二者相反时要大，这一事实就可以为角动量在跃迁中减小的那种线系一般比角动量增大的线系要强这一观察结果提供一种简单的诠释，而且也可以解释理论上应该预期其存在的某些较后的线系何以迄今没有被记录过. 但是，要详细讨论这一问题就将有必要照顾到这样一种情况：对于一个在矮力场中运动着的电子来说， 171
和相同的 n 及不同的 τ 相对应的定态将不是等先验几率的(参阅第一部分第 27 页[本卷原第 93 页]).

---

§2. 个体元素的线系光谱

就这样，通过和可以预期的由一个矮力场中运动粒子所构成的体系的光谱相对比，我们可以解释原子序数较高的那些元素的线系光谱的一般特点. 但是我们不能指望这样就可以足够详细地说明各元素的光谱，正如许多光谱的谱线所显示的那种复杂结构(双重线，三重线，伴线，等等)已经表明的那样. 在这些光谱的详细讨论中，看来有必要把较外电子轨道和较内轨道的相互干扰效应考虑在内. 一般说来，这就构成一种很繁难的问题，因为当较外电子不存在时较内电子体系一般就已经对于小的位移来说是不稳定的，如果这种位移的效应是用普通力学来计算的话. 但是，在中性原子中只有两个电子的氦的情况下，问题就不同了，因为较内电子对于它的轨道的任何形状和位置来说都将是力学地稳定的，如果较外电子被带到了离核无限远处的话. 正是在氦原子的这种性质中可以寻求下述事实的解释：氦除了在第二部分§1 中所提到的简单火花光谱以外，还有两个完全的第一级线系光谱，即所谓正氦光谱和仲氦光谱；对于这两种光谱来说，任何相互的组合谱线都不曾被观察到. 可以看出，这是和针对简单有心体系所应预期的情况明显相反的，这种情况必须被认为起源于中性氦原子的两组不同定态的存在，它们对应于较内电子的运动的不同类型. 这一问题将在较晚的一篇论文中详加讨论；该论文是建筑在和 H·A·克喇摩斯先生一起进行的关于氦中两个电子的轨道相互扰动的详细研究上的，而且即将证明，看来能够依据两个电子在同一平面上运动的假设，通过以上各部分中所用的同一种考虑来得到关于两种氦光谱的诠释.

在中性原子包含三个电子的锂的情况，只观察到一个第一级的线系光谱. 在这种情况下我们可以假设，当有一个电子被取走时，另外两个电子将像在氦原子的正常态中一样在同一个圆形轨道上绕核运动，各自具有角动量 $\frac{h}{2\pi}$[1]. 不考虑这
172 一体系的力学不稳定性，就很容易想到这样一个假设：由于较内电子的绕转频率比较外电子的大得多，它们对较外电子的效应在任何时刻都将在很大的近似程度上和均匀分布在一个圆周上的一个电荷 $-2e$ 的效应相同，圆周的半径等于较外电子不存在时较内电子的轨道半径. 假如我们进一步假设较外电子和较内电子在同一个平面上运动，那么我们就遇到一个可以用简单有心体系理论来处理的事例. 这些假设曾由索末菲在企图解释锂光谱时使用过[2]，但是除了和上节提到的黎德伯及瑞兹的公式之间的有趣相似性以外，对于较内电子的轨道半径值的任何选法都不能和观察结果得到密切的符合. 例如，计算得出，对于这一半径的任何值，$\varphi_\tau(n)$对于一切 τ 值都应小于一，而观察到的 $\varphi_\tau(n)$值却除了对于 $\tau=1$ 以外都稍大于一. 对于等于 1 的 τ 值，观察到的 $\varphi_\tau(n)$值和一相差颇大，从而为了解释它们，就会按照索末菲的计算要求一个较内轨道半径的值，它比和以上提到的关于较内电子角动量的假设相对应的值要大得多. 这些困难可能起源于较内体系的力学不稳定性，这种不稳定性可能导致对较内电子轨道的颇大扰动，特别是在 $\tau=1$ 的情况下，那时较外电子在运动过程中将达到离较内电子很近的地方. 正如索末菲指出的，一种可能的解释也可以从关于较外电子并不和较内电子在相同的平面上运动的假设得出. 在这种情况下，简单的计算表明较外电子将对各较内电子的轨道发生颇大的扰动效应，而使这些轨道平面不断地发生变化. 但是，为了确定这种类型的运动的定态，在以上各部分中讨论了的那些原理将显然是不够的. 和氦的情况相反，迄今不曾观察到级次较高的锂光谱. 这一

1) 参阅 N. Bohr, Phil. Mag. XXVI, p. 489, 491 (1913).

2) A. Sommerfeld, Ber. Akad. München, 1916, p. 160.

点可以根据一条假设来加以理解；这条假设为关于碱金属蒸气中的吸收的观察结果所支持，那就是，在锂原子的正常态中，有一个电子在其他两个电子轨道外面的一个轨道上运动，从而从原子取走这个电子要比取走其他两个电子容易得多. 但是，在足够强的放电作用下，我们将期望观察到两个分离的二级的和一个三级的线系光谱. 前两个线系光谱将对应于那样一些定态之间的跃迁；在各该定态中，有一个电子已经被取走，而第二个电子则在比第三个电子离核更远得多的地方运动着. 因此，可以预期这些光谱和两个一级的氦线系光谱甚为类似. 三级的锂光谱将起源于只包含一个电子的原子；从而它将和氢光谱颇为类似，而且将 173
由公式(35)给出，如果 K 被换成 $9K$ 的话.

如果我们进而考虑铍，它是周期表中的第四号元素，从而它的中性原子具有四个电子，那么我们就可以预期，在原子的正常态中，有两个电子在另外两个电子的外面进行运动. 铍光谱没有很仔细地被考察过，但是根据周期表上 Be 族中其次一种元素即镁的光谱的观察结果，我们将预期铍具有一个新型的一级线系光谱，其类型和氦及锂的一级光谱的类型不同. 这种光谱可以假设为起源于那样一些定态之间的跃迁，在那些定态中有一个电子在比其他三个较内电子离核更远的距离处运动，而该三个电子中的一个又在另外两个电子的外面运动. 所考虑的这种光谱和一级氦光谱的本质区别，可以用这样一件事实来解释：铍原子中最外边的较内电子是在一个场中运动的，这个场和双倍电荷的单独核的场相差颇大，从而该电子的轨道在较外电子的影响下所受的扰动和氦原子中较内电子所受的扰动并不是同数量级的. 在强度更大的放电中，铍就可以接着被预期显示一种二级光谱，其类型和一级锂光谱相同. 这一点以很有趣的方式受到上述镁火花光谱和普通碱金属电弧光谱的结构上的密切类似性的支持. 当它受到足够强的放电作用时，我们就可以进一步预期铍将显示两个分离的三级线系光谱和一个四级线系光谱. 其中前两个光谱将和一级的氦线系光谱相类似，而后一个光谱则将和氢光谱类型相同. 就这样，我们可以进而讨论原子序数更高的元素. 对于每一种新元素我们都预期将有一个新型的一级线系光谱，以及一些和以前各元素的光谱属于相同类型的光谱，但其级次更高. 与此有关可以注意，上面提到的元素周期表上同一族中不同元素的较低级次光谱之间那种众所周知的相似性，可以认为起源于这些元素的原子中那些较外电子的类似排列，正如物理性质和化学性质的普遍相似性所指示的那样. 但是，原子中随着每一族中各元素的原子序数的增加而增加的较内电子数，不但可被预期引起这些光谱的谱线位置的逐渐改变，特别是通过较内电子中最外边那个电子的影响，而且看来很可能的是，较内电子的存在可能以一种更直接的方式和随着原子量的增大而迅速增大的谱线(双重线、三重线等等)各成分线的距离有关.

174 即使我们不能通过和由固定辏力场中一个运动粒子构成的简单体系相对比来详细说明较内电子对较外电子的影响，我们也可以假设以上这些关于不同线系的外貌和强度的一般考虑是成立的. 事实上我们可以假设，由于原子的有心特性，较外电子的运动可以像简单辏力场中的电子运动那样分解成若干个谐振动. 此外还可以指出，第一部分第 33 页[本卷原第 99 页]上关于角动量在跃迁中的变化的考虑是完全不依赖于运动粒子的数目的，只要它们在里边运动的那个场具有一个对称轴就行了.

---

§3. 电场对线系光谱的效应

所考虑的光谱和所预期的由辏力场中一个转动电子构成的简单体系的光谱的普遍类似性，也很有教益地由电场对这些光谱的效应显示了出来，这种效应近来曾由斯塔克在许多元素的情况下进行了研究[1]. 在简单有心体系的情况下，我们将预期，场的效应部分地在于出现一些其强度随电场而增加的新谱线，部分地在于不同谱线劈裂为若干条平行于或垂直于电场方向而偏振的成分线，正如在第二部分中考虑了的外电场对氢谱线精细结构的影响问题中那样. 对于给定的场，跃迁中涉及的各定态中的电子轨道和纯周期轨道的偏差越大，这些效应就越小. 现在，对于各元素的光谱来说，这些偏差的一种量度可以到(88)所定义的函数 $\varphi_\tau(n)$的值和一之间的偏差中去找[2]. 对于大多数光谱，后一种偏差对于小的 τ 值和 n 值来说是颇大的，而且与此相一致，斯塔克发现对于大多数元素来说他所用的那种强度的电场对它们的光谱的效应是非常小的或无法觉察的. 但是，在那些原子序数最小的元素例如氦和锂的情况，$\varphi_\tau(n)$和一的偏差是小得多的，差值 $\varphi_\tau(n)-1$ 对于 $\tau=3$ 已经和 0.001 同数量级了，而正是对于这些元素斯塔克曾经发现了一些颇大的具有很有趣的性质的效应.

首先，当存在场时，除普通线系以外还观察到若干分离的新谱线的出现. 这
175 些谱线对应于正氦光谱[3]和锂光谱[4]中的线系 $\nu=f_2(2)-f_2(n)(n=4, 5, \cdots)$. 对于相同的场，新的锂谱线比新的正氦谱线更强，这是和下述事实相一致的：函数 $\varphi_2(n)$的值和 1 之差对于锂光谱比对于正氦光谱要小. 正如通过和电场对由辏力场中一个转动电子构成的体系的效应相对比所应预期的那样，也进一步观察到新谱线显示一种相对于电场方向的特征偏振，而且它们的位移随着

---

1) 见 J. Stark, Elektrische Spektralanalyse Chemischer Atome, Leipzig 1914.

2) 参阅 N. Bohr, Phil. Mag. XXVII, p. 517 (1913)及 XXX, p. 409 (1915).

3) J. Koch, Ann. d. Phys. XLVIII, p. 98 (1915).

4) J. Stark, Ann. d. Phys. XLVIII, p. 210 (1915).

场的增强而越来越大. 和理论相一致，观察到的位移对于小场是正比于电力的平方的，而对于较大的场则逐渐变为正比于电力的一次方. 至于仲氢光谱，$\varphi_2(n)$和一之差就比在锂中更小了，从而我们应该预期在这种光谱中将出现强度比在所考虑的其他光谱中更大的上述线系的新谱线. 这些谱线没有作为分离谱线而由斯塔克记录下来，但是由于这一情况下的新线系各谱线和普通漫线系各谱线的密切接近，前一种谱线进入了一种复杂效应的成分线之列，这种效应被斯塔克说成了漫线系谱线的电“分解”. 这一点很清楚地被 H · 尼奎斯特[1]最近发表的关于电场对氦光谱的效应的一些测量所证实了；他使用了劳 · 塞尔多的方法，这种方法可以在同一张照片上得出强度逐渐变化的电场对谱线的效应. 除了通过从原有谱线连续移动而形成的成分线以外，尼奎斯特的照片还表明上述两个氦漫线系的分解中包括一些成分线，它们的强度对于趋于零的场为零，而且它们对于渐减的场趋于离开原有谱线有确定距离的一些位置. 在仲氦光谱的情况，这些位置首先对应于各谱线$\nu=f_2(2)-f_2(n)$，但是除了这些谱线以外，在两种氦光谱的漫线系的较低谱线中还出现一些成分线，它们的位置随着场的渐减而收敛到由$\nu=f_2(2)-f_4(n)(n=4, 5)$给出的那些谱线. 至于有关锂光谱的和两种氦光谱的漫线系中较高谱线($n=5, 6, \cdots$)在电场中的“分解”的斯塔克观察结果，我们就将预期，对于很小的场，除了以上提到的新谱线以外还将出现一些和$\nu=f_2(2)-f_\tau(n)$(此处$\tau>4$)相对应的其他新谱线. 尽管按照第 35 页[本卷原第 101 页]上的考虑$\tau''-\tau'$为 2 或 0 的新谱线对于小场应该显示正比于电力平方的强度，我们却将预期对应于较大$\tau''-\tau'$值的较后新谱线的强度将正比于电力的较高次幂而增大. 但是，对于这样的τ值，由于$\varphi_\tau(n)$的值和一相差非常小，因而 176
我们可以假设，对于远小于斯塔克所用的电力的那种值，对应定态中的轨道就已经是和氢原子中电子轨道很相近地受到扰动的了. 这就可以解释一件事实，即对于所用的场来说各成分线的相对强度近似地保持恒定，而它们的位移则被发现是近似线性地随电力而增加，正如在上节所讨论的氢谱线斯塔克效应成分线的情况中一样.

尽管通过和即将预期的对起源于犊力场中运动电子的光谱的效应相对比，可以关于电场在新谱线的出现方面对原子序数较高元素的光谱引起的效应得到一种一般的诠释，但是，要针对渐增的场来详细讨论各成分线的位移和劈裂，却必须进一步考虑在较外电子轨道由于外场的存在而受到的扰动期间较内电子轨道所受的扰动. 这个问题将在以后联系到上述氦光谱的计算时再来考虑.

---

1) H. Nyquist, Phys. Rev. X, p. 226, 1917.

§4. 磁场对线系光谱的效应

关于外磁场对原子序数较高元素的光谱的效应,初看起来似乎可以很自然地假设,当存在磁场时,正如在氢的情况下一样,定态中原子的运动将和没有场时的定态运动只相差一个叠加上去的均匀转动,其频率 ω_H 由(79)给出,所绕轴线通过核而平行于磁力. 像在第二部分§5中那样利用第二部分§2中关于原子体系的能量和频率之间的关系的普遍考虑,我们应该进一步得出结论:由于场的存在而引起的体系附加能量又是由公式(80)给出的,而且,像在上述段落中那样进行推理,我们应该预期在现在所考虑的光谱的情况,场对光谱的效应也在于使每一条谱线分解为正常的塞曼三重线. 如所周知,一般说来这是和观察结果并不相符的. 虽然在某些情况下,例如在氦和锂的情况下,当光谱由一些单线或很窄的双重线组成时,所观察到的分解在很高的近似下是和氢中的分解相同的,但是,例如当我们进而考虑原子序数较高的碱金属的光谱时,各谱线就是宽度颇大的双重线,这时我们就会遇到复杂得多的效应了. 当存在磁场时,这些双重线中的每一条成分线都被分解成为数甚多的成分线,它们的位移正比于磁力,但是对
177 双重线中两条成分线来说这些位移却是不相同的. 对于较大的场,当这些分解中的各成分线的位移变得和双重线的原有宽度同数量级时,正如帕邢和贝克[1][按原文及注都误作 Bach]所指明的,这些分解就逐渐发生变化,直到两个成分线劈裂而成的成分线都在很大的场作用下汇合为正常的塞曼三重线为止. 这些效应显然和使谱线双重化的那种未知的机制密切有关,它们显然是不能依据上述那些一般考虑来加以解释的. 但是,看来颇有可能的是,利用(1)式来解释当存在磁场时那些说明反常效应所必需的原子附加能量值时遇到的困难,是和第81页[本卷原第147页]上提到的事实有关的,那就是,正如顺磁性的不存在所表明的,在原子的正常态中,较内电子的行为不能用上述那种简单的考虑来确定.

178

第三部分的附录[2]

§1的注.　本节所处理的问题为在第一部分中所发展的观点提供了一种

---

1) F. Paschen und E. Back, Ann. d. Phys. XXXIX, p. 897 (1912).

2) 参阅第101页[本卷原第167页]上加在第三部分上的引言性的注释. 在以下,那条小注中所提到的三篇演讲将分别简称为文I、文II和文III.

简单的应用;这种观点在第一部分中被称为量子论和经典电磁辐射理论之间的形式化的关系或类比. 为了免于被误认为这是按照量子论和按照经典电动力学来对现象所作的描述之间的一种直接联系的问题,在作者较后来的论文中(参阅文 II),这种类比出现于其中的那一规律被叫成了“对应原理”. 这确实是一条纯量子论定理的问题,它把自己和量子论基本原理的表述直接联系了起来,而且肯定了任何由辐射所伴随的二态间跃迁的可能性和某一谐振动分量在运动中的出现之间的联系的存在,那种谐振动可以叫做和跃迁相“对应”的振动. 本节所给出的对应原理对线系光谱理论的应用,已经在第一部分第 46—50 页[本卷原第 112—116 页]上概略地说明过,特别是在第二部分第 97—99 页[本卷原第 163—165 页]上在关于氢谱线精细结构的类似问题的讨论中应用过.

同时,在索末菲和考塞耳[1]的一篇论文中也从形式上相似的观点处理了线系光谱的定律,而且在索末菲的《原子结构和光谱线》[2]一书的第六章中也详细地处理了这种问题. 正如在这本书中所提到的,罗切斯文斯基已经提请人们注意量子力学所要求的对由否勒给出的那种镁火花光谱组合方案的微小修订,而且已经提请人们参阅本文的第 104 页[本卷原第 170 页]. 这位作者近几年来在一系列论文[3] 中讨论了线系光谱实验资料的量子论分类,而且通过经验定律的研究得到了这样的结论: 碱金属锐线系谱项(S 谱项)中的主量子数 n 的确定必须适当改变,使得在第一 S 谱项中有 $n=2$ 而不是 $n=1$. 薛定谔通过一条假设也得 179
到了相同的结论;那假设是,在对应于钠光谱的 S 谱项的定态中,我们涉及的是线系电子的那样一种运动,即电子在每一次绕转中都进入较内电子轨道的区域中[4],从而任何一个这种态的量子数 n 都不能小于 $n=2$. 这一事实的重要意义同时也曾由笔者[5]联系到在 § 2 的注中提到的那些关于原子的结构和稳定性的普遍考虑而指出过. 正如在文 III 中曾经指出的,这些考虑导致一条结论,即必须引入包含在谱项分类中的那些量子数的一种重大改变. 尽管由正文中给出的对应原理的应用可以看到用 τ 来代表的那个量子数的值应该保留下来,但是已经证明,例如在碱金属的光谱中,在第 103 页[本卷原第 169 页]上的图表中所给出的主量子数 n 却只有对于各谱项和等于或大于 3 的 τ 相对应的线系才能予以保留. 这些光谱中的第一个 S 谱项对应于线系电子的这样一个轨道: 如果我们在周期系中前进到下一族元素,该轨道的主量子数就增加一个单位. 于是,对于这

1) W. Kossel and A. Sommerfeld, Verh. d. Deutschen Phys. Ges. 21, p. 240 (1919).

2) A. Sommerfeld, Atombau und Spektrallinien, Vieweg. 3d. ed., 1922. 该书的英译本刚刚问世.

3) D. S. Roschdestwensky, Transactions of the optical institute in Petrograd (Berlin).

4) E. Schrödinger, Zeitschr. für Phys. 4, p. 347 (1921).

5) 参阅《Nature》, Vol. 107, p. 104 及 Vol. 108, p. 208 (1921).

个轨道来说，我们在锂中有 $n=2$，在钠中有 $n=3$，余类推. 在这些光谱的各个 P 谱项中，也应引入主量子数的相应改变. 正如在第 103 页[本卷原第 169 页]的图表中那样，在锂中，第一个 P 谱项是由 $n=2$ 来表征的，但是这一谱项在钠中却对应于 $n=3$，在钾中对应于 $n=4$，余类推.

§2 的注.　本节所给出的考虑在当前的原子研究中不能在细节上予以保留. 事实上，这些考虑中的若干考虑特别适于用来强调在第三部分的引言性小注(第 101 页[本卷原第 167 页])中提到的那些主要困难. 这特别是指关于原子中电子轨道的稳定性的那些说法. 但是我们即将发现，某些关于不同级次的线系光谱随着递增的原子序数而发生的改变的普遍叙述是本质上合适的. 例如可以看到，有关这一点的那些说法，在内容上是和索末菲及考塞耳在以上所述他们的论文中称之为“光谱学位移定理”的那些规律等价的，而正如在索末菲的书中所证明的，这些规律已经证实为在光谱分类方面富有成果. 但是，联系到这一点，后来关于原子结构的考察也已经导致了这样的结论：对于所述规律的偏差在周期系中的较后周期中应被预料，因为在这儿，随着原子序数的增加，我们遇到的并不总是电子数目相同的较内电子组态的重复出现，而是正如在文 III 中指出的那
180 样，我们在某些情况下会遇到较内电子组的过渡性发展阶段. 铁族金属和稀土元素之类的元素族的出现，就是由这种逐渐的发展所造成的. 在卡塔兰的关于锰线系光谱的一篇近来的重要论文中，揭示了这样一种发展对光谱结构的效应的典型例子[1].

只要所涉及的是个体光谱的讨论，在氦的情况下那些叙述就已经必须在一些本质方面加以改变了. 即使我们确实必须坚持认为一级氦光谱的独特性质是基于一件事实，即较内电子的轨道由于它的近似的单周期性而以一种比在其他线系光谱的较内体系情况下更为彻底的方式受到来自较外电子的力的影响，在此指出的对于仲氦光谱的起源以及对于原子正常态的诠释却是必须加以根本改变的. 关于第一个问题，朗德[2]曾经在两篇论文中考察了氦光谱，得到的结论是，只有对于正氦才可以指定那种两个电子在同一平面上运动的定态，而在仲氦的情况下则它们的轨道平面互成一个角度. 虽然朗德给出的扰动是有严重问题的，但是克喇摩斯博士和笔者继续进行的工作却导致了和这些主要结果普遍符合的结论. 由于种种的原因，我们的详细计算迄今没能发表；我们希望不久就能把它们报道出来.

1)　Catalán, Trans. Roy. Soc. A 223, p. 127 (1922).
2)　A. Landé, Phys. Zeitschr. 20, p. 228 (1919)及 21, p. 114 (1920).

关于氦原子的正常态，在此期间发表的弗兰克及其合作者们[1]的实验研究曾经很有教益地证明了这个态不可能像本文中所假设的那样是一个简单的环组态，而且也根本不属于共面的正氦态，而是必须看成和仲氦光谱的发射相对应的那种束缚过程的末态. 看来能够利用对应原理来对这一点有所阐明，其方式似乎可以对一般地了解原子结构的稳定性提供一种线索. 这一点已在文 III 中全面报道，那里已经指明，建筑在普通力学上的概念对于讨论这种稳定性来说是不能满足要求的，从而我们就被引导到关于原子结构的一种观点，这种结构代表一种和以前所采用的简单环组态有着本质不同的电子运动对称性的类型. 根据那里所作的考虑也可以推测，本文中对锂光谱和其他元素的光谱所作的诠释也应作重大的改变.

最后，关于在本节结尾处谈到的线系谱线的多重结构的起源问题，通过近年 181
来的研究，特别是通过索末菲[2]的朗德[3]的研究已经弄清楚，我们在此遇到了较外电子的轨道确定中的第三个量子条件的出现. 这简单地起源于线系电子在那里运动的那个场对中心对称性的偏离，而且和具有轴对称性外场中的氢原子定态的确定相对应(参阅第二部分第 54 页[本卷原第 120 页])，关于这种问题我们在下述情况中有一个典型的实例：把运动方程的相对论修订考虑在内而来研究均匀外电场或均匀外磁场中的氢原子(参阅第二部分第 78 页和第 92 页[本卷原第 144 页和原第 158 页]). 通过第三个量子条件的引入，线系电子的轨道平面就相对于较内体系的轴线而被确定得使原子的总角动量等于 $\mu\dfrac{h}{2\pi}$，此处 μ 是整数，即第三个量子数，它和量子数 n 及 τ 一起就能完全地确定线系电子的运动态. 通过这种情况，就可以在一定程度上利用第一部分第 34 页[本卷原第 100 页]上所提出的并由汝宾诺维兹所独立发展了的(参阅第二部分第 60 页[本卷原第 126 页])那种关于辐射过程中的角动量守恒的考虑，来限定跃迁几率. 例如我们可以得出原子的总角动量在跃迁中必须保持恒定或增减 $\dfrac{h}{2\pi}$ 的结论. 这种和观察结果相符的关于量子数 μ 的变化可能性的限制，也可以直接从对应原理推出，正如通过和第一部分第 33 页[本卷原第 99 页]及第二部分第 59 页[本卷原第 125 页]上的考虑完全相似的简单考虑很容易证明的那样. 但是可以指出，量子数 τ 的变化可能性的限制导致出现在 § 1 中所讨论的线系光谱特征结构中的那种对普遍

1) J. Franck and F. Reiche, Zeitschr. für Phys. 1, p. 154(1920), J. Franck and P. Knipping, Zeitschr. für Phys. 1, p. 320 (1920).

2) A. Sommerfeld, Ann. d. Phys. 63, p. 221(1920).

3) A. Landé, Zeitschr. f. Phys. 5, p. 231 (1921).

谱线组合原理的适用性的惊人的限制，而这种变化可能性的限制却不能从角动量守恒的考虑中导出，而是必须看成对应原理所特有的一种推论. 和时常假设的情况相反（参阅文 II 第 58 页，并参阅索末菲的书的第六章 § 2）而且也和本节末尾所指出的情况相反，角动量守恒的考虑只能用来对谱线组合原理的那样一些限制有所阐明，那些限制出现在适用于个体线系谱线的多重结构成分线数目的定律中.

§ 3 的注.　本节的结论是建筑在第一部分第 49—50 页[本卷原第 115—
182 116 页]以及第二部分 § 2 中所发展的普遍考虑上的，而且在一切本质之点上代表了理论的目前状态. 自从本文属稿以来，关于线系光谱的斯塔克效应的实验资料已经大大增多了；这首先是通过斯塔克和李伯特关于氦光谱和锂光谱中新谱线的出现的详细研究，这种新谱线的出现已经在第二部分中提到过（参阅第 78 页[本卷原第 144 页]的注），而且是在一切细节上满足本文所描述的理论预见的. 高峰俊夫[1]关于各种光谱的研究，以及这位研究者在哥本哈根和汉森及沃尔诺一起进行的关于汞光谱的斯塔克效应的全面考察，都提供了进一步的宝贵资料，而且他们的结果已经揭示了许许多多的重要细节[2]. 在所有这些研究中发现的效应都和理论预见密切相符，因为主要的效应就是新的偏振成分线的出现，它们的强度及位移是和所考虑的谱项与对应的氢谱项之间的关系密切相关的.

谈到本文属稿以后的进一步的理论发展，类似的关于外电力对氢谱线精细结构的影响的问题已由克喇摩斯做了详细的处理. 他的结果是建筑在对受扰氢原子的力学性质的全面数学处理上的；正如由第二部分 § 3 中的讨论可以看到的，这些结果在本论著第二部分最后定稿时已经弄好了，而且在此期间已经发表在两篇论文中[3]. 在其中第一篇论文中已经指明，我们可以怎样得出关于附加精细结构成分线在电场中表现的强度的定量估计，这些成分线对应于电场在其他元素的线系光谱中激发的新谱线，而且起初正比于场强平方的个体精细结构成分线的位移也计算了出来. 在第二篇论文中，关于精细结构成分线在渐增电场中的行为以及关于它们到达普通斯塔克效应的逐步变化，都作出了全面的讨论；在普通的斯塔克效应中，各成分线的位移已经变为和场强成正比了. 利用相同的手续就能够说明外电场对已受任意辏力场扰动的氢原子的影响，并从而在定量的

1）　T. Takamine, Memoirs of the College of Science, Kyoto Imperial University, and Astrophys. Journ. 50, p. 23 (1919).

2）　H. M. Hansen, T Takamine and S. Werner: D. Kgl. Danske Vid. Selsk. Skrifter（即出）.

3）　H. A. Kramers, Intensities of spectral lines, D. Kgl. Danske Vid. Selsk. Skrifter, 8, Række III. 3 (1919), and Zeitschr. für Phys. 3, p. 199 (1920).

方面在本质上发展本文中给出的那些考虑. 关于成分线初始位移的这样一种计算,近来曾由白克尔[1]应用过,为的是讨论碱金属的斯塔克效应. 虽然在数量级方面达到了一定的符合,但是这些计算是有一种曾由白克尔本人提到过的问题 183
的;那就是,这些计算建筑在一些关于定态中较外电子轨道的特性的假设上,而这些假设在许多情况下是和以上提到的关于原子结构的晚近观点不一致的,结果,钠及以后各种碱金属的锐线系谱项和主线系谱项的主量子数就必须改变(参阅第 113 页[本卷原第 179 页]). 但是,完全撇开这种困难不谈,关于电场对线系光谱的效应的一种全面的理论处理并不能在这样一种计算的基础上给出,因为正如正文中已经指出的,导致个体线系谱线多重结构的起源于较内体系的力所显示的那种对简单辏力场的偏差,将本质地影响外场的作用. 但是,在关于汞光谱的上述新考察中显示得特别清楚的这种影响,却还无从得到详细的理论处理.

§4 的注. 正文中给出的关于反常塞曼效应的考虑带有很大的总结性质,在本稿的校订时期这一课题还是发展得很差的. 在此期间,在量子论意义的实验资料解释方面的一个重大进步已经通过朗德[2]关于一些谱项的系统考察而得出;通过这些谱项的组合,可以表示出各反常塞曼效应成分线的频率. 在此也应提到索末菲[3]所提出的关于这些谱项随渐增场强而变化的很有希望的讨论,那种变化是对应于帕邢-贝克效应的. 但是,应该和组合谱项联系起来的那些定态的更深入一步的意义却显得仍然会带来根本性的困难,而海森伯[4]所曾作出的绕过这些困难的努力也几乎和量子论对原子结构的其他应用所依据的那些原理没有充分的联系. 正如在正文中所指出的,困难首先在于这样一件事实: 普通电动力学定律不能再像在氢光谱理论的情况中那样地应用于磁场中的原子的运动[5]. 正文中提到的结论,即我们可以在对应原理的基础上断定拉摩尔定理一般 184
不适用于包含多个电子的原子,从帕邢和贝克[6]的观察结果得到了进一步的证实;按照这种观察,在磁场中,线系谱线的多重结构中出现一些新的成分线,它们

1) R. Becker, Zeitschr. für Phys. 9, p. 332, 1922.

2) A. Landé, Zeitschr. für Phys. 5, p. 231 (1921).

3) A. Sommerfeld, Zeitschr. für Phys. 8, p. 257 (1921).

4) W. Heisenberg, Zeitschr. für Phys. 8, p. 273 (1921).

5) 第二部分第 72 页[本卷原第 138 页]上的理论预期,即氢谱线(和氦火花谱线)的每一条精细结构成分线在磁场中将劈裂为正常三重线,得到汉森和雅科布森(D. Kgl. Danske Vidensk. Selsk. math.-fys. Meddelelser III, 11, 1921)关于磁场对氦火花谱线 4686 A 的效应的研究结果的有力支持. 虽然这种研究由于这条谱线对放电中出现的电力的敏感性而是很困难的,其结果却无论如何似乎证实了场的效应属于和其他光谱的反常塞曼效应中的那种场效应完全不同的类型. 也可参阅 O · 奥耳登伯, Ann. d. Phys. 67, p. 253 (1922).

6) F. Paschen and E. Back, Physica, 1, (Zeeman jubilee number) S. 261 (1921).

和第三个量子数改变超过一个的单位的那种跃迁相对应. 事实上，我们由这一现象可以断定磁场会对线系电子相对于较内体系的运动发生直接的作用.

正如在正文中所指出的，这些情况似乎和元素原子在其正常态中的磁性质的一般特点有关. 虽然这个问题还是没有得到解释的，但是正如在文 III 中所指出的，诠释这些性质的一个线索似乎已由下述情况给出：原子顺磁性的出现是和原子中一些较内电子组的存在最密切地联系着的，那些电子组处于进一步发展的状态从而显示一种对称性的明显欠缺.

在结束这篇作品时，我愿意为了我的合作者们的可贵协助向他们表示感谢；特别是 H · A · 克喇摩斯博士，他不但对课题作出了重大贡献，而且也很亲切地在校订这篇论著的所有三个部分的稿子方面帮助了我. 借此机会，我也愿意对卡尔斯伯基金董事会若干年来的很大捐赠表示衷心的感谢，这些捐赠曾使我能够在实施理论发展工作所依据的特殊问题的计算方面得到助力.

理论物理学研究所，哥本哈根，1922 年 9 月.

Ⅳ．论线光谱的量子论

第四部分

零散稿本*

* ［见引言第 6 节，中断处用横线标明.］［中译者按：原稿在拼法和语法方法方面都有些小的差错，译文中无法完全反映.］

186　对于包含多个电子的原子来说，定态的确定通常形成一个很复杂的问题，正如我们在上一节中所看到的那样. 但是，根据简单的考虑似乎就能够得到关于绝大多数原子在通常条件下可被预期为存在于其中的那个态的某些信息. 这个态可以叫做原子的正常态，它就是体系在其中具〈有〉总能的最小可能值、从而从它到其他定态的自发跃迁是不可能发生的那个定态. 对于具〈有〉一个稳定平衡组态的体系来说，这个组态就可以看成正常态，而且，假如体系是条件周期性的而且是可以分离变量的，这个组态就将和通过令所有的 n 都等于零而由(22)〈$I_k = n_k h$〉得出的定态相对应. 但是，对于由以反比于距离〈平方〉的力而互相吸引或互相推斥着的粒子所构成的那种体系来说，显然不可能存在任何稳定平衡的组态. 在这种情况，为了寻求具有最小能量值的定态，可以注意到这样一点：如果体系是条件周期性的，那么，既然各个 ω 本质上是正的，由(27)* 就可以直接推知能量将随任何一个 $\mathscr{I}$ 的增大而增大，从而最小能量值是通过使这些量的任何一个都取最小可能值来得到的.

例如，如果我们考虑氢原子而且为了简单把核的质量看成无限大，但是却把相对论修订对电子运动的效应考虑在内，那么，既然 n_2 不能为零，正常态就将和 $n_1 = 0$、$n_2 = 1$ 相对应，这就表明电子以等于 $h/2\pi$ 的角动量沿圆形轨道而运动. 可以指出，这个态和体系的其他定态相比，在若干方面可以认为具〈有〉内在稳定
187 性. 首先可以注意，轨道的特殊形状并不像初看起来那样和相对论修订的效应所引起运动的特殊周期特性有什么本质的联系. 事实上，假如我们能够忽视这些修订的效应，轨道就将是单周期性的，从而就可以在以核为其一个焦点的任一椭球坐标系中得到分离变量. 但是，在任何这〈样〉的坐标系中，通过应用(22)并忽视显然在物理上无法实现的运动，我们对于 $n = n_1 + n_2 + n_3 = 1$ 就只得到一个态，那就是角动量具有上述值的圆形轨道. 因此，我们按照普遍理论就将预期，所考虑的轨道当存在外力时并不会像按照普通力学所将预期的那样在时间进程中在形状上发生颇大的变化，而是当存在外力时轨道将以某种非力学的方式不改变形状而自行取向，直到获得了一个位置为止，在那个位置上离开圆形轨道的偏差将仍是和干扰力同数量级的偏差[?]，即使这些偏差是按照普通力学来计算的.

---

* [这应该是(29).]

按照以上所述我们将假设，当轨道达到了这一位置时，它将本质上是稳定的，而且将不具〈有〉自发地跃迁到任何其他定态的几率. 现在，正如在以前的一篇论文*中所指出的，从上述简单体系出发就能够以一种连续的力学方式来形成更复杂的体系，这种体系可以代表氢分子以及原子序数较高的元素的原子和分子.

试考虑这[?]两个处于正常态中的氢原子，彼此之间的距离远大于它们的电子轨道半径，并且让我们设想借助于作用在核上的外力来使它们互相靠拢. 设在开始时各电子是在垂直于核连线的平行平面上沿相同方向而转动的，并设从核到电子的两个矢径互相平行而反向. 于是，我们根据对称性的理由就可以假设，在二核相互靠拢的过程中，电子轨道平面的方向以及周相差都将不变，而只有轨道半径和轨道平面的位置将发生连续变化. 正如在上述论文中所提到的，计算表明，在过程开始时，圆形电子轨道的平面将比核更快地互相靠拢，直到某一个核间距离为止，在这个核间距离上二平面将重合，而电子则将在同一圆形轨道上在正对面的位置上进行转动. 在二核进一步靠拢的过程中，电子轨道将保持在核间
距离的垂直平分面上，而只有它们的半径发生变化，直到二核位置互相重合为 188
止. 在整个过程中，每一电子绕轴的角动量都将保持恒定，而体系在任一时刻都可以看成处于和所给核间距离相对应的正常态中. 现在，计算证明，作用在核上并使体系保持平衡的必要的外力，对于较大的核间距离来说具有和这些粒子之间的推斥力相对应的方向. 对于很大的距离，这些力当然是很小的，但是，在靠拢的过程中，它们将经过一个极大值然后在某一距离处减小到零，该距离小于电子轨道平面刚刚重合时的核间距离. 对于更小的核间距离，外力必将改变方向并再次开始增大，以致对于任何的小距离它们都是很大的. 正如在上述论文中说明了的，在使体系保持平衡的必要外力变为零的那一时刻，体系的组态就可以看成代表着一个氢分子，而且如所证明，二原子的"亲合性"可以用下述事实来解释：在分子的形成过程中，体系的力将反抗作用在核上的外力而做功.

这一简单的例子可以看成一种指示，说明怎样就能从各自包含一个以角动量 $h/2\pi$ 沿圆形轨道而转动的电子的一些体系开始，以一种连续的力学方式来形成若干电子以相同的角间隔在同一圆形轨道上转动的那种体系，而在过程中的任一时刻都并不改变任一电子的角动量. 例如，如果为了举例说明，我们暂时假设两个氢核当被弄得相距很近时会由于某种原因而粘在一起，那么我们就看到怎样就能通过上述过程来形成一个包含两个电子的体系，而这些电子是绕着一个二倍电荷的正核在圆形轨道上转动的. 完全不管核的内在结构及其质量的可

* [Phil. Mag. **26** (1913) 857.]

能起源，这一体系就可以被假设为和正常态中的氦原子相对应. 利用这种手续并且对已经得到的体系完成相应的过程，我们就可以一步步地形成更复杂的体系，这些体系在其带电粒子的位置和运动方面可以看成代表着原子序数较高的元素的原子和分子. 这样得到的简单体系都将具有一个对称轴；各个核就位于这一轴上，而各个电子则将排列在一些同轴环上，每一个环包含的电子数等于 2 的某次方.

在这方面可以指出，正如在上述论文中已经证明的，这些考虑得到下述事实
189 的支持：假如我们企图按照和在氢中所用的方式相类似的方式来形成两个氦原
子的分子，我们就会发现，在两个氦原子的靠拢过程中，我们根本不会经过什么平衡组态，而是对于任何给定的核间距离都必须施以其方向和二核间的吸引力相对应的外力. 因此，我们就这样得到了下述事实的简单诠释，即和两个氢原子不同，两个氦原子根本没有形成分子的趋势.

通过上述步骤来形成简单分子的过程，在一定程度上可以认为描绘了在自然界中实际发生着的过程，但是，关于原子的形成的考虑却显然是不能实现的，而只能是按照和以上各节所讨论的例子的类比来阐明所考虑的复杂体系可以怎样通过浸渐变换来以一种连续的力学方式和较简单的体系联系起来而已；关于这种简单体系的组态，我们从它们的光谱是已经得〈到〉直接的证据的. 因此，与此有关，请大家注意一种特殊类型的变换可能是有兴趣的；这种变换发生在自然界中，而且在某种意义上可以认为是初次[或刚才?]提到的那种过程的密切[?]类例[?]. 这就是[未发表论文第 254—255 页]上的那种变化.

依据在原子正常态中每一个电子的角动量都等于 $h/2\pi$ 的假说，笔者曾经企图勾画各元素的原子构造理论的轮廓*.

由于它们的本质稳定性，我们可以预期所考虑的体系在许多方面可以当作刚体来对待，例如在由于热骚动而引起的气体分子碰撞的效应方面. 在这方面出现的一个有很大兴趣的问题就是多原子气体分子的转动问题. 量子论对这一问题的第一次应用是由杰尔汝姆在他的众所周知的双原子气体红外吸收光谱理论中作出的**. 在这种理论中曾经假设，双原子气体的一个转动着的分子，在辐射的吸收和发射方面的行为将和具有叠加转动频率的线性谐振子按照普通电动
190 力学所将有的行为相同. 例如曾经假设，转动分子所发射或吸收的辐射将包括频

* [以上全都是玻尔的笔迹. 本页的下半部有五六行铅笔字迹，大都无法辨认. 它们显然是以后即将讨论的问题的提纲(电子一个个地被束缚，电离电势，X 射线谱，考塞耳的工作，分子的转动，比热等等).]

** [本段头三句是克喇摩斯的笔迹. 下一页是用铅笔写的，而且笔迹不同.]

率为$\nu+\omega$和$\nu-\omega$的两条成分线，此处ν是两个原子的相互振动的频率，而ω是分子作为一个整体绕着⊥于二原子连线的轴线而转动的频率. 因此，按照杰尔汝姆的看法，我们在吸收谱线的结构中就有一种获得有关气体分子转动的直接信息的手段. 杰尔汝姆假设，分子并不是以所有的频率转动，而是只以满足关于能量和频率的关系的普朗克条件式(8)[Q. o. L. 中的(9)]的频率而转动的，于是他就预言了，一条吸收谱线将包括若干条对原有谱线对称排列的成分线，它们的频率是按简单算术级数而变的. 这种结构后来由 E · v · 巴尔(Bahr)针对 HCl 光谱中的一条强红外吸收谱线观察到了. 杰尔汝姆进一步指出，必须预期分子的转动[*]将对气体的吸收光谱有另一种可观察的效应，即它们将在光谱的远红外部分引起一系列吸收谱线，而且这些谱线的频率将和前一些吸收谱线的各成分线的频率差有一种简单的关系. 杰尔汝姆理论的这一部分也被发现和后来的实验普遍相符，特别是和汝本斯及黑特诺关于水蒸气红外吸收光谱的近期测量相符. 因此，看来杰尔汝姆的主要想法无疑是正确的.

虽然[**]由此看来杰尔汝姆理论中关于所考虑光谱的起源的主要想法在实质上是正确的，但是，由于量子论的近来发展，看来却有必要用一种多少不同的方式来诠释观察结果的细节.

首先，我们不能假设在体系运动可以分解成的那些谐振动的频率和所发射的辐射的频率之间存在一种直接的联系，但是我们仍然预期，后一些频率是通过关系式(1)的应用而由各定态的能量差来确定的. 其次，我们不能假设普朗克关系式可以直接应用于其转动频率随总能而变的转动分子. 假如我们可以把一个
双原子分子比喻为距离不变的两个质点，我们就应该预期各定态可以根据(10) 191
来简单地确定；既然在现有的情况下所有的能量都是动能，对于相同的n值来说，(10)所给出的能量就将恰好是杰尔汝姆通过利用(9)式求得的能量的一半. 但是，在这一问题的详细讨论中我们却遇到这样一种复杂性：按照 R〈卢瑟福〉的原子结构理论，我们似乎必须假设一个双原子分子一般将由于把两个原子保持在一起的那些电子而具有一个绕着核连线的合角动量. 因此，一般说来，将有必要把这一动量对分子运动的回转效应考虑在内.（参阅克吕格尔.）这一问题的最初处理已由施瓦尔兹席耳德给出，他把分子的运动和具有对称轴的刚体的运动进行了比较，并且指出了所讨论的运动是条件周期性的和可以分离变量的. 因此条件式(22)可以直接应用，而且由此得出相对于核连线的运动的角动量以及

---

* 也会在光谱的远红外部分引起一系列可观察谱线，其频率等于分子的转动频率，从而和上述吸收谱线各成分线的频率差有一个简单关系.[这条注释是克喇摩斯的笔迹. 其中一个显然是缩写的单词已经无法辨识.]

** [从此处起，稿本又是克喇摩斯的笔迹了.]

体系的总角动量都将等于 $h/2\pi$ 的整数倍. 这就给出转动分子的总能如下：

$$E = E_0 + \left\{ (n^2 - n_0^2)\, \frac{h^2}{8\pi I} \right\}$$

式中 $n_0(h/2\pi)$ 是绕上述轴线的角动量，E_0 是假设此轴线为静止时的总能值，而 $n(h/2\pi)$ 是体系的总角动量. 按照上节给出的关于定态间跃迁几率的普遍考虑，我们现在应该预期在这些跃迁中 n 只能改变一个单位，从而我们就得到由于转动而使一条吸收谱线劈裂成的那些原有成分线的位移应该由下式给出

$$\pm (2n+1)\, \frac{h}{8\pi I}$$

式中 n 可以取等于或大于 n_0 的一切整数值.

现在，布尔杰斯已经证明，如果能够利用 S[即索末菲]的角变量方法确定静止分子中的电子运动的定态，那么就将也能够把这种方法应用于转动分子中的运动，只要后者的惯性矩远大于电子绕体系重心的惯性矩. 这样，布尔杰斯就得出了一个总能公式，它显示出一些关于上述那种效应的有趣迹象；但是，通过把
192 分子的运动和电子在固定场中的运动相比较，他曾经引入了一些简化，结果就排除了和实际分子直接对比的可能，因为实际分子必须看成由它们的相互作用保持在一起的一些自由粒子所构成的体系.

如所周知，除了根据光谱学观察结果以外，另一种得到有关分子转动的信息的途径是由很低温度下气体比热的测量所提供的*.

因此**，正如在杰尔汝姆理论中一样，我们应该（按照……计算）预期若干条等频率差的成分线，但是和该种理论不同，我们必须预期频率只是按奇数递增的 ||| …… | • | | || 而且如果 n_0 异于零，则某些中间成分线将不存在. 将这一结果和封 · 巴尔的测量相比较，如果 $n_0 \geqslant 2$，就似乎不能得到像对 HCl 分子所应有的那样满意的符合. 但是，这种不一致可能是由于这样一件事实：一个转动的分子不能足够准确地和一个刚体相比，而是我们必须预期转动将引起对电子运动的微扰，这种微扰将在定态的总能中造成一个改变量，其数量级和由作为整体的分子的转动所引起的相同. 布尔杰斯近来发表的计算，为此提供了一个有趣的例证，他把静止分子中一个电子的运动……[两个单词无法辨认]在固定力〈场〉中运动的电子作了比较，并且通过考虑此力场绕……[两三个字不清楚]通

---

* [这一句和后面几个部分地无法辨认的字是玻尔的笔迹. 那几个字似乎是：艾普斯坦(?)增强激发.]

** [没编号的一页，克喇摩斯的笔迹. 圆括号中的字句是玻尔加上的，其中一个单词无法辨识.]

过……的重心的定轴的转动对电子运动的效应而照顾了分子的一种可能转动的效应.

迄今* 我们只在恒定的或变化很慢的条件下考虑了原子和分子中的电子运动,在这种情况下我们可以指望普通的力学能够适用.但是当考虑气体对电磁辐射的色散时我们却遇到一个性质完全不同的问题,因为我们这时处理的外场在
各电子绕转的周期中变化颇大.因此,按照本论文中讨论的原理,似乎没什么理 193
由像近来首先由德拜而后由索末菲所尝试的那样,通过直接应用普通的电动力学以计算外场对原子中电子运动的效应来处理这种问题.

在** 以上的考虑中,我们(特别)考虑了恒定或变化很慢的外界条件下的原子和分子中的电子运动,而且已经指出我们可以指望普通力学在这些情况中普遍成立.但是当考虑原子对电磁辐射的色散时我们却遇到一个类型完全不同的问题,因为我们在这里首先处理的外场在各电子的转动周期中变化颇大.因此,按照(本)论文中讨论的原理,似乎没什么理由像德拜和索末菲在某些近期论文中所做的那样,通过直接应用普通的力学和电动力学而把这个问题当作电子的运动来处理.这些论文中的手续所涉及的形式上的困难,在普通电动力学的应用问题方面已由C·W·奥席恩指出,而且在原子体系的力学稳定性方面已由J·范·丽温女士指出.此外还可以指出,直接的实验证据表明色散不能

注. 在这方面可以指出,笔者曾经指明,从上面所采取的观点来看,在氦中也像在氢中一样可以得到和测量结果的近似符合.

虽然我们不能利用普通的电动力学来详细地计算色散,但是,依据后一理论和建筑在以上所讨论的(1)式上的辐射理论之间的关系,却不能认为下述事实是意料之外的情况:曾经能够利用普通电动力学理论来解释色散现象的典型特点,而且曾经能够在普遍情况下利用诸德理论来得到原子中电子数的近似确定.

另一方面***,认为和色散(曲线)过程有关的那些吸收谱线的频率等于按照(1)式 194
将和从正常态到其他可能定态的跃迁的那种辐射的频率,在这种观点的基础

---

* [标有“1”字的一页,克喇摩斯的笔迹.本页的下半页已被划掉.]

** [铅笔写的未完成的一页.]

*** [第一句是克喇摩斯的笔迹,写在标有“2”字的一页上;该页的前2/3部分被划掉了.]

上†似乎就能够† * 　也像在氢中那样在氦中近似地说明观察到的色散. 让我们首先考虑氦中的色散,并且让我们在开始时先考虑电子可被预期对一种电磁辐射发生反应的方式,该电磁辐射中的电力具有//于电子轨道平面的方向. 既然体系对电子在这一平面上的小位移来说是不稳定的,建筑在普通电动力学上的这种反应的确定就是根本谈不到的,(和普通辐射理〈论〉的类比)但是按照上述观点,我们却将预期辐射的效应就在于给体系造成一种从正常态过渡到电子在同一平面上运动的其他态的趋势. 这些态可被预期为对应于普通氦光谱所涉及的那些定态,也就是说它们属于那样一些定态;在各该定态中,一个电子已被带到比另一个电子离核远得多的距离处,而且在这种态中,较内电子的轨道应被预期和较外电子完全被取走时所将出现的轨道相差很小. 和从正常态到这些态中某一个态的跃迁相对应的能量差,是在关于利用电子撞击来引起 He 光谱各谱线的最小必要电压的实验中直接加以观察的;经发现,对于不同的谱线来说,最小电压介于 21.5 伏特和 29 伏特之间,这就和 5×10^{15} 到 7×10^{15} 周/秒的频率相对应,而根据色散实验推得的红外吸收谱线的频率则是 5.9×10^{15} **
其次考虑(针对气态元素的电磁力所引起的那一部分色散)***对于那种辐射的反应,辐射中的电力具有垂直于轨道平面的方向;这时我们就发现,按照普通力学,体系对垂直于这一平面的电子位移来说是稳定的,而且两个电子沿相同方向运动的那种小振动的频率和一个等于 11×10^{15} 的频率相对应. (在前一篇论文中,这一频率是计算……[字迹不清].)假如这一频率像在简单普朗克振子的情况中
195 一样是和这些振动的振幅完全无关的,我们就应该根据量子论也预期(但是这一假设并不表明[?]这个)(这是不满足的,从而我们不能假设)****它将恰好对应于那样一个频率,该频率和具有所述偏振的辐射的色散有联系. 但是情况显然并非如此,从而我们必须假设特征频率只能通过寻求和所考虑的振动类型相对应的定态来确切地计算. 但是,不必详细讨论就能明白,定态和这样一些态之间的能量〈差〉将是和把两个电子都从原子完全取走时所需的能量同数量级的,而且既然这里和对应于平面上的位移的跃迁不同,两个电子是起着同样的作用的,那么频率就是通过用 $2h$ 去除[能量差]来确定的. 这就给出 $\approx 10\times10^{15}$;正像所应预料的那样,这是和上述那种无限小谐振动的频率同数量级的一个频率.

既然 10×10^{15} 的频率比对应于观察到的可见光谱区域的色散进程的频率 5.9×10^{15} 大得多,那就必须预期,电子对辐射中垂直于轨道平面的电力分量的

---

* [†号之间的几个字在稿本上被划掉了.]

** 科茨伯孙.

*** [括号中是一条铅笔注解.]

**** [括号中是铅笔注解,玻尔的笔迹.]

反应将对总色散影响很小,而(正如所指出的) * 这就可以给下述事实提供一种简事诠释;那事实就是,根据诸德理论的色散公式,在氦中定出的电子数不等于2,而只是稍小于此数的 2/3 倍的一个数.

当我们进而考虑氢中的色散时,由于氢分子的结构比氦原子的结构更复杂,从而问题也就更复杂一些. 和在氦的情况中一样,体系对于环平面上的小位移将是力学不稳定的,从而电力//这一平面的那种辐射的特征色散频率又必须通过寻求电子在平行于这一平面的轨道上运动的那些定态来确定. 但是,和氦不同,两个电子中一个在另一个的外边而在同一平面上运动的任何稳定组态都是不可能的,从而这里和在氦中考虑了的那些态相对应的那种类型的态将对应于这样的组态:(两个核相隔较远而且)**每一个电子各自绕着一个核而运动,其中一个在和中性氢原子的正常态相对应的轨道上运动,而另一个则在该原子的和较大的 n 值相对应的一个态中运动. 和从正常态到其中一个这种态的跃迁相对应的能量差将介于 $2.20-(1+0.25)=0.95$ 和 1.20 之间,这就对应于从3.1×10^{15}到3.9×10^{15} 的频率,从而也像在氦中一样是和从色散曲线推得的频率同数量级 196
的,科茨伯孙求得的这种频率是 3.5×10^{15}. 其次考虑 H_2 分子中的电子对电力⊥轨道平面的那种电磁辐射的反应,我们发现体系对于垂直于这一平面的小位移是稳定的,而且和电子沿相同方向运动的那种振动相对应的频率等于 3.8×10^{15}. 正如在氦的情况中一样,这一只和无限小振幅的振动相对应的频率不能被预期为恰好等于在色散中起着特征频率的作用的那一频率,而是(既然我们必须预期振动越增大则两个核相距越远)*** 这一频率必须通过将把两个电子从核取走时所需的能量值除以 $2h$ 来确定. 由此求得的频率是 3.6×10^{15},这又是和从色散测量推得的频率同数量级的,从而又给一件事实提供了一种简单的诠释;其事实就是,和氦相反,已经发现利用诸德公式算出的氢分子中的原子数和 1 很接近(参阅所引论文).

发出**** 原子序数较高的元素的线系光谱的那种机制的更大复杂性(更复杂的特点),也由磁场对这些光谱中各谱线的效应比对氢谱线的相应效应更复杂的特点(更大复杂性[?])显示了出来. 这些所谓"反常"塞曼效应的一种解释可以按下列方式来寻求. 根据关于浸渐不变性和角动量守恒的普遍考虑可以得出结论,

---

* [铅笔附注.]

** [玻尔用铅笔写的补充文字.]

*** 试和 $\frac{2/3C}{\nu^2-\nu_0^2}+\frac{1/3C}{\nu^2-\nu_1^2}$ 相比较.

**** [除了圆括号中是玻尔的笔迹以外,其他都是克喇摩斯的笔迹.]

当存在磁场时，原子在它的定态中将适当取向，使得所有电子绕通过核并平行于场的一个轴的总角动量等于 $h/2\pi$ 的整数倍[1]. 正如根据低频率和附加能量之间的联系所应预期的，正如在氢的情况中一样，由此也得到由场引起的体系附加能
197 量 $\Delta E = nh\omega'$，式中 ω' 是由(⟨79⟩)给出的频率. 但是，和氢原子不同，对于其他原子来说，这一附加能量并不完全属于一个电子，而是可以认为按照正比于它们绕场轴的角动量值的比例而分配给较内电子和较外电子. 只有属于较外电子的那一部分附加[?]能量才能在跃迁中被这个电子当作能量辐射而发射出去. 用这种办法，氢谱线的正常 Z[塞曼]效应和其他光谱各谱线的正常塞曼效应之间的典型区别就能得到解释.

[两行无法辨认的铅笔字迹]

和*氢相比，发出原子序数较高的元素的线系光谱的那种机制的复杂性，也可以由外磁场和外电场对这些光谱的效应的较大复杂性表现出来(来预期)**. 根据关于浸渐不变性和角动量守恒的普遍考虑可以得出结论：原子中所有电子的绕核的总动量，在定态中必须等于 $h/2\pi$ 的整数倍[2]. 如果现在原子受到一个外电场或外磁场的作用，我们就必须根据这些考虑来进一步预期，这一角动量绕通过核而平行于场的轴线的那一分量也等于 $h/2\pi$ 的整数倍. 由于总角动量的值较大，这就立即提供了定态数目比较内电子的效应可以简单地用固定辏力场效应来代替时所能预期的数目更大的可能性. 在外电场的效应方面，这个较大的定态数是和一件事实直接联系着的，那就是，由场引起的较外电子轨道的缓慢扰动的频率，将由于对较内电子轨道的取向改变有所反应而比较小，从而我们应该预期由场引起的附加能量可能值的差距也较小. 另一方面，对于磁场的效应来说，扰动的频率将像第……页上所阐述的那样在所有的情况下都相同，而且等于由(⟨79⟩)给出的 ω'；这是和一件事实相一致的，即按照以上关于总角动量的假设，
198 由场引起的总能量的改变量将像在氢的情况中一样等于 $h\omega'$ 的整数倍. 但是，和氢原子的情况不同，我们不能预期这一附加能量可以全部都用来作为能量辐射而在跃迁中被发射出去，而是对于其他原子我们可以认为附加能量按照正比于它们绕场轴的角动量的比例而分配给较外电子和较内电子. 只有可以认为属于

---

1) 在体系具有对称轴的情况，这也可以由"部分"分离变量的可能性推得. 参阅 P. Epstein. Ber. d. D. Phys. Ges. 1917.

* [这一段写在标有 12Z 和 13 字样的两页上，它代表前面一段的修订稿.]

** [附加的另一种说法.]

2) 在体系具有对称轴的情况，这也可以由"部分"分离变量的可能性推得，参阅 P. Epstein. Verh. d. D. Phys. Ges. p. 116 (1917).

较外电子的那一部分能量才是在跃迁中可供利用的，而另一部分则在跃迁中被“感应力”的效应所补偿，这些“感应力”起源于较内电子轨道相对于磁场的取向的改变. 于是，我们用这种办法就在磁场的情况中也得到（较）大数目的能量“有效”值，这些“有效”值之差一般并不等于 $h\omega'$ 的整数倍，而且可以看出，把这一点和(1)式联系起来，就将给所考虑的元素光谱中的反常塞曼效应的特点提供一种简单的诠释.

所[*]考虑的这种类型的运动，很容易证明当受到任意变化的小外力时是不稳定的，如果这些力的效应是通过普通力学来计算的话；但是正如笔者所指出的，这并不是反驳本理论的依据，因为它是和量子论的基本假设有着密切联系的，那假设就是，这种力的效应一般并不能利用普通力学来计算，而是各个定态具有一种和发射及吸收过程的不连续特点相联系着的内在稳定性. 这当然在由若干粒子构成的体系的那种情况中有其特殊的应用；在那种情况中，定态并不仅仅是由量子性的条件来表征的. 可以按照普通力学来加以讨论的唯一的……［一个单词无法辨认］稳定性条件，就是对于可以看成浸渐变换的一些部分的那种位移而言的稳定性的条件；在这种浸渐变换中，普通力学是可以应用的. 因此，联系到上面提到的关于体系的形成过程的那些考虑，我们就将预期只有这样的体系才能看成稳定的：对于这种体系来说，总能量比〈在〉电子以相同角动量在圆形
轨道上转动的任何相邻态中都要小一些. 因此，似乎只有这样的组态才能被认为 199
是代表着正常态中的原子的.

尽管如上所述，对于原子序数较高的元素的普通线光谱来说，相对论修订的效应将是很小的，因为它对较外电子运动的微扰效应远小于较内电子所引起的效应，但是，当我们考虑必须预期为起源于一个或多个较内带电电子起了重要作用的那种跃迁的伦琴射线谱时，情况却有所不同，这一部分是因为在这种情况下相对论修订的效应由于速度很大而要大得多，一部分是由于其他电子的效应是[**]

氢原子中电子的……，索末菲用这种办法得到了一种关于在某些元素的伦琴射线谱中观察到的典型双重化的发人深思的解释，这种解释显示了和测量结果的惊人符合. 但是在这方面可〈以〉指出，当企图详细解释这些光谱时，看来就有必要也照顾到其他电子的作用. 特别是因为其中一个较内电子的轨道必须假设为

---

* ［本段和下一段大部分是用铅笔写的，显然是克喇摩斯的笔迹，而且是很难辨认的. 在本段第一页的顶部，左侧写有“α 粒子”的字样，而右侧写有“9 月 28 日”的字样.］

** ［此处的一小段是由克喇摩斯用钢笔写的. 下半页是用铅笔写的，而且无法辨认.］

在离开核的距离方面和其他较内电子的轨道同数量级，所以就必须预期，和对应于方程(35)[?]不同值的较内电子轨道相对应的有效核电荷将相差颇大. 这种反驳意见，特别是反对德拜所给出的关于伦琴射线谱中 K 谱线公式的解释的那种企图的论点……[?]；在那种解释中，利用简单的假设和测量结果求得了很好的符合.

我们在原子正常态中的电子安排问题中遇到一种简单的运动类型；在这种运动中，和刚刚讨论了的情况相反，我们可以预期能够直接根据浸渐变换原理来得出有关运动的结论. 按照关于简单性的考虑，我们可以预期在这种情况下各电子以相等的角间隔被安排在一些同轴环上，并绕着体系的轴线而在圆形轨道上进行转动. 现在，正如在以前的论文中所指明的，如果环上所含的电子数等于 2 的某次方，则一个这种类型的环无论如何可以通过适当地施加外力而由一些各自包含一个沿圆形轨道转动着的电子的较简单体系来形成，而在整个过程中都不必使任一电子的角动量有所改变的. 艾伦菲斯特[?]. 现在，后一种体系的和最
200 小总能值相对应的态将是绕轨道中心的角动量等于 $h/2\pi$ 的那个态. 因此，按照定态的浸渐不变性原理，我们必须预期在正常态中每一个电子的角动量都将等于 $h/2\pi$. 在谈到过的那些论文中，曾经作了发展一种原子构造和分子构造的理论的某些特点的尝试. 除了对于原子中只包含少数几个电子的那些原子量最低的元素以外，所提出的电子排列肯定是具有颇为初步的性质的，它们只能起到举例阐明理论的原理的作用. 近来这个问题曾由考塞耳更深入地考虑过；他在一种照顾到许多化学资料的很仔细的讨论中指出，所谈的这些排列并不能对电正性元素和电负性元素的性质之间的明显差异作出简单的解释，而且这些典型的差异，并且提出了[原意如此——中译者注.]可能显得更适于用来解释这些差异的另外的排列. 但是，在考塞耳的论文中，根本没有企图确切地计算电子组态，也没有企图把所提出的排列和依据作为理论基础的原理所应预期〈的〉排列进行对比. 我们希望在不久的将来，在和弗瑞克合写的一篇论文中通过不同的可能排列的数字计算来讨论这些问题. [“these question”，question 后未加表示多数的 s，原文中这样的小错所在多有，原书编者保留了原文的本来面目，没有进行改正——中译者注.]

上面的考虑和前一节包含了同样多的考[虑]浸渐变换是通过作用假想的外力来完成的：因此，在这方面，请大家注意实际上在自然界中发生着的一种特殊类型的变换就可能是有兴趣的*.

---

* [接下去是三行无法辨认的铅笔字. 此外还有最后的三分之一页，其头两行是克喇摩斯的笔迹. 其余的(大部分无法辨认)是玻尔用铅笔写的.]

Ⅴ. 原子和分子的问题

在莱顿发表的演讲(1919 年 4 月 25 日)*

* [见引言第 8 节.]

202

原子和分子的问题

这次演讲的标题所概括的课题是一个很普遍的课题,从而在我所能利用的时间内即使只对从在这一科学领域中已经做过的大量工作中得出的主要结果作一适当的说明也当然是不可能的.但是,在下面我将尽可能清楚地阐述某些思想路线,它们是原子物理学的近来发展的特征;而且,尽管我因为时间不允许讨论这一课题的较古的历史而感到遗憾,但是我必须承认,这篇演讲的主要用意将只在于强调,和不多几年以前科学家们看待这种问题的方式相比,现在大多数物理学家考虑所谈到的问题的方式是何等地不同.这种差别不仅仅和我们关于原子结构的想法的发展有关系,而且在同样的程度上和我们企图利用这些想法来解释各元素的物理性质和化学性质的那种方式有关系.

在我们关于原子构造的洞察方面,一个带有根本重要性的进步是在大约二十年以前通过电子的发现而得出的.众所周知,和气体在低压下的放电相联系着的那些美丽现象的考察是怎样导致了一种结果的,那就是,所谓阴极射线是由一些小粒子构成的,这些粒子带有负电荷,而其质量和原子的质量比起来是很小的.经发现,这些粒子的电荷和质量都是相同的,不以放电管中的气体种类或电极的材料而为转移;这一事实很自然地导致一种确信,即我们在这里遇到了不同元素的原子的一种共同的成分;如所周知,这种观点已经在塞曼关于磁场对光谱线的效应的发现以及洛伦兹对这一现象所作的解释中得到了如此光辉的证实;它们毫无疑问地证明了元素光谱的发射是以某种方式和原子中电子的运动联系着的.

203 这些发现很自然地大大推动了扩大我们关于原子内部构造的知识的工作,而且在这一领域中的最有兴趣的成就中间,必须提到J·J·汤姆孙爵士关于原子中不同电子组态的稳定性问题的那些发人深省的探索;这些探索指示了对各元素的物理性质和化学性质随着原子量的增大而变化的那种周期方式作出简单诠释的可能性.但是,所有这样的工作都遭受到一种主要的困难,即关于支配着原子中各电子的运动的那些力的本性,我们所知甚少.既然在通常条件下原子是中性的,那么就很清楚,它们除了电子以外必然还包含正电,但是当时还不知道可以在这种电荷的分布方面提供直接证据的任何现象,因此,近年来通过放射性元素的性质的研究已经提供了这样的证据，这就是一种具有最大重要性的结果了；这些元素可以说向我们显露了所急需的原子的正电成分. 如所周知，这些元素经历自发的嬗变，它们的原子在嬗变中通过逐出带电粒子而转变成有着不同的物理性质和化学性质的元素的原子. 经发现，被逐出的粒子一部分是电子(β粒子)而一部分是带正电的微粒，即所谓α粒子，它们带有和两个电子的电荷相当的电荷，而且具〈有〉一个在实验误差范围内和氦原子质量相重合的质量，从而这个质量是比电子的质量大了几千倍的. 这些α粒子已被证实为最有效的原子内部探查物. 由于它们被放出时的巨大速度，它们能够穿透金属薄片或若干厘米厚的大气压下的气体层，而且，根据按气体分子运动论估计出来的原子尺寸不难推知，每一个粒子在其路径上将穿透将近一百万个原子. 在一束α射线中，绝大多数粒子的径迹都被发现是近似的直线；因此这一事实首先就表明，原子在和α射线的相互作用中表现为一种很不致密的结构. 另一方面，发现少数粒子的径迹会突然发生一个角度颇大的偏转，这一事实就表明原子除了含有电子以外(由于电子质量很小，和它们的碰撞只能引起α射线的很小的偏转)，必然还包含一些正电荷，这些正电荷集中在远小于整个原子的区域中，而且是附着在和原子质量同数量级的质量上的. 这就是所谓的α射线的散射. 这种现象对我们的课题来说的重要性曾由欧内斯特·卢瑟福爵士指出；我们关于放射性现象的很大一部分 204
知识就是由他得来的. 根据上面说到的那些理由，卢瑟福就得出了这样的结论：原子中的正电集中在一个中央核上，而这个核也就是原子质量的主要部分的所在之处，其余的质量包含在一个电子团中，各电子离核的距离比核本身的线度要大得多. 通过和α射线束的偏转测量结果更仔细地进行对比，发现这些结论得到了光辉的支持. 根据这些测量结果，可以进一步对核上正电荷的量值作出直接的估计，从而对中性原子中电子团所包含的电子数作出直接的估计. 卢瑟福的计算结果给出，这个数目近似地等于原子量的一半. 喏，这就又近似地等于确定对应元素在门捷列夫周期表上的位置的那个数，即所谓元素的原子序数. 再者，如上所述带有两倍正电荷的α粒子，必须按照理论看成氦原子的核，氦就是周期表上的第二号元素；于是有一个简单假说立即可以得到，即中性原子中的电子数恰好等于原子序数. 如所周知，这个首先由范登布若克提出的假说已经从摩斯莱关于各元素的特征伦琴射线谱的光辉研究中得到了有力的支持；这种射线谱提供了关于原子序数在确定元素性质方面的根本重要性的最直接的证据.

上面提到的关于原子结构以及关于所包含的电子数的结论，已经通过研究放射性元素的物理性质和化学性质以及这些性质在嬗变中的变化方式而进一步得到了令人信服的证实. 例如，首先已经发现，某些元素具有不同的原子量和完全不同的放射性质，但在其他方面却如此地相像，以致不但不能用普通的化学方法分离它们，而且甚至发现它们的光谱中的所有谱线都在实验误差的范围内互相重合. 喏，这种所谓同位素元素的存在，恰恰是根据卢瑟福的原子理论可以预料的. 事实上，按照这种理论，我们将假设原子量直接依赖于核的质量，而放射性嬗变则是由 α 粒子和 β 粒子从核被放出所引起的，而这又是依赖于核的内部结构的一种过程. 另一方面，元素的其他性质却必须被预期为起源于周围电子团中各电子的运动，但是可以看到，由于核的线度很小，电子运动于其中的力场将在
205 很高的近似程度上不依赖于核的内部结构而只依赖于它的总电荷. 同位素的性质的相似性于是就立即得到解释，如果我们假设这种元素的原子具有相同的核电荷. 另外，关于放出 α 粒子或 β 粒子以后物理性质和化学性质的变化的观察，提供了所能想象的检查这些性质对核电荷的依赖关系的最直接的手段. 例如，和上述关于中性原子中电子数的观点明显相符的是，已经发现一次有 α 射线放出的嬗变将带来和在周期表上退后两步相对应的物理性质和化学性质的变化，而由 β 射线的放出引起的嬗变则带来和向原子序数增加的方向前进一步相对应的变化.

由这些考虑可以看出，我们按照有核原子理论就得到一种区分元素的两类不同性质的合理手段. 属于第一类性质的是本质上依赖于核的内部结构的放射性现象，而对于引起一切已知现象所属的第二类性质的机制来说，核却可以看成像一个点那样起作用，该点有一个电荷，和等于原子序数的那么多个电子的电荷相当，而其质量则实际上等于原子量. 在目前，我们还没有多少可以用来讨论核的内部构造的资料，从而有核原子理论在第一类现象方面的主要成就，就在于直接诠释了放射性现象对元素所处的可能外界条件的变化(例如温度和化学结合的变化)的那种惊人的独立性. 事实上，后一些变化只能首先被预期对周围电子团中的电子运动有影响，而这种运动对核内过程的无影响性则可以看成同位素所显示的电子运动对核内结构而言的独立性的逆叙述. 另一方面，当我们考虑第二类现象时，我们却遇到一个性质很不相同的问题. 在这里，我们对于每一种元素都有关于很不相同而又互相密切联系的一些现象的大量资料，而按照理论这些现象全都可以被预期只依赖于核的总电荷和质量. 因此，依据简单的运动学考虑来诠释这些现象并导出它们的相互关系的算术表示式，就形成一种最使人心醉的理论研究的纲领.

206 但是，当我们进而讨论实际存在的实施这种纲领的可能性时，却可以直接看出我们会遇到不可克服的困难，如果企图把考虑建筑在普通的力学定律和电磁学定律上的话. 事实上可以立即看到，如果应用这些定律，所考虑的这种类型的原子中的电子运动就并不具备说明各元素的确定的物理性质和化学性质所必需的那种本质稳定性. 这种稳定性或许是最突出地由各元素的线光谱显示出来的；

这种光谱既然在很大程度上不依赖于激发条件，那么就必须被认为是原子的一种固有性质，而且通过谱线的细锐性来提供着关于原子内部运动的确定性的不容置疑的证据，为了尽可能明白地证明这一点，让我们考虑尽可能简单的情况，即氢原子的情况；按照以上的考虑，必须认为这种原子简单地包括一个绕正核转动的电子. 如果我们假设这些粒子的运动可以依据普通力学来描述，而且我们暂时忽略相对论所要求的电子质量随速度的微小变化，我们就得到众所周知的结果，即两个粒子将描绘相似的以它们的公共重心作为一个焦点的椭圆轨道. 确定着这些轨道的线度及其绕转频率的那些关系式将由简单的开普勒定律来表示，而且很容易证明，绕转频率和相对轨道的长轴将通过不依赖于轨道偏心率的关系式而由体系的总能来确定，如果用 W 代表为了使粒子相距为无限远而必须传给体系的总能量，我们就得到旋转频率 ω 和相对轨道长轴 $2a$ 的表示式如下：

$$\omega=\sqrt{\frac{2W^3(M+m)}{\pi^2 N^2 e^4 Mm}},\quad 2a=Ne^2/W \qquad \langle(1)\rangle$$

式中我们为了普遍而用 Ne 表示了核上的正电荷，而电子的电荷则像通常一样表示为 $-e$. 此外，M 和 m 分别是核的质量和电子的质量.

这些公式肯定是很简单的，但是可以看到，初看起来它们并不能给氢的特有性质的解释提供任何基础. 事实上，按照普通的力学概念，我们并不能预期 W 的值是事先限定的，从而我们就应该预期绕转频率和轨道长轴可以有一切可能的值；但这显然是和诠释氢所特有的物理性质及化学性质所必需的原子确定性无法调和的. 这一点可以最清楚地看出，如果我们考虑一下氢光谱的 207
话. 如所周知，这种光谱包括若干条谱线；当用分光本领不太高的仪器来观察时，这些谱线是一些很细的线，它们的波长可以在很高的近似程度上由下列公式来给出：

$$\frac{1}{\lambda}=K\left(\frac{1}{(n'')^2}-\frac{1}{(n')^2}\right) \qquad \langle(2)\rangle$$

式中 λ 是其中一条谱线的波长，而且 K 是一个恒量，而 n' 和 n'' 代表两个整数. 如果 $n''=2$ 而令 $n'=3, 4, 5 \cdots\cdots$，我们就得到众所周知的可见光谱域中的氢谱线系. 适用于这些谱线的公式是由巴耳末发现的. 如果我们令 $\langle n''\rangle$ 等于 3 或等于 1，我们就分别得到红外区域和紫外区域中的两个线系，它们已经分别由帕邢和赖曼观察到了. 适用于这些线系的公式是由瑞兹预言了的，他在谱线组合原理的基础上确立了氢光谱的普遍公式，我们以后还将回头考虑这一原理，它给各元素光谱的经验定律的奇特简单性提供了表示形式.

氢光谱算术表示式的惊人简单性显然和我们所采用的极其简单的原子结构有一种最为发人深思的关系，但是，只要我们把我们的考虑建筑在普通的力学理论和电动力学理论上，那就显然没有可能把光谱的特征细节和原子的运动联系起来. 事实上，按照电动力学定律我们将预期，由于各粒子的加速运动，原子将发射一种辐射，其频率将等于绕转频率. 因此，首先我们看到，除非有什么东西限制 W 的值，我们并不能按照这种理论来解释光谱包含一些细锐的分离谱线这一事实. 其次，即使由于某种原因，原子在起初是调节得以等于光谱中某一谱线频率的频率而转动的，那也只能是暂时的情况，因为按照普通电动力学的预料，在辐射过程中频率将由于 W 的增大而连续地增大. 此外，由公式(1)可以看到，在辐射过程中，轨道长轴的值将无限制地减小，其最后结果就是电子将干脆掉到核里边去，而这当然是和原子持久存在的想法无法调和的.

但是，这些困难现在并不能认为是反对我们关于原子结构的概念的严重论
208 据，因为近年来我们已经得到确切的证据，表明不可能在普通的力学定律和电动力学定律的基础上说明某些普遍的物理现象，这些现象的诠释是必须假设为本质上不依赖于有关特定物质的原子构造的考虑的. 如所周知，这种证据是通过所谓温度辐射问题的研究得到的，那就是存在于由处于温度平衡的物体所包围的空腔中的辐射的构造问题. 正如已经由基尔霍夫根据普遍的热力学的考虑所证明的，包含在单位体积中的这种辐射的能量以及这一能量在不同波长的辐射之间的分布方式，将只依赖于温度而不依赖于构成空腔壁的那些特定物质. 因此，曾经吸引了许多物理学家的注意力的这一问题的详细理论探讨，就提供了检验普遍电动力学定律在其对原子过程的应用中的适用性的一种最受欢迎的途径，这些定律在解释通常的电现象和磁现象方面是那么好地确立了的；而这些定律的应用导致了一些和温度辐射方面的实验结果大大不符的推论这一事实，就已经很自然地使我们在解释氢光谱时所遇到的那些困难有了十分不同的面貌. 显然，如果普通的电动力学定律在解释一种普遍的波谱现象时是不适用的，我们就无法指望能够利用这些定律来说明特定原子体系的光谱了. 在企图发展一种元素光谱理论时，我们倒是必须有准备地尽最大可能利用从温度辐射的研究得来的关于电动力学定律的必要修订的每一种信息.

喏，如所周知，温度辐射定律的一种成功的理论推导已由普朗克给出；他通过一条假设的引入而奠定了所谓量子论的基础，那条假设蕴涵了支配原子过程的那些规律中的一种本质不连续性的特点的存在. 普朗克考虑了周围空间中的辐射和类型特别简单的许多原子体系之间的热力学平衡；这种原子体系由一个以不依赖于振幅的频率在平衡位置附近作着线性谐振动的带电粒子构成. 普朗克依据熵与能量在原子体系系集上的统计分布几率之间的有名的玻耳兹曼普遍

关系式，检查了这种振子系集的熵；他指出，如果在计算几率时假设了并不是振子能量的一切值都同样可能，而是和普通的统计力学概念相反，只有振子的某些 209
特定的态才必须考虑在内，那么就能够导出一种熵表示式，这就导致和测量结果惊人符合的温度辐射定律的建立. 在这些态中，体系的能量等于某一“量子”的整数倍，该量子正比于振子的特征频率 ω_0，因此，在各个特定的态中，振子的能量就由下列公式给出

$$E_n = n\omega_0 h \tag{3}$$

式中 n 是一个整数而 h 是一个普适恒量，即所谓普朗克恒量.

如所周知，普朗克的这一假说很快就从许多特性很不相同的其他物理现象那里得到了最有兴趣和最出人意料的支持. 但是，正如普朗克的对温度辐射问题的原始应用一样，量子论的这些为数更多的应用，例如低温下固体比热的美好理论，是带有统计性质的，因为所考虑的现象不是依赖于单独一个体系的运动而是依赖于为数甚多的相似体系的行为. 对于量子论对特殊原子问题的应用曾经有过巨大重要性的是爱因斯坦使人们注意了一个事实：所谓光电效应提供了把理论用于一个本质上并非统计性质的问题的可能性. 如果一块金属板曝露在某一波长的光的照射之下，电子就会从板中释放出来，而且，正如实验所证明的，这些电子的速度并不依赖于光的强度而只依赖于波长. 这一现象的建筑在普通电动力学理论上的解释涉及了巨大的困难，但是爱因斯坦指出，联系到普朗克理论，它就得到一种很自然的诠释. 在光电效应的情况中，我们显然遇到的不是电子在里边对于每一能量值都在平衡位置附近进行谐振动的那种体系，但是爱因斯坦却指出，普朗克的关于后一种体系在特定的态中的能量值的假说，可以看成关于支配着物质对辐射的发射和吸收的一条普遍定律的证据. 事实上，在普朗克理论中已经假设，和普通的电动力学理论相类似，振子所发射的或吸收的任何辐射的频率将等于粒子的振动频率，从而体系的能量只能等于量子的整数倍 $nh\nu$ 的假设是和下述假设等价的：辐射永远是以“辐射量子”的形式被发射或被吸收的，每一个辐射量子含有能量 $h\nu$. 利用了后一假设，爱因斯坦就能够不但解释光电 210
效应的一般特点，而且预言被释放的电子的速度应该随着入射光的频率(或波长)而变的那种方式；这种预言已经在最不寻常的方式下被后来的实验所证实，而且甚至已经能够利用光电效应的测量来发展一种测定普朗克恒量的很精确的直接方法了.

当我们现在将照顾到这些发现而回到元素的线光谱问题时，我们就得到一种在根本上和由经典电动力学所将得出的诠释有所不同的诠释.

我们不是像以前那样假设谱线的频率将提供关于原子中各粒子的运动所显

示的那些周期的直接证据，而是可以像本演讲人所提出的那样试着把每一条谱线看成关于一种分立过程的证据；通过这种过程，原子的运动经历一次重大的变化，但是，和根据普通辐射理论所应预期的十分不同，却可以假设这种过程是由单频辐射的发射伴随着的，这种辐射的频率和过程中原子能量的变化是由下列关系式联系着的：

$$h\nu = E' - E'' \tag{4}$$

式中 ν 是辐射的频率，h 是普朗克恒量，而 E' 和 E'' 分别是原子在过程之前和之后的能量. 从这种假设出发，我们就被引导着把各元素的线光谱的存在，看成对应原子具有若干特殊态的证据；参照下述事实，这种特殊态可以叫做“定态”，其事实就是，我们将假设原子可以存在于这种态中而并不发射能量辐射，而且原子对辐射的任何发射与吸收都是在两个这种态之间的完全跃迁中发生的.

现在让我们试着把这些考虑应用于由公式(2)来表示的氢光谱的问题. 将这个等式的两端乘以 hc，此处 c 是光速，我们就得到

$$\frac{hc}{\lambda} = h\nu = hcK\left(\frac{1}{n''^2} - \frac{1}{n'^2}\right) \tag{5}$$

按照以上的假设，我们由此就得到结论：一个氢原子具有一系列定态，而当略去一个任意恒量时，第 n 个定态的能量就可以用下列简单公式来表示

$$E_n = -\frac{hcK}{n^2}, \tag{6}$$

211 式中的负号是参照下述事实来选定的：所考虑的这种类型的原子的能量值，可以最自然地用为了把粒子分离到相距无限远而必须传给体系的功的负值来表征.

现在，假设定态中的运动可以利用普通力学来描述，我们就可以通过把公式(1)中的 W 代成(6)所给出的 $-E_n$ 值来试图得到这些态中的运动的一种图景. 这就给出第 n 个定态中粒子的转动频率 ω 和相对轨道的长轴 $2a$：

$$\omega_n = \frac{1}{n^3}\sqrt{\frac{2c^3h^3K^3(M+m)}{\pi^2N^2e^4Mm}}, \qquad 2a_n = n^2(Ne^2/hcK) \tag{7}$$

由于现在这种理论和普通的力学概念及电动力学概念之间的根本区别，我们并不能期望得到由(7)给出的这种表示式和氢的某种可观察的性质之间的一种直接的联系. 例如，我们不能期望在 ω 的表示式和氢光谱中各谱线的频率之间发现任何直接关系；按照理论，每一条这种谱线都是和对应于不同的运动及不同的 ω 值的两个定态之间的跃迁过程联系着的. 但是，如果我们考察 n 值分别等于

n'和n''的两个定态，我们就看到，如果n'和n''增大但它们的差保持相同，则比值$\omega_{n'}/\omega_{n''}$将趋于1，从而我们就有可能在n的大值区域内，在按照普通辐射理论而根据定态中的运动所将预期的光谱和按照量子论导出的光谱之间得到一种渐近的关系.既然粒子按众所周知的方式进行的椭圆运动，可以分解为频率等于ω、2ω、3ω、…的若干谐振动，我们首先就看到，按照普通辐射理论应该由所给态中的原子发射的辐射将包含一些谱线，其中各条谱线的频率将分别等于$\langle\omega\rangle$的一个整数倍.其次，按照我们的观点，和由n'及n''表征的两个定态之间的跃迁相对应的频率将由下式给出

$$\nu = Kc\left(\frac{1}{n''^2}-\frac{1}{n'^2}\right)=(n'-n'')\frac{Kc(n'+n'')}{n'^2 n''^2}.$$

现在，如果n'和n''是远大于它们的差的两个数，则我们若在这一表示式的最后一个因子中不再区别n'和n''就不会有多大影响；把它们都写成n，我们由此就得

$$\nu=(n'-n'')\frac{2Kc}{n^3}.$$

既然根据定义$(n'-n'')$是一个整数，上一公式就表明，所考虑的频率实际 212
上将趋于和根据普通辐射理论所应预期的谱线之一的频率相重会，如果我们有

$$\omega_n=\frac{2Kc}{n^3},$$

事实上，那时我们就有$\nu=\tau\omega_n$，式中τ是一个整数.

和(7)所给出的ω_n表示式相比较，我们就看到使这个关系式得到满足的条件应是

$$2Kc=\sqrt{\frac{2c^3h^3K^3(M+m)}{\pi^2N^2e^4Mm}}$$

可以看出，这是和下列条件等价的

$$K=\frac{2\pi^2e^4N^2mM}{ch^3(M+m)} \tag{8}$$

这一公式的两端都只包含可以直接由实验确定的量.例如，K这个量是根据氢光谱的测量而在很高的精确度下为已知的，其结果是

$$K=109\,733$$

此外，e是已经根据确定附着在小液滴上的离子电荷的美好实验知道了的，m是根据通过阴极射线粒子在电场和磁场中的偏转所确定的粒子荷质比而知道

了的，而 h 是通过关于光电效应的实验确定了的. 利用最近由密立根给出的值，$e=\langle 4.77\times10^{-10}\rangle$，$m=\langle 9.0\times10^{-28}\rangle$ 和 $h=6.55\times10^{-27}$ 并略去其最后一项只具有 1/1 800 的数量级的因子 $1+\langle m/M\rangle$，我们由(8)就得到

$$K=1.1\times10^{5}$$

对应于中性氢原子只包含一个电子的假设而令 $N=1$，我们从而就发现条件式(8)确实是在实验误差范围之内得到满足的.

在我们着手讨论根据由这种符合所确立的氢光谱和原子模型之间的关系所应推得的结论以前，可能有用的是比较仔细地检查检查量子论和普通辐射理论之间的那种形式上的渐近关系的奇特性质. 例如，在氢原子的情况，我们通过定
213 态的适当确定已经在各定态中的运动彼此相差较小的区域中，利用基本关系式(4)得到了和按照普通辐射理论所应预期的由原子发射的光谱相同的光谱，但是必须记得，在这两种理论中，这种光谱是以十分不同的方式被发射的. 事实上，按照普通的电动力学理论，一切频率不同的辐射是同时从原子中被发射的，而按照量子论，不同的谱线却显现为从原子的一个给定的定态到不同的邻近态的完全不同的跃迁过程的结果，其跃迁方式使得对应于绕转频率的谱线是在两个相继定态之间的跃迁中被发射的，而对应于绕转频率的"倍频"的谱线是在数 n 相差两个单位的两个态之间的跃迁中被发射的，余类推. 按照普通的辐射理论，不同谱线的相对强度是通过运动所能分解成的不同谐振动的振幅来确定的，而按照量子论，我们在事先却没有任何手段来估计各谱线的相对强度，它们将依赖于在各定态之间出现不同类型跃迁的相对几率. 但是，根据一种考虑，即必须预期，在相继定态彼此相差较小的区域中，量子论和普通辐射理论之间的那种渐近关系不但在频率方面而且在强度方面也成立，这样我们就看到，在这一区域中，我们是能够根据原子的运动所能分解成的不同谐振动的振幅值得出关于发生各种类型的跃迁的相对几率的信息的. 事实上可以预期，在这一区域中，$n'-n''=\tau$ 的一次跃迁的几率是直接取决于频率为 ω 的那一谐振动的振幅的. 尽管应用(4)式得出的光谱只有在大 n 的区域中才和按照普通辐射理论所预期的光谱有一种相似性，但是从我们的观点看来，在大 n 区域中的和小 n 区域中的辐射过程之间并没有什么本质的区别，因此我们就直接被引导到一种预期，即对于小的 n 来说在不同类型跃迁的几率和原子运动所能分解成的那些对应谐振动的振幅之间也将存在密切的联系. 我们在下面即将看到这种考虑怎样提供关于其他元素光谱的某些典型特点的直接诠释；现在我们将只请大家注意这种考虑在前面提到的普朗克理论的假设方面的简单应用；那假设就是，由一个以不依赖于振幅的频率作
214 着纯谐振动的粒子所构成的体系，它所发射或吸收的辐射的频率就等于它的振

动频率. 把关于这种体系的能量可能值的普朗克原始表示式(3)代入关系式(4)中,我们就看到这一关系式是和下述假设等价的:谐振子和氢原子不同,它只能在对应于相继的 n 值的态间进行一步式的过渡;但是这却正是根据上面所述关于振子运动中不存在所谓高次泛频的考虑所将预期的.

当回到氢光谱的问题时,我们可以像已经指出的那样把导致关系式(8)的考虑总结为氢光谱和氢原子模型之间的一种合理联系的建立,这种联系以所能想象的密切性照顾了量子论的假设和普通的力学概念及电动力学概念之间的根本区别. 现在我们将提到,这种联系的实在性已经怎样从一种初看起来似乎是理论的一个严重困难的情况中得到了有趣的支持. 事实上,公式(2)所给出的波长并不代表被认为属于氢的线系光谱的全部谱线. 多年以前,匹克灵曾经在船舻座 G 星的光谱中观察到一个谱线系,它的波长在很高的近似下由下列公式给出:

$$\frac{1}{\lambda}=K\left(\frac{1}{2^2}-\frac{1}{\left(n+\frac{1}{2}\right)^2}\right) \qquad \langle(9)\rangle$$

式中 K 是(2)中那同一个恒量,而且 n 取 3、4、5 …各值. 由于这一公式和公式(2)很相似,这些谱线当时被认为是属于氢的,而且这种观点被认为得到了一种观察的令人信服的支持,那就是一条很强的谱线在很多星体的光谱中都出现,它的频率在很高的近似程度下和由

$$\frac{1}{\lambda}=K\left(\frac{1}{\left(1\frac{1}{2}\right)^2}-\frac{1}{n^2}\right) \qquad \langle(10)\rangle$$

来代表的一个线系中第一条谱线的频率相重合. 事实上,通过把这些线系包含在
内,氢光谱就在表观上得到了和许多其他元素的光谱的更密切的类似性;正如我
们等一下就会看到的,那些光谱在可见区域中包含三个线系,它们之间的相互关
系和巴耳末线系与(⟨9⟩)及(⟨10⟩)所代表的线系之间的关系相似. 但是,尽管在
其他元素的光谱中,上述三个线系是在相同的实验条件下出现的,但是却发现不
可能在显示普通的巴耳末线系的氢放电管中观察到由(⟨9⟩)和(⟨10⟩)代表的那
些线系. 这些其他的线系是不多几年以前由否勒在一些实验中初次在实验室条 215
件下观察到的,在那些实验中,令一种强烈放电通过了含有氢氦混合物的真空
管. 在这些管子的光谱中,除了巴耳末线系和普通氦管所显示的各式各样线系以
外,也出现了(⟨9⟩)和(⟨10⟩)各线系的谱线,而且还出现了另一个线系,其波长在
很高的近似下由下式来表示

$$\frac{1}{\lambda}=K\left(\frac{1}{\left(1\frac{1}{2}\right)^{2}}-\frac{1}{\left(n+\frac{1}{2}\right)^{2}}\right).\qquad\langle(11)\rangle$$

由于这一公式和以上各公式很相似，由(〈11〉)给出的谱线也像(〈9〉)和(〈10〉)所给出的谱线一样被当成了属于氢的，尽管将新线系包含在内就显然打乱了上面提到的氢光谱和其他元素光谱之间的表观形式上的类似性.

现在，当我们从以上所述关于氢光谱的诠释的观点考虑所谈的这些谱线的起源时，就可以看到，关于(〈9〉)、(〈10〉)或(〈11〉)所给出的谱线是属于氢的那一假设将涉及一个根本性的困难，因为它将要求假设有和不同于(5)式所给的能量值相对应的另外一些氢原子定态序列，而这就会使得在由关系式(4)推出的光谱和按照普通辐射理论而根据原子运动来预期的光谱之间求得简单渐近关系成为不可能. 另一方面却可以看到，一切的困难都会消失，如果认为这些谱线是属于氦的；但不是说属于中性氦原子，正如后面即将看到的，这种原子可以被假设为对应于普通氦光谱的发射，而是说属于电离化的氦原子，这种原子可被预期以较大的数目出现在星体中的特殊条件下和出现在否勒所用的强烈放电下的真空管中. 事实上，按照卢瑟福的理论，中性氦原子由一个核和两个电子构成，从而从中取走了一个电子的氦原子就形成一个在动力学上和中性氢原子完全相似的体系. 因此，从这种观点看来就应该预期一个电离了的氦原子将发射一种光谱，其波长是由(2)这种类型的公式给出的，如果我们在恒量 K 的表示式(8)中令 $N=2$ 的话. 因此，忽略依赖于核质量的小改正项，所考虑的光谱就可以写成

$$\frac{1}{\lambda}=K\left[\frac{1}{(n''/2)^{2}}-\frac{1}{(n'/2)^{2}}\right]\qquad\langle(12)\rangle$$

216 可以看出，这一公式包括了匹克灵和否勒所观察到的一切的线系. 理论所提示的关于这些线系的起源的观点，得到了随后由伊万斯所做的实验的支持，他发现所考虑的这些线系的谱线可以在包含高度提纯了的氦的真空管中被激发；这种管子并不显示普通氢谱线的任何痕迹.

理论进一步地从一件事实得到了强有力的支持；事实就是，(〈9〉)和(〈10〉)所给出的各谱线测量结果的较仔细的检查表明，出现在这些公式和(〈11〉)中的恒量 K 并不和氢光谱中的 K 确切相同. 这一点经发现恰好是和理论相符的，而且是和一直被忽略了的 K 表示式中关于核的有限质量的改正量相对应的. 事实上，由于各元素的原子量所显示的氢核和氦核的质量上的不同，氢光谱中和所考虑的氦光谱中的改正量是不相同的，而且已经发现，理论上求得的出现于公式(〈9〉)和(〈10〉)中的恒量之比，在实验误差范围之内和由测量结果推得的二者之

比相符. 此外,上述各公式中的恒量之差提供了检验理论的进一步的可能性,因为在电离化氦光谱中我们应该预期还出现和公式(〈12〉)中的 $n''=4$ 及 $n'=6$, 8, 10, … 相对应的一个线系. 这些谱线和巴耳末线系的谱线相距很近,但是其距离仍有几埃;这些谱线确实已由伊万斯在理论所预言的位置上找到了. 因此,考虑到全部的实验符合性,我们几乎不能怀疑所考虑的谱线确实是具有所假设的起源的,而且在这方面可以很有兴趣地强调这一结果和这次演讲开始时所阐述的普遍纲领之间的发人深思的关系. 事实上,我们已经认识了一个事例,它在两种不同元素的性质间的关系方面具有前所未见的简单性,但是,对于这一事例,一种直接的诠释却是由有核原子理论提供了的;按照这种理论,任意两种元素的普通性质之间的一切差别,应该认为仅仅起源于它们的原子核所具有的电荷及质量的差别.

Ⅵ. 对索末菲的致谢辞

Tale holdt til Sommerfeld efter Foredraget i Fysisk Forening 22－9－1919

（索末菲于1919年9月22日在物理学会上发表演讲以后的玻尔致辞*）

* ［玻尔夫人手写的德文稿，丹麦文标题如上（日期误记为22－8－1919. 见引言第9节.］

218 我愿意以物理学会的名义对这次美好的演讲表示最深切的谢意;您在这篇演讲中以如此奇妙的明晰方式报道了您自己的和您的学生们的工作结果.

正如我们全都知道的那样,在您的科学事业刚一开始时,您并没有参加物理学家的窄狭圈子,而是在超出大多数物理学家的视野之外的纯数学问题方面进行工作的.但是,当您在那一领域中取得了美好的成果以后,您已经越来越感到自己受到了那些具有物理本性的问题的吸引,而且我们全都知道您在以自己伟大的数学洞察力,在以一种典范的和优美的方式来解决数理物理学中的特殊困难方面取得了何等巨大的成功,特别是相形之下,正如我们根据自己的亲身经验所知道的,在处理这样的问题时,大多数物理学家所必须采取的态度往往是并非内行的.您已经越来越被吸引到物理方面来了,而且,正如我们所知道的并且刚才已经有幸亲自看到的,您现在正以全部的精力从事其中的一个问题,而对于这个问题我们所能期望于数学演绎方法的并不像所能期望于物理归纳方法的那么多;这就是各元素的原子结构和分子结构的问题.正如我们所知道的和刚刚已经听到的,您在这一领域中已经取得了杰出的成就,而且,通过您的谱线精细结构理论,您已得到了具有根本重要性的结果.在取得这些结果时,您的伟大的数学洞察力当然对您来说是曾经有最大的重要意义的,但是我们所特别赞赏的,却是那种大胆的和富有成果的想象力,您正是用这种想象力来领会了量子论中那种
219 不连续性的复杂特性,并从而得出了必然对今后谱线领域中的一切工作都带有根本性的一些观点.

正是由于这种原因,我们非常感谢您通过这次访问不但用您的数学计算启示了我们,而且给了我们一个机会来对您的思想方式得到一种深刻的认识.我愿意再一次表示我们的衷心的感谢;我们为在这里见到您而特别感到高兴,因为您是在这种困难的年月从外国到我们斯堪的纳维亚来报告您的科学结果的第一个科学家.最后我愿意表示,希望您的访问并不是最后一次,希望我们不久就有那种喜悦和荣幸,能够在这里再次见到您,以便您能够把您的有成果工作的未来进展告诉我们.

Ⅶ. 论较新原子物理学的纲领

在哥本哈根化学会上的演讲

(1919 年 12 月 2 日)

片段的译文*

* [见引言第 10 节. 中断处用横线隔开.]

222 尽管我愿意对诸位邀请我今晚到此发言的盛情表示感谢，但是我必须承认，我是不无踌躇地接受了这一邀请的，因为我觉得关于化学家们可能最感兴趣的问题即分子结构的问题并没有多少可说的. 不过我觉得，听到一个物理学家为什么发现在目前谈论关于这一问题的任何确定的东西都是如此地困难，以及这一问题和许多物理学家都认为是一个有成果的领域的那种很需要的纲领是怎样联系的，这可能是会使化学家们感兴趣的. 当然，时间不允许我对于近年来在原子物理学中得到的结果进行任何种类的全面综述，特别是不能论述它的早期历史. 但是，在下面的发言中，我将试图说明特别是现在许多物理学家所持有的关于原子问题的观点和近年来人们所持有的观点是何等地不同，以及这不但对于有关原子结构的概念来说是如何地正确，而且对于正在进行的把这些概念和元素的性质的解释联系起来的企图也是同样地正确.

可以看到，这些实验给出了关于原子定态的存在的所能想象的最直接的实验证据，这些定态本来是根据纯理论的理由被假设了来说明适用于元素光谱的频率的那些奇特公式的. 近年来，已经能够在这方面前进得相当远了，因为已经能够不但对于像氢原子那样的简单体系，而且对于体系中的运动并不属于单周期性类型的那种更复杂体系建立起适用于定态的条件. 这一领域中的工作主要是由索末菲做出的，但是他的想法曾被许多杰出的德国物理学家所接受和应用，例如艾普斯坦、施瓦尔兹席耳德、德拜以及别的人. 就这样，已经大体上能够说明
223 元素光谱的确切表示式，也能够说明电场和磁场对氢光谱以及对其他元素光谱所引起的效应了. 我在大约一年以前发表的一篇论文〈Q. o. L. 的第一部分和第二部分〉中曾经给出了这些结果的一种综述，而且曾经指明，上面提到的那些物理学家所用的条件，会导致依据基本公式算出的光谱和依据普通辐射理论而由原子中的运动所应预期的光谱之间的一种类似性，这是和我们已经看到适用于简单的氢光谱的那种类似性十分相似的. 正如我们在简单情况下所看到的那样，从这种观点就能得出关于定态间不同跃迁的几率的结论，也已经不但能够详细说明当存在电场和磁场时氢谱线所劈裂成的那些成分线的偏振和强度，而且能够理解较重元素的不同线系出现时的那些特定情况. 最后一点是有重要意义的，因为各种不同线系的在表观上显示出来的那种难测性，曾经倾向于在组合原理

上涂上神秘的色彩，因为，似乎从来就不可能知道计算出来的谱线会不会实际出现. 但是现在依据量子论不但能够得出组合原理的简单诠释，而且能够消除它应用中的任何神秘色彩了.

上面提到的关于普通辐射理论和量子论之间的类似性的那些考虑，引导人们从多少不同的观点来看待确定定态的那些条件. 尽管起初的出发点是给定普朗克振子的可能能量值的那一条件的一种适当的推广，但是也可能以那样一种方式来看待这个问题，以致人们企图适当地确定定态，使得上述类似性能够出现. 但是这就导致关于定态的存在的一种多少不同的观点，并且不是把定态的存在看成一切原子体系的共同性质，而是例如把氢原子中一个单独定态序列的存在看成是和这一原子中电子轨道的单周期性相联系着的. 对于更复杂的，体系中的运动并不具有单周期性而却可以分解成一些谐振动的那种体系，定态的集合必然是更复杂的，因此，我们不是得到单独一个态序列，而是得到无限多个态序列，但我们却仍然得到分立的定态. 但是，如果运动变得更加复杂，以致从普通辐射理论来看，我们不应该期望有一种由分离的细锐谱线所构成的光谱，那么我们就不再能够指望得到明确定义的分立定态了. 然而，这样一种运动是难以产生和难以观察的. 根据各元素具有由分离的细锐谱线构成的光谱这一事实，我们必须 224
得出它们的原子当未受扰时存在于明确分离的定态中的结论. 即使当一个原子被放入一个电场或磁场中时，运动虽然更加复杂，但却仍然不是属于上面提到的那种不规则的运动之列. 结果将不过是定态的集合变得更加复杂，从而单个谱线将劈裂成或多或少的成分线. 但是如果原子同时受到电场和磁场的作用，运动就可以变得如此地复杂，以致我们必须预期原子将不再具有明确分离的定态，于是谱线就将不是细锐的而是漫散的. 情况是不是这样，是它的解决对理论的进一步发展具有最大重要性的一个问题，从而这将是我们在新实验室中即将注意的首要问题之一. 但是这将要求极其精密和极其昂贵的仪器；尽管实验室得到了各种私人的和公众的支持，这种仪器也许还是不能弄到我们手中的. 我对光谱问题谈得这么久和这么详细，是因为正如我所提到的，这些问题在某种意义上可以说是能够得到特别直接而简单的诠释的. 正如我们已经看到的，在基本公式的基础上，我们可以从谱线频率直接读出原子定态中的能量可能值，从而就能够直接利用存储在元素光谱中的大量资料.

当我们转而考虑其他现象时，它们的诠释就带来很大的困难，因为我们并不具备原子机制的任何完备图景；于是我们就必须对在许多方面改变我们的观念有所准备，而且我相信是要沿着可以称为激进的方向改变我们的观念. 我个人的经验曾经是，每当我力图使这一或那一问题得到澄清而我所采取的途径被证实为没有成果时，那就总是因为我没有采用足够激进的观点，而且我相信我可以说,这一领域中的一切工作者都曾经有过同样的经验.我的这些说法绝不是想要表明我们在使化学家们更加直接感兴趣的问题方面也没法希望取得迅速的进展;恰恰相反,有理由相信我们已经来到了一个时刻,可以应用从光谱的研究中得到的经验来得出关于原子构造和分子构造的结论来了.正如索末菲在他的来访[*]期间所提到的,他和他的学生们正在就这些问题本身进行工作,而且我们在这里也正在力图这样做,例如通过我刚才提到的克喇摩斯博士和我本人的关于
225 氦光谱的工作来这样做,而且我们希望能够由这种工作得出关于氦原子的正常态的结论.

占用了大家这么长的时间,我请求原谅,但是我还想谈谈一个问题,然而这是一个纯辩证性的问题.它涉及的是这篇演讲的标题本身,涉及的是标题中的“原子物理学”一词.当然,物理学和化学的区分是带有纯偶然的性质的.曾经证实,将物理现象分成两组,使得较好地熟悉处理其中一组中的问题所用的方法和所得的结果,对于研究属于另一组中的现象的人们并没有直接意义,这是可能的和方便的;因此,物理学和化学就曾经在千百年中相互独立地自行发展.但是,近年来这种情况却改变了,例如像由“物理化学”一词的应用所表示的那样.但是这里的相互作用当然关系到的是方法而不是结果.对于许多化学问题来说,曾经证实采用从物理学借来的观点和方法是可能的和必要的.但是,就其结果来看,这两个领域是作为分离的学科而存在的;其中一个领域所处理的可以叫做普遍的现象,而另一个领域所处理的则是不同元素的性质.我们在所谓光谱分析中遇到一个例子;关于光谱分析的发展,必须归功于物理学,因为如所周知牛顿是证实白光由不同颜色的光所组成的第一个人.正是这一发现一步步地导致了光谱仪的发明,也导致了测量谱线的方法.但是,就光谱分析的那些应用来看,却必须认为它们是属于化学的;因为当观察不同的光谱时我们处理的是一种一种的元素,从而处理的是不能用通常的物理学方法来直接处理的一些性质.

但是,正如我曾经企图证明的,一旦我们实际上似乎能够在由纯物理方法得出的观点和结果的基础上诠释这些光谱,事态就不同了;例如关于α射线的性质和温度辐射的本性,情况就是这样的.在这种情况下,物理学和化学之间的疆界完全消失了.很难说剩下来的是什么.是像一个人根据某一观点所倾向于说的那样,化学变成了物理学的一部分呢,还是应该提出相反的说法呢,这是很难决定的;因为人们也可能会说,从最现代的观点来看,普遍的物理性质的问题几乎并不存在,而是任何事物都依赖于原子序数从1到100的那些化学元素的性质.这

* [在1919年9月22日,见引言第9节.]

些说法的目的只是要用一种好玩的方式表示我的希望和信念：用不了多少年，不论是在所谓的物理学中还是在所谓的化学中，为了对大多数问题进行有成果 226
的工作，就都会有必要对另一领域中得到的结果给予最密切的注意了.

最后，由于我曾经大大珍视向这些特殊的听众发表这些言论，我愿意再次对你们让我今晚到此发言的盛情邀请表示感谢.

Ⅷ. 论光和物质之间的相互作用

在丹麦皇家科学文学院发表的演讲

(1920 年 2 月 13 日)*

---

* [见引言第 11 节.][中译者按：原书只印了演讲的英译本.]

228

论光和物质之间的相互作用

从日常生活的观点来看，光和物质之间是有巨大区别的. 这一点也许可以最清楚地用下述说法来表明：物质在某些情况下能够发光，从而它的存在可以在空间的其他点上加以确认. 但是，正如经常发生的那样，如果我们想要更加明确地区分光和物质，我们就会遇到困难. 首先，我们发现物质的定义几乎无法像可能指望的那样简单地被给出. 事实上，通常对于物质存在的认知可以追溯到我们的触觉，这种触觉起源于当我们试图移动物质时它对我们作用的阻力；但是这种判据对于气体并不是直接适用的，在气体中，我们可以运动而并不感受什么阻力. 气体的存在只有通过它对压缩的阻力才能知道；如果我们把气体装入一个容器中并企图改变其体积，我们就会感受到这种阻力. 但是，包含在器壁具有反射性表面的容器中的光也会作用类似的阻力. 我们也不能希望通过重量的测量来简单地区分光和物质；因为，按照最近的关于能量和质量之间的普遍关系的观点，我们假设光具有重量，从而当按上述方式装在盒子里时，它就和气体同样地可被称量重量. 于是，为了明确地区分光和物质，我们就必须更仔细地考虑我们关于光的本性的理论观点.

按照最早的发展得很好的光理论，光可以说很有物质的品格；众所周知，这种理论起源于牛顿. 例如，牛顿假设了发光物体会发射一些微小的粒子，它们以巨大速度运动着，而且当进入我们的眼中时就被觉察为光. 它们被认为是服从普通的力学定律的小质点，从而在自由空间中是沿着直线运动的；但是当透入物体中并受到力的影响时，它们就会偏转，而光的反射和折射之类现象的解释就是到
229 这里去寻求的. 大约在同时，惠更斯提出了一种理论；按照这种理论光的本性是本质地不同的. 按照这种理论，光的传播不是和物质的传递直接相比拟而是像声音一样和运动的传递直接相比拟. 当声音在空气中传播时，我们所遇到的不是空气粒子从发声的地方到接收的地方的传递，而只是一种振动从一个粒子到次一粒子的传播，在振动中个体粒子只稍稍离开它们的平衡位置：与此同样，在光的发射中，按照惠更斯的看法，我们遇到的也不是物质粒子的发射，而是一种波动的传播. 这一理论不但像牛顿理论一样提供了光的反射和折射的简单解释，而且还取得了优势，因为借助于这种理论就能够以一种直接而简单的方式解释所有

后来观察到的那些可以统称之为“光的干涉”的美丽现象. 这些现象和在水面上扩展着的两组波之间观察到的干涉是完全类似的,而且它们是不可能在牛顿理论那一类的理论基础上来加以理解的.

尽管按照惠更斯理论光的传播是不应该和物质的传递相比拟的,但是在这种理论中却同样不能离开某种物质性的东西,那就是波动在其中传播的媒质. 但是,这种媒质被假设为是由和普通物体的物质有所不同的一种物质构成的,而且它被命名为“光以太”. 但是,当考虑光的传播时,人们也像在其他物理现象的情况中一样,在很长的时间内依靠了普通的力学定律,并且企图按照说明可以在普通弹性体中产生的那种波动时所用的同样方式来说明光的运动. 但是,在发展了所谓光的电磁理论以后,这一情况却有了一个本质上不同的面貌;按照这种理论,光不被看成由弹性体中的运动和张力所组成,而是看成由电场和磁场所组成. 关于这些场,我们是理解为出现在带电体和磁化体附近空间中的一种状况,如所周知,这是通过当把其他物体带到上述物体附近时各该其他物体所受到的吸引力或推斥力来显示的一种状况. 关于这种状况到底是怎样的,我们只有很模糊和很不明确的概念,但是这对于光的电磁理论并不是决定性的. 决定性的进步在于这样一件事实: 我们不是和一种假想弹性媒质的假说性的性质在打交道,而是可以通过关于电现象和磁现象的实验室中的实验来探索电力和磁力之间的关系,并作为这种关系的结果来证明,每当电物体和磁物体发生变化时,在这些 230
物体附近发现的电磁状况怎样作为所谓电磁波而从这些物体通过空间传播开来. 正如光的电磁理论的创始者麦克斯韦所证明的,在关于电现象和磁现象的直截了当的实验室实验的基础上,就能够预言波的传播速率;而且麦克斯韦的计算给出了一个值,它和关于光从地球上一个地方到另一个地方的直接实验中已经测得的速率完全相符. 在得到了这样的有趣结果之后,关于光是一种电磁波动就几乎不可能再有任何怀疑了,尽管又过了若干年才算能够产生我们今天在无线电报中所知道的那种电磁波.

光的电磁理论导致了另一种很伟大的进展: 它使得真正理解光和物质之间的相互作用成为可能了. 按照这种理论,我们必须假设热物体所发的光起源于原子内部的带电粒子的运动,这和无线电波起源于发报机中电的运动完全一样;而且,当光被接收时,我们必须想象所发生的就是上述那种粒子受到波中的电力的推动,这也和无线电报中信号被接收装置所接收的情况完全类似. 这种光和物质的相互作用观念受到了一种情况的强有力的支持,那就是,许多种类完全不同的现象的考虑引导我们得到了原子是由带电粒子所组成的结论. 已经看出,这就使得一种明确区分光和物质的简单方法成为可能了;例如,我们可以把原子中的带电粒子叫做物质,并把不经过任何电荷的传递而从一个原子扩展到另一原子的那种力效应叫做光. 在这里以及在以下，我们将为了简单把光这个词理解为一切可能种类的电磁波，这不仅仅是指可以对我们的眼睛起作用的那种电磁波，而且是指从波长略长于普通光的热射线到波长大了若干百万倍的无线电波的那些波长更长(振动周期较长)的波，以及从波长略短于普通的化学活性射线到波长短了数千倍的X射线的那些波长更短(振动得较快)的波. 这样来区分光和物质是有更多得多的理由的，因为通过近来的物理学发展我们已经认识了另外一些种类的射线，它们和光有若干共同的性质，但是却可以证明它们是由迅速运动的带电粒子所构成的；因为，和光不同，它们当受到电场或磁场的作用时就可以发生
231 偏转. 在这样的实验中，我们可以直接研究这些射线，例如求出它们所携带的质量和电荷的比值. 对于几种这样的射线，这些实验证明粒子的质量远小于原子的质量，而且这样就已经能够发现所谓电子这样的粒子，这种粒子必须看作是建成原子的砖石. 这些粒子的发射和运动的全部情况可以看成一种图景的实现，正是在这种图景的基础上牛顿曾经企图构筑他的光理论.

从光的电磁理论出发，我们现在可以走得更远一些，并试图详细地说明各元素所发的光的成分. 如果我们像可以很简单地完成的那样借助于一个普通的分光仪来更加仔细地检视各种元素所发的光，则从光谱的可见部分来看，我们将像众所周知的那样在分光仪中看到一系列亮线，它们在分光仪中的位置是不同元素的特征，而且这就表明原子所发的光包括一些周期完全确定的振动. 按照电磁理论的基本假设，这就表明原子中的带电粒子只能以很确定的方式以恰好等于上述各周期的振动周期而进行振动；因此，按照理论，光谱就必须看成关于原子中各粒子的运动的直接信息的来源. 这种观念从一件事实得到了很有趣的支持，那就是，事实证明能够通过使元素的原子受到电磁力的作用来影响该元素的光谱.

例如，众所周知，塞曼发现如果使一种元素在强磁场中发光，则单条的谱线会以一种很奇特的方式发生劈裂，而且，正如在光的电磁理论的发展中起了如此重要作用的洛伦兹所能证明的，谱线的改变恰好和放入磁场中的振动电子的运动所经受的改变相对应；事实上，根据观察到的塞曼效应的量值，洛伦兹就能够算出原子中振动粒子的电荷和质量的比值，而且他用这种办法求得的比值是和当上述带电射线受到电场或磁场作用时由它们的偏转求得的这一比值密切符合的. 这只是光的电磁理论所能给出的许多美好结果中的一种，而且有人主张我们可以谈到世界的电磁图景；按照这种图景，一切现象都能够利用一些过程来作出终极的解释，各该过程都可以用麦克斯韦的所谓基本电动力学定律来描述；这正和在世界的机械图景中一样，在那种图景中，人们假设一切现象都可以终极地归结为用牛顿的力学基本定律来完备地描述的粒子运动. 但是，按照电磁理论，

后一些定律表现为电动力学基本定律的应用的特例. 这种电磁世界图景显示出 232
自然科学中任何其他理论体系所不曾达到过的一种内在和谐性，而且，作为它的最美好结果以及它比以前各理论的优越性的概括，我们可以仅仅指出它像所能希望的那样清晰地说明光和物质之间的相互作用的那种详尽而自然的方式. 不过，即使不去考虑我们以后即将看到的更晚近实验研究所揭示的那些应用理论的困难，这种理论也还具有一种不曾能够使自然科学家们完全满意的本性. 这是和可以叫做理论和实在的脱节的那样东西相联系着的. 例如，尽管它已经能够说明许许多多物理现象的一般本性，但是却不能详细解释我们在化学研究中已知的所观察到的任何一种元素的性质.

但是，在一种完全不同的领域中，关于电磁理论是否适于用来详细描述自然现象的一种很有根据的怀疑已经兴起了. 这种迹象的第一种是通过所谓热辐射定律的研究得到的. 在器壁由这种或那种材料构成的一个容器中，作为热射线被器壁所发射和吸收的结果，将建立一种所谓的辐射平衡，而且，根据关于普遍温度平衡的假设，基尔霍夫就能够证明单位容器体积中的辐射能量以及这一能量在振动周期不同的那些射线中间的分布方式，将只依赖于器壁的温度，而根本不依赖于构成器壁的材料. 于是，我们在这儿有一种现象，它是不依赖于发射其特定射线的那些原子的构造的，从而它就提供了检验普遍自然定律的一种很受欢迎的试金石. 但是，解释热射线现象的一切尝试都失败了，而第一个提出关于热辐射定律的一种满意理论的普朗克却能够证明，为了得到和实验相符的结果，必须把辐射理论和下述假设结合起来；适用于原子过程的定律，包含着一种完全不属于电磁理论的不连续性要素. 例如，普朗克考虑了辐射从一种很简单的原子体系的发射，该体系由一个在平衡位置附近振动着的粒子所构成，其周期正如摆的周期一样是不依赖于振幅的，或者换句话说是不依赖于体系所具有的能量的；而且普朗克发现，为了利用电磁理论来解释热辐射定律，必须引入一条假设：和可能预料的相反，振动体系的能量并不能取所有可能的值，而只能取那样一些值，它们是某一正比于频率的量的整数倍；这些能量值可以用公式 $E=nh\omega$ 来表示，
式中 n 是整数，ω 是频率，而 h 是所谓的普朗克恒量. 233

这种根据纯理论的论证得到的意外结果，后来被证实为包含了物理科学中一次深刻革命的种子. 首先，普朗克的假设虽然奇怪，但却得到了许多很不相同问题的研究的强力支持. 其中一种最美好的而且是和我们的论题关系最密切的研究，就是杰尔汝姆教授的所谓转动光谱的理论. 当考虑一种化合物的分子时，我们必须假设所处理的是由一些正核和负电子构成的复杂体系. 按照光的电磁理论，我们假设所考虑的化合物发射的光谱将直接对应于这样一个体系中的各个粒子进行振动所可能有的方式. 但是，如果我们处理的是一种气体，分子就不

是静止的，而是如所周知，将作为完整个体而以很大速率运动着的. 而且，由于碰撞，它们将被碰得绕着它们的质心转动起来；而且这种转动将以一种简单明确的方式影响各粒子的运动，从而每一种振动都将劈裂为几种相邻的振动. 因此，正如杰尔汝姆所指出的，我们必须假设这些谱线结构的检查将提供关于分子转动的直接信息，而且，既然按照普朗克的理论我们必须预料分子并不能以对应于其任意转动能量值的角速度而转动，而是只能以对应于这一能量的某些确定值的角速度而转动，那么我们就被引导着预期，通过谱线的一种较细致的检查将发现它们劈裂为一系列细锐的分开的成分线；近来的研究确实已经以一种引人注意的方式证明了情况正是如此.

但是，甚至在这一理论出现以前，关于电磁理论的一些性质更加严重得多的困难就已经被觉察到了；这些困难威胁着这一理论，要把它弄得对于光和物质的相互作用的任何描述都成为完全无用的. 这些困难出现在新近发现的光电效应的研究中. 当光照射在一块金属板上时，就发现有电子被金属板发射出来，而且这些电子的速度的测量表明速度不依赖于光的强度而只依赖于它的颜色，即依赖于光的频率. 立即可以看到，这种现象的解释将给电磁理论带来最大的困难. 光的强度越大，我们就必须假设辐射中的电力和磁力越强，从而它们造成的效应也应该越大. 我们越企图更深入地考虑这一现象，这些困难就变得越巨大. 例如，曾经发现能够用很弱的光来造成可以测量的光电效应，而按照电磁理论，这时射在单独一个原子上的辐射量是如此地小，以致需要若干年才能吸收足够的能量
234 来以观察到的速度发射电子；但是，人们发现，金属板一受到光的照射，效应就立即开始了. 但是这并不表明所有的原子都立即发射电子，而是表示在照明作用下，时而一个原子时而另一个原子发射电子，于是就观察到一种稳定的连续的效应.

这些困难引导爱因斯坦提出了和整个电磁图景完全冲突的观念. 他不是把光设想成像声音那样作为有着扩展着的波表面的波而被发射的，而却表示了这样的见解：必须假设光的传播是通过所谓光量子的发射来进行的，这种光量子在很小的空间中包含了颇大的能量，而且这一能量当这样的量子通过空间而运动时并不散开，因此，当它打中一个原子时，它就能够给原子以足够的能量来放出一个电子. 而且，爱因斯坦也指出了怎样利用普朗克的辐射理论就能够得出关于单独一个光量子所携带的能量的结论. 事实上，尽管和普朗克一样假设所发射辐射的频率等于振子的频率，但是他却指出，普朗克的这一假设可以不被诠释为振子的一种性质而被看成辐射的一种性质，就是说我们可以假设辐射不能被发射或吸收，除非按照能量为 $h\omega$ 的量子来进行，或者，我们更愿意把它写成 $h\nu$，因为在以下我们将有机会明确地区分发射着辐射的原子体系的频率和被发射的辐

射的频率,我们把前者写成 ω 而把后者写成 ν. 从这一假设出发,爱因斯坦就能够计算光电效应中所发射电子的速度对光的颜色或频率的依赖关系,而且他对这一依赖关系的预言被发现为以一种惊人的方式和后来关于光电效应的实验互相符合. 事实上,甚至已经能够通过考察这一效应来发展一种极其精确的普朗克恒量的实验测定方法.

但是,尽管有这些美好的结果,爱因斯坦的理论却几乎不曾使我们对光和物质之间的相互作用得到什么更深入的理解. 事实上,爱因斯坦的观念所提供的图景显得和牛顿的图景很相像,而且它并不比牛顿的图景更能给出有关干涉现象的任何一种解释. 在牛顿的时代,这些现象还是未知的;但是,现在什么东西可能意味着理解这些现象的一种先决条件,也许可以最清楚地从下述事实看出: 出现在爱因斯坦的光量子能量表示式中的频率,只能借助于干涉现象来确定. 曾经作了各式各样尝试来达到一种折衷,其性质可以简单地叙述如下: 光电效应中的电子发射不是和我们推一个放在桌上的子弹时的子弹运动相比拟,而是和我们扣动手枪扳机时发生的情况相比拟;在后一情况中,子弹的速率并不依赖于扣 235
动扳机时所需要的能量,而是依赖于已经储存在火药中的能量. 但是,在贯彻这样一种图景时也遇到巨大的困难;正如我们等一下就会看到的,这些困难也许在一种情况下表现得最为明显,那就是,已经观察到一些可以说成光电效应的逆效应的现象. 关于设想放枪时所发生的现象的逆现象给我们的想象力造成的困难,这是人人都会觉得显而易见的.

我们必须承认,在目前,我们对于光和物质之间的相互作用是完全没有任何真正理解的;事实上,在许多物理学家看来,不在我们迄今企图据以描述自然现象的那些观点方面引入深刻的变动,就几乎不可能提出能够同时说明干涉现象和光电效应的任何图景. 但是,我在下面将指出,不必在细节上形成关于光和物质之间的相互作用是怎样进行的任何观念,似乎也能够利用通过以上概述的发展而赢得的经验,来提出关于这一相互作用的某些方面的某些说法;而且我们将看到,在我们有意识地放弃我们的图景中那种电磁理论之类的理论体系所提供的内在紧密性的同时,我们怎样就能达到已经证实为该理论所不能给出的东西,那就是这样一种可能性: 开始对化学元素的性质有所理解,并从而能够利用通过化学观察而收集到的丰富资料来制订我们关于物理现象的观念. 我将着手发展的观点是以元素光谱的考虑为其出发点的. 我在这里不打算详细讨论怎样能够发展理论细节,也不打算讨论看来怎样就能对不同元素的光谱作出详细的说明. 我只将提到,这些基本观点曾经直接地和惊人地得到关于谱线的吸收和激发的实验的支持,其中有些实验是最近完成的.

在我们的图景中,我们假设一种元素的谱线的发射起源于一种过程,在这种过程中一个原子从它的一个定态过渡到另一个定态；因此，我们被引导着设想，当一个原子吸收辐射时，我们所遇到的是一种过程，在过程中出现的是对应的跃迁，但却是沿相反的方向进行的. 例如，正如我们已经看到的，氢的红色谱线 H_α
236 是在上图* 中用第三个和第二个圆来表征的两个态之间的跃迁中被发射的，而我们却必须假设氢原子对和这一谱线相对应的辐射的吸收只能在一个过程中发生，在这个过程中一个原子从第二个圆所表征的态过渡到第三个圆所表征的态. 如果我们现在讨论发射红色氢谱线的条件，那么就很清楚，在没受外界影响的普通的氢中，这样的发射将并不发生，既然在第三个态中将找不到任何原子；因为，在某一时刻曾经处于这一态中的原子将曾经具有一个过渡到能量较低的态中的趋势，从而在时间进程中一切原子都将处于和最低的可能能量相对应的态中，即处于最内的圆所表示的态中. 这是和一件事实相符的，那就是当不受外界影响时氢不会发光；但是，如果在氢中进行强烈的放电，原子就会受到带电射线的轰击，而且，在我们下面即将讨论的碰撞过程中，氢原子中的电子可以被纳入离核较远的态中，不是纳入其他定态中的一个态中就是纳入具有足够的能量从而能够运动到无限远处的态中；在后一情况下，我们就说电子变成自由的了，而且原子被电离了.

因此，由以上所述立即可以理解，在一个放电管中，氢可以被纳入能够发射和光谱中不同谱线相对应的光的态中. 另一方面，在吸收实验中我们一般是处理的没受外界影响的氢，而且正如我们由以上所述能够理解的，这样的氢并不能吸收和它的光谱中一切谱线相对应的光；例如，不论氢的红色谱线还是它的其他可见谱线都不会被氢所吸收，这种情况表现在氢是所谓透明气体的这一事实中. 当处于最小的圆所表征的态中时，氢所吸收的仅有的谱线是通过在关于氢光谱的公式中令 $n''=1$ 而得到的紫外线系. 喏，这样的吸收实验并不能用普通条件下的氢来作；因为我们必须考虑一种另外的复杂情况，那就是氢原子有着形成双原子分子的强烈趋势，从而只有在很高的温度下或是在低得我们无法再对它进行任何实验的压强下，才能找到原子形式的氢. 因此就有必要考虑其他元素的光谱，其中有些元素能够形成单原子气体，例如碱金属的蒸气. 在这些实验中，我们所遇到的是和光电效应密切对应的一些条件；因为，当吸收具有确定频率的辐射时，原子就从某一个态过渡到一个很不相同的态. 和我们在那里可以看到被发射的电子的光电效应相反，我们在这里不能直接观察过程的结果；但是我们可以观察它所引起的后果，即原子已经被纳入另外的态，从而已经使它能够在回到原始
237 态中时发射辐射. 例如，正像伍德所证明的那样，当钠蒸气被对应于黄色谱线的

* ［这张图已经不存在了.］

光所照射时，它本身就变得能够发射对应于这一谱线的光. 这种现象叫做钠蒸气的共振. 如果钠蒸气受到主线系中其次一条谱线的照射，原子就会被纳入我们曾经用 3_2 来代表的那个态中；仍和在上一情况中一样，它们从那个态可以回到原始态中，并发射同一谱线；但是，在此情况下还有别的可能性；一个原子可以从态 3_2 过渡到态 2_1 然后再从那里过渡到态 2_2，最后再从这个态过渡到态 1. 在前两次跃迁中将有红外光被发射，正如由出示的光谱所能看到的那样，而正如我们已经看到的，和最后一次跃迁相对应的却是黄色谱线的光，从而我们现在就能理解英国物理学家斯除特近来作出的有趣观察；他曾经继续并扩大了伍德的实验，使得被对应于主线系中第二条谱线的光所照射的钠蒸气发射黄色钠谱线，这种结果是斯除特根本提不出任何解释的.

尽管只有这些实验才可以说突出地证实了我们曾经把光谱的诠释建筑于其上的那一图景，但是我们却从通过电子对原子的轰击来激发谱线的实验得到这些假设的一种甚至更能令人信服的支持，如果还有什么更能令人信服的支持的话；这种实验可以说揭示了和光电效应的逆效应密切对应的现象. 这一领域中的一个巨大进展是在几年以前由德国物理学家弗兰克和赫兹的一些很美好的实验得出的. 他们不是用钠蒸气而是用汞蒸气来进行了工作，汞蒸气也像钠蒸气一样是一种单原子气体，但在这种研究中却更加容易处理. 利用制造得很巧妙的仪器，他们能够将具有可变化和受控制的速率的电子送入汞蒸气中，而且，既然他们的仪器使得测量碰撞以后的电子速率成为可能，他们就能够研究电子和汞原子之间的碰撞结果. 他们在这些实验中发现了出人意料的结果，就是说，如果电子速率低于某一值，则碰撞会使电子以不变的速率从原子反射回来. 但是，速率一经达到稍大于此值的值，碰撞就有了完全不同的特点，因为电子在一次碰撞中将损失其所有的速率. 他们还进一步注意到，这一临界速率对应于入射电子的一个动能，而这个动能恰好等于 h 乘以汞光谱中和上述黄色钠谱线相对应的那条谱线的频率. 诚然，汞光谱比钠光谱复杂得多，但是上述这种类似性必然是表明，位于紫外部分的这条谱线就是汞蒸气像钠蒸气那样所具有的一个单线吸收线系
中的第一条谱线. 此外，在另外一个实验中弗兰克和赫兹还证明了，如果汞蒸气 238
受到速率仅仅稍大于上述临界值的电子的轰击，它就发射仅仅由上述谱线构成的光谱. 这些实验是有很重大的意义的；首先，当入射电子的速率仅仅稍有改变时碰撞的结果就变得完全不同，这一情况指示了适用于原子过程的定律中的一种不连续性，其种类是完全超出于我们关于力学体系的通常观念之外的. 其次，通过一种不能描述成共振现象的过程能够产生光谱中的单独一条谱线，这一情况是和按照电磁理论所将预期的情况明显相反的；按照这种理论，光谱是由振动着的电子所发射的，而且按照这种理论，上面提到的这样一种轰击必须最精确地

和锤子对一种乐器的敲打相比拟. 根据这样一种图景,人们不能理解为什么只有当敲打达到了一个确定的强度时弦才开始振动,特别是为什么只有一条弦开始发音. 另一方面,按照我们的图景,整个的诠释却是显而易见的;当原子只能存在于定态中时,除非原因强得足以把电子从正常态 1 转送到其次一个较高的态 2_2,不然就不会引起任何效果,而当满足这一要求时过程将引起上述的辐射则恰恰是我们所应预料的.

但是,弗兰克和赫兹的实验中却有一个问题,它在表观上为光谱理论设置了一个很大的困难. 弗兰克和赫兹在他们的实验中发现,电子损失其速率的那种碰撞一经发生,就会有一个增大了的电流通过他们的仪器,从而他们很自然地通过假设新带电粒子在碰撞中被形成来诠释这一现象,或者换句话说就是在这种碰撞中将有电子被从原子中扯下来. 因此他们认为上面提到那个临界能量就是恰好足以造成这种电子被取走的能量,或者说它等于原子的所谓电离能量. 但是,在我们看来,情况不会是这样的;因为,当电子被带到和 2_2 轨道相对应的离核距离处时电离并不会发生,而是只有当它被带到离核无限远处时才会发生. 因此,电离能量不应该等于 h 乘以主线系中第一条谱线的频率,而却应该等于 h 乘以此线系的界限的频率;但是这却给出比弗兰克和赫兹所假设的大了一倍以上的值. 因此,如果我们的图景是正确的,我们就必须假设弗兰克和赫兹的实验中那种增大了的电流并不是由于在电子和原子的碰撞中产生了新的离子,而是由于原子从它们的新态回到正常态时发射的辐射引起了仪器金属部分的光电效应的
239 缘故. 在弗兰克和赫兹的实验发表以后不久,我就表示了这种看法〈Phil. Mag. **30** (1915) 394〉,而且我和马考沃博士一起开始进行一种实验来澄清这个问题. 我们让人家给我们做了一套仪器,它使我们能够区分直接在气体中造成的电离和由上述那种光电效应所造成的电流. 但是我们的仪器在一次事故中弄坏了,而且在战争条件下在英国很可惜地无法修复那种复杂的用熔融石英做成的仪器. 但是,不久以后,美国物理学家范・德・毕耳表示了对弗兰克和赫兹的实验的同样看法,而且在他的想法的指导之下,两位美国物理学家戴维斯和高舍尔承担了这个任务,并且依据和马考沃博士与我所用的原理颇为相同的原理制造了仪器,而且他们在和理论完全符合的情况下成功地证实了,当原子和具有上述临界速率的电子相碰撞时,并不形成任何新离子而只形成辐射,而为了得到直接的电离,就需要入射电子的一个动能,它等于根据理论按上述方式算出的动能. 事实上,作为对图景的进一步支持,除了和原子从正常态到态 2_2 的过渡相对应的临界速率以外,他们还发现了一个新的临界速率,这个速率经证实和等于 h 乘以汞蒸气吸收线系中第二条谱线的频率的动能相对应,也就是和原子从正常态到态 3_2 的跃迁相对应.

我们看到这些研究怎样像所能想象地那样直接地在实验上证实了我们的光谱诠释建筑于其上的那一基本假设，而且看来几乎不可能采取不把这一诠释的主要特点考虑在内的任何关于光和物质之间的相互作用的图景. 正如前面所提到的，这就表明在这些现象的解释中我们必须用到一些表达方式和概念，它们是和物理学各现象的通常诠释相去甚远的；但是读者或许已经注意到，所用的那些表达方式虽然和物理学相去甚远，而它们却和化学家们在他们的全部经验的迫使之下久已习惯于使用的那种语言刚好重合. 因为确实我们正是在化学中学到了关于有着截然定义了的性质的各元素的多种多样化合物的问题. 尽管正是这种截然性构成了在普通的力学和电动力学的基础上形成原子和分子的图景的一种主要绊脚石，但是可以看到，我们曾经用来例如解释氢光谱的那种图景却有着十分相同的特点，而且在某种依据下，我们可以把第　　页上的图中各轨道所表征的氢原子的不同的态说成一个核和一个电子的不同化合物. 这些化合物中的
绝大多数确实是有着很不稳定的性质的，但是最内一个圆所表示的化合物却和 240
普通的化学分子具有完全同等的稳定性，而且甚至对于那些不稳定的化合物来说我们在化学中也有许多类例，在那里，不稳定的、不能直接观察的化合物是在许多理论中起着很大的作用的.

既然通过此处所描述的物理学中的晚近发展已经开辟了借助有关起源于所谓物理现象的研究的考虑来诠释化学经验的可能性，那么，物理学和化学之间的一种联系就已经创立了，这种联系是和以前所曾设想过的任何东西都不相对应的.

原子物理学的纲领*.

---

* ［这一行表明此稿是不全的.］

Ⅸ. 论元素的线系光谱

在柏林对德国物理学会发表的演讲

(1920 年 4 月 27 日)

A. D. UDDEN 的英译本*

* [见引言第 12 节.]

242 # 文 II 论元素的线系光谱

I. 引 言

我很荣幸地在贵学会理事会的盛情邀请下到这里来谈论这个课题，这是一个很广阔的课题，从而在单独一次演讲中，即使只对光谱理论中所得到的最重要的结果作一次综述也将是不可能的. 我在下面只将试图强调某些观点；在我看来，当考虑光谱理论的现状及其在不久将来的发展的可能性时，这些观点似乎是重要的. 在这方面我感到遗憾的是没有时间来描述光谱理论的发展史，虽然这从我们的目的来看将是有兴趣的. 但是，在理解这次演讲方面不会因此而感受任何困难，因为以前在企图解释光谱时所依据的那些观点是和以下的考虑所依据的观点有着根本的差异的. 这种差异既存在于我们关于原子结构的想法的发展中，也存在于应用这些想法来解释光谱的那种方式中.

按照卢瑟福的理论，我们将假设一个原子由一个带正电的核和若干个绕核转动的电子所构成. 虽然核被假设为远小于整个原子，它却将几乎包含原子的全部质量. 我将不叙述导致这一**有核原子理论**的建立的那些理由，也不描述这一理论从许多很不相同的来源得到的很有力的支持. 我只将提到赋予原子理论的近代发展以如此的魅力和简单性的那一结果. 我指的是这样一种想法：中性原子中的电子数确切地等于给出元素在周期表中的位次的那个数，即所谓“原子序数”. 首先由范登布若克提出的这一假设，立即使我们
243 想到最终从各元素的原子序数导出它们的物理性质和化学性质的解释的可能性. 但是，如果企图在经典的力学定律和电动力学定律的基础上得出这样一种解释，就会遇到不可克服的困难. 当我们考虑各元素的光谱时，这些困难就变得特别明显了. 事实上，这里的困难是如此地明显，以致详细讨论起来简直是浪费时间. 很显然，如果建筑在普通的力学假设和电动力学假设上，像有核原子这样的体系就会甚至没有足够的稳定性来给出由细锐谱线构成的光谱.

在这篇演讲中，我将应用量子论的概念. 特别是在柏林这个地方，是没有必

要详细考虑普朗克关于温度辐射的基本性工作怎样导致了这一理论的;按照这种理论,支配着原子过程的那些定律显示了一种确定的不连续性要素.我只将提到普朗克关于一种特别简单的原子体系即普朗克“振子”的性质的主要结果.这种体系由一个带电粒子构成,它可以在它的平衡位置附近以一个不依赖于振幅的频率进行谐振动.通过研究辐射场中若干这种体系的统计平衡,普朗克得到了这样的结论:辐射的发射和吸收是以那样一种方式进行的,它使得就统计平衡来看只要考虑振子的某些分立的态就行了.在这些态中,体系的能量等于一个所谓“能量子”的整数倍,该“能量子”被证实为和振子的频率成正比.因此,特定的能量值是由下列众所周知的公式给出的:

$$E_n = nh\omega, \tag{1}$$

式中 n 是一个整数,ω 是振子的振动频率,而 h 是普朗克恒量.

但是,如果我们企图利用这一结果来解释各元素的光谱,我们就遇到一些困难,因为尽管原子结构是简单的,原子中各粒子的运动一般却比一个普朗克振子
的运动复杂得多.于是就出现一个问题,即普朗克的结果应该怎样推广以使它的 244
应用成为可能.这时我们立即想到一些不同的观点.例如我们可以把这个等式看成表示着原子体系分立运动的某些特征性质的一个关系式,并试图得出这些性质的普遍形式.另一方面,我们也可以把等式(1)看成关于辐射过程的性质的一种叙述,并探求支配这一过程的普遍定律.

在普朗克理论中认为当然的是,振子所发射或吸收的辐射的频率等于振子本身的频率,这一假设可以写成

$$\nu \equiv \omega, \tag{2}$$

如果我们为了明确区分所发射辐射的频率和原子中各粒子的频率而在这里及以后用 ν 代表前者并用 ω 代表后者的话.因此我们看来,普朗克的结果可以诠释为意味着振子只能以大小为

$$\Delta E = h\nu \tag{3}$$

的“辐射量子”为单位来发射或吸收辐射.如所周知,这一类的想法把爱因斯坦引导到了一种光电效应理论.这是具有巨大重要性的,因为它代表量子论被用于非统计性现象的第一个实例.我在这里不讨论“光量子假说”在干涉现象方面导致的那些人所共知的困难;关于干涉现象的解释,经典的辐射理论曾经显得是那样地得心应手.最首要的是我将不考虑辐射的本性问题,而只将企图指明曾经怎样能够以一种纯形式的方式发展一种光谱理论,它的本质要素可以看成诠释普朗克结果的两种方式的同时的合理发展.

245 II. 光谱量子论的普遍原理

为了解释线光谱的外貌，我们被迫假设原子体系对辐射的发射是以那样一种方式进行的，它使得利用通常观念来详细追随发射过程成为不可能. 事实上，这些观念甚至没有给我们提供计算所发辐射的频率的手段. 但是我们即将看到，能够对谱线频率的普遍经验公式作出一种很简单的解释，如果对于原子对辐射的每一发射我们都假设一条基本定律能够成立，即在发射的全部时期内辐射都具有同一个频率 ν，它和发射的总能量之间由频率关系式来联系：

$$h\nu = E' - E''. \tag{4}$$

此处 E' 和 E'' 表示发射前后的体系能量.

如果承认了这一定律，光谱就并不像在普通辐射理论中所假设的那样向我们提供关于原子中各粒子的运动的信息，而只提供关于原子中所能发生的各种过程中的能量改变量的知识. 从这种观点看来，光谱表明了和原子的某些分立态相对应的某些确定能量值的存在. 这些态将被称为原子的定态，因为我们将假设原子可以在每一个态中停留一段有限的时间，而且只能通过跃迁到另一定态的过程而离开这一定态. 尽管对普通的力学观念和电动力学观念发生了根本的背离，但是我们却将看到，在这些概念的基础上就能够对光谱所提供的资料作出合理的解释.

虽然我们必须假设普通的力学不能用来描述定态之间的跃迁，但是却已经发现能够在一条假设的基础上发展一种逻辑合理的理论，其假设就是：这些定态中的运动可以用普通的力学来描述. 此外，虽然辐射过程不能在普通电动力学
246 理论的基础上加以描述，按照那种理论原子所发射的辐射的本性是和出现在体系的运动中的那些谐振动分量直接联系着的，但是，一方面是定态之间可能跃迁的各种类型，另一方面是运动的各种谐振动分量，在这二者之间却发现存在着影响深远的对应关系. 这种对应关系具有那样一种性质，即现有的光谱理论可以在某种意义上看成普通辐射理论的合理推广.

氢光谱　　为了使主要各点能够尽可能清楚地显现出来，在考虑更复杂类型的线系光谱以前，我将首先考虑最简单的光谱，那就是氢的线系光谱. 这种光谱包含一些谱线，其频率很精确地由巴耳末公式给出：

$$\nu = \frac{K}{(n'')^2} - \frac{K}{(n')^2}, \tag{5}$$

式中 K 是一个恒量，而 n' 和 n'' 是整数. 如果我们令 $n'' = 2$ 而令 n' 取 3、4 等等

的值，我们就得到众所周知的氢的巴耳末线系. 如果我们令 $n''=1$ 或 $n''=3$，我们就分别得到紫外线系和红外线系. 我们将假设氢原子简单地由一个带正电的核和单独一个绕核转动的电子所组成. 为了简单，我们将假设核的质量和电子的质量相比是无限大，而且我们还将忽略由于电子的质量随它的速度而变所引起的运动的微小变化. 在这些简化下，电子将描绘一条椭圆轨道，而以核为其轨道的一个焦点. 绕转频率 ω 和轨道长轴 $2a$ 将由下列方程来和体系的能量相联系：

$$\omega=\sqrt{\frac{2W^3}{\pi^2 e^4 m}},\quad 2a=\frac{e^2}{W}. \tag{6}$$

此处 e 是电子的电荷，m 是电子的质量，而 W 是把电子带到无限远处所需的功.

这些公式的简单性使我们想到应用它们来试图解释氢光谱的可能性. 但是，
只要我们应用经典的辐射理论，这样做就是不可能的. 甚至连理解氢怎样能够发 247
射由细锐谱线组成的光谱都会是不可能的；因为既然 ω 随 W 而变，所发射的辐射的频率在发射过程中就将连续地变化. 我们如果应用量子论的想法就能避免这些困难. 如果我们针对每一谱线通过用 h 乘(5)式的两端来得出 $h\nu$，那么，既然所得关系式的右端可以写成两个简单表示式之差，我们通过和公式(4)相比较就被引导到这样的假设：光谱中的分立谱线将是通过两个定态之间的跃迁而被发射的，各定态属于一个无限的定态序列，在这一序列中，第 n 个态的能量除了一个任意附加恒量以外由下列表示式来确定：

$$E_n=-\frac{Kh}{n^2}. \tag{7}$$

之所以取了负号是因为原子的能量将最简单地用把电子完全地从原子取走时所需的功来表征. 如果我们现在把 $\frac{Kh}{n^2}$ 作为 W 代入公式(6)中，我们就得到第 n 个定态中的频率和长轴的表示式如下：

$$\omega_n=\frac{1}{n^3}\sqrt{\frac{2h^3K^3}{\pi^2 e^4 m}},\quad 2a_n=\frac{n^2e^2}{hK}. \tag{8}$$

可以证明，这些方程所确定的运动和普朗克振子的分立态之间的一次对比将给出恒量 K 的一种理论推定. 我将不这样做，而是指明怎样通过所发射的光谱和定态中的运动之间的简单比较就能求得 K 的值，这种比较同时将把我们引导到对应原理.

我们曾经假设，每一条氢谱线是原子的两个对应于不同 n 值的定态之间的跃迁的结果. 方程(8)表明，在这两个态中，绕转频率和轨道长轴都可以完全不

248 同，因为当能量减小时轨道长轴就变小而转动频率就增大.因此，一般说来并不能像在普通辐射理论中那样得到电子的绕转频率和辐射频率之间的关系.但是，如果我们考虑一下对应于给定值 n' 和 n'' 的两个定态中的绕转频率之比，我们就看到这一比值当 n' 和 n'' 逐渐增大时将趋于 1，如果同时差数 $n'-n''$ 保持不变的话.因此，通过考虑对应于大值的 n' 和 n'' 的跃迁，我们就可以希望和普通理论建立一定的联系.对于由一次跃迁所发射的辐射的频率，我们按照(5)式得到

$$\nu=\frac{K}{(n'')^2}-\frac{K}{(n')^2}=(n'-n'')K\frac{n'+n''}{(n')^2(n'')^2}. \tag{9}$$

现在，如果 n' 和 n'' 这两个数比它们的差数大得多，我们就看到这一表示式可以利用方程(8)来近似地写成

$$\nu\approx(n'-n'')\omega\sqrt{\frac{2\pi^2e^4m}{Kh^3}}, \tag{10}$$

式中 ω 代表一个或另一个定态中的绕转频率.既然 $n'-n''$ 是一个整数，我们就看到这一表示式的第一部分即 $(n'-n'')\omega$ 和椭圆运动所能分解成的各谐振动中的一个谐振动的频率相同.这里涉及一个众所周知的结果，那就是，对于具有频率为 ω 的一种周期运动的粒子系来说，各粒子在空间中沿某一给定方向的位移 ξ 可以用下列形式的三角级数表示成时间的函数：

$$\xi=\Sigma C_\tau\cos 2\pi(\tau\omega t+c_\tau), \tag{11}$$

式中的和式遍及 τ 的一切正整数值.

因此我们看到，对于 n' 和 n'' 这两个数远大于它们之差的定态，二定态间的跃迁所发射的辐射的频率将和按照普通辐射概念而根据这些定态中的原子运动
249 所将预期的那种辐射的一条成分线的频率相重合，如果方程(10)右端的最后一个因子等于 1 的话.这一条件和下列条件相等同

$$K=\frac{2\pi^2e^4m}{h^3}, \tag{12}$$

这一条件事实上是满足的，如果我们使 K 等于由氢光谱的测量所求得的值并引用由实验直接求得的 e、m 和 h 的值的话.这种符合显然给我们一种**氢的光谱和原子模型之间的联系**；考虑到量子论的概念和普通辐射理论的概念之间的根本区别，这种联系是像所能合理预期的那样密切的.

对应原理　现在让我们更加仔细地考虑考虑在量子论的基础上所预期的

光谱和依据普通辐射理论所预期的光谱之间的这一联系. 按照两种方法算出的各谱线的频率在各定态彼此相差很小的区域中是完全一致的. 但是我们必须记得,发射的机制在两种情况下是不相同的. 按照普通辐射理论,对应于运动的不同谐振动分量的不同频率是同时发射的,其相对强度直接地依赖于这些振动的振幅. 但是,按照量子论,不同的谱线是通过一些完全不同的过程而发射的,这些过程就是从一个定态到附近各个定态的跃迁,就是说对应于 τ 级“泛频”的辐射将是通过 $n'-n''=\tau$ 的跃迁来发射的. 因此,每一特定谱线被发射的相对强度就依赖于出现不同跃迁的相对几率.

通过两种方法确定的频率之间的这种对应关系必然具有更深刻的意义,从而我们就被引导着预料它也将适用于强度. 这就和下列的叙述相等价：当量子数很大时,某一跃迁的相对几率是以一种简单的方式和运动中对应谐振动分量的振幅相联系着的.

这种奇特的关系使我们想到一条关于定态间跃迁的出现率的普遍定律. 于 250
是我们将假设,即使当量子数较小时,两个定态之间的跃迁可能性也是和某一谐振动分量在体系运动中的出现联系着的. 如果 n' 和 n'' 这两个数并不远大于它们的差,则这些分量的振幅数值在两个定态中可以完全不同. 因此,我们必须准备发现,跃迁几率和运动中对应谐振动分量的振幅之间的确切联系,一般将是像辐射频率和分振动频率之间的联系一样地复杂的. 从这种观点看来,例如氢光谱的绿色谱线 H_β 可以在一定意义上看成红色谱线 H_α 的“倍频”振动,前者和从第四个定态到第二个定态的跃迁相对应,后者和从第三个定态到第二个定态的跃迁相对应,尽管第一条谱线的频率根本不等于第二条谱线的频率的二倍. 事实上,引起 H_β 的跃迁可以看成起源于一个谐振动在原子运动中的出现,这个谐振动是引起 H_α 的发射的那一谐振动的倍频振动.

在其他光谱中将找到许多机会来应用这一观点;但是在考虑其他光谱以前,我将简单地提到对普朗克振子的有趣应用. 如果由(1)和(4)来计算将和这种振子的两个特殊定态之间的跃迁相对应的频率,我们就得到

$$\nu=(n'-n'')\omega, \tag{13}$$

式中 n' 和 n'' 是表征这两个态的数. 普朗克理论中的一条不可缺少的假设是,振子所发射或吸收的辐射的频率永远等于 ω. 我们看到,这一假设和一个论断相等价,那就是,和氢原子的情况截然不同,跃迁只能发生在两个相继的定态之间. 但是,按照我们的观点这恰恰就是可能曾经被预料的,因为我们必须假设振子和氢原子之间的本质区别就在于振子的运动是简谐振动. 我们可以看到,发展一种形 251
式上的辐射理论是可能的,在这种理论中氢光谱和普朗克振子的简单光谱显得

是完全类似的.这种理论只能通过适用于像振子那样简单的体系的同一条件来加以表述,一般说来,这种条件分裂成两个部分;一个部分关系到定态的确定,而另一个部分则关系到这些定态之间的跃迁所发射的辐射的频率.

普遍的光谱定律 虽然原子序数较高的元素的线系光谱具有比氢光谱更加复杂的结构,但是却已经发现了和巴耳末公式显示惊人类似性的简单定律.黎德伯和瑞兹已经证明,许多元素的线系光谱中的各个频率可以用下列类型的公式来表示:

$$\nu = f_{k''}(n'') - f_{k'}(n'), \tag{14}$$

式中n'和n''是两个整数,而$f_{k'}$和$f_{k''}$是属于该元素所特有的一个函数序列的两个函数.这些函数以一种简单的方式随n而变化,而特别说来当n增大时将收敛于零.形形色色的线系是通过令第一项$f_{k''}(n'')$保持恒定而把一系列相继的整数作为n'值代入第二项$f_{k'}(n')$中来得到的,按照瑞兹组合原理,整个的光谱于是就通过构成一切量$f_k(n)$的一切可能的二值组合来得到.

光谱中每一谱线的频率可以写成依赖于整数的两个简单表示式之差这一事实,立即使我们想到右端各项乘以h就可以使之等于原子的不同定态中的能量.其他元素中n的若干分离函数的存在,迫使我们假设不仅存在一个而是存在若干个定态序列;除了一个任意的附加恒量以外,第k个序列中第n个态的能量由下式给出:

$$E_k(n) = -hf_k(n). \tag{15}$$

原子序数较高的原子的定态总集的这种复杂特点,恰恰就是根据按量子论算出
252 的光谱与原子运动按谐振动的分解之间的那种关系所应预期的.根据这种观点,我们可以认为氢原子定态的简单性是和该原子的单周期性密切联系着的.在中性原子包含着多于一个的电子的情况,我们就发现更加复杂的运动,它们有着相应复杂的谐振动分量.因此我们必须预期一个更加复杂的定态总集,如果我们仍然要有一种原子运动和光谱之间的对应关系的话.在演讲的过程中,我们将详细地追寻这种对应关系,而且我们将被引导到关于组合原理所预言的各谱线的出现方面的表观难测性的一种简单解释.

下图表示了由线系谱项推得的钠原子定态的概况.

各定态用黑点表示,它们离竖直线a-a的距离正比于各态的能量数值.图中的箭头指出了引起在通常激发条件下出现的钠光谱中各谱线的那些跃迁.各态按水平方向的排列对应于光谱学表格中各“谱项”的普通排列.例如,第一排(S)的各个态对应于“锐线系”中的变化谱项,该线系的各谱线是由从这些态到

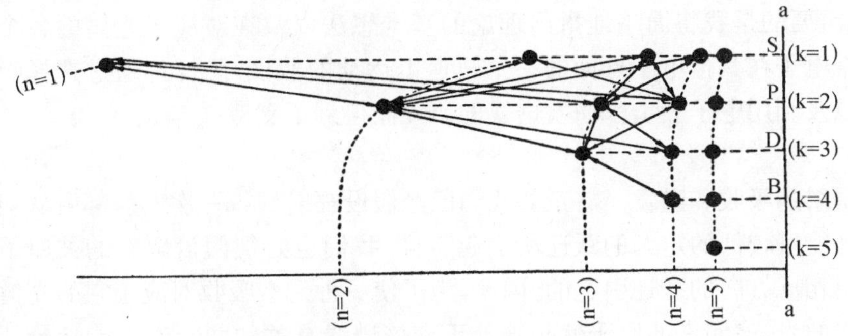

钠的线系光谱的图解

第二排中第一态的跃迁来发射的. 第二排(P)的各个态对应于"主线系"中的变 253
化谱项,该线系的各谱线是由从这些态到S排中第一态的跃迁来发射的. 各个D态对应于"漫线系"中的变化谱项,这一线系也像S线系一样是由到P排中第一态的跃迁来发射的. 最后,各个B态对应于"伯格曼线系"(基线系)中的变化谱项,在该线系中跃迁是向D排中第一态进行的. 不同排中的相对排列方式将用来阐明以下即将讨论的更详细的理论. 我所提到的组合原理的表观难测性就在于这一事实: 在通常的激发条件下,并不是属于钠光谱各谱项的可能组合的一切谱线都会出现,而是只有在图中用箭头标出的那些谱线才会出现.

确定包含多个电子的原子的定态的普遍问题引起了一些性质深刻的困难,它们也许还远远没有完全解决. 但是,通过考虑已经发现的关于各谱项的那些经验定律,却能够对线系光谱的发射所涉及的那些定态给以一种直接的洞察. 按照黎德伯所发现的关于在普通激发条件下发射的元素光谱的众所周知的定律,出现在公式(14)中的函数$f_k(n)$可以写成下列形式:

$$f_k(n)=\frac{K}{n^2}\phi_k(n), \tag{16}$$

式中$\phi_k(n)$代表一个对于n的大值收敛于1的函数. K是出现在氢光谱的公式(5)中的那同一个恒量. 这一结果显然必须通过下述假设来解释: 原子在这些态中是电中性的,而一个电子绕着核在一个轨道上运动,轨道的线度和其他电子离核的距离相比是很大的. 确实,我们看到,在这种情况下作用在较外电子上的力将在一级近似下和作用在氢原子中电子上的力相同,轨道越大则这种近似也越好.

由于时间有限,我将不讨论关于黎德伯恒量在电弧光谱中的普遍出现的这 254
种解释如何得到了"火花光谱"的研究的令人信服的支持. 这些光谱是在很强的放电影响下由各元素发射的,而且是来自电离了的原子而不是来自中性原子的.

但是,重要的是我将简略地指出理论的基本想法以及在对应于光谱的各个态中有一个电子在其他电子外面的一个轨道上运动的假设,怎样都通过选择吸收的研究以及利用电子轰击来激发谱线的研究而得到了支持.

辐射的吸收和激发 正如我们已经假设辐射的每一次发射都由从能量较高的到能量较低的定态的跃迁所引起一样,我们也必须假设辐射的被原子所吸收是由相反方向的跃迁引起的.因此,为了使一种元素吸收对应于它的光谱中某一谱线的光,该元素的原子就必须处于和该谱线有关的两个态中能量较低的那个态.如果我们现在考虑一种其原子在气态下并不结合成分子的元素,那就必须假设在普通条件下几乎所有的原子都存在于能量值为最小的那个定态中.我将把这个态叫做正常态.因此我们必须预期,单原子气体的吸收光谱将只包括线系光谱中那样一些谱线,它们的发射对应于到达正常态的跃迁.这一预期得到了碱金属光谱的全面证实.例如,钠蒸气的吸收光谱只显示和主线系相对应的谱线,而正如在上图的描述中所提到的那样,这一线系对应于到达最小能量的态的跃迁.关于吸收过程的这一观点,得到了关于共振辐射的实验的进一步支持.伍德首次证明了,钠蒸气在对应于主线系中第一条谱线(习见的黄色谱线)的光的影响下就得到再发射一种辐射的能力,这种辐射只包含这一谱线的光.我们可以通
255 过假设钠原子已被从正常态转送到第二排中的第一态来解释这一情况.共振辐射并不和入射光显示同样程度的偏振这一事实,完全符合于我们的假设,即发自受激蒸气的辐射并不是普通辐射理论意义下的一种共振现象,而是相反地依赖于一个和入射辐射并无直接联系的过程.

但是黄色钠谱线的共振辐射现象却并不完全像我所说明的那样简单,因为诸位知道这条谱线事实上是一条双重线.这就表明主线系的变化谱项并不是简单的而是由彼此稍有不同的两个值来表示的.按照我们关于钠光谱起源的图景,这就表明图中第二排的 P 态——和第一排的 S 态相反——不是简单的而是对于这一排的每一个位置都有两个定态.二定态的能量相差太小,以致在图上无法用分开的圆点来代表它们.因此,黄色谱线的两条成分线的发射(以及吸收)是和两个不同的过程联系着的.这一点已由伍德和杜诺耶的一些后来的研究很好地证明了.他们发现,如果钠蒸气只受到来自黄色谱线的一条成分线的辐射的影响,则共振辐射至少在低压下只包含这一成分线.这些实验后来由斯除特继续进行了,而且扩展到了致激谱线对应于主线系中第二条谱线的情况.斯除特发现共振辐射只在很小的程度上包含和入射光频率相同的光,而其较大的部分则是习见的黄色谱线.这一结果照普通的共振概念看来想必是很可惊异的,因为正如斯除特所指出的,主线系的第一条谱线和第二条谱线之间并不存在任何合理的联

系. 但是从我们的观点看来这却是很容易解释的,由图可见,当一个原子已被转送到第二排第二态中时,除了直接回到正常态以外,还有另外两种可以给出辐射的跃迁,即到达第一排第二态的跃迁和到达第三排第一态的跃迁. 实验似乎表明 256
这三种跃迁中的第二种是最可几的,而且我在以后将指明关于这一结论也有某些理论依据. 这一跃迁导致一条不能用此处的实验装置来观察的红外谱线的发射;通过这一跃迁,原子就被带到第一排第二态中,而从这个态出发则只有一种跃迁是可能的,这一跃迁又给出一条红外谱线. 这一跃迁将原子带入第二排第一态中,于是接着发生的回到正常态的跃迁就发出黄色谱线. 斯除特发现了另一种同样出人意料的结果: 即使当入射光只包含主线系中第二条谱线的一条成分线时,黄色共振辐射似乎也包含主线系中第一条谱线的两条成分线. 这和我们关于这一现象的图景是符合得很好的. 我们必须记得,第一排的态是简单的,因此,当原子已经达到其中一个态时,它就失去了以后指示它原先是来自第二排的两个态中哪一个态的任何可能性.

钠蒸气除了显示和主线系中各谱线相对应的吸收以外,还显示一种**连续谱域中的选择吸收**,这个谱域从这一线系的界限开始而扩展到紫外部分. 这一点以一种惹人注目的方式证实了我们的假设,即钠的主线系谱线的吸收造成一些原子的末态,那里的一个电子是在越来越大的轨道上转动着的. 因为我们必须假设这种连续吸收对应于从正常态到另一些态的跃迁,在那些态中电子可以使自己无限远地离开核. 这一现象和被照明金属板的**光电效应**显示一种完全的类似性;在光电效应中,通过应用频率适当的光可以得到具有任何速度的电子. 但是频率必须永远大于某一界限,这一界限按照爱因斯坦的理论是以很简单的方式和把电子带到金属外面所需的能量联系着的.

这种关于发射光谱和吸收光谱的起源的看法,曾经以一种很有兴趣的方式被关于**通过电子轰击来激发谱线和产生电离**的实验所证实. 这一领域中的主要
进展归功于弗兰克和赫兹的众所周知的实验. 这两位研究者根据他们关于汞蒸 257
气的实验得到了他们的第一批重要结果,汞蒸气的性质对于这种实验是特别合用的. 由于结果的巨大重要性,这些实验已被扩展到大多数气体和可以在气态下得到的金属. 借助于上面的图,我将简略地针对钠蒸气的情况来阐明一下这种结果. 曾经发现,当电子的能量小于将原子从正常态转送到其次一个能量值较高的定态所需的能量时,电子在和原子的碰撞中将被碰回而不减小其速度. 在钠蒸气的情况,这种转送是意味着从第一排第一态到第二排第一态. 但是,电子的能量一旦达到这个临界值,就会出现一种新型的碰撞,电子在这种碰撞中将失去其全部的动能,而同时蒸气则被激发并发射和黄色谱线相对应的辐射. 这将是所应预期的,如果原子通过碰撞被从正常态转送到第二排第一态的话. 在一段时间之内

曾经不能肯定这种解释在多大程度上是正确的，因为在关于汞蒸气的实验中发现，和非弹性碰撞的出现一起，永远有离子在蒸气中形成. 但是，根据我们的图，我们将预期只有当电子的动能大得足以把原子从正常态带到各态的公共极限时，才会有离子产生. 后来的实验，特别是戴维斯和高舍尔的实验，已经澄清了这一问题. 已经证明，只有当电子的动能和线系的界限相对应时，才会通过碰撞而直接形成离子，而起初发现的电离则是由汞原子回到正常态时发出的辐射在仪器的金属壁上造成的光电效应所引起的一种间接后果. 这些实验提供了关于分立定态的实在性的一种直接而独立的证明，关于这种定态的存在我们是在线系光谱的引导下推测出来的. 与此同时，我们对普通的电动力学观念和力学观念在描述过程方面的不足性得到一种突出的印象，这种不足不但表现在辐射的发射
258 方面，而且表现在自由电子和原子的碰撞之类的现象方面.

III. 光谱量子论的发展

我们看到，通过少数几种简单想法的应用来对线系光谱的起源得到某种洞察是可能的. 但是当我们企图更深入一些时，困难就出现了. 事实上，对于并非单周期性的体系来说，是不能只由能量的数值得出关于定态中这些体系的运动的充分信息的；为了确定运动，必须有更多的确定因素. 当我们试图详细解释外力对氢光谱的特征效应时，我们就遇到同样的困难. 近年来，这一领域中的进一步进展的基础已经通过量子论的发展而奠定了；这种发展使我们不但能够在单周期体系的情况而且能够在某几类非周期体系的情况下确定各个定态. 这些体系就是它们的运动方程可以通过"分离变量"来求解的那些条件周期体系. 如果使用广义坐标，这些体系的运动的描述就可以归结为若干广义的"运动分量"的考虑. 其中每一个分量都只对应于一个坐标的变化，从而可以在一定意义上被认为是"独立的". 确定定态的方法就在于分别用一个条件式来确定这些分量中每一个分量的运动，这种条件式可以看成适用于普朗克振子的条件式(1)的直接推广，因此，一般说来定态是由一些整数来表征的，整数的个数等于体系所具有的自由度数. 相当多的物理学家参加了量子论的这一发展，其中包括普朗克本人. 我也愿意提到艾伦菲斯特对于力学定律对原子过程的适用局限性这一课题所作的重要贡献. 但是，量子论对光谱的应用中的决定性进展是由索末菲及其追随者
259 们得出的. 然而，我将不再进一步讨论这些作者们给出其结果的那种系统形式. 在不久以前发表在《哥本哈根科学院院刊》上的一篇论文中，我已经证明借助于这种定态确定方法算出的光谱和应该对应于体系运动的光谱显示出一种对应关系，这和我们已经在氢的情况中考虑过的对应关系是相似的. 借助于这种普遍对应关系，我将试图在演讲的其余部分指明怎样就能以一种可以看成上面这些考

虑的自然推广的形式,来表示线系光谱及外力场对这些光谱产生的效应的理论.这种形式在我看来适合于将来的光谱理论中的工作,因为它使我们可以立即洞察由于原子运动的复杂性而无法应用上述方法的那些问题.

外力对氢光谱的效应 我们现在将开始考察微扰力对简单体系的光谱的影响,该体系包括单独一个绕核转动的电子.为了简单起见,我们将暂不考虑电子质量随其速度的变化.关于这种变化所引起的运动的微小改变的考虑,在索末菲理论的发展中曾经具有巨大重要性,这种理论起源于氢谱线精细结构的解释.这种精细结构起源于一个事实,即当把质量随速度的变化考虑在内时,电子的轨道就和简单的椭圆稍有偏差而且不再是确切周期性的了.但是这种对开普勒运动的偏差比起出现在由于斯塔克效应和塞曼效应中的那种外力的存在所引起的扰动来是很小的.在原子序数较高的原子中,它和较内电子对较外电子运动的扰动相比也是可以忽略的.因此,忽略质量的改变量将对塞曼效应和斯塔克效应的解释或对氢光谱与其他元素光谱之间的差异的解释并无重要影响.

因此我们将像以前一样把未受扰氢原子的运动看成单周期性的,并首先探 260
讨和这种运动相对应的定态.于是,这些定态中的能量就将由根据氢光谱推得的表示式(7)来确定.给定了体系的能量,椭圆电子轨道的长轴和电子的绕转频率就也确定了.将(12)所给出的 K 的表示式代入公式(7)和(8)中,我们就得到未受扰原子的第 n 个态中的能量、长轴和绕转频率的表示式如下:

$$E_n = -W_n = -\frac{1}{n^2}\frac{2\pi^2 e^4 m}{h^2},\ 2a_n = n^2\frac{h^2}{2\pi^2 e^2 m},$$

$$\omega_n = \frac{1}{n^3}\frac{4\pi^2 e^4 m}{h^3}. \tag{17}$$

我们必须进一步假设,在未受扰体系的定态中,轨道形式是那样地不确定,以致偏心率可以连续地变化.这不但是由对应原理直接指示出来的——因为绕转频率只取决于能量而不取决于偏心率——而且是由一件事实指示出来的,即任何小外力的存在一般将在时间进程中引起周期性轨道的位置及偏心率的有限改变,而在长轴方面却只能引起和干扰力强度成正比的微小改变.

为了当存在给定的保守外力场时确定体系的定态,我们将在对应原理的基础上考察这些力怎样影响运动按谐振动的分解.由于有外力,轨道的形状和位置将连续地发生变化.在普遍情况下,这些变化将如此复杂,以致不可能将受扰运动分解成分立的谐振动.在这种情况下我们必须预期受扰体系将不具备任何截然分离的定态.虽然辐射的每一发射都必须假设为单频的和按照普遍频率条件进行的,我们却将因此而预期最后的效应是未受扰体系的细锐谱线的展宽.

261 但是，在某些情况下，扰动将带有那样一种规则性，以致受扰体系[的运动]可以分解成谐振动，尽管这些振动的总集很自然地将属于比在未受扰体系中更复杂的类别. 例如，当轨道随时间的变化是周期性的时，情况就是这样的. 在这种情况下，体系运动中将出现一些谐振动，其频率等于轨道扰动周期[原意如此]的整数倍，从而在依据普通辐射理论所预期的光谱中我们将预期和这些频率相对应的成分线. 因此，按照对应原理我们立即被引导到这样的结论：对于未受扰体系的每一个定态，有受扰体系的若干定态和它相对应，其对应方式是对于这些定态中两个定态之间的跃迁将有一种辐射被发射，其频率和轨道的周期变化过程之间的关系，就如简单周期体系的光谱和体系在定态中的运动之间的关系那样.

斯塔克效应　　当氢受到一个均匀电场的影响时，就得到出现周期扰动的一个有教益的例子. 轨道的偏心率和位置在场的影响下连续地发生变化. 但是，在这些变化期间，却发现轨道的中心停留在一个垂直于电场方向的平面上，而且它在这一平面上的运动是单周期性的. 当中心已经回到它的出发点时，轨道将恢复它原有的偏心率和位置，而且从这一时刻起，轨道的整个循环将重复进行. 在这种情况下，受扰体系的定态能量的确定就是极其简单的，因为我们发现扰动的周期并不依赖于轨道的原有位形，从而也不依赖于轨道中心在上面运动的那一平面的位置，而只依赖于长轴和绕转频率. 根据一种简单计算就发现，周期 σ 由下列公式给出：

$$\sigma=\frac{3eF}{8\pi^2 ma\omega},\tag{18}$$

262 式中 F 是外电场的强度. 因此，根据和普朗克振子的分立能量值的确定的类比，我们必须预期和未受扰体系的同一定态相对应的两个不同定态之间的能量差将等于 h 乘以扰动周期 σ 所得乘积的整数倍. 于是我们立即得到受扰体系的定态能量表示式如下：

$$E=E_n+kh\sigma,\tag{19}$$

式中 E_n 只依赖于表征未受扰体系的定态的数 n，而 k 是在此情况可以为正或为负的一个新的整数. 正如我们在以下即将看到的，体系的能量和运动之间的关系的考虑表明 k 必须在数值上小于 n，如果我们像以前那样令量 E_n 等于未受扰原子的第 n 个定态的能量 $-W_n$ 的话. 把由(17)给出的 W_n、ω_n 和 a_n 的值代入公式(19)中，我们就得到

$$E=-\frac{1}{n^2}\frac{2\pi^2e^4m}{h^2}+nk\frac{3h^2F}{8\pi^2em}.\tag{20}$$

为了求得电场对氢光谱各谱线的效应，我们利用频率条件式(4)并得到由数n'、k'和n''、k''定义的两个定态之间的跃迁所发射的辐射的频率ν，

$$\nu=\frac{2\pi^2e^4m}{h^3}\left(\frac{1}{(n'')^2}-\frac{1}{(n')^2}\right)+\frac{3hF}{8\pi^2em}(n'k'-n''k''). \tag{21}$$

如所周知，这一公式提供了氢谱线斯塔克效应的完备解释. 它和艾普斯坦及施瓦尔兹席耳德用不同方法得到的一个公式相对应. 他们利用了一件事实，即均匀电场中的氢原子是可以通过采用抛物面坐标来分离变量的一种条件周期体系. 定态是通过对其中每一变量应用量子条件来确定的.

我们现在将更仔细地考虑由电场的存在所引起的氢光谱的变化和原子的受 263
扰运动按谐振动分量的分解之间的对应关系. 代替了简单开普勒运动按谐振动分量的简单分解，电子沿给定空间方向的位移ξ在现有的情况下可以用下列公式来表示：

$$\xi=\Sigma C_{\tau,k}\cos 2\pi\{t(\tau\omega+k\sigma)+c_{\tau,k}\}, \tag{22}$$

式中ω是在受扰轨道上的平均绕转频率，σ是轨道扰动的周期，而$C_{\tau,\kappa}$和$c_{\tau,\kappa}$是恒量. 求和遍及τ和κ的一切整数值.

如果我们现在考虑由某些数n'、k'和n''、k''表征的两个定态之间的跃迁，我们就发现，在这些数远大于它们的差数$n'-n''$和$k'-k''$的区域中，所发射的谱线的频率将由下列公式近似地给出：

$$\nu\sim(n'-n'')\omega+(k'-k'')\sigma. \tag{23}$$

因此我们看到，我们已经得到了光谱和运动之间的一种关系，其性质和在未受扰氢原子的简单情况中时完全相同. 在这里，我们在对应于公式(22)中各特定值τ及κ的运动中的谐振动分量和$n'-n''=\tau$而$k'-k''=\kappa$的两个定态间的跃迁之间有一种类似的对应关系.

通过更详细地考虑运动，可以由这一对应关系得出若干有趣的结果. 在表示式(22)中，每一个$\tau+\kappa$为偶数的谐振动分量都和一个平行于电场方向的线性振动相对应，而每一个$\tau+\kappa$为奇数的分量则和一个垂直于该方向的椭圆振动相对应. 对应原理立刻使我们想到，这些事实是和在斯塔克效应中观察到的特征偏振联系着的. 我们将预料，$(n'-n'')+(k'-k'')$为偶数的跃迁将给出电矢量平行于场的一条成分线，而$(n'-n'')+(k'-k'')$为奇数的跃迁将对应于电矢量垂直于场的一条成分线. 这些结果已经得到实验的充分证实，而且是和艾普斯坦在他的 264
第一篇关于斯塔克效应的论文中提出的经验偏振法则相对应的.

到此为止所描述的对应原理的应用是带有纯定性的性质的. 但是，也可以通过把公式(22)中各系数$C_{\tau,\kappa}$的数值和对应的定态间的跃迁几率联系起来，而得

到关于各条氢谱线斯塔克效应成分线的相对强度的一种定量估计. 这一问题已由克喇摩斯在新近发表的一篇学位论文中详加处理. 他在这篇论文中彻底讨论了对应原理对谱线强度问题的应用.

塞曼效应 均匀磁场对氢谱线的效应问题可以用完全类似的方式来处理. 对氢原子的运动的效应简单地在于在未受扰原子中的电子运动上叠加一个均匀转动. 转动的轴线平行于磁力的方向,而转动频率则由下列公式给出:

$$\sigma=\frac{eH}{4\pi mc}, \tag{24}$$

式中 H 是场的强度而 c 是光速.

我们又得到一个情况,即扰动是单周期性的,并且扰动周期不依赖于轨道的形状和位置,而在现有情况下甚至也不依赖于长轴. 因此,类似的考虑也像在斯塔克效应的情况下一样能够适用,从而我们必须预期定态中的运动又将由公式(19)来给出,如果我们把 σ 代成表示式(24)所给出的值的话. 这一结果和索末菲及德拜所得出的结果也是完全符合的. 他们所用的方法涉及用分离变量法求解运动方程. 合用的坐标是极轴平行于场的极坐标.

265 但是,如果我们试图利用频率条件式(4)来直接计算场的效应,我们马上就遇到一种表观上的分歧,这种分歧曾在一段时间内被认为是理论的一个严重困难. 正如索末菲和德拜都曾指出的,和公式中所包含的那些定态之间的每一个跃迁相对应的谱线并不是都能观察到的. 但是,我们一经应用对应原理,这一困难就被克服了. 如果我们考虑一下运动的谐振动分量,我们就既得到某些跃迁并不发生的解释,又得到所观察到的偏振的简单解释. 在磁场中,每一个具有频率 $\tau\omega$ 的椭圆谐振动分量都由于轨道的均匀转动而劈裂为三个谐振动分量. 其中有一个是线性的,以频率 $\tau\omega$ 平行于磁场而振动,另外两个是圆周振动,以频率 $\tau\omega+\sigma$ 和 $\tau\omega-\sigma$ 在垂直于场方向的平面上沿相反方向进行. 由此可见,由公式(22)来表示的运动并不包含 κ 的数值大于 1 的任何分量;这是和斯塔克效应不同的,在那里对应于一切 κ 值的分量都是出现的. 喏,公式(23)又适用于大值的 n 和 k,并且表明了辐射频率和运动中谐振动分量频率之间的渐近一致性. 因此我们就得到 k 的改变超过 1 的跃迁不能发生的结论. 这里的论证和排除(1)式中 n 值之差超过 1 的两个普朗克振子分立态之间的跃迁的那种论证相似. 我们必须进一步得出各种可能的跃迁共有两种类型的结论. 对于和直线分量相对应的一个类型;k 保持不变,从而在所发射的具有和原始氢谱线的频率 ν_0 相同的频率的辐射中,电矢量将平行于场而振动. 对于和圆周分量相对应的第二种类型,k 将增 1 或减

1,从而沿场的方向看时辐射是圆偏振的并分别具有频率 $\nu_0+\sigma$ 和 $\nu_0-\sigma$. 这些结果和习见的洛伦兹理论的结果相符合. 当我们回想起量子论的概念和普通辐射理论的概念之间的根本差异时,两种理论的相似性就是很惊人的.

辏力微扰 建筑在类似考虑上的一个例证将对其他元素的光谱有所阐 266
发,这个例证就在于寻求相对于核为径向对称的微扰力场的效应. 在这一情况,不论是轨道的形状还是轨道平面的位置都将不随时间而变,从而场的扰动效应将简单地在于轨道长轴的一种均匀转动. 扰动是周期性的,因此我们可以假设,属于未受扰体系的每一个定态能量值的,有受扰体系的一系列分立能量值,各自用一个整数 k 的不同值来表征. 扰动频率 σ 等于长轴的转动频率. 对于一种给定的微扰场的力定律,我们发现 σ 既依赖于长轴又依赖于偏心率. 因此,定态的能量改变量将不能由和公式(19)中的第二项那样简单的表示式来给出,而却将是对不同的场为不同的一个 k 的函数. 但是却能够用同一个条件式来表征受到任何辏力场扰动的氢原子的定态中的运动. 为了证明这一点,我们必须进一步考虑受扰氢原子的运动的确定.

在未受扰氢原子的定态中,只有轨道的长轴应被认为是固定的,而其偏心率则可以取任意值. 既然由外力场引起的原子能量的改变量依赖于轨道的形状和位置,那么,当存在这样的场时,原子能量的确定自然就涉及受扰体系轨道的一种较详细的确定.

作为例证,试考虑由于均匀电场和均匀磁场的存在而引起的氢光谱的变化,这种变化是由方程(19)来描述的. 我们发现,这一能量条件可以有一种简单的几何诠释. 在电场的情况,从核到轨道的中心在上面运动的那个平面的距离就能确定由于场的存在而引起的体系能量的改变量. 在定态中,这一距离简单地等于 $\frac{k}{n}$
乘以轨道的半长轴. 在磁场的情况,我们发现确定体系能量改变量的那个量就是 267
轨道在垂直于磁力的一个平面上的投影面积. 在不同的定态中,这一面积等于 $\frac{k}{n}$ 乘以半径等于轨道半长轴的一个圆的面积. 在辏力微扰的情况,量子论所要求的光谱和运动之间的对应关系就导致一个简单的条件: 在受扰体系的定态中,转动轨道的短轴简单地等于 $\frac{k}{n}$ 乘以长轴. 这一条件最初是由索末菲根据他的有心运动的定态确定的普遍理论导出的. 很容易证明,半短轴值的这一确定和下述说法相等价: 椭圆轨道的参数 $2p$ 由一个表示式来给出,其形式和给出未受扰原子中长轴 $2a$ 的表示式的形式恰好相同. 和(17)中 $2a_n$ 表示式的唯一差异就在于 n

被换成k,因此,受扰原子的定态中的参数值就由下式给出:

$$2p_k = k^2 \frac{h^2}{2\pi^2 e^2 m}. \tag{25}$$

对于n'和n''远大于其差数的二定态之间的跃迁,用这种办法确定的所发射辐射的频率由一个和方程(23)中的表示式相同的表示式来给出,如果在此情况ω是电子在缓慢转动轨道上的绕转频率而σ代表长轴的转动频率的话.

在进一步讨论下去以前,注意到一个情况可能是有兴趣的,那就是,这种确定受到外电力和外磁力扰动的氢原子的定态的方式,在某些方面并不和索末非的、艾普斯坦的以及德拜的理论相重合.按照条件周期体系的理论,具有三个自由度的体系的定态一般将由三个条件来确定,从而在这些理论中每一个态是由
268 三个整数来表征的.这就将表明,和由一个条件来确定的未受扰氢原子的某一个定态相对应的受扰氢原子的那些定态,应该服从另外两个条件,从而除了n以外还应该由两个新的整数来表征.但是,开普勒运动的扰动是单周期性的,从而受扰原子的能量将由一个附加条件来完全地确定.第二个条件的引入将不会在现象的解释中增加任何更多的东西,因为随着新微扰力的出现,即使这是一些小得不足以显著影响所观察的塞曼效应和斯塔克效应的力,由这样一个条件所表征的运动形式也可能完全改变.这是和一件事实完全类似的,那就是,通常观察到的那种氢光谱是不会被小力所显著影响的,即使当那些力大得足以引起电子轨道的形状和位置的很大变化时也是如此.

氢谱线的相对论效应　在结束关于氢光谱的论述以前,我将简略地考虑由于电子质量随其速度而变所引起的效应.在以上各节中,我已经描述了外力场怎样使氢谱线劈裂为若干成分线,但是必须注意,只有当扰动远大于由于电子质量随其速度而变所引起的对纯开普勒运动的偏差时,这些结果才是精确的.当把质量的改变考虑在内时,未受扰原子的运动将不是严格周期性的.相反地,我们将得到和氢原子受到小辏力场的扰动时所出现的运动种类完全相同的运动.按照对应原理,应该预期在轨道长轴的转动频率和精细结构成分线的频率差之间有一种密切的联系,从而各定态就将是其参数由表示式(25)来给出的那些轨道.如果我们现在考虑外力对氢谱线的精细结构成分线的效应,那就必须记得,这种
269 定态的确定方式只适用于未受扰的氢原子,而且正如已经提到的,这些态中的轨道一般已经会受到外力的存在的强烈影响,那些外力远小于我们在关于斯塔克效应和塞曼效应的实验中所涉及的外力.一般说来,这种力的存在将导致扰动的巨大复杂性,而且原子将不再具有一组明确定义的定态.因此,一条给定氢谱线

的精细结构成分线将变得漫散而混成一片. 但是,在一些重要的情况下,由于扰动的简单性,这种现象并不发生. 最简单的例子就是受到从核发出的辏力扰动的氢原子. 在这一情况下,体系的运动显然将保持其中心对称的特性,而受扰运动和未受扰运动的不同将只在于长轴的转动频率对于长轴和参数的不同值将是不同的. 这一点在原子序数较高元素的光谱理论中是有其重要性的,因为,我们即将看到,来自较内电子的力的效应可以在一级近似下和一个辏力微扰场相比拟. 因此,我们不能预期这些光谱显示和在氢谱线的情况中种类相同的由电子质量的改变所引起的单独效应. 这一改变不会使不同的谱线劈裂为分离的成分线,而只将引起各谱线的微小位移.

如果我们考虑受到均匀磁场作用的一个氢原子,我们就又得到氢原子具有明确定态的另一个简单例子. 这样一个场的效应将是叠加上整个体系绕着通过核并平行于磁力的轴线而进行的一种转动. 按照对应原理,由这一结果立即推得,每一条精细结构成分线必须被预期劈裂为一种正常的塞曼效应(洛伦兹三重线). 这个问题也可以利用条件周期体系的理论来求解,因为当存在磁场时运动 270
方程即使将质量的变化考虑在内也可以在空间极坐标系中分离变量. 这一点曾由索末菲和德拜指出.

当原子受到一个均匀电场的作用,而电场并非强得使质量的变化可以略去时,就出现一种更加复杂的情况. 在这一情况,运动方程不能在任何一个坐标系中用分离变量法求解,从而问题不能用条件周期体系的定态理论来处理. 但是,对扰动的更详细的考察却表明,扰动具有那么一种特性,即电子的运动可以分解成若干分离的谐振动. 这些谐振动分成两组,它们的振动方向或平行于场或垂直于场. 因此,按照对应原理我们必须预期,在这一情况下,当存在场时每一条氢谱线也将由一些细锐的、偏振的成分线组成. 事实上,利用我已经描述过的那些原理,是能够给出定态的唯一确定的. 均匀电场对氢谱线精细结构成分线的效应问题,已由克喇摩斯在一篇不久即将发表的论文中按照这种观点进行了详细的处理. 在这篇论文中即将证明,详细预言氢谱线的精细结构成分线当电场强度增大时逐渐变成普通斯塔克效应的那种方式,是怎样成为可能的.

线系光谱理论　　现在让我们把注意力再次转向较高原子序数的元素的线系光谱问题. 黎德伯恒量在这些光谱中的普遍出现,要通过一个假设来解释,即假设原子是中性的,而且有一个电子沿着一个轨道运行,其轨道线度远大于较内电子到核的距离. 因此,在某种意义上,较外电子的运动可以和外力扰动下的氢原子中电子的运动相比拟,而且,从这种观点看来,其他元素光谱 271
中各种线系的出现,就应该看成和氢谱线由于这种力的作用而劈裂为成分线的情况相类似.

索末菲在他的碱金属所显示的那种类型的线系光谱结构的理论中曾经提出一条假设,即较外电子的轨道在一级近似下将和由一个简单的微扰轃力场所引起的轨道具有相同的性质,该轃力场的强度随着离核距离的增大而迅速地减小.他利用他的确定有心运动的定态的普遍理论确定了外面电子的运动.这种方法的应用依赖于在运动方程中分离变量的可能性.索末菲用这种方式能够算出若干能量值,它们可以像钠光谱图解(第 30 页[本卷原第 252 页])中的经验谱项那样一排排地排列起来.由索末菲分组成各个排的那些态恰恰就是在我们关于轃力微扰下的氢原子的研究中用同一个 k 值来表征的那些态.图中第一排(S 排)的态和 $k=1$ 的值相对应,第二排(P)的态和 $k=2$ 相对应,余类推.对应于同一 n 值的态用点线联接,这些点线已被适当延长,使得它们的竖直渐近线对应于氢原子的定态能量值.对于恒定的 n 和增大的 k,能量将趋近于未受扰氢原子的对应值;这一事实可以直接由理论看出,因为对于轨道参数的大值来说较外电子在整个绕转过程中都离较内电子很远.轨道将变成几乎是椭圆形的,而长轴的转动周期将很大.因此可以看到,较内体系对于将这一电子从原子取走时所需能量的影响必然随着 k 值的增大而减小.

这些美好的结果暗示了求得将能说明观察到的光谱的那一微扰轃力场的力的定律的可能性.虽然索末菲用这种办法事实上已经能够导出关于谱项的公式,
272 这种公式对于恒定的 k 是符合于黎德伯公式而随 n 变化的,但是却还不能解释任何实际情况中谱项同时随 n 和 k 的变化.这是不足为奇的,因为必须料到较内电子对光谱的效应不能用这样简单的方式来说明.进一步的考虑表明,不但必须考虑起源于较内电子的力,而且必须考虑较外电子的存在对较内电子的运动的效应.

在考虑原子序数较低的元素的线系光谱以前,我将指出某些跃迁的出现或不出现可以怎样由对应原理来证明,以提供一个有利于索末菲关于较外电子轨道的假设的证据.为此目的,我们必须用它的谐振动分量来描述较外电子的运动.这是很容易做到的,如果我们假设较内电子的存在简单地引起较外电子轨道在其平面上的一种均匀转动.我们将用 σ 来代表这一转动的频率;由于这一转动,代替未受扰运动中每一个周期为 $\tau\omega$ 的椭圆谐振动,将有两个周期[原意如此]为 $\tau\omega+\sigma$ 和 $\tau\omega-\sigma$ 的圆周转动出现在受扰电子的运动中.于是,受扰运动按谐振动的分解,又将由(22)类型的一个公式来表示,式中只出现 κ 等于 $+1$ 或 -1 的那种项.既然在 n 和 k 很大的区域中被发射辐射的频率又是由渐近公式(23)给出的,我们就立刻由对应原理推知,唯一能够发生的跃迁就是 k 增减一个单位的那些跃迁.由钠的图解可以一目了然,这是和实验结果确切相符的.这一事实特别惊人,因为索末菲理论中各定态能量值的分排方式和这些态间的跃迁可能性并无特殊的联系.

对应原理和角动量守恒 除了这些结果以外,对应原理还使我们想到受
扰原子所发射的辐射必将显示圆偏振.但是,由于轨道平面的不确定性,这种偏 273
振是不能直接观察的.关于这样一种偏振的假设是对于辐射发射理论来说有着特殊兴趣的一个问题.由于一个原子的光谱和它的运动按谐振动的分解之间的普遍对应关系,我们就被引导着把在两个定态之间的跃迁中被发射的辐射和按照经典电动力学将由一个作着谐振动的电子所发射的辐射相对比.特别说来,按照经典理论而由一个在圆形轨道上运行的电子所发射的辐射具有一个角动量,而且在某一时间内发射的辐射的能量 ΔE 和角动量 ΔP 是由下列关系式来联系的:

$$\Delta E = 2\pi\omega \cdot \Delta P. \tag{26}$$

在这儿,ω 代表电子的绕转频率,而且按照经典理论这是等于辐射的频率 ν 的.如果我们现在假设所发射的总能量等于 $h\nu$,我们就得到辐射的总角动量表示式

$$\Delta P = \frac{h}{2\pi}. \tag{27}$$

注意到一点是极有兴趣的,那就是,这一表示式等于在 k 改变一个单位的跃迁中原子所遭受的角动量改变.因为,在索末菲理论中,确定有心体系的定态的普遍条件(它在近似开普勒运动的特例中和关系式(25)相等价)断定体系的角动量必须等于 $\frac{h}{2\pi}$ 的整数倍,而在我们的符号下,这个条件可以写成

$$P = k\frac{h}{2\pi}. \tag{28}$$

因此我们看到,这个条件已经得到关于在发射辐射的过程中角动量守恒的简单考虑的直接支持.我愿意强调指出,这一等式应该看成普朗克关于谐振子分立态
的原始处理的合理推广.在此重提一个事实可能是有兴趣的,就是说,角动量在 274
量子论对原子过程的应用中的可能重要性是首先由尼科耳孙指出的,他所根据的是这样一件事实:在圆周运动中,角动量简单地和动能与绕转频率之比成正比.

我在以前提交给哥本哈根科学院的一篇论文中指出,这些结果肯定了通过对应原理对具有径向对称性或轴对称性的原子体系的应用所得到的结论.汝宾

诺维兹曾经独立地指出了那些可以由关于辐射过程中角动量守恒的考虑直接得出的结论. 他用这种办法曾经得出了我们关于不同类型的可能跃迁以及所发射辐射的偏振的一些结果. 但是,即使对于具有径向对称性或轴对称性的体系来说,我们可以利用对应原理所能得出的那些结论也是比仅仅根据角动量守恒的考虑所能得到的结论更加详细的. 例如,在辏力扰动下的氢原子的情况,我们只能得出 k 的改变不能超过 1 的结论,而对应原理则要求对于每一个可能的跃迁 k 必须改变 1,而且它的值不能保持不变. 再者,这一原理不但使我们能够作为不可能的跃迁来排除某些跃迁——从而按这种观点看来这一原理可以看成一条"选择原理",而且使我们能够根据谐振动分量的振幅值得出关于不同类型的跃迁的相对几率的结论. 例如,在现有的情况,那些和电子沿相同方向转动的圆运动分量的振幅一般大于沿相反方向转动的那些分量的振幅,这一事实就引导我们预期,对应于 k 减 1 的跃迁的那些谱线一般将比在其发射中 k 增 1 的那些谱线具有较大的强度. 但是,像这样的简单考虑只能适用于和从同一定态出发的那
275 些跃迁相对应的谱线. 在其他的情况,当我们想要估计两条谱线的相对强度时,显然有必要照顾到出现在跃迁所由出发的那两个定态中的原子的相对数目. 尽管强度自然不依赖于处于末态中的原子数,但是应该注意到,在估计二定态间的跃迁几率时,必须既考虑初态中的运动特点也考虑末态中的运动特点,因为应该认为两个态中的振动分量的振幅值都对几率起决定作用.

为了指明这一方法如何应用,我将暂时回到我在联系到斯除特关于钠蒸气的共振辐射的实验时所提到的问题. 这问题涉及关于各种可能跃迁的相对几率的讨论,那些跃迁都从对应于第 30 页[本卷原第 252 页]上图中第二排第二项的态出发. 它们就是到达第一排中第一态和第二态的跃迁以及到达第三排第一态的跃迁,而且正如我们所看到的,实验结果表明第二种跃迁的几率最大. 这些跃迁和频率为 $2\omega+\sigma$、$\omega+\sigma$ 及 σ 的那些谐振动分量相对应,从而可以看到,只有对于第二种跃迁,对应的谐振动分量的振幅才在初态和末态中都异于零. [在下一篇文章中,读者将发现在图 1 中指定给各个定态的量子数 n 的值必须改动. 尽管这一改正绝不会影响这篇文章中的其他结论,但它却使得这一段中的推理不能再保留了.]

我已经指明,一种元素的光谱和原子的运动之间的对应关系怎样使我们能够理解组合原理在预见谱线的直接应用方面的局限性. 同样的想法也给出了斯塔克及其合作者们近年来得到的有趣发现的直接解释;他们发现,当发光原子受到强外电场的作用时,某些新的组合线系就以颇大的强度出现. 这一现象是和声
276 学中所谓结合音的出现完全类似的. 这是由于这样一件事实:运动的扰动将不仅仅在于对原有各分量的效应,而且在于会引起新分量的出现. 这些新分量的频

率可以是 $\tau\omega+\kappa\sigma$，此处 κ 不等于 ±1. 因此，按照对应原理我们就必须预期，电场不但将影响在通常情况下出现的那些谱线，而且还会使新型的跃迁成为可能，这些跃迁就引起观察到的那些“新的”组合谱线. 根据对初态中和末态中的特定分量的振幅的估计，已经发现能够说明通过外场来使新谱线出现时所用到的那种变化的条件.

关于电场对原子序数较高元素的光谱的效应这一普遍问题，是和氢谱线的简单斯塔克效应有着本质的不同的，因为我们在这里涉及的不是纯周期体系的扰动，而是场对已经受了扰动的一种周期运动的效应. 问题在一定程度上和弱电力对氢原子的精细结构成分线的效应相仿. 按照颇为相同的方法，电场对各元素的线系光谱的效应可以通过研究最外电子的扰动来处理. 我发表在《哥本哈根科学院院刊》上的论文的续篇不久即将问世；在这篇论文中我将证明这种方法怎样使我们能够理解斯塔克等人在这一领域中得出的有趣的观察结果.

氦光谱和锂光谱　　我们看到，对于钠光谱类型的线系光谱的起源，已经能
够得到某种普遍的识见了. 但是，甚至当我们考虑中性原子只包含两个电子的氦
的光谱时，企图对特定元素的光谱作出详细解释时所遇到的困难就会变得严重
起来了. 这种元素的光谱有一种简单的结构，因为它是由一些单线或无论如何是
一些成分线相距很近的双重线构成的. 但是我们发现这些谱线分成两组，其中每
一组都可以用(14)类型的公式来描述. 这些光谱通常叫做(正)氦光谱和仲氦光 277
谱. 后者由单线构成，而前者则具有一些狭窄的双重线. 和碱金属相反，氦具有两
种黎德伯型的完全光谱，它们并不显示任何的相互组合；这一发现是如此地出人
意料，以致有一些时候人们曾经倾向于相信氦是由两种元素组成的. 这种解决困
难的出路不再行得通了，因为周期系的这一部分没有地方容得下另一种元素了，
或者说得更正确一些，没有地方容得下具有一种新光谱的元素了. 但是，两种光
谱的存在却可以追溯到一个事实，即在和线系光谱相对应的定态中我们处理的
是只有一个较内电子的体系，从而当较外电子不存在时较内体系的运动将是单
周期性的，从而是很容易受到外力的扰动的.

为了阐明这一点，我们将不得不更加仔细地考虑考虑和线系光谱的起源相联系着的那些定态. 我们必须假设，在这些态中，有一个电子在核及其他电子的外面的一个轨道上在运行. 我们现在可能假设，一般说来，可能存在这种态的若干个不同的组，每一组对应于单独考虑时的较内体系的一个定态. 但是，进一步的考虑表明，在通常的激发条件下，较内电子的运动对应于较内体系的“正常”态即对应于能量最小的那一定态的那些定态组是具有大得多的几率的. 再者，把较

内体系从它的正常态转送到另一定态时所需要的能量，通常远大于把一个电子从中性原子的正常态转送到线度较大的定态轨道上时所需要的能量. 最后，较内体系一般只能在它的正常态中长期存在. 喏，一个原子体系在其定态中的组态通常将是完全确定的，在其正常态中也是如此. 因此我们可以预期，在由于较外电子的存在而引起的那些力的影响下，较内体系在时间进程中只能发生微小的改
278 变. 因此我们必须假设，较内体系对外面电子的运动的影响，一般说来将和恒定外场对氢原子中电子运动的扰动具有相同的特点. 因此我们必须预期有由一个谱项总集构成的光谱，这个总集形成一个连通组，即使当不存在干扰外力时并不是每一种组合都能实际地出现. 但是，氦光谱的情况却是完全不同的，因为这里的较内体系只包含一个电子，它的运动当不存在外面的电子时是单周期性的，如果由于电子质量随其速度而变所引起的微小改变可以忽略的话. 因此，单独考虑起来，较内体系的定态中的轨道就是不确定的. 换句话说，即使将质量的变化考虑在内，轨道的稳定性也将如此之小，以致很小的外力就足以在时间进程中引起偏心率的有限变化. 因此，在这一情况，就能够有若干组定态，对于它们来说，较内体系的能量是近似相同的，但是较内电子的轨道形状以及该轨道相对于其他电子的运动的位置却是如此重大地不同，以致甚至当外力存在时不同组的态间的跃迁也是不可能发生的. 可以看到，这些结论概括了关于氦光谱的实验观察结果.

这些考虑使我们想到考察由于外圈电子的存在而引起的氦原子较内电子轨道的扰动的本性. 从这种观点对氦光谱进行的讨论，近来已由朗德给出. 这一工作的结果是有巨大兴趣的，特别是在演证由于较内轨道的扰动而引起的对于较外电子的很大反效应方面，该较内轨道的扰动本身则起源于较外电子的存在. 尽管如此，这还很难看成氦光谱的满意解释，且不谈可能对他的微扰计算提出的严重异议，如果我们试图把对应原理应用到朗德的结果上，以说明并不显示任何相互组合的两种不同光谱的出现，也还是会出现困难的. 为了解
279 释这一事实，看来必须把讨论建筑在关于较外轨道和较内轨道的相互扰动的更全面的考察上. 作为这些扰动的结果，两个电子都以如此复杂的方式而运动，以致各个定态并不能用针对条件周期体系发展起来的方法来确定. 克喇摩斯博士和我在近几年内曾经致力这样的考察，而且我在 1919 年 4 月间在莱顿召开的荷兰自然科学和医药科学会议上发表的关于原子问题的演说中，曾经对我们的结果作了简短的报道. 由于各种的原因，我们的结果至今还没有发表，但是我们希望在不久的将来对这些结果以及它们似乎给氦光谱带来的光明作出说明.

较高原子序数的元素的光谱所带来的问题比较简单，因为较内体系在其正

常态中是定义得更好一些的. 另一方面，力学问题的困难当然是随着体系中的粒子数而增大的. 在具有三个电子的锂的情况中我们就有一个这样的例子. 锂光谱的谱项和氢光谱的对应谱项之差，对主线系 ($k=2$) 和漫线系($k=3$) 的各项来说是很小的，而对锐线系($k=1$) 的各项来说却相当大. 假若能够用一种按简单方式随距离而变的榛力来描述较内电子的效应，这就将是和所预期的情况很不相同的. 这想必是因为，在和锐线系各谱项相对应的那些定态中，较外电子轨道的参数比较内电子轨道的线度大不了多少. 按照对应原理，较外电子的轨道长轴的转动频率应该看成各谱项和对应氢谱项的偏差的一种量度. 为了计算这一频率，发现有必要详细考虑所有三个电子的相互效应，至少对于较外电子和另外两个电子很靠近的那一部分轨道来说是这样. 即使我们假设我们对于当较外电子不存在时的较内体系的正常态是充分了解的——这个态将被预期为和中 280
性氦原子的正常态相似，这一力学问题的精确计算显然也将构成一种很困难的工作.

线系光谱的多重结构 对于原子序数更高的元素的光谱来说，为了描述定态中的运动而必须求解的力学问题就变得更加困难了. 这一点由观察到的许多光谱的异常复杂的结构表示了出来. 碱金属的线系光谱具有最简单的结构，它们由一些双重线组成，双线的宽度随原子序数而增大；这一事实表明，我们在这里遇到的是一些体系，体系中较外电子的运动一般具有比简单有心运动多少复杂一些的特点. 这就引起一种更加复杂的定态总集. 但是很有可能的是，在钠原子中，对应于每一对谱项的那些定态的长轴和参数由公式(17)和(25)近似地给出. 这不仅仅由两个态在关于钠蒸气的共振辐射的实验中所起的相似作用表示了出来，而且也以一种很有教益的方式由磁场对双重线的奇特效应显示了出来. 对于小场，每一条成分线都劈裂为许多细锐的谱线，而不是劈裂为正常的洛伦兹三重线. 随着场强的增加，帕那和贝克发现这种*反常塞曼效应*就通过各成分线的逐渐变化而变成单谱线的正常洛伦兹三重线.

磁场对碱金属光谱双重线的效应，在显示各成分线的密切关系和证实碱金属光谱一般结构的简单解释方面是有兴趣的. 如果我们在这里又能依靠对应原理，我们就有一种明白无误的证据，表明磁场对电子运动的影响在于简单地叠加一个均匀转动，其频率像在氢原子的情况一样由(24)式给出. 因为，假若情况是这样，则对应原理将在一切条件下为双重线的每一成分线指示一种正常的塞曼 281
效应. 我要强调指出，理论针对氢谱精细结构成分线所预言的磁场的简单效应和观察到的对碱金属双重线的效应之间的差别，绝不能被认为是一个矛盾. 精细结构成分线和双重线的单条成分线并不类似，而是每一条单独精细结构成分线对应于构成黎德伯方案中一条线系谱线的那些成分线的全体(双重线,三重线). 因此,帕邢和贝克观察到的出现在强场中的那种效应,必须看成关于磁场对氢谱线精细结构成分线的效应的理论预见的一种有力支持.

看来并不需要假设小场对双重线成分线的"反常"效应是由于普通的电动力学定律在描述较外电子的运动时的不适用,而是应该把它和磁场对导致双重线出现的那种较内电子运动和较外电子运动之间的密切相互作用的影响联系起来. 这样一种观点也许和"耦合理论"不是很不相同;通过那种理论,佛格特曾经能够在形式上说明反常塞曼效应的细节. 我们甚至可以指望能够建立这些效应的一种理论,它将显示和佛格特理论的形式上的类似性,和正常塞曼效应的量子论与由洛伦兹最初发展了的理论之间的类似性相仿. 可惜时间不允许我进一步详细论述这一有兴趣的问题,因此我必须请诸位参阅我的《哥本哈根科学院院刊》论文的续篇;那里将包括关于线系光谱的起源以及电场和磁场的效应的普遍讨论.

IV. 结　　论

在这篇演讲中,我曾经故意没有考虑原子和分子的结构问题,尽管这一问题当然是和我所发展的这种光谱理论有着最密切的联系的. 我们受到鼓励来应用
282 从光谱得出的结果,因为就连简单的氢光谱理论也给出正常态 ($n = 1$) 中电子轨道长轴的一个值,它和由气体分子运动论推得的值具有相同的数量级. 在我关于这一课题的第一篇论文中,我曾企图勾画出关于原子的和化学化合物分子的结构的一种理论. 这种理论是建筑在关于氢原子定态的结果的简单推广上的. 这种理论在若干方面得到了实验的支持,特别是在由摩斯莱的结果最清楚地表明了的各元素的性质随原子序数的增加而改变的那种一般方式方面. 但是我愿意借此机会谈到,有鉴于量子论的近期发展,许多特殊假设肯定必须在细节方面有所改动. 这一点,已经通过理论和实验的不够符合而在各个方面变得明显起来了. 现在看来已经不再能够证实关于在正常态中电子沿着几何上特别简单的"电子环"之类的轨道而运动的那一假设了. 关于原子和分子对于外界影响而言的稳定性的考虑,以及关于逐次增加一个个的电子以形成一个原子的那种可能性的考虑,都迫使我们要求,第一,电子组态不但处于力学平衡而且在普通力学所要求的意义下具有某种稳定性,第二,所用的组态必须具有那样一种性质,使得从原子的其他定态到各该组态的跃迁是可能的. 这些要求一般是不能被电子环之类的简单组态所满足的,从而它们就迫使我们寻求更复杂运动的可能性. 这里不可能进一步考虑这些仍然悬而未决的问题,从而我必须满足于请诸位参阅我即将发表的论文中的论述. 但是,最后我愿意再强调一下,我在这篇演讲中只是打

算介绍作为光谱理论基础的某些普遍观点. 特别说来, 我的意图就是要指明, 尽管这些观点和关于辐射现象的普通观念之间有着根本的不同, 我们却发现仍然能够在光谱和原子中的运动之间的普遍对应的基础上, 在一定意义上应用这些观念来作为考察光谱的一种指南.

X. 在理论物理学研究所落成典礼上的致辞

（1921 年 3 月 3 日*）

* ［见引言第 14 节.］［中译者按：原书有丹麦文本，中译本中略去.］

293 正如这座建筑物的名称所表明的那样，它被装备起来是要作为一所理论物理学研究所，也就是说，作为在这个国家中讲授和研究这一课题的一个根据地.在更进一步论述本研究所的建立和装备以前，从简略叙述上述这一课题的本性开始可能是适当的.谈到物理学，我们是把它理解为自然界各现象的科学，或者说得更特殊一些，就是处理适用于非有机自然界的普遍规律的那一课题.喏，各式各样的手续都已被证实为在物理学研究中是富有成果的；例如，通过进行物理实验来直接向自然界请教，曾经往往是可能的.在另一些情况下，曾经能够通过一种更加哲学的和更加理论的手法来得到有关自然界规律的洞察，这种手法的出发点曾经是一种普遍存在的人类希望，即希望能够"理解"自然现象，即发现一些适用于自然现象的简单的普遍定律.但是，这两种研究方法并不像初看起来可能显现的那样不同；事实上，哲学思维会给实验探索提供一个基础，因为，为了有希望得到富有成果的答案，就必须对于把什么问题提给自然界形成一个概念.有鉴于这一事实，所有的物理学研究在英文中都被称为自然哲学.不过，在物理学的发展中，实验资料和思想体系都达到了如此巨大的数量，从而单独一个人要想精通不同的领域已经不可避免地变得越来越困难了.

294 但是，直到最近为止，在多数的大学中都是由单独一位教师来讲授物理学的.我们在几年前逝世的克瑞斯先森教授*身上，看到这种事能够做得多么成功的一个特别好的例子；对于我们许多人来说，他都是我们所崇敬的和深深怀念的老师.认识到在物理学的研习中不但处理多年以来积累起来的实验资料而且也处理进行解释的理论努力的详细表述的那种重要性，克瑞斯先森就在讲授实验物理学的同时，被引导着承担了安排为学物理的学生专门讲授理论物理学的艰巨任务；克瑞斯先森教授以如此的热爱和兴趣欢迎了这一任务，以致在他那著名的至今仍在工业大学被采用着的实验物理学教材以外，他又付出了大量的劳动来出版一部理论物理学教材；他的这部教材取得了巨大的成就，以致它不断地出了新版，并且不但在这里由学物理的学生们在使用，而且在全世界的许多不同的大学中也正被采用.因此，除了很幸运地由那样一位杰出实验物理学家马丁·努德森**充任的古老的教授职位以外，在克瑞斯先森教授从大学退休后不久就又

* [参阅第一卷原第 XIX 页.]

** [参阅第一卷原第 109 页.]

设置了一个教学位置，一个理论物理学教授职位，这正是克瑞斯先森教授大力强调理论物理学作为一个专门教学课题的重要性的一种自然后果，也是感受到由于物理学的不断迅猛发展而使得一个人难以兼顾课题的两个方面的那种困难的一种自然后果. 我愿意很高兴地告诉诸位，正如在工业大学的物理研究所中一样，我们在本研究所中也有关于克瑞斯先森教授的一个形象的纪念物，因为他的一位学生和崇敬者已经赠给了我们一幅由考耳斯曼女士画成的克瑞斯先森教授晚年的美好而栩栩如生的画像. 诸位将会看到这幅画像悬挂在本研究所的主任办公室中.

在那个新的教学位置刚刚设立时，一开始并没有让它附属于研究所；但是，对研究所的需要立刻就出现了；因为，尽管必须有一位曾经应用并且熟悉理论物理学方法的教师，但是他并不能在他的科学探讨中尽其最大的努力，除非他或他的合作者们有进行实验探讨的机会. 这是和一种情况联系着的，那就是，正如一而再、再而三地在物理学史中发生的那样，常常能够通过理论的考虑和探讨来为有成果的实验研究开辟一些新的领域；但是，更经常出现的情况却是，只有对于理论的基础和结果具有透彻知识的人，才会有能力看出这种研究怎样才能进行 295
得最好；这在当前这样一个时候尤其是对的，因为现在通过首先由伟大的德国物理学家普朗克和爱因斯坦涉足过的思想途径已经能够发现，物理研究长期以来建筑于其上的某些基本观点，不经过激烈的改动是不能用来研究原子内部的粒子运动的了. 在那原子问题的探索正在被用如此巨大的热情进行着而这种探索已在某些方面如此强烈地把理论物理学推到首要地位的地方，人们在理论探讨中一次一次地遇到所用的假设是否和实在相适应的问题，而且，随着工作的进展，人们经常被迫进行实验探索而让自然界自己来决定这种有疑问的问题.

由于认识到这些要求的合理性，当建立一个研究所的提案在大学中提出时就得到了普遍的赞同；正像所有这种提案一样，这一提案在大学中是首先在有关课题的学系*中进行了讨论的，而且我愿意立即对本系在“校委会”**中的两位代表毕耳曼教授和约翰森教授表示感谢，他们每人都从一开始就在许多方面给予了协助，不论是在计划的制订方面还是在计划的完成方面.

但是当大学最高当局即校委会还没考虑就绪时，发生了某种对推动问题作出了实质性贡献的事情，就是说，某些个人对研究所的建立表现了一种自我牺牲的兴趣. 这是以一种使我很感兴趣和很受鼓舞的方式发生了的，因为，我的同学和朋友伯尔勒主任听到了这一提案的提出，他和当时的大学校长法伯尔教授进

* ［按指数学和自然科学系(det matematisk-naturvidenskabelige Fakultet).］

** ［Konsistorium，大学的领导部门.］

行了接触，并且问他如果能够从私人那里得到有助于完成这些计划的手段，是否会促进事情的发展. 当法伯尔教授回答说他确信情况会是那样时，就组成了一个委员会，伯尔勒主任担任了财务管理委员，而委员则有哈若德·普卢姆主任，N·M·普鲁姆工程师，席艾领事，银行家高耳德施密，席高菲耳德主任，法伯尔教授，赫弗丁教授和新近去世的特若义耳·伦德教授；这一委员会负责在有限制的圈子中进行募捐，结果募集了 80 000 克朗. 这一结果，不但作为对这样一种一般性问题所表示的自我牺牲兴趣的证据是重要的，而且对研究所的建立也曾经
296 是最直接地有所裨益的. 事实上，这笔款项使得大学能够得到原来属于哥本哈根市政府的这块建造研究所的位置最合适的地产. 为了在地产转让中所涉及的商洽的顺利完成，为了在这个问题上所做的大量工作，本研究所是应该深深感谢法伯尔教授的.

但是，上述募集所提供的款项当然只是一个较小的开端；这件事情从政府和议会得到的亲切关怀，导致了建造和装置方面的必要经费的获得，为此我愿意以研究所的名义向今天出席的政府和议会方面的代表们表示我们深切的谢意.

[玻尔接着向总建筑师马丁·玻尔希以及参与了研究所的建造和装备的公司和技工们一一提名致谢. 然后他接着说:]

当我谈到研究所的装备时，我不能不提到讲师 H·M·汉森* 博士对我的帮助；他不但在一般情况的计划和安排方面，而且甚至在最小细节的周密考虑方面帮助了我；而且我也愿意借此机会向汉森博士表示另一方面的深切谢意，这就是我国那么多的物理界人士由于他既对学生们又对同道们经常表现的乐于帮忙和很感兴趣，而应该向他表示而又难得有机会向他表示的那种感谢；同时我也愿意为了一件事情而表示欣幸，那就是汉森博士打算参加这一新建的研究所的科学工作，这将是一件极其可贵的事，因为他对光谱学的研究具有非凡的知识和洞察力.

事实上，在本研究所即将从事的各种科学工作中，光谱学的研究将占首要地位. 这是和一种情况密切有关的，那就是，通过研究物质可被激发而发出的光，我们有一种获得有关各种元素的物质组成及原子结构的信息的最有价值的手段. 这种研究是用称为摄谱仪的仪器来进行的，诸位将有机会看到在实验室中装置起来的几种类型的摄谱仪. 在许多情况下最适用于精密研究的一种摄谱仪就是所谓光栅摄谱仪. 因此，在我们看来具有巨大重要性的就是卡尔斯伯基金董事会已经向我提供很大一笔款项来建造和安装一座大型的光栅摄谱仪. 光栅本身将

* 参阅第一卷原第 XXVII 页.

放在一楼的一间实验室里的一个 20 英尺深的井中. 虽然我们随时都期待着，但
是我们目前还没收到光栅本身，所以今天诸位将只能看到那个井的构造. 但是我 297
愿意利用这个机会在这个房间中向诸位演示一下光栅的作用；我将用一些小的
光栅来作这种演示，就像我手里拿着的这个一样；这种光栅等下就将发给大家.
这些小光栅是用珂珞酊薄片做成的另一光栅的复制品，那个光栅是通过在一块
金属板上刻划许多平行细线而制成的. 细线的数目是很大的，在这些光栅上，大
约每毫米有 1 000 条线. 这些小的复制光栅只能用于教学，但是好处在于它们很
便宜. 虽然用于科学目的的实在的大光栅要值数千克朗，我们的大多数光学仪器
的供应者伦敦的希耳格尔公司却以大约每个一克朗的价格卖给了我们这些小光
栅，我们有好几十个；但是还不够多，不能让诸位人手一个. 光栅的作用可以通过
一两幅作图来简单地说明. 在这张图上，一些水平线代表一组波，和在一个表面
上扩展着的波相对应，或者，在我们的情况中则和一组光波相对应. 喏，如果这些
波遇到一个开有小孔的屏幕，波动就会透过小孔而传播；但是，如果洞比波间的
距离更小，我们在屏的另一侧就会得到一组球面波，如图中的下半部分所示. 如
果存在的是一条狭缝而不是一个小孔，我们就将看到同样的情况，只不过各个波
将不是球面波而是柱面波罢了. 如果我们现在不是有一条而是有许多条狭缝，则
现象将像简单地画在另一块板上的那样. 在每一小孔或狭缝附近，正如在第一块
板上那样画了一系列圆. 初看起来，这样一张图所造成的只是一种混乱的印象；
但是，如果我们看得足够仔细，就会从混乱中看出某些规律性的特点来. 特别说
来我们看到，在各个圆都很大的那种地方，我们得到一些重新形成的直线，它们
对应于假若带有狭缝的屏幕根本不存在则我们所应有的那一组波；但是这并不
是通过来自各个狭缝的波动的干涉而形成的唯一的一组波. 在这儿，我们看到一
排倾斜的直线，它们形成沿着和原始波成一角度的方向而传播的一组波；而且这
里还有向另一侧倾斜的一组波；这里还有一些和原始波成更大角度的波，而且这
里还有一些波是向另一侧倾斜的. 喏，既然倾斜波组和原始波组之间的夹角除了
依赖于狭缝之间的距离以外还依赖于波长，即还依赖于原始平面波组或从单个
小孔发出的球面波组中相邻波面之间的距离，这样一个光栅就提供了把光分成
它的不同成分即分成不同颜色的一种手段，而且，由于一些在这里讲起来太长的
理由，这是一种例如比玻璃棱镜优越得多的手段. 对于光栅的作用的理解起源于
夫琅和费，他由于种种原因而可以被看成光谱学的创始人. 作为光学研究的主要
仪器的光栅的发展，要归功于美国物理学家罗兰. 现在，如果我们通过这样一个 298
小光栅来看一个发射一切可能颜色的光的光源，例如当加热到白炽状态时的这
条金属丝，我们看到的首先就是和上图中原始波的图示相对应的光，但是，除此
以外，还有向旁边弯过去的波组，而且不同颜色的光也弯曲得程度不同；既然青

光偏转最小而红光偏转最大，我们就看到如图所示的光谱. 再远一些，我们还看到和上图所示的弯曲更甚的波组相对应的光谱；它们是很弱的，从而我们在此不考虑它们. 但是，如果我们不是把光栅对准白炽金属丝之类的光源，而是把它对准一个含有气体的〈玻璃〉管，那么当通过管子放电时，我们就会看到一种完全不同的东西. 现在光将不包含一切的颜色而只包含几种颜色，从而光谱将不是一条很宽的带子而是如图更下部所示的几条分开的直线.

现在我们把小光栅分发下去，但是在接下去进行以前最后把窗帘放下来. 现在当我们把铂丝通上电流时，拿到光栅的人们将部分地看到铂丝，就像光栅不存在时一样，但是他们将在每一侧都看到强的一级光谱和更远处的较弱的二级光谱. 现在如果我们通过这个管子放电，诸位看到的就将不是宽阔的光谱而是如图所示的一些线. 正是通过研究这些谱线，就已经能够对适用于原子中粒子运动的那些定律有所洞察. 例如，这个管子中包含了一点点稀有气体氦，而且，事实上氦光谱的研究不但提供了有关氦原子本性的极其重要的信息，而且向我们揭示了某些普遍定律，我们可以希望这些定律也将帮助我们理解其他元素的原子结构.

通过我关于本研究所设备的叙述的这一插曲，诸位已经有机会了解了我们为了教学的目的所能利用的手段. 正如我在前面联系到光栅摄谱仪时提到过的，科学研究要用到的光学仪器往往是很昂贵的，从而得到足够的经费曾经是很困难的. 在这方面我必须提到，对于获得我们的光学仪器曾经成为最重要的是，曾经有一大笔未署名的 10 000 克朗的款子为此目的而捐给了本研究所；这就使我们能够得到对研究具有巨大价值的某些仪器，这是一些我们没有这笔捐款就将无法购置的仪器. 由于最近几年的物价飞涨，这曾经是一段很难购置仪器的时
299 期. 由于认识到这一事实，有关当局曾将原来的仪器拨款增加了一倍，原来的拨款是在战前物价的基础上拟订的. 不过，由于外汇率的变化，在一段长时间内曾经显得我们会有不可克服的困难，因为，在英国订购的设备的价格，正比于丹麦克朗的贬值而上涨了. 但是，布若斯・特瑞尔公司的司库陶尔本・梅耶的慷慨协助给我们解决了困难，他提出按战前的汇率向我们提供订购仪器所需要的英国货币和其他外币；这等于向研究所捐赠了数千克朗.

但是，尽管官方和私人对研究所表现了这样的慷慨协助，我们却还是不能够得到足以在光谱的一切部分进行研究所需的设备，而光谱的每一部分，从最长的热射线到最短的伦琴射线，对于使发掘原子结构的秘密成为可能都是有其自己的贡献的；如果想要使我们在不太遥远的将来得到进行各种必要的研究所需要的一切手段，政府和私人就还要提供进一步的协助.

但是，除了元素的光谱所提供的以外，也还有研究原子问题的其他方法. 诸位中曾于上星期四有机会听了弗兰克教授在丹麦自然科学会所作的演讲的人们

……

都已经听到,这位杰出的物理学家和他的合作者们已经怎样在开辟探索原子结构的一条新的道路方面取得了成功;那是通过考察电子和原子之间的碰撞效应来进行的.本研究所很感幸运的是,通过已经提到的友人们所提供的协助,已经能够邀请弗兰克教授到这里来,并且向我们介绍他那些重要研究的结果和在研究所的装备方面协助我们,而且向我们介绍他所发展的那种困难的实验方法;诸位将在附近的实验室中看到一套安装起来用以进行这种研究的仪器.但是,我们感谢弗兰克教授不但是因为他这次的来访,这次来访很可惜不久就要结束了,我们感谢他还因为一件事实,即我们可以期待他于今年秋季再来进行一次访问,而这正是我们大家都带着最大的欣幸在盼望着的.

除了关于碰撞电离的研究以外,还有另一些和原子结构问题有着密切联系的实验研究领域,其中首先就是所谓放射性元素的研究.事实上,诸位全都即将知道,天才的英国自然科学家厄恩耐斯特·卢瑟福爵士(他是古今最伟大的物理学家之一)已经证明可以怎样根据这样的研究来获得关于原子的结构成分的本
性的直接信息.在座的许多人都曾经有机会听到厄恩耐斯特·卢瑟福爵士本人 300
于去年 9 月间在本大学发表的演讲中谈到了这些研究.本来我们曾经希望这一实验室可以更早地建成,以便在卢瑟福来访期间举行这次落成典礼,那当然将是极为可喜的.

由于时间的推迟,我们没有做到那一点,但是我们高兴的是请来了彻底致力于放射性研究的那些科学家中的另一位代表,一个曾经亲自在这一领域中进行了很重要研究的人,这就是从布达佩斯来的**希维思教授**.希维思教授是去年春天来到哥本哈根的,当时我们还很难指望把实验室完全准备好,但是当时我们希望可以在这里开始进行科学工作了.在这个问题上,实验室装备工作的推迟得到了一个对丹麦科学很可庆幸的后果,因为希维思教授在工业大学物理化学实验室的布朗斯泰*教授那里找到了一个临时的住处.他们共同开始并进行了一些很重要的研究,这就是你们大多数人无疑都曾听到过的将元素分离为具有等同的物理性质和化学性质但却具有不同的原子量的一些组分的研究.虽然人们希望和布朗斯泰教授的这种成功的协作能够继续下去,而且它也无疑地会继续下去,但是,现在研究所既已为科学工作作好准备,我们就盼望因为希维思教授很可贵地参加这一工作而获得裨益了.

在这研究所的落成典礼上,我也很高兴地除了已经提到的那些科学家以外还能够请到一些很有前途的比较年轻的科学家来这里工作,其中一些是来自我

* [J. N. Brønsted (1879—1947),丹麦物理化学家,1909—47 年任工业大学教授.主要以其热力学对化学的许多应用和关于热力学基础的重要考虑而为人所知.]

们邻国的代表. 我以最欣幸的心情欢迎研究所的全体长期工作人员来这里开始正规的工作,并且对他们每个人在设置研究所方面所提供的协助表示感谢. 我愿意特别强调,我们十分高兴的是能够请到荷兰青年物理学家克喇摩斯博士担任本研究所的第一位科学助理. 克喇摩斯博士来到我国已经四年半了,在此期间,他已经进行了大量的科学研究;例如,为了表彰这些工作,莱顿大学在两年以前授予了他博士学位. 我从他刚到我国并和他相识时起就认识了他的巨大才能,而
301 且我愿意以研究所的名义为了得悉本所请到了这样一位有才能的青年人而表示高兴,他不但难能可贵地熟悉理论物理学的方法和结果,而且他本人也曾经正好是对我们计划在这里给以特别注意的那些问题的阐明方面作出了重要的贡献. 最近几年,克喇摩斯博士不但在我的科学工作方面而且在教育和指导学生方面给了我很大的帮助.

这就引导我再一次强调,这个研究所不但是以进行科学研究为目的,而且它还将是培养物理学家以及对物理学感到特别兴趣的其他人员的一个基地,而且我愿意借此机会说明,作为本研究顺利成长的一种预兆,这些任务的结合是具有最大重要性的一个问题. 事实上,科学研究的本性就规定了谁也不敢对未来作出确定的许诺;我们必须有所准备的是,在我们面前此刻据信为开阔而平坦的道路上,成堆的障碍可能出现,它们可能把道路完全堵死,或是要克服它们就得有全新的概念. 因此,最最重要的就是不能仅仅依靠有限圈子里的那些研究人员的才能和本事,而必须把数目不断更新的青年人介绍到科学的结果和方法中来的任务就是对不断从新的方面来提出供讨论的问题有着最高度的贡献的;而且,同样重要的是,通过青年人自己的贡献,新的血液和新的想法被不断地引入于工作之中.

当我向大家保证,我们将竭尽全力,以期不辜负政府和私人通过其伟大的慨助而对我们表示的信任时,我在结束这次发言时愿意表示一个希望: 希望本研究所将成为这样一个地方,在那里,在时间的进程中,献身于物理科学的许多青年人可以在他们的学习中得到指导,从而有助于他们对我们关于自然界的理解的进展、对丹麦科学的荣誉作出自己的贡献.

Ⅺ. 关于原子结构的早期论文德译本的前言

Abhandlungen über den Atombau aus den Jahren 1913—1916(从1913年到1916年的关于原子结构的论文集)一书的前言(1921)*

* [见引言第15节.][中译者按:原书中有德文原本,中译本中略去.]

N. Bohr

Abhandlungen über Atombau

aus den Jahren 1913—1916

Autorisierte deutsche Übersetzung

mit einem Geleitwort von N. Bohr

von

Dr. Hugo Stintzing

Druck und Verlag von Friedr. Vieweg & Sohn, Braunschweig

1921

前　　言 325

当接到为了便于德国读者的阅读而要出版我关于原子结构的早期论文的德译本的建议时，我起初对于如何对待这个建议是颇为踌躇的. 虽然我对通过这一建议显示出来的那种对这些论文的友好兴趣甚为感激，但我在接受重新发表它们的想法时却是不无疑虑的. 因为，由于它们问世以来这一物理学研究领域中的迅速发展，这些论文中的考虑不可避免地和我关于所处理问题的目前观点并不完全一致了. 但是，经过仔细的思索，正好是这种情况就引导我得出了一种看法，那就是，如果加上一些文字来说明各论文的内容和它们与理论现状的关系，这样一种出版物在阐发我们关于原子结构的目前想法所依据的那些普遍观点的发展方面就可能是有意义的. 在这方面我也想到，除了翻译和出版原来考虑的那些论文以外，再出版一篇论文的译文可能是值得的；那篇论文原拟在《哲学杂志》1916年4月号上发表，而且当时已经有了清样. 但是，当我于1916年3月间在曼彻斯特收到索末菲发表在《慕尼黑皇家科学院院报》(Sitzungsber. d. Müchener Akad.，1915)上的著名论文时，我那篇论文就在最后的时刻从那一期《哲学杂志》中抽掉了. 在这篇论文中，曾经企图从统一的观点考虑当时已知的量子论对原子问题的应用，而且，由于索末菲的工作所带来的量子论应用领域的重要进步和巨大扩充，不经过修订并试着从对应观点来考虑索末菲的结果，我是下不了决心来发表任何论文的. 但是，这样修改论文的尝试很快就完全冲破了该文的藩
篱；这种情况是由于一个事实而大大加剧了的，那就是，索末菲的论文导致了他 326
自己和其他人的一系列重要论文的迅速问世，它们继续扩充了理论应用的领域. 在这些情况下，我只能在丹麦皇家科学文学院的两篇研究报告[1]中就我关于对原子结构问题的种种重要应用的看法给出一个澄清了的阐述；这两篇文章发表于1918年，并形成一篇更加综合性的作品的头两部分. 既然这两篇论文中的那些考虑的萌芽已经以各种方式包含在撤消的论文中，而且这篇论文在某些方面形

1. On the Quantum Theory of Line-Spectra，Part I－II，D. Kgl. Danske Videnskabernes Selsk. Skrifter，8. Række，IV，1. 在这篇以后将用 Kop. Akad. 来代表的作品中，给出了有关领域中的近期参考文献.

成我的关于原子结构的初期论文和较后论文之间的一种连接纽带，那么我就曾经想到，以强调其趋势和局限性的方式对这篇论文的内容作一简略讨论，可能成为这篇前言的一个特别良好的出发点. 这对于讨论在我的初期论文的准备中起了指导作用的那些主要观点来说是对的，对于讨论这些论文的结果和通过这一领域中较后发展而得到的那些结果之间的关系来说也是对的.

现在这一译本的最后一部分就是那篇撤消了的论文；由这篇论文的引论可以看到，文中曾经企图对作为一些原子体系的量子论处理之基础的那些观点作一综述；对于那种体系来说，普通力学的应用会导致周期解. 讨论是建筑在一条假设上的，即这样一个体系可以存在于和一系列分立能量值相对应的"定态"中而并不发射辐射，而辐射的每一次发射或吸收都发生在体系在两个这种态之间的跃迁中，其发生的方式使得被发射或被吸收的辐射是单频的，其频率 ν 由关系式 $h\nu=E_1-E_2$ 给出，式中 h 是普朗克恒量，而 E_1 和 E_2 分别是体系在初态和末态中的能量. 现在，较仔细的考虑是建筑在这样的假设上的：定态中的运动可以用普通力学来描述. 另一方面，为了使这些态可以有必要的稳定性，一般说来力学却显然并不能用来描述外场对原子体系的影响. 不过，却发现能够在某些情况下利用普通力学来说明外力的效应. 因为，确定定态的那些条件的本性使得我们能够从普通力学得出结论：一个原子在一个缓慢而连续地变化的外场影响下将停留在定态中，如果该原子体系当存在外场时也可以有周期解的话. 这一情况的
327 重要性是由艾伦菲斯特首先强调了的；由于有这种情况，就能够通过考虑一个体系的缓慢("浸渐")变换来得到包含相同数目运动粒子的各个周期体系的对应定态之间的力学联系，例如一个普朗克振子和一个氢原子的对应定态之间的力学联系(参阅论文 X，第 127 页)*. 这种观点及其对原子问题的应用，是在该文的第一节中讨论了的，而且已经指出(参阅论文 X，第 130 页)，除了其他的情况以外，还可以把另一些考虑包括在艾伦菲斯特变换原理的范围之内，例如在所译第一篇论文的第三部分中用来处理了原子结合而形成分子的问题的那些考虑(参阅论文 III，第 62 页).

虽然能够把原子问题的量子论处理建筑在普通力学的一种尽管是有限制的应用上，但是，从理论的基本假设却直接可知，并不能利用普通的电动力学辐射理论来详细地描述光谱线的发射和吸收. 这一问题是在上述论文的第二部分中讨论了的，而且，除了其他各点以外，还指出了量子论和依据普通电动力学概念的直接应用来发展一种色散理论的任何企图的本质不相容性(参阅论文 X，第 138 页). 但是，在同一节中也已证明，对于周期体系来说，在利用上述频率关系

* ［所列的是德译本的页数.］

式由定态能量值算出的光谱和体系运动按谐振动的分解之间却存在一种密切的联系. 这种联系表现为这样一种情况:在各定态彼此相差较小的极限情况下,根据量子论算出的光谱和按照普通辐射理论将由体系的运动直接预期的光谱是渐近地符合的. 曾经强调指出,光谱和运动之间的这种对应关系就提供了一种关于光谱理论对周期体系的应用的统一观点;从这种观点看来,谐振子的简单光谱的起源和氢的更复杂的光谱的起源显得是十分类似的(参阅论文 X,第 135 页).

在论文的第三节即最后一节中,终于简略地考虑了量子论对统计性问题的应用所依据的观点. 既然由理论的假设可知,定态之间的跃迁过程——也包括不出现辐射时的跃迁,例如由原子体系和自由电子的碰撞所造成的跃迁——的进程一般并不能用普通力学来描述,理论也就没有提供直接计算不同定态的相对 328
先验几率的任何手段. 因此就必须利用间接的考虑来得到有关这些几率的信息,这些几率确定着在温度平衡下处于不同态中的相对体系数. 曾经考虑到,在各定态彼此相差很小的极限区域内,量子论必须导致和由普通的力学-统计考虑所得到的结果相对应的结果;从这种考虑出发,在上述一节中曾经做出了把普朗克关于谐振子的先验几率所作的假设推广到多自由度体系的初步尝试. 例如,所得结果被应用到了气态氢的比热问题上(参阅论文 X,第 148 页).

于是,尽管当写这篇论文时已经能够在量子论的不同应用之间得出某种联系,但是理论在其他方面的状况却是相当不能令人满意的;因为,在原子体系中,周期运动一般是只在特例中才出现的. 由这一事实造成的处理方式的局限性,也许当考虑到所译各论文起初关心的那一问题时就能最清楚地被看出,那就是氢的线系谱的诠释问题. 在氢原子中,我们处理的是那样一个体系,对于它来说普通力学定律永远导致周期解,至少当我们忽略相对论所要求的电子质量随其质量的微小变化时是这样. 正如在第一篇论文中已经谈到的(参阅论文 I,第 15 页)——此外,那里的处理带有纯试探的性质,特别是在第一节的开头处,正如在那儿指出的那样(参阅论文 I,第 8 页)——以及在论文 VI 中更详细地指出的,事实上给出那样一种氢光谱的理论是可能的;那种理论在某些方面是完备的,而且毫不含糊地导致黎德伯恒量的确定. 这种确定只依赖于上述频率关系式的应用和一个要求,即在各定态彼此相差较小的极限区域中应该存在由量子论算出的光谱和原子中的运动之间的一种联系. 在理论的这一形式中,需要确定的只是不同的定态的能量从而还有电子的绕转频率以及电子轨道的长轴,但是根本不需要有关轨道偏心率的假设(参阅论文 I,第 4 页和第 14 页;VI,第 77、79 页;IX,第 104、112 页). 但是,我们一旦考虑离开纯周期运动的偏差所引起的那些因素对光谱的影响,理论就失效了或至少是只能给出很不完备的答案了. 关于这样的影响,主要是出现在关于斯塔克效应和塞曼效应的实验中的那些外电场和外磁

场的影响,在所译的论文中进行了讨论.至于这些问题的处理,关于斯塔克效应
329 的结果是更加令人满意的,因为能够得出氢谱线的劈裂值,它们和所观察到的效应的最外成分线的值符合得很好(参阅论文 VI,第 85 页).所给出的处理方法的可能性依赖于一个情况,即在原子能量在场中变化最大的极限情况下,电子轨道趋于变成纯周期轨道.同时也已清楚地认识到,在当时的理论发展状况下,是不能对斯塔克所观察到的劈裂为许多成分线的情况给出详细解释的(参阅论文 IX,第 111 页).在塞曼效应的情况,对应的处理是根本谈不到的,因为在这种情况中并不能依据关于当存在场时仍为纯周期性的轨道的考虑来说明效应的量值及其从一条谱线到另一条谱线的变化.这是和普遍的谱线组合原理在塞曼效应情况中的奇特的表观失效相联系着的.考虑到上述频率关系式作为直接推论而包括了组合原理这一事实(参阅论文 I,第 11 页),原理的这种表观失效就引导我对频率关系式在定态中的运动并不具备简单周期性的那些情况中的普遍有效性发生了怀疑;在这种情况也在极限区域保持量子论和普通辐射理论之间的联系的努力,引导我针对塞曼效应适当修订了频率关系式,使得在这一极限区域内似乎建立了和普通辐射理论的密切联系(参阅论文 VI,第 89 页).正如在撤消了的论文中提到过的,我在杰尔汝姆关于气体分子的转动对某些红外吸收谱线的影响的著名理论的本质证实中,看到了对于这一观点的明显的支持,那是依赖于和普通辐射理论密切有关的一些考虑的一种理论(参阅论文 X,第 136 页).虽然在塞曼效应的情况中对于和普通辐射理论的渐近关系的寻求把我引上了歧途,但是所采用的观点却能够提供关于另一问题的有用提示,那就是根据相对论所要求的对周期性电子轨道的微小偏差所应预期的实际氢光谱对巴耳末公式所给出的简单光谱的偏差问题.正如在短文 VIII 中所指明的,人们被引导着假设这些偏差的考虑可能导致对一个情况的理解,那情况就是,当用高分光本领的光谱仪器检查时,氢谱线不是单线而是包含若干条相距很近的成分线.例如,已能证明,由相对论效应引起的电子轨道长轴的缓慢转动频率和氢谱线各成分线之间的频率差吻合得相当好(参阅论文 VIII,第 97 页).但是,更详细地讨论这一问题
330 的较广阔的基础是完全没有的;不但理论处理的手段十分不足,而且对现象的实验了解也还不足以提供任何确定的指导原则.

如所周知,在刚开始时提到的索末菲那些论文的主要结果就在于,通过合理地推广理论处理的基础,他成功地在一切细节上计算了所预期的上述相对论效应对氢光谱的影响;而且,如所周知,他关于这种影响的预见得到了帕邢关于一种氦光谱中各谱线精细结构的测量结果的惊人证实;那种氦光谱是和氢光谱完全类似的,其起源已在所译第一篇论文中(第 10 页)以及短文 IV 和 VII 中进行了讨论.索末菲的处理依赖于建筑在一个情况上的定态确定;那情况就是,当考

虑到相对论效应时,虽然运动本身并不是简单周期性的,但它却可以看成由两个分量构成,这两个分量可以按照和确定纯周期体系的定态时所用方式相对应的方式来分别处理.尽管后一种体系的定态是由单独一个条件式——用一个整数来表征——来确定的,非周期性相对论式氢原子的定态却是用两个条件式来类似地确定的——每一个条件式用一个整数来表征.正因如此,由一再提到的频率关系式算出的光谱就获得了足够复杂的结构,可以和实验事实相拟合.人们不久就发现,这种观念所包含的进步不但可以用来解释氢谱线的精细结构,而且正如艾普斯坦和施瓦尔兹席耳德所独立证明的,一种对应的处理导致了斯塔克效应的详细理论.这两位作者已经证明,索末菲的定态确定法可以应用于非周期体系的一个普通类别,即其运动方程可以用"分离变量法"求解的所谓条件周期体系.通过这样分离变量而选出的各个分量本身,在定态的确定中可以当作周期运动来分别处理.正如艾普斯坦和施瓦尔兹席耳德所证明的,用这种方法就能够说明斯塔克所观察到的劈裂中的一切成分线的频率.而且,正如索末菲和德拜所证明的,塞曼效应的对应处理导致了很有希望的结果;但是,既然前面提到的组合原理的表观失效形成一种严重的阻碍,这种现象的令人满意的解释却没有得到.

但是,通过将已撤消论文中的基本想法推广到条件周期体系,上述事实却能得到一种自然的解释;这一点,在上面提到的由哥本哈根科学院发表的那些论文中进行了讨论.虽然这样的体系并不是单周期性的,它们的运动却可以分解成分立的谐振动,但是这些谐振动的频率并不是单独一个基频的倍数,而是许多基频 331
的线性组合,基频的个数和运动中独立分量的数目相同.喏,在上述那些论文中已经证明,当定态是用这种方式来确定时,在由普遍频率条件式确定的光谱和运动按谐振动的分解之间就存在一种渐近的联系.注意到量子论的原理和普通辐射理论的原理之间的基本区别,这种联系是像所能希望的那样密切的(参阅Kop. Akad. I,第31页).这一事实的进一步推求,引导我们把由单频辐射的发射所伴随的任何二定态间跃迁的出现,看成了依赖于体系运动中一个对应的谐振动的存在.这一观点不但导致一条普遍原理(对应原理)的发展,该原理使我们能够作出关于各种所能设想的二定态间跃迁的相对几率的结论和关于在这种跃迁中发射的辐射的特点的结论,而且这一观点也使我们能够把量子论看成作为普通辐射理论之依据的那些观念的一种合理推广.首先,在这一观点对于出现在塞曼效应的量子论处理中的那些困难的应用方面,对应原理的应用导致了关于观察到的成分线偏振的以及关于组合原理的表观失效的清楚理解;这种表观失效被认为简单地起源于某些所设想的组合谱线的被排除(参阅Kop. Akad. II,§5).同样,对应原理对斯塔克效应的应用不但给出了关于斯塔克观察到的不同成分线所显示的特征偏振的完全理解,而且也能够说明这些成分线中的奇特的强度分布.后面这一个问题曾由克喇摩斯在一篇学位论文中进行了仔细的研究〈Dan. Vid. Selsk. Skrifter, naturvid-mat. Afd., (8) **3** (1919) 284〉,文中包含对应观点对谱线强度问题的应用的彻底讨论.一方面是斯塔克效应的早期处理,另一方面是塞曼效应的早期处理,二者之间的成就的不同起源于一种情况,那就是,在前一效应中,和所能设想的定态间的不同跃迁相对应的若干条成分线碰巧具有相同的频率,从而某些类型的跃迁的缺失在实验中没被注意到.事实上,在这方面提到一个情况可能令人感兴趣,那就是,从一开始就排除了对理论的本质正确性的任何怀疑的帕邢测量结果对索末菲关于精细结构全部细节的预见的奇妙证
332 实,实际上依赖于一个幸运的偶然情况,也就是依赖于这样一个事实:在帕邢的实验中,发光原子的运动是受到了外力的扰动的,于是就使一些在未受扰原子中将不会出现的跃迁成为可能的了(参阅 Kop. Akad. II,第69 页).

联系到对应原理的应用,也应该提到可以从关于辐射的动量的考虑得来的对上述若干结果的有趣支持,这些结果是关于各种类型的跃迁的可能性的和关于在这些跃迁中发射的辐射的特点的.这一情况的原因在于,对于具有对称轴的原子体系来说,角动量守恒定律对跃迁过程的应用导致对某些跃迁的排除,并同时给出关于在其他类型的跃迁中所发射的辐射的偏振的某些信息.尽管在我的上述论文中指出了通过普遍对应原理对所述情况的应用而得出的结果的验证,汝宾诺维兹却同时独立地强调了在光谱问题的这种量子论处理中直接应用辐射的动量守恒的可能性(参阅 Kop. Akad, I,第 34 页,又 II,第 60 页).但是,联系到以上的考虑,强调一点可能令人感兴趣,那就是,在电磁动量的这一引用中,我们几乎不能看到将量子论和普通辐射理论之间的根本差异衔接起来的任何基础;因为,应用角动量守恒定律的可能性依赖于一件事实,即我们处理的是那样一种情况,按照那种情况的本性,这一差异并不会表现出来.正如不能利用普通的电磁辐射理论来详细地描述定态之间的跃迁一样,看来一般也同样不可能由这一理论得出关于不同类型的跃迁的出现机会的结论.我们在论文 X 第 135 页上已经提到的那一重要情况中,有这一想法的一个很有教益的例子,那情况就是,一方面是氢的定态间的跃迁几率,另一方面是谐振子的定态间的跃迁几率,这二者之间存在特征性的差异.我们在这一情况中是处理的对应原理的一种特别简单而清楚的推论,这时看来是不可能找到任何依据来考虑包含在辐射中的动量的.

但是,光谱和运动之间的对应关系,并不是通过把条件周期体系包括在考虑范围之内就能够把一些基本观点加以推广的唯一领域;在未发表的论文中,就是依据这些基本观点来讨论量子论对周期体系的应用的.例如,事实证明,对于艾
333 伦菲斯特的定态的力学可变换性原理,一种对应的推广是可能的,因为正如布尔

杰斯所证明的，对于一个条件周期体系，也能够利用普通力学来解释原子在缓慢变化的外场影响下将停留在定态中的事实，如果体系当存在场时也可以有条件周期解的话. 而且，通过考虑这样的（浸渐）变换，也能够得到关于不同定态的先验几率的确切信息；因为，由艾伦菲斯特的考虑可知，量子论的统计应用的结果和热力学第二定律之间的相容性条件简单地就在于要求一个定态的先验几率在这种变换下保持不变（参阅 Kop. Akad. I，第 9 页）. 这样得出的关于条件周期体系的定态几率的信息，却又导致关于周期体系的定态几率的信息；因为，后一种态中的每一个态都可以看成一个条件周期体系的已经通过连续变换而被弄成互相重合的若干个定态. 用这种办法，就能够对周期体系定态先验几率的一些表示式进行必要的改正，那些表示式是在已撤消的论文中在不完善的基础上试探性地给出的（参阅 Kop. Akad. I，第 26 页；II，第 76 页）.

所提到的这些普遍观点导致对量子论的应用结果的一种统一的综观，至少当这种应用涉及只包含单独一个运动粒子的体系时是如此. 例如，由对应原理可以推知，氢光谱线系公式的简单形式是和这一原子中的运动的单周期性密切有关的；氢原子定态集合的单态性就反映在线系公式的简单形式中. 也可以看出，为了解释其他光谱或解释外场（或相对论效应）对氢光谱的影响而必需照顾到的更繁复的定态组，是以最密切的方式和这些情况中运动对纯周期运动的偏差相联系着的. 因为，在按照量子论计算的光谱和按照普通辐射理论将和原子的运动相对应的光谱之间可以存在对应关系的条件之一就是，用来确定定态的那些关系式的数目要等于出现在体系运动按谐振动的分解式中的那些基频的数目. 这种观点是和索末菲在 1915 年慕尼黑科学院论文中所表示的观点大不相同的；按照那种观点，确定定态的条件式的个数在原理上等于体系的自由度数. 事实上，索末菲的意见似乎是，即使由相对论效应引起的原子运动对纯周期运动的偏差 334
以及由此而得出的各条氢谱线的精细结构都被略去，为了解释氢光谱是由一些细锐谱线构成的，也必须假设氢原子的定态中的运动是由两个条件式来确定的，这两个条件式不但共同确定电子轨道的长轴并从而确定电子的能量，而且也确定轨道的偏心率[1]. 但是，在简单周期体系的情况，必须假设只有能量是确定的，而轨道的形状则只有当由某种影响引起了对周期运动的偏差时才是确定的，而且它完全依赖于这一偏差的特点. 我们不但是由对应原理而且是通过对有关定

1） 在索末菲近来出版的 *Atombau und Spektrallinien*（原子结构和光谱线）(Friedr. Vieweg & Sohn, Braunschweig, 1919)一书中，简单氢光谱的出现问题就是在第四章中根据这样的观点来讨论的；该书对索末菲及其追随者们已经得到的结果作出了非常精彩的综述. 但是，在书的后面所附的"数学的附录和补遗"中考虑了近来的条件周期体系的定态理论，那里表达的观点和此处采用的观点更加接近.

加在校样上的注：在刚刚问世的索末菲书的第二版中，很清楚地叙述了对应原理在应用于条件周期体系时的基础.

态确定的结论的检查而得到了这一结果的，该结论是通过考虑缓慢的浸渐变换所引起的这些态的改变而得出的. 因为，当一个周期体系的定态经过这样一次变换以后，出现的运动将完全取决于完成这一变换的方式. 正是这一情况，就使得当存在引起对周期运动的偏差的外场时获得——根据关于一个周期体系的定态的知识并根据关于一个缓慢增大的外场对运动引起的影响的简单力学考察来获得——关于体系定态的信息成为不可能. 但是，对于这一问题，对应原理是能够给出直接信息的；因为，借助于对运动的改变和光谱的改变之间的对应关系的要求，根据外力对体系周期运动的扰动的本性，是能够得出关于量子论所要求的对定态运动所附加的非力学条件的结论的. 这样就能够得到氢谱线的精细结构的及其斯塔克效应和塞曼效应的一种非常直接而简单的量子论处理(参阅 Kop.
335 Akad. II, § 3 及 § 5). 除了它的简单性以外，这种处理所依据的观点还有另一个优点，就是完成处理的可能性并不依赖于体系是否允许分离变量；于是，就出现了也去处理不能用索末菲和艾普斯坦确定条件周期体系定态的方法来处理的那些问题的可能性(参阅 Kop. Akad. II, § 2). 当我们讨论小电场对氢的精细结构成分线的效应时，就得到这样一个有趣的例子. 当存在电场时，关于氢的运动方程一般并不能分离变量；相反地，除了场趋于零的极限情况以外，这样的分离变量只有当场足够强，以致相对论改正的影响像在普通斯塔克效应的情况中那样可以忽略时，才是能够做到的. 但是，正如克喇摩斯在刚刚发表的一篇论文中所证明的，却可以按照上述的方式，利用对应原理来进行一种处理，它能够在一切细节上预见精细结构怎样在电场的逐渐建立期间发生变化而终于变成通常的斯塔克效应.

当我们更进一步推求这种关于原子体系光谱的量子论诠释的观点的推论时，我们就自然而然地遇到目前形式的量子论的适用界限问题；这种形式是建筑在截然分立的定态的存在这一假设上的. 在这里，对应原理和变换原理都能给出有用的提示，而且二者是指向同一方向的. 例如，对应原理引导我们预期，一个体系，如果它的运动具有一定的性质以致不能分解成有着截然分立频率的一些谐振动的级数，它就将没有截然分立的定态. 这种预期也受到一个情况的支持，即对于其运动具有肯定的非周期性的一个体系来说，外界条件缓慢变换的结果将不具有确定得足以使截然分立的定态存在的那种性质，而且这种结果是不依赖于变换的本性的，正如利用普通力学的尝试所算出的那样. 这一考虑的可能证实，可以表现在这样一种情况中：在某些外界影响下，例如当存在交叉的电场和磁场时，氢谱线并不劈裂成细锐的成分线而是显示一种漫散的展宽(参阅 Kop. Akad. II,第 93 页).

上述考虑只能严格适用于包含单独一个运动粒子的体系. 一旦我们考虑包

含较多粒子的体系，我们就遇到一种极其繁复的力学问题，而我们在量子论的上述应用中所遇到的那样简单的运动，则只有作为体系普遍运动的特例才能出现. 336
这时确定定态的基础就会变得复杂得多，即使我们通过导致对应原理和定态可变换性原理的那些观点的推广了的应用，可以有很好的理由指望得到有关定态的某些信息. 但是，迄今对于具有多个运动粒子的体系只得到了很少的结果. 我们也许在线系光谱领域中得到了最大的进展. 首先，量子论对这些光谱提供了关于瑞兹所提出的普遍组合原理的一种直截了当的解释；而且，根据由黎德伯恒量在一切元素线系光谱中的出现所表现的那种和氢光谱的类似性，我们立即可以得到结论认为，在这些光谱的发射中，我们涉及的是那样一些定态，在各该定态中，原子中有一个电子是在线度远大于其他电子离核距离的一个轨道上运动的(参阅论文 I，第 16 页). 在最近几年中，最后这一假设已经很直接地得到了关于原子电离和关于用电子轰击来激发辐射的实验的支持；这些实验是由弗兰克和赫兹首先做成的(参阅论文 IX，第 117 页)，而且可以认为它们提供了一种直接考察原子结构的最重要的方法.

利用和他在解释氢的精细结构时所用的考虑相类似的考虑，索末菲成功地得到了关于其他原子的相应定态中最外电子的运动的某些确定的结论，这些结论已经导致了一种关于其他元素线系光谱的一般结构的简单解释. 对应原理的应用为这一结果提供了一种独立的验证，而且同时也对线系光谱所显示的组合原理的奇特而表观上无规则可循的局限性作出了解释——这种解释也对斯塔克及其合作者们当存在强电场时所观察到的新谱线系的出现得到了直截了当的理解(参阅 Kop. Akad. I，第 36 页及 II，第 69 页). 虽然在某些方面已经取得了很有希望的结果，但却还不曾做到通过量子论的计算来精确地说明必须认为属于多电子原子的任何光谱.

和线系光谱相比之下，看来更大的障碍阻挡了 X 射线谱的完备诠释. 正如在所译论文第一篇的第二部分中所指明的，量子论的应用可以对穿透性最强的 X 射线的激发电势的数量级作出直截了当的解释，如果假设这种辐射起源于涉及一个最内电子的跃迁过程的话(参阅论文 II，第 48 页). 自从摩斯莱在他的基
本性的工作中发现了适用于 X 射线谱中各频率的简单定律以来，人们曾经花费 337
了巨大的精力来详细地解释这些定律. 考塞耳的有趣考虑已经在论文 IX 第 120 页上提到了. 后来，特别是索末菲曾承担了解决这些射线谱的精细结构的工作，得到了很大的成功. 但是，由于这些问题所带来的非常繁复的力学问题和量子论问题，迄今看来还很难形成一种关于 X 射线谱的起源的清晰而详细的图景.

最后，关于原子的那些和光谱问题关系更间接的性质，也已经发现极难得到确切的结果，我在这里将不再详细论述这些问题，而只强调指出在所译论文第一

篇的第二部分和第三部分中可以看到的关于原子构造和分子构造的那些更加特殊的考虑的试探性特点. 正如从许多侧面强调了的,那儿所作的把考虑限制在尽可能简单的运动类型——例如电子环——中的尝试,无疑是不能坚持的,而且也是不能用形成量子论晚近发展之基础的那些普遍观点来加以证实的. 关于在这些观点的指引下对后一类型的种种问题所进行的详细讨论,我可以请诸位参考我的哥本哈根科学院研究报告的尚未发表的两个部分,这两个部分我希望不久就能发表[1].

以上论述了曾经指导我准备了所译各论文的那些观点,以及这些论文中所得结果和有关领域中较后发展的关系;在结束这种概述时,我谨以只能看成对问题的早期讨论所作的贡献的这些论文就教于读者. 同时,我也愿意对 H·斯廷增博士表示感谢,因为他在翻译中进行了大量的细心工作,而且曾经努力把英文原文的措辞和内容弄得尽可能地准确,这一点,由于内容的不够清晰,并不总是很容易做到的. 我也愿意向 Friedr. Vieweg & Sohn 出版社表示感谢,他们曾经亲切地在满足有关译本质量的愿望方面给予了协作.

哥本哈根,1920 年 11 月 4 日

N·玻尔

1) 这些观点对元素线系光谱的应用的一种简短概述,可以在一篇演讲中找到;那篇演讲是于 1920 年 4 月 27 日在柏林的德国物理学会上发表的. 演讲稿刊于 Zeitschrift für Physik, Vol. **2**, p. 430.

加在校样上的注:这篇演讲和 1920 年 12 月 15 日在哥本哈根物理学会所做的一篇演讲的译文,不久就将作为 Sammlung Vieweg 的一本专书而问世. 在后一演讲中,在上述那些观点的推广应用的基础上,发展了关于原子构造和元素周期系的诠释的某些考虑,利用这些考虑似乎可以对以上所提到的那些问题有所阐发.

Ⅻ. 论量子论中的辐射偏振问题

(Z. Physik **6** (1921)1*)

* [见引言第 16 节.]

350

论量子论中的辐射偏振问题

在本刊近来发表的一篇论文中[1)],汝宾诺维兹曾经通过一种有趣的考虑,企图对按照量子论所将预期的由任意原子体系发射的辐射的偏振状态作出普遍的结论.但是,正如在现在这篇短文中即将证明的,看来可以对汝宾诺维兹所作的论证提出基本性的反驳,而且看来很难承认他的关于辐射偏振的普遍结论.然而,有鉴于所处理的问题的基本重要性,我愿意借此机会稍微更仔细地讨论讨论这整个的问题,以便能够从尽可能多的方面来阐明它.

如所周知,按照量子论,由一个原子体系发射的辐射并不是按照和经典电动力学定律相对应的方式而和这一体系的运动直接联系着的.相反地,却作为量子论的一条基本公设而作出了这样的假设:一个原子可以存在于一系列定态中而并不发射辐射,而辐射的每一次发射都是和两个这种态之间的完全的跃迁相联系着的;在跃迁中,——虽然这些态中的运动可以相差颇大,辐射却永远是作为一列简谐波而被发射的,简谐波的频率 ν 和发射前后原子的能量之差 E_1-E_2 由方程 $h\nu=E_1-E_2$ 来联系,式中 h 是普朗克恒量.不过,通过把经典电动力学观念当作模型来使用,已经能够得到关于按照量子论所应预期的被发射辐射的成分的一些相当详细的叙述.关于这一问题,曾经以两种本质上不同的方式作出了向前
351 推进的尝试,它们的趋势或许可以最清楚地表示在分别由爱因斯坦[2)]和德拜[3)]所给出的普朗克温度辐射定律的表面上如此不同的推导中;这两种方式都必须认为是高度重要的,因为它们只依赖于普遍性的假设.

在这些方法的前一种中,注意力是主要集中在发射过程和吸收过程上的,而且曾经企图通过在一定程度上把量子论所依据的假设和经典电动力学的观念相对比来得出关于这些过程的某些普遍假设,其对比程度在于使从二者得出的推论能够在本质上得到经验的证实.喏,这种观点不但曾经导致关于爱因斯坦温度辐射理论中所用的发射过程和吸收过程的发生几率的一些简单普遍公设的提

1) A. Rubinowicz, Z. Phys. **4** (1921) 343.

2) A. Einstein, Phys. Zeitschr. **18** (1917) 121.

3) P. Debye, Ann. d. Phys. **33** (1910) 1427.

出，而且其运动可以分解成一些分立谐振动分量的那种原子体系——这是我们迄今能有一种或多或少完备的定态确定理论的一切体系都能满足的一个条件——的量子论处理的进一步推行，已经在这方面导致了所谓对应原理的表述. 这一原理的认知，起源于在各定态彼此相差很小的极限区域中得到原子体系的光谱和运动之间的简单的渐近符合性的那种努力；按照这一原理，我们假设和辐射的发射或吸收相联系着的任何跃迁过程的发生，都依赖于某些对应的谐振动分量在体系运动中的出现. 首先，对应原理已经给出了关于某些可设想的跃迁的排除和可能跃迁的相对发生几率的估计的信息；在这里，可以请大家特别注意关于简谐振子的和运动更复杂的原子体系的行为之间的那种特征差异的简单解释；关于这种差异我们在下面还将谈到. 再者，关于所发射的辐射的成分，预期这种成分将在一种方式下反映有关振动分量的特性，也是和上述原理直接适应的；那种方式对应于经典电动力学所要求的带电体系的辐射成分和它的运动之间的直接联系. 现在，既然振动分量一般表示平面椭圆运动，其运动平面和长短轴之比取决于从力学上可能的运动中分辨出各个定态的那些条件，那么，就辐射的偏振来说，这种叙述显然就意味着，在二定态的跃迁中被发射的辐射一般是椭圆偏
振的，而且只有在特例，当对于体系的每一种运动来说对应的振动分量都是沿确 352
定方向的线性位移或绕一确定轴线的圆周转动时，才能预期所发射的辐射显示所谓的线偏振或圆偏振. 在由单独一个在轴对称场中运动的粒子所构成的体系的情况，我们就有一个这一条件得到满足的有教益的例子. 在这一情况中，只要定态的确定是可能的，运动就永远可以看成若干谐振动的叠加，其中一些是平行于轴线的线性振动，而另一些是绕轴线的圆周转动，因此，根据对应原理就能得到这样的结论：对应于前一种振动的跃迁将给出线偏振的辐射，而对应于后一种振动的跃迁将给出圆偏振的辐射；如所周知，这种结论和氢谱线的塞曼效应及斯塔克效应的观察结果完全符合[1)].

上面提到的两种方法中的第二种，依赖于包含在具有完全反射壁的空腔（"Hohlraum"）中的电磁辐射场所显示的那种和一个普通的力学体系的突出类似性；如所周知，这是瑞利和金斯已经联系到温度辐射理论而唤起了人们的注意的一种类似性. 现在，这样一个辐射场可以看成若干驻波的简单叠加，这一情况就提供了一种可能性，即可以把确定那种带电粒子系的定态的理论形式地用于这种场；该粒子系的运动可以分解为分立的谐振动. 这种应用是首先由威耳

1） 参阅 N. Bohr, Dan. Vid. Selsk. Skrifter, Naturvid.-mat. Afd., 8. Række, IV, 1, pp. 34, 76, 85, 1918. 并参阅 Z. Phys. **2** (1920) 423.

孙[1)]指出的，但其详细阐述则特别归功于汝宾诺维兹[2)]；这种应用导致了简单的结果，即在辐射场的"定态"中必须指定给单个固有振动("Eigenschwingungen")的能量，应该等于 $h\nu$ 的整数倍，此处 ν 是所考虑的驻波的频率.这一结果不但是和温度辐射定律的德拜推导中所用的假设相一致的，而且导致了对于量子论的形式发展具有重要意义的关于辐射过程的观念；按照这种观念，并不仅仅是原子体系应该看成量子化的对象，而是原子和周围空腔中的辐射一起应该作为一个整体而看成量子化的对象.但是，为了和观察结果取得一致，必须假设整个体系
353 的各部分之间的耦合不能用经典电动力学的观念来描述，而是由一些规律来支配，这些规律保证在原子和辐射场之间的任何能量交换中；二者在过程之前和之后都将处于定态中；这种假设和按照量子论应该适用于原子体系之间的碰撞的那些定律是十分类似的.这种关于辐射过程的看法在一定程度上允许我们对量子论的形式基础作出统一的叙述，因为上述的频率条件是和表征原子体系定态的条件直接联系着的[3)].但是，联系到频率条件的这样一种形式上的推导必须指出，按照上述看法，它并不表现为能量定律对原子和辐射这一总体系的唯一应用，而是为了证实这一条件的普遍性，必须作出一个附加的假设：在原子和辐射场之间的能量交换中，只有辐射场的一个固有振动参加变化，而且在一次发射过程或吸收过程中，这一振动的能量只能改变一个数量 $h\nu$，而不是改变 $h\nu$ 的较高倍数.这些假设和另一些定律显示出突出的类似性，那些定律是由对应原理导出的，适用于由辐射所伴随的一种体系中不同跃迁的可能性，那种体系的运动可以分解成和辐射场的分量类型相同的谐振动分量；例如，最后提到的假设和上面提到的这一原理的推论精确对应；那推论就是，一个简谐振子只能经历相邻定态之间的跃迁，而运动更繁复的体系则也可以在两个更远的定态之间发生跃迁.但是，在这种关于辐射过程的形式观念中，和首先提到的那种更加二元论式的看法相反，在原理上并没有对辐射和原子进行任何区分，而正是这种观念就使得在频率条件的推导中很难引入这样一种类似性，因为归根结底上述定律只有对于由辐射的吸收或发射所伴随的跃迁过程才是适用的，而对于用其他方法例如用电子碰撞来造成的跃迁过程则是不适用的.

至于沿这一方向的进一步进展，却还不曾能够用这种办法得出对应原理所提供的那种关于辐射过程的发生以及所发射辐射的成分的普遍叙述.这是和一件事实联系着的，那就是，我们完全不知道在细节上支配着辐射过程的那些定

---

1) W. Wilson, Phil. Mag. **29** (1915) 795.

2) A. Rubinowicz, Phys. Zeitschr. **18** (1917) 96.

3) 参阅 L. Flamm, Phys. Zeitschr. **19** (1918) 125；并参阅 W. Wilson，前引论文 p. 801.

律,从而也不知道适用于由原子和辐射构成的总体系各组成部分之间的耦合的
那些定律.只有在已经提到的特例,即当体系由一个在具有轴对称性的场中运动 354
着的电子构成时,汝宾诺维兹才能通过简单地对总体系应用角动量守恒定律而
成功地得到了关于不同定态之间的跃迁可能性,以及关于在这些跃迁中所发射
的辐射的偏振的一些明确结论[1].但是,可以提到,在这种推导中使用的关于辐
射的角动量的估计,还没有由空腔驻波振动的考虑直接推出,而是正如汝宾诺维
兹所明确指出的那样依赖于一个假设,即跃迁中发射的辐射的成分,按照经典电
动力学理论将和由一个进行着谐振动的电子所发射的辐射成分相同.但是,这一
假设和导致对应原理的表述的那些想法是属于同一范围的;事实上,和汝宾诺维
兹同时,笔者就曾经指出角动量守恒定律的这一特殊应用来作为在所考虑的情
况下由这一原理得出的结论的直接支持[2].因此,联系到此处所讨论的关于辐射
过程的看法,指出一点可能是有兴趣的,那就是,似乎能够支持在进一步考察包
含在反射性球面中的辐射场的固有振动时所使用的假设,这种假设是由汝宾诺
维兹在一篇新论文中给出的,这篇论文引起了本文的撰写.事实上,建筑在针对
电磁场导出的表示式上的一种简单推算表明,对于所考虑的固有振动来说,和作
为上述考虑的基础的那种关系式相同的角动量和能量之间的关系式是满足的.
因此,由于解的唯一性,看来为了估计角动量,并不需要再动用超出所用的处理
方式以外的任何假设[3].喏,在本文开始处提到的论文中,汝宾诺维兹给自己提
出的课题是要通过详细考察包含在以反射球面为边界的空腔中的辐射场的量子
化,来直接得出关于由一个原子所发射的辐射的可能成分的信息,而且他相信,
根据这种考虑就能够得出结论:由任意原子体系发射的辐射必然是线偏振的或 355
圆偏振的.但是,正如进一步的考虑似乎表明的,这一结果并不能从所进行的考
虑正确地推出;而且这一结果和上面提到的从对应原理得出的关于辐射一般是
椭圆偏振的那一结论不相符合.汝宾诺维兹的推导的出发点是这样一种建议:
包含在球形空腔中的辐射场的固有振动的量子化问题,在形式上是和一个简单
力学体系的定态确定相类似的,该体系包括一个质点,在量值和到中心的距离成
正比的吸引矮力的影响下在一个平面上运动着.其次,为了对后一体系进行量子
论的处理,采用了可分离变量的所谓条件周期体系的理论作为基础,而且,对应

1) A. Rubinowicz, Phys. Zeitschr. **19** (1918) 441, 465.

2) N. Bohr,前引文 p. 34. 在这方面,指出一点可能是有兴趣的,那就是,在对应原理所提供的关于辐射成分的信息的基础上,人们可以根据关于跃迁中角动量守恒的考虑,得到确定这种体系的定态中的角动量的一种依据,而这种依据是和形式上的量子条件无关的(参阅前引文 pp. 35, 55).

3) 在这方面,几乎用不着强调,即使角动量和能量之间的对应的关系式对于包含在具有任意边界的空腔中的固有振动并不成立,这种考虑的确实性也不会受到损害;因为,对于非对称形状的边界来说,总体系和环境之间的角动量交换将是不能被排除的.

于所处理的体系的这种分离变量的两种不同可能性——分别依赖于普通直角坐标和球坐标的引用——汝宾诺维兹就得出了空腔中存在两种可能类型的能量为 $h\nu$ 的定态固有振动的结论，其中一种类型和线性偏振的球面波相对应而另一种和圆偏振的球面波相对应. 但是，这种结论似乎是没有根据的，因为被看成条件周期体系的那个所考虑的体系是具有所谓"简并"性质的，从而在这种情况下完成的定态的确定就包括某种程度的不确定性. 汝宾诺维兹本人指出了这一情况，而且顺便提到，这种情况也可以由体系可以用两种不同的方式来分离变量而得出两种不同的定态确定这一事实明显看出；但是这种情况却有一个后果，即定态中的运动可以认为只由一个条件来确定，那就是，这些态中的能量等于 $h\omega$ 的整数倍，此处 ω 是体系的恒定频率. 另一方面，椭圆轨道的长轴的位置，以及长短轴长度之比，必须在下述意义上认为是完全不确定的，就是说，对应于上述能量值的每一个轨道，都可以作为和所考虑体系相差无限小的一个非简并体系的定态极限情况而出现；当然，在这个问题上，这些体系的定态确定一般不能用简单的分离变量法来进行这一点，是没有什么基本重要性的[1]. 因此，利用所考虑的类
356 似性，看来并不能得出有关球形空腔中固有振动的偏振特点的任何确切结论，从而空腔辐射的考虑似乎并不能提供什么基础来怀疑由对应原理如此直接地指示了的假设，即和二定态间跃迁相对应的辐射一般是椭圆偏振的，而且长短轴之比的任何值在适当条件下都可以出现.

在结束关于此处所讨论的处理辐射量子论问题的两种不同方法——我们可以把它们简称为耦合观点和对应观点——的论述以前，我愿意用简单的几句话来描述一下它们和辐射理论中那些根深蒂固的尚未解决的困难的关系. 第一，就耦合观点来说，它的重要意义只能到一件事实中去寻求，即它能提供一种纯形式的处理方式；而且在把光电效应和光驻波之类如此不同的现象纳入同一表述形式方面取得的成就，大大胜过了仍然很有限的适用范围，这种范围在我们更加接近量子论奥秘的解以前是几乎不可能再扩充的. 对应观点方面的形势可能是不同的，这种观念迄今为止似乎在每一个新的应用领域中都已证明为富有成果，这样就并不会把我们推得离上述那些困难的解更近一些，至少是，随着量子论应用的每一次扩大，我们对这个谜的本性看得越来越清楚了. 这是和一个情况联系着的，那就是，这个观点根本不是一个封闭的形式的观点，而却可以看成辐射过程的某些一般特点的一种描述. 不过，这种观点也

1) 参阅 N. Bohr，前引文 p. 41，文中对可以看成受到小外力扰动的简并体系的那种体系的定态确定进行了普遍的讨论. 并参阅 J. Burgers，*Het Atoommodel van Rutherford-Bohr*，p. 123（学位论文，Haarlem，1918），那里有一个体系的很有趣和很完全地计算出来的例子，该体系通过适当的极限变换导致和任意给定的轨道长短轴之比相对应的各向同性振子的定态.

可以和耦合观点共同具有一种纯形式的趋向,因为二者都代表着使量子论表现为普通辐射理论的合理推广的那种努力,虽然可以说它们是企图从相反的方面来接近目标的.

哥本哈根大学理论物理学研究所,1921 年 6 月

XIII. 在第三届索尔威会议上的报告

(1921 年 4 月*)

* [见引言第 17 节.]

INSTITUT INTERNATIONAL DE PHYSIQUE SOLVAY

ATOMES ET ÉLECTRONS

RAPPORTS ET DISCUSSIONS

DU

CONSEIL DE PHYSIQUE

TENU A BRUXELLES DU 1er AU 6 AVRIL 1921

SOUS LES AUSPICES

DE L'INSTITUT INTERNATIONAL DE PHYSIQUE SOLVAY

Publiés par la Commission administrative de l Institut et MM. les Secrétaires du Conseil

PARIS
GAUTHIER-VILLARS ET Cie, ÉDITEURS
LIBRAIRES DU BUREAU DES LONGITUDES, DE L'ÉCOLE POLYTECHNIQUE
55, Quai des Grands-Augustins, 55

1923

第三届物理学会议纪要Ⓕ* 361

第三届物理学会议，由厄恩耐斯特·索尔威于1912年5月1日创建的国际物理学研究所按照该所章程第10条于1921年4月1日到6日在布鲁塞尔本研究所的所址召开.此次会议是由理事会[1)]邀请国际科学委员会[2)]协助召开的.

出席会议的有：

主席：哈勒姆的H·A·洛伦兹教授；

会议成员：教授：爱丁堡的C·G·巴克拉，曼彻斯特的W·L·布喇格，巴黎的M·布里渊和L·布里渊，巴黎的M·德布罗意，巴黎的居里夫人，莱顿的P·艾伦菲斯特，德尔夫特的W·J·德哈斯，莱顿的卡莫林·昂内斯，哥本哈根的M·努德森，巴黎的P·朗之万，剑桥的J·拉摩尔，芝加哥的R·A·密立根，巴黎的J·佩兰，伦敦的O·W·瑞查孙，剑桥的E·卢瑟福，伦德的M·席格班，根特的Edm·van·奥贝耳，斯特拉斯堡的P·外斯，阿姆斯特丹的P·塞曼.

秘书组包括：哈勒姆的J·E·弗尔沙弗耳特教授(原研究所理事会理事)， 362
巴黎的M·德布罗意博士，曼彻斯特的W·L·布喇格教授，巴黎的L·布里渊博士.(以上都是会议成员.)

E·欧内斯特·索尔威的合作者，布鲁塞尔的Ed·赫尔岑(Herzen)博士和

---

* 中译者按：Ⓕ表示原文是法文，由初迅君协助译为中文；下同.

1) 理事会包括：
E·塔塞尔(Tassel)，布鲁塞尔私立大学名誉教授；
P·埃热(Heger)，布鲁塞尔私立大学名誉教授；
Ch·De·凯泽(Keyser)，布鲁塞尔私立大学普通教授.

2) 国际科学委员会包括：
H·A·洛伦兹，莱顿大学教授，主席；
P·居里夫人，巴黎科学院教授；
W·H·布喇格，伦敦大学教授；
M·布里渊，巴黎法兰西学院教授；
H·卡莫林-昂内斯，莱顿大学教授；
M·努德森，哥本哈根工业大学教授；
P·朗之万，巴黎法兰西学院教授；
E·卢瑟福，剑桥大学教授；
E·van·奥贝耳，根特大学教授.

Edm·沃南特(Warnant)工程师对会议给予了协助.

芝加哥的A·A·迈克耳孙教授途经欧洲而应邀出席了会议.

受到邀请而未能前来布鲁塞尔的有：伦敦的W·H·布喇格教授(国际科学委员会委员)，哥本哈根的N·玻尔教授，柏林的A·爱因斯坦教授，多金的J·H·金斯教授.

此外，A·瑞伊(Righi)的去世也使我们缺少了一位与会者.

现将会上发表的报告及其有关的讨论辑录于此.编辑工作由秘书组负责，而出版工作则仍由Gauthier-Villars科学图书公司承担.

目　录Ⓕ*

* [中译者按：此目录为第三届物理学会议纪要的目录.]

364 # N·玻尔：论量子论对原子问题的应用*

在第三届索尔威会议上的报告

1921 年 4 月

引　言

按照索尔威会议的程序，本报告原拟包括两部分，其第一部分应该包含量子论对原子问题的应用所依据的那些普遍原理的一次综述，而其第二部分则应该包含这些原理对元素原子中各电子的排列和运动问题的特殊应用. 但是，作者因病未能出席会议；因为害病，只写完了包括原计划的第一部分的这篇论文，并通过艾伦菲斯特先生的盛情协助而提交给了大会. 在本文的末尾，对原计划的第二部分的内容作了一点简略的说明.

§1. 量子论的一般面貌

本报告所将讨论的原子构造问题，在近几年内得到了一种和不多几年以前人们所考虑的很不相同的面貌. 事实上，我们已经从厄恩耐斯特·卢瑟福爵士的报告中听到，我们现在对于形成原子的成分的那些粒子具有详细的知识. 这样，我们可以假设原子有一个中央正核，它几乎具有原子的全部质量，而且被一群电子所包围，中性原子中的电子数等于所谓的原子序数，也就是指示元素在周期表
365 中的位置的那个数. 这种原子图景显示出一种明显的简单性，而且初看起来可能会预料，我们在进一步考察原子内的运动时所遇到的问题会和我们在天体力学中遇到的那些问题相类似. 事实上，既然我们被引导着假设原子中各粒子的线度远小于整个原子的线度，那么，初看起来我们所遇到的就是在相互作用力的影响下运动着的质点系的问题，而那些相互作用力是和距离的平方成反比的，正如天

* ［这里发表法译本时所依据的底稿，其末尾除外，它是在较晚的阶段重写的；此处所给的最终形式是从法译本重译的. 至于分发给与会者的我们将称之为“索尔威报告”的文本，和此处印出的稿本并无重大差别；它具有另外一个标题，《论原子中各电子的排列和运动问题》，而且当然没有“引言”. 此外它和此处重印的文本还有一些小的差别；此处的稿本似乎是“索尔威报告”的修订本. 玻尔在两个地方事实上重新引用了“索尔威报告”的文句来作为法译本的基础；这两个地方将在后面指出.］

体之间的万有引力那样.但是,物理资料和化学资料的进一步考虑很快就告诉我们,这样的对比在一些本质问题上是行不通的.事实上,如果我们考虑例如太阳系中各行星的轨道,我们当然可以假设这些物体的运动在很高的近似程度上能够用普遍的万有引力定律来说明,但是不同行星的轨道却并不能用太阳和行星的质量来完全地确定,而是必须假设也本质地依赖于在太阳系的形成过程中存在过的那些条件,换句话说就是依赖于体系的以往历史.

另一方面,为了说明各元素的确定的物理性质和化学性质,我们就不得不假设原子中各粒子的运动无论如何在它的正常态中将是由各成分粒子的电荷和质量的值来完全确定的.原子所固有的稳定性也许可以最清楚地被觉察到,如果我们考虑一下导致各元素的特征光谱的发射的那些过程的话.在这些过程中我们可以认为看到了原子状态的改变;这是由某些外在因素引起的,这些因素把能量传给了原子,而且随后发生了重新组织的过程,通过这种过程重新建立了正常态,而能量则作为电磁辐射被重新发射了出去.当加以分析时,发现这种辐射是由若干简谐波列构成的,其中每一波列对应于光谱中的一条谱线.根据经典电磁理论,并不能提供解释原子正常态的稳定性或如此产生的辐射成分的任何可能性,而在所谓的量子论中却找到了关于所考虑的原子性质的一种合理诠释的基础;如所周知,量子论的种子是在大约二十年前由普朗克提出的温度辐射理论中播下的.

在下文即将采用的量子论的那种形式下,考虑将建筑在下述的基本公设上:一个发射由细锐谱线构成的光谱的原子体系,具有若干个分离的特别的态,即所谓定态,体系在定态中无论如何可以存在一段时间而不发射辐射,这样的发射只
能在两个定态之间的一次完全跃迁中发生,而由此发射的辐射永远简单地是一 366
列简谐波.在理论中,在这样一种过程中被发射的辐射的频率并不是按照和经典电磁理论的概念相对应的方式而由原子内部各粒子的运动来直接确定的,而却是和在跃迁中所发射的总能量简单地联系着的,即频率 ν 乘以普朗克恒量 h 等于过程所涉及的两个态中原子能量 E_1 和 E_2 之差,于是我们就有

$$h\nu = E_1 - E_2. \tag{1}$$

这条定律在以后将被称为普遍频率关系式,它和另一组关系式一起构成量子论的形式基础;那些关系式就是态条件式,它们同样地包含普朗克恒量,而且它们表征原子体系的定态运动的某些性质,而各个定态就是通过它们而从按照普通力学概念将是可能的那些运动的连续集合中挑选出来的.后面这些关系式将被称为态关系式,而且在以后将详细地加以讨论;这些关系式正如频率关系式一样,可以看成关于简谐振子和电磁辐射场的相互作用的那些假设的自然推广;

那些假设最初是在普朗克的温度辐射理论中被引入的，而且特别是由爱因斯坦如此成功地应用到了比热理论和光电效应理论中的.

在我们开始讨论态关系式的详细指定和量子论对特殊原子问题的应用以前，可能有用的是首先更仔细地检查一下理论的一般特点，特别是一方面澄清量子论对我们普通的力学概念和电动力学概念的激烈背离，而另一方面也同样澄清在理论的形式公设的基础上所能发展的原子过程的图景仍然显示的那种和这些概念的形式类似性. 我们即将看到，这种类似性属于那样一种类型，即在某些方面我们有理由把量子论看成自然地推广经典电磁理论的一种尝试.

§2. 定态的性质

关于定态中运动的描述，出现的第一个问题就是量子论的基本公设在多大
367 程度上允许我们把这种描述建筑在关于带电粒子系的行为的经典概念上*. 首先很清楚的是，这些概念不能一成不变地加以应用，因为正如提到过的，这样的一种应用将涉及电磁辐射从原子的不断发射，而这是和定态的存在本身相抵触的. 但是，如果我们考虑一下对原子体系的运动的一种效应，该效应在电子论中是和构成正在发射的辐射的那一部分电磁场直接联系着的，那么我们就可以发现，一般说来这些效应是远小于场的保守部分对运动的效应的；这种保守部分引起的力和我们在质点力学的简单理论中所遇到的那些力相类似. 因此，即使我们被迫对经典电动力学理论采取在辐射机制方面涉及激烈变动的修订，我们也绝非不得不假设运动在任一时刻都和将由经典电子论推得的运动有重大的差异. 相反地，我们很自然地被引导着探索是否能够在很好的近似下把原子体系定态中各粒子的运动描述成在由它们的电荷引起的相互吸引力和相互推斥力的影响下进行的一些质点的运动.

如果我们其次考虑定态的“稳定性”问题，我们就立即看到，这种稳定性的一个必要条件就是，一般说来，外界因素对粒子运动的效应不能利用普通的力学定律来描述. 事实上，正如我们即将更进一步看到的，态关系式所表示的把定态从原子体系的可能力学运动中区别出来的那些性质，按其本性来说并不能用各粒子在给定时刻的速度和位形来简单地表征，而是在本质上依赖于瞬时速度和瞬时位形所属于的那个轨道的周期性质. 因此，如果我们考虑处于变化的外界条件下的一个原子，那么，为了求出由于这些条件的变化所引起的运动的改变，像在普通力学中一样只考虑在任何给定时刻作用在各粒子上的力的效应就是不够

---

* ［这里稿本和发表的法文译本有一点小小的差异. 后者采用了“索尔威报告”中的文句：“经典电子论的想法，这是在 H·A·洛伦兹先生的报告中讨论了的”.］

的,而即将得到的运动却必然本质地依赖于和外界条件的给定改变相对应的那些可能轨道的特点的变化.

作为力学在描述受到外界因素影响的原子体系方面的这种失效的例子,我们可以考虑原子和自由电子之间的碰撞的那些惊人的效应;这些效应是我们在首先由弗兰克和赫兹所完成的那些实验中遇到的,而且我们在这些效应中可以 368
看到考察原子内部作用的一种很重要的源泉. 即使为了诠释这些在德布罗意先生的报告中已经详细提到的实验几乎不必假设粒子的速度和位置在碰撞过程中经历不连续的变化,这些实验的结果却无疑地对支配原子中粒子运动的那些本质上非力学性的定律提供了最为突出的证据. 例如我们看到,在这些实验的条件下,并不能引起原子运动类型的任何改变,除非这种改变在于把原子从原始态转送到某一其他定态.

在气态元素对电磁辐射的吸收现象和色散现象中,我们有关于变化外界条件下的原子行为的另一个说明性的例子. 例如,关于第一种现象,为了在我们的基本公设的基础上说明实验事实,我们被迫假设真正的吸收只能通过一种过程来发生,该过程就是原子从原始态到某一能量较高的其他定态的完全跃迁. 另外,观察到的色散在其特点方面和物质的吸收光谱的各谱线有着本质的联系这一事实——按照刚才给出的关于吸收现象的诠释,谱线的频率并不能根据原子中各粒子的运动来计算,而是通过普遍频率关系式来和二定态中的能量差联系着的——就证明,原子和入射电磁波的相互作用根本不能在经典电子论的基础上来进行描述,而却必然是和作为量子论的各种形式关系式的基础的那种未知机制密切地联系着的.

在刚刚提到的这些例子中,我们遇到的是一些因素对原子的效应,它们涉及作用在粒子上的外力在短时间间隔中的重大改变,这些时间间隔可以和表征原子中各粒子的力学运动的那些周期相比. 另一方面,如果我们考虑外界条件的一种变化,它是以一种均匀的方式进行的,而且进行得如此之慢,以致外力在和上述各周期同数量级的时间间隔中的相对改变量远小于原子中各粒子所受到的合力,那么问题就不同了. 在这种情况下,我们并不能根据量子论基本公设的考虑而事先排除这样一种可能性: 由于外界条件的这样一种缓慢变换而引起的体系运动的改变,可以利用普通力学的定律来推导. 在多数情况下,力学的应用实际上是允许的——或者说得更确切些,变换进行得越慢,当用普通力学计算缓慢变 369
换的效应时所引入的对实际定态的偏差就越小;这种叙述就形成由艾伦菲斯特引入于量子论中的众所周知的原理的内容. 这一原理常被称为"绝热假说(adiabatic hypothesis)";这里涉及一个事实: 外界条件的缓慢连续变化,就其在热力学理论中所起的作用来看,有时被叫做"绝热的(adiabatic)". 为了明确区分我们在此不拟讨论的这一原理的重要热力学应用和它的关于力学在量子论中的适用界限的直接内容，我们在下面将把它叫做定态的"力学可变换性"原理.

对于量子论的适当表示，所谈的原理是具有很大重要性的，因为它提供了一种合理的手段，来根据在相似运动典型例子的情况下关于定态的知识得出关于和力学运动的普遍类别相对应的定态的信息. 如果我们考虑一个单自由度的原子体系，由一个作着谐振动的带电粒子构成，我们就得到一个最简单的可能例证. 设粒子的位置用一个广义坐标 q 来描述，而其瞬时运动用一个共轭广义动量 p 来描述，并且让我们写出在体系的一次完整振动中计算的积分

$$J=\int p d q. \tag{2}$$

于是就可以证明，这样定义的 J 这个量具有若干重要的性质. 首先，发现这个量是以一种简单的方式和体系的总能 E 联系着的；例如，对于彼此差别很小的两种相邻的运动，我们有

$$\delta E=\omega \delta J, \tag{3}$$

式中 δE 和 δJ 分别代表两种运动的 E 值之差和 J 值之差，而 ω 则是振动的频率. 其次发现，在体系的缓慢连续变换——即作用在粒子上的力的缓慢变化，而各力在一次周期时间中的相对改变量是很小的——下，量 J 将保持不变，如果变换的效应是用普通力学来计算的. 因此，参照定态的力学可变换性原理，我们可以推测 J 这个量是适于用来表述适用于定态运动的定律的. 现在，在具有恒定频
370 率 ω_0 的纯谐振子的情况，我们按照普朗克理论就得到，定态是由一个众所周知的关系式来确定的，即

$$E=n h \omega_0, \tag{4}$$

式中 n 是一个正整数而 h 是普朗克恒量. 其次，由(3)可见，在所讨论的情况中，这一方程是和下列关系式等价的：

$$J=n h, \tag{5}$$

因此，按照艾伦菲斯特原理，我们将假设这一关系式对于其运动属于所考虑类型的一切体系的定态都成立.

如果我们考虑由一个在空间中运动着的带电粒子所构成的体系，则运动一般将有很复杂的特性，但是，对于几类重要的体系，却能够得到上述结果的直接推广. 首先考虑由单独一个粒子构成的简单原子体系，该粒子可以沿着互相垂直的三个方向进行独立的振动，其中每一个振动都和单自由度体系的振动类型相同. 在这一情况，我们必将很自然地预期各个定态由和(3)式类型相同的一组条

件式来表征：

$$J_1 = n_1 h,\ J_2 = n_2 h,\ J_3 = n_3 h, \tag{6}$$

其中每一个条件式各和一种可能的独立运动相对应. 这些关系式当然在那些使运动在三个方向上的分量的力学独立性得以保持的变换下是不变的. 但是，它们却由于一种情况而具有很大的兴趣，那就是，可以证明，通过并不使这种独立性得到保持的某些普遍类型的变换，关系式(6)仍然可以说是不变的. 事实上，在这一变换的任何阶段都能够利用一组三个量 J_1、J_2、J_3 来描述体系的可能的运动，这些量在独立运动的特例中和(2)式类型的积分相重合，而且如果变换是按浸渐方式进行的，则这些量的值将保持不变，因此在定态中它们永远由公式(6)来给出. 一般说来，这些量可以并不是直接利用按照和在上述简单情况中相同的方式来描述运动的一组广义坐标和广义动量来表示的，但是却存在一类很重要的这种类型的体系，针对它们所给出的 J 的表示式是可以不加改动地应用的. 这一类力学体系被说成是可以“分离变量”的，而它们就是这样来表征的，就是说，对于适当选择的一组位置坐标 q_1、q_2、q_3，能够得出一些正则共轭动量 p_1、p_2、p_3，它们的值在运动过程中只依赖于共轭坐标的值，而其依赖方式和当粒子可以 371
说在进行三种互相独立的运动时的方式完全类似.

在能够用形如(6)式的关系式来确定定态的一切情况中，都发现运动是“**多周期的**”，即运动的方式使得粒子在空间中的位移可以分解成若干个分立的椭圆谐振动，其频率具有 $\tau_1\omega_1 + \tau_2\omega_2 + \tau_3\omega_3$ 的类型，此处 τ_1、τ_2、τ_3 是正的或负的整数，而 ω_1、ω_2、ω_3 代表可以叫做运动的基频的一些频率. 和运动可以分解成三种独立运动时的情况完全类似，发现对于体系的 J_1、J_2、J_3 各值之差分别为 δJ_1、δJ_2、δJ_3 的两种相邻的运动来说，其能量差 δE 由下式给出：

$$\delta E = \omega_1 \delta J_1 + \omega_2 \delta J_2 + \omega_3 \delta J_3. \tag{7}$$

尽管一般说来能量将依赖于所有三个量 J_1、J_2、J_3，从而所有这些量在定态中都必然是固定的，但是，在某些情况中我们却遇到一些体系，它们的能量依赖于各个 J 的两个或一个线性组合，而且组合式中的系数是整数；这是由一种情况引起的，那就是，对于一切可能的运动，各个 ω 之间都存在一个或两个线性关系式

$$m_1\omega_1 + m_2\omega_2 + m_3\omega_3 = 0 \tag{8}$$

式中各个系数 m 是正的或负的整数. 在这些情况中，体系被说成是“简并的”，而运动则可以分解成一些谐振动，其频率是只由两个或一个基频率组合而成的，从而定态可以通过令上述那种各个 J 的两个或一个线性组合等于普朗克恒量的整

数倍来完全地确定. 例如，对于由一个不依赖于初始条件而永远做着纯周期运动的粒子所构成的体系来说，和单自由度体系的情况完全类似，各定态是由单独一个条件来确定的；这个条件可以表示成下列关系式的形式：

$$J=\int(p_1\delta q_1+p_2\delta q_2+p_3\delta q_3)=nh, \tag{9}$$

式中 n 是整数，积分必须遍及运动的一个完整周期，q_1、q_2、q_3 代表任意选定的一组广义坐标，而 p_1、p_2、p_3 代表它们的对应共轭动量. 简并体系的定态用为数较少的条件来确定，这一情况是和另一情况直接联系着的，那就是这些体系比非
372 简并的多周期体系具有较低程度的力学稳定性. 事实上，在后一情况下，运动的类型当存在小的恒定外力场时将只经受正比于外力强度的小的改变，而对于简并体系来说，这种力的存在却可以在时间进程中——不妨说是通过积累——引起粒子轨道的形状和位置的颇大改变，尽管能量当然只能发生和外力同数量级的微小变化.

关于以上概略叙述了的多周期体系的定态理论的历史发展，可以指出态关系式的表述曾经并不是应用艾伦菲斯特原理的直接结果，而却是包括普朗克本人在内的许多物理学家都曾参加过的那种发展的结果. 但是，理论对原子问题的应用方面的重大进步却是归功于索末菲的，而最后形式(这种形式主要归功于艾普斯坦和施瓦尔兹席耳德)下的理论和力学可变换性原理之间的一致性则是随后由艾伦菲斯特和布尔杰斯证明了的. 完全抛开作为确定所给体系的定态的手段的这一原理的直接用途不谈，所考虑的这种可变换性的存在也是在量子论中有着巨大兴趣的，因为它提供了通过一种想象的连续变换过程来把多周期原子体系的任意两个定态连接起来的手段，而在这种变换过程中我们一刻也不离开定态区域，从而也不离开普通力学定律的合理的适用范围. 事实上，在多周期体系的情况，这种连接可以通过适当建造的一个"循环"变换过程来得到，对于这种过程的可能性来说"简并"体系的存在是起着必不可少的作用的. 利用这种情况，我们就得到无歧义地定义出现在普遍频率关系式中的原子体系二定态间的能量差的一种手段，不然的话这种能量差的确定就可能引起基本的困难，因为在理论的目前状况下我们并没有在细节上描述和辐射的发射或吸收相伴随的二定态间直接跃迁过程的任何手段，从而也就不能事先肯定究竟能不能利用和能量守恒原理的应用不相矛盾的定律来完成这样的描述.

§3. 量子论中的辐射问题

现在，当我们从作为描述和确定定态的基础的原理问题再次转而注意辐射
373 过程时，我们就看到，量子论的基本公设不但像所提到的那样蕴涵着辐射的发射

或吸收的过程不能在经典电动力学理论的基础上详加描述，而且，关于伴随着过程的辐射的成分的要求甚至排除了原子中粒子运动和辐射之间类似于弹性媒质中从振动力学体系发出周期性扰动时所显示的那种直接联系. 作为所谈的那些公设的后果，我们将相反地假设，原子中的运动和所发射的辐射之间不是有什么直接联系，而是光谱中各种分离的简谐成分的发射必须认为起源于若干个独立的原子内部过程，其中每一个过程引起和一条谱线相对应的光的发射. 但是，恰恰就是这种图景，给我们提供了关于一些经验规律所显示的基本特点的诠释；那些规律支配着各元素的光谱并在谱线的所谓“**组合原理**”中得到了表达；这一原理起初是由瑞兹在分析巴耳末、黎德伯和他本人所发现的适用于线系光谱频率的定律的基础上确立下来的. 按照这一近年来已经在各种类型的光谱方面得到广阔应用范围的原理，一个原子体系所发射的光谱中各谱线的频率，永远可以表示成该体系所特有的一组数值项中两个值的差，根据普遍频率关系式的形式将可直接看到，这一情况恰好是应该预料的，如果光谱中每条谱线都是在发射该光谱的原子体系的若干定态中的某两个定态之间的跃迁中被发射的，而各该定态中的能量当略去一个任意恒量时在数值上等于上述各谱项和普朗克恒量的乘积的话.

对于最简单的光谱，曾经发现各谱项可以适当地排列成一个序列，使得它们的值可以用一个简单的单元函数来表示，每一个谱项对应于函数宗量的一个整数值，正如当各定态是按照和适用于纯周期体系的方式相对应的方式来确定时所应预期的那样. 在更加复杂的情况，各谱项形成一个集合，可以用某些多元函数对于各宗量的整数值而言的值来表示，正如当定态集合和多自由度多周期体系的定态集合类型相同时所应预期的那样.

讲到这里，简单地提提关于频率关系式的某种有趣的观念可能是有好处的；
这种观念曾由若干作者提出，其目的是以和态关系式相似的方式提出频率关系 374
式. 这些考虑建筑在一件事实上：在适当条件下电磁驻波在经典电磁理论中是可能的，从而在这种情况下以太就可以看成和可以具有振动态的力学多周期体系相类似. 按照使量子论的形式基础得到了更加统一的面貌的这种观念，辐射被原子所发射或吸收的过程就变得在某种意义上和两个原子体系之间的相互作用过程相类似了；这两个体系在过程之前和之后都处于定态中[1]. 但是，只要我们还不具备关于辐射的产生和传播的更细致的图景，这种观点就似乎不能在检查辐射过程的典型特点方面提供进一步的指导. 如所周知，关于辐射的传播现象，爱因斯坦在一些年前联系到他关于光电效应的考虑而提出了一种看法，认为——

1. 这一观点的更详尽的讨论，见 N. Bohr，Z. Phys. VI. p. 1. 1921.

完全抛开原子体系对电磁辐射的发射和吸收的机制问题不谈——这种辐射在空间中的传播就已经应该是按照和对应于经典电磁理论的方式大不相同的方式进行的了.例如,按照他的**光量子理论**,从一个原子发出的电磁辐射不应该是作为一组球面波而扩展开去,而却应该作为在很小体积中包含着能量 $h\nu$ 的集中客体而沿着确定的方向传播开去.一方面,如果我们坚持能量和动量的守恒概念的不受限制的应用,这样一种观念就似乎提供了说明光电作用现象的唯一简单的可能性;另一方面,它却带来了有关光的干涉现象的表观上不可克服的困难,而光的干涉现象却构成我们把辐射分成其简谐成分并确定这些成分的频率及偏振状态的唯一手段.

在目前,关于原子对电磁辐射的发射和吸收的机制,关于辐射在空间中的传播的机制,我们并不具备细致的图景.但是,我们将看到怎样能够追索原子体系的运动和光谱之间的一种联系,这种联系即使必将和由经典电磁理论得出的联系有着本质的不同,却仍然保留了使我们有希望得到一种图景的那些特点,这种图景将包括有关原子过程的实验资料以及光波的干涉现象的诠释,尽管作为图
375 景的基础的那种机制或许会引起对于一些基本概念的激烈背离,而那些基本概念则是人们迄今一直企图当作物理理论的基础的.

按照量子论的基本公设,我们将采用这样一种看法:处于定态中的一个原子体系,虽然可以存在一段时间而并不发射辐射,但是却有到达某一能量较小的其他定态的某种**自发跃迁几率**,其跃迁方式对应于爱因斯坦据以建立他的温度辐射定律简单推导法的那些假设.由于不具备直接处理这些跃迁的发生机制的任何手段,我们现在将看看怎样通过进一步检查量子论的那些关系式来揭示体系的跃迁和运动之间的一种发人深思的联系,对于定态由三个条件式(6)来确定的多周期体系,这里所谈到的那种联系就是这样一种情况:能够把各数 n_1、n_2、n_3 分别具有 n'_1、n'_2、n'_3 和 n''_1、n''_2、n''_3 等值的两个态之间的跃迁的出现,和一种谐振动在体系的运动中的出现对照起来,这种谐振动的频率可以通过基频 ω_1、ω_2、ω_3 表示为

$$(n'_1-n''_1)\omega_1+(n'_2-n''_2)\omega_2+(n'_3-n''_3)\omega_3.$$

这种奇特的联系显示得最为明显,如果我们考虑那样一些跃迁,对于它们来说各定态中的运动,从而还有各个基频的值都彼此差别较小,例如,如果我们考虑各个 n 和它们的差数相比是一些很大的数的那种跃迁,情况就是这样的.在这种情况下,利用(7)式,我们就得到在跃迁中发射的辐射的频率:

$$\nu=\frac{1}{h}\{E(n'_1,n'_2,n'_3)-E(n''_1,n''_2,n''_3)\}$$

$$\sim \frac{1}{h}[(J'_1-J''_1)\omega_1+(J'_2-J''_2)\omega_2+(J'_3-J''_3)\omega_3]$$
$$=(n'_1-n''_1)\omega_1+(n'_2-n''_2)\omega_2+(n'_3-n''_3)\omega_3.$$

尽管在大 n 区域中在定态间各种跃迁中所发射的各谱线的频率和体系运动所能分解成的各谐振动分量的频率之间有着这种密切的定量的联系，但是却应该记住，迄今一直谈不到按照量子论来看的辐射过程的特点和经典的辐射概念之间的逐渐接近. 事实上，计算完全建筑在这样的公设上：辐射永远是作为单独 376
的谐和波列而被发射的，从而其频率和运动的各个谐振动分量的频率相重合的不同波列并不是同时发射的，而是通过不同的独立过程即通过不同定态组间的跃迁而发射的. 但是，正是通过这种情况，我们就在上述结果中被引导着觉察到定态间不同类型的跃迁的出现和运动的各个成分振动之间的一种联系；这种联系初看起来在各个 n 为小整数的定态区域中是隐蔽着的，而且在那种区域中各谱线的频率值和出现在原子运动中的频率值之间的直接关系已经是由于后一些频率值可以在不同的态中十分不同而被排除了的. 但是，也能够在和辐射过程相联系着的其他特点方面追寻所谈的对应关系. 例如，很容易想到，在大 n 值的区域中显露出来的光谱和运动之间的直接联系，不但在谱线的频率方面是成立的，而且——有鉴于经典电子论的内在合理性及其广阔的适用范围——很容易想到这样一个假设：光谱在这一区域中还将以一种更完全的方式反映运动的性质.

喏，在经典理论中，对于其电矩的变化可以分解为成分谐振动的那种体系来说，所发射辐射的不同成分线的偏振和强度是和这些振动在不同空间方向上的振幅简单地联系着的. 和这种情况相对应，我们被引导着作出下述结论：在大 n 的区域内，定态之间各种可能的自发跃迁的几率，以及所发射辐射的偏振，是和对应的谐振动的特点相联系着的，其联系方式使得光谱按照和在经典理论中完全相同的方式反映原子中的运动. 这种影响广泛的**对应关系**现在也可以在小 n 的区域中加以追索，尽管在这种区域中正如在频率方面一样也很自然地排除了在不同跃迁的几率和运动之间得到一种简单直接的定量联系的可能性，因为对应谐振动的振幅也像它的频率一样在过程所涉及的两个定态中可以相差很大. 事实上，我们被引导着认为在两个给定的定态之间发生跃迁的可能性将受到对应谐振动在运动中的出现的制约，并从而预期能够在那样一些情况下得出关于所发射辐射的偏振的确切结论；在那些情况下，按照经典电动力学应该和对应谐 377
振动相伴随的那种辐射的偏振对于体系的一切运动来说都相同.

利用多周期体系理论对迄今已处理的原子问题进行的检查，曾经对上述观点给出了一种没有限制的和令人信服的支持；这种观点可以叫做**对应原理**，而且可以特别提到，这种对应关系的确立怎样为应用谱线组合原理时所涉及的那种表观难测性提供了一种直截了当的诠释；这种难测性就在于，根据组合原理的无限制应用所能预料的那些谱线，只有一小部分是实际上观察到了的*.

§4. 理论对原子结构的应用**

关于在本报告的第二部分即将详细处理的以上所述这些普遍考虑对原子和分子的构造及其光谱问题的应用，上面描述的这种形式下的多周期体系理论是不充分的. 事实上，在包含多于一个的电子的原子的情况，可能的力学运动的集合将具有其类型比刚刚提到的那些体系的可能运动集合更复杂得多的特点. 例如，对于这样的原子来说，可以分解为分立的谐振动的那种运动从力学观点看来将只是一种形成特解的一些奇异类的特例，而力学问题的通解则将并不显示任何这种简单的周期性质. 正因如此，对于通解来说就不能定义上面提到的各个 J 那一类的量，它们具有利用艾伦菲斯特原理来确定定态时所要求的那种不变性，从而对于这种运动来说，以上所讨论的那种和光谱的对应关系也是事先被排除了的. 但是，在这种对应关系中却有一种觉察到作为量子论基础的那种未知机制的一般面貌的倾向，而这种倾向就引导我们——有鉴于元素光谱显示细锐的谱线这一事实——到属于作为力学问题的奇异解而出现的那种多周期型特殊类的
378 运动中去寻求在这些光谱的发射中所涉及的各个定态. 对于这些类来说，能够定义一些量，它们仍然保有适于用来描述定态的一些性质——虽然它们并不像针对多周期体系所能定义的各个 J 那样具有相对于浸渐变换的普遍不变性. 但是，由于多周期型的奇异运动并不形成单独一个连续的连通类，而是在原子中我们要在很多很多这种在形式上可能预料它们含有定态的类中进行选择，因此，这种形式上的选择定态的手续就带来了颇大的任意性，这种任意性曾在一段时间内成为量子论对元素原子构造问题的确切应用的带有根本性的障碍. 但是，不把量子论看成一套形式规则而是看成作为经典电磁场的合理推广的一种辐射成分理论的那种倾向，却导致关于定态的出现以及它们之间的跃迁的一种观点，这种观点可以克服这种任意性，而且可以试探性地表述如下.

发射由细锐谱线构成的光谱的那种原子体系的定态，必须到体系的力学上可能的一些类型的运动中去寻找；对于那种运动，各粒子的位移可以分解成分立的谐振动. 为了在两个给定的定态中能够发生为辐射的发射或吸收所伴随的跃迁，一个必要条件就是这些态必须属于那样一些运动的同一个连通类；通过这些

---

* 参阅原第 380 页底注中提到的那些演讲中的第二篇；在那里可以找到这些问题的更详细的处理.

** ［此处重印的稿本不包含这一节(及附属的底注)，也不包含小标题，所有这些都出现在法译本中. 本节的正文(除了无关紧要的删节以外)确实出现在《索尔威报告》中，这里就是按该报告重印的；原本中的“capricity”(难测性)被换成了“capriciousness”. 底注和小标题是后加的.］

运动，两个态之间的缺口可以说能够用一种连续方式而被连接起来. 从一个给定的定态到属于同一连通类的能量较小的各个其他态中一个态的跃迁几率，对于每一个跃迁都依赖于某一谐振动在这一类中的典型运动中的出现，这一谐振动可以说成和按照量子论在所谈的跃迁中发射出来的辐射相“对应”，其对应方式和适用于简单多周期体系的定态间的跃迁的那种方式相类似. 这一叙述的内容在以下将被称为“**对应原理**”，而且我们在本报告的第二部分中即将看到，这一原理似乎不但适于用来作为讨论元素光谱的基础，而且，为了分析我们可以预期在实际原子的正常态中发现什么类型的定态，这一原理也可以起一种指导作用；实际原子的正常态是通过核在发射辐射的情况下束缚若干个电子的过程来形成的.

[法译本和此处重印的稿本十分相近(除了已经提到的两处改动以外)，直到 379
原第 377 页上以“……被排除了的”结束的一句为止. 报告的其余部分，换成了以下的段落(此处已据法译本重译).]

另一方面，——如果我们承认在复杂的情况下定态中的运动也可以用普通力学来描述——关于元素的特定性质所要求的定态的必要稳定性和“定义”的考虑，就引导我们在这些情况中到属于多周期性型的类的那些运动中去寻找定态，那些运动是我们认识了的和作为力学问题的奇异解而出现的. 对于这些类来说，将能够定义和针对多周期体系定义的各个 J 具有若干类似性质的一些量，这就表明，也有可能利用和适用于后一种体系的关系式(6)形式相同的一些关系式来确定这些态. 但是，这样一种作法既不能导致原子中电子运动的适当确定，以提供一种合适的基础来定量地解释各元素的物理性质和化学性质，也不能导致这些量随原子序数而变的那种一般变化方式的诠释；对于许多性质来说，这种变化在众所周知的周期表中得到了适当的表示. 这种情况首先起源于一个事实：所指出的手续是任意的，因为可以通过类似于(6)式的条件式来确定其定态的那种电子组态具有为数甚多的类型. 不过，那样一些元素光谱的进一步分析提供了克服这些困难的一种指示；根据那些光谱，我们可以按照量子论的基本公设找出原子中可以发生哪些不同类型的跃迁. 例如，所谓**线系光谱**的发射必须看成是伴随着一个体系对一个后加电子的束缚的，那个体系已经包含了一个核和被它束缚了的若干个电子；而所谓特征 X 射线谱则是在那样一个过程中被发射的，该过程可以描述成原子体系的正常态的重新建立，从那个原子体系中有一个电子成分曾被某种外界作用物所取走. 对具有多周期性的体系的应用是建筑在一些基本概念上的，此外还有定态的可变换性原理以及这些态中的运动和这些态间的跃迁中所发射的辐射之间的对应关系；通过从这些基本概念的观点来考虑上述那种过程的可能结果，并照顾到上述的原理和对应关系，似乎就能够对于在原子的形成和重建中可能实际出现的那些定态的选择加以限定；同时似乎也能够得到关于原子构造的一种图景，它不但适用于提供元素光谱的一种形式上的诠释，
380 而且也显示出能够适应着表示在周期表中的结果来解释各元素的特定性质的一些方面.但是，关于正如在引言中所指出的将形成本报告第二部分的主题的这些考虑的细节，我必须请读者参阅不久即将发表的几篇作品*.

---

* 关于诠释周期表的基础的一种简略讨论，已经在致《自然》编辑的一封信中给出，那封信发表在该刊 1921 年 3 月 24 日的一期上.

1923 年 10 月间在哥本哈根发表的一篇演讲中包含了关于这些新想法的主要观点和实质结果的概述，这篇演讲以及以前所作的两篇演讲的法译本不久将发表在巴黎 Herman 父子编辑的文集中.

对 应 原 理Ⓕ 381

P·艾伦菲斯特的报告

A

1. 卢瑟福原子不能完全建筑在经典理论的基础上，即不能和经典力学及经典电动力学完全相容．事实上，按照经典观点，例如氢原子应该发射连续光谱，因为绕核转动的电子将沿着螺旋形轨道落向原子核，而放出一列不间断的辐射．

2. 玻尔利用量子观点分析了卢瑟福原子的运动．这一分析的主要依据，一方面是光谱不连续性的事实以及通过研究这种不连续性而得出的瑞兹组合原理，另一方面则是普朗克-爱因斯坦方程

$$\varepsilon = h\nu.$$

3. 也可以尽量地把这种原子模型和经典规律(惯性原理，库仑定律)协调起来．这样，在那些行不通的地方(光的发射)，就有可能求得原子中的运动和它所发射的光谱之间的一种对应关系．

4. 在寻求这种对应关系时，玻尔是依据一条试探性的原则来进行的；那就是，当使量子化体系的量子数的值越来越增大时，所发射的辐射应该渐近地趋于体系按照经典规律所将发射的辐射．

B 382

5. 在人们已经处理过的一切事例(即可分离变量的事例)中，原子中的每一种运动都具有下述的性质：每一电子的坐标 x、y、z 都可以通过形式如下的三角级数表示成时间的函数：

$$\begin{cases} x = \sum\limits_{p_1 p_2 \cdots p_k} A_{p_1 p_2 \cdots p_k} \cos[(p_1\omega_1 + \cdots + p_k\omega_k)t + \alpha_{p_1 p_2 \cdots p_k}], \\ y = \sum\limits_{p_1 p_2 \cdots p_k} B_{p_1 p_2 \cdots p_k} \cos[(p_1\omega_1 + \cdots + p_k\omega_k)t + \beta_{p_1 p_2 \cdots p_k}], \\ z = \sum\limits_{p_1 p_2 \cdots p_k} C_{p_1 p_2 \cdots p_k} \cos[(p_1\omega_1 + \cdots + p_k\omega_k)t + \gamma_{p_1 p_2 \cdots p_k}]. \end{cases} \tag{1}$$

式中 k 等于或小于原子的自由度数，p_1，…，p_k 可以独立地取正负整数值，各基频 ω_1，…，ω_k 的每一"组合振动"$p_1\omega_1 + \cdots + p_k\omega_k$ 以及它们的振幅 $A_{p_1\cdots p_k}$、$B_{p_1\cdots p_k}$、$C_{p_1\cdots p_k}$ 都依赖于所考虑的运动的强度. 其次，各个"角动量"

$$J_1, J_2, \cdots, J_k \tag{2}$$

对应于角坐标

$$w_1 = \omega_1 t, w_2 = \omega_2 t, \cdots, w_k = \omega_k t, \tag{3}$$

而不依赖于时间.

6. 按照经典电动力学的观点，原子在一般情况下将同时发射频率为

$$\frac{1}{2\pi}(p_1\omega_1 + p_2\omega_2 + \cdots + p_k\omega_k) \tag{4}$$

的一切"组合振动".

383 由辐射所造成的连续的能量损失将使 ω_1，…，ω_k 也发生连续的变化，这就造成连续的发射光谱(见第 1 节).

7. 按照玻尔的理论，只要体系是在"定态"中运动的，就不会有辐射的发射；而按照玻尔、索末菲、艾普斯坦、施瓦尔兹席耳德的理论，各"定态"由下式来表征：

$$2\pi J_1 = n_1 h, \cdots, 2\pi J_k = n_k h \tag{5}$$

(n_1、…、n_k 是一些相互独立的整数；在所考虑的定态运动中，每一个角坐标 $w_s = \omega_s t$ 都对应于自己固有的数).

8. 只有当从一个用各数 n'_1，n'_2，…，n'_k表征的定态过渡到用各数 n''_1，n''_2，…，n''_k表征的定态的过程中，电子才发射单色光，其频率如所周知是

$$\nu = \frac{\varepsilon' - \varepsilon''}{h}. \tag{6}$$

9. 初看起来，似乎在原子的"量子"频率(6)和它的某种"经典"频率(4)之间并不存在任何关系.

10. 但是，在第 3 节和第 4 节中所提到的原则指导之下，玻尔却确立了一种类比关系；这就是下面即将表述的(对应)定理，后来又发展成为一条富有成果的

(对应)**假说**.

C

11. 为了表述玻尔所求得的**定理**,我们考虑跃迁

$$(n_1', \cdots, n_k') \to (n_1'', \cdots, n_k''),$$

并在三角级数(1)中特别注意由下式表征的分量振动:

$$p_1 = n_1' - n_1'', p_2 = n_2' - n_2'', \cdots, p_k = n_k' - n_k''. \tag{7}$$

我们把这个振动叫做跃迁$(n_1', \cdots, n_k') \to (n_1'', \cdots, n_k'')$的"对应"组合振动. 384
它的频率是

$$\underset{n' \to n''}{N} = \frac{1}{2\pi}[(n_1' - n_1'')\omega_1 + \cdots + (n_k' - n_k'')\omega_k]. \tag{8}$$

为了找到合适的方法,我们现在必须设想某一类运动,它可以在定态运动$(n_1', \cdots, n_k')$和$(n_1'', \cdots, n_k'')$之间起到(线性)内插的作用;这就是由下式定义的运动:

$$\frac{2\pi J_1}{h} = n_1'' + \lambda(n_1' - n_1''), \cdots,$$

$$\frac{2\pi J_k}{h} = n_k'' + \lambda(n_k' - n_k''), \tag{9}$$

式中λ可取从 0 到 1 的任意实数值.(在这种情况下,一般说来第二项的系数不再是整数;从而这种内插式的运动就不再是"定态"运动,它们不过是在计算中起着辅助性的作用而已.)正如我们已经讲过的,各量ω_1、…、ω_k依赖于运动的强度,从而在$(n_1', \cdots, n_k') \to (n_1'', \cdots, n_k'')$的过渡中,对于各个内插运动来说,对应组合振动的频率就将依赖于λ. 令这些"泛频"的平均值为

$$\int_0^1 \underset{n' \to n''}{N}(\lambda) d\lambda = \underset{n' \to n''}{\overline{N}}, \tag{10}$$

玻尔**就从他的原子模型的一些基本性质**推出了下面的定理:

$$\underset{n' \to n''}{\nu} = \underset{n' \to n''}{\overline{N}}. \tag{11}$$

显然,这就是说,跃迁$n' \to n''$中所发射的辐射的"量子频率"ν[见(6)],等于在考虑线性地填补了二定态$(n_1', \cdots, n_k')$和$(n_1'', \cdots, n_k'')$之间的差别的一切内插运动时求得的对应组合振动的频率平均值.

385 12. 对于与差值$n'_s - n''_s$相比为足够大的n'_s和n''_s的值，$\underset{n'\to n''}{N}$ 几乎不依赖于λ而且可以和 $\underset{n'\to n''}{\overline{N}}$ 互相代换；于是，按照第 4 节的试探性原则，在这儿就得到量子频率ν和对应组合振动的频率渐近地重合.

D

13. 由于体系的特殊性质(例如轴对称场中的电子运动)，可能会出现傅立叶级数(1)中缺少某些组合振动的情况，就是说这些组合振动的振幅在所有运动中都严格地等于零. 在这种条件下，即使从经典的观点来看，对应的组合振动的发射也是不可能的. 那么，在这样的事例中，量子论给出什么样的情况呢?

14. 一方面根据第 4 节中的试探性原则，一方面也根据所发射的光和对应组合振动之间存在"对应关系"的观点，玻尔提出了下面的假说：不但在量子数很大的那种极限下，而且在一般情况下都能成立的一种关系是，自发跃迁$(n'_1, \cdots, n'_k)\to(n''_1, \cdots, n''_k)$的是否发生，取决于对应组合振动(7)在那些内插于二定态之间的运动中的是否存在[参阅方程(8)].

15. 按照这种关系，人们就可以根据体系的特殊性质来在所有可想象的运动中作出"选择"；这样就能解释一些现象，例如由瑞兹组合原理所预期的某些谱线的缺失，或是当对应的组合振动在傅立叶级数(1)中对平行于z轴(平行于场)
386 的运动并无贡献而只对平行于x、y轴的运动有贡献时某一谱线在电场或磁场中的偏振. 利用这种办法，玻尔也解释了下述的有趣现象：在普通条件下并不出现的某些谱线，在微扰场的作用下就会出现. 可以清楚地看到，起初由于原子有对称性而并不存在的一些组合振动，当对称性受到外场的破坏时就会显现出来.

16. 玻尔还在各组合振动的相对强度和由原子系集所发射的对应谱线的相对强度(即对应跃迁的相对统计几率)之间确立了相似性. 但是，只有对于相邻的谱线(例如关于斯塔克效应中一条谱线的分解)，这种对照才能使用简单的类比. 例如对于同一线系中两条不同谱线的相对强度来说，就已经会有另外的干扰因素了.

E

17. 设(M')和(M'')是体系的两个不同的定态运动. 我们在通常条件下引入的那些介于二运动之间并用以把某一跃迁和经典辐射相对比的内插运动很可能是根

本不存在的. 那么情况会怎样呢？关于“对应关系”的基本观点是否表明在这种条件下完全不可能通过自发跃迁来实现 $M'\to M''$ 的过渡呢？这也许是一些定则的新起源，那些定则限制着原子在受到扰动后重新安定下来时所选择的方式.

（据我看来，现已发表的玻尔的那些论著，并不能使我们确切地了解这一问题的现状.）

18. 玻尔关于对应关系的那些文章的更深远意义还在于，它们使我们能够
更接近一种未来的理论，借助于那种理论，我们期望能克服当在辐射现象的处理 387
中同时应用经典方法和量子方法时所遇到的那些困难. 这就是我们之所以不希望迄今在严格形式下得出的对应条件具有可变性和试探性的原因.

388 # 关于玻尔的报告和艾伦菲斯特的补充报告的讨论Ⓕ

洛伦兹——为了表示所用的方法，人们可以这样总结：从第 5 个到第 2 个定态轨道的过渡，以及在过渡中引起的光，应该以某种方式和第 3 级泛频振动联系起来. 同样，从第 7 到第 2 轨道的过渡应该和第 5 级泛频振动联系起来. 这就是艾伦菲斯特先生用更准确的方式叙述出来的东西.

如果两个轨道的量子数远大于二者之差，则所发射的光的频率应该等于所论泛频振动的频率. 如果量子数小得多，则这种相等关系不复存在，但仍然存在某种关系，例如表现在原子中，一个谐振动分量的强度及偏振状态和所发射光的强度及偏振状态之间的那种关系. 这就是对应原理的内容.

这是不是和您的观点相一致呢?

艾伦菲斯特——是的. 在小量子数的情况，玻尔曾经在所发光的频率和对应谐振动分量的频率之间确立了一种精确的关系. 但是，在涉及强度问题时，玻尔的叙述是更加审慎的.

布喇格——对于从一个定态到另一个定态的跃迁，人们怎么定义 ω 这个量的平均值呢?

艾伦菲斯特——比所想象的还要简单. 试考虑一个跃迁，在跃迁中有一个量子数的值从 n 变到 n'，而如果还有别的量子数则它们都保持不变. 于是人们就可
389 以把初态和末态之间的中间运动态表示出来. 这些运动态并不同样地是定态，但是从经典力学的观点看来它们全都是可能的. 对于其中一个态来说，特征数 q 可以表示成

$$q = n + \lambda(n' - n),$$

而在所考虑的迁跃中 λ 从 0 变到 1. 如果 $\omega(\lambda)$是用 λ 来表征的那一中间运动的 ω 值，我们就用公式

$$\overline{\omega}=\int_0^1\omega(\lambda)d\lambda$$

来定义它的平均值.

朗之万——如果正像人们通常在玻尔理论的初等阐述中所假设的那样,各电子是沿着稳定的圆形轨道而绕核运行的,也就是说,如果运动规律的傅立叶展式中只允许有基频项,那么对应原理就要求,一个电子只能自发地从一个 n 量子圆形轨道过渡到紧邻的 $n-1$ 量子轨道. 于是每一线系就只能有一条谱线,而巴耳末线系就将简缩成它的第一条成分线. 情况并非如此,就证明轨道不是圆形的.

艾伦菲斯特——事实上,假如氢具有唯一的圆形轨道,一个电子就不能从一个轨道过渡到其次的轨道,而得出只能用

$$\nu=R\left[\frac{1}{n^2}-\frac{1}{(n+1)^2}\right]$$

来表示的谱线,从而氢也就不可能有什么谱线了.

朗之万——我相信从玻尔理论的一开始就指出这一点是重要的,因为在我看来这是很本质的.

在我看来同样重要的是指出,确定着电子在其轨道上的运动的反比于距离平方的力定律,同时就确定了线系中各谱线的相对强度,因为它确定了椭圆运动 390
中各谐振动分量的相对重要性. 对于正比于距离的力定律,椭圆轨道也将像圆形轨道一样只包含基频项,而每一线系应该只包含单独一条谱线. 光谱中一个线系的所有各谱项的存在,依赖于这样一件事实:电子所描绘的椭圆是开普勒椭圆.

洛伦兹——我觉得玻尔先生的发言的第二部分是很精彩的,因为它不讨论原子的构造是什么,而是讨论原子可以怎样形成. 关于这一形成过程,提出了两个态之间能否发生跃迁的问题. 跃迁不存在,有时是由于两个运动态不属于同一个"类",有时是由于别的原因. 我的理解不知道对不对?

当我们试图将运动表示得更详细一些时,我们就遇到一些困难,那是用不着多加强调的. 对于含有两个电子的氦的情况,体系就已经足够复杂了,因为电子之间的作用力已经足以和核对它们的作用力相比了. 由于电子之间的相互影响,它们的轨道也将不在同一平面上. 严格说来,这时已经不能对两个互相独立的电子的运动进行量子化(?)(quantify),而是要对整个体系的运动进行量子化了. 但

是，人们迄今似乎是对两个电子的运动分别进行量子化的．这也许会对结果有所影响吧？

艾伦菲斯特——这些运动还没有精确地计算出来，不过你是对的，它们不是精确地位于同一平面上的．

朗之万——我相信我已弄懂了玻尔先生针对绕正核转动的电子系所求得的
391 东西；那是一些可以和经典力学相容的解，它们分成不同的类，每一类是一些解的一个连续的无限集合，就是说，可以通过改变一个或几个任意恒量而从一个解得到同一类中的另一个解，而对于属于不同类的解则做不到这一点．

在每一类中，有一些稳定性满足量子条件的特解形成一个不连续的总集，它们被认为表示着体系可以持久地存在于其中的态．玻尔先生所引入的新原理断言，原子可以从一个稳定组态自发地过渡到同一类中的另一个稳定组态，并发射其频率 ν 取决于二组态之能量差的光．

一个显然的重要应用就在于排除完全的对称性，例如氦原子中两个电子在同一直径的两端沿同一轨道而面对面地转动时的那种对称性，因为这和电子从无限远处逐步接近原子的可能性不相容．事实上，正如连续地达成同一类的解那样，只有当若干个电子同时从无限远处被俘获时才能得到对称解，而这看来是先验地不太可能的．

洛伦兹——为了知道某一结构是否可能存在，玻尔问自己怎样才能形成它．例如，设核周围有 17 个电子，那么，为了放上第 18 个电子，他就对自己说：先把头 17 个电子放在核的附近，设想最后一个电子起初在很远的地方，并且只有很小的速度，这就是初态．末态可以用各式各样的方法来设想，问题只在于知道过程是否可能．玻尔显然是用了各式各样的排除原理来解决这一问题的，其中的一条原理就是，为使跃迁能够发生，运动必须属于同一类．

392 朗之万——对的，另一条原理即对应原理还表明，当末态运动或符合经典动力学的同类中间运动的按谐振动的分解式中不包含和初末二组态的量子数之差相对应的项时，从一个组态到同一类中另一个组态的过渡也是不可能的．

卢瑟福——在玻尔模型中，是否必须要求电子绕核运动？玻尔的结果是否和其他幂次的反比定律相容？

艾伦菲斯特——尼科耳孙已经指出过一种情况，即两个电子在两个平行的圆上运行，这两个圆并不在通过核的平面上. 但是这样一种运动的结果似乎不符合玻尔关于逐个俘获电子而形成原子的那种观点. 这种观点可以很好地解释轨道平面之间的夹角.

玻尔的一切计算和实际考虑，都强调电子和核之间的力服从库仑定律，其中包括相对论引起的质量改正量. 我们知道的就是这些.

朗之万——我还想向艾伦菲斯特先生请教一些有关弗兰克先生和克尼平先生所作的实验的情况，他们证实了氦原子的两种不同形式的存在，它们应该对应于玻尔意义下的两类解，即从一种形式到另一种形式的过渡是不可能的.

布喇格——在由多个原子组成的分子中，为什么电子会成对地为原子所公有呢？

艾伦菲斯特——目前理论还不能说明由多个原子组成的结构中的电子运 393
动，例如氢分子中的电子运动. 从纯经验的观点出发，各种事实是有利于考塞耳的方法的；他认为原子一般会俘获或放弃一些电子，以便其外层电子轨道和惰性气体的电子轨道相近.

塞曼——连续光谱的解释是怎样的呢？

朗之万——正如玻尔先生所指出的，系限以外的连续光谱的发射可以很自然地诠释如下：电离了的原子和一个来自无限远处并具有可以取任意值的初始动能的电子重新结合而成原子，这种动能连续地加在系限的量子上，这就会使当体系返回线系中一切谱线所公有的末态时所发射的频率有所增大. 电离化原子和来自无限处的电子构成一个稳定组态，它属于同一个类；那就是线系中任一谱线被发射以前的组态以及一切谱线所公有的末组态所属于的那个类. 这一稳定组态类在量子论的意义上形成一个非连续总集，使得最外电子位于离核的有限距离处，而当该电子位于无限远处并具有可以连续变化的速率时则将形成一个连续总集. 从这种观点看来，连续的本底就是线系的自然延伸.

艾伦菲斯特——此外我还愿意举出众所周知的产生漫谱线的下述可能性：

1. 由周围各离子的场的作用所引起的不规则的斯塔克效应（人们称此为“除液体和固体中的扩展以外由压强所引起的谱线扩展”.）

2. 玻尔曾经指出一种可能，即在复杂的场中，例如在原子中的场和外加电
394 场或外加磁场相叠加而成的场中，各电子的运动将不再能明确地量子化.

德布罗意——玻尔先生的新概念能不能解释夫琅和费谱线的原因，即解释例如和电子从 K 轨道到 L 轨道的跃迁相伴随的辐射吸收的不可能呢？

塞曼——在新理论中，有没有像旧的解释那样的关于反常色散的解释？对于光谱中的吸收带，玻尔理论有什么说法？

艾伦菲斯特——目前还没有找到建立在玻尔原子模型上的关于反常色散的满意理论.

一个引人注目的情况是，对于无限缓慢地变化的场（"浸渐的"影响），电子轨道所受到的扰动还可以根据经典力学的法则来求出，而对于高频场则当然是不可能的.

朗之万——回想一下我们已经讨论过的玻尔的两条原理，我觉得它们之间是有着密切的联系的，它们事实上是单独一条原理，即对应原理. 事实上，在艾伦菲斯特先生刚刚告诉我们的和克喇摩斯先生在他的学位论文中所应用了的那种形式下，对应原理的应用就在于把两个端组态互相联系起来，这两个端组态按照量子论被认为是稳定的，而任何连续的组态序列则只有在经典动力学的意义上才是可能的. 这不过是意味着，如果两个稳定的端组态属于同一个运动类，那么就必须赋予这种想法以重要意义. 对应原理的同一叙述也将意味着一些运动类的存在，它们要求从经典动力学观点看来为可能的那些解的每一个连续总集，而且这种叙述也将介入于辐射的频率、强度和偏振的计算之中，该辐射是当从一个
395 在量子意义上为稳定的组态过渡到另一组态时被发射的，而中间解的连续总集则属于同一运动类.

稳定的端组态属于同一类，这一条件又将继续意味着对应原理的原始叙述. 新原理只不过指出对于同一原子存在若干不同的运动类而已.

布喇格——你能说出在复杂原子的情况下各电子轨道的线度大约是多大吗？就是说，你能近似地说出各椭圆轨道的长轴和短轴以及各圆形轨道的半径吗？

艾伦菲斯特——玻尔能够给出一些大致的线度.

XIV. 量子论对一般原子问题的应用

(1921*)

* [见引言第 18 节.]

398

量子论对一般原子问题的应用

按照现代的观点，原子包括一团电子围绕着一个中央核，核的线度比整个原子的线度小得多，而且核是绝大部分原子质量的所在之处，并带有一个总的正电荷，其量值使得中性原子中的电子数等于对应的元素在周期表中的号数. 如所周知，根据这种观念已经能够说明为数甚多的不同现象的基本特点，其说明方式使得人们对这种原子结构观点已经几乎没有怀疑的余地了；这种观点的发展首先要归功于厄恩耐斯特·卢瑟福爵士那些基本发现. 但是，如果我们企图根据这种图景来作出各元素的物理性质和化学性质的详细诠释，我们就遇到一个问题，其特征使得我们的力学观念和电动力学观念在它们的经典表述之下不再适用于这种问题的处理. 一部分是由于在所考虑的这种类型的原子中粒子的任何稳定组态都是不可能的，如果粒子间的力被假设为和带电体之间的普通的静电引力及静电斥力类型相同；一部分是由于，按照经典电动力学定律，任何力学上可能的粒子运动都会引起能量以辐射形式从原子散失，这种散失将不断进行，直到所有的电子都坠落到核中为止. 有鉴于这种事态，人们曾经企图在关于原子构造的考虑中引入所谓量子论的观念；如所周知，量子论的种子是由普朗克的温度辐射理论播下的；在温度辐射这种现象中，我们有一种手段来检验我们关于辐射的普遍电动力学观念对于原子过程的适用性而不必引入任何特定的原子构造图景. 量子论对原子问题的应用，以两条基本公设为其基础，这些公
399 设的倾向直接参照了刚才提到的那些情况. 按照第一条公设，在原子中各粒子的所能想象的全部运动中，存在一些特殊的运动，形成原子的所谓定态；这些定态对应于原子能量的一系列分立值，而且它们的稳定性受到那样一些规律的支配，使得从一个原子或向一个原子的任何能量传递只能通过两个这种态之间的一次完全的跃迁来进行. 如果这一跃迁涉及辐射从原子的发射，则根据第二条公设，这种辐射的成分将不是按照和经典电动力学观念相对应的方式由体系中各粒子的运动来确定，而是在这样一个过程中被发射的辐射将永远是单独一列简谐波，其频率只依赖于跃迁发生于其间的那两个定态中的原子能量之差.

在这些公设的基础上，量子论对有核原子理论的应用现在不但已经提供了

关于元素特征光谱之一般特点的发人深思的解释，而且也能够说明和这些光谱的激发相联系的对原子的能量传递现象，其说明的方式似乎使人很难再对这些解释的基本正确性有所怀疑了. 另一方面，却还不能在量子论的基础上发展各元素的特定性质的诠释，例如使其解释方式能够说明这些性质包括在周期表中的那种随原子序数而变的典型特点. 有鉴于理论的这种表观弱点，近来曾经企图通过引入关于电子被束缚在原子中的那种方式的假设来发展各元素之特定性质的诠释；对于这种假设的引入，在导致有核原子理论及辐射量子论的发展的那些实验资料中似乎找不到任何依据. 事实上，所谈的这种企图似乎不能被描述成以发展各元素特定性质的一种诠释为其直接目的的理论，在那种诠释中，这些性质的最变化多端的特点将作为应用性质简单的少数相容理论观念的最终推论而出现，而是应该被描述成一种尝试，即通过事先把这些性质的多变性推给所假设的支配原子构造的那些定律的复杂性，来试图形式地说明这些性质.

现在，本论文的目的就在于说明，看来不但能够说明各元素的特定性质按照周期表而变的那种一般方式，而且能够相当详细地发展关于单种元素的性质的诠释，而除了以上所述有核原子的简单观念所依据的那些假设以及量子论的普遍公设以外并不引入其他特殊性质的假设，只要我们在普遍公设的应用中把考 400
虑建筑在某些一般观点上就行了；这种观点使量子论得到一种形式，在这种形式下，尽管对经典的力学观念和电动力学观念发生了根本的背离，量子论却显现为这些观念的一种自然的发展，有着和经典理论所显示的谐和性相仿佛的内在谐和性. 至于本论文所采用的表达理论的方式，却要求读者有很大的耐心；这种表达方式常常显示出这样一种表征，即时而应用一些明确叙述的理论观念，时而又通过从已确立的事实得出的信息来发展这些观念，二者交相为用. 这种手法当然体现了理论思想的品格，但是它却应该被认为是关于所考虑课题的当前工作的特征；对于这种工作来说，问题不仅仅在于发展实验事实的诠释，而且同样也在于利用这些事实来发展我们的还有不足之处的理论观念. 因此，对于这些课题来说，解释的真实性问题也许就在比其他科学领域中更高的程度上仅仅是一个内在合理性和内在谐和性的问题了. 有关的理论观点曾经在关于光谱量子论的两篇论文中在一定程度上得到发展，那两篇论文近来发表在本刊上. 这些论文起初是打算作为一篇更长的“论著”的前两部分，在那篇论著中曾经企图处理量子论对光谱问题的应用的各个方面. 由于外界条件的关系，拟议中的第三部分和第四部分的发表被推迟了，而且由于这一课题在这段时期内的发展，我们打算用这篇论文来代替那些宣布过的部分，因为文中处理了许多打算在那里讨论的问题. 虽然本论文中对主题的表达是建筑在上面提到的那些论文所发展的观点上的，但是为了理解下面的阐述却并不要求关于那些论文的知识，因为曾经发现，为了适当地叙述理论，把关于量子论的理论论证和以往应用的一般综述包括在本论文中是合适的.这种综述可以在本论文的第一部分中找到，而第二部分则将包括关于各元素特定性质的可能诠释的详细讨论.

第一部分　量子论对一般原子问题的应用 401

第一章　普 遍 原 理

§1. 基 本 公 设

正如在引言中所提到的，量子论对原子问题的应用建筑在两条基本公设上；其中第一条涉及原子的某些“定态”的存在，这些特殊的定态使得原子能量的任何改变都由两个这种态之间的完全跃迁所伴随，而其第二条则涉及在这样一种过程中可能发射的辐射的成分. 按照后一条公设，这种辐射永远是单独一列简谐波，其频率和跃迁过程中所发射的总能量由下列条件式来联系：

$$h\nu = E' - E'' \tag{1}$$

式中 h 是所谓普朗克恒量，ν 是在一个相对于发光原子的惯性中心为静止的参照系中测得的波的频率，而 E' 和 E'' 是在同一参照系中测得的跃迁所涉及的两个定态中的原子能量值.

这条定律在以后将被称为普遍“频率关系式”，它和一组关系式即“态关系式”一起构成量子论的形式基础；这些态关系式同样包括普朗克恒量，而且它们表征原子体系在定态中的运动的某些性质；通过这些关系式，各个定态从所能想象的粒子运动的连续集合中被区别出来，而且同时被分类，使得每一个定态都用一组整数来表征. 这些整数的个数一般等于体系的自由度数，尽管我们即将看到，在多数原子问题中会发现较小的整数就足以适当地对定态进行分类了.

在下面的阐述中，态关系式将永远写成下列形式

$$\mathscr{J}_r = n_r h \quad (r = 1, \cdots, s) \tag{2}$$

式中 s 是适当描述定态所要求的条件式的数目，而且 $\mathscr{J}_1, \cdots, \mathscr{J}_s$ 是描述这些态中运动的性质的一组符号，而 $n_1, \cdots, n_s$ 则是一些整数，它们对于所给定态而言的 402
值将时常被称为该定态所特有的“量子数”.

正如频率关系式一样，态关系式也可以看成关于简谐振子和电磁辐射场的相互作用的那些假设的自然推广；那些假设最初是在普朗克的温度辐射理论中被引入的，而且是如此成功地被应用，特别是被爱因斯坦应用在他的比热理论和光电效应理论中的．在以下各节中，我们将更仔细地检查量子论的一般特点，特别是将一方面阐明由频率关系式和态关系式指示出来的对我们那些普通的力学概念和电动力学概念的激烈背离，而另一方面也同样阐明仍然由那种原子过程的图景显示出来的和这些概念的类似性，那种图景是可以在理论的形式公设的基础上发展起来的．

§2．定态的一般性质

在定态中的运动的描述方面，首先出现的一个问题就是量子论的基本公设在多大程度上允许我们把这种描述建筑在关于带电粒子系行为的经典概念的想法上．首先，很明显，这些概念是不能一成不变地加以应用的，因为已经提到，这样的应用将导致电磁辐射从原子的连续发射，而这是和定态的存在本身相冲突的．但是，如果我们更仔细地检查一下原子体系的运动，那么就会发现，按照经典电动力学理论将由发射过程中的辐射反作用对运动所引起的效应，一般将远小于由电磁场的保守部分所引起的效应．因此，即使我们不得不对经典电动力学理论采取在有关辐射的机制方面带有根本背离的修订，我们也绝不会被迫假设运动在任何时刻都和将从经典电子论推得的那种运动有什么重大的不同．相反地，我们很自然地被引导着探索是否能够在很好的近似下把原子体系定态中各带电粒子的运动，描述成以和距离的平方成反比的推斥力和吸引力相互作用着的一些质点的运动．这种探索立刻向我们提出一个问题，即这一假设和用整数来分类定态的公设所要求的那些定态性质是否相容．现在，如果经典质点力学的应用所
403 导致的原子中各粒子的运动具有单周期性的性质，我们就有一种很自然的定态确定法，即通过引入某些简单的力学符号来作为(2)中的各个$\mathscr{J}$的办法．正如我们即将看到的，量子论对所谓周期体系或多周期体系的这种类型的体系的应用，已经导致了关于支配着各元素光谱的那些经验定律的实质特点的一种令人信服的诠释．但是，一般说来，按照普通的力学，质点系的运动——尤其是当包含的质点很多时——将具有很复杂的特点，这种复杂性似乎不允许我们利用力学符号来对定态进行任何合理的分类．因此，在这样的情况中，我们可以准备作出这样的假设：定态中的运动将和由普通的质点力学定律所预料的运动有一些偏差，而且如果原子的实际运动用力学的符号来描述，其近似程度不可能高于服从普通力学的运动所显示的适合定态形式确定的周期性质的那种程度．

尽管在未受扰体系的定态描述方面普通力学定律可被假设为具有广阔的合理应用范围，但在另一方面却立即可以看到，定态稳定性的一个必要条件就是，外界因素对原子中各粒子运动的效应一般是不能用这些定律来描述的. 而且，正如我们当讨论周期体系或多周期体系的态关系式时即将看到的，这些关系式所表示的那些性质并不是由各粒子在给定时刻的速度和位形来简单地表征，而是在本质上依赖于瞬时速度和瞬时位形所属于的那些轨道的周期性质的. 因此，如果我们考虑受到变化外界条件影响的一个原子，那么——为了求出由于这些条件的变化所引起的运动的改变——像在普通力学中那样简单地考虑在任何给定时刻作用在各粒子上的力的效应就是不够的，而是随后的运动必将在本质上依赖于和外界条件的给定改变相对应的那些可能轨道的特点的改变. 一般说来，定态的运动迫使我们假设，对于原子体系的动力学平衡暂时被外界因素所扰动的任何过程，或是由若干这种体系的暂时相互作用所构成的任何过程，所涉及的那个或那些体系在过程之后也将像在过程之前一样地处于定态中.

在气态元素对电磁辐射的吸收现象和色散现象中，我们有关于处于变化外
界条件下的原子的行为的一个例证. 例如，关于第一种现象，为了在我们的基本 404
公设的基础上说明实验事实，我们就不得不假设真正的吸收只能通过原子从原始态到能量较高的某一另外定态的完全跃迁过程来进行. 其次，观察到的色散在其特点上和物质的吸收光谱有着本质的联系这一事实就证明，原子和入射电磁波的相互作用在并不发生任何真正吸收的情况下也根本不能在经典电子论的基础上加以描述，而是必然和作为量子论各式各样关系式的基础的那种未知的机制密切地联系着的[1].

关于经典理论在描述外界因素影响下的原子的行为方面的失效，还有另外一个例证，这可以在原子和自由电子之间的碰撞的那些惊人的效应中看到；我们在特别由弗兰克及其合作者们做出的那一类实验中就遇到这样的效应，而且我们在这些效应中看到关于原子内部运动的稳定性的一种重要信息的源泉[2]. 虽然几乎用不着为了诠释这些实验而假设各粒子的速度和位置在碰撞中经受不连续的变动，所谈实验的结果却无疑地提供了关于支配原子中各粒子定态运动稳定性的那些定律的本质非力学性的突出证据. 例如，我们从这些实验得到了直接的证据，表明不可能通过和电子的碰撞来造成原子运动类型的任何改变，除非这种改变在于使原子从原始态转移到某一另外定态. 这些结果可以概括在上述的普

1. N. Bohr, Phil. Mag. 〈**26** (1913) 1〉.
2. 关于由这些实验得出的结果的一种很好的综述，近来曾由弗兰克给出(Phys. Zeitschr. 〈**22**〉(1921) 〈388〉).

遍考虑中，因为我们可以通过自然的推广把一个以任意速度运动着的自由电子看成一个处于定态中的原子体系[1]. 事实上，按照相对论的观念，我们在讨论原子体系的定态时很自然地用不着考虑它相对于其他原子的平动，而只要在原子相对它为静止的那个参照系中考虑体系中各粒子的运动就行了. 可以看到，和关于原子同自由电子的碰撞的考虑相似的考虑，对于具有任意构造的原子体系之间
405 的碰撞也成立. 于是，我们就有资格在气体分子在通常条件下的所谓“钝性”碰撞以及在我们在一般化学反应中遇到的“活性”碰撞中，而且也在关于伍德所作的众所周知的有关蒸气的光活性实验中存在非活性气体的那种惊人效应中，觉察到关于定态的非力学的稳定性的证据.

在刚刚提到的这些例子中，我们遇到的是那样一些因素对原子的效应，它们涉及作用在各粒子上的外力在远小于原子中粒子运动所特有的各周期的时间间隔中发生的重大变化. 另一方面，如果我们考虑外界条件的一种变化，它是均匀地进行的，而且进行得如此缓慢，以致外力在和上述各周期同数量级的时间间隔中的相对改变量远小于原子中各粒子所受的总力，那么问题就不相同了. 在这一情况下，我们并不能根据量子论基本公设的考虑，来事先排除由于外界条件的这种缓慢变化而引起的体系运动的改变可以利用普通力学定律来导出的那种可能性，如果用这些定律来描述的运动在变换的任何阶段都属于周期性类型或多周期性类型的话. 在这种情况下力学的应用实际上是合理的，或者说得更严格一些，当缓慢变换的效应用普通力学来计算时，变换进行得越缓慢，算得的运动和实际定态的差别就越小；这种说法就形成由艾伦菲斯特引入到量子论中来的一条著名原理的内容. 这条原理常被称为“绝热假说”；这里涉及一件事实，即外界条件的缓慢变换从它们在热力学理论中所起的作用来看有时被说成是“绝热的”. 我们在此不拟讨论这一原理的重要的热力学应用；为了明确区分这种应用和原理的关于力学在量子论的适用界限的直接内容，我们在以后将把这一原理叫做定态的“力学可变换性”原理.

§3. 具有单周期性质的体系的态关系式

对于态关系式理论的适当表示来说，刚才提到的这条原理是有巨大重要性的，因为它提供了一种合理的手段，来根据关于在那种运动的典型例子的情况中的定态的知识，得出关于和运动的各个普遍类相对应的那些定态的信息. 如果我
406 们考虑由一个进行着振动的带电粒子形成的单自由度原子体系，我们就得到一

---

1. 电子和原子之间的碰撞的那样一些结果也可以包括在这种表述中；那种结果可以叫做弗兰克所研究的效应的逆效应，而且它们的存在曾由克莱恩和罗西兰指出〈Z. Phys. **4** (1921) 46〉.

个可能的最简单的例证. 设粒子的位置用一个广义坐标 q 来描述，而其瞬时运动用广义共轭动量 p 来描述，并且让我们写出在体系的一次完全振动中计算的一个积分

$$\mathscr{J}=\int p d q \tag{3}$$

于是就可以证明，这样定义的量 $\mathscr{J}$ 具有一些重要性质. 首先发现，这个量是以一种简单的方式和体系的总能 E 相联系着的；因为对于彼此差别很小的两种相邻的运动，我们有

$$\delta E=\omega \delta \mathscr{J} \tag{4}$$

式中 δE 和 $\delta \mathscr{J}$ 分别代表两个运动的 E 值之差和 $\mathscr{J}$ 值之差，而 ω 是振动的频率. 其次发现，在体系的一种缓慢连续变换——即作用在各粒子上的力的逐渐变化，在变化中这些力在一个周期的时间内的相对改变量很小——下 $\mathscr{J}$ 这个量保持不变，而且运动保持其振动特点，如果变换的效应是用普通力学来计算的话. 因此，考虑到定态的力学可变换性原理，我们可以推测，$\mathscr{J}$ 这个量是适于用来普遍地表述振动类型的单自由度体系的态关系式的. 喏，在具有恒定频率 ω_0 的纯粹谐振子的情况，我们按照普朗克理论就有，各个定态是由下列众所周知的关系式来区分的：

$$E=n h \omega_{0} \tag{5}$$

式中 n 是一个整数而 h 是普朗克恒量. 其次，由(4)可见，在所谈的情况中，这一方程和关系式

$$\mathscr{J}=n h \tag{6}$$

相等价，从而我们按照艾伦菲斯特原理就将假设这一关系式对于其运动属于所考虑类型的一切体系的定态都能成立.

如果我们考虑由一个在空间的固定电磁场中运动着的带电粒子所构成的体系，则运动一般将具有很复杂的特点，但是，对于一些重要的体系类来说，却能够
得到上述结果的直接推广. 首先考虑原子体系的最简单情况，该体系包括单独一 407
个粒子，可以在相互垂直的方向上进行独立的振动，其中每一个振动都和单自由度体系的振动类型相同. 在这种情况，我们必须很自然地预期各个定态是由和(6)形式相同的一组条件式

$$\mathscr{J}_{1}=n_{1} h_{1}, \mathscr{J}_{2}=n_{2} h_{2}, \mathscr{J}_{3}=n_{3} h_{3} \tag{7}$$

来表征的*，每一个条件式对应于一种可能的独立运动. 这些关系式对于使三个

* 各个 h 不应该有区别，此处保留原文的形式. ——中译者注

方向上运动分量的动力学独立性得以保持的那种变换来说当然是不变的. 但是,它们由于一种情况而获得了更加普遍的兴趣,那就是,可以证明,对于某些类型的变换,这种独立性并不保持不变而运动却保持其多周期类型,这时关系式(7)仍然可以说是不变的. 事实上,能够在这些变换的任何阶段都利用三个量$\mathscr{J}_1$、$\mathscr{J}_2$、$\mathscr{J}_3$来描述体系的可能运动,这些量在独立运动的特例下和(3)这种类型的积分相重合,而且这些量的值在变换中保持不变,如果变换是以缓慢而连续的方式进行的话. 因此,对于通过变换而建立起来的那些体系,各个$\mathscr{J}$在定态中的值也必须预期由公式(7)来给出. 一般说来,这些量可能不像在独立自由度的简单情况中那样用描述运动的广义坐标和广义动量来直接表示出来,但是存在一类很重要的属于所考虑类型的体系,对于它们来说各个$\mathscr{J}$仍然可以用(7)这种类型的表示式来表示. 这一类力学体系被说成可能"分离变量";其特征是,对于适当选择的位置坐标 q_1、q_2、q_3,可以得到正则广义动量 p_1、p_2、p_3,而每一个动量的值在运动中只依赖于共轭坐标的值,其方式和在粒子可能进行三种互相独立的运动时的方式完全类似.

在能够按照上述方式来定义一些适用于表述态关系式的用力学符号来表示的量的一切情况,运动都将像所谈到的那样具有所谓多周期的特点,不论对这些体系是否能够做到分离变量. 对于这种类型的运动来说,各粒子在空间中的位移可以分解成若干分立的椭圆谐振动,其频率属于 $\tau_1\omega_1+\tau_2\omega_2+\tau_3\omega_3$ 的类型,此处 τ_1、τ_2、τ_3 是正整数或负整数,而 ω_1、ω_2、ω_3 代表可以叫做运动的基频的一些
408 量. 和运动可以分解成三种独立运动时的情况完全类似,也已经发现,对于体系的$\mathscr{J}_1\mathscr{J}_2\mathscr{J}_3$各值之差分别是 $\delta\mathscr{J}_1\delta\mathscr{J}_2\delta\mathscr{J}_3$的两种相邻的运动来说,能量差 δE 由下式给出

$$\delta E=\omega_1\delta\mathscr{J}_1+\omega_2\delta\mathscr{J}_2+\omega_3\delta\mathscr{J}_3 \tag{8}$$

尽管一般说来能量在本质上将依赖于所有三个量$\mathscr{J}_1\mathscr{J}_2\mathscr{J}_3$的值,从而所有这三个量在定态中都必然是确定的,但是我们在某些情况下却遇到一些体系,它们的能量依赖于各个$\mathscr{J}$的两个(或一个)具有整数系数的线性组合;这是由于这样一种情况:对于一切可能的运动,各个 ω 之间都存在一个(或两个)线性关系式

$$m_1\omega_1+m_2\omega_2+m_3\omega_3=0 \tag{9}$$

式中各个系数 m 是正整数或负整数. 在这些情况中,体系被说成"简并的",这时运动可以分解成谐振动,其频率是只由两个(或一个)基频累积而成的,从而各定态就将通过令所提到的各个$\mathscr{J}$的那两个(或一个)线性组合等于普朗克恒量的整数倍来完全地确定. 例如,对于由一个不依赖于初始条件而永远作着纯周期运动的粒子所构成的体系,和单自由度体系完全类似,各定态是由单独一个条件来确

定的;这个条件可以用(6)这种形式的关系式来表示,如果$\mathscr{J}$是由下列表示式来定义的

$$\mathscr{J}=\int(p_1dq_1+p_2dq_2+p_3dq_3) \tag{10}$$

此处的积分应该扩展到运动的一个完整周期,而且 $q_1q_2q_3$ 代表某一组任意选定的广义坐标,而 $p_1p_2p_3$ 代表它们的对应的共轭动量. 简并体系的定态由为数较少的条件式来表征这一情况,是和另一种情况直接联系着的,那就是这些体系具有比非简并多周期体系较小的稳定性. 事实上,对于后一种体系来说,当存在小的恒定外力场时,运动只将经受正比于外力强度的微小改变,而对于简并体系来说,这样的力的存在却可以在时间进程中——不妨说通过积累作用——引起粒子轨道的形状和位置方面的相当大的改变,尽管能量当然只能发生上述那种数量级的变化.

关于上面所概述的这种多周期体系的定态理论的建立,可以指出,态方程的表述曾经不是应用艾伦菲斯特原理的直接结果,而是包括普朗克本人在内的许 409
多物理学家都曾参加了的那一发展的结果. 但是,多周期体系理论对原子问题的应用方面的重大进步,是归功于索末菲的,而上面给出的这种最终形式下的理论则主要归功于艾普斯坦和施瓦尔兹席耳德,和定态的力学可变换性原理的协调性是随后由艾伦菲斯特和布尔杰斯证明了的. 完全抛开看成确定所给体系的定态的一种手段的这一原理的直接应用不谈,可以证明,所考虑的这种可变换性的存在,就提供了通过一种想象的适当选择的连续变换过程把多周期体系的任意两个定态连接起来的手段,在这种变换过程中我们一刻也不离开定态的区域,从而一刻也不离开普通力学定律的合理适用范围[1]. 通过这种情况,我们就得到无歧义地定义出现在普遍频率关系式中的原子体系二定态之间的能量差的一种手段;不然的话这种确定就会被认为将引起基本的困难,因为在理论的目前状况下,我们并不具备详细描述由辐射的发射或吸收所伴随着的二定态间直接跃迁过程的任何手段,从而也不能事先肯定这样的描述到底能不能利用和能量守恒原理的应用并不矛盾的定律来进行.

关于多周期体系的定态确定理论对原子构造问题的应用,在这里已经可以强调指出,严格说来这种理论只能直接应用于仅仅含有一个电子的原子. 事实上,在含有多个电子的原子的情况,可能的力学运动的集合将比在刚刚提到的那

1. 可以进一步指出,多周期体系理论可以说是和相对论观念所要求的自由粒子速度的连续可变性这一假设不矛盾的. 事实上,一个自由粒子可以看成一个原子体系的一部分,该体系中的力以及运动的频率都小得接近于零,从而定态中体系总能值的间距就收敛于零.

种体系中具有其类型更加复杂得多的特点. 例如,对于这样的体系,从力学观点来看,可以分解为分立谐振动的运动将显现为形成包含特解的某些奇异类的特例,而力学问题的通解则并不显示这样简单的周期性质. 正因如此,对于普遍运
410 动来说,就不能利用力学量来定义像上面提到的各个$\mathscr{J}$那种当利用(7)型的关系
式来确定定态时具有所要求的不变性的一些量. 现在,在本论文第二部分中即将给出的关于原子构造问题的进一步考虑,看来一般将排除把原子定态的确定建筑在运动的上述奇异类的分析上的可能性,那些奇异类中的运动的单周期性质是已经根据经典力学定律的应用而得到保证的. 相反地,我们不得不把那样一些运动考虑在内,它们涉及原子中不同电子之间的如此复杂的相互作用,以致我们面临作出下述假设的必要性: 满足量子论公设所涉及的各个条件的那种原子内部运动不能用经典力学定律来描述,从而这种情况中的定态关系式只能近似地根据适用于多周期体系的(7)型的方程来导出. 完全抛开由于我们的基本观念的欠缺所引起那些直接困难不谈,这种观点初看起来似乎也带来一些困难,它们剥夺了我们在量子论的基础上诠释各元素的特有性质的希望. 事实上,以前关于这一课题的工作已经证明,即使我们只考虑简单力学运动的特殊类,企图通过和适用于多周期体系的相似运动的关系式相类似的态关系式来确定定态,就已经会带来禁阻着这些性质的诠释的一定程度的歧义性了;而且也用不着强调,当在寻求定态时必须把更普遍类型的运动考虑在内时,这种歧义性将会如何地增大. 但是,在这篇论文中却将企图指明,恰恰是通过面对更加普遍的运动的可能性,怎样就能够建立原子内部运动和多周期体系的性质之间的一种影响深远的类似性. 例如我们将看到,从在以下几节中即将阐明的关于定态间各种假想跃迁的判别的观点出发,我们怎样就能通过类比来得出关于当通过电子的逐个束缚来形成原子时以及当原子受到外界因素的扰动而重新组织时所能发生的那些过程的结论;这些结论导致一种简单的确定的原子构造观点,它显然是和各元素性质的诠释相适应的.

§4. 量子论中的辐射问题

按照量子论的基本公设,辐射的发射过程或吸收过程是不能在经典电动力
411 学理论的基础上细致地加以描述的. 关于和这种过程相伴随的辐射成分的要求,
甚至排除了一种元素的光谱和原子中各粒子的运动之间的任何直接的联系,就如弹性媒质中的周期扰动从力学振动体系中发射出来时所显示的那种联系那样. 相反地我们将假设,代替了原子中的运动和被发射的辐射之间的直接联系的是,光谱的各种不同的谐振动成分的发射必须认为起源于若干独立的原子内部过程的发生,其中每一个过程都引起和一条谱线相对应的光的发射. 但是,正是

这一图景就立即给我们提供了关于支配各元素光谱的那一经验规律所显示的基本特点的诠释，这种规律在谱线的所谓组合原理中得到了表达，这条原理最初是由瑞兹根据分析巴耳末、黎德伯和他自己所发现的适用于线系光谱频率的那些定律而确立的. 按照这条近年来已经也对其他类型的光谱得到广阔应用范围的原理，光谱的谱线频率可以表示成被考虑的光谱所特有的一组数值项中的两个项的差. 喏，从普遍频率关系式的形式就可以直接看到，这一情况恰恰是应该预期的，如果光谱中的每一条谱线都是在原子体系的若干和光谱相对应的定态中的某两个定态之间的跃迁中被发射的；略去一个任意恒量，这些定态中的能量在数值上等于谱项和普朗克恒量的乘积.

对于最简单的光谱曾经发现，各个谱项可以适当地排成一个序列，使得它们的值可以用一个简单的单元函数来表示，每一个谱项和函数宗量的一个整数值相对应，正像如果发光体系的定态是按照对应于纯周期体系的方式来确定时所应预料的那样. 在更加复杂的情况，各谱项就形成一个集合，可以像应该预期的那样用某些简单的多元函数对各宗量的整数值而言的值来代表，如果定态集合和对应于多自由度多周期体系的集合类型相同的话.

讲到这里，简单谈谈某些作者曾经提出的一种有趣的观点可能是有好处的；按照这种观点，频率关系式可以用和周期体系或多周期体系的态关系式相似的方式表示出来. 这些考虑是建筑在这样一件事实上的：在适当条件下，按照经典电磁理论，可以分解成谐振动分量的电磁驻波是可能存在的，从而在这 412
样的情况下就能认为电磁场具有和可以处于振动态的力学多周期体系的性质相类似的性质. 按照这种观念，量子论的形式基础就在某种意义上得到了更加统一的面貌，因为辐射被原子所发射或吸收的过程变得和在过程之前和之后都处于定态的两个原子体系之间的相互作用过程相类似了. 但是可以注意，按照这种观点来无歧义地建立频率关系式的可能性，不但涉及多周期体系的态关系式和关于辐射过程中能量守恒的假设，而且涉及对于有关原子和电磁场间的能量交换的某些辅助假设的看法，而此处所考虑的论证路线是没有对那些看法提供任何先验根据的. 另一方面，所谈观点的引入却已经证实为在量子论对原子问题的应用方面是有价值的，因为它暗示了动量矩守恒原理对辐射过程的适用性，即适用于那样一种情况，那里的动量矩——由于原子体系以及包含驻波的空腔都具有适当的对称结构——在原子的定态中以及在电磁场中都是恒定的. 关于汝宾诺维兹在这种考虑的基础上得出的重要结果，我们将在下一章中再行讨论. 只要我们还不具备关于辐射的发生和传播的细致图景，量子论的上述统一观念似乎就不能在辐射过程之典型特点的分析方面提供进一步的指导[1].

如所周知,爱因斯坦在一些年前曾经联系到他的关于光电效应的考虑提出了一种看法,认为完全抛开电磁辐射被原子体系所发射或吸收的机制问题不谈,辐射在空间中的传播就已经应该是按照和对应于经典电磁理论的方式很不相同的方式进行的了. 例如,按照这种光量子理论,来自原子的电磁辐射不应该作为一组球面波而扩展开去,而应该作为在很小的体系中含有能量 $h\nu$ 的一种集中的个体而沿着确定的方向传播开去. 一方面,如果我们坚持不加限制地应用能量和动量的守恒概念,这样一种观念就似乎将提供说明光电作用现象的唯一的简单
413 可能性. 另一方面,这种观念却显得是和光的干涉现象不可调和的,而光的干涉现象就是我们把辐射分析成它的谐振动成分并确定其中每一种成分振动的频率和偏振状态的唯一手段. 在事态的这种阶段上,看来爱因斯坦更晚近一些所提出的,而且是建筑在关于原子和辐射之间的动量交换考虑上的那些有趣论证,与其说支持了光量子理论,倒不如说似乎使直接对辐射过程应用能量守恒定理和动量守恒定理的合理性成为有疑问的了.

当前我们还没有关于电磁辐射被原子所发射或吸收的以及辐射在空间中传播的机制的任何细致图景. 但是,在下一节中,我们将看到能够怎样追寻原子体系的运动和光谱之间的联系,这种联系即使必然和根据经典电磁理论所将得出的联系有着本质上的不同,却仍然保留了那样一些特点,它们使我们有希望得到概括了关于原子过程以及光波干涉现象的实验资料的诠释的一种图景,尽管这一图景所依据的机制或许将包括对于一些基本概念的激烈背离,而物理理论的基础迄今一直是要到那些基本概念中去找的. 作为追寻上述这种联系的出发点,我们将利用关于定态间跃迁的发生率的普遍假设;根据这些假设,爱因斯坦曾经在§1 中所叙述的量子论基本公设的基础上建立了他的温度辐射定律的简单推导,而且这些假设显示了把量子论和经典电动力学概念之间的缺口填补起来的那种趋势.

按照经典电动力学理论,一个运动着的带电粒子系是以电磁辐射的形式不断散失能量的辐射源;于是,仿照这一事实我们将——对于和原子体系光谱中的一条谱线相对应的二定态之间的跃迁——遵照爱因斯坦的办法来假设,当任何原子存在于能量较大的定态中时,它都有一个通过辐射的发射而在一段给定的时间内"自发地"过渡到能量较小的定态的某一几率. 同理,按照普通电动力学理论,一个带电粒子系当受到一个外界电磁辐射场的影响时就将和场交换能量;仿照这一事实我们将假设,当受到一种辐射的影响而辐射的频率对应于两个定态

1. 至于有关这一问题的文献和上述各问题的详细讨论,请参阅 N. Bohr. Z. Phys. 〈**6** (1921) 1〉.

之间的跃迁时,一个原子体系就将得到从其中一个定态到另一个定态进行“受迫”跃迁的一个几率,这个几率将依赖于这种辐射的强度. 正如爱因斯坦所证明 414
的,当利用曾经据以发展了热力学第二定律的诠释的那些普遍的统计考虑时*,这些普遍的假设就能够很简练地说明温度辐射定律. 同样这些假设或许也将提供讨论原子的选择吸收和色散之类的现象的一种基础;正如联系到定态的稳定性问题已经提出的,这些现象必须被假设为是和支配定态间跃迁的那种机制最密切地联系着的. 虽然关于怎样才能在量子论的基础上发展一种详细的色散理论目前还是一个没有解决的问题,但是,建筑在这种基础上的一种很有希望的开端,却似乎被包含在拉登堡[1]近来发表的那些关于这一现象的有趣考虑中了**.

---

* [原文“热力学”误作“电动力学”.]

1. 〈R. Ladenburg. Z. f. Phys. **4** (1921) 451.〉

** [此稿未完,其结尾处有玻尔用铅笔写的一条无法辨认的小注.]

XV. 电场和磁场对谱线的效应

第七届古茨瑞演讲

(1922 年 3 月 24 日)

(Proc. Phys. Soc. (London) **35**(1923) 275*)

* [见引言第 19 节.]

THE PHYSICAL SOCIETY OF LONDON.

THE SEVENTH GUTHRIE LECTURE

ON

"The Effect of Electric and Magnetic Fields on Spectral Lines."

BY

NIELS BOHR,
University of Copenhagen.

Price 2s. 6d. Post Free, 2s. 7d.

LONDON:
FLEETWAY PRESS, LTD.,
3-9, DANE STREET, HIGH HOLBORN, W.C. 1.

第七届古茨瑞演讲

题目：电场和磁场对谱线的效应*

演讲人：尼耳斯·玻尔，哥本哈根大学

1922年3月24日

引 言

在发出辐射的物质受到磁场或电场的影响时观察到的对谱线的那些特征效应中，我们有关于原子构造问题的信息的一种有价值的来源. 确实，我们在这些效应中得到一种详细检查受控因素对原子内部过程的影响的手段. 自从25年以前塞曼[†]得出了关于磁场对谱线的特征效应的基本发现以后，这种事实已经被物理学家们普遍地意识到了；而且这个问题由于斯塔克[††]在大约10年以前发现了电场的反常效应而更加引起了人们的兴趣. 但是，由于这一期间我们关于电磁辐射的概念的发展，在联系到原子构造理论来寻求这些效应的解释时所遵循的路线已经发生了根本的变化. 本演讲的主要目的就是要尽可能清楚地阐明这种发展的主要特点.

Ⅰ. 塞曼效应和斯塔克效应以及经典辐射理论

按照经典电动力学理论，带电粒子系所发射的辐射的成分应该直接依赖于各粒子的运动. 事实上，由这种理论可知，体系电矩的每一个谐振动成分都必然引起一列波的发射，波的频率和振动的频率相重合，其强度依赖于振幅. 尽管以一种简单方式来说明支配着各元素光谱频率的那些惊人的经验定律是有困难

* 这篇报告大体上代表了于1922年3月24日在物理学会所作的第七届古茨瑞演讲的内容. 由于不可避免的情况，这篇报告的发表不幸拖延到现在. 尼·玻. 1923年7月.

† P. Zeeman. Phil. Mag., 5, Vol. **43**. p. 226(1897). 并参阅塞曼的磁-光现象论文集，莱顿(1921).

†† J. Stark, Berliner Sitzungsber, Nov. (1913). 并参阅 Elektrische Spektral-analyse, Leipzig(1914).

的，但是，正如洛伦兹所证明的，塞曼的发现的典型特点却在此基础上得到了一种直截了当的诠释. 洛伦兹假设[§]，未受扰原子的光谱中的每一条谱线，都起源于在原子内部一个稳定平衡位置附近作着谐振动的一个带电粒子的运动，这时粒子受到指向该位置并正比于位移一次方的吸引力的作用. 这一位移沿某一给定空间方向的分量，可以用公式

$$\xi = C\cos 2\pi(\omega_0 t + \gamma) \tag{1}$$

来表示，式中频率 ω_0 不依赖于振动的振幅 C.

420 洛伦兹通过分析由外磁场的存在所引起的粒子运动的改变已经证明，如果问题是在普通电动力学理论的基础上来处理的，则原有的纯谱振动将适当变化，使得它可以看作是由三个谐振动分量所组成的. 其中的一个分量是平行于磁场的线性谐振动，其频率和未受扰运动的频率相重合. 另外两个分量是在垂直于场的平面上沿相反方向进行的圆周谐转动，具有由

$$\omega = \omega_0 \pm \omega_H \tag{2}$$

给出的频率，式中的正负号分别指示两种反向的转动. ω_H 的表示式是

$$\omega_H = \frac{eH}{4\pi cm}, \tag{3}$$

式中 H 是磁场强度，e 和 m 分别是振动粒子的电荷和质量，而 c 是光的速度.

这一结果被证实为是和塞曼的测量结果最发人深思地符合的. 事实上，在若干情况中观察到谱线劈裂为三条成分线；其中一条是线性偏振的，并出现在原始谱线的位置上，而另外两条则对称地排列在原始谱线的两侧，并且显示方向相反的圆偏振. 而且已经发现，利用洛伦兹表示式而根据这些成分线的位移计算出来的振动粒子的电荷和质量之比，和由阴极射线在电场及磁场中的偏转求得的值符合得很好；而且观察到的外侧成分线的偏振方向，表明这些粒子的电荷正如阴极射线粒子的电荷一样具有负号. 这种结果已被公认为物质电子论的一种最令人信服的证明，而且可以肯定地说，关于这些光谱的根源必须到原子内部的电子运动中去找的结论已经毫无疑义地被确立了.

对于塞曼效应的一般讨论来说，首先由拉摩尔[*]建立的一条电动力学定理是有很大重要性的. 按照这条定理，一个在辏力场中运动着的电子系的运动，当出现一个均匀磁场时将发生一个变化，使得体系的运动在一级近似下可以描述成没有磁场时各电子的可能运动，而在这种运动上叠加了整个体系绕平行于场

§ 参阅 H. A. Lorentz, The Theory of Electrons, Ch. 3, Leipzig(1909).

* J. Larmor, Aether and Matter, p. 341, Cambridge(1900).

方向的轴线的一个均匀转动,其转动频率等于由公式(3)所给出的ω_H.

可以看到这一定理是包含了洛伦兹的结果的,因为在简谐振动上叠加一个均匀转动的效应,就在于得出上面描述的那种类型的运动. 事实上,任一椭圆谐振动都可以分解成一个沿给定方向的线性谐振动和垂直于此方向的平面上的一个椭圆谐振动;而后者又可以看成由频率相同而绕转方向相反的两个圆周转动所组成. 喏,叠加上去的一个绕给定轴线的转动当然不会影响沿轴线方向的线性 421
振动;至于垂直平面上的圆周转动,这却将简单地使频率增大一个或减小一个所叠加转动的频率,视这一转动的方向和原有转动的方向相同或相反而定.

但是,尽管有些谱线显示和拉摩尔理论及洛伦兹理论的预见相一致的塞曼效应,许多光谱的谱线却显示所谓的"反常"塞曼效应. 在这种情况中,各谱线仍然分解成平行于场而线偏振的成分线和垂直于场而圆偏振的成分线,后者对称地排列在原有谱线的两侧,其位移至少对于小场强来说是正比于场的. 但是,成分线的条数和它们的位移量值却和"正常"效应中的情况相差颇大. 塞曼效应的特点的这种变化,经发现是和光谱的结构以及这些光谱的谱线能够排列成"线系"的那种方式密切有关的. 确实,按照普瑞斯顿*所宣布的法则,同一类型的塞曼效应不但是由一种元素的同一线系的各谱线所显示的,而且也表现在属于显示类似结构的不同元素光谱中各对应线系的谱线方面. 曾经做了许多努力,来在经典辐射理论的基础上解释反常塞曼效应的出现. 除了别的工作以外,可以提到佛格特†的突出工作;他在发展关于所观察到的现象的若干细节的形式诠释方面得到了成功. 不过,在企图把反常效应和理论调和起来方面仍有很大的困难;但是,这里几乎用不着更仔细地讨论这一问题了,因为甚至在塞曼效应属于正常类型的光谱例如氢的光谱中,当我们试图在经典理论的基础上解释电场对谱线的特征效应时,就已经会出现带有根本性的新的困难了.

如所周知,斯塔克于1913年发现,当正在发出辐射的氢原子受到强电场的作用时,氢光谱中的谱线就显示分解成为若干条偏振成分线的现象. 从关于光谱起源的经典理论的观点看来,斯塔克的结果是很出人意料的. 例如,如果一个在稳定平衡位置附近进行着振动的电子——正如在塞曼效应的洛伦兹理论中所假设的那样——受到一个均匀电场的作用,则运动的类型应该毫无变化,而场的全部效应则应该只是轨道中心的一个数量正比于场强的位移. 因此,按照经典理论,对于谱线的任何可能的效应必然起源于把原子中的电子保持在它们的位置上的那些力所显示的对于正比于位移的吸引矮力的偏差. 这样一种效应——在

* Th. Preston, Nature, 59, p. 224(1899).

† C. W. Voigt, Magneto-und Elektrooptik, Leipzig (1908).

斯塔克的发现的若干年前就由佛格特* 考虑过——显然应该正比于外场强度的平方或更高次方. 和这种预料相反,斯塔克结果的一个主要特点就是,电场对氢
422 谱线的效应在很好的近似下和场成正比. 整个看来,斯塔克效应确实构成一种最复杂的现象,它不但对不同的光谱和不同的线系都有很大的不同,而且甚至在同一线系中从一条谱线到另一条谱线都会发生重大的变化.

如所周知,这里提到的困难只是那种当应用到原子问题上时经典电动力学概念不再成立的少数几个例子. 此外,由于卢瑟福关于放射性现象的基本研究,我们可以认为已经证明了的是:原子有一个带正电的中央核,周围分布着一些电子. 按照经典电动力学理论就显而易见,这样一种原子图景是不能有静态的稳定平衡组态的,从而我们就被迫假设电子在原子中是高速转动的. 但是这又引起新的困难,因为按照经典理论,这样的运动应该引起电磁辐射的连续发射,这种发射将继续进行,直到发射出去的能量多得使电子落入核中为止. 此处不必进行冗长的论证来说明了,如果我们把思考局限在经典电动力学概念上,就不可能依据这种原子模型来解释原子的稳定性和由细锐谱线构成的光谱的发射.

Ⅱ. 光谱的量子论

在斯塔克的发现的不久以前,我试着提出了一种光谱理论,这构成同经典电动力学的一次明确决裂**. 这种理论建筑在起源于所谓量子论观念的关于原子的稳定性和辐射的发射的考虑上;这种量子论起源于普朗克在大约 20 年前提出的著名的温度辐射理论,而在早期阶段爱因斯坦也对它的发展作出了基本的贡献. 量子论对原子问题的应用建筑在下列两条公设上:

1. 在所能设想的原子体系的可能运动状态中,存在一些所谓定态;尽管粒子在这些态中的运动在颇大程度上服从经典力学定律,但是这些态却具有那样一种奇特的、力学上无法解释的稳定性,以致体系运动的任何长期性的改变都必然是从一个定态到另一个定态的完全跃迁.

2. 和经典电磁理论相反,在定态本身中不发生任何从原子发出辐射的过程,而两个定态之间的跃迁却可能伴之以电磁辐射的发射,这种辐射将和按照经典理论而从以恒定频率作着谐振动的带电粒子发出的辐射具有相同的性质. 但是这个频率 ν 和原子中粒子的运动并没有简单关系,而是由关系式

$$h\nu = E' - E'' \tag{4}$$

给出的,式中 h 是普朗克恒量,而 E' 和 E'' 是形成辐射过程之初态和末态的两个

---

* W. Voigt, Ann. d. Phys., 43, p. 410(1891).

** N. Bohr, Phil. Mag., 26, pp. 1, 476, 857(1913).

定态中的原子能量值. 反过来,用这一频率的电磁波来照射原子,可以导致一种吸收过程,这时原子就从后一定态被送回前一定态. 423

我在这里不打算讨论关于利用这样的形式公设来对自然界进行满意的描述的可能性的哲学问题,而只想努力证明这些公设允许我们构造一种理论,它能给出光谱学现象的一种简单而无矛盾的诠释,而对于这些现象的解释来说经典电动力学概念是不曾证实为直接适用的.

作为第一种应用,我们将考虑所谓的"谱线组合原理",这一原理是通过巴耳末*、黎德伯†和瑞兹††关于线系光谱的研究而揭示出来的,而且近年来已经证明该原理对类型很不相同的光谱也具有普遍的适用性. 按照这一原理,一种光谱中每一谱线的频率都可以用公式

$$\nu = T_2 - T_1 \tag{5}$$

来表示,式中 T_1 和 T_2 是许多所谓谱项中的两个谱项. 这一在物理学中无比精确地成立的定律一直不能在经典概念的基础上得到任何诠释,至少在适于用来作为对光谱学资料进行详细讨论的基础的形式下是如此. 另一方面,按照我们的公设可以看到,组合原理可以通过把各谱项看成可能定态中的能量数值除以普朗克恒量并假设每一谱线起源于两个这种态之间的跃迁来直接地加以诠释.

初看起来,组合原理的这种诠释可能被认为具有很形式的性质,因为它不但肯定是和经典电动力学概念相冲突的,而且包含了对于物理现象一向所依据的那些观念的一种激烈背离. 这特别出现在下述假设中: 在开始时原子是处于某一定态的那种过程中,所发射辐射的成分不但依赖于这个态,而且依赖于作为过程的结果而出现的那个原子态. 事实上,作为不同谱项和另一个相同谱项的组合而出现的那些谱线,被认为起源于从原子的某一态到其他定态的各种可能的跃迁过程. 在理论的目前状况下,这些跃迁的发生方式被认为在一种意义上是一个几率问题;那意义就是,处于一个给定的定态中的原子,被假设为具有在单位时间内自发地过渡到所考虑的任何一个其他定态的某一几率. 这种和放射性蜕变理论显示着明显类似性的观点,和爱因斯坦§在他的建筑在上述基本公设上的关于温度辐射定律的试探性推导中所用的假设是相容的.

尽管光谱量子论中所涉及的对于经典电动力学的背离是带有根本性的,我们却将看到,在某种意义上似乎能够把这种理论看成我们关于辐射的普通概念

---

* Balmer, Ann. d. Physik. 25, p. 80(1885).

† J. R. Rydberg, Handl. Akad., Stockholm, 23(1890).

†† W. Ritz, Physik. Zeit., 9, p. 521(1908).

§ A. Einstein, Phys. Zeit., 18, p. 121(1917).

424 的自然推广. 例如,能够把引起简谐波列的发射的各种跃迁过程中的每一个过程,以一种方式和出现在原子电矩中的各种谐振动中的一个谐振动联系起来,使得给定类型的跃迁的发生几率被认为是对应谐振动出现于这一电矩中的结果. 光谱量子论的这种叫做"对应原理"的特点,在光谱资料的诠释中是起着不可缺少的作用的. 可以特别强调指出,利用这一原理,已经能够消除由于和所预料的谱线的出现与否相伴随的那种表观难测性而一直笼罩在组合原理的应用上的那种神秘性.

我们也将看到,对应原理在发展有关电场和磁场对谱线的效应的解释方面曾经怎样地大有用处. 在开始详细地讨论这些问题以前,有必要简略地考虑各公设对氢光谱的诠释这一简单情况的应用——这是理论的起点——以及量子论普遍原理的后继发展的主要面貌.

Ⅲ. 氢光谱理论

如所周知,氢光谱各谱线的频率可以在很高的近似程度下用一个简单的公式表示出来:

$$\nu = K\left(\frac{1}{(n'')^2} - \frac{1}{(n')^2}\right). \tag{6}$$

对于 $n''=1$ 和 $n'=2,3,4$, 我们得到几年以前由赖曼[*]初次观察到的远紫外区域中的一个线系;对于 $n''=2$ 和 $n'=3,4,5,\cdots$,公式代表可见区域中的巴耳末线系; $n''=3$ 和 $n'=4,5,6,\cdots$给出头两条谱线由帕邢[†]在若干年前初次观察到的红外线系;最后, $n''=4$ 和 $n'=5,6,\cdots$对应于最近由布喇开特[††]观察到的远红外区域中的一个线系.

将(6)和公式(4)及(5)相比较,我们就可以按照上节的普遍考虑得出结论:氢光谱是由具有一系列定态的原子这样发射的,即第 n 个态中的能量数值由 $\frac{Kh}{n^2}$ 来给出. 现在,按照卢瑟福的理论,氢原子是由一个带有单位电荷的正核和一个绕核转动的电子所构成的. 略去电子质量随速度而变所引起的微小效应,原子的运动将是一种很简单的运动,即各粒子描绘简单周期性的椭圆轨道,而以重
425 心为其公共焦点. 对于这样的一种运动,按照众所周知的开普勒定律,各粒子的

---

* T. Lyman, Phys. Rev. ,3, p. 504(1914).

† F. Paschen, Ann. d. Phys. ,27, p. 565(1908).

†† F. Brackett, Nature, 109, p. 209(1922).

绕转频率和轨道线度将通过简单的公式

$$\omega=\sqrt{\frac{2W^3}{\pi^2 e^4 m}},\ 2a=\frac{e^2}{W} \tag{7}$$

来和体系总能的值相联系，此处 ω 是绕转频率，$2a$ 是电子轨道的长轴，而 W 是使电子和核相距为无限远时所必须作的功. 和以前一样，e 和 m 代表电子的电荷和质量，而为了简单我们已经把核的质量看成无限大. 现在，对于定态，令

$$W=\frac{Kh}{n^2}, \tag{8}$$

我们就得到这些态中的绕转频率和长轴的表示式

$$\omega=\frac{1}{n^3}\sqrt{\frac{2Kh^3}{\pi^2 e^4 m}},\ 2a=n^2\ \frac{e^2}{Kh}. \tag{9}$$

这些公式给出一种原子的形成图景，即通过一种跨步式的过程来形成，在过程中，一个电子随着辐射的发射而被束缚在一系列频率迅速增大而线度迅速减小的定态轨道上，直到达到了一个原子能量为最小值的态而束缚过程终于停止时为止；这个态和公式(9)中的 $n=1$ 相对应. 把 K 的以及 e、m 和 h 的经验值代入(9)式，我们就得到原子的这一“正常”态中的绕转频率和轨道长轴的值，它们和根据气体的光学性质及力学性质推得的原子频率和原子线度的值具有相同的数量级.

但是，按照我们的基本公设，根本不存在(9)这样的公式和由经典电动力学理论导出的公式之间的进一步对比的问题. 特别说来，我们不可能有定态中的频率和谱线的频率之间的任何直接对比，因为我们曾经假设这些谱线中的每一条都对应于在二定态之间的一次跃迁中被发射的辐射，而这两个定态中的绕转频率一般是可以具有很不相同的值的. 但是，当 n 的值逐渐增大时，两个相继定态中的绕转频率之比趋于一，这一情况就提供了在光谱和运动之间追寻一种联系的一个机会. 我们由(6)得到(在一级近似下)，对于和 n 的大值相对应的两个相继定态之间的跃迁来说，所发射的辐射的频率

$$\nu\approx\frac{2K}{n^3}.$$

和(9)相对比，我们就发现这一表示式将渐近地和两个态中的绕转频率相重合，如果

$$K=\frac{2\pi^2 e^4 m}{h^3} \tag{10}$$

正如我在前面提到的论文中已经证明的,如果我们引用 K 的以及 h、e 和 m 的经
426 验值,则这一条件确实是在实验误差的范围内得到满足的*.

考虑到我们的光谱诠释所涉及的对经典电动力学的根本背离,这样确立的氢光谱和描述氢原子模型的那些量之间的联系显然是像所能期望的那样密切的.一旦我们寻求磁场和电场对氢谱线的效应的解释,我们的理论和经典理论的分歧就会变得很显然了;我们在这里遇到的问题和从经典辐射理论的观点来看待事物时所遇到的问题大不相同.利用足以得出氢光谱主要特点的诠释的那些简单考虑,是不能得到斯塔克效应的一种详细解释的;不过,却发现不但能够解释成分线位移和电力强度之间的正比关系,而且能够说明效应的绝对量值以及它从光谱中的一条谱线到另一条谱线的变化方式†.但是,斯塔克效应和塞曼效应的细节的进一步解释,却要求发展确定外场影响下原子的定态的方法,也要求表述支配着定态间的跃迁和随之而来的辐射的偏振的进一步的法则.指出一点是令人感兴趣的;在经典理论已经对其主要特点作出如此简单的诠释的塞曼效应的情况,人们在一段时间内曾经怀疑这种效应到底是不是能够在上述那种形式的公设的基础上加以说明.事实上很容易看到,谱线在场中劈裂而成的那些成分线的频率不能用一个完整的谱项组合方案来代表.正如我们立刻就将看到的,氢谱线的斯塔克效应以及塞曼效应的一种详细理论,已经在近年来量子论的发展进程中被建立起来了.

Ⅳ. 周期体系的和多周期体系的态关系式

量子论对原子问题的应用的形式基础,包括一些公式,它们和常常被称为"频率关系式"的公式(4)一起,使我们能够从原子中各粒子的力学上可能的运动中选出定态.上述这些公式,即所谓"态关系式"可以看成普朗克最初使用的关于一个体系的能量可能值的那一假设的自然推广,该体系由一个作着简谐振动的粒子构成.虽然确定定态的能量自然是理论的本质目的,但是,对于更复杂的体系来说,能量函数本身却并不很适用于态关系式的普遍表述.但是,这一表述的基础却在所谓作用量积分中被找到了,这种积分在分析动力学中是起着重要作用的.

让我们首先考虑简单情况,即原子中各粒子的运动是单周期性的,不依赖于
427 初始条件.在这一情况,每一粒子沿给定方向的位移 ξ,可以按照众所周知的方

---

* 参阅 R. A. Millikan, Phil. Mag., 34, p. 1(1917).

† N. Bohr, Phil. Mag., 27, p. 506(1914); 30, p. 394(1915); 并参阅 E. Warburg, Verh. Deut. Phys. Ges., 15, p. 1259(1913).

式作为若干谐振动的叠加而表示为时间的函数：

$$\xi = \Sigma C_\tau \cos 2\pi(\tau\omega t + \gamma_\tau), \tag{11}$$

式中 ω 是周期运动的频率，而和式遍及 τ 的一切正整数值. 同样的表示式当然也适用于原子电矩沿给定方向的分量，而按照经典理论电矩随时间的变化就确定着所发射的辐射的成分. 对于这样的单周期体系，定态是由单独一个条件式来确定的，这个条件式可以写成

$$I = nh, \tag{12}$$

式中 h 是普朗克恒量，而 n 是一个正整数，即所谓量子数. 量 I 由下式定义：

$$I = \oint A dt, \tag{13}$$

式中的积分就是在运动的一个完整周期中计算的所谓作用量积分. 如果运动被假设为服从牛顿力学定律，则被积函数等于各运动粒子的动能的两倍（$A = \Sigma mv^2$）；而如果把相对论所要求的修订考虑在内，则 A 由下列表示式给出*：

$$A = \Sigma mv^2 \left(1 - \frac{v^2}{c^2}\right)^{-\frac{1}{2}}.$$

为了以后讨论的目的，可以指出，I 的这一定义是和条件式

$$I\omega = \bar{A} \tag{14}$$

等同的，此处 $\bar{A}$ 代表函数 A 在运动中的平均值.

尽管 I 和总能 E 之间的关系式对于不同的体系可以取很不相同的形式，这一关系式却将永远服从简单的微分方程

$$\delta E = \omega \delta I, \tag{15}$$

式中 δE 和 δI 代表彼此差别很小的两种力学上可能的体系运动中 E 的差和 I 的差.

由(4)和(15)立即看到，在其运动由(1)来表示的具有恒定频率 ω_0 的谐振子的情况，方程(12)和普朗克的著名关系式

$$E = nh\omega_0 \tag{16}$$

相等价.

我们也很容易证明，在氢原子的情况，(12)和公式(8)相等价，如果将由(10)

---

* ［中译者按：原文在期刊上刊出时有一些印刷错误，中译本据原书编者的注径行改正，以后准此，不再一一注出.］

给出的 K 值代入这一公式的话. 事实上，注意到对于 $I=0$ 有 $W=\infty$，我们由(7)和(15)通过简单的积分计算就得到

$$W=\frac{2\pi^2e^4m}{I^2}. \tag{17}$$

此外，普遍关系式(12)和(15)使我们能够在一种更广阔的基础上追寻一个
428 原子体系的运动和按照量子论推得的光谱之间的形式的渐近联系；这种量子论在上一节中是在氢原子这一特例中确立下来的.

让我们考虑两个态之间的跃迁，对于这两个态来说，公式(12)中的 n 值分别等于 n' 和 n''. 由频率关系式(4)，我们利用(15)就得到

$$\nu=\frac{1}{h}(E'-E'')=\frac{1}{h}\int_{n=n''}^{n=n'}\omega\delta I \tag{18}$$

现在，如果 n' 和 n'' 这些数远大于它们的差，从而两个态中的运动在频率和线度方面都相差很小，那么我们就可以在(18)中把 ω 近似地看成恒量，于是利用(12)也就得到渐近关系式

$$\nu\sim(n'-n'')\omega. \tag{19}$$

因此，在量子数很大的极限下，在跃迁中发射的辐射的频率，就和按照经典理论将由于电矩随时间变化而由原子发出的那种辐射的一个谐振动成分的频率相重合，也就是和由表示式(11)中 $\tau=n'-n''$ 的那一谐振动分量引起的波列的频率相重合. 喏，当然不存在量子论当量子数很大时将和经典的辐射起源概念逐渐接近的问题. 确实，正如在量子数并不远大于它们的差的情况下一样，我们在这一极限下也假设，按照经典理论将同时被发射的辐射的不同谐振动分量，将起源于一对对的不同定态之间的完全不同的跃迁过程. 但是，恰恰就是这一情况，就引导我们把在极限情况下得出的频率之间的重合看成一个作为定态间跃迁出现率之依据的普遍规律的证据.

已经被称为"对应原理"的这一规律表明，由辐射的发射所伴随的二定态之间的每一跃迁的发生，是和看成时间函数的原子电矩所能分解成的一个谐振动分量相关联的，其相关程度使得跃迁的发生以"对应"谐振动的存在为其条件. 这种相关性，要求跃迁的发生几率应该依赖于原子的对应谐振动的振幅，其依赖方式使得在量子数很大的极限下，单位时间内发射的辐射的强度平均说来和由经典电动力学定律所将得出的强度相同. 同样的和经典理论的联系也将由所发射辐射的偏振显示出来. 例如，如果对应的谐振动在原子的一切态中都是线性振动或圆周转动，则辐射将在成分上和按照经典理论将由作着该种类型的谐振动的电子所发射的辐射相同.

在以上考虑的周期体系的情况，对应原理就表明，量子数从 n' 变到 n'' 的两
个定态之间的跃迁的出现，是以第 $(n'-n'')$ 级泛频振动在原子电矩中的出现为 429
其条件的. 这一结果使我们可以看清楚两种法则之间的明显不同：一方面是在普朗克振子的情况下支配着定态间跃迁的发生的法则，另一方面是在氢原子的情况下的这种法则. 普朗克温度辐射理论中的一个不可缺少的假设就是，正如在经典理论中一样，一个振子所发射的或吸收的辐射的频率将永远等于特征振动频率. 从我们的光谱理论看来，这就表明，正如由(4)和(16)的对比所能看到的那样，振子只能以单独的步伐在量子数 n 相差为 1 的两个定态之间进行过渡. 另一方面，氢光谱的诠释却必须要求氢原子的任何一对定态之间的跃迁都将是可能的. 按照对应原理，这种突出的不同可以用一个事实来直接说明，那就是，和普朗克振子的纯谐振动相反，氢原子中电子的开普勒椭圆运动具有整整一系列高级泛频振动.

由于量子论的近期发展，已经能够不但建立简单周期体系的，而且建立其运动属于所谓多周期类型的那种体系的态关系式了. 对于这种体系来说，每一个粒子的位移以及电矩的变化仍然可以表示成谐振动的叠加. 但是，和简单周期体系相反，这些振动的频率并不是单独一个基频的倍数，而是对于一个"周期度"为 s 的多周期体系来说，这些频率将按照下列公式所示的方式作为 s 个独立基频的线性组合而被构成：

$$\xi = \Sigma C_{\tau_1\cdots\tau_s}\cos 2\pi[(\tau_1\omega_1+\cdots+\tau_s\omega_s)t+\gamma_{\tau_1\cdots\tau_s}] \tag{20}$$

式中 ω_1 到 ω_s 是那些基频，而和式应该遍及各整数 τ_1 到 τ_s 的正值和负值.

在这样的情况下，各定态将由 s 个关系式

$$I_1 = n_1 h, \cdots, \ I_s = n_s h \tag{21}$$

来确定，式中 n_1 到 n_s 是正整数. 各个 I 是一些表示运动的某些性质的量；它们仿照周期体系的 I 这个量的定义而通过微分方程

$$\delta E = \omega_1 \delta I_1 + \cdots + \omega_s \delta I_s \tag{22}$$

来和运动的能量及基频相联系，此方程表示着体系的两种彼此相差很小的力学上可能的运动的能量差. 这些关系式确定各量 $I_1\cdots I_s$ 到各自相差一个任意恒量的程度，但是这些恒量却由一个条件式来确定：

$$I_1\omega_1 + \cdots + I_s\omega_s = \bar{A}, \tag{23}$$

式中的 $\bar{A}$ 和在公式(14)中一样是出现在作用量积分中的那一函数 A 的平均值.

我们由公式(22)发现，对于体系在其关系式(21)中的量子数分别由 $n_1'\cdots n_s'$ 和
$n_1''\cdots n_s''$ 给出的两个态之间的跃迁中所发射的辐射来说，其频率在这些数远大于它 430

们的差而两个态中的运动彼此差别较小的极限下将由下列渐近关系式来给出：

$$\nu \approx (n_1'-n_1'')\omega_1+\cdots+(n_s'-n_s'')\omega_s. \tag{24}$$

因此，按照对应原理，我们将假设多周期体系的二定态之间的跃迁将依赖于一个谐振动成分在体系电矩表示式中的出现；对于这个谐振动来说，我们在(20)中有

$$\tau_1 = n_1'-n_1'',\ \cdots,\ \tau_s = n_s'-n_s''. \tag{25}$$

周期体系的和多周期体系的态关系式的建立，依赖于包括普朗克本人在内的许多物理学家的工作. 指出一点或许是有兴趣的，那就是，和(12)等价的一个普遍条件式曾由德拜[*]第一次使用过，而且和(21)类型相同的一些条件式曾由威耳孙[†]和索末菲[††]同时提出.

在对于后来理论发展的贡献中，我们可以提到艾伦菲斯特[§]关于态关系式的浸渐不变性的工作. 他考虑了体系各粒子在其中运动的那一力场的缓慢而均匀的变换对定态中的运动所发生的作用，并且指出，如果各定态是由(21)和(22)这种类型的条件式来确定的，则这一变换的效应可以利用普通的力学定律来描述. 这条所谓的“寖渐原理”构成力学对定态本身中运动描述的应用的一种自然推广，这种推广显然是和这些态的稳定性的非力学特点并不冲突的. 这些问题在几年以前发表的由本演讲人撰写的一篇论著中进行了详细的讨论，在那里也发展了对应原理[‖].

在多周期体系理论对光谱问题的应用中，第一个重大的进步是由索末菲在他的关于氢谱线精细结构的诠释中作出的；当用高分光率的仪器观察氢谱线时就能看到这种精细结构，它起源于一件事实，即当把电子质量随速度的变化考虑在内时，氢原子中电子的运动就不再是严格周期性的了. 紧接着这一工作的就是由艾普斯坦[¶]和施瓦尔兹席耳德[**]同时作出的关于氢谱线斯塔克效应的细节的
431 诠释工作，以及索末菲[***]和德拜[****]的关于氢谱线塞曼效应的诠释的工作. 这些效应的理论通过对应原理的应用而得到了完成，这一原理使我们能够详细地说

---

* P. Debye, Wolfskehl Vortrag Göttingen(1913).

† W. Wilson, Phil. Mag., 29, 795(1915); 31, p. 156(1916).

†† A. Sommerfeld, Sitz. der Münchener Akod., p. 425 and 459(1915).

§ P. Ehrenfest, Proc. Acad. Amsterdam, 16, 591(1914); Phil. Mag., 33, 500(1914); 并参阅 J. M. Burgers, Phil. Mag., 33, 514(1917).

‖ N. Bohr, On the Quantum - Theory of Line Spectra. D. Kgl. Danske Videnskabernes Selskabs Skrifter, 8, iv., 1(1918)(以后用 Q. I. S. 来代表). [即本卷原第 65—184 页的论文.]关于理论现状的概述，也请参阅 N. Bohr, Ann. d. Phys., 71 p. 277(1923). 该文英译本不久即将在 Proc. Camb. Phil. Soc. 上发表.

¶ P. Epstein, Phys. Zs., 17, p. 148(1916); Ann. d. Phys., 50, p. 489(1916).

** K. Schwarzschild, Berliner Sitzungsber, April(1916).

*** A. Sommerfeld, Phys. Zs., 17, p. 491(1916).

**** P. Debye, Phys. Zs., 17, p. 507 (1916).

明观察到的成分线的有限条数，也能说明各成分线的偏振和强度.

这些作者所用的表示态关系式的方法是建筑在作用量积分中的所谓“分离变量”手续上的. 完全抛开那种手续的更有限的适用性不谈，此处得出的把体系运动的周期性质提到重要地位的这种表示态关系式的方法，也在许多情况下使我们对理论考虑的物理意义得到更直接的洞察. 因此，在下面关于普遍理论的应用的讨论中，我们将不遵循历史发展的次序，而却按照看来最适于阐明理论的主要特点的方式来处理问题.

Ⅴ. 磁场和电场对氢谱线的效应

在上节普遍考虑的基础上，我们现在来详细考虑磁场和电场对氢谱线的效应. 为此目的，我们为了简单将忽略这些谱线的精细结构；这是允许的，因为电子质量的变化对电子运动的影响远小于在塞曼效应和斯塔克效应的实验中所用的那种强度的外磁力和外电力的效应. 这是由一件事实明显证明了的，那就是，未受扰氢谱线的精细结构成分线之间的距离远小于各谱线在这些实验中被分解而成的那些成分线的位移.

因此，正如在第Ⅲ节中那样，我们将假设未受扰原子中的电子轨道是单周期性的开普勒椭圆；对于这种轨道来说，绕转频率和长轴是通过(7)所给出的公式来和能量相联系的. 引用(13)所定义的量 I，我们就由(17)得到

$$E=-W=-\frac{2\pi^2e^4m}{I^2},\ \omega=\frac{4\pi^2e^4m}{I^3},\ 2a=\frac{I^2}{2\pi^2e^2m}. \tag{26}$$

因此，引入 $I=nh$，对于定态我们就按照态关系式(12)得到

$$E_n=-\frac{1}{n^2}\frac{2\pi^2e^4m}{h^2},\ \omega_n=\frac{1}{n^3}\frac{4\pi^2e^4m}{h^3},$$

$$2a_n=n^2\frac{h^2}{2\pi^2e^2m}. \tag{27}$$

当引入由(10)给出的 K 值时，这些公式当然是和公式(8)及(9)等价的. 最后，由关系式(4)，我们就得到在 n 分别等于 n' 和 n'' 的两个定态之间的跃迁中所发射的辐射的频率

$$\nu=\frac{2\pi^2e^4m}{h^3}\left(\frac{1}{(n'')^2}-\frac{1}{(n')^2}\right). \tag{28}$$

磁场的效应

当考虑磁场的效应时，我们首先将按照拉摩尔定理来假设，当存在场时，氢

432 原子中电子的运动和不存在场时可能的原子中的运动的差别，就在于叠加了一个绕通过核而平行于场的轴线的均匀转动，其频率 ω_H 由公式(3)给出. 由此可得，电子在给定方向上的位移不再由适用于纯周期轨道的(11)这种类型的表示式来表示，而是它的运动将包括三种不同类型的谐振动分量. 一种类型的分量将是频率为 $\tau\omega$ 的平行于场的线性振动，此处 ω 是电子在一个参照系中所描述的周期轨道上的绕转频率，该参照系参加了场所引起的叠加上去的转动. 另外两种类型的谐振动分量将是垂直于场的平面上的圆周转动，其频率分别是 $\tau\omega+\omega_H$ 和 $\tau\omega-\omega_H$；前者的转动方向和所叠加转动的方向相同，而后者的转动方向则和所叠加转动的方向相反. 分别用 ξ 和 η 代表电矩在平行于和垂直于场的方向上的分量，我们就有

$$\xi=\Sigma C_\tau\cos 2\pi(\tau\omega t+\gamma_\tau)$$

$$\eta=\Sigma C_{\tau,\pm1}\cos 2\pi((\tau\omega\pm\omega_H)t+\gamma_{\tau,\pm1}).\qquad(29)$$

于是，原子在场中的运动是一种典型的双周期运动，其基频为 ω 和 ω_H. 因此，按照上节的考虑，定态就将服从两个条件式，它们可以写成

$$I=nh,\ I_H=n_H h.\qquad(30)$$

这里的 I 等于当应用于原子相对于参加叠加转动的那个参照系而言的周期运动时由(13)定义的那个量，而 I_H 则等于 2π 乘上电子绕这一转轴的角动量分量 M. 事实上，很容易看到由叠加转动引起的电子动能的改变量在一级近似下等于 $2\pi\omega_H M$. 因此，既然磁场并不影响原子的势能，两种相邻运动之间的能量差就将由关系式

$$\delta E=\omega\delta I+2\pi\omega_H\delta M=\omega\delta I+\omega_H\delta I_H\qquad(31)$$

来表示；此式和关系式(15)相对应. 同时可以看到，和(14)相对应的条件式

$$\omega I+\omega_H I_H=\bar{A},\qquad(32)$$

是场中原子的任何运动都能满足的. 关于作为 I 和 I_H 的函数的原子总能，我们由(3)和(26)就得到

$$E=-\frac{2\pi^2e^4m}{I^2}+\frac{eH}{4\pi mc}I_H.\qquad(33)$$

将(30)代入，此式就给出定态中的能量表示式

$$E=-\frac{2\pi^2e^4m}{h^2}\frac{1}{n^2}+\frac{heH}{4\pi mc}n_H.\qquad(34)$$

可以很有兴趣地指出，(30)中第一个条件式所表示的那种定态的动力学性

质,可以通过艾伦菲斯特浸渐原理的直接应用来得出. 事实上,正如朗之万*在 433
他的关于原子磁性的著作中所证明的,由于存在感生电力,外磁场的缓慢而均匀的建立将那样影响辏力场中转动电子系的运动,使得它在任一时刻的运动都只和原有运动差着一个具有拉摩尔频率的叠加转动. 另一方面,根据问题的本性,量子条件式(30)中第二个条件式的出现根本不能用建筑在普通的力学概念和电动力学概念上的考虑来加以说明. 确实,这一条件式的出现可以看成下述事实的后果: 外场的存在对原子的运动加上了一个新的基频,并从而引发了支配着定态稳定性的那种未知的量子机制;其结果就是,和未受扰原子的同一定态相对应的各种可能态之间的能量差,将和新频率有一个关系,其种类与单周期体系的定态中的能量和频率之间的关系相同†. 在所考虑的特例中,场对原子所加的附加周期运动具有简谐性;而且指出一点是有兴趣的,那就是,方程(34)右端的等于 $n_H\omega_H h$ 的第二项,和关于谐振子的可能能量值的普朗克原始公式(16)十分类似,唯一的区别就在于,适应着问题的本性,n_H 既可以取正值又可以取负值.

既然电子绕核的角动量 P 所能取的最大值 M_0 显然等于 $I/2\pi$,那么我们就看到,(30)中的第二个条件式就和下列条件式等价:

$$M = \frac{n_H}{n} M_0. \tag{35}$$

由此立即得到,n_H 的数值永远不能大于 n. 我们必须假设,n_H 可以取 ± 1, $\pm 2, \cdots, \pm n$ 中的任一个值,而在这里讨论起来太长的一种考虑则把我们引到了不存在对应于 $n_H = 0$ 的定态的结论. 关于从一个 $n = n'$ 而 $n_H = n'_H$ 的定态到另一个 $n = n''$ 而 $n_H = n''_H$ 的定态的跃迁所发射的辐射的频率,我们利用(4)就得到

$$\nu = \frac{2\pi^2 e^4 m}{h^2}\left(\frac{1}{(n'')^2} - \frac{1}{(n')^2}\right) + \frac{eH}{4\pi mc}(n'_H - n''_H). \tag{36}$$

按照对应原理,这样一个跃迁的出现依赖于一个频率为

$$(n' - n'')\omega + (n'_H - n''_H)\omega_H$$

的谐振动分量在原子电矩中的存在. 回顾一下以上用(29)来表示的关于电子运动的分析,我们首先就看到,正如在未受扰原子的情况中一样,这里也存在 n 的改变为任意个单位的那种跃迁的可能性. 但是,这样的跃迁将不再引起其频率由(28)给出的普通的氢谱线. 相反地,由(36)可以看到,针对这些谱线中的每一条,我们得到若干条成分线,它们对应于量子数 n_H 的可能的同时改变. 这些成分线 434

* P. Langevin, Annales de Physique et de Chimie, 5, p. 70(1905).

† 参阅 Q. L. S., p. 11[本卷原第 77 页].

有三种类型. 在依赖于平行于场的线性谐振动的第一种类型中,n_H 保持不变而成分线在光谱中和原有谱线占有相同的位置. 按照对应原理,对应于这些成分线的辐射将和按照经典电动力学而由作着平行于场的线性谐振动的电子所发射的辐射具有相同的成分. 在依赖于垂直于场的圆周谐和转动的另外两种类型中,n_H 分别减少或增加一个单位,于是我们就针对每一条氢谱线得到两条成分线,它们是对称地排列在原有谱线的两侧的,而且,如果沿着平行于场的方向来观察,它们将显示方向相反的圆偏振.

可以看到,氢谱线塞曼效应的这种诠释,显示了和在第 1 节中讨论了的洛伦兹原始理论的一种形式上的类似性;当我们想到经典动力学的概念和量子论的公设之间的巨大分歧时,这种类似性就实在是惊人的了. 但是,在塞曼效应成分线的相对强度的问题上,量子论对经典电动力学的根本背离却以一种有趣的方式显露了出来. 按照经典理论,这些成分线的强度决定于一个条件,即每一条三重谱线的总的辐射应该并不显示任何可觉察的总偏振,因为原子在场中的取向是没有任何限制的. 另一方面,按照以这种限制的存在为其绝对不可缺少的特点的量子论,我们却应该准备发现每一三重线的总辐射的一个总偏振,即使在弱磁场中也是如此. 这样一种偏振确实已经由塞曼效应的许多研究者记录到了,而且特别有兴趣的就在于指出,特若本伯[*]已经在关于磁场中的阳射线所发射的氢光谱的近期实验中成功地观察到了所讨论的这种总偏振.

电场的效应

在处理均匀电场对氢光谱的影响时,我们的第一个问题就是要检查场对原子的运动的效应. 正如在磁场的情况中一样,我们在这里也遇到周期轨道的微扰问题. 在前一情况中,拉摩尔定理使我们能够立即发觉扰动的特点;但是,在电场的情况中问题却是更加复杂的,因为电场不但引起轨道的空间取向的改变,而且引起轨道的形状的一种连续的变化. 不过,通过微扰理论中的一条普遍原理的运用,问题还是可以有简单的解的.

试考虑一个体系,体系中的每一种运动都是周期性的,而且让我们设想体系受到一个小的外力场的作用. 在这种情况下,运动可被描述成那样一种周期运动,它在每一时刻和未受扰体系的可能运动只相差一些正比于外力强度的小量,而且它同时还在轨道的形状和位置方面经受缓慢的变化,其变化速率也正比于
435 这些力. 运动在很长时间阶段中的这些变化,在天体力学中被称为“久期摄动”;这些变化的研究使我们可以对外场对运动的周期性质的效应有一个直接的洞

* R. v. Traubenberg, Naturwissenschaften, 10, p. 791(1922).

察. 现在，在以上提到的普遍定理中，有一个可供应用的支配着由固定外力场引起的久期扰动的进程的基本定律；这条定律表明，略去正比于干扰力平方的小量，在运动的一个近似周期中计算的体系相对于外场的势能平均值，将在一个时间间隔中保持不变，而那个时间间隔足够长，以致这些力能够引起轨道的形状和位置方面的有限改变. 如果我们进一步假设外力是以均匀速率很缓慢地建立起来的，这个平均值就将在相同的近似程度下代表受扰体系的总能和体系在场被建立以前的原有能量值之差*.

按相反次序考虑受到均匀电场扰动的氢原子的情况，我们通过简单计算就发现，原子相对于场的势能的平均值，和电子位于长轴上一点处而该点按 3∶1 的比例分割从核到另一焦点的距离时的势能相同. 这个点可以叫做轨道的“电心”，而上述普遍定理的一个直接推论就是，在久期扰动期间，这一电心将在一级近似下在一个垂直于外电力方向的平面上运动. 现在，通过简单地考虑外场引起的电子绕核的角动量的久期改变量，很容易对轨道电心在它的平面上的久期位移进行更仔细的检查；这种检查证明，电心是作纯谐振动的，而且一般是做椭圆谐振动的，其椭圆位置对通过核并平行于外力的轴线为对称. 而且，这一振动的频率不依赖于电子轨道的形状和取向，而只依赖于针对周期轨道由(13)来定义的 I 这个量，而略去正比于外力的小量，这个量在扰动期间当然将保持不变. 用 ω_F 代表频率，我们就有

$$\omega_F = \frac{3I}{8\pi^2 em}F, \tag{37}$$

式中 F 是电场强度†.

在开始确定定态以前，我们将检查一下这些结果和电子运动按谐振动分量的分解之间的关系如何. 为此目的，试考虑相对于一个参照系的运动，该参照系绕着体系的轴线按照和电心转动相同的方向以等于 σ 的频率进行均匀的转动. 由于电心运动的简谐性，这显然可以描述为一个周期轨道上的运动，该轨道的形状和位置将按照等于 2ω 的频率而发生变化. 这样的运动将是双周期性的，其频率为 ω_1 和 ω_2；此处 ω_2 可以看成等于 $2\omega_F$，而 ω_1 则等于从一个近核点到下一个近 436
核点计算的电子在其近似周期轨道上的平均绕转频率；这个频率在所用的参照系中显然等于电子绕轴线的平均绕转频率. 因此，运动可以看成频率为 $\tau_1\omega_1 + \tau_2\omega_2$ 的一些椭圆谐振动的叠加，此处 τ_1 和 τ_2 是整数. 现在回到固定参照系，运动可以分解成平行于轴线而频率为 $\tau_1\omega_1 + \tau_2\omega_2$ 的一个线性谐振动序列，和绕轴线

* Q. L. S., p. 46[本卷原第 112 页].

† Q. L. S., p. 73[本卷原第 139 页].

的频率为 $\tau_1\omega_1+\tau_2\omega_2\pm\omega_F$ 的两个圆周谐和转动序列. 现在让我们引入两个量 ω 和 ω_F 来作为受扰运动的基频,此处 ω 是电子绕轴线的平均绕转频率,从而等于 $\omega_1+\omega_F$ 或 $\omega_1-\omega_F$,视电心和电子本身沿相同或相反方向绕轴线转动而定. 于是,用 ξ 代表平行于轴线的电子位移,我们就得到

$$\xi=\Sigma C_{\tau,\tau_F}\cos 2\pi[(\tau\omega+\tau_F\omega_F)t+C_{\tau,\tau_F}], \tag{38}$$

式中等于 $2(\tau_1+\tau_2)$ 或 $2\tau_2$ 的 $\tau+\tau_F$ 永远是一个偶整数,同理,对于垂直于轴线的一个位移 η,我们有

$$\eta=\Sigma D_{\tau_\omega,\tau_F}\cos 2\pi[(\tau\omega+\tau_F\omega_F)t+d_{\tau,\tau_F}], \tag{39}$$

式中等于 $2(\tau_1+\tau_2)\pm1$ 或 $2\tau_2\pm1$ 的 $\tau+\tau_F$ 永远是一个奇整数.

这种双周期运动的定态将由两个量子条件来确定,它们可以写成

$$I=nh,\ I_F=n_Fh, \tag{40}$$

式中 I 和 I_F 这两个量通过下列方程来和体系总能及作用量函数来联系:

$$\delta E=\omega\delta I+\omega_F\delta I_F \tag{41}$$

$$\omega I+\omega_F I_F=\bar{A}, \tag{42}$$

它们和条件式(22)及(23)相对应. 暂时考虑电子在垂直于轴线的平面上沿圆形轨道而运动的这一特别简单的情况. 对于这种轨道,只要关心的是正比于外力的量,则 E 和 A 对 ω 的依赖关系显然和适用于简单开普勒运动的相同. 因此,由(41)和(42)可知 I_F 在这一情况中等于零,而 I 则和针对单周期轨道由(13)定义的那个量相重合. 既然 ω_F 在一级近似下只依赖于 I,我们由这一结果就推得受扰原子的普遍能量表示式如下:

$$E=E_0(I)+\omega_F I_F, \tag{43}$$

式中 $E_0(I)$ 代表写成 I 的函数的简单开普勒轨道的能量. 因此,我们由(26)和(37)就得到

$$E=-\frac{2\pi^2e^4m}{I^2}+\frac{3II_F}{8\pi^2em}F. \tag{44}$$

量子条件式(40)中第二式的运动学意义,可以直接由关于多周期体系量子
437 条件式的浸渐不变性的普遍定理得出. 事实上,根据关于外场的缓慢建立的考虑,按照第 291 页[本卷原第 435 页]上的普遍定理就得到,由场引起的原子能量的改变量等于 ζeF,此外 ζ 是从电心到一个平面的距离,该平面通过核而垂直于轴线. 在轨道退化成一条和场的方向相平行的直线的极限情况,最大值 ζ_0 等于 $3a/2$,式中 $2a$ 是开普勒轨道的长轴,它对 I 的依赖关系由(26)中的最后一式来

表示. 因此,和(44)中的最后一项相比较,我们就得到一个简单关系式

$$\zeta=\zeta_0\frac{I_F}{I}. \tag{45}$$

这一关系式对 n_F 在和给定的 n 值相对应的各定态中所能取的值加了一种明显的限制. 我们得到结论,n_F 可以取 0, ±1, ±2, …, ±(n−1) 中的任何值,而极限值 $\pm n$ 则由于对应运动的奇异性而必须加以排除.

联系到态关系式(40),指出一点仍然是有兴趣的,那就是,正如当加了磁场时的情况一样,第二个量子条件保证了场加在原子上的附加基频 ω_F 和原子相对于场的能量可能值之间的一个关系,这是和普朗克振子的能量可能值的公式(16)完全类似的. 这种说法表明了场对原子定态的影响问题的物理的一面. 几乎用不着强调,不论是在考虑磁场的效应时还是在考虑电场的效应时,把处理方法建筑在浸渐原理对场的缓慢建立问题的应用上都是不够的;这可以从一件事实直接看出,即当不存在场时原子在空间中的取向是完全自由的.

现在进而考虑电场对氢谱线的效应,我们由(40)和(44)就得到原子定态中的能量表示式

$$E=-\frac{2\pi^2e^4m}{h^2}\frac{1}{n^2}+\frac{3h^2F}{8\pi^2em}nn_F. \tag{46}$$

利用普遍频率关系式,由此即得,对于从 $n=n'$ 而 $n_F=n'_F$ 的态到 $n=n''$ 而 $n_F=n''_F$ 的态的跃迁所发射的辐射,有

$$\nu=\frac{2\pi^2e^4m}{h^3}\left(\frac{1}{(n'')^2}-\frac{1}{(n')^2}\right)+\frac{3hF}{8\pi^2em}(n'n'_F-n''n''_F). \tag{47}$$

按照对应原理,这种跃迁的发生是以频率为 $(n'-n'')\omega+(n'_F-n''_F)\omega_F$ 的一个谐振动分量在原子电矩中的存在为其条件的. 因此,将这一点和我们对场中运动的分析相比较,我们就被引导着作出这样的推测:氢谱线劈裂而成的每一条光谱成分线都将显示那样的偏振,即 $(n'-n'')+(n'_F-n''_F)$ 为偶整数的一切成分线都显示平行于场的线偏振,而 $(n'-n'')+(n'_F-n''_F)$ 为奇整数的那些成分线则将显示沿垂于场的方向的特征偏振. 这些结果得到了斯塔克实验的充分证实;不 438
但针对每一条氢谱线观察到的各条成分线的位置可以在实验误差范围之内用公式(47)来说明,而且各成分线的偏振也被发现是和上述法则相一致的*. 再者,通过建筑在对应谐振动的振幅计算上的关于引起不同成分谱线的跃迁几率的理论估算,甚至也已经能够详细说明不同成分线的强度分布规律,这种规律从一条

* Q. L. S. ,p. 77[本卷原第 143 页],并参阅 Zs. für Phys. ,2,p. 446(1920).

谱线到另一条谱线是显示着很大的不同的.后一问题曾由克喇摩斯在一篇论文中处理过,该文包括联系到对应原理对谱线强度问题的彻底讨论[†].

注意到这些结果,我们可以说,当适当地加以诠释时,氢谱线的斯塔克效应揭示了电场对氢原子运动的作用的每一细节.但是,和塞曼效应不同,我们在光谱中观察到的电子运动的映象是大大畸变了的,以致在我们关于电磁辐射起源的普通概念的基础上曾经几乎无法认识它.与此同时,量子论对经典电动力学的根本背离也以一种最突出的方式在斯塔克[††]所记录的效应的一个特点中显现了出来.尽管在通常条件下每一氢谱线的成分线显示对原有谱线位置的完全对称性,当光谱在那样一种条件下被激发,使得原子主要受到沿着和电力相同或相反的方向运动着的电子的碰撞时,就观察到一种显著的不对称性.事实上,在后一种条件下,位于原有谱线长波一侧的那些成分线分别比短波一侧的成分线强得多或弱得多.按照量子论,这种观察结果可以得到直截了当的诠释,如果我们假设:在这样的条件下,电心运动平面沿着入射电子运动的方向而远离核的几率要比沿相反方向移动的几率大得多.所考虑的效应曾经常常被认为对斯塔克效应的量子论解释作出了严重的反驳[§].但是我们看到,相反地,它却必须看成关于导致不同成分谱线的出现的那些过程的完全独立性的最直接证据;而按照我们的公设,这种独立性恰恰就是光谱量子论的一种本质性的特点[‖].

电场和磁场的联合效应

以上用到的这些考虑,可以直接应用到更加复杂的问题上去.当我们考察均匀电场和均匀磁场对氢谱线的联合效应时,就出现一个这样的问题.

439 在两个场互相平行的情况,原有周期运动的扰动将是以上分别在两种场的情况中所考虑的那些扰动的简单叠加,从而各定态显然将由三个条件式来确定

$$I = nh,\ I_H = n_H h,\ I_F = n_F h. \tag{48}$$

此处确定着电子绕体系轴线的角动量的第二个条件式,以及确定着轨道电心在上面运动的垂直于该轴线的那一平面的位置的第三个条件式,都在每一个方面分别和(30)及(40)中的附加量子条件式完全类似.因此,定态中的原子能量将由下式给出:

---

† H. A. Kramers, Intensities of Spectral Lines, D. Kgl. Danske Vidensk. Selsk. Skrifter, 8, 3, 287 (1919).

†† J. Stark, Ann. d. Physik., 56, 569(1918).

§ 参阅 J. Stark, Jahrbuch d. Ra. u. El., 17, p. 161(1921).

‖ 参阅 N. Bohr, Phil. Mag., 30, p. 402(1915);并参阅 A. Rubinowiz, Zs. f. Phys., 5, p. 331 (1921).

$$E=-\frac{2\pi^2 e^4 m}{h^2}\frac{1}{n^2}+\frac{ehH}{4\pi mc}n_H+\frac{3h^2F}{8\pi^2 em}nn_F. \tag{49}$$

另外,由对应原理直接可得,这些场的效应将在于每一条氢谱线的分解:部分地分解为一组平行于场而偏振的成分线,它们位于当磁场不存在时斯塔克效应平行成分线所将出现的位置上;部分地分解为沿相反方向显示圆偏振的两组成分线,其位置对斯塔克效应垂直成分线为对称,其分布方式和普通塞曼效应的圆偏振成分线对原有谱线的分布方式相同[*].

理论的这一推论似乎得到了实验的适当支持[†].

在许多关于塞曼效应的实验中,我们都涉及一些小电场的微扰效应,它们具有垂直于磁场方向的分量. 这一效应可以通过把合运动看成只存在磁场时的运动的一种微扰运动来加以讨论,从而问题可以用和以上应用于周期运动的扰动中的方法密切类似的方法来加以处理. 在现有情况中可以证明,在一级近似下,电力将不会引起新基频在周期轨道的久期变动中的出现;而且这个场也不会——只要所关心的是正比于电场强度的那些量——对原子在定态中的能量发生任何效应. 不过,这个场的存在却将引起新的谐振动的出现,它们的振幅正比于场强,它们的频率等于只存在磁场时出现在原子中的两个频率的和或差. 按照对应原理,这就除了对应于普通塞曼效应成分线的跃迁几率以外,还会引起出现新型跃迁的一些小几率. 因此,除了引起普通成分线的偏振方面的不规则性以外,还可以预期电场引起新的弱成分线的出现,它们到原有谱线的距离等于正常效应的外侧成分线的距离的两倍. 这样的效应已经实际地被观察到了[**]. 440

在结束我们关于外场对氢光谱的效应的考虑以前,可能有兴趣的是简略地描述一下此处给出的处理和第Ⅳ节中提到的那些作者在他们关于氢谱线的斯塔克效应和塞曼效应的原始研究中所用方法之间的差别. 这些方法是主要建筑在所谓分离变量的手续上的;这种手续在每一种情况中都不可避免地导致一些量子条件,其数目等于体系的自由度数. 但是,正如我们已经看到的,适于阐明问题的物理一面的一种关于电场和磁场对氢谱线的效应的处理方式,可以利用为数较少的、其数目等于体系的周期度的一些量子条件来给出. 对于使用较多量子条件的主要反对意见就在于,通过它们的应用,并不能揭示所考虑的光谱现象的内在稳定性. 事实上,这些条件意味着原子运动的某些性质的形式上的确定,而这些性质和我们的处理方式所确定的性质不同,它们当出现仍然小得不足以显著

---

* Q. L. S., p. 92[本卷原第 158 页].

† Garbasso, Phys. Zs., 15, p. 729(1914).

** Q. L. S., p. 98[本卷原第 164 页].

影响光谱的外力时是不稳定的. 除此以外,分离变量法的适用范围也比较小. 例如,当把电子质量的可变性的影响考虑在内时,就能看到这一点;这种影响在以上的分析中曾经为了简单而被略去. 正如索末菲[†]所证明的,氢谱线的精细结构问题,以及磁场对这种精细结构的效应,可以通过分离变量来处理. 但是当我们处理电场对精细结构的效应问题时,情况就不同了. 在这一情况中,运动具有很复杂的本性,以致找不到任何一组可以用于分离变量的广义坐标. 另一方面,正如克喇摩斯[††]所证明的,通过把运动看成一种受扰的周期运动并检查久期扰动的周期性质,问题却可以成功地加以处理. 用这种办法,能够追索氢谱线精细结构的变换中的细节,这种变换是和电场从很小的强度到普通斯塔克效应实验中所用的那种数量级的强度的逐渐增大相伴随的;在斯塔克效应中,电子质量的可变性的效应只起很小的作用. 能够使这些理论预见得到检验的实验,将是有巨大兴趣的.

Ⅵ. 外场对多电子原子所发射的光谱的效应

尽管它们具有巨大复杂性,许多元素的所谓线系光谱却和氢光谱显示明显的类似性. 按照光谱的量子论,这是用一条假设来说明的,那就是,在这些光谱的发射所涉及的那些定态中,原子内各电子中的一个电子是在比其他电子离核远
441 得多的地方运动的. 至少在它的轨道的一大部分上是如此. 按照这种看法,各谱线是在那样一些跃迁过程中被发射的,在这些过程中只有这个电子的运动发生重大变化,而其他电子的轨道则相当接近地和它们在原子正常态中的轨道相重合. 正如氢光谱可以认为证实着一个过程,即电子被核所束缚而形成中性原子时所经历的那个过程一样,另一种元素的这种类型的线系光谱也可以认为证实着一个过程的最后阶段,通过这种过程,各电子在核的场中逐个被俘获和被束缚而形成原子. 时间不允许我在这儿详细论述通过这种观点的运用而已经能够在原子构造的一般特点方面得到的结果[*]. 我将只限于指明,这些关于线系光谱起源的想法怎样使我们能够说明这些光谱的结构的某些主要特点,也能够说明电场和磁场对这些光谱中各谱线的效应.

只要离核的距离远大于较内电子的轨道线度,原子的其余部分对较外电子所作用的力就将很接近地和一个带有单位电荷的核所作用的力相重合. 因此,在

† A. Sommerfeld, Phys. Zeitschr., 17, p. 497(1916).

†† H. A. Kramers, Zeitschr. f. Phys., 3, p. 199(1920).

* 参阅 The Theory of Spectra and Atomic Constitution, Camb. Univ. Press(1922);书中包括三篇文章,其中前两篇以普遍方式处理了本演讲中的以上各节所考虑的问题,而第三篇则给出了原子构造理论的详细讨论. 并参阅我的论文 Linienspectren und Atombau (Ann. d. Physik, 71, p. 229, 1923),文中包括关于光谱诠释的更详细的说明,并附有完备的参考文献.

较外电子永远停留在较内电子的运动区域以外的情况下，它的运动就可以看成一种经历着缓慢久期扰动的开普勒运动，从而就和外场影响下的氢原子中的运动类型颇为相同. 在较外电子在其运行期间有时透入较内区域的情况下，它的运动将包括一系列较外的圈线，其中每一段圈线都和一个开普勒椭圆的一部分密切重合，并且通过一段较内的轨道圈线而和下一段较外圈线相连接，在那些较内圈线上，运动可以和开普勒运动相差甚大.

原子结构的内在稳定性——这是由原子和自由电子的碰撞实验如此突出地揭示了出来的——首先就使我们想到，这种对较内区域的透入并不引起较外电子和原子其余部分之间的能量交换；其意义就是，对于同一个电子轨道来说，不同的较外圈线将和对应于同一氢原子能量值的椭圆的一些部分密切重合. 而且，有核原子中电子排列的普遍的中心对称性就使我们想到，相继的圈线将在一级近似下具有相同的形状，而且在轨道平面上是相互之间隔着相同的角度的. 这就表明，运动可以看成叠加了一个轨道平面上的均匀转动的平面周期运动；这种描述可以假设为在一级近似下适用于较外轨道，而不论它是否透入较内区域. 在这种运动上，还可以叠加一种轨道平面绕着原子角动量的不变轴线的缓慢旋进.

这种类型的运动的按谐振动的分解，可以简单地进行如下. 在一个参加着轨
道在其平面上的转动以及轨道平面的旋进的参照系中，电子的运动将由频率为 442
$\tau\omega$ 的一系列椭圆谐振动所组成，此处 τ 是整数而 ω 是绕转频率. 可以看到，作为轨道在它的平面上均匀转动的结果，这些振动中的每一个振动都将分解成两个沿相反方向的圆周谐转动，其频率为 $\tau\omega \pm \omega_R$，此处 ω_R 是轨道转动的频率. 正如在塞曼效应的考虑中一样，由于轨道平面的旋进，其中每一个转动都将分解为一个以未变动的频率而平行于固定轴线进行的线性谐振动，以及两个沿相反方向进行的圆周谐转动，其频率增大或减小一个旋进频率. 用 ω_P 代表这个旋进频率，我们由此就发现较外电子在平行于和垂直于固定轴线的方向上的位移可以分别写成

$$\xi = \Sigma C_{\tau, \pm 1} \cos 2\pi[(\tau\omega \pm \omega_R)t + \gamma_{\tau, \pm 1}],$$

$$\eta = \Sigma D_{\tau, \pm 1, \pm 1} \cos 2\pi[(\tau\omega \pm \omega_R \pm \omega_P)t + \delta_{\tau, \pm 1, \pm 1}]. \tag{50}$$

仿照关于周期体系和多周期体系的态关系式的普遍理论，我们将假设定态中较外电子的运动由一组条件式来确定，它们可以写成

$$I = nh,\ I_R = n_R h,\ I_P = n_P h. \tag{51}$$

式中 I、I_R 和 I_P 这些量是通过关系式

$$\delta E = \omega \delta I + \omega_R \delta I_R + \omega_P \delta I_P \tag{52}$$

来和较外电子的三周期运动的各个基频相关联的;这一关系式涉及原子的两个态,对于它们来说,各个较内电子的轨道保持它们的形状和相对位形,而较外电子轨道的形状和相对于较内轨道的取向则稍有不同.

既然较外轨道离开开普勒椭圆的扰动几乎完全出现在近核点附近的区域中,而电子停留在那里的时间只占经过轨道圈线所需周期的一小部分,那么这一周期就将在很高的近似程度下等于描绘较外圈线形成其一部分的那一开普勒椭圆所需的周期.因此,在这种近似下,我们就有

$$\delta E = \omega \delta I_0, \tag{53}$$

式中 I_0 是当应用于这一椭圆时由(13)定义的那个量.因此,将(52)和(53)相对比,我们就可以写出

$$I_0 = I + \Phi(I_R,\ I_P), \tag{54}$$

式中 Φ 是 I_R 和 I_P 的函数,并满足关系式

$$\omega \delta \Phi = \omega_R \delta I_R + \omega_P \delta I_P. \tag{55}$$

由此可得,在所考虑的近似下,比值 ω_R/ω 和 ω_P/ω 都不依赖于 I.现在,关于把较外电子从原子取走时所需的功,我们按照(26)就得到

443

$$W = \frac{2\pi^2 e^4 m}{I_0^2} = \frac{2\pi^2 e^4 m}{(I + \Phi)^2}. \tag{56}$$

为了简单写出 $E = -W$,我们参照(51)就得到定态中的能量

$$E = -\frac{2\pi^2 e^4 m}{h^2} \cdot \frac{1}{[n + \alpha(n_R,\ n_P)]^2}, \tag{57}$$

式中 α 代表 Φ/h.这一公式立即可以说明所考虑的光谱的线系结构.事实上,每一线系中各谱项的经验表示式在一级近似下恰好具有和(57)式相同的形式,如果 α 被看成每一线系所特有的恒量并赋予 n 以一系列相继的整数值的话.换句话说,每一线系的谱项都可以和一些定态联系起来,这些定态对应于"主"量子数 n 的一系列整数值和"辅"量子数 n_R 及 n_P 的恒定值.

以上这些考虑都不依赖于我们关于较外电子轨道对开普勒轨道的偏差的特殊假设,也不依赖于 I_R 和 I_P 这两个符号的动力学意义.但是,应用和(32)相类似的一个关系式就可以简单地证明,在所用的关于扰动特点的假设下,$2\pi I_R$ 就将是较外电子绕核的角动量,而 $2\pi I_P$ 就将是整个原子绕固定轴线的合角动量.在这种结果的基础上,已经得出了所有谱项的一种详细分类法,即把每一系列广义的"谱项"和一个给定的 n_R 值联系起来,而这些谱项的多重结构(双重项,三重

项，等等）则通过把每一个谱项“成分”和一个给定的 n_P 值相联系来加以说明. 这种主要归功于索末菲的分类法，曾经从对应原理的应用那里得到最令人信服的支持. 按照这一原理，从一个由 n'、n'_R、n'_P 来表征的定态到另一个由 n''、n''_R、n''_P 来表征的定态的跃迁的发生，以一个频率为 $(n'-n'')\omega+(n'_R-n''_R)\omega_R+(n'_P-n''_P)\omega_P$ 的成分谐振动在运动中的存在为其条件. 因此，注意到由(50)来表示的对运动的分析，我们就得到结论：对于给定的跃迁，虽然 n 可以改变任意个单位，n_R 却只能增加或减少单独一个单位，而且 n_P 也只能保持不变或改变一个单位. 经验谱项集合的分类法确实曾经适当完成，以使这些理论上的组合法则得到满足.

现在当进而考虑电场和磁场对线系光谱的效应时，我们就发现，曾经在分析氢光谱情况中的这些效应时指导了我们的同样那些原理的应用，将引导我们做出已经在很大程度上得到证实的一些理论预见.

在电场的情况，我们立即遇到和在氢的情况中遇到的条件的一种典型差别. 由于氢中电子轨道的周期性，外场将由于久期扰动效应的积累而引起轨道形状和轨道位置的有限改变. 另一方面，在其他元素的线系光谱所涉及的运动中，我 444
们在未受扰原子中就遇到一个电子轨道，它在空间位置方面不断发生有规则的改变，这种改变的类型把扰动的积累效应限制在一个时间间隔中，它在数量级上和这些位置改变所特有的周期相同. 只要这些周期远小于同一个场将引起的同线度纯开普勒轨道的那些变化的周期，运动的特点就将只发生很小的周期性变化，从而就不会显著地存在由一个正比于外力一次方的新频率来表征的久期扰动. 因此，在除氢以外的各元素的线系光谱的情况，就根本谈不到谱线劈裂为位移正比于场的成分线的问题，至少当所涉及的谱项和具有相同主量子数的氢谱项之差是一个远大于同一场对氢谱项的效应的量时是如此的. 在这种情况下，谱线的任何分解或位移都将和电力的二次方成正比，而且所涉及的谱项和氢谱项相差越大，这种效应就将越小；按照(55)和(56)，这种偏差确实就给出关于轨道空间位置的变化频率的一种量度.

这些理论预见得到了斯塔克和其他研究者的实验的完全证实；这些实验表明，和存在于氢中的效应同数量级的电场对谱线的效应，只有对所涉及两个谱项中至少有一个和量子数相同的氢谱项密切重合的那种谱线才会出现；而对于两个谱项都和氢谱项相差颇大的那种谱线，效应即使能够测量也是很小的.

电场对谱线的影响，不论是在理论预见方面还是在它们的实验验证方面，都是可以详细追寻的. 但是，在这里更进一步地讨论这些问题就将使我们走得太远. 不过，我将提到斯塔克实验所显示出来的一个很重要的特点，就是在场的影响下的新组合谱线的产生. 这一现象可以从理论得到直截了当的解释. 事实上，虽然正如所提到的那样电场在一级近似下并不改变电子运动的类型，但是，由于扰动，运动中却将出现新的成分谐振动，其振幅正比于电力，而其频率等于出现在未受扰运动中的一些谐振动的频率之和或差. 由于这些与声学中众所周知的"结合音"相类似的新的振动，除了当存在场时引起普通谱线的那些跃迁以外，原子还会有一些引起新谱线的新跃迁的可能性，新谱线的频率将等于出现在未受扰光谱中的那些谱线的频率之和或频率之差*. 从能够到手的实验资料来看，这些预期不论是在新谱线的位置方面还是在按照对应原理估算的它们的强度方面
445 都得到了证实. 这种"真正"组合谱线的观察，曾经被普遍地认为属于组合原理的最有力支持之列，尽管与此同时，它们的出现与否的表观难测性在这一原理的应用上罩上了一层神秘的面纱. 但是，今天已经看出，量子论不但已经给组合原理提供了一种形式上的诠释，而且也对澄清围绕着它的应用的那种神秘性作出了实质性的贡献.

当随后考虑均匀磁场的效应时，我们发现电动力学定律的应用和对应原理一起将导致很简单的推论. 事实上，完全不依赖于不存在场时的电子运动的特点，我们按照拉摩尔定理就应该预期场的效应将简单地在于叠加上整个原子绕平行于场的轴线的一个均匀转动. 正如在氢的情况中一样，叠加上去的转动将引起一个新的量子条件的出现，其结果就是只有原子相对于场的那样一些取向才是可能的，在这些取向下原子总角动量的平行于场的分量等于 $h/2\pi$ 的整数倍. 再者，按照对应原理，叠加转动对当不存在场时的原子运动中每一成分谐振动的效应，将使每一条谱线分解成正常的洛伦兹三重线.

但是，正如在演讲开始时已经提到的，这些理论预见只是部分地得到了证实. 尽管一切由单谱线构成的光谱都确实显示正常效应，但是，如所周知，类型更复杂的线系光谱却显示所谓反常塞曼效应. 按照对应原理，这可以看成下述情况的证明：和经典电动力学定律相反，对于这样的光谱来说，磁场不但将影响整个原子的运动，而且将直接影响原子中不同电子之间的相互作用. 这一点特别清楚地由反常塞曼效应在场强增加时那种逐渐发生改变的方式表现了出来，这种改变是由帕邢和贝克所首先观察到的，而且也由同一些作者所观察到的当存在磁场时新成分线在谱线的多重结构中的出现表现了出来**. 后一现象可以认为和当存在外电场时新谱线的出现完全类似. 同时，这些效应清楚地表明，磁场并不直接影响运动的那些性质，它们是既由主量子数 n 又由辅量子数 n_R 来确定的. 这也是令人满意的，因为不但轨道圈线的近似的开普勒特点，而且还有这些圈线在它们的平面上的转动，都只依赖于一条简单假设，即原子的其余部分对较外电

---

* 参阅 Q. L,S. ,p. 36 及 p. 108.

** F. Paschen und E. Back, Ann. d. Phys. ,39, p. 897(1912), 及 Physica, 1, p. 261(1921).

子的运动所起的效应近似地和辏力场的效应相一致. 另一方面，由量子数 n_P 来
确定的运动的性质却直接涉及较内电子轨道的位形的动力学特点，而且可以看
成主要表示着较外电子和原子残骸之间的较细致的相互作用. 注意到以上的考
虑，反常塞曼效应就使我们想到，相互作用的这些特点甚至在一级近似下都不能
用经典电动力学定律来描述. 确实，只有从这种观点来看，拉摩尔定理在这些情 446
况中的垮台才似乎是可以理解的；从而，线系光谱多重结构的其他特点也定而不
移地指向这一结论，也才是最令人满意的*.

检查这一问题的一个最发人深思的线索，可以认为是由在演讲开始时提到过的普瑞斯顿法则所提供的，也可以认为是由首先由荣芝建立的关于反常效应和正常效应的成分线位移之间的简单数值关系的法则所提供的. 在这方面，近来朗德曾经迈出了具有重大意义的一步；他已经做到根据经验法则来导出支配着给定谱项在磁场影响下劈裂为若干成分谱项的那种劈裂方式的普遍定律，并导出这些成分谱项互相组合以得出所观察到的谱线分解的那种组合方式†. 我们希望这些美好的结果将有助于解决关于原子中的电子相互作用的那些仍未解决的秘密. 在这方面已经作了一些巧妙而有启发性的尝试，但是一种满意的解答却还几乎不是指日可待的. 正如前面所指出的那样，这样一种解答或许将要求对于经典观念的更大的背离，即使它能够被指望和关于原子稳定性及原子所发射的辐射的普遍想法相容，而这些想法的阐述就是这篇演讲的主要目的.

---

* 参阅 N. Bohr, Ann. d. Phys., 71, p. 277(1923).

† A. Landé, Zeitschr. f. Phys., 5, p. 231(1921); 15, p. 189(1923).

XVI. 论量子论的选择原理

(Phil. Mag. **43** (1922) 1112*)

* [见引言第 20 节.]

448

论量子论的选择原理

——致《哲学杂志》编辑部

诸位先生：

在贵刊四月号上发表的一篇题为“选择原理的一个重要例外”的短文中，P·D·福提、F·L·摩勒尔和W·F·麦格尔斯描述了关于激发钾电弧光谱的谱线的一些有趣的实验，并且得出结论认为这些实验的结果带来了对一些普遍原理的怀疑，而线系光谱的规律正是按照这些原理而在量子论的基础上加以诠释的. 但是，我将试图简略地解释一下，所谈的结果似乎并没有给这种结论提供充分的依据.

按照量子论的想法，钾电弧光谱这样的光谱的每一条谱线，都是在许多定态之中的两个定态之间的跃迁过程中由原子所发射的；在这些定态中，有一个电子在一个轨道上运动着，其轨道线度远大于原子中其他电子的轨道线度，那些其他电子和核一起，可以说形成较内体系. 在一级近似下，较外电子的轨道将是一个平面有心轨道，可以描述成在一个平面周期轨道上叠加了轨道平面上的一种均匀转动. 因此，在较外电子的定态中，运动在一级近似下是按照众所周知的方式用两个量子数来确定的，这两个量子数可以用 n_1 和 n_2 来代表. 其中 n_1 涉及关于
449 电子的径向运动的某一条件，而 n_2 则通过角动量等于 $n_2h/2\pi$ 这一条件来确定电子绕轨道中心的角动量. 这些数被假设为和各个谱项适当联系着，使得我们当在每一谱项序列中从一个谱项过渡到其次一个谱项时，n_1 就增加一个单位，而 n_2 则在每一谱项序列中保持恒定，并当我们从 S 谱项过渡到 P 谱项、从 P 谱项过渡到 D 谱项等等时就增加一个单位. 但是，这种谱项分类法只在大体上适用于电弧光谱的结构. 为了说明各谱线的多重结构（双重线，三重线），就要求定态集合的一种更高程度的复杂性. 这种复杂性被假设为起源于由较内体系对中心对称性的微小背离所引起的较外电子运动的复杂性，这种背离会使较外电子的轨道平面绕着和原子角动量的轴线相重合的轴线而发生缓慢的旋进. 由于运动的这一复杂性，在定态的确定中就将出现第三个量子数 n_3，它通过原子的合角动量等于 $n_3h/2\pi$ 这一条件来确定较外电子轨道平面相对于较内体系的轴线的取向. 这第三个量子数和谱项集合的多重性相互联系着，使得和相同的 n_1 值及

n_2 值相对应的一组多重谱项中的各个成分谱项由不同的 n_3 值来互相区别.

喏,所谓选择原理起源于有关对于定态间跃迁可能性的限制的那些考虑.这种考虑是建筑在类型完全不同的两种论证上的.一种论证依据的是所谓**对应原理**;按照这一原理,引起一个简谐波列的发射的二定态间跃迁的可能性,要到某一"对应"谐振动成分在原子运动中的存在中去找.对于上述这种类型的原子定态,这种论证导致了下述结论:尽管对量子数 n_1 的改变并无任何限制,数 n_2 在一次跃迁中却永远必须改变一个单位,而数 n_3 则或是改变一个单位,或是保持不变.另一种论证来自这样的事实:在某些情况中,可以根据辐射过程中的**角动** 450
量守恒的条件来排除某些定态之间的跃迁.对于所考虑的这一问题,这就导致量子数 n_3(前已提到,它是和原子的合角动量直接有关的)在一次跃迁中的改变不能超过一个单位的结论,而根据这种论证却不能得到关于量子数 n_1 和 n_2 的限制的任何直接信息.

至于这些结论和实验的对比问题,我们关于谱线多重结构的起源的认识目前还很难说已经发展得足以在量子数 n_3 的详尽诠释方面提供确切的验证,并从而对选择定则提供确切的验证,以使这些定则都能建筑在角动量守恒的考虑上.目前的主要问题也就是上述短文中的实验所处理的问题,也就是关于量子数 n_1 和 n_2 的改变量的检验问题,而各谱项在一级近似下就是依赖于这两个量子数的.现在,以前的关于线系光谱的激发的实验资料,似乎令人信服地支持了从对应原理得出的结论,即在发光原子不受外界因素影响的情况下,只有和 n_2 相差一个单位的那种谱项组合相对应的谱线才能出现.这可以认为是一个很重要的结果,因为我们可以说,第一次对谱线组合的基本原理提供了一种简单诠释的量子论,同时也仿佛消除了一种神秘性;由于所预言的组合谱线在出现与否方面的表观难测性,这种神秘性一直是附属在组合原理的应用上的.特别值得注意的是量子论对斯塔克及其合作者们观察到的某些新线系的出现所提出的简单诠释;这些新线系在普通情况下并不出现,而当发光原子受到强外电场的作用时就被激发.事实上,按照对应原理,这一点可以根据检查较外电子运动中的扰动来直截了当地加以诠释,这种扰动——除了已经出现在简单有心轨道中的那些谐振动以外——将在运动中引起若干新型的谐振动成分,其振幅正比于外力的强度. 451
像人们时常做的那样把这种效应叫做选择原理的"破坏",是一种不会显得多么合适的术语,如果注意到对所考虑的现象能够做出的那种理论诠释的性质的话.

在这封信的开头处提到的短文中发表了的那些新实验中,曾经采取了措施来把发光原子从加在放电管上的电压所引起的外电力的效应中屏蔽开.尽管有这些措施,却仍然发现在某些条件下观察到的光谱除了普通的钾弧光谱线以外还包含一些和两个谱项的组合相对应的谱线,对于这些谱项来说,n_2 之差是两个单位，而且它们和上面提到的当发光原子受到强电场作用时出现的那些新线系相对应.这种观察结果被作者们说成选择原理的重要例外，因为这些谱线的出现显然不能由产生普通斯塔克效应所要求的同一类型的外场来引起.但是，根据实验条件的进一步检查将可看到，观察结果不是反证而是支持理论的.首先我们发现，所谈的谱线只有当在仪器中通过很强的电流时才会出现，而当电流密度较小的放电通过管子时这些谱线却并不出现.例如，当理论所要求的原子不受外界因素干扰的条件得到最高程度的满足时，简单选择定则的任何例外都没有被观察到，这就表明新谱线当电流密度较大时的出现是由某种影响着原子中电子的普通运动的因素所引起的.寻求一下这样的效应就会发现，恰好是由于对外力的屏蔽作用，所描述的实验装置就特别有利于观察光谱所用的放电管区域中的离子积累：这是各位作者自己已经作为新谱线起源的可能原因而偶然提到的一种效应.不掌握比文中提供的更详细的关于仪器尺寸和结构细节的资料，就不可能
452 对于在实验条件下可能出现过的离子密度作出准确的估计；但是，一种粗略的计算已经显示出很大的可能性，即发光原子所曾受到的由邻近的离子和自由电子所引起的场，曾经和为使新谱线以所观察到的强度出现而由量子论所要求的场具有相同的数量级.必须特别指出，这些场的强度很容易比作为所加电压的直接后果而出现在仪器的未屏蔽部分的那些电场的强度大若干千倍.

总的看来，建筑在量子论上的线系光谱理论似乎能够以普遍的方式说明实验资料；特别说来，组合谱线在不同实验条件下出现时的那种相对强度，可以不被看成给理论带来了严重困难，而被看成提供了考察发射光谱时所处条件的一种手段.例如，考察组合谱线的出现，或许可以提供估计放电管不同部分处的离子密度的最直接的手段.至于线系光谱理论的更详细的论述，以及有关这一课题的参考文献，本刊读者可以参阅一篇讨论电场和磁场对谱线的效应的论文：那篇论文曾由笔者于3月24日在伦敦物理学会上作为古茨瑞演讲当众宣读，并且不久即将在学会的会刊上发表.

你们的忠实的

N·玻尔

哥本哈根大学

1922年4月11日

XVII. 同位素线系光谱之间的差别

(Nature **109**(1922) 745*)

* [见引言第 21 节.]

454

同位素线系光谱之间的差别

P·塞曼教授近来对我提起他为了证明两种同位素的存在而进行了的一些关于锂的吸收光谱的新测量. 在我看来, 目前还不能肯定人们在理论方面应该在这里期望些什么. 关于由核的运动所引起的频率 ν 的改变的玻尔公式, 只由玻尔对单独一个电子绕核运动的情况即 H 和 He^{+} 的情况应用过. 近来这一公式也已经由不同的作者(见 F. W. Aston, "Isotopes", p. 123——London, 1922)应用于同位素线系光谱之间的差别的计算; 这就意味着应用于有若干个电子绕核运动的那种原子. 就我所知, 还没人研究在这些情况中必须取代玻尔方程的这个方程

$$\nu_2 : \nu_1 = \frac{M_2}{M_2 + m} : \frac{M_1}{M_1 + m} \tag{I}$$

(M_1、M_2、m 分别是两种同位素核的质量和电子的质量; ν_2、ν_1 是对应谱线的频率).

在只有一个电子的情况, (I)可以根据众所周知的"二体问题"的从绝对坐标到相对坐标的变换直接推得(例如, 参阅 Whittaker, "Analytical Dynamics", §46). 对于多电子情况, 不存在类似的简单变换. "发光"电子迫使其余的电子进行反作用运动, 而这也会影响核.

也许能够导出适用于锂的 p 运动和 d 运动情况的足够近似的公式. 但是, 对于 I·5S 路径的情况, 这想必是很困难的. 无论如何方程(I)不可能普遍地适用于多电子原子; 这一事实将由下列的例子来证明(尽管由于有对应原理, 这个例子当然并不代表在自然界中真正发生的过程): 两个电子按照中心对称的组态绕核运动, 起初是在二量子轨道上, 后来又在一量子轨道上. 根据对称, 核是一直保持静止的. 因此, 在这一情况, 和(I)相反, 释放的能量, 从而还有辐射的 ν, 都确切地不依赖于核的质量.

P·艾伦菲斯特
莱顿大学, 荷兰

我愿意对艾伦菲斯特教授的有趣信件补充几句话;关于信的内容,承他盛情在发表以前就通知了我.正如在他的信中所指出的,核的质量对多电子原子的光谱的效应,是一个依赖于谱线发射所涉及的那些态中的电子排列的复杂问题,它在一定程度上一直没有引起足够的注意.不但在多个电子沿着等价轨道绕核运动的情况下质量效应可以完全消失,而且,正如艾伦菲斯特教授所指出的,在我们在线系光谱的发射中实际遇到的那些运动的情况中,这一效应也可以和针对单电子原子算出的效应不同.

虽然我们在这些光谱的发射中遇到的是那样一些运动,即有单独一个电子在类型和其他电子的轨道不同的一条轨道上在运动,但是这个问题却是和天体力学中的二体问题有着本质的不同的.例如,按照作者在给《自然》的两封信(1921 年 3 月 24 日,1921 年 10 月 13 日)中概略论述了的原子构造图景,我们将假设,尽管和线系光谱的发射有关的那个电子在它的大部分绕转过程中停留在较内电子组的位形之外,但是它在某些态中却将在绕转过程中透入原子的内部.电子在其轨道的较内圈线上受到较大的力,这一事实在确定原子在对应定态中的能量方面是有决定性的影响的.对于这样的运动,核质量的效应可以和仅仅依据检查较外圈线上的运动的力学性质而估算出来的效应大不相同.于是就出现一个问题:质量效应是不是大得足以说明麦尔顿(Merton)所观察到的铅同位素光谱中某些谱线的波长方面的分歧?这种分歧尽管很小,却比根据在艾伦菲斯特教授的信中引用了的简单公式所预期的要大得多.

虽然不经过进一步探索这一问题似乎就是难以解决的,但是看来答案却几乎不可能是肯定性的.另一方面却不能排除这种可能:所谈的分歧起源于核周围的力场的微小差别,这种差别是由铅同位素的内部核结构的不同所引起的.这种可能性曾经从各个方面加以讨论.初看起来,我们遇到这样一个困难:根据 α 粒子散射实验估计出来的核的线度(约为 3×10^{-12} 厘米),比起和线系光谱的发射相对应的那一电子的轨道线度来是非常小的,后一线度的数量级是 10^{-8} 厘米或更大一些.

但是,通过考虑上述的情况,这个困难就可以消除;那情况就是,在某些态中,线系电子在它的绕转过程的一个短促阶段中将深深进入原子的内部.事实上我们必须假设,在和线系光谱的 S 谱项相对应的态中,这一电子甚至达到比原子的最内组中的电子离核更近的距离处,最内电子组的线度在铅中小于 10^{-10} 厘米.关于这一点在同位素光谱方面的可能重要性,是由克喇摩斯博士在讨论艾伦菲斯特教授的信时很可感谢地唤起了我的注意的.

N · 玻尔

哥本哈根大学

XVIII. 论量子论对原子结构的应用

第一部分：基本公设

(Proc. Cambridge Philos. Soc., Supplement(1924)*)

* [见引言第 22 节.]

PROCEEDINGS
OF THE
CAMBRIDGE PHILOSOPHICAL SOCIETY
(SUPPLEMENT)

NIELS BOHR

ON THE APPLICATION OF THE QUANTUM THEORY TO ATOMIC STRUCTURE

PART I
THE FUNDAMENTAL POSTULATES

CAMBRIDGE
AT THE UNIVERSITY PRESS
1924

Price Three Shillings and Sixpence net

论量子论对原子结构的应用* 458

N·玻尔撰

经编辑部同意译自 Zeitschrift für Physik，**13**，p. 117，1923；译者 L·F·科尔提斯，国家研究员（U. S. A.），曾得作者协助；由三一学院 R·H·否勒先生推荐给剑桥哲学会.

Ⅰ. 量子论的基本公设

引　论

量子论可以看成普朗克关于简谐振子和辐射场之间的能量交换的原始假设的一种自然推广，它通过把不连续性引入自然定律中而表现了对经典电动力学的断然背离. 但是，从现在的物理学观点看来，自然过程的每一种描述都必须建筑在已经由经典理论引入了并定义了的那些概念上. 因此就出现是否能够适当叙述量子论的原理，使得它们的应用显现为并无矛盾的问题. 我们的目的就是在这篇文章中更仔细地考察这个问题. 我们将说明，看来怎样已经通过量子论的发展而创立了一种理论的基础，这种理论能够说明经典理论显然无法说明的许多现象，而同时又以一种很自然的方式密切追随了经典理论曾经起了很好作用的那些应用. 在这方面，我们必须永远清楚地记得对于我们的习惯想法的那种背离的影响深远性，这种背离是通过不连续性的引入而造成的. 当处理量子论原理的
更精确表述的问题时，这一点就是很重要的；联系到这一点，在目前的知识状况 459

---

* 这篇研究报告形成将以这一标题发表的一系列文章的第一篇. 各文的目的在于系统地剖析在原子结构的研究中所曾遇到的那些问题. 在处理方法上，它们将密切追随在 1918 年发表的一篇作品，它属于哥本哈根科学院论文之列（“On the Quantum Theory of Line Spectra”，Det. Kgl. Danske Vidensk. Selsk. Skrifter，8. Række，IV，1），该文近来已由 Fried. Vieweg & Son，A. G.，Braunschweig 出版德译本. 在以后，这一作品将简称为 Q. o. L. 在实质上，这些文章密切地追随了这一作品的一篇总结的形式，那篇总结作为一篇哥本哈根演讲的译文而刊载于 Zs. für Phys. 9，1，1922. 这篇演讲和两篇较早的演讲一起，曾经作为 Vieweg 丛书的一种出了单行本，标题是 *Drei Aufsätze über Spektren und Atombau*.［后来出了英译本，即 *The Theory of Spectra and Atomic Constitution*，*Camb.* Univ. Press，1922.］

下，我们不得不永远记得理论的适用范围. 为了把我们的任务弄得尽可能地简单一些，我们将取一种表述作为出发点；这种表述已经在一个有限的区域中证明为适于用来处理少数几种典型的应用问题，而经典理论对这些问题则特别地无能为力. 我们从考虑孤立的原子体系开始；这是指的一个带电粒子系，各粒子在它们的相互作用力的影响下以一种方式运动着，使得粒子间的距离永远小于某一确定的界限. 量子论对这种体系的应用，在其主要特点方面是由两条基本公设来表征的；我们愿意特别地讨论和阐述这些公设. 我们在这儿也将有机会顺便谈到这些公设的适用范围，以及它们对非孤立体系来说的可能修订.

第一章　定　态

§1. 第一基本公设　适用于孤立原子体系的量子论的第一条公设表明，在原子中各粒子的运动学上可以设想的相对运动中，存在某一些态，即所谓定态，它们是以一种奇特的稳定性而与众不同的，这种稳定性由下述事实来证明：孤立体系的运动的每一种长期性的改变，必然是从原始定态到这些定态中的另一个定态的完整跃迁.

包括在这一公设中的那些要求和经典理论之间的矛盾是有启发性的. 按照后一理论，一个带电粒子系不但不会具有显示上述那种稳定性的与众不同的特殊运动，而且根本就不会具有任何固定的运动，因为任何可以想象的粒子之间的相对运动都将引起电磁辐射的发射. 不过，如果在描述定态中的运动时曾经能够在很大程度上应用从经典理论得来的观念，这最主要的是由于一件事实，即在普通所考虑的原子体系中，按照经典理论将和辐射的发射直接联系着的那种粒子运动的改变，在任何时刻都远小于由在粒子之间作用着的电磁力所引起的运动的改变.
460 这些力可以起源于各粒子的相互吸引和相互推斥，或是起源于由粒子的运动所引起的磁场. 因此，和经典概念保持一种联系的企图就直接导致一条假设：定态中的运动可以在很好的近似下用普通电动力学的定律来描述，只要人们忽略和辐射的发射相联系着的反作用. 这条假设表明，定态中的体系运动，很近似地由一些定律来支配；这些定律可以表述成所谓正则运动方程这种最清楚的形式：

$$\frac{dp_k}{dt}=-\frac{\partial E}{\partial q_k},\ \frac{dq_k}{dt}=\frac{\partial E}{\partial p_k}(k=1,\ \cdots,\ s). \tag{1}$$

这里的 s 是自由度数，这是指的相对于一个参照系来描述各粒子的位置所必需的独立变量的个数；在那个参照系中，作为整体来看的体系可以认为是静止的. q_1、…、q_s是相对于这样一个参照系来确定各粒子位置的一组广义坐标，而p_1、…、p_s是和它们共轭的动量. E 是各个 p 和各个 q 的函数，可以看成体系的总能量. 它是按照经典理论由各粒子的相对位置和相对速度定义到很高的近似程度的.

能量在定态运动中的恒定性可以由方程(1)直接推得. 除此以外,方程(1)的解通常具有很复杂的特点,从而几乎不能提供确定并描述体系的分立定态的任何依据. 为此目的,运动中某种明显的周期性质似乎是必要的*. 在曾经能够依据运动方程(1)来达成一种确定定态的合理方法的那些情况,方程的解事实上曾经具有所谓单周期性的或多周期性的特点. 在更加复杂的情况,我们就必须对下述事实有所准备:方程(1)将被证明为不足以描述定态中的运动,甚至不能描述到我们在以上提到的(参阅本文第 15 页[本卷第 472 页])由辐射反作用所限定的那种近似程度.

§ 2. 单周期体系和多周期体系的定态确定 我们把这种体系定义为那 461
样一些体系,对于它们来说,由方程(1)来描述的每一种运动都是如此构成的,即每一个粒子在空间中的位移除了事实上是整个体系的均匀移动的一个运动以外可以分解成谐振动级数. 粒子沿给定方向的位移可以表示成时间的函数如下:

$$\xi = \Sigma C_{\tau_1 \cdots \tau_u} \cos 2\pi([\tau_1\omega_1 + \cdots + \tau_u\omega_u]t + \gamma_{\tau_1 \cdots \tau_u}). \tag{2}$$

ω_1、…、ω_u 是所谓基频,它们的个数 u 叫做"周期度". 求和遍及 τ_1、…、τ_u 的一切整数值. 解的唯一性以下述事实为条件:在 ω_1、…、ω_u 这些量中间,不存在形如

$$m_1\omega_1 + \cdots + m_u\omega_u = 0 \tag{3}$$

的关系式,式中 m_1、…、m_u 是一系列整数.

这样一个体系的定态是由若干个条件来确定的,它们可以看成普朗克关于简谐振子特选态的原始假设的合理推广. 这些"态条件"(Zustands - bedingungen)的数目等于周期度,它们可以写成下列形式:

$$J_1 = n_1 h,\ \cdots,\ J_u = n_u h, \tag{A}$$

式中 h 是普朗克恒量,n_1、…、n_u 是一系列整数,即所谓"量子数",而 J_1、…、J_u 是确定体系运动的某些量. 它们是和体系的周期性质密切联系着的,而且是最简单地定义为一些解析变量的共轭动量的,这些解析变量可以很合适地叫做"匀化变量". 这些变量可以描述如下:

出现在(1)中的广义坐标 q_1、…、q_s,以及它们的共轭动量 p_1、…、p_s,可以用

---

* 普朗克关于量子论对原子问题的应用的普遍处理(Berl. Ber. 1918, p. 435),是建筑在和我们的基本公设有着本质的差异的物理观点上的;在这种处理中,看成量子化的一个必要条件的就是,在一个自由度数大于一的体系中,除了能量积分以外至少存在方程(1)的 s−1 个另外的一致性积分,它们可以用来在 2s 维的相空间中定义一个确定的 s 维的区域,轨道的代表点在运动中就停留在这个区域中. 正如克内塞尔(Math. Ann. **84**, 277, 1921)已经证明的,这样的要求实质上和上述那种周期性质在运动方程的通解中的出现是等价的.

下列一组新的 s 对正则共轭变量表示出来：

$$w_1, w_2, \cdots, w_u; \beta_1, \cdots, \beta_{s-u},$$
$$J_1, J_2, \cdots, J_u; \quad \alpha_1, \cdots, \alpha_{s-u}, \tag{4}$$

此处第一个序列中的变量要在正则方程(1)中取代各个 q. 而第二个序列中的变量则取代各个 p，这些新变量要满足下列条件：

Ⅰ. 各个 q 和 p 是变量 w_1、…、w_u 的周期函数，而周期为一；这就是说，每一个坐标 q_r 可以写成下列类型的多重无穷三角级数：

$$q_r = \Sigma C_{\tau_1 \cdots \tau_u} \cos 2\pi(\tau_1 w_1 + \cdots + \tau_u w_u + \gamma_{\tau_1 \cdots \tau_u}), \tag{5}$$

462 式中 C 和 γ 这些量只依赖于各个 J、各个 α 和各个 β. 求和遍及 τ_1、…、τ_u 的各整数值的一切组合.

Ⅱ. 看成新变量的函数的体系能量，只依赖于 J_1、…、J_u 这些量. 作为正则方程的推论，这一条件就意味着，各变量 J_1、…、J_u，以及各个 α 和各个 β，在任何运动中都保持恒定，而各变量 w_1、…、w_u 则随时间而均匀变化：

$$w_r = \omega_r t + \delta_r (r = 1, \cdots, u), \tag{6}$$

式中

$$\omega_r = \frac{\partial E}{\partial J_r}(r = 1, \cdots, u). \tag{7}$$

现在，由(6)和条件Ⅰ就进一步得到，每一个坐标 q_r（从而还有体系的合电矩在给定方向上的分量）都恰恰可以用(2)这种形式的表示式来表示成时间的函数.

Ⅲ. 在各量 J_r 的定义中，一直有一个可加恒量是未经确定的；各个 J_r 应该适当地确定，使得按体系的力学运动计算的

$$\int_{t_0}^{t} \Sigma p_r dq_r$$

这个如所周知不依赖于坐标选法的普通"作用量"和"匀化的"作用量

$$\int_{t_0}^{t} \sum_1^u J_r \, dw_r = (t - t_0) \sum_1^u J_r \omega_r \tag{8}$$

之间对于体系的每一种运动来说都只差一些是时间的周期函数的项.

匀化变量的性质蕴涵了一点：各量 ω_r 之间不存在(3)这种类型的线性关系式的假设并不限制问题的普遍性. 如果这样的一个关系式是存在的，人们就永远可以通过众所周知的交换来把 J 和 w 这些变量换成它们的具有整数系数的线性组合，使得各对变量 J_r、w_r 的数目减小 1，而同时各对共轭量 α、β 的数目则增

加 1；我们将把 α、β 这些量叫做轨道恒量*.

§3. 存在保守外力场时体系定态的确定 在企图更清楚地解释确定定态 463
的条件时，首先出现的一个问题就是：量子论对定态稳定性的要求和经典理论关于外场对这种体系的效应或关于两个这种体系的相互作用的推论有什么关系？在讨论这种效应时，我们将从一种情况的考察开始，那就是外力形成一个不随时间而变的保守场的情况. 如果在这种情况下运动方程——由(1)给出，如果体系相对于外力的势能被包括在能量函数中的话——的解又被证明为具有多周期的特点，我们就遇到一个和孤立体系的定态确定问题并无本质不同的问题，从而我们就将假定，体系在存在外力时将具有一系列由条件式(A)来确定的定态.

在物理应用中常常遇到的情况是，外力远小于在粒子之间作用着的力；在这种情况下，外力的效应问题可以用一种更加容易理解的方式来处理，因为定态的改变可以和由外力引起的体系运动的改变即所谓“扰动”直接联系起来. 按照通
常的分析力学手续，这些扰动将通过在每一时刻考虑所谓的“密切”运动来加以 464
描述，那就是假如外力在所考虑的时刻突然消失则将出现的运动. 既然我们假设未受扰运动具有多周期的特点，密切运动就能够用若干个以上所指出的那种匀化变量来加以描述. 于是，这些变量随时间的变化就将由下列各方程给出：

$$\left.\begin{aligned}&\frac{dJ_r}{dt}=-\varepsilon\frac{\partial\Omega}{\partial w_r};\frac{dw_r}{dt}=\omega_r+\varepsilon\frac{\partial\Omega}{\partial J_r}(r=1,\ \cdots,\ u),\\&\frac{d\alpha_i}{dt}=-\varepsilon\frac{\partial\Omega}{\partial\beta_i};\frac{d\beta_i}{dt}=\varepsilon\frac{\partial\Omega}{\partial\alpha_i}(i=1,\ \cdots,\ s-u),\end{aligned}\right\}\tag{9}$$

* 确定定态的条件的发展，是通过包括普朗本人在内的许多作者的贡献逐渐推进了的. 我们在这里不再进一步讨论这一发展，因为这在 Q. o. L. 中已经叙述过了，而且那里也举出了参考文献. 我们在这里将只提到有关更晚近的工作的几点. 对于纯周期体系 ($u=1$)，条件式(A)和一种说法等同，即在一个周期中计算的作用量等于普朗克恒量的整数倍. 对于运动方程可以“分离变量”的那种多周期体系，也就是说，当可以找到一组空间坐标 q_1、…、q_r，使得每一共轭动量 p_r 在运动中只依赖于对应的空间坐标 q_r，而且此外还有运动的周期度等于由自度数时 ($u=s$)，定态就由条件式(A)来确定(这是由威耳孙和索末菲，特别是由艾普斯坦所发展的理论来确立了的)，如果令每一个量 J_r 等于“分离的”作用量元 $\int p_r dq_r$ 的话；此处的积分遍及对应 q_r 的变化的一个完整周期. 如果周期度小于自由度数、体系就往往被叫做“简并的”. 在这种情况下，出现在条件式(A)中的各个 J 量的确定，就将不是由利用分离变量求得的运动方程的可能解来直接给出的. 这可以用下述事实来解释：上面提到的作用量元可以具有不同的意义，因为在这种情况下通常是可以在不同的坐标系中分离变量的. 在多周期体系的普遍类中，可以分离变量的体系形成一个族，它们的运动可以看成两种情况之间的过渡；一种简单情况是运动分解成一些分量，它们是时间的纯周期函数，各自和不同的“独立自由度”相对应；另一种普遍情况是，运动可以按照公式(2)而分解成谐振动分量. 所有已知的这种运动，都可以像在正文中所讨论的那样用一组匀化共轭变量来描述. 参照在天体力学中的典型应用，这种变量常常被称为“角变量”. 如所周知，匀化变量的分析理论在量子论中的应用，是从施瓦尔兹席耳德开始的. 这种理论的一种概括叙述，曾由布尔杰斯在一篇学位论文(*Het Atoommodel van Rutherford-Bohr*，Haarlem，1918)中给出. 这位作者曾经使多周期体系中的定态理论成为本质上确切的，因为他第一次引入了和条件Ⅲ相等价的条件(参阅第 13 页[本卷原第 470 页]的注).

式中 $\varepsilon\Omega$ 代表看成密切匀化变量的函数的外力势能. 恒定因子 ε 是一个正比于外力强度的小量. 由适用于匀化变量的条件 I 可见,函数 Ω 可以写成下式:

$$\begin{aligned}\Omega = {} & \Psi_0(J_1, \cdots, J_u, \alpha_1, \cdots, \alpha_{s-u}, \beta_1, \cdots, \beta_{s-u}) \\ & + \sum_{\tau_1\cdots\tau_u} \Psi_{\tau_1\cdots\tau_u} \cos 2\pi\{\tau_1 w_1 + \cdots + \tau_u w_u + \gamma_{\tau_1\cdots\tau_u}\},\end{aligned} \tag{10}$$

此处右端第二项中的各个 Ψ,也像 Ψ_0 这个量一样,是依赖于下列各宗量的:

$$J_1, \cdots, J_u, \alpha_1, \cdots, \alpha_{s-u}, \beta_1, \cdots, \beta_{s-u}.$$

关于各个 γ,情况也相同. 求和应该遍及各个 τ 的正负整数值的一切组合,只有

$$\tau_1 = \tau_2 = \cdots = \tau_u = 0$$

这一组合除外. 和这一组合相对应的第一项,正比于在未受扰体系一次完整运动中计算的外力势的平均值.

按照 Ψ_0 这个量是像未受扰运动的能量函数那样只依赖于 J_1、…、J_u 这些量,还是像当 u 小于 s 时所通常出现的那样也包含各个 α 和各个 β,由(9)确定的扰动的特点将有本质的不同. 在第一种情况,扰动将永远具有多周期特点,从而受扰体系的定态将像未受扰体系的定态那样由相同数目的条件来确定. 但是,为了分析地指定适用于受扰体系的定态的那些显式条件,我们必须寻求适于用来对体系进行匀化的新的变量. 这样一种换变量的做法当然将是一次
465 所谓的切变换. 在这儿,变换将特别简单,因为,由于 ε 被假设为很小,我们将用一个撇号来加以区别的那些新的匀化变量就在它们的意义方面只和原有体系的匀化变量有很小的差别. 略去 ε 的高次幂,我们就可以按照无限小切变换规律写出

$$\left.\begin{aligned} J'_r &= J_r + \varepsilon\frac{\partial S}{\partial w_r}; \alpha'_i = \alpha_i + \varepsilon\frac{\partial S}{\partial \beta_i}, (r = 1, \cdots, u), \\ w'_r &= w_r - \varepsilon\frac{\partial S}{\partial J_r}; \beta'_i = \beta_i - \varepsilon\frac{\partial S}{\partial \alpha_i}, (i = 1, \cdots, s-u),\end{aligned}\right\} \tag{11}$$

式中 S 是 J、w、α 和 β 的函数. 现在令

$$S = +\frac{1}{2\pi}\sum_{\tau_1\cdots\tau_u} \frac{\Psi_{\tau_1\cdots\tau_u}}{\tau_1\omega_1 + \cdots + \tau_u\omega_u} \sin 2\pi(\tau_1 w_1 + \cdots + \tau_u w_u + \gamma_{\tau_1\cdots\tau_u}), \tag{12}$$

式中的求和遍及除 $\tau_1 = \tau_2 = \cdots = \tau_u = 0$ 以外一切 τ 的整数值组合;于是就很容易发现,新的变量事实上满足条件 Ⅰ、Ⅱ、Ⅲ;为了新变量能够代表新体系的匀化变量,这些条件是必要的. 如果我们像在各处的计算中那样又把 ε 的二次幂和更高次幂略去不计,受扰体系的总能就由下式给出:

$$E' = E(J'_1, \cdots, J'_u) + \varepsilon\Psi_0(J'_1, \cdots, J'_u), \tag{13}$$

式中 E 代表未受扰体系的能量函数. 只要我们把 J_1、…、J_u 换成 J'_1、…、J'_u这些量，定态就将由条件式(A)来确定：

$$J'_k = n_k h (k = 1, \cdots, u). \tag{14}$$

由表示式(13)可以直接推知，由于存在外力而引起的定态能量的改变量，在一级近似下简单地等于在未受扰体系的一次完整运动中计算的体系相对于外力场的平均势能.

在 Ψ_0 除了各个 J'外还依赖于各个量 α 和 β 的情况，扰动将属于本质上不
同的种类，因为现在将出现所谓的"久期扰动". α 和 β 除了有周期等于未受扰体
系的周期而振幅正比于外力的多周期性质的振动以外，它们事实上还会正如由
(9)和(10)很容易看到的那样发生缓慢的变化，这种变化在时间进程中将在体系
的运动中引入有限的差异. 如果这些变化是具有单周期的或多周期的特点的，受
扰体系的运动就又将是多周期的，但其周期度比未受扰运动的要高. 除了和未受 466
扰体系的基频相对应的那些频率以外，现在还将作为久期扰动的结果而出现一
些更多的频率，它们的量值将和外力成正比.

为了对这一问题进行分析的处理，只完成一次简单的切变换是不够的. 如果我们又完成一次由(11)和(12)定义的变换，我们当然确实会使各个量 w 不再出现于能量表示式中，但是对于各个 α 和各个 β 却做不到这一点. 事实上，关于受扰体系的能量，我们将得到下列的形式：

$$\begin{aligned} E' = {} & E(J'_1, \cdots, J'_u) \\ & + \varepsilon\Psi_0(J'_1, \cdots, J'_u, \alpha'_1, \cdots, \alpha'_{s-u}, \beta'_1, \cdots, \beta'_{s-u}), \end{aligned} \tag{15}$$

式中各个 α'和各个 β'通常是随时间而变的. 略去正比于 ε^2 的小量，这种变化就将由下列各式给出：

$$\frac{d\alpha'_k}{dt} = -\varepsilon\frac{\partial\Psi_0}{\partial\beta_k};\ \frac{d\beta'_k}{dt} = \varepsilon\frac{\partial\Psi_0}{\partial\alpha_k}(k = 1, \cdots, s-u). \tag{16}$$

这些描述久期扰动的方程具有和运动方程(1)相同的正则形式. 因此，我们在利用条件式(A)来确定定态时遇到的问题归结到了一个和 $s-u$ 自由度体系的定态确定完全类似的问题. 于是，在方程(16)的解具有单周期特点或 $u'-u$ 度多周期特点的那种情况，就将能够引入一组匀化变量

$$\begin{matrix} w'_{u+1}, \cdots, w'_{u'} & \beta''_1, \cdots, \beta''_{s-u'} \\ J'_{u+1}, \cdots, J'_{u'} & \alpha''_1, \cdots, \alpha''_{s-u'} \end{matrix}$$

它们适于用来描述由(16)给出的久期扰动,就如(4)中的变量适于用来描述由正则方程(1)所表示的多周期体系的运动一样. 现在定态将由(A)这种类型的 u' 个条件式来确定,也就是说,在(14)中的 u 个条件之外还要增加 $u'-u$ 个条件:

$$J'_l=n_l h(l=u+1,\ u+2,\ \cdots,\ u'). \tag{17}$$

定态的能量由下式给出:

$$E'=E(J'_1,\ \cdots,\ J'_u)+\varepsilon\Psi'_0(J'_1,\ \cdots,\ J'_u,\ J'_{u+1},\ \cdots,\ J'_{u'}), \tag{18}$$

此处右端的第二项,也像在(15)中一样,代表在未受扰体系的一次运动中计算的
467 微扰势的平均值. 在这一情况中,当然,除了未受扰体系的定态条件式(A)以外,这一运动还要满足更多的条件,这些条件在外力为零($\varepsilon=0$)的极限情况下可以用(17)来表示. 既然这些条件式由于问题的本性而完全依赖于久期扰动的周期性质,它们对于不同的力场就将确定完全不同的轨道性质. 因此,在定态中的运动当存在外力场时可以用普通力学来描述的假设下,已经作为有关定态稳定性的一个必要条件而出现的就是,未受扰体系的运动由一些条件来确定,其数目不大于周期度.

联系到受扰体系的定态被确定的精确度问题,可以回忆到,我们不能期望确定原子体系的定态,超过和方程(1)对运动的描述相容的精确程度;这种描述的近似性已经是因略去出现在经典理论中的辐射反作用而被规定了的. 这一情况是比其他一切情况都更加重要的,如果有一个在微扰论方程的基础上在比未受扰运动的周期长得多的一段时间内追踪体系运动的问题. 我们在第二章中将讨论一个与此有关的问题*.

§4. 存在变化外力场时定态的稳定性. 浸渐原理　现在我们想考虑一个受
468 到外力场影响的体系,该力场是随时间而变化的. 当原子受到电磁辐射的影响时,或者当我们考虑两个原子的碰撞时,我们就遇到这种情况的典型例子. 在这

* 本节所讲受扰体系理论的主要之点已经在 Q. o. L. 第二部分的§2 中给出,那里的处理仅限于那种对原子问题的应用来说特别重要的情况,即未受扰体系的运动是单周期性的那种情况. 那里的阐述密切地遵循了一些物理观点,这些观点在本文的以下各节将被称为浸渐原理和对应原理. 关于此处所给出的简单的分析处理,我必须感谢克喇摩斯博士的协助(参阅 H. A. Kramers, *Zs. für Phys.* **3**, 199, 1920). 并请参阅布尔杰斯的学位论文(见第 6 页[本卷原第 463 页]的注),那里给出了微扰论方法对量子论问题的一些有教益的应用. 在近来已经发表的一系列文章中,艾普斯坦进一步处理了受扰体系的问题(*Zs. für Phys.* **8**, 211, 305; **9**, 92, 1922). 在一些问题上,他采用了和在 Q. o. L. 所给出的不同的观点. 但是,这种差别似乎主要是基于他的计算方法,那种方法很难加以足够普遍地应用来证实这位作者的结论. 与此有关,可以提到玻恩和泡利的一篇作品(*Zs. für Phys.* **10**, 137, 1922). 他们从和上述正文中的观点相同的观点阐述了受扰体系的量子论. 但是他们更加仔细地描述了受扰体系的处理可以怎样在更高的近似程度上来进行. 联系到这一点,讨论了出现在方程(12)中的那种级数的收敛性问题. 为了回答这一问题,考虑正文中最后提到的那一情况可能是必不可少的.

种情况，关于定态的存在和稳定性的量子论公设就导致下述的要求：在原子受到短暂的外界影响的过程中，或是在几个原子体系发生相互作用的情况下，在过程的以前和以后，所涉及的每一个原子体系都应处于定态中*．这种要求的结果就是，原子体系和外界影响的相互作用，甚至在一级近似下一般都不能利用经典电动力学定律来描述．考虑到一件事实，即我们的许多物理现象的描述都本质地建筑在这些定律对原子体系对外界影响的反应的应用上，电动力学定律的这种在原理上的失效就在初看之下可能显得是奇怪的．但是，必须记得，例如在热的分子运动论之类的现象的情况中，所讨论的往往是那样的过程，即过程中所涉及的原子体系的态都对应于很大的量子数——如果总的说来简单形式下的量子论公设对于这些情况能够成立的话（参阅下一章）．因此，相继定态中的运动就相差较小，而过程中的能量交换就对应于量子数改变许多个单位的那种跃迁．

因此，电动力学定律（力学定律）在这一极限区域中的适用性，只能看成支配过程实际机制的那些定律和经典观念的连续定律之间的原则区别的被掩盖．因此，在量子论的发展的这一点上摆在我们面前的任务，就可以说成是要寻求适用于原子体系的反应的一些定量的定律，这些反应在上述的极限区域中遵循通过
经典理论得出的统计结果，而同时又和量子论公设的那种特征稳定性条件相符 469
合，这种稳定性是超出于经典理论范围之外的．对于建立这种量子动力论的定律的可能性来说，可能带有本质重要性的就是：适用于定态的确定的，以及适用于从一个定态到另一个定态的过渡的那些量子论的定律，应该满足参照系的相对性的要求和过程的可逆性的要求；这二者都是经典定律所特有的**．

---

* 参阅 N. Bohr, *Phil. Mag.* **26**, 13, 1913. 此文的德译本是 *Abhandlung über Atombau*, Fried. Vieweg & Son, 1920（以后简称 *Abhl. über A.*）. 参阅 *Abhl. über A.* I, p. 19. 关于经典理论在描述原子和辐射场的相互作用时的欠缺性问题，在这篇文章的第二章和第三章中进行了更精确的讨论．关于自由电子和原子的碰撞实验，我们主要应该感谢 J · 弗兰克和他的合作者；关于实验结果的综述，已由这位作者在两篇相继发表的文章中给出；那里也详细讨论了实验的结果和量子论的要求之间的关系（*Phys. Zs.* **20**, 132, 1919; **22**, 388, 409, 441, 466, 1921）. 并参阅近来出版的由 P · D · 福提和 F · L · 摩勒尔写的一本书（*The Origin of Spectra*, New York, 1922），书中包含对整个领域的精彩考察．

** C · 克莱恩和 S · 罗西兰（*Zs. für Phys.* **4**, 46, 1921）曾经首次证明，定态间非辐射性跃迁的可逆性是热力学平衡的一个必要条件．与此有关，他们曾经使人们注意了所谓"第二种碰撞"的存在；这种碰撞在许多现象中是起着重要作用的（参阅 Franck, *Zs. für Phys.* **9**, 259, 1921）. 正文中提到的问题，近来曾由泡利联系到他关于分子性正离子 H_2^+ 的模型的详细探讨而进行过讨论（*Ann. d. Phys.* **68**, 177, 1922）. 他强调了经典定律在大量子数的极限区域中的形式适用性，并由此得出结论认为，即使对于小的量子数，经典定律的应用也在形式的方面给出某种近似．由此结论得出了若干有趣的推测．但是，如果把这些推测叫做一条力学的对应原理，这就是和正文所提出的观念大不相同的表达方式了．正如在第二章中解释了的，被称为对应原理的关于辐射过程的出现的规律应该看成典型的量子论规律，它是和量子论的公设直接联系着的，而且它本身在原理上并不涉及经典理论的辐射定律适用性的近似程度．适用于非辐射过程的和对应原理相类似的规律，可能通过量子动力论的进一步发展而被引入，但是，如上所述，对于量子动力论的规律，我们目前还没有适当的表述（参阅第三章，§ 4）.

一般说来，根本谈不到经典力学定律在描述原子体系对外界影响的反应方面的严格应用的问题，除非是在特例中，即所讨论的这种过程进行得如此缓慢和如此均匀，以致来自外界原因或来自过程中所涉及的其他体系的那些作用在各个体系的粒子上的力，在和粒子运动所特有的周期同数量级的时间间隔中只有很小的改变. 在这种极限情况下，按照分子运动论中的一个常见的类例，原子体系在过程中所经受的变化可以叫做体系的“绝热（浸渐）变换”. 在这样的情况中，原子的反应可以通过普通电动力学定律的运用来进行描述，所达到的近似程度和在孤立原子体系的情况中时相同；这样的假设就构成艾伦菲斯特的浸渐原理. 但是，同样必须注意，原理的应用自然受到一个要求的限制，那就是，如果应该利用经典定律来描述，体系的运动在变换过程中的每一时刻就都应该显示确定定态所必需的那种周期性质，而且周期度在变换过程中也应保持
470 不变. 整个看来，浸渐原理可以看成经典电动力学定律对孤立原子体系的应用的一种自然的扩充†.

浸渐原理在量子论中的重要意义是非常巨大的，因为它导致确定定态的形式方法的阐明和发展. 事实上，这一原理要求适用于定态的条件必须是那样一种条件，即它们必须定义体系运动的某些性质；这些性质在浸渐变换中将不改变，如果运动是在上述的近似程度上借助于普通的电动力学定律来描述的. 现在，这种关于所谓“浸渐不变性”的要求，事实上是被条件式（A）所满足的，如果左端的各个量 J 是按前面叙述的方式来定义的话††. 特别说来，为了和浸渐不变性相一致，适用于一般多周期体系的条件式（A）可以通过仅仅考虑具有独立自由度的体系的一种简单特例而以一种形式的方式自然地导出；该体系在每一个这种自由度方面的运动都是一种简谐振动，从而其定态是简单地由普朗克的原始公式来确定的.

浸渐原理也直接适用于量子论对处于外力影响之下的原子体系的处理. 例如，前面提到的有关小外力场的存在所引起的原子能量的改变的结果，可以利用

---

† 在 Q. o. L. 中可以找到关于这一课题方面的文献的论述. 艾伦菲斯特的原理在那里被称为定态的力学可变换性原理，以强调其内容的一个本质特点并避免和热力学问题的可能混淆（见 Q. o. L. 第一部分第 9 页[本卷原第 75 页]的注）.

†† 在一个体系中，如果每一种运动都是单周期性的，则其定态由一个条件来确定，即在一个周期中计算的作用量积分等于普朗克恒量的整数倍（参阅第 5—6 页[本卷原第 462—463 页]的注）；正如艾伦菲斯特所强调的，这种体系中的浸渐不变性可以从玻耳兹曼的一条力学定理直接推得（参阅 Q. o. L. 第一部分第 11—14 页[本卷原第 77—80 页]）. 对于多周期体系的普遍情况，条件式（A）的浸渐不变性是由布尔杰斯联系到艾伦菲斯特的考虑证明了的. 其方法在于把出现在运动方程（1）中的能量函数，看成除了依赖于必须用来描述运动的那些独立变量以外还依赖于一个或多个参量. 变换就通过这些参量的缓慢变化来描述. 联系到他的证明，布尔杰斯强调了确定各个 J 量的绝对值的条件Ⅲ，并且证明了某些作者所作出的通过考察体系的经典力学相空间界限来确定这些绝对值的那种尝试的不充分性.

浸渐原理直接推导出来，只要周期度不因外力的存在而有所改变†就行. 另一方面，如果周期度增大，则从问题的本性可以知道浸渐原理会失效，因为确定定态 471
的附加条件式(17)自然是不能依据建筑在经典电动力学上的考虑来定义的. 但是，我们可以把§3中所描述的手续，看成从外力的浸渐增长过程中所将达到的可能运动中挑选受扰体系的定态的一种方法，如果尽管周期度变了，外力的效应还是简单地通过经典电动力学的应用来计算的. 我们在第二章将回头讨论这一点. 总而言之可以认为，浸渐原理在一个区域中保证了定态的稳定性；在那个区域中，我们整个看来或能期望这种稳定性可以在普通电动力学定律的基础上加以讨论.

另外，浸渐原理也有助于克服量子论的一个根本困难，这个困难和定态能量的定义有关. 在形式地引入了能量的§1中，根本没有提到能量的连续变化，而且我们也还没有理由可以预料，对于物理应用来说是很重要的那些不同定态的能量之差可以简单地利用经典理论中的能量函数来计算到必要的近似程度. 这种预料是相当没有根据的，因为体系从一个定态到另一个定态的直接转移过程甚至不能近似地用经典定律来描述；这是由我们关于定态稳定性的基本公设蕴涵了的一个事实. 但是，至少是在一般情况下，利用适当的浸渐变换，就能够在一种形式的方式下通过间接的途径得到一种力学上可以描述的从多周期体系的所给定态到另一定态的过渡，而且在过程中并不越出定态的范围. 因此，用这种办 472
法，我们就能利用经典理论来定义两个定态的能量差*.

为了确定定态，我们到此为止只考虑了单周期体系和多周期体系. 但是，正如在§1中已经提到的，方程(1)的通解往往给出更加复杂得多的运动. 在这种情况，以上所谈到的那些考虑是和那样一种定态的存在及稳定性不相容的，那种定态的能量确定得和多周期体系定态的能量一样准确. 但是，喏，为了对观察到的各元素的性质作出一种说明，我们被迫假设各原子至少在外力不存在时永远具有"明确的"定态，尽管多电子原子运动方程的通解即使当外力不存在时也并

---

† 对于单周期体系，通过简单的初等计算可以证明，体系内能(即在密切轨道上的能量)的时间平均值在一级近似下在干扰力的浸渐增长中是不变的，如果运动保持为单周期运动的话(参阅Q. o. L. 1,2). 在多周期运动的普遍情况，对应的定理是用完全类似的办法证明的. 事实上很容易理解，在干扰力场的浸渐增长中，每一个那样的量的时间平均值都保持不变；各该量的定义中不包含外力场的强度，而且例如各个J量，它们在未受扰运动中保持恒定，而在受扰运动中则只经受单周期性的或多周期性的微小振动.

上述情况导致普遍条件式(A)的浸渐不变性的一种简单证明，如果考虑一下从原有体系的匀化变量到受扰体系的匀化变量的那种无限小切变换的形式的话. 这一点是在和克喇摩斯博士进行讨论时想到的. 由(11)和(12)直接可得，振动的量J_r的平均值等于一个受扰体系的对应恒量J'_r的值，从而也等于力场浸渐增长以前的原有体系的J_r的恒定值. 现在，既然体系的每一个浸渐变换都可以分解成许许多多的无限小的切变换，那就立即可以明白条件式(A)的浸渐不变性是可以得出的了.

* 参阅Q. o. L. 第9页和第20页[本卷原第75页和原第86页].

不显示上述那种周期性质†.通过把电子的运动和一些原子体系的相互作用相比
较,在特例下是和自由电子与原子的碰撞相比较,我们可以得到讨论多电子原子
的定态的一个出发点.正如已经强调过的,我们必须假设这种相互作用甚至不能
近似地利用经典电动力学来描述,从而可以合理地指望得到关于原子中的电子
在它们相互作用下的运动的类似结果,即使是在定态中.至于说多电子原子的定
态中的运动可以利用运动方程(1)来描述,我们却只有在特例中才能指望.首先,
这是成立的,如果不同电子的相互作用由于各电子的周期的巨大差别而属于可
以和若干原子体系的浸渐影响相比拟的那一种.我们在一种特殊运动中,遇到多
周期体系的态条件式的形式应用无论如何是可能的第二个事例;在这种运动中,
各电子将那样地相互作用,使得每一个参加相互作用的电子的运动由于各电子
473 周期的等同而属于由(2)式给出的类型.在周期的普遍重合被排除了的谈不到任
何浸渐影响的中间情况,我们必须对承认一点有所准备,即定态中的粒子运动不
能利用经典动力学定律来描述得超过运动按这些定律显示单周期性质时的那种
准确度.经典定律的这种普遍失效表明,即使对于简谐相互作用的情况,我们也
必须预期,在电子的相互作用不能浸渐地形成,或是在经典地算出的外力效应将
改变相互作用的特点的那些情况,不论是定态的确定还是稳定性的检验,都不能
严格地利用普通力学的原理来完成.

在以后的文章中,当讨论个体元素的原子结构时,我们将更深入地考虑这个问题.我们将试图证明,尽管以上的考虑包含着不确定性,但是看来却仍然能够通过量子数的引用来以一种合理的方式表征原子的运动,即使对于多电子原子也是如此.在这些量子数的确定中,建筑在浸渐原理上的考虑,以及建筑在下一章所讨论的对应原理上的考虑,都起了很重要的作用.关于存在截然的、稳定的定态的要求,可以按照量子论的语言称之为关于量子数的存在和持久性的普遍原理.

§5. 定态的统计权重　在结束关于定态的一般考虑以前,我们必须稍微谈谈量子论的统计应用.这里的中心问题就在于确定在计算若干原子在一切可能定态中的统计分布的几率时所应指定给各个态的"权重";按照玻耳兹曼原理,这种几率控制着热力学问题的研究.艾伦菲斯特曾经对这一问题作出了带有决定重要性的贡献.通过考察热力学第二定律的统计基础的适用条件,他曾经导出

† 加在校样上的注:在斯麦卡耳刚刚发表的一篇论文中(*Zs. für Phys.* **11**,294,1922),表示了这样一种观点:定态中的运动永远是用力学方程(1)的一些特解来描述的,那些特解可以按照公式(2)分解成谐振动分量.且不谈在针对多电子原子来满足这一要求时所将遇到的那些困难,考虑到正文中强调了的力学在原子体系的相互作用中的失效,这种要求也很难说是自然的.

了一个条件；当应用于我们关于孤立体系中存在分立定态的主要公设时，这一条件立刻就断定，必须指定给出量子数 n_1、…、n_u 定义的任何一个定态的权重，对于两个体系是相同的，如果这些体系的定态集合之间可以无歧义地用连续变换联接起来*. 这一定律可以用来确定所给原子体系各定态的统计权重，如果可以 474
连续变换为这一体系的另一个体系的定态权重是已知的话. 对于多周期体系，这一类的考虑就把我们引到一个结论：非简并体系的不同定态的权重必然有相同

---

* 参阅 Q. o. L. 第一部分第 11 页[本卷原第 77 页]. 既然艾伦菲斯特的原始处理(*Phys. Zs.* **15**, 600, 1914)并没有和这里所讨论的建筑在分立定态的存在公设上的量子论的形式相适应，而是处理了运动态在相空间中的连续分布的可能性，在这里给出上述这种统计权重不变性的条件的推导就可能是有用的；这种推导将采取一种很简短、很清楚的形式，如果把它直接建筑在我们的基本公设上的话. 我们考虑为数很大的 N 个相像的原子. 我们将用一个角码 τ 来指示它们的不同的定态，而用 E_τ 和 g_τ 来分别代表一个确定的态的能量和统计权重. 于是，处于第 τ 个态中的原子数为 N_τ 的那一统计分布的几率，当然就由下式给出：

$$W = N!\Pi_\tau \frac{g_\tau N_\tau}{N_\tau!}.$$

对于给定的总能量

$$E = \Sigma_\tau N_\tau E_\tau$$

来说，W 为最大值的那一分布就进一步由

$$N_\tau = Cg_\tau e^{-E_\tau/kT}$$

来确定，式中 k 是玻耳兹曼恒量而 T 是绝对温度，而且这里的 C 由条件式

$$\Sigma_\tau N_\tau = N$$

来进一步确定，按照玻耳兹曼关系式

$$S = k\log W$$

并应用斯特灵公式，我们就得到体系的熵 S 的表示式如下：

$$S = k\Sigma_\tau N_\tau \log g_\tau - k\Sigma_\tau N_\tau \log N_\tau + kN\log N.$$

现在我们考虑一种热力学过程，在过程中每一个原子将经历相同的变换，其意义是它们全都受到相同的外力作用；而且我们假设从整个体系中取走的功是 δA，而对它加入的热量是 δQ，于是我们就有

$$\delta Q = \delta E + \delta A = \delta\Sigma_\tau N_\tau E_\tau - \Sigma_\tau N_\tau \delta E_\tau = \Sigma_\tau E_\tau \delta N_\tau.$$

这里的 δE_τ 就是由于变换而引起的对应定态的能量改变量. 必须注意，关于 δQ 的方程的成立和在变换中原子的行为可以用经典力学定律来描述的假设并无联系，但是这一方程必须看成能量概念对热力学的应用的直接结果.

现在，另一方面，我们按照热力学第二定律就得到

$$\delta Q = T\delta S = kT\Sigma_\tau \log\frac{g_\tau}{N\tau}\delta N_\tau + kT\Sigma_\tau \frac{N_\tau}{g_\tau}\delta g_\tau,$$

利用上面的方程，此式也可以写成

$$\delta Q = \Sigma_\tau E_\tau \delta N_\tau + CkT\Sigma_\tau e^{-E_\tau/kT}\delta g_\tau.$$

将 δQ 的这一表示式和以上的表示式相比较，可以看出最后一项必须对一切温度都为零，这只有当 $\delta g_\tau = 0$ 时才是可能的，这就和正文中的论断取得了一致.

的值，这个值可以取作等于 h^r，此处 r 代表体系的自由度数*. 这种确定不但受
475 到有关低温下的比热的实验事实的支持，众所周知，这些事实的解释是建筑在量子论对多自由度简单力学体系的应用上的；而且这种确定还表明，量子论对温度平衡的统计应用在大量子数的区域中是渐近地和经典力学的应用相一致的；在那种区域中相邻态之间的差别较小. 按照经典理论，力学体系的代表点位于某一相空间域中的先验几率等于此域的体积. 现在如果我们要问和各量 J_r 的值位于 J'_r 和 J''_r 之间的那种运动相对应的那个域有多大，我们就会按照这些量的定义发现该域[的体积]是等于 $\Pi(J'_r-J''_r)$ 的**. 另一方面，如果我们现在考虑大量子数的区域并令 $J'_r=n'_rh$ 和 $J''_r=n''_rh$，那么就有 $\Pi_r(n'_r-n''_r)$ 个量子态被包含在所考虑的区域中，因此，对于每一个定态，可以联系上一个大小为 h^r 的相空间域.

到此为止，我们主要是从它们和量子论的统计应用的关系来考虑定态的权重问题的. 但是，这些权重在另一方面自然也表示着定态的一些不一定和统计分布有什么联系的性质. 特别说来，当我们转向原子结构问题时，就会遇到这种情况. 在这里，我们被引导着排除某些可设想的定态，从而也就赋予它们以权重 0. 这里涉及的不仅仅是那种情况，即对应运动的更确切的考虑已经表明必须认为它不适合于定态，而是说，根据建筑在热力学上的权重在连续变换中的不变性定
476 律，我们被引导着也排除所有可以通过连续变换被带到上述那种奇异态的那些可设想的量子态***. 在以后的文章中，我们将在一些特例中更深入地讨论这一问题.

这些段落中的考虑，可以进一步指出寻求量子动力论的规律的一种表述的方向；关于这种规律，在上节的开头处已经提到过了. 事实上，定态的存在和稳定性，可以形式地这样设想：在运动学上可以设想的那些运动的可能性中，只有这些态能够有不等于零的权重函数. 现在我们可以要求，支配着原子体系相互作用

---

* 简并体系的统计权重的确定在 Q. o. L. 第 35—37，107，133 页[本卷原第 101—103，173，? 页]上作了更详细的讨论. 在这里只能重新提到，在热力学稳定性的基础上，简并体系的定态的统计几率可以通过考虑一族非简并体系来确定，这些体系把简并体系作为极限情况包括在内. 对于简并体系的每一个定态，必须指定一个权重，它等于非简并体系在极限情况下过渡到这一定态的那些态的权重之和. 这个和数对于把简并体系作为极限情况包含在内的一切非简并体系族必须相同；这一要求在某些情况下对个别可设想的量子态的排除提供了支持. 这一点以后还要在正文中提到.

** 这一点可以由一个情况简单地推得，那就是，各量 J_r，w_r 是通过切变换而由各量 p_r、q_r 得来的，而且按照一条众所周知的力学定律[按指刘维定理——中译者]，相空间体积元的大小在这种变换中是不变的. 于是我们就有：

$$\Pi_r dp_r dq_r=\Pi_r dJ_r dw_r,$$

于是，通过考虑各匀化变量的定义，就可以直接推得上一表示式.（在这方面，请参阅 J. M. Burgers, *Dissertation*, p. 254.）

*** 参阅 Q. o. L. 第一部分第 37 页[中译者按：按此页码在第二部分开头，为原第 103 页. 疑有误]，第二部分第 107 页[本卷原第 173 页].

中的转移过程的出现率(几率,参阅第三章)的那些定律,当我们引用对应相空间的表示式来代替刚才提到的那种不连续的权重函数时,就会在大量子数的区域中过渡到经典力学的连续定律.这种要求也许可以提供一种和第二章§2中的考虑相类似的观点,来找出这些量子动力论的定律.

第二章 辐射过程

§1. 第二基本公设 适用于孤立体系的量子论第二公设,更加确切地表征了关于一个原子和一个电磁辐射场之间的能量交换的关系.按照第一公设,这样的交换只能在那样一些过程中发生,它们可以被描述成两个定态之间的完全的跃迁.第二公设现在断言,每一次和这种过程相联系着的辐射的发射,都是纯简谐波的发射,其频率 ν 由所谓频率条件式来给出:

$$h\nu = E' - E'', \tag{B}$$

式中 E' 和 E'' 代表原子在两个定态中的能量.此外还要求,原子被电磁辐射的影响从一个定态带入另一个定态的每一个吸收过程,都以频率由同一关系式(B)给出的波的照射为其条件.

这一公设的内容,在许多方面都使由第一公设引入的同经典电动力学的决
裂更加尖锐化.正如已经提到的,按照经典理论,原子体系的各粒子的每一种运 477
动都会引起电磁辐射的发射.这种辐射的性质,至少在一级近似下是由体系总电矩随时间的变化来确定的.在忽略辐射所引起的反作用时它的运动具有对定态的确定似乎是必要的那种周期性质的孤立体系中,任何粒子的位移都可以看成按照表示式(2)而由一些谐振动所组成.因此,辐射在任何时刻都可以在一级近似下看成由一些波组所组成,每一波组的频率都等于出现在运动中的一些组合式 $\tau_1\omega_1 + \cdots + \tau_u\omega_u$ 中的一个.波的强度由下列形式的表示式来确定:

$$\Delta E = \frac{2}{3}(2\pi)^4 \frac{e^2}{c^3}\nu^4 \overline{A}^2 \Delta t, \tag{19}$$

式中 ΔE 是在时间元 Δt 中发射的能量,而 $\overline{A}^2$ 是属于对应频率的电矩谐振动分量的振动位移的平方平均值.此外,按照经典理论,原子和辐射场之间的每一种能量交换都以一个波组在场中的出现为其条件,那一波组的频率和电矩的某一谐振动分量的频率很近似地重合.交换的结果不但依赖于各波组的和对应振动分量的振幅,而且依赖于二者之间的周相差,而且其依赖方式当然是原子将按照这一周相差的值的不同而接受或放出能量.

按照量子论的公设,我们不但放弃了原子的运动和发射过程或吸收过程的结果之间任何这种直接的联系,甚至被迫如此远地背离了关于自然界的普通描

述，以致假设这种过程的结果实际上既依赖于初态也依赖于末态. 这种关系现在也许在发射过程中表现得最为明显，因为，按照各公设，同一个原子定态可以作为很不相同的辐射过程的起源. 这些过程和从这个态到各个别的定态的跃迁相对应. 而且，在理论的目前状态下，并不能把辐射过程的发生或不同可能跃迁之
478 间的选择，和在发展到现在为止的我们对现象的描述中有其位置的任何作用联系起来. 在这样的情况下，我们很自然地就被引导到爱因斯坦在依据此处给出的这种形式的量子论公设来推导温度辐射定律时所初次使用了的那种处理方法. 按照这种方法，我们并不寻求各辐射过程的发生的**原因**，而只简单地认为它们是由**几率定律**来支配的. 于是我们就将像爱因斯坦那样地假设，原子在一个定态中具有在给定的时间元中随着辐射的发射而转入能量较小的另一定态中的某一几率. 这是自发地发生的，就是说没有任何可指认的外界刺激. 正如在放射性过程中那样，这个几率被认为和时间元 Δt 成正比. 比例因数，即所谓几率系数，是所讨论的那个跃迁过程的特征，而且只依赖于体系的本性. 在这方面，爱因斯坦强调了这一假设所显示的和普通的电动力学概念之间的形式类似性，尽管它的性质是远非经典的. 按照这些概念，当然是谈不到什么几率定律的，但是，如上所述，甚至在这儿，辐射也是只决定于体系本身，而不决定于外在原因的. 爱因斯坦所引入的关于外来辐射对原子体系的效应的进一步的假设，是和这种类似性密切地联系着的. 如上所述，按照经典理论，其频率和体系运动中某一特征频率接近重合的波对原子的照射(Bestrahlung)，将按照波和原子运动之间的周相差的不同而导致体系能量的增大或减小. 爱因斯坦仿照这一点就假设，用频率满足关系式(B)的波来照射原子的结果，可以用下述说法来描述：具有能量 E'' 的原子将得到通过吸收一个能量 $h\nu$ 而跃迁到具有较大能量 E' 的态的一个几率. 同时，能量为 E' 的原子还得到通过发射频率为 ν 的辐射而跃迁到能量为 E'' 的态的一个附加几率. 在这两种情况中，几率系数都被假设为和针对所讨论的频率来计算的辐射能量密度成正比.

尽管爱因斯坦的处理方法由于它的结果而无疑地是有很大重要性的，但在许多方面它只能看成一种预备解. 这一点已经出现在假设的表述中；这种表述没
479 有把跃迁过程的持续时间直接考虑在内，而正如以后即将看到的，这段时间的量值却在现象的描述中起着重要的作用. 另外，这些假设的近似性也是下述事实的后果，那就是，在受到很强辐射的影响的原子体系中，如果外力不再远小于在未受扰体系的各粒子之间作用着的那些力，则定态的描述是不能不涉及辐射场的力来完成的. 最后这一点再次把我们引向由量子论所给出的对非孤立体系的处理. 我们以后将在本章中回到这一问题.

§2. 对应原理 尽管量子论的公设引入了对经典电动力学理论的根本背离，但是仍然能够在定量条件式(A)和(B)的基础上把辐射过程的发生和原子中的运动联系起来，这种联系在一定程度上解释了一件事实，即经典理论的定律在一个极限区域中适用于现象的描述. 如果把各种可能的辐射过程和出现在原子运动中的那些谐振动分量联系起来，就能够做到上述这一点. 这种联系方式应该是这样的：例如对于多周期体系的两个具有量子数 n'_1、…、n'_u 和 n''_1、…、n''_u 的态之间由辐射所伴随的跃迁，其发生的可能性取决于某些谐振动分量在由(2)给出的原子电矩表示式中的存在. 这些谐振动分量的频率 $\tau_1\omega_1+\cdots+\tau_u\omega_u$ 由下列方程给出：

$$\tau_1=n'_1-n''_1,\ \cdots,\ \tau_u=n'_u-n''_u. \tag{20}$$

因此，我们把这些分量叫做运动中的"对应"谐振动分量，并把以上这种说法的内容叫做多周期体系的"对应原理"*.

如所周知，正是通过考察可以使建筑在各公设上的对现象的描述在大量子数的极限区域中和经典理论的结果渐近地符合的那些必要条件，人们得到了关于辐射过程发生率的上述定律的一个线索；在这一极限区域中，经典理论对统计问题的适用性看来是有保证的. 如果我们考虑其定态由条件式(A)来确定的一
个多周期体系，那么，根据关系式(B)并借助于(7)，我们就得到从量子数为 n'_r 的 480
一个定态到量子数为 $n''_r(r=1,\cdots,u)$ 的另一个定态的跃迁所发射的辐射的频率表示式

$$\nu=\frac{1}{h}\{E'-E''\}=\frac{1}{h}\int\Sigma\omega_r dJ_r. \tag{21}$$

如果现在各个量子数 n'_r 和 n''_r 比它们的差数大得多，从而这两个定态中的运动彼此相差较小，则积分号下的那些频率可以看成在积分过程中近似地保持恒定. 于是利用(A)式就得到一个渐近关系式：

$$\nu\approx\sum_1^u(n'_r-n''_r)\omega_r.$$

于是我们就看到，辐射的频率 ν 和出现在由(2)表示的体系运动中的一个谐振动分量的频率 $\tau_1\omega_1+\cdots+\tau_u\omega_u$ 渐近地符合，而且当然是和满足关系式(20)的那个频率渐近地符合.

关于不同的可能跃迁的发生率，我们立刻就被引导到一个假设：在这种极

---

* 在 Q. o. L. 中还不曾采用这一名称，而在那里却把原理的内容称为量子论和经典理论的形式类似性. 这样一种说法可能引起误解，因为事实上——正如以后即将看到的——对应原理必须纯粹地看成一条量子论的规律，它根本不能缓和各公设和电动力学理论之间的对立.

限区域中,不同谱线出现时的强度由体系电矩中对应谐振动分量的振幅来确定,其方式和在经典电动力学中按照公式(19)所得到的情况接近相同.我们是从上面叙述的大量子数区域中的运动分量的频率和跃迁发射的波列频率的联系得出了这种结论的.因此,我们就被引导到这样的观念:辐射过程的发生取决于对应振动在原子运动中的存在.至于像在上述的对应原理中假设的那样把这种渐近关系看成关于辐射的发生的一条普遍量子论规律的暗示的理由,让我们再提醒大家一次,在大量子数的极限区域中,也根本不存在辐射现象的量子论描述和经典电动力学概念之间的差异的减小问题,而只存在统计结果的渐近一致性问题.正如我们即将看到的,原理在阐明量子论问题方面的适用性主要正是和这一点相联系着的.

481　另一方面,如果我们要讨论出现在爱因斯坦温度辐射理论中的定量地决定着辐射跃迁发生率的几率系数的绝对值,那么就必须强调,以上的考虑自然是仅仅使我们能够在大量子数的区域中利用运动的对应谐振动分量的振幅来计算这些系数.这可以从下述事实十分清楚地看出,那就是,只有在这种区域中,初态和末态中的振幅才近似地相等.正如对于这些分量的频率一样,在一般情况下我们必须对于两个态中的对应振幅可以完全不同这一事实有所准备.但是,看来并不能排除求出用力学符号表示出来的上述几率系数的一个普遍表示式的可能性.这方面的一个提示也许可以用下列说法来给出:联系在多周期体系任意二定态之间的跃迁上的那个频率,可以表示成从(1)的通解中适当选出的一个连续系列的运动态中的对应振动的频率平均值.我们将再来考虑两个定态之间的跃迁,它们的方程(A)中的量子数分别是 n'_r 和 n''_r.然后我们将考虑一些态;在那些态中,代表起着确定定态的作用的匀化动量的各个量 J_1、…、J_u 由下式给出:

$$J_r(\lambda) = h\{n''_r + \lambda(n'_r - n''_r)\},$$

式中的参数 λ 可取 0 到 1 间的一切值.于是,正如从(21)和(A)直接看到的,就可以写出跃迁时发射的辐射频率的表示式如下:

$$\nu = \int_0^1 \Sigma(n'_r - n''_r)\omega_r(\lambda)\,d\lambda.$$

因此,跃迁中发射的波组的频率,可以看成所讨论的"中间态序列"中的对应振动的频率平均值.克喇摩斯曾在一篇研究报告中唤引了对这种简单关系的注意,那篇报告中包含了关于对应原理对谱线强度问题的应用的详细考察.他在文中也讨论了利用按中间态计算的一些量的适当平均值来得出跃迁几率的一种普遍表示式的可能性;按照经典理论,那些量是确定着和电子电矩中的对应振动相伴随的那种能量的辐射的*.

§3. 对应原理和定态的确定 如果说对应原理并不能以一种直接的方式在辐射过程的本性和定态稳定性的原因方面教给我们什么东西,它却确实以一种方式阐明了量子论的应用,这就使我们可以预料这一理论的一种内部合理性,和经典理论的形式合理性种类相似. 首先,前面提到的运动的周期性质在定态的确定中所起的作用变得明朗了. 其次,关于量子条件式(A)的个数恰好等于周期度的要求,变成了在各种类型的跃迁和出现在运动中的谐振动分量之间达成一种无歧义对应关系的必要条件. 如果周期度在外力的影响下有所增加,更多条件的加入也显得很明显了. 事实上,我们可以把这些条件看成对于出现在久期扰动中的那些新的、缓慢的谐振动和一些跃迁过程之间的对应关系的直接要求;对于这些跃迁来说,已经出现在未受扰运动中的那些量子数并不改变,而只有出现在所增加的条件中的那些新量子数才发生改变**. 482

在这方面,提到一种情况也是有趣味的,那就是,对应原理也给我们在确定某些严格单周期性的或多周期性的体系的定态时所遇到的一些表观佯谬带来了光明;在这些体系中,运动在和它的基本周期同数量级的时间内近似地显示那样一些周期性质,以致只从这些性质来看将导致和另一种定态确定完全不同的定态确定;那另一种定态确定就是当把体系的严格周期性质考虑在内时即将由第一章§2中的手续推得的. 为了便于讨论,我们将把体系的严格周期叫做"宏观周期",而把揭示准周期性质的那些周期叫做"微观周期",因为只有当后一些周期远小于前一些周期时表观佯谬才会出现. 在关系式(A)和(B)的基础上人们起初可能会想,我们或许会遇到和经典理论的要求的一种奇特的不同,因为运动的微观性质当然显得是在光谱中根本无法认知的. 但是,情况却完全不是这样. 因为,如果更加仔细地考虑考虑不同的量子跃迁的几率,我们就会发现,由宏观周期确定的态的量子数改变许多个单位的某些跃迁将有特别大的几率;这是由微观周期引起的出现某些振幅特别大的泛频振动或泛频振动组的结果. 这样,微观周期就会出现在光谱中,其方式和它们按照经典理论将会出现在辐射中的那种 483

---

* H. A. Kramers, *Kgl. Danske Vidensk. Selsk. Skrifter*, 8 Række, Ⅲ. 虽然这一重要问题还没有解决,但是必须指出,由"光谱学稳定性"推得的那种否定在克喇摩斯文章第 100 页上建立起来的表示式的正确性的论证,是站不住脚的.(参阅本文第 27 页[本卷原第 484 页].)

** Q. o. L. Ⅱ, 2, p. 58[本卷原第 124 页]. 可以特别简单地应用这一观点的例子,是由外电场和外磁场对氢谱线的效应问题提供出来的. 参阅 *Zs. für Phys.* **2**, 423, 1920, 也重印于 *The Theory of Spectra and Atomic Constitution*, C. U. Press, 1922 中;并参阅 *The Seventh Guthrie Lecture*, *Proc. Phys. Soc. London*, **35**, 275, 1923.

方式颇为类似．艾伦菲斯特和布来特 * 在近来发表的一篇著作中曾经使人们注意到的对应原理的这种应用，总的看来很清楚地表示了量子论中的辐射和运动之间的密切联系；这种联系还是存在的，尽管各公设的特点和经典理论的连续描述之间存在着根本的不同．在宏观周期和微观周期相比是非常长的那种极限下遇到的而且是上述作者们曾经唤起人们注意的一个奇特的困难，显得在各公设的有效性的限制中有其自然的基础，而且在下一节（见第 30 页［本卷原第 487 页］）中将更加详细地予以讨论．

对应原理在定态的确定方面带来的光明，正如在 § 3 中已经指出的，显得在确定一种体系的定态问题上给了我们进一步的指导；在那种体系中，正如对于多电子原子那样，方程(1)的通解并不具有任何简单的周期性质．那就是说，在通过逐个束缚电子而建成原子的过程中，以及在由外界影响引起电子组态的改变以后的原子的重新组织过程中，原理提供了减少和辐射的发射联系着的那些跃迁过程的可能性的依据．在以后的文章中，我们还将更加仔细地讨论这一问题．我们将特别努力证明，原理提供了处理原子正常态的稳定性问题的一个出发点，这一问题对于讨论各元素的性质来说是有根本意义的．

§ 4. 对应原理和辐射的性质　在建立对应原理时，不可避免地要假设在两种辐射的可观察特点之间存在密切的联系；一种是按照第二公设在定态间的
484 跃迁中发射的辐射，另一种是按照经典电动力学由于对应振动分量在原子体系的电矩中的存在而将被发射的辐射．例如，一般说来我们将预期，沿不同方向观察到的辐射的性质，将和按照经典理论由一个作着椭圆谐振动的电子所发射的辐射的性质相同．于是，在对应振动对于体系的每一运动来说都是线性振动或圆周振动的情况，例如在具有轴对称性的非简并体系的情况，我们就将预期所发射的各组波将显示平面偏振或圆偏振．这些推论在能够把它们和实验进行对比的一切情况中都得到了证实，例如在关于电场和磁场对谱线的效应的情况中．在这方面，提请大家注意一件事实可能是有兴趣的，那就是，尽管连在偏振问题中都存在辐射和运动之间的密切联系，我们却仍然要对在某些方面遇到和经典理论的明确偏差有所准备．不论量子论的公设在多大程度上使我们能够预期原子体系将有细锐的谱线，定态的稳定性和跃迁中所发射的辐射的特点之间的奇特关

---

* P. Ehrenfest and G. Breit, *Zs. für Phys.* **9**, 207, 1922. 作为例子，作者们采用了由一个可以在圆形轨道上自由运动的粒子所构成的体系．但是这个粒子却要满足进一步的条件，即在向任何方向绕转一定次数以后，绕转的方向就反过来．这里的自由转动就是微观周期运动，而有规则的反向则代表宏观周期性质．作者们说明了自由转动怎样在由转动方向的有规则反向所确定的周期运动中引起周期很大的某些泛频运动的出现．这些泛频运动引起一些跃迁的出现率，它们和最后提到的那种运动的定态的巨大改变相对应．在体系能量的改变方面，这些跃迁近似地和自由转动粒子的定态之间的跃迁相对应．

系还是会迫使我们在某些情况中预期偏振的不连续变化，而在那些情况中经典理论是并不要求这种变化的. 如果把一个孤立的原子体系放进一个磁场或电场中去，我们就得到一个典型的例子. 尽管按照经典理论整个原子相对于场的每一取向都在一级近似下是同样频繁地出现的，而按照量子论却会存在不同的事态. 正如我们所提到的，由久期扰动引起的附加的运动周期将要求关于定态的特殊条件，于是某些取向就被赋予了优先权*. 和经典理论相反，除了各谱线分解成的不同成分线的特征偏振以外，我们必须对一件事实有所准备，即各成分线的总 485
的光即使在很弱的场中也会显示相对于场轴的一种特征偏振状态. 因此，这样一种效应似乎已被不同的观察者所证实这一事实**，就可以看成对量子论假设的一种支持，这在种类上和通常观察到的是细锐谱线这一事实相同†.

我们愿意在这几节中再提到我们迄今故意没有接触到的几个问题，它们是和第二公设的表述直接联系着的. 我在这儿所想到的，一部分是必须在什么参照系中测量辐射过程所发射的波组频率 ν 的问题，一部分是定义这一频率的确切性问题. 关于第一点，在孤立体系的情况，对应原理直接导致这样的假设：用来测定关系式(B)中的频率的参照系，同样还有利用条件式(A)来确定定态时所在的参照系，必须选得使作为整体来看的原子在系中为静止††. 我们很自然地就会假设，在另一个参照系中，沿着不同方向观察到的所发射的波组将显示在相对论中了解得很清楚的那种多普勒效应，正如在用极隧射线所作的著名实验中也已

---

* 当然，关于存在这样一种取向条件的一个直接的、非光谱学的证明已经由 O · 斯特恩和 W · 盖拉赫(*Zs. für Phys*. **9**，349，1922)在他们关于运动银原子在均匀磁场中的偏转的美妙而重要的研究中得出. 关于在这些实验中达成原子取向的迅速性问题，已经由 A · 爱因斯坦和 P · 艾伦菲斯特在近来发表的一篇短文中详加讨论(*Zs. für Phys*. **11**，31，1922). 联系到上述短文中所讨论的详细描述这种调节时所遇到的那些基本困难，可以指出，场对原子运动所能分解成的那些谐振动分量的效应不但在于频率正比于外力的新振动的加入，而且在于引起已经存在于未受扰原子中的那些运动的谐振动分量的一种变化. 因此，原子在场中的重新调整的速度，很难像在上述短文中所尝试的那样根据一个假想原子的定态寿命来估计，在这个原子的运动中只有第一种振动是存在的. 相反地，可以认为已激发的未受扰原子的定态寿命将确定这种重新调整的速度. 在上述的实验中我们处理的不是受激原子的而是处于正常态的原子的未受扰运动，这一点在原理上并不妨碍这种观念. 相反地，这里显露得特别清楚的，正是当前形式下的量子论的那种形式化的本性(参阅第三章).

** 参阅 W. Voigt 的关于磁光学的文章，Grätz，*Handbuch der Elektrizität*，Ⅳ，p. 624. 并参阅 H. Rausch von Traubenberg，*Naturwissenschaften*，**10**，791，1922，他近来曾经在特别简单的氢光谱情况中确定了相应的磁场效应.

† 一条谱线的总光的偏振不会因弱外场的影响而发生重大的改变这一假设，在 Q. o. L. 中被看成了光谱学稳定性的一种必要条件. 既然按照量子论的基本想法这种要求并不能认为是有根据的，反对通过一个简单表示式来用力学符号普遍地表示定态间的跃迁几率的可能性的一种基本论证也就不成立了.

†† 这当然就要求辐射过程前后的参照系要相同. 假若我们假设辐射过程是和动量的改变联系着的，在这方面就会出现不确定性. 联系到爱因斯坦所提出的所发射的辐射是完全定向的想法(见第三章)，薛定谔用一种有趣的方式讨论了这一问题(*Phys. Zs.* **23**，301，1922). 除了这种想法和此处所给出的关于量子论的实际应用的叙述相去甚远以外，还可以记起，简单地由于原子中负电粒子和正电粒子的质量比很小，动量的实际改变量不可能对孤立体系的光谱有任何可观察的效应.

经发现了的那样.但是,对于非孤立体系来说我们却遇到一些困难,因为没有什
486 么固定的、明确的、自然的参照系.通过考虑原子体系和自由电子之间和辐射相伴随的但电子并不成为束缚在原子中的电子的那种碰撞,可以得到一个典型的例子,这个例子将在以下各节中予以处理.

上面提到的第二个问题涉及定义所发射的波的频率时的那种确切性.从纯运动学的角度来看,辐射过程的有限持续时间对这种确切性加了一个上限.按照关于对应关系的要求,至少对于孤立体系可以合理地假设,这种持续时间的一个上限,至少在数量级上可以由按照经典理论将由一个振动电子发射出对应能量的那段时间来提供;该电子的振动频率等于辐射的频率,而且振幅和对应振动的振幅同数量级*.我们看到,这样得到的定义波频率的确切性的界限,恰好和我们在利用(B)来计算由一个跃迁过程所发射的辐射频率时所能指望达到的近似程度相同,如果我们考虑到定态中运动的描述以及用到条件式(A)的能量确定都已经包含了对辐射反作用的忽略的话.正如在上一章中多次强调了的,这样一种描述的近似特点,起源于一个事实,即由辐射引起的反作用在运动方程(1)的应用中是被忽略了的.这里不但有我们对于为了说明定态中不存在辐射的发射
487 而必须引入于电动力学定律之中的那种修订一无所知的问题,而且甚至关于运动的周期性质的那种运动学问题也是未经确定的,其意义就是,我们必须照顾到和辐射过程相对应的那种规则运动的间断性,不论这种过程是到达较低能量的态的自发跃迁,还是由外界辐射造成的受迫跃迁.

原子中电子运动的这种描述上的欠明确,就在定态的定义中带来欠明确性;这种欠明确性的考虑在某些情况中是具有本质重要性的.如果我们考虑一下在上节的末尾所处理的例子,那么当宏观周期如此之大,以致它们的长度变得和一个时间间隔的数量级相同时,那么我们就遇到一种新的形势,如果在那一时间间隔中,已经发生了由微观运动的性质所引起的一次量子跃迁的几率并不很小.在

---

* [见 Q. o. L. Ⅱ, p. 94[本卷原第 160 页]的注.]如所周知,谱线细锐度的这一界限根据从极隧射线发出的光的逐渐减暗过程所能推得的辐射时间的上限近似地符合(参阅 W. Wien, *Ann. d. Phys.* **60**, 597, 1919; **66**, 229, 1921).这个问题曾由 A·索末菲和 W·海森伯(*Zs, für phys.* **10**, 393, 1922)从和正文中所指出的相同的普遍观点出发进行了简略的讨论.这些作者力图得到谱线宽度的一种更确切的理论估计.虽然这种尝试包含了有趣的和有希望的想法,但是,在理论的当前状态下,却很难决定根据对应原理能够在多大程度上必然地推测一种确切的、定量的估计方法.对于和维恩的实验有关的 G·米意的有趣作品(*Ann. d. Phys.* **66**, 237, 1921),也可以提出同样的看法;按照这篇作品,波的强度在辐射过程中至少起初是应该逐渐增大的,而且在达到最大值以后,就又在过程的末段逐渐减小,而在目前的理论状况下,这从对应原理的观点看来显然是找不到任何直接根据的.注意到为米意提供了一个出发点的那种情况仍然是有趣的.那就是,在特别研究了的氢谱线 H_α 中,所发射辐射的频率等于运动方程的一个可设想的解中的电子绕转频率,这个解可以认为介于作为过程的初态和末态的那两个态之间.这是一个法则的特例,那条法则对于多周期体系是普遍成立的.按照这一法则,所发射的辐射的频率可以认为等于对应振动的频率在一个连续的可设想"中间态"序列中的平均值(参阅上文第 24 页[本卷原第 481 页]).

这种情况下，运动方程(1)对描述实际的宏观周期性质的应用就变成错觉性的了，从而我们就被引导到一种观念，即在极限情况下这种性质对定态的确定的每一种影响都将消失，从而对体系的可观察的性质也是这样，这些性质现在只可能依赖于所谓微观周期性质了. 通过这样的考虑，似乎就能以一种自然的方式克服艾伦菲斯特和布来特(前引文献，p. 210)所强调的那些困难，它们是和这种体系的热性质的无歧义确定有关系的. 这些困难就在于一件事实，即在关于运动方程(1)的严格解的一种形式考虑中，对于温度平衡有重要性的那些量，也就是说能量值和定态的统计权重的值，将无例外地只依赖于这种解中的运动的宏观周期性质. 因此，如果取严格说来只出现微观周期性质的那一极限，就显然会得到一种不连续性. 但是，由以上的考虑可以推知，甚至在到达宏观周期为无限长的那一极限以前，就必须预期它们对可观察性质的效应已经逐渐消失了. 在这方面必须强调，为了决定在一个给定的情况中是微观周期还是宏观周期有着本质的重要性，必须把实际的温度考虑在内，因为温度辐射对受迫量子跃迁的发生率是有影响的.

§5. 来自非孤立体系的辐射 在关于辐射过程的考虑中，我们到此为止只考虑了涉及孤立的原子体系的那些过程，那些体系的定态可以用条件式(A)来确定. 关于非孤立体系，我们将特别考虑两个或多个原子体系的相互作用；在 488
这种考虑中我们就遇到一些本质上不同的关系式，尽管它们在某种程度上可以在各公设的基础上加以考察. 正如我们在上一章中已经提到的，第一公设要求相互作用的两个原子在过程的以前和以后都处于定态中. 在这方面，重要的是要记得一件事实，即定态是仅仅通过每一原子中的各粒子的相对运动来确定的，因此，以上叙述了的要求并不表示关于两个原子体系在相互作用以后的任何东西，如果它们相隔甚远的话. 只有当相互作用导致体系的结合时，我们才可能预期除了体系作为整体的运动以外的运动将由(A)这种类型的条件式来确定. 这种过程的一个简单例子可以由一个自由电子和一个原子性正离子的碰撞来给出，这种碰撞在某些条件下可以导致电子被原子所束缚而发射辐射. 于是，从第二公设的观点看来，我们在这样的过程中就有在一件事实中进一步应用对应原理的一种可能性；其事实就是，如果运动是由方程(1)来近似地描述的，则总体系的电矩随时间的变化将包含具有一切可能频率的谐振动分量. 这就表明，电矩可以表示成一个傅立叶积分而不是表示成(2)这种形式的三角级数. 这就和一种情况相对应，即我们在这里可以根据过程之前和之后的两个原子的相对运动的不确定性来想象一个辐射过程. 那里的按照(B)来计算的辐射频率可以取连续地分布在一个区间中的一切可能值. 于是我们就有以一种和经典理论的观点显示着类似性的方式来形式地诠释所谓连续光谱的可能性，这就对应于量子论对具有多周期特点的孤立体系的线光谱所作出的解释*. 两种理论的论断之间的差异即使在这儿也显然是很明显的，因为量子论当然同时也对短波长一侧频率范围的截然界限的出现提供了解释；这种界限例如将在 X 射线的区域中被观察到，即当
489 管中的对阴极受到具有某一给定速度的电子的轰击时被观察到. 如所已知，如果我们引用电子的动能来作为 $E'-E''$，这个频率界限就由关系式(B)直接给出. 我们在这方面几乎用不着重提，这种现象形成爱因斯坦的著名理论所描述的光电效应的"逆效应". 方程(B)对辐射过程的这样一种应用只有在确定这一界限方面才显得是自然的，这时原子和电子之间的相对速度在相互作用之后已经变成零，因为我们遇到的是通过单频辐射的吸收可以直接逆转的现象. 关于第二公设对于电子和原子性离子之间并不导致结合的相互作用的严格适用性问题，却引起种类不同的一些困难. 在企图应用条件式(B)时，人们立刻就遇到在上一节中触及了的关于必须在那里测量波列频率的那个参照系的问题. 参考了经典理论，看来很合适的是应该主要通过电子在碰撞前后的运动来确定参照系，因为电子由于质量很小而当然会得到大得多的加速度. 特别说来，如果我们考虑一个极限情况，这一点就是很明显的；在这个极限情况中，电子的速度在碰撞期间只在量值和方向上发生很小的变化. 这就提供了理解一种现象的可能，那就是来自对阴极的连续 X 辐射相对于入射电子方向的垂面而言的那种分布中的众所周知的不对称性；当然，对于这种现象的主要特点，经典理论是已经作出了说明的. 从量子论的观点看来，不对称性的存在似乎强有力地证实着一件事，即可以出现那样的辐射过程，在过程中电子在和原子碰撞以后只是部分地失去它对原子而言的相对速度**. 对于上述那种由量子论确定的辐射频率范围的截然界限的频率来说，这种不对称性并不存在；这一佯谬可以依据我们的考虑得出自然的解释. 因为那只是一个基元过程的界限问题，在过程中，一个电子在碰撞后受到束缚，从而平均说来电子在碰撞后不会具有相对于对阴极原子的速度.

联系到参照系的问题，还出现关于第二公设对所考虑的辐射过程的严格适
490 用性问题. 即使像所提到的那样看来能够在辐射过程和运动性质之间建立起和多周期体系中的关系式定性地显示着类似性的一种对应关系，这里的形势也是

---

* Q. o. L. Ⅱ, p. 137. 在即将发表的一项研究中，克喇摩斯曾经证明能够对这种观点作出定量的应用，因为他已经做到利用量子论来对关于均匀 X 射线的吸收的那些经验定律对波长和吸收元素的原子序数的特征依赖关系作出诠释. [英译者注：见 *Phil. Mag.* **46**, 836, 1923.]

** 正如 S·罗西兰先生很亲切地向我指出的，看来有可能所考虑的这种性质的过程在放射性嬗变中也会起重要作用. 特别说来，它们可能导致所谓连续 β 射线谱的存在，因为从核射出的电子在核周围的场中受到很大的加速，从而就可能通过辐射过程损失其能量的任意大小的部分. [英译者注：参阅 *Zs. für Phys.* **15**, 173(1923).]

很不明朗的，从而这里的讨论将在很大程度上建立在关于辐射过程的本性的假设上．但是，如果我们尽可能地追随上述这种类似性，我们就将被引导着根本怀疑公设的适用性，如果我们考虑那样一些切近的碰撞的话；在那种碰撞中，由于电子的加速度很大，经典理论所要求的辐射反作用对于运动的描述来说将是不可缺少的．

尽管我们在这里遇到了完全悬而未决的问题，我们在 §4 中当讨论谱线的细锐性时表述了的那种观点却似乎可能在公设的范围和局限性方面给我们以进一步的指导．它也可以在必须到两种问题之间去寻求的那种联系的类别方面给我们以帮助，一种就是这些公设对解释原子的性质问题的典型应用，另一种就是经典理论在那里无疑具有本质正确性的辐射问题的典型例子，例如无线电报中的电磁波的发射．我们在这里必须处理一个体系，它的性质依赖于为数甚大的原子体系的集体作用，而且体系中的能量和周期之间的关系式，如果我们毕竟还谈得到由条件式(A)来确定的定态的话，将和很大的量子数相对应．这种情况自然对于问题是有本质的重要意义的．但是，把主要注意力集中在问题的这一方面，并且例如把经典理论在这些情况中的适用性看成对应原理的直接例子，却很难说是正确的．这里是经典理论对一种情况的适用性问题，这个情况离开建立对应原理时所用的那些假设的适用范围很远很远．在讨论这一问题时，我们当然只强调了一点，即甚至在大量子数的极限区域中，经典理论的概念和作为量子论公设的适用基础的那些概念之间的根本区别仍然是存在的．在这里所考虑的问题中，几乎不存在量子论的统计结果和经典理论的统计结果的渐近符合问题，而相反地却是一个量子论公设的完全崩溃问题．这是和一件事实联系着的，那就是，我们必须处理的是那样一些体系，体系中按照经典理论算出的辐射是如此地强，以
致在少数几个周期中发射的能量将和许许多多个我们在量子论对原子问题的典 491
型应用中遇到的那种基元辐射过程相对应．这一点的一个直接后果就是，如上所述，我们参照这些典型的原子应用而提出的那种量子论公设的表述，在这里所考虑的情况中将不再有意义，而且特别说来，在应用这些公设时经典理论观念的运用就是没有根据的．

第三章　论量子论的形式化本性

以上那些考虑的目的就是要阐述一些原理，它们形成量子论对原子结构的实际应用的依据，而且它们将被当作以后各篇文章的基础．正如在引论中所提到的，这里仍然有一个形成现象的一种无矛盾图景的可能性问题，这些原理应该能够被弄得和那种图景相容．我们在这里想到是当努力把原子过程中不连续性的出现和经典电动力学观念的应用调和起来时就会遇到的那些根本性的困难．既

然人们的注意力曾经指向问题的各个方面，已经提出了克服这些困难的各式各样的方法，我们将在以下各节中简略地讨论这些方法.

§1. 光量子假说　处理问题的一种方法是把主要力量用在即使在个体过程中也要保持动量守恒之类的普遍定律上. 这种努力肯定是以最清楚的方式表示在爱因斯坦的所谓“光量子假说”中的. 如所周知，为了在辐射发射过程和吸收过程中细致地满足能量守恒，他假设了甚至在真空中辐射过程也在原理上不能利用经典观念来描述. 按照光量子假说，辐射的扩展传播并不以普通的波动形式进行，而是辐射能量在传播中永远存留在一个小小的空间区域中，而且在吸收过程中是作为整体而被接收的. 包含在这些光量子中的能量永远等于 $h\nu$. 尽管这种观点在明确揭示光电效应之类的某几类现象和量子论的关系方面有它的巨
492 大重要性，上述假说却绝不能看成一种满意的解答. 如所周知，这种假说当用于干涉现象的解释时就会引起不可克服的困难，而干涉现象就构成我们考察辐射本性的主要手段[*]. 我们甚至可以认为，作为光量子假说的基础的那种图景，在原理上排除了合理地定义频率 ν 的概念的可能性，而这一概念在这种理论中是起着主要作用的. 因此，光量子假说并不适用于给出各过程的一种图景，来把在量子论的应用中所考虑的全部现象都安排在这种图景中. 假说再现现象的某些方面的那种令人满意的方式很适于用来支持曾经从不同方面提出的一种观点：和经典物理学中对自然现象的描述相反（那种描述永远只是许许多多个体过程的统计结果），借助于空间和时间的概念来对原子过程所作的描述，并不能利用从经典电动力学借来的一些概念而以一种无矛盾的方式彻底进行，而这些概念则到现在为止一直是我们表述形成量子论实际应用的基础的那些原理的唯一手段.

在这方面可以请大家注意近来由惠台克尔[†]从各种不同观点作出的设计一种能够再现量子论典型特点的机构的那些往往是很巧妙的尝试. 这些尝试或许可以指示出将来在寻求过程的一种完备的、综合的图景时所应遵循的方向，然而必须指出，从事物的本性来看，这些尝试在理论的当前状况下几乎不能对实际应用有什么阐明.

§2. 耦合原理　另一种处理方法在于纯粹以一种形式上的方式来试图求得一种普适的表示式，它适用于确定原子体系的定态的那些量子论的定律，也适用于支配着辐射过程的那些定律. 这是通过起先不考虑辐射在自由空间中的

---

* 参阅 H. A. Lorentz, *Phys. Zs.* **11**, 349, 1910.

† E. T. Whittaker, *Proc. Roy. Soc. of Edinburgh*, **42**, Part Ⅱ, p. 129, 1922.

传播而考虑用反射壁包围起来的辐射场来达成的. 按照经典电动力学，这样的场和由质点构成的多周期体系的运动有其形式上的类似性，因为如所周知，辐射场可以由一些纯简谐的、相互独立的特征振动来合成. 因此，对于这一情况，确定多周期体系的定态的理论至少是形式地可以应用的. 正如立即可以明白的，由此而 493
必须联系到每一特征振动上的能量，等于 $h\nu$ 的整数倍，此处 ν 是对应特征振动的频率. 如所周知，这种想法就形成艾伦菲斯特* 和德拜†不引用有关发射过程和吸收过程的特殊假设而推导普朗克温度辐射定律的那些重要尝试的基础. 这一观点对我们的目的来说的重要性在于一件事实：它使我们能够在形式上用和看待态条件式(A)的方式相同的方式来看待频率条件式(B)††. 既然在能量交换以后空腔辐射以及原子体系都又处于定态，这种能量交换就可以看成和我们在第一章 § 4 中讨论过的两个原子体系的无辐射的相互作用服从完全相同的定律. 既然我们按照通常的术语把耦合概念理解为在一级近似下为独立的两个体系之间传递能量的可能性，我们就将把这种观念称为“耦合原理”.

但是，既然和各原子体系相互作用的普遍情况相反，这一原理并没有确定只有**一种**有着**一个**量子 $h\nu$ 的特征振动能够参加原子和空腔辐射之间的能量交换，那么这一原理也就不能给我们一种直接方案来说明量子论第二公设对被发射的辐射的性质的要求. 然而，对于在以上各章中讨论了的普遍交换定律来说，在这里所讨论的原子和空腔辐射之间的能量交换这一特例中，却可以通过把耦合概念和关于几率的考虑及对应原理联系起来而给出一种和耦合原理相容的表述. 正如在经典电动力学中所谓辐射反作用力决定着辐射场和原子运动的各种谐振动分量之间的直接耦合那样，我们也将假设，原子和空腔辐射之间的各种交换过程的发生几率是由“潜在的”辐射反作用来控制的，这些反作用响应着和各个跃迁过程相对应的谐振动分量. 通过照顾到空腔辐射的各种特征振动的独立性，首 494
先只根据几率的概念就可以合理地认为，在原子和辐射交换能量时，耦合机制并不是同时对不同的特征振动起作用的. 第二，前面提到的原子间的一般相互作用和原子同空腔辐射的能量交换之间的那种显著区别(这种区别涉及后一情况中的量子数改变的限制)，可以在这一情况中和耦合的特殊本性联系起来. 在两个原子体系的一般相互作用中，造成耦合的那些力可以和作用在定态中的粒子上的那些力具有相同的数量级，而在能够定义定态的那些情况中，对原子和辐射场之间的耦合很重要的那些辐射反作用却永远要看成比作用在粒子上的力小得多.

---

* P. Ehrenfest, *Phys. Zs.* **7**, 528, 1906.

† P. Debye, *Ann. d. Phys.* **33**, 1427, 1910.

†† 关于参考文献的较详叙述，见作者发表在 *Zs. für Phys.* **6**, 1, 1921 上的一篇短文，文中试着对有关问题作了详细的讨论.

这些考虑使我们看到耦合原理和有关对应原理的那些想法之间的联系，它们同时也提供了探索关于原子体系相互作用的量子运动论定律的可能性(见第一章 § 4). 就这样，它们可能给出理解一些关系的门径；这些关系存在于未受扰原子中的辐射性跃迁过程的几率和可以由电子碰撞引起的无辐射跃迁过程 * 的几率之间，不管这两种情况在原理上有多么不同.

但是，为了判断耦合原理的重要性却不可避免地要承认，它的形式上的适用性只是由于一件事实而成为可能的，那就是我们从一开始就没有考虑辐射在自由空间中的扩展传播，而当然正是在这种传播的情况中经典概念在原理上的适用性的困难才是特别明显的. 尽管这一原理有它的形式美，仅仅这种局限性就使由它所得到的普适性成为有问题的了；这种普适性和作为上一章中叙述的基础的那种二元论的观念形成了对照. 这种叙述是和在经典理论中已经出现的那种明显的二元论密切地联系着的；一方面是由带电粒子构成的体系的运动的描述，另一方面是辐射能量在自由空间中的扩展传播，上述二元论就存在于这两者之间. 因此，这种叙述可能更适于用来再现那些对于量子论的实际应用范围具有本质意义的特点.

495 **§ 3. 反射现象和色散现象**　正如在本章 § 1 中已经提到的，干涉现象的考虑对于物理事实的完备叙述来说是绝对必要的. 在原子结构问题中在很大范围内起着决定作用的我们关于辐射本性的全部知识，当然只是建筑在这些干涉现象上的；在这些现象的更仔细的考虑中，量子论的形式化本性显示得特别清楚. 这不但对于在 § 1 中提到的原子之间的能量交换问题和辐射在自由空间中的传播问题来说是对的，而且也必须强调，可观察的干涉现象的解释要求完全不属于量子论公设的进一步的假设. 例如，为了说明反射现象和色散现象，似乎必须假设原子恰恰就像经典理论中的带电粒子系那样对辐射场发生反应——换句话说，原子形成一种次级波列的出发点，这种波列和原有辐射场之间存在相干的周相关系. 首先，正如在第一章中已经提到的，关于定态稳定性的量子论典型要求的一个直接推论就是，一般说来，原子对辐射场的影响的反应，甚至不能近似地按照经典理论来计算**. 但是，经典色散理论和量子论公设之间这一佯谬式的对照甚至被原子结构的理论概念和观察结果的较仔细比较弄得更加尖锐了. 一方面，如所周知，气体中的色散现象表明，按照经典电子论，色散过程可以在很好的近似下在和一组谐振子相比较的基础上加以描述，如果这些振子的特征频率

---

* 参阅 J. Franck, *Zs. für Phys.* **11**, 155, 1922.

** 这一点曾由 C · W · 奥席恩(*Phys. Zs.* **16**, 395, 1915)在他对德拜的色散理论的批评中特别强调过；在那种理论中，曾经企图利用建筑在量子论上的分子模型来通过经典理论计算气体的色散. 并参阅 N, Bohr, *Abhl. über A.*, pp. 138—139 及 P. S. Epstein, *Zs. für Phys.* **9**, 92, 1922.

恰好等于观察到的相应气体的吸收光谱的各谱线频率的话. 另一方面,按照量子论公设,这些吸收谱线的频率并不以任何简单方式和正常态原子中各电子的运动相联系,因为它们当然是按照频率条件式由原子在这一套中和在与该态很不相同的另一态(受激态)中的能量之差来确定的.

按照本文所提出的这种量子论的形式,色散现象于是就必须设想成这样: 496
原子当受到辐射的影响时的反应,是和在定态间的跃迁中导致辐射的发射的那种未知机制密切地联系着的. 为了照顾到观察结果,必须假设在上节中被称为耦合机制的这种机制当原子受到照射时就开始起作用,其作用方式使一些原子的总的反作用和经典理论中一些谐振子的总的反作用相同,各振子的频率等于原子在各个可能跃迁中所发射的辐射的频率,而相对振子数则由在照射的影响下这些跃迁过程的发生几率来确定. 这样一条思路首先是在雷登堡的一篇文章[*]中被密切遵循了的;他在这篇文章中以一种很有兴趣和很有希望的方式力图在两种量之间建立起一种直接的联系,那就是按照经典理论对色散现象的定量描述为重要的那些量,以及出现在第二章中所讨论的爱因斯坦对温度辐射定律的推导中的那些几率系数. 在这方面,重提一个情况可能是有兴趣的,那就是,没有进一步的假设,这些几率系数就不能根据吸收光谱的测量结果推导出来. 在这些光谱中直接观察到的,当然主要就是由散射引起的原始波列的减弱[†]. 按照量子论的公设,真正的吸收不但在于波列能量的均匀减少,而且在于由不连续规律支配的个体原子和辐射场之间的能量交换. 利用它对被照原子的效应来对这样一种吸收所作的证明,是在一种很有教益的方式下通过观察所谓共振辐射而得出的,在这种辐射中根本不存在和入射波列的相干性问题[††][§].

---

* R. Ladenburg, *Zs. für Phys*. **4**, 451, 1921.

† 如所周知,这样的观念曾由尤里乌斯联系到他的太阳理论而特意提出. 在这方面,可以参阅H·格茹特的一篇近期文章,*Physica*, **1**, 7, 1921,文中处理了关于色散对辐射压的意义的类似问题.

†† 见 N. Bohr, *Zs. für Phys*. **2**, 423, 1920,也载于 *The Theory of Spectra and Atomic Constitution*,文Ⅱ,文中按照它们和量子论的关系讨论了共振辐射现象. 参阅 J. Franck, *Zs. für Phys*. **9**, 259, 1922;那里详细讨论了作为第二种碰撞(第一章第 11 页[本卷原第 468 页]的注)的结果而由它种气体的存在引起的共振辐射的淬灭.

§ [加在校样上的注]:C·G·达尔文在近来发表在 *Nature*(**110**, 840, 1922)上的一篇短文中曾经提出了关于量子论中色散现象的诠释的一些有兴趣的考虑. 他提到了能量定律在原子过程中的普遍失效并强调了这样的事实: 色散现象可以通过一条假设来形式地加以解释,那就是,被照原子会得到发射一个波列的几率,波列的成分和从较高定态到正常态的自发跃迁的伴随辐射的成分完全一致. 正如达尔文所证明的,这样就可以和经典色散理论的结果得到统计的符合,如果假设这种辐射在开始发射时和入射辐射有某种周相关系的话. 这种要求很难和受激原子的有限存在时间的假设相调和,而量子论中关于共振现象的解释就是建筑在这一假设上的;除了这一事实以外,这种观念当试图把很弱照射下的色散考虑在内时也显然遇到不可克服的困难. 观察到的色散现象完全不依赖于光的强度(见 G. I. Taylor, *Proc. Cam. Phil. Soc*. **15**, 114, 1909; R. Gans and A. P. Miguez, *Ann. d. Phys*. **52**, 291, 1917);这种完全的独立性却可能要求这些现象的一种解释;正如正文中所指出的,这种解释中的一个本质特点就是和经典理论那些连续的、非统计性的观念颇为一致.

497 **§4. 量子论中的能量守恒和动量守恒**　作为以上这些考虑的一种结果，现象的一种普遍描述就是不能贯彻到底的，如果在这种描述中要求能量守恒定律和动量守恒定律在它们的经典表述的细节上都保持有效的话.因此，我们必须对从这些定律得出的推论将不具备无限的正确性这一事实有所准备.如所周知，爱因斯坦不但像前面提到的那样曾经从能量定律导出了关于辐射的本性的推论，而且也曾经联系到他对温度辐射定律的推导利用了有关动量定律对辐射过程的适用性的想法.他曾经根据原子从辐射受到的反冲的考虑导出了有利于单方面的、完全定向的辐射发射的论点.这种有趣的考虑使得我们的原子过程图景的不完备性变得更加明显了；这种考虑表明，在它目前的表述下，动量守恒定律也像能量守恒定律一样，是不能用来得出关于过程的本性的切实结论的.这些定律只能用来得出关于按照量子论公设可以设想的那些过程的发生率的结论.

作为能量定律的这种类型的应用的一个典型例子，我们可以考虑这样一条假设：按照定态能量的一种合理的定义，和辐射的发射相联系着的一个跃迁过程只能自发地从某一个态向较低能量的态进行.虽然这一假设无疑地可以和对应原理建立一定的关系，但却几乎没有理由认为它是该原理的一个推论.另一方面，从能量原理导出这一假设时的那种形式化特点将清楚地表现出来，如果我们
498 考虑另外一些跃迁过程的话；这些过程是由照射激起的，而且是由爱因斯坦在他的温度辐射定律的推导中假设了的，而利用经典观念定义的能量守恒则似乎被这种过程一下子就排除了.

当考虑原子和辐射之间的动量矩交换时，我们就遇到动量定律对辐射过程的一种相应的应用.这种考虑的基础，是由对应原理的有关想法所提示的一条假设：在跃迁过程中发射的电磁辐射场可以和一个波组相比拟，这个波组是由一个以对应的频率作着纯粹谐振动的带电粒子按照经典理论而发射的.这样一组波具有一个合动量矩，它和波的总能量之比将取最大值，如果粒子的轨道是一个圆.这时比值等于 $1/(2\pi\nu)$，如果 ν 是波的频率和粒子的频率的话，如果所发射的能量等于 $h\nu$，则辐射场的最大动量矩等于 $h/2\pi$.如果我们现在考虑一个原子体系，它具有那样一种轴对称性，使得各粒子绕这一轴线的总动量矩在定态中的运动过程中保持恒定，于是，在动量矩守恒的基础上，我们就被引导到这样的结论：在和辐射联系着的一个跃迁过程中，动量矩的这一分量的改变量不能大于 $h/2\pi$.这样一种考虑是作为对一些推论的支持而由作者* 提出的，那就是由对应原理得出的关于轴对称体系的定态间跃迁的可能性的推论，但是这种考虑也曾由

* Q. o. L. p. 47[本卷原第 113 页].

汝宾诺维兹[†]独立于对应原理而同时提出. 汝宾诺维兹教授在一次交谈中亲切地使我注意到了这种考虑的形式化本性；这种本性也最清楚地出现在这一事实中：在光谱的解释中我们必须对吸收过程有相同的要求，而在这种过程中是很难谈得到任何简单的动量矩守恒的. 在以后的文章中，我们还将详细地比较对应原理和单个事例中的动量矩守恒定律.

联系到本章所讨论的一般性问题，可以在这里指出，在上面提到的这种能量
守恒定律和动量守恒定律的应用中(这种应用往往被说成经典理论和量子论之 499
间的桥梁)，所涉及的倒不如说是这些定律对那样一些情况的形式化适用性问题；在那些情况中，事物的本性使得两种理论在原理上的区别并不会显露出来. 在这方面，浸渐原理，同样还有对应原理，却由于它们的更加普遍的适用范围而占有不同的地位. 我们即将看到，它们显得适于用来在更高的程度上指出进一步扩大原子结构的量子论的新途径. 正如多次强调了的，虽然这些原理是借助于经典概念而表述出来的，但是它们却应该纯粹地被看成量子论的规律；尽管量子论有其形式性，这些规律却使我们有希望在将来得到一种逻辑合理的理论；这种理论将重现量子论那些对它的适用性为重要的典型特点，而同时又可以看成经典电动力学的一种合理推广.

哥本哈根大学，理论物理学研究所

1922 年 11 月

---

† A. Rubinowicz, *Phys. Zs.* **19**, 441, 465, 1918.

剑桥哲学会

通　知

本学会拟出版尼耳斯·玻尔博士近来的系列论文《论量子论对原子结构的应用》的译本，作为《会刊》的单行增刊. 该文的第一部分已经在 Zeitschrift für Physik，Vol. XIII(1923)上发表. 第二部分的译文将很快地在第一部分的译文之后完成，我们希望它能和它的德文本同时问世. 译文是在著者的协助下完成的，并已征得 Zeitschrift 编者 K·席耳(Scheel)博士的同意.

目　录

XIX. 论量子论对原子结构的应用

第二部分：线系光谱理论

(1923*)

* ［见引言第 23 节.］［中译者按：中译本不附德文原本.］

532 # 论量子论对原子结构的应用

Ⅱ. 线系光谱理论

§1. 单电子原子的光谱

对于光谱量子论的发展来说，特别重要的就是单独一个电子绕着原子核进行的力学运动属于特别简单的种类. 当在一开始我们忽略相对论所要求的电子质量随速度的变化时，我们遇到的就是一种单周期运动，在这种运动中电子和核都沿着闭合的椭圆轨道而运行，而以它们的质心作为轨道的公共焦点. 如所周知，对于这样一种开普勒运动，关于频率及轨道线度和体系能量之间的联系的下列定律是成立的：

$$\omega_0 = \sqrt{\frac{2W^3(M+\mu)}{\pi^2 N^2 \varepsilon^4 M\mu}},\ 2a = \frac{N^2\varepsilon^2\mu}{W(M+\mu)}, \tag{1}$$

式中 ω_0 是绕转频率，$2a$ 是轨道的长轴，W 是把粒子拉到相距无限远时所需要的功，ε 和 μ 是电子的电荷和质量，而 $N\varepsilon$ 和 M 是核的电荷和质量.

按照在本论文第一部分[1]中叙述了的法则，这样一种运动的定态是由下列量子条件式来确定的：

$$\mathscr{J}_0 = nh, \tag{2}$$

式中

$$\mathscr{J}_0 = \int \Sigma p_k dq_k, \tag{3}$$

533 积分扩展到一次绕转.

---

1 Über die Anwendung der Quantentheorie auf den Atombau I, Z. Phys. **13**(1923)117[On the Application of the Quantum Theory to Atomic Structure, Part I, Proc. Cambr. Phil. Soc. **22**(1924)1]. 在本文中，第一部分将简单地称为 I，而该部分中的公式将加一个下标 I. 此外，在这两篇论文中将使用相同的符号和缩写.

按照$(10)_{\mathrm{I}}$,量$\mathscr{J}_0$和能量由方程

$$\delta E = \omega_0 \delta \mathscr{J}_0 \tag{4}$$

来联系. 考虑到对于 $W = \infty$ 有$\mathscr{J}_0$等于零,我们立刻就得到

$$E = -W = -\frac{2\pi^2 N^2 \varepsilon^4 M\mu}{M+\mu} \frac{1}{\mathscr{J}_0^2}, \tag{5}$$

同样得到

$$\omega_0 = \frac{4\pi^2 N^2 \varepsilon^4 M\mu}{M+\mu} \frac{1}{\mathscr{J}_0^3},\ 2a = \frac{1}{2\pi^2 N\varepsilon^2 \mu} \mathscr{J}_0^2. \tag{6}$$

而且,由(2)和(5)可见,定态中的能量可以写成

$$E = -W = -\frac{Rh}{n^2} \frac{N^2}{1+\mu/M}, \tag{7}$$

式中

$$R = \frac{2\pi^2 \varepsilon^4 \mu}{h^3} \tag{8}$$

是适用于线系光谱的黎德伯恒量. 在频率条件式(I,B)的基础上,适用于氢光谱的巴耳末公式,以及代表具有单独一个电子而电荷较大的原子的光谱的简单公式,就可以按照众所周知的方式由(7)推得. 与此有关应该强调,这些光谱项的不受限制的组合可能性,依赖于所有泛频振动在普遍开普勒运动的傅立叶分析中的存在.

此外,相对论效应和外场对这些光谱的影响,可以借助于在 I § 3 中给出的关于受扰力学体系的考虑来简单地加以处理. 由于这些影响引起运动的周期度的增大,确定定态的新的条件就被增入了;这些条件的数目等于久期扰动的周期度. 例如,如果这些扰动是纯周期性的,定态就是由两个量子条件确定的,它们可以写成

$$\mathscr{J} = nh,\ \mathscr{J}_1 = n_1 h, \tag{9}$$

式中$\mathscr{J}$和$\mathscr{J}_1$这些量由微分方程

$$\delta E = \omega \delta \mathscr{J} + \omega_1 \delta \mathscr{J}_1 \tag{10}$$

来和受扰原子的能量 E 相联系,此式和$(7)_{\mathrm{I}}$相对应. 这时 ω_1 代表久期扰动的频
率,而 ω 则可以称为近似周期运动的基频. 随着这些基频的选定,$\mathscr{J}$和$\mathscr{J}_1$这两个 534
量就由方程(10)确定到差一个恒量项的程度;而且,这些恒量可由条件式

$$\omega \mathscr{J} + \omega_1 \mathscr{J}_1 = \overline{\Sigma p_k \dot{q}_k} \tag{11}$$

来确定，此式和$(8)_{\mathrm{I}}$相对应；右端那个量上的横线表示时间平均值. 尽管态条件式(9)中的第一式可以通过使扰动消失的浸渐变换而过渡到和(2)等同的条件式，第二式却多确定了运动的一种本质地依赖于久期扰动本性的性质.

在相对论改正对单原子绕核的运动的影响的情况，对于周期运动的久期扰动就在于对近似椭圆的平面轨道的近核点叠加一个均匀转动. 在这种情况，如果我们取ω_1作为这一转动的频率，并取ω作为从近核点到近核点的绕转频率，则量$\mathscr{J}_1$等于电子绕核的角动量的2π倍. 用P代表这个角动量，则简单的计算表明转动着的近似椭圆的轨道的参数在一级近似下由方程

$$2p = \frac{1}{2\pi^2 N\varepsilon^2\mu}P^2 \tag{12}$$

给出，此式在形式上和表示开普勒运动的长轴和量$\mathscr{J}_0$之间的关系的方程(6)完全类似. 按照(6)和(12)，条件式(9)就导致已经由索末菲的精细结构理论了解得很清楚的一些轨道形式.

我们在一些具有很大实际重要性的情况中也遇到纯周期久期运动的例子，那就是对运动的影响远大于相对论效应的均匀电场或均匀磁场的情况. 如所周知，由艾普斯坦和施瓦尔兹席耳德以及由索末菲和德拜分别借助于分离变量法对这些情况所做的原始处理，对于多周期体系量子论的发展是有过巨大意义的*. 但是，利用微扰理论作出的处理却以其更大的明澈性而与众不同；这种处理为对应原理和浸渐原理提供了很有成果的用武之地①. 这在上面提到的那些
535 情况中更是对的，因为这里的频率正比于干扰外力而不依赖于$\mathscr{J}$的值，而由此即得，正如在关于谐振子的原始普朗克公式中一样，可以令由外力的存在所引起的定态能量的改变量等于$n_1 h\omega_1$. 此外应该注意，在关于观察到的斯塔克效应和塞曼效应的解释中，这些光谱学现象的稳定性恰恰是由一件事实来说明的，那就是，用来确定定态的条件的数目不大于原子运动的周期度.

在更普遍的情况，当扰动是双周期性的时候，定态是由三个条件来确定的，它们可以写成

$$\mathscr{J} = nh,\ \mathscr{J}_1 = n_1 h,\ \mathscr{J}_2 = n_2 h; \tag{13}$$

而且关于受扰体系的能量，我们有一个关系式

$$\delta E = \omega\delta\mathscr{J} + \omega_1\delta\mathscr{J}_1 + \omega_2\delta\mathscr{J}_2 \tag{14}$$

---

* 参阅 I. p. 6[本卷原第 463 页].

① 参阅 Quantum Theory of Line Spectra Part Ⅱ及 Z. Phys. **2**(1920)423. ("Drei Aufsätze über Spektren und Atombau", Vieweg, 1922, p. 40.)特别参阅"The effect of electric and magnetic fields on spectral lines", Proc. Lond. Phys. Soc. **35**(1922)275.

式中和以上一样，主频率 ω 对应于近似的周期运动，而 ω_1 和 ω_2 则是久期运动的基频. 各量 $\mathscr{J}$、$\mathscr{J}_1$、$\mathscr{J}_2$ 的绝对值由下列条件式确定

$$\omega\mathscr{J}+\omega_1\mathscr{J}_1+\omega_2\mathscr{J}_2=\overline{\Sigma p_k\dot{q}_k}, \tag{15}$$

此式和(11)相类似.

当我们考虑其影响和相对论效应具有相同数量级的外场时，或考虑电场和磁场的联合效应时，就遇到这种情况的重要例子. 这里提到的处理方式不但以其巨大的明澈性而与众不同，而且在久期扰动为双周期性的一些情况中，和上面提到的单周期扰动的情况相反，是不能用分离变量法来得到一个解的. 尽管磁场对氢谱线精细结构的影响问题可以用这种方法来处理①，电场对精细结构的影响问题却不再是这样的. 这一问题已由克喇摩斯借助于微扰方法进行了处理；而且他已证明，对于场强的任何值来说，氢谱线都劈裂为一些其偏振和场平行或垂直的细锐的成分线②. 这是一种情况的实例；在那种情况中，微扰函数对通过核的一个轴线具有转动对称性；这时久期扰动永远是单周期性或双周期性的，而且量
$\mathscr{J}_1$ 和 $\mathscr{J}_2$ 的意义很容易明确地给出③. 已经发现，在这一情况中，$\mathscr{J}_1$ 这个量永远 536
可以和电子绕场的对称轴的角动量分量的 2π 倍等同起来. 对于下文具有重要意义的是，应用第一部分 §4 中所讨论的关于排除形式量子化法则所允许的某些态的那些考虑，就导致这一角动量分量等于零的那些运动的从定态中的被排除④.

在互成一个角度的电场和磁场对氢原子的联合影响中，我们遇到微扰函数并不显示轴对称性的一个有趣的问题. 作者曾有一段时间认为，扰动并不具备确定截然的定态所必需的那种周期性质，而是我们必须预期氢谱线将漫散变宽⑤. 但是近来艾普斯坦通过更仔细的考察已经证明，在这一问题中，久期扰动在一级近似下也是双周期性的，从而我们必须预期得到一般将显示椭圆偏振态的细锐成分线⑥. 于是，利用我们所能利用的手段，似乎不太可能实现这样一种情况：氢原子在恒定外场中的运动是如此地复杂，以致我们必须预期各谱线在一个范围内漫散变宽，其范围和在塞曼效应及斯塔克效应中观察到的裂距具有相同的数

① 参阅 A. Sommerfeld, Phys. Zeitschr. **17**(1916)491 及 P. Debye, Phys. Zeitschr. **17**(1916)507；并参阅 Quantum Theory of Line Spectra, p. 83［本卷原第 149 页］.

② H. A. Kramers, Z. Phys. **3**(1920)199；参阅 Quantum Theory of Line Spectra, p. 79［本卷原第 145 页］.

③ 参阅 Quantum Theory of Line Spectra, p. 54［本卷原第 120 页］.

④ Quantum Theory of Line Spectra, p. 75［本卷原第 141 页］.

⑤ 参阅 Quantum Theory of Line Spectra, p. 94［本卷原第 160 页］及 Abh. über Atombau 的前言, p. XVII.

⑥ P. S. Epstein, Z. Phys. **8**(1922)211. 感谢艾普斯坦先生将他即将发表的详细计算告诉了我.

量级.

§2. 关于多电子原子的初步论述

虽然上一节提到的量子论的应用中有许多还需要更细致的实验验证，但是，似乎已经肯定的却是，第一部分中所讨论的那些量子论的形式化原理，在很大程度上是适于用来说明单电子原子的性质的.

正如在本文第一部分中已经指出的，在量子论对多电子原子的应用中，我们就遇到一些问题，它们不能利用确定一些体系的定态的理论来直接处理；对于各该体系来说，运动方程的通解是单周期性的或多周期性的；以后为了简单，将把
537 这种体系叫做“力学周期性体系”. 实际上，多电子原子的这些运动方程通常导致并不具备由表示式(2)来描述的那种周期性质的解. 而且，也几乎不可能通过简单地挑选具有这种周期性质的可能特解来发展多电子原子的定态理论. 倒不如说，看来必须首先考察到底在多大程度上可以指望经典电动力学的概念在这一领域中是合用的.

经典理论在描述原子对外力影响的反应或描述原子之间的相互作用时的普遍失效，引导我们怀疑原子中不同电子的相互影响可以准确地用运动方程$(1)_{\mathrm{I}}$来描述(参阅 I，p，16[本卷原第 473 页]). 因为，可以很自然地假设，在原子的定态中，每一个体电子的运动的稳定性是由一种机制来支配的；这种机制和在保证整个原子对外界影响而言的稳定性方面起作用的那种机制相类似①. 这种看法也给我提供了一个出发点，来和力学周期性体系理论相一致地利用量子数对每一单个电子的运动进行分类. 例如，在描述原子中各电子的运动时，我们在以下将依靠一条关于“量子数的存在和持久性”的形式公设；详细说明这一公设应该怎样理解，就是以下各节的主要任务. 在这里我们只将强调，由于所假设的经典运动方程的失效，我们并不能随便地依靠经典力学的符号，而却必须求助于量子论的普遍原理. 例如，属于个体电子的那样一些量子数的引入，就指向一种和浸渐原理概念范围的联系；那种量子数不但在定态中的各电子发生相互作用时保持不变，而且在一些定态之间的跃迁过程中也在一定程度上保持不变，在那些过程中，某些电子的量子数是会改变的. 按照对应原理，我们将进一步假设跃迁过程的发生是和原子中运动的某些运动学的周期性质联系着的. 我们在这里必须

---

① 当我们保留普通的空间-时间描述时，这种机制似乎甚至要求引入几率定律，即和适用于辐射过程的发生的定律相类似(见 I. p. 16). 这种事态在拉姆造尔(Ann. d. Phys. **64**(1922)513；**66**(1922)546)关于原子和慢电子的碰撞的重要实验中显示得特别明显；这种实验显然是无法诠释的，除非假设电子在某些情况下可以自由地通过原子的电子结构而不受它的影响. 这样一种观念近来曾由洪德(Z. Phys. **13**(1923)241)很有趣地加以提倡，他曾经企图把自由通过的几率和由碰撞引起的发射过程的几率联系起来.

区别两种性质：一种是个体电子所特有的并负责对应"固有量子数"的改变的那
些性质，另一种是本质上属于多电子的相互作用并和"耦合量子数"相对应的那 538
些性质.

我们在这里已经可以请大家注意这样一件事实：在它们和经典概念的关系方面，两条原理的应用是本质地不同的. 因为，即使在对周期体系的应用中对应原理也和运动方程$(1)_{\mathrm{I}}$的严格适用性无关，而普通表述下的浸渐原理的观念内容却是和这些方程的适用性密切联系着的①. 在我们看来，表现在量子数的存在和持久性中的那种原子的稳定性是不能弄得和这些方程一致起来的. 事实上，由于所假设的经典力学在描述原子中电子的相互作用时的失效，我们甚至必须有准备地发现原子对外力浸渐影响的反作用并不严格地服从经典力学的定律.

§3. 多电子原子的光谱

为了更仔细地阐明上一节中的那些考虑，我们现在将作为最简单的例子来考虑各元素的线系光谱中的规律性. 如所周知，可以从这些光谱的一般性质得出这样的结论：我们在这里遇到的是那样一些定态之间的跃迁过程，在各该定态中，有一个电子至少在它的大部分绕转过程中是在离核很远处运动的，也就是它离核的距离远大于其他电子离核的距离. 出现在光谱中的谱项乘以 h，被认为等于把所讨论的电子从原子取走时所需要的功，而且还假设，在这些跃迁过程中，只有最外电子的轨道经受颇大的变化，而内部电子的轨道组态则基本上保持不变. 按照上一节中的那些考虑，我们可以通过一种假设来表述这一观念，那就是，描述后一轨道组态的那些量子数和不存在最外电子时保持相同，而只有表征最外电子的运动及其和原子心的耦合的那些量子数才发生变化.

在关于这些量子数的确定和诠释的讨论中，我们从一条基本假设开始，那就是，最外电子的运动可以用经典电动力学的定律来描述，其近似程度至少和按照这些定律而把原子心的影响比拟为一个点电荷的影响时所达到的近似程度相
同. 于是我们将假设，当最外电子在其整个绕转过程中都位于远大于较内电子轨 539
道线度的离核距离处时，它的轨道将很近似地和一个开普勒轨道相重合，从而这一电子在定态中的运动可以近似地用确定开普勒运动的定态的条件式(2)来描述. 如所周知，各元素的线系光谱确实包含一些谱线，它们非常精确地和公式(7)所给出的取走一个电子时所需要的功相对应，在此公式中应该把 N 换成 $N-N_i$，此处 N 是核的电荷数而 N_i 是原子心中的电子数.

当最外电子在其运动过程的一部分中到达和原子心中的轨道很接近的地方

① 参阅 Quantum Theory of Line Spectra, p. 8[本卷原第 74 页]及 I. p. 12[本卷原第 469 页].

甚至透入这些轨道的区域中时，它的轨道将和闭合的开普勒轨道有很大的差别．但是，在广阔的范围内，轨道可以看成由一些相继的圈线构成，其中每一条圈线将按照我们的假设而在较外部分和一段开普勒轨道很接近地重合．这些部分通过一些较内的轨道段来互相连接，这些轨道段在某些情况下可以和开普勒轨道相差颇大．在经典力学方程的基础上对电子在这些较内轨道部分上的运动进行的严格描述将导致一些推论，它们将是很难和针对最外电子所假设的那种运动的稳定性相容的．因为，按照经典理论，这一电子和原子心中的电子之间的相互作用将被认为会一般地和能量交换相联系着，而这种能量交换按照其正负的不同甚至会导致最外电子从原子中的完全脱离，或导致这一电子在原子中的特殊地位的被消除．但是，自由电子和原子体系之间的碰撞实验的特征结果却恰恰是入射电子和原子之间并不发生任何能量交换，除非发生了原子从它的原有态到另一定态的完全跃迁．按照我们关于线系光谱的发射的普遍观念①，因此就可以
540 很自然地排除最外电子和原子心相互作用时的任何能量交换，这意思就是，我们在原理上要求表征着和位于外部区域中的轨道圈线相拟合的那个开普勒轨道的电离能 W，对于同一个轨道的每一条圈线应该有相同的值，而且可以令它等于从原子取走电子时所需要的功．如果我们把乘以 h 后的谱项写成和方程(7)相类似的形式：

$$W=\frac{Rh}{n_0^2}\,\frac{(N-N_i)^2}{1+\mu/M},\tag{16}$$

则 n_0 这个量可以合理地被称为“有效量子数”，因为它显然是通过一个和(2)相类似的方程，即

$$\mathscr{J}_0=n_0h\tag{17}$$

来和 $\mathscr{J}_0$ 这个量联系着的，这个量表征着和轨道圈线的外面部分相拟合的开普勒运动．

---

① 我们的关于描述原子心中电子运动的量子数保持不变的假设，是和原子心在这些光谱中通常处于正常态这一情况联系着的．但是，在许多元素的光谱中，出现一些并不属于普通线系的谱线组，因为它们对应于一对一对的谱项的组合，而其中只有较大的谱项属于线系光谱的谱项集合(参阅 Götze, Ann. d. Phys. **66**(1921)291，特别是 Paschen and Götze, Seriengesetze der Linienspektren, Berlin 1922, pp. 76, 86, 93)．较小的谱项必须认为属于原子心不处于正常态的那种定态(参阅 Drei Aufsätze, p. 147, Nachtrag，及 G. Wentzel, Phys. Zeitschr. **24**(1923)104)．初看起来可能显得不太可能的这种态的出现，可以在一种情况中得到自然的解释，那就是，在处于正常态的原子当发射辐射时俘获一个自由电子的过程中，能量中的一部分可以用于激发原子心本身．

联系到借助于量子论来诠释放射性现象的那种尝试，罗西兰(Z. Phys. **14**(1923)173)近来考虑了这种过程的可能性．他在和一个过程的类比中看到了原子核 β 辐射的一种可能的量子论解释；在那种过程中，原子起初是受激的，而过程的结果则是一个电子的被释放；这个过程在某种意义上可以看成以上所考虑的过程的逆过程．

(a) 线系谱项经验定律的诠释

如所周知，谱项的经验分类依赖于一个情况，即这些谱项可以排成一些“序列”，使得 n_0 在每一序列内部取一系列相继值，其中每一个值和前一个值相差一个单位. 如果我们按照黎德伯的谱项表示法在(16)中把 n_0 这个量换成 $(n-\alpha)$，这里 n 是整数而 α 是对每一序列取恒定值的一个量，那么就可以很自然地认为 n 是表征着属于一个谱项系列的那些定态的一个量子数，而且我们可以用方程

$$\mathscr{J}=nh \tag{18}$$

来符号地表示它的定义. 不必首先涉及 $\mathscr{J}$ 这个量的运动学意义，经验的结果直接就导致了一个要求：

$$\mathscr{J}_0=\mathscr{J}+\phi, \tag{19}$$

式中 $\phi=-\alpha h$ 是一个在一级近似下不依赖于 $\mathscr{J}$ 的量，它只是由确定谱项序列的分类所必需的那些附加的量子条件来确定的. 541

现在(19)这一要求可以用简单方式来诠释，如果我们假设量子条件式(18)是和最外电子的主频率 ω 联系着的，这一频率给出单位时间内通过的轨道圈线的数目. 既然对于所考虑的这种类型的运动来说电子的大部分时间都在轨道的较外部分度过，而只在较短的时间内以很大的速率通过较内部分，那么，ω 就将在很高的近似程度下等于一个开普勒轨道的绕转频率 ω_0，这个轨道对应于在(17)中定义了的 $\mathscr{J}_0$ 的值. 因此，当表征原子心中电子运动的量子数保持不变而最外电子的轨道发生微小的改变时，我们就可以借助于(4)和(19)把对应的原子能量的改变量近似地写成：

$$\delta E=\omega_0\delta\mathscr{J}_0=\omega(\delta\mathscr{J}+\delta\phi). \tag{20}$$

于是，对于确定 ϕ 的量子数也保持不变的那样一种变化，我们就得到

$$\delta E=\omega\delta\mathscr{J}. \tag{21}$$

于是我们看到，我们对于黎德伯结果的诠释就简单地意味着，出现在我们的符号性的量子条件式(18)中的量 $\mathscr{J}$ 和原子能量联系着，其联系方式和力学周期性体系理论中联系着能量及用来确定定态的各量之间的那种方式确切地相对应.

关系式(10)和(14)在多周期体系的情况给出后一种联系的完备表示；将关系式(20)和这一类关系式相对比，就可以进一步对 ϕ 在单独一个定态序列中的近似恒定性作出简单的运动学的诠释. 事实上，我们被引导到了这样的结论：出现在运动中的确定着相继轨道圈线的形状和位置的改变的一切附加量子数，在每一个定态序列内是和主频率的值成正比的. 但是，这种说法就意味着，两个这种态中的运动只在较外的、近似椭圆的轨道部分的长轴方面有所不同，而连接在

这些轨道部分上的一系列较内圈线则在两个态中是接近相同的.

几乎用不着强调,这种关于经验黎德伯定律的在形式上和力学周期性体系理论相一致的分析,是和借助于这一理论的普遍原理来推导这些定律相等价的;
542 确实,这只是建筑在关于存在上述这种轨道形式的假设上的,这种假设有赖于离原子心足够远处的运动是一种开普勒运动.不用附加的假设,我们甚至还可以再前进一步,并说明观察到的对于表示谱项的黎德伯公式的微小偏差.正如从以上的分析可以看出的,这一公式的精确度依赖于可以令 ω 等于 ω_0 的近似程度.这两个量的差别一方面来自电子在其大部分绕转时间内停留于其上的较外轨道部分和开普勒运动的微小偏差,而另一方面则来自电子在通过其轨道较内圈线的短时间内对这种运动的往往很大的偏差.

所提到的第一种贡献显然依赖于原子心的影响对点电荷吸引力的偏差将随距离的增大而多么快地减小.如果我们假设这种偏差可以用强度反比于距离的 r 次方的力场来描述,则简单的估计表明,当 r 等于或大于 4 时,所谈的贡献和来自较内轨道部分的贡献相比就已经是可以忽略的了.

为了估计后一种贡献,我们注意,内部圈线在和同一序列中各谱项相对应的那些定态中近似相等,从而电子在这些轨道部分上用去的时间在这些态中也必然近似相同.于是我们可以写出,

$$\frac{1}{\omega_0}-\frac{1}{\omega}=\psi, \tag{22}$$

式中的 ψ 也像从前的量 ψ 一样最近似地不依赖于 $\mathscr{J}$.于是,对于较外电子轨道的任意微小改变,我们由(4)就得到

$$\begin{aligned}\delta E&=-\delta W=\omega_0\delta\mathscr{J}_0=\omega(\delta\mathscr{J}_0-\psi\omega_0\delta\mathscr{J}_0)\\&=\omega(\delta\mathscr{J}_0+\psi\delta W).\end{aligned} \tag{23}$$

因此,对于只有由量子条件式(18)所确定的那些条件发生变化的一种轨道改变,量子论原理所要求的(21)式的严格成立就将不是给出关系式(19)而是给出

$$\mathscr{J}_0+\psi W=\mathscr{J}+\phi, \tag{24}$$

现在此处的 ϕ 是在每一序列中都为确切恒量的一个量了.当把(5)式考虑在内时,这一结果立刻就导致定态中能量的表示式如下:

543
$$\begin{aligned}W&=-E=\frac{(N-N_i)^2Rh^3}{(1+\mu/M)\mathscr{J}_0^2}\\&=\frac{(N-N_i)^2}{1+\mu/M}\frac{Rh}{(n-\alpha-\beta W)^2},\end{aligned} \tag{25}$$

式中各量$\alpha=-\phi/h$和$\beta=\psi/h$都不依赖于主量子数n. 而只可能依赖于附加量子数. 当令β等于零时，就可以看出这一表示式和表示各谱项的黎德伯公式相一致，而完整的公式恰好就是由瑞兹在光谱学中引入的逼近公式，这一公式在某些情况中比简单的黎德伯公式精确得多①.

具有基本重要性的是，和解释光谱学定律的较早尝试相反，我们在这里除了相互作用不为能量的交换所伴随以外，没有引入关于最外电子和原子心之间相互作用的性质的任何特殊假设. 必须特别强调，我们曾经利用了普通力学的定律来描述最外电子的运动，不过其近似程度和把原子心的效应看成点电荷的效应时的那种近似程度相同. 但是，恰恰这一情况就使得出现在条件式(18)中的主量子数n的绝对值在开始时只有对于那样一些轨道才可以通过和经验谱项值相比较来唯一确定；在那种轨道上，最外电子永远位于远大于原子心中各轨道的距离处，而且正如上面提到的，在这种轨道上，谱项和纯开普勒运动的谱项很接近地相重合. 在最外电子在运动过程中透入原子心内轨道区域中的情况，主量子数只能通过更仔细地研究原子心的结构来确定；我们将在本论文的下面部分再来讨论这一问题. 在这里我们将只预先提到，有核原子的普遍结构使得n必须永远大于有效量子数n_0的值，至少在此处用作基础的关于定态中最外电子的运动种类的假设足够近似地得到满足的那种范围内是如此的. 关于出现在(25)式中的那些量，这就意味着在经验上只确定到整数范围内的α这个量在上述的保留条件下必须永远取作正的. 而且，既然ω永远大于ω_0，由以上的推导就可以直接看出，在同样的保留条件下，必须永远被预期为正的，而这也是普遍地和经验相符合的.

(b) 谱项序列的分类 544

和氢谱项的不受限制的组合可能性相对应，我们在线系光谱中发现，如果两个序列中的各谱项的不管哪一个组合对应于出现在光谱中的一条谱线，则一个序列中的任何一项都可以和另一序列中的任何一项相组合. 另一方面，对于不同序列中的可能组合，却存在某些限制. 在我们的量子论语言中，这就表明，和(18)中主量子数的不受限制的随便变化相反，出现在谱项序列的分类所要求的附加量子条件式中的辅量子数[“Nebenquantenzahlen”]的改变是受到限制的. 如果我们暂时忽视引起谱线的多重结构的那种谱项集合的复杂性，我们就可以得到一种完备的序列分类，也得到组合法则的一种表述，其方法是用一个量子数k的值来表征对应每一个序列的那一组定态，使得k在跃迁过程中永远会改变，

① Ritz, Ann. d. Phys. **12** (1903) 264; Gesammelte Werke, p. 7.

而且事实上是改变一个单位. 我们用一个关系式来符号式地表示这个量子数的意义：

$$P = kh, \tag{26}$$

我们假设这种意义是和表征着最外电子轨道圈线的久期变动的一个附加频率 σ 相联系着的. 在对应原理的基础上，我们就由所提到的组合法则进一步得出结论：电子的运动可以表示成频率为 $\tau\omega \pm \sigma$ 的谐振动的叠加，此处 τ 是整数. 喏，这样的要求很难用别的办法来得到满足，除非各个轨道圈线全都具有相同的形状而久期变动则仅仅是相继的圈线转过一个恒定的角度，从而整个轨道就具备有心轨道的特点①. 这一结论显然是和有核原子的一般性质显著符合的，那些性质依赖于核场的中心对称性. 但是也必须强调，上述运动特点不能通过建筑在力学方程上的对最外电子和原子心中各电子之间的相互影响的分析来予以证实. 事实上，除了一种能量交换以外，还将预期这种相互作用会引起最外电子绕核角动量的绝对值的变化，这种变化将引起相继轨道圈线的形状的变化. 但是，按照前
545 面的考虑，这样一种角动量交换固然和黎德伯的经验序列表示法并不矛盾，但它却和观察到的组合法则相矛盾②.

尽管到此为止所谈到的考虑都不依赖于出现在条件式(21)中的量 $\mathscr{J}$ 的运动学意义，但是，一旦我们企图说明适用于光谱的线系结构的定量规律，我们就会遇到关于这种意义的问题. 按照前面的思路，我们起初是形式地写出一个关系式

$$\delta E = \omega \delta \mathscr{J} + \sigma \delta P, \tag{27}$$

此式适用于最外电子运动的一种想象的变动，在这种变动中表征自由原子心中各电子轨道的那些量子数保持不变. 如果我们为了简单而只考虑 ω 可以看成和 ω_0 等同的那种近似情况，则通过比较(27)和(20)可得

$$\delta \phi = \frac{\sigma}{\omega} \delta P, \tag{28}$$

---

① 参阅 Quantum Theory of Line Spectra, p. 147；并参阅 N. Bohr, Z. Phys. **2**(1920) 457; Drei Aufsätze, p. 56，以及综述文章"Linienspektren und Atombau", Ann. d. Phys. **71**(1923) 228，此文以后将简称为 L. u. A.

② 比受激原子中的形状种类更复杂的轨道形状可能在受激分子中遇到，那里根本不存在普遍的中心对称的问题. 除了说明着分子带光谱的比原子线系光谱更大的复杂性的转动和核振动以外，我们也将预期前一种光谱和后一种光谱具有相似的谱项表示法. 事实上，在氦的带光谱中，谱带零线的这样一种表示已经是可能的了.（参阅 Fowler, Proc. Roy. Soc. **91**(1915) 208；并见 H. A. Kramers and W. Pauli, Z. Phys. **13**(1923) 365）. 但是，在这样的情况中，我们不应该预期有和线系光谱的组合法则相对应的对于定态间跃迁可能性的限制.

由此直接得到比值 σ/ω 不依赖于量 $\mathscr{J}$. 这种结果必须被简单地诠释为有这样的意思：在和一个谱项序列相对应的定态组中，相继轨道圈线彼此之间转过的角度是近似相同的. 这就为前面提到的情况[原第 545 页]提供了一个简单的例子，那就是，在每一个定态序列内，较内轨道圈线的序列必须是近似相同的.

如果我们认为直接联系到力学周期性体系的量子论是可能的，就是说，如果最外电子的运动可以比拟为固定辏力场中的粒子运动，那么就得到，如所周知，出现在条件式(26)中的量 P 必须和电子绕核的角动量的 2π 倍等同起来. 量 P 的这样一种确认带来了相对于主量子数 n 的值来说的关于量子数 k 的可能值的限制. 事实上，(12)和(16)的对比就要求，对于开普勒轨道来说 P 不能大于 $\mathscr{J}_0$， 546
而这就又造成，在上述那种经验谱项表示法的诠释可以成立的范围内，k 必须永远小于确定着所讨论的谱项值的有效量子数 n_0，既然在这一范围内 n_0 最大只能等于 n，辅量子数 k 就必须永远小于或等于主量子数 n. 实际上，已经能够达成一切线系光谱的迄今已经得出的各个谱项的一种表观上唯一的分类法，其分类方式可使这一要求得到满足. 在下面，我们将更仔细地讨论这样得到的关于原子结构问题的结果.

(c) 谱项多重性的复杂性

如所周知，索末菲就是通过引用不止一个的量子数来得到光谱线系分类法并通过把电子的运动和有心运动相比来导出了黎德伯-瑞兹公式的第一个人；他也已经指出，观察到的谱项集合的较精细的复杂性，以及与此有关的组合法则，可以怎样通过引入一个附加的量子数来形式地加以描述. 例如，一切已经得出的光谱的谱项集合可以安排成一组或几组，使得对于每一个谱项除了指定一对量子数 n 和 k 以外，还必须指定第三个量子数，这个量子数在跃迁过程中保持不变或改变一个单位. 我们将把这个量子数看成第二辅量子数[“zweite Nebenquantenzahl”]j，而且我们符号地写出与此有关的量子条件式

$$Q = jh, \tag{29}$$

而且假设它是和在更仔细描述最外电子的轨道圈线的变动时必须考虑的第二个频率相联系着的. 仿照(27)，对于描述原子心的量子数保持不变的两个相邻运动中的能量差，我们写出

$$\delta E = \omega\delta \mathscr{J} + \sigma\delta P + \rho\delta Q. \tag{30}$$

关于由 ρ 来表征的那种运动的性质，我们又可以在对应原理的启示下以谱线的经验组合法则为指针. 例如，当轨道圈线的久期变动除了上面提到的各圈线在它们的平面上的转动以外还包括这一平面的均匀旋进时，上面提到的量子数

547 j 的可能改变的限制就确切地和对应原理的要求相对应①. 这种发现是和以上假设的那种轨道的性质完全呼应的;因为,即使和按照经典力学所将预期的相反,相互作用是不和能量的任何改变或最外电子绕核角动量的绝对值的任何改变相联系着的,我们也必须适应着电子运动的轴对称性而考虑到轨道平面的旋进所要求的那种角动量方向的变动的可能性;这种轴对称性,是由于运动的一个假设的特征不变量的存在而在每一个有核原子中都被预期了的,该不变量在形式上类似于力学体系的总角动量.

另外,由于多重结构和对应于同一 n 值的序列之间的差别相比是很小的,我们由(30)就得到旋进频率 ρ 远小于轨道圈线在其平面上的转动频率 σ 的结论. 联系到上面给出的对于黎德伯-瑞兹公式(25)的偏差,注意到一点是有兴趣的,那就是,每一序列中的各谱项的复杂性,在一级近似下可以归因于出现在这一公式中的 α 和 β 这两个量的一个恒定差②. 因为,这一公式的推导,根本不依赖于把电子轨道描述为有心轨道的那种近似性.

在以上所用的近似程度下,我们进一步得到一个方程

$$\delta\phi = \frac{\sigma}{\omega}\delta P + \frac{\rho}{\omega}\delta Q, \tag{31}$$

此式和(28)相类似,而且表示了提到过若干次的一种情况: 相继轨道圈线的相对位置在一级近似下不依赖于$\mathscr{J}$,从而也不依赖于各圈线的远核点的距离,而只依赖于由 P 和 Q 来确定的轨道较内的部分.

量 P 在一级近似下确定较外轨道圈线的参数,而按照问题的实质,各圈线平面相对于原子心的取向却由量 Q 来确定. 但是,为了得到 Q 的更仔细的运动学诠释,我们没有别的办法,而只能寻求和力学周期性体系量子论的联系. 在这样做时,我们很自然地首先被引导着把最外电子相对于原子心的运动和一个力学模型相比拟;这个模型包括一个刚性陀螺和一个由吸引力耦合在它上面的粒子. 在离刚体中一点很远的距离 r 处,我们把这种引力取为和 $1/r^2$ 成比例,而在较
548 小的距离则出现对这一定律的偏差;这种偏差在一级近似下是中心对称的,而在二级近似下则具有相对于刚体轴线而言的轴对称性. 事实上,在这些假设下,陀螺绕其轴线的转动将以恒定频率进行,而粒子则进行那样一种运动,它在一级近似下可以看成叠加了一个轨道平面的均匀转动的纯周期平面运动,而在二级近似下则又加上了轨道平面绕合角动量固定轴线的均匀旋进,而且还伴随有刚体的对应旋进. 于是,我们的模型的这种运动就是多周期性的,而且,按照力学周期

① 参阅 Quantum Theory of Line Spectra, p. 115 及 L. u. A. ,p. 248.

② 参阅 D. Roschdestwensky, Verhandlungen des optischen Instituts in Petrograd, Berlin 1921.

性体系的量子论,定态将是由四个量子条件来确定的,其中的前三个条件可以写成(18)、(26)和(29)的形式,同时它们是通过和(30)相类似的一个方程来和出现在粒子运动中的那些基频相联系的. 第四个条件涉及陀螺绕其轴线的均匀转动,而且可以写成下列形式:

$$S = ih, \tag{32}$$

式中 i 是一个新的量子数,而 S 是陀螺绕其轴线的角动量的 2π 倍. 正如前面已经提到的,P 在一级近似下将表示粒子绕刚体中点的角动量乘以 2π,而作为力学周期性体系的量子论的推论,Q 则将是由粒子和刚体构成的整个体系的合角动量的 2π 倍. 各个符号的这种意义显然带来了各量子数 k、j 和 i 的下列限制条件:

$$|k-i| \leqslant j \leqslant k+i. \tag{33}$$

和这一关系式的惊人类似性确实出现在谱项多重性的经验分类中. 首先,在每一个谱项系中,成分谱项的数目对于和确定的 k 值相对应的每一个组是一个恒量,正如和(33)相容的 j 值的个数只依赖于 i 和 k 一样. 第二,对于 k 值超过某一个定值的一切组来说,如所周知,成分谱项的数目是相同的;这就和下述情况相类似:对于 $k>i$ 来说,和(33)相容的 j 值的数目永远等于 $2i+1$. 另外,多个谱项系在某些光谱中的出现,可以形式地和当在(32)中代入多个 i 值时所将得到的定态的多重性相比拟.

但是,在这里必须强调,和一个把原子心看成刚体的那种模型进行严格的对比,并不能提供关于出现某些谱线的任何解释,那些谱线和属于不同谱项系的谱项组合相对应. 因为,在这样的模型中,刚体的转动频率并不出现在最外电子的 549
运动的谐振动分量中,从而按照对应原理,两个量子数 k 和 i 都发生变化的那种跃迁过程将不会具有一个有限的几率. 因此,这样一种组合的出现,必须认为是较外电子和原子心之间的相互作用的较精细特点的结果;在这种相互作用中,原子心中各电子的运动将在最外电子的运动按谐振动的分解中有所反映. 另外,关于组合系的各谱项的大小,我们在某些事例中也遇到一些奇特情况,它们是不能通过建筑在力学方程上的关于最外电子和原子心中各电子的相互作用的分析来加以诠释的.

刚才触及的这些问题将在本文的第Ⅲ部分中再来讨论;完全抛开这些问题不谈,而且和涉及 k 值的确定的情况相反,尽管有许多很有希望的类比,我们通过直接模仿力学周期性体系理论来试图确定 j 值也并不能得到经验谱项值的任何满意分类法. 因为,正如在下一节中即将讨论的,并不能按照这种理论的款式,而在量子条件式(29)和(32)的基础上以一种自然的方式来说明观察到的那些类型的多重结构. 这里我们将只指出一个事实：在一些元素族的光谱中，例如在著名的碱金属双重线光谱中，遇到了一些谱项系，对于它们来说，属于确定的 n 值和 k 值的谱项的最大数目是偶数. 不过，力学周期性体系的理论根本不能明显地排除在大的 k 值下和关系式(33)相容的 $2i+1$ 个 j 值中的某些值.

§4. 外场对线系光谱的影响

当在本文的下一部分中结束线系光谱的理论时，我们将更进一步地讨论较详细的原子结构观念的发展，而在这里我们则将进一步讨论诠释这些光谱的那种尝试的检验问题；正如在氢光谱的诠释的情况中一样，这种检验可以通过考虑外场的影响来得出.

首先考虑均匀电场的影响. 我们在这一情况可以预期只有场对最外电子的影响，而且只有它的轨道圈线的较外部分是在对光谱的效应中有决定意义的. 实际上，在未受扰原子中，较内电子所受的力以及位于其轨道的较内部分上的最外
550 电子所受到的力，是比在轨道的较外部分上作用着的力大得多的，因此，在一级近似下，我们可以忽略一个均匀外电场对较内轨道和轨道的较内部分的影响. 这种想法的一种直接支持，可以在电场对给定线系中各谱线的影响随着流动量子数[“Laufzahl”]而强烈增大的情况中看到. 事实上，这个数恰好等于形成所讨论辐射过程的初态的那个定态的主量子数. 但是，和这一主量子数的增大相联系着的，是有效量子数的增大以及和它密切有关的切于较外轨道圈线上的密切开普勒轨道的长轴的增大. 尽管电场对其他元素的谱项的影响在若干情况中和对氢谱项的影响具有相同的数量级，但一般说来它却是小得多的. 这一结果可以用一件事实来直接解释，那就是，外场对氢原子定态能量的影响的大小不但依赖于电子轨道的线度，而且首先依赖于这样一件事实，即这种轨道具有纯周期性的特点而且电场对轨道形状和轨道位置的效应可以说在沿轨道的逐次绕转中经历一种积累作用. 另一方面，在含有多个电子的原子中，最外电子的相继轨道圈线即使当不存在场时也会经受变动，而且事实上是阻止电场对各个轨道圈线的形状和大小的效应进行积累的那样一种变动，只要确定着这种变动的频率远大于一种久期扰动的频率就是如此；那种久期扰动是氢原子中同样大小的轨道在场中所将受到的①.

这些情况从微扰理论的观点得到了清楚的表达，正如在本文第一部分中已经给出的那样. 对于氢原子的周期运动来说，按未受扰运动计算的在均匀电场中的势的平均值是一个依赖于轨道的形状及位置的值，而其他原子的这一平均值

① Quantum Theory of Line Spectra, p. 107[本卷原第 173 页].

却是完全不依赖于最外电子的轨道性质的，因为相继圈线的贡献平均说来将互相抵消. 因此，和公式$(13)_{\rm I}$相一致，电场对定态n并不发生任何正比于场强的影响. 在一级近似下，干扰力的影响基本上只表现为新的振动分量在最外电子的运动中的出现，其频率是出现在未受扰运动中的那些振动分量的频率的和与差. 为
了看到这一点，我们首先考虑到，干扰力的势是线系电子笛卡儿坐标的线性函 551
数，从而出现在这一势的分析表示式$(10)_{\rm I}$中的那些频率，就恰好对应于也出现在未受扰体系的运动表示式$(2)_{\rm I}$中的那些τ的组合. 对于出现在函数S的表示式$(12)_{\rm I}$中的和出现在$(11)_{\rm I}$式所包含的这一函数的偏导数中的那些频率，同样的说法显然也是对的. 喏，正是$(11)_{\rm I}$这个公式，就使我们能够确定受扰体系的运动了；因为，借助于这个公式，作为原有匀化变量$(4)_{\rm I}$的函数而由$(5)_{\rm I}$给出的广义坐标q_r，现在就可以通过公式

$$q(\mathscr{J}'_r,\ w'_r;\ \alpha'_i,\ \beta'_i)=q_0(\mathscr{J}'_r,\ w'_r;\ \alpha'_i,\ \beta'_i)-\varepsilon\left\{\sum_r\left(\frac{\partial q}{\partial\mathscr{J}_r}\frac{\partial S}{\partial w_r}-\frac{\partial q}{\partial w_r}\frac{\partial S}{\partial\mathscr{J}_r}\right)\right.$$

$$\left.+\sum_i\left(\frac{\partial q}{\partial\alpha_i}\frac{\partial S}{\partial\beta_i}-\frac{\partial q}{\partial\beta_i}\frac{\partial S}{\partial\alpha_i}\right)\right\}\tag{34}$$

来用新的适用于受扰体系的匀化变量$(11)_{\rm I}$表示出来了，此处q_0是由$(5)_{\rm I}$给出的那个函数. 正如在$(11)_{\rm I}$中一样，正比于干扰力强度的小量ε的平方和更高次方都已略去. 如果我们假设q_r和电子的直角坐标ξ相等同，则由(34)很容易看到，对于这些坐标的时间依赖关系，我们有下列形式的表示式：

$$\begin{aligned}\xi=&\sum_{\tau_1\cdots\tau_u}C_{\tau_1\cdots\tau_u}\cos 2\pi([\tau_1\omega_1+\cdots+\tau_u\omega_u]t+\gamma_{\tau_1\cdots\tau_u})\\&+\varepsilon\sum_{\tau_1\cdots\tau_u}\sum_{\tau'_1\cdots\tau'_u}D^{\tau'_1\cdots\tau'_u}_{\tau_1\cdots\tau_u}{}^{\cos}_{\sin}\,2\pi[\tau_1\omega_1+\cdots\\&+\tau_u\omega_u]t\,{}^{\cos}_{\sin}\,2\pi[\tau'_1\omega_1+\cdots+\tau'_u\omega_u]t.\end{aligned}\tag{35}$$

在第二项中，只有也出现在适用于未受扰体系的公式$(2)_{\rm I}$中的那些$\tau_1\cdots\tau_u$和$\tau'_1\cdots\tau'_u$的组合才会出现. 因此，写成三角级数的通常形式，这一项就将只包含那样一些频率，它们是出现在未受扰运动中的两个频率的和或差.

按照对应原理，这些新频率在受扰运动中的出现将有这样的后果：某些在未受扰原子中不可能发生的定态之间的跃迁，当存在电场时将得到有限的几率
并引起新谱线的出现；这些谱线的强度和该场强度的平方成正比，而其频率则全 552
都等于出现在未受扰原子的光谱中的两条谱线的频率的和或差①.

① Quantum Theory of Line Spectra，p. 36［本卷原第 102 页］. 参阅 N. Bohr，Z. Phys. **2**，461 (Drei Aufsätze，p. 60)；N. Bohr，Z. Phys. **9**，25；Drei Aufsätze，p. 95.

这种理论预见在每一方面都得到了经验的证实，因为，当存在电场时，各元素的光谱中就出现一些新的组合谱线，这些谱线对应于那样的跃迁，即在跃迁中量子数 k 改变两个单位或保持不变，而量子数 j 则改变 2、1 或 0. 另一方面，和理论相一致，多重结构的普通黎德伯组合法则的任何违反都没有出现，就是说，对应于 k 的改变量为一个单位或 j 的改变量大于一个单位的任何新谱线都没有出现；不论谱线的多重结构多么窄狭，它都不受电场的影响；这一情况显然给这里提出的线系光谱结构的诠释提供了强有力的支持①.

关于这些新谱线出现时的强度，我们从理论立即得出结论：最强的将是那样的一些组合谱线，它们所涉及的谱项至少有一个只和主量子数相同的氢谱项相差很小. 事实上，如果我们考虑，利用上一节的符号，出现在未受扰运动中的那些振动分量的频率具有 $\tau\omega\pm\sigma$ 或 $\tau\omega\pm\sigma\pm\rho$ 的形式，那么就能看到，既然一般说来 σ 远小于 ω 而 ρ 远小于 σ，表示式 $(12)_{\mathrm{I}}$ 中的主要项就对应于 $\tau=0$，而且，采用一种不太确切但很方便的说法，我们可以说受扰运动中新振动分量的振幅反比于远核点的转动频率的值 σ. 但是，按照(27)，小的 σ 值就和对相应氢谱项的小偏差相等价. 这种关于新谱线强度的预见也和普遍的经验相符合，而且例如立即解释了为什么一般没有能够发现全都和等于一的 k 值相对应的两个谱项之间的组合. 反过来，在某些有疑问的情况中，它也可以有助于求得主量子数的绝对值.

对于和主量子数相同的氢谱项只有很小差别的谱项(一般 $k\geqslant 3$)，未受扰运动中相继轨道圈线彼此之间的转过角度非常小，以致即使一个较弱的电场也能够完全破坏电子运动的有心特性. 于是，和经验相一致，这时就出现和氢中的劈裂很相像的谱项劈裂.

553 现在已经掌握的关于电场对线系光谱的影响的大量实验资料②，要求我们试图对观察到的现象给出更进一步的定量诠释. 但是，这样一种诠释，显然要求关于出现在未受扰原子的定态量子条件式中的，以及出现在当存在场时的附加量子条件式中的那些符号的运动学意义的知识. 正如我们在下面即将看到的，当讨论磁场的影响时，后一种条件式并不能在和力学周期性体系理论的直接类比中得出，正如前一种条件式不能那样得出一样. 对观察结果的细心考察或许能够给出关于所涉及的量子条件式的意义的较深入洞察.

在磁场对谱线的影响问题中，只要关心的是和力学周期性体系理论的详细对比，在某些方面情况就是更加清楚的，因为按照经典电磁理论所将预期的对运

---

① 参阅 L. U. A. ,p. 253.

② 特别参阅 H. M. Hansen，T. Takamine 和 S. Werner 的范围广泛的实验："On the effect of electric fields on the spectrum of mercury". Dan. Vid. Selsk. mat. -fys. Medd. V，3.

动的影响要简单得多. 按照由拉摩尔①首先提出的一条定理，如所周知，均匀磁场对绕核转动的一些电子的影响，当略去正比于场强 H 的平方的效应时，就在于在未受扰运动上叠加一个绕通过核并平行于场的轴线而进行的均匀转动. 这一转动的频率 ω_H 由表示式

$$\omega_H = \frac{\varepsilon H}{4\pi\mu c} \tag{36}$$

来给出，式中 ε 和 μ 是电子的电荷和质量，而 c 是光速. 另外，正如朗之万②所证明的，由经典电动力学理论可得，在场的缓慢建立中，这样一种转动将作为伴随的感生力的结果而叠加在原有运动上.

如果我们现在要探索磁场对有核原子的定态的影响，那么，首先按照浸渐原理，我们由这些结果就应该预期，在上述的近似下，存在磁场时定态中的运动和未受扰原子定态中的运动只相差一个由(36)给出的转动的叠加；而且，其次，按
照对应原理，我们就应该预期原子相对于场轴的取向满足一个条件，即场中的能 554
量改变量 ΔE 由下列公式给出：

$$\Delta E = m\omega_H h, \tag{37}$$

此式代表原始普朗克公式的一个完全类例，如果 m 是一个量，它取一系列值而每一个值都和前面的值相差一个单位的话. 由上面这一结果，同样也由叠加转动引起的对各谐振动分量的改变，就可以进一步按照频率条件和对应原理得到，当不存在场时出现的每一条谱线都将劈裂成洛伦兹三重线③.

这种预言实际上是证实了的，不但对于氢光谱，而且对于其他元素的并不显示多重结构的一切谱线都是证实了的. 另一方面，在具有多重结构的谱线那里，我们却遇到所谓的反常塞曼效应. 在这种效应中，多重结构中的各条成分线不但在弱磁场中以和洛伦兹三重线不同的特征方式显示和场强成正比的裂距，而且当磁场强得使各成分线的裂距可以和它们的原始距离相比时，就出现劈裂式样的逐渐变化，而最后渐近地趋于洛伦兹三重线. 这种发现揭示出，在这些情况中，拉摩尔定理是不能描述磁场对电子运动的影响的；确实，这不但对于作为整体的原子在场中的运动是对的，而且必须假设磁场会在对谱项多重性起决定作用的范围内影响最外电子和原子心之间的相互作用. 在对应原理的基础上，这一结论

① J. Larmor, Aether and Matter, Cambridge, 1900, p. 341.

② P. Langevin, Ann. de Chim. et. de Phys. **5**(1905)70.

③ Quantum Theory of Line Spectra, p. 110[本卷原第 176 页]; Z, Phys. **2**(1920)467; Drei Aufsätze, p. 66.

可以根据上面提到的由帕邢和贝克①首先发现的效应在场中的转换直接得出，也可以从这些研究者所观察到的场中的新多重结构成分线的现象得出. 这些新成分线必须看成和出现在电场中的新线系相类似②.

拉摩尔定理对多电子原子的失效，初看起来会是出人意料的. 事实上，按照它的本性，定理并不依赖于有关原子中各电子的相互作用的任何特殊假设；特别说来，只要定态中的运动可以用经典力学来描述，定理就应该完全不依赖于确定
555 未受扰原子的定态的那些条件. 在这条定理的失效中，我们除了看到其他问题以外，还看到关于迄今所给出的浸渐原理表述的有限适用性的一个很有教益的例子，而这种失效也就将被看成经典理论概念在描述原子中电子运动的相互作用方面的不足性的一种直接的证据. 一方面，考虑到以力学周期性体系的理论作为模型来对光谱的线系结构进行分类可以行得通这一事实，很令人满意的是经典理论的失效并不表现在磁场对相互作用的那样一些特点的影响中，那些特点对光谱的简单线系结构是有决定意义的. 另一方面，反常塞曼效应的出现，本身就表明仿照这种理论来进行谱项多重性的合理分类时的那些困难是有着很根本的性质的.

反常塞曼效应不但使我们能够得到拉摩尔定理失效了的结论，而且对效应的进一步分析已经揭示了一些进一步的结果. 首先，已经证明观察到的劈裂方式可以表示为一些谱项的组合，而这些谱项可以看成由原有谱项劈裂而成. 再者，朗德③(在反常塞曼效应的分析方面我们特别要感谢他的研究)已经证明，在弱场中，每一个原有谱项都劈裂成一些等距的谱项值，它们离开原有谱项值的间距由下列表示式给出

$$\Delta T = mg\omega_H, \tag{38}$$

式中 ω_H 是由以上的(35)给出的拉摩尔频率，m 是其相继值各差一个单位的量，而所谓“劈裂因数”g 对于不同的多重结构成分线具有不同的但永远是有理数的值；这些值是这种多重结构所属的那一普遍类型的特征，其意义是，不同谱项序列的 g 值不依赖于流动量子数[“Laufzahl”]而对于类似的光谱的对应线系是相同的；这一点和普瑞斯顿及荣芝的著名经验法则相一致. 朗德已经进一步证明，观察到的劈裂成分线的数目和偏振由一个法则来给出，那就是，在一个组合中，m 或是保持不变或是改变一个单位，前者对应于其偏振和场相平行的成分线，后者对应于其偏振和场相垂直的成分线. 在频率条件式和对应原理的

① F. Paschen and E. Back, Ann. d. Phys. **39**(1921) 897; Physica, **1**(1921)261.

② Z. Phys. **9**(1922)27;(Drei Aufsätze, p. 97).

③ A. Landé, Z. Phys. **5**(1921)231;**7**(1921)398;**11**(1922)353;**15**(1923)189.

指引下,朗德[①]已经由这些结果得出如下的结论:在所考虑的情况中,和正常塞曼效应的理论相类似,场对整个原子的运动的影响就在于原子绕通过核而平行于场的轴线的一种旋进,其频率等于 $g\omega_H$. 对正常塞曼效应理论的另一种典型偏 556
差就在于,各个 m 值虽然对零点的分布永远是对称的,但却并不永远是整数,而是对于成分谱项的最大数目为偶数的那种光谱将和整数相差一个 1/2.

在谱线裂距不再和场强成正比的那种较强的场中,也已经能够利用谱项的组合来诠释劈裂并研究这些谱项对场强的依赖关系[②]. 特别是在劈裂渐近地趋于正常三重线的那种很强的场的极限情况,已经得出了有趣的结果;我们在下面的讨论中将回头论述这些结果.

如所周知,曾经从各个方面作过尝试,想利用量子论来更详细地诠释反常塞曼效应的细节,而按照问题的本性,量子论也将包括各种类型的多重结构的合理诠释[③]. 虽然这些努力已经揭示了许多有重要意义的结果,但是迄今几乎还没有能够得到任何以一种自然的方式和已经在原子结构量子论的其他问题中证实为成立的那些原理相一致的解. 对于判断这种问题有其重要意义的就是,能够用另外的方式来比较经验事实和周期体系量子论,而不是像在上一节中那样在对应原理的基础上考虑运动的周期性质. 我们在这里想到的是热力学的要求,这种要求对于周期性体系的量子论,在浸渐变换的统计权重的守恒中得到了表达[④]. 实际上,利用上节所考虑的力学模型,我们可以在和光谱多重结构有联系的范围内认为最外电子和原子心之间的耦合是通过浸渐过程来建立和解除的. 这种耦合表示在粒子的轨道平面和刚体陀螺的轴线的共同旋进中,而它的解除可以通过相互力场对中心对称场的偏差的浸渐消失过程来实现;通过这种过程将能做到,两个个体的体系之间的相对运动是简并的,从而从周期体系量子论的观点来看它们的相对取向是任意的. 但是,为了检验变换中的统计权重的守恒,我们就必须既在变换的结尾时又在变换的开始时避免简并性;这可以通过把原子放在一 557
个外力场中来做到,关于这个场,我们为了简单假设它具有对通过体系中点的一个固定轴线而言的旋转对称性. 在外场远小于耦合力的那种极限情况下,运动可以被描述成耦合体系的一种稍微受到扰动的运动;体系的定态除了服从上节提到的那个自由模型的量子条件以外,还服从一个确定着总角动量轴线相对于场轴线的取向的附加量子条件. 在外力远大于耦合力的另一种极限情况下,作为周

① 这种结论得到了利用对应原理对劈裂式样的成分线强度所作的估计的支持. 参阅 A. Landé, Z. Phys. **7**(1921)398,并特别参阅 A. Sommerfeld and W. Heisenberg, Z. Phys. **11**(1922)131.

② A. Sommerfeld, Z. Phys. **8**(1921)257,及 Atombau und Spektrallinien p. 492.

③ 特别说来,参阅 W. Heisenberg, Z. Phys. **8**(1921)273.

④ 参阅 I, p. 16[本卷原第 473 页].

期性体系量子论的一个直接推论,体系在定态中的运动将永远和对应于分别处于外场中的子体系的定态的那种运动相差很小.

因此,在我们的情况中,关于统计权重不变性的要求就告诉我们,自由原子心在场中取向的可能方式数 G_i 和由 n 及 k 来表征的粒子在有心运动中完成的取向数目 G_a 的乘积,必须等于整个原子的那样一些态的所有可能取向的总数 G;对于那些态来说,最外电子的轨道属于所讨论的 n 值和 k 值. 喏,对于可以浸渐地变换到一种开普勒运动的那种有心运动来说,我们有 $G=2k$,因为,正如在第 1 节中所提到的,场中的取向由一个条件来确定,即角动量平行于场的分量除以 $h/2\pi$,必须是一个异于零的整数. 于是我们应该预期关系式

$$G = 2kG_i \tag{39}$$

将得到满足. 现在,反常塞曼效应的分析恰好就提供了检验这一关系式的手段,首先,G 简单地就等于和不存在场时 n 及 k 具有所讨论的值的每一个成分谱项相对应的那些劈裂谱项的数目的总和. 而且,G_i 可以从具有相同的核电荷而缺少一个电子的原子性离子的塞曼效应中求出;事实上,必须令这个量等于由和这一原子的正常态相对应的那个谱项所劈裂而成的谱项数. 不过还是发现,表示着力学周期性体系的量子论所要求的权重平衡的上述关系式(39)并不满足. 就从实验资料所能得出的来看①,元素的线系光谱中永远出现一个

558
$$G = (G_i + 1)(2k - 1) \tag{40a}$$

的谱项系,而且对于 $G_i > 1$ 的情况还出现一个

$$G = (G_i - 1)(2k - 1) \tag{40b}$$

的谱项系.

这种发现证实了一点:在原子的电子体系中,我们遇到一种不能对它直接应用力学周期性体系的量子论的耦合机制;特别说来,这里显然谈不到利用一种办法来说明多重结构的问题,那就是依据浸渐变换的考虑来从原子的定态中排除和这一理论相容的某些运动. 我们倒是被引导到了这样的看法:至少就线系电子的轨道和原子心内的电子轨道之间的相对取向来说,线系电子和原子心的相互影响掩盖了一种“约束”[“Zwang”],它不能用我们的力学概念来加以描述,而且它有一种后果,即原子的定态在一些本质的方面是不能和力学周期性体系的定态相比拟的. 在统计权重的平衡方面,这种约束的效应可以在下述情况中看

① 参阅 L. u. A., pp. 275, 279,那里按照这种观点讨论了出现在周期表中第一族和第三族元素的光谱中的双重线系,也讨论了第二族元素的光谱中的三重线系和单线系. 几乎没有足够的资料来检验我们的法则在其他情况中的正确性,尽管已经得到了一些很有前途的结果,特别是通过索末菲和朗德的研究而得到的结果.

出，那就是，在原子体系中，原子心按照谱项系的不同而比在自由状态下多一个或少一个可能取向[“Einstellungsmöglichkeit”]，而耦合在原子心上的最外电子则在两种情况下都比处于可以浸渐地变换到开普勒运动的那种运动中的电子少一个可能取向.

按照我们的观点，正是这种约束在反常塞曼效应的规律中得到了表现，并特别说来造成了拉摩尔定理的失效；如上所述，我们在这种失效中看到了对浸渐原理的通常表述的背离. 在强场的情况中(这时事情最简单)，谱项值的分析就已经表明我们可以通过假设原子心和电子相互独立地进行取向而诠释经验结果了①；但是，和关系式(40)相一致，我们却发现在这种诠释中必须比在不存在场时多给或少给内部体系指定一个取向，并比在自由状态中的电子多给最外电子指定一个取向.

① 参阅 W. Pauli，Z. Phys. **16**(1923)155.

XX. 片段的底稿

(1923—1924*)

* [见引言第23节.]

563
1. 线系光谱的规律(1924)

如所周知,量子论已经做到从一般轮廓方面来诠释线系光谱.不过,正如近来在本刊中也曾多次强调的,重大的困难仍然阻碍着这些光谱结构的许多细节的适当解释.例如,已经显得很清楚,已经对于外场影响下的单电子原子证明为如此成功的处理方式,不能直接应用于多电子原子.在这些问题中,我们遇到一些力学体系,它们的运动可以表示成一些谐振动的叠加.如果独立基频的数目等于 s,则定态由 s 个形式为

$$\mathscr{J}_r = n_r h, (r = 1, \cdots, s) \tag{1}$$

的方程来确定,式中各量$\mathscr{J}_1$、…、$\mathscr{J}_s$代表一些力学符号,它们和体系的能量 E 之间由微分方程

$$\delta E = \sum_r \omega_r \delta \mathscr{J}_r \tag{2}$$

来联系,式中 ω_1、…、ω_s 是一些基频.根据这样确定的能量值,体系的谱线频率就可以由普遍的量子论条件式

$$h\nu = E' - E'' \tag{3}$$

导出,而和能量值的确定组合相联属的谱线的出现则和"对应的"谐振动 $\Sigma(n'_r - n''_r)\omega_r$ 在原子运动中的出现有关,此处 n'_1、…、n'_s和n''_1、…、n''_s是那些按照(1)式表征着两个定态的量子数.

虽然普通力学定律的应用对于定态中的能量值的确定是不可缺少的,但是
564 却永远必须强调,在量子论中,这些定律的应用范围是有限制的.这一点在定态的奇特稳定性中表现了出来;这种稳定性不但在原子在辐射场中的行为中显现了出来,而且在多个原子体系的直接相互作用中显现了出来,关于这种相互作用的规律已经通过原子和自由电子或和其他原子的碰撞实验而被发现了.

喏,对于多电子原子来说,普通力学的应用并不导致使得方程(1)成为直接适用的那种性质的解.但是,可以很自然地到一条假设中去寻求指定原子运动的那些性质的可能性,那些性质是诠释元素的性质所必需的,而那条假设就是,任何个体电子的运动都在量子论的机制下得到稳定,那种机制和保证着个体的相

互作用着的原子的稳定性的机制相类似. 现在,这里这一段话的目的就是要指出,这样一种观念似乎提供了按照量子数来对多电子原子的定态进行合理分类的基础. 对于这种目的,线系光谱的问题是特别适用的;在这种问题中,我们可以直接追寻电子被原子性离子所俘获的过程. 在和这一过程的各个步骤相对应的那些定态中,被俘获电子在大多数定态中的运动都是沿着那样的轨道进行的,这些轨道的线度远大于原子心中各个电子轨道的线度. 在较外电子在其整个运动过程中都停留在较内电子的区域之外的那种情况,我们就直接被引导到这样的假设: 它的运动很接近地和一个电子在一个点电荷周围的运动相重合. 事实上,这也得到了下述事实的支持: 一切线系光谱都包含一些谱项,它们和只有一个电子的原子的光谱中各谱项 N^2R/n^2 近似地重合. 在较外电子在其一部分运动中离原子心更近一些的那种定态中,它的运动和简单开普勒运动相差较大. 借助于力学定律来对这种运动进行追溯,被认为将导致巨大的复杂性,从而我们应该对发现下述情况有所准备: 较外电子和较内电子的相互作用将引起能量交换,而这几乎是和整个类型的运动的稳定性不可调和的. 喏,关于原子和自由电子之间的碰撞的那些考察的一个主要结果就是,当碰撞不能引起原子从原有态到新定态的转移时,这样一种能量交换绝不会发生. 因此,可以看成这种结果的合理推论的就是这样一条假设: 在较外电子和原子心的相互作用中,任何能量交换都不会发生,其意义就是,前者的轨道可以看成一系列圈线,它们在较外部分逼近开普勒轨道,而且每一个圈线都和相同的电子电离电势["Ablösungsarbeit des Elektrons"]相对应. 如果我们设想轨道的每一个这种部分被换成闭合的开普勒椭圆,这些椭圆当然不一定具有相同的偏心率空间取向,但是它们却必须全 565
都具有相同的长轴: 因为在开普勒运动中这个长轴以及频率都是由取走电子时所需要的功来唯一确定的. (具体说来,频率 ω_0 由公式

$$\omega_0 = W^{3/2}\frac{2}{N\sqrt{Rh^3}} \tag{4}$$

给出,式中 W 是取走电子时所需的功,而且

$$R = \frac{2\pi^2 e^4 m}{h^3}$$

是黎德伯恒量,而 N 代表原子心中的基元电荷数.)

这种关于较外电子的运动的假设,实际上已经足以在用一个公式来表示各谱项的方面诠释线系光谱的经验规律了. 如所周知,这些谱项可以排成序列,序列中各谱项的数值可以非常精确地用一个公式

$$T = \frac{RN^2}{(n-\alpha)^2} \tag{5}$$

来代表,式中 α 在每一个序列内是一个恒量,而流动数("Laufzahl") n 可以取一系列整数值. R 代表普遍的黎德伯恒量,而 N 是原子心中的基元电荷数. 现在我们假设这个流动数和对应于

$$\mathscr{J} = nh \tag{6}$$

这种形式的条件式的一个量子数相等同. 在开始时,我们将不提出关于符号量 $\mathscr{J}$ 的力学意义的假设,也不提出关于另外一些符号的力学意义的问题,那些符号可能出现于为了和(6)* 一起来完全地对谱项集合进行分类而必需的形式相似的附加量子条件式中.

按照方程(2),为了找出条件式(6)* 和原子运动的运动学性质之间的联系,我们必须考虑能量对 $\mathscr{J}$ 的偏导数. 既然按照(3)式我们可以令 $hT=W=-E$…**

---

* [稿中(6)皆误作(5).]

** [底稿在这个未完成的句子处中断.]

2. 原子结构和对应原理(1924) 567

如所周知,最近几年来已经能够借助于原子结构的量子论来对迅速增长着的光学区域和X射线区域中的大量数据进行分类,这种分类是和在周期系中揭示出来的元素族关系密切联系着的.在这种分类中,原子定态中的每一个电子用某些量子数来表征,而特别是在原子的正常态中,这些量子数表明了一种电子按组的排列,这些电子组随递增原子电荷的发展,可以和原子性质随原子序数的周期性变化直接关联起来.

这些量子数的确定在所谓周期性体系的定态量子定律中有其出发点;那就是那样一些体系,对于它们来说,经典力学导致可以看成若干谐振动的叠加的那种运动.但是必须强调,在多电子原子中,我们遇到一些无法和这些定律的构架直接调和的情况.最主要的是,在这方面必须考虑到,经典力学的严格应用将很难和定态性质的适当不变性相容.相反地,这些性质要求原子中每一个电子的运 568
动都由一种超力学的定律来使之稳定化,这种定律和支配着整个原子的定态稳定性的定律相类似,后一种定律特别是在原子和电子的碰撞实验中被揭示出来的.事实上,可以很自然地从这些实验的结果得出这样的结论:在原子中的不同电子中间不发生任何能量交换,其意义是,我们可以针对每一个电子谈论它的电离电势("Ablösungsarbeit vom Atom")的确定值,正如在前面提到的谱项分类中已经暗中假设的那样.在原子的内部区域中,核的吸引力远远胜过电子之间的相互排斥力;对于这种区域来说,这一假设的应用是建筑在这样的做法上的:将每一个电子的运动在一级近似下看成开普勒轨道[运动],并且认为每一个电子的电离电势在一级近似下像在氢原子中一样由一个主量子数来表征.如所周知,用这种办法就能立即得到关于X射谱谱结构之主要特点的摩斯莱定律的诠释.我们在线系光谱中遇到另一个简单情况;在这种情况中,每一个谱项都被诠释为一个电子的电离电势,这个电子至少在其大部分绕转过程中都在离核较远的地方运动,其离核的距离远大于原子中其他电子的轨道线度.因此它的轨道可以看成由一些相继的圈线构成,这些圈线至少是很近似地和开普勒椭圆相重合,椭圆的长轴以一种众所周知的简单方式由电离电势来确定.必须注意,这一简单假设就足以解释关于谱项值在每一个体谱项序列中对流动量子数("Laufzahl")的依赖关系的那种经验定律；因为，这一流动量子数可以看成和主量子数相等同，这个主量子数是和运动的基频联系着，该基频定义为单位时间内的圈线数目. 事实上，简单的黎德伯谱项公式的广泛适用性只依赖于这样一种情况：这一公式是在很高的近似程度下通过适用于简单开普勒轨道的公式来和电子的电离电势联系着的. 而且，由瑞兹提出的对于黎德伯公式的精确化，就意味着……*

* ［最后一句在此中断.］

3. 原子理论的问题(1923 或 1924)*

§1. 引　论

原子理论的发展现状,是以一个问题而声名卓著的;那就是依据在研究和元素性质并无直接联属的现象时所获得的关于原子组成部分的一般知识,来说明各元素所特有的物理性质和化学性质. 解决这一问题的那些尝试的最突出特点就在于一种确信:不从本质上背离我们迄今一直很成功地企图用它们来说明许多现象的那些观点,就不能取得任何进步;那些现象是我们的感官所能够直接观察的,而且是依赖于巨大数目的原子的集体作用的. 但是,揭示支配着单个原子行为的规律的那些努力所必然具有的钻研特点,却几乎不能更有力地予以强调,除非我们承认,不但建筑在利用经典物理学概念来加以诠释的那些观察结果上的元素性质的描述,而且甚至我们关于原子组成部分的知识,都是按照事物的本性而和经典物理学定律的应用相联属着的. 在这篇文章中,将企图说明原子结构理论的发展是怎样在这些情况下形成的,目的在于由此得到一个机会来澄清理论的发展所揭示出来的某些悬而未决的问题.

§2. 量子论的基本假设

说明原子的性质的一个适当基础曾经在一条公设中被找到,那就是,每一个原子体系都具有某些态,即所谓定态,它们是以一种奇特的稳定性而与众不同的. 这种稳定性使得原子的态的每一种长久的变化,都必然是原子从一个这种态跃迁到另一个定态. 尽管已经很明显,这样假设的定态稳定性是和关于带电粒子之间的相互作用的经典概念不相容的,但是这条公设都使得和普朗克量子论的自然联系成为可能,这种理论假设原子和辐射发生相互作用的那种过程有一种本质上的不连续性要素.

所讨论的公设立即可以用来对在化学领域中收集到的大量的定性经验做出诠释. 事实上,所考虑的这种关于原子结构稳定性的假设,在诠释关于个体原子

---

* 英文本据丹麦文底稿译成. ——中译者注

570 之间的相互作用的经验时几乎是不可避免的，这些经验是近年来在关于原子之间的相互碰撞或原子和原子部分之间的相互碰撞的实验中得到的.联系到量子论的规律，这条公设同时也为说明一些定量性的经验提供了基础，这些经验是当研究在某些情况下由元素所发射的那些特征辐射时得到的.按照那些借助于经典辐射理论来诠释的光学现象的研究，这种特征辐射由若干组简谐波组成，它们在元素的光谱中显示为一些分立的谱线.现在的假设是，每一条这样的谱线都是和一种跃迁过程的可能性联系着的，在这种过程中原子将从一个定态转入另一个定态.再者，如果我们为每一个定态指定一个量 E，而我们把这个量叫做定态的能量，并且假设和从能量为 E' 的定态到能量为 E'' 的定态的跃迁相联系着的谱线频率 ν 由关系式

$$h\nu = E' - E'' \tag{1}$$

来给出，式中 h 是普朗克恒量，那么我们就直接得到被称为组合原理的那一经验的光谱学基本定律的一种简单的诠释.按照这一定律，一种元素的光谱中每一条谱线的频率，都可以表示成两个谱项之差.因此，和(1)相比较，我们就看到，每一个谱项乘以 h，可以看成指定给原子的某一定态的能量的数值.通过假设元素对频率由(1)给出的辐射的选择性吸收和原子从态($''$)转入态($'$)的跃迁过程的可能性有关，我们就进一步得到关于各元素的吸收光谱的说明，特别是得到对于一种典型差别的理解，这种差别常常由元素的发射光谱和吸收光谱显示出来，尽管辐射的发射和吸收之间存在着由基尔霍夫定律来表示的普遍联系.这种关于光谱起源的诠释，得到了通过原子和自由电子之间的碰撞来产生光谱的那些实验的直接支持；这些实验的结果，可以通过恰好给各定态指定上由(1)式所确定的适用于各谱项的那些能量值而根据能量守恒原理来直接地加以诠释.

方程(1)所表示的条件，和爱因斯坦所奠定的关于光电现象和光化学现象的定律是有密切联系的.如所周知，作为诠释这些现象的基础，爱因斯坦曾经提出了一种关于辐射传播的理论，即所谓光量子理论；按照这种理论，辐射不是作为
571 连续的波而是作为一些集中的单位来传播的，这种单位位于有限的空间元内，并带有能量 $h\nu$.爱因斯坦曾经通过把吸收过程和发射过程中的动量交换问题考虑在内，而进一步发展了这种图景.热力学平衡要求在这种交换中存在和(1)相类似的关系式

$$h\nu/c = [M' - M''], \tag{2}$$

式中看成矢量的 M' 和 M'' 是原子在初态和末态中的动量，而且矢量 $M'-M''$ 的方向和辐射的传播方向相重合.关系式(2)的重要性近来已经得到强调，因为它已被证实为诠释由康普顿发现的受到自由电子或弱束缚电子散射的 X 射线的

频率变化的一个适当的基础,这种散射被诠释为同时发生的吸收过程和发射过程的一种密切耦合.

尽管光量子理论无疑是适于用来强调支配着辐射过程中的能量交换和动量交换的那些定律的本质特点的,但它却几乎是和许许多多光学现象的简单诠释不能相容的,关于这些现象,曾经借助于光的经典电磁理论在如此众多的方面作出了令人满意的解释.更可能的是,出现在关于光的本性的两种如此不同的观念之间的那种裂缝,乃是一些不可避免的困难的证据,那就是不从本质上背离空间和时间中的因果描述而对原子过程进行细致的描述时所遇到的那些困难,而这样的因果描述则是自然界的经典力学描述的特征.

但是,这种情况并不构成说明可观察物理现象之间的联系的一种障碍;事实上,看来还是能够既不放弃经典电磁理论所主张的关于辐射在真空中的传播的观念,也不放弃关于定态稳定性的公设,来得到描述一切已知的光学现象的一种合适的基础的.按照这种描述,辐射和原子之间的相互作用,至少在关于辐射场的连续变化方面是由这个场的态和原子的瞬时态来唯一确定的.另一方面,原子的每一个变化都被认为是和几率定律相联系着的.事实上,这样的变化就是到另一个态的跃迁,而其持续时间则被认为短得对于辐射场没有实质重要性,从而当涉及的是光学现象的描述时就可以说成一种不连续的变化.在描述原子和辐射之间的相互作用的进程时引用几率定律,这是由爱因斯坦作出的,他在依据定态的存在和稳定性并依据关系式(1)来推导普朗克的热辐射定律时应用了这样的考虑.如所周知,爱因斯坦通过这种推导证明了关系式(2)是必要的,同时相信这 572
样就找出了关于光量子的实在性的一种决定性的支持.但是,光量子的理论可以描述成保持经典的能量守恒原理和动量守恒原理的无限制适用性的一种努力,另一方面,在上面考虑的这种描述中,作为一个主要特点的就是这些原理对于原子过程不再具备严格适用性,而却只是几率定律的统计结果.

这种观点决不是意味着放弃能量概念在描述原子现象时的用处.相反地,上面提到的电子碰撞实验对于由谱项算得的能量值的证实,表明可以叫做能量的那个量的守恒,乃是每当两个原子体系发生直接相互作用时适用于原子过程的那些定律的一个本质特点.我们在这一情况中遇到比在以辐射为中介的相互作用中更简单的条件也是很自然的,如果我们记得在前一种情况中两个体系在整个过程的进程中是直接耦合在一起的,而对辐射现象具有典型性的则是在两个体系的态发生变化时通常会出现一个时间差.

总而言之,当企图得到原子现象的适当描述时,在有限的范围内应用从经典理论借来的概念乃是一种典型的做法.那种习见的因果描述事先就被放弃了,而且除了所用概念的运用中的无矛盾性这一要求以外,我们在开始时只遇到这样一个要求：这样一种理论方案必须使我们可以理解，每当我们遇到的是涉及很多很多原子的现象时，经典物理学的定律就是作为极限情况而出现的. 我们在下面将看到怎样就能——通过经典电动力学概念在定态描述中的一种明确定义的有限度的应用——发展原子结构理论，以说明关于各元素的特性的相当多的实验资料，并讨论这样一个问题：为了使理论适应于迅速增长的大量的光谱学数据，需要对经典概念的应用增加什么限制？

§3. 定态的描述和分类

虽然如上所述，定态稳定性的公设是和经典电动力学的观念明显相反的，但是，定态的每一种详细描述却都在问题的实质上或多或少有限度地应用电动力
573 学定律. 这已经取决于一个情况，即原子性粒子的描述是建筑在质量和电荷之类的概念上的，它们的定义包含着对这些定律的引用. 事实上，甚至作为原子理论现代发展的特征的就是，原子的性质被假设为取决于带电粒子的相互作用，各粒子的线度比起它们的相互距离来是如此之小，以致除了用上述那些概念来描述的性质以外，别的性质只对它们的相互作用有极其微小的意义. 因此，原子理论的一个主要任务就是探索电动力学定律在多大程度上可以用来描述定态中的原子性粒子. 事先就很明显，定态稳定性的要求已经决定了这样一种描述只是近似的. 事实上，作为原子性粒子的运动所引起的辐射的后果，电动力学定律的严格应用将导致原子的态的持续不断的变化.

因此，定态中的运动的一种电动力学描述所能达到的最高近似程度可以这样表述：如果在经典理论中忽视叫做辐射反作用的那些力，则这种描述将能成立. 归根结底，我们在这里可能已经达到按其本性来说是量子论的表述所允许的那种应用经典理论概念的界限. 既然就其对辐射的反作用来说辐射场和原子之间的相互作用被认为是由几率定律支配着的，在原子的运动态的描述中就引入了一种不确定性的要素，因为这种观念就决定了，和原子性粒子运动的自然周期对相继跃迁过程之间的时间间隔之比同数量级的那些小量，是被忽略不计的. 现在，指出一点是有兴趣的，那就是，这种近似不但和上面讨论的当辐射力被忽略时适用于原子性粒子运动的经典电动力学描述的那种近似相同，而且也和另一种近似具有相同的数量级，后者就是由于和可能的跃迁过程相对应的那些波组的有限广延而包含在这些波的频率定义中的那种近似. 于是我们就看到，按照量子论的表述，我们必须准备在能量和动量之类概念的应用中遇到的那种不确定性，恰恰和适用于量子论关系式(1)和(2)的那种不确定性相对应，后者是出现在这些关系式中的 $h\nu$ 这个量的定义中的那种基本不确定性的后果. 除了必须避免按照经典辐射理论将会出现的原子能量的耗散以外，定态稳定性的假设

还很自然地要求原子性粒子的运动的某些周期性质.喏,对于那种经典电动力学 574
定律的应用将导致其纯周期运动或多周期运动的原子体系,确实已经能够表述一些量子论的法则,它们使我们能够唯一地对定态进行选择和分类.对于所讨论的这种原子体系来说,原子中每一粒子的运动可以看成谐振动的叠加;各个谐振动的频率可以写成下列形式:

$$\omega = \tau_1\omega_1 + \cdots + \tau_s\omega_s,$$

式中 τ_1、…、τ_s 是一组正负整数,而 ω_1、…、ω_s 这些量则是所谓的独立基频;这些基频的数目 s,叫做运动的周期度.量子论现在要求,各定态是由 s 个条件来确定的,它们可写成

$$\mathscr{J}_r = n_r h (r = 1, \cdots, s),$$

式中$\mathscr{J}_1$、…$\mathscr{J}_s$这些量是表征运动的性质的某些符号.

XXI. 大英科学协会在利物浦召开的会议

（1923 年 9 月*）

* ［见引言第 24 节.］

1. 对 应 原 理

(大英科学促进协会报告,利物浦,1923,pp. 428—429(1924))

分组报告——A

星期一,9 月 17 日

14. 主席致辞,J·C·马克楞南(皇家学会会员),《论光谱的起源》(见报告集第 25 页).

15. N·玻尔教授——《对应原理》.

原子构造的量子论建筑在下列两条公设上：

Ⅰ. 在原子体系的可设想的可能运动态中,存在一些所谓"定态";尽管粒子在这些态中的运动在颇大的程度上服从经典力学的定律,但是这些定态却具有那样一种奇特的、力学上无法解释的稳定性,以致体系运动的任何一种长久性的变化都必然是从一个定态到另一个定态的完全跃迁.

Ⅱ. 尽管和经典电磁理论相反,在定态本身中原子并不发出辐射,但是两个定态之间的跃迁却可以由电磁辐射所伴随,这种辐射在性质上将和按照经典理论而从一个以恒定频率作着谐振动的带电粒子发出的辐射相同. 但是,这个频率却和原子中粒子的运动没有任何简单关系,而是由下列量子关系式给出的：

$$h\nu = E' - E'', \tag{1}$$

式中 h 是普朗克恒量,而 E' 和 E'' 是形成辐射过程之初态和末态的那两个定态中的原子能量的值.

这篇发言的目的就是要说明,尽管这些公设中包含着对经典的力学理论和电动力学理论的概念的根本背离,但是却已经能够在原子所发射的辐射和各粒子的运动之间追寻出一种联系,而且这种联系和关于辐射起源的经典想法所要求的那种联系有很大程度的类似性.

试考虑一个具有 s 个自由度的体系,它的各个粒子的运动由正则方程来确定

$$\dot{q}_i = \frac{\partial E}{\partial p_i},\ \dot{p}_i = -\frac{\partial E}{\partial q_i}(i = 1, \cdots, s), \tag{2}$$

式中 E 是体系的总能，看成广义坐标 $q_1\cdots q_s$ 和共轭动量 $p_1\cdots p_s$ 的函数. 现在，从这些方程的解中选择定态的手续要求这些解显示某些周期性质，这就决定了每一个粒子在任何一个给定方向上的位移可以用下列形式的表示式来表示成时间的函数：

$$\xi = \Sigma C_{\tau_1\cdots\tau_r}\cos\left[2\pi(\tau_1\omega_1+\cdots+\tau_r\omega_r)t+\gamma_{\tau_1\cdots\tau_r}\right], \tag{3}$$

式中 $\tau_1\cdots\tau_r$ 是正整数或负整数，而 $\omega_1\cdots\omega_r$ 代表运动的所谓基频. 这些频率的数目，即所谓周期度，由这样一个条件来确定：不存在 $m_1\omega_1+\cdots+m_r\omega_r=0$ 这种形式的关系式，式中 $m_1\cdots m_r$ 是正整数或负整数. 一般说来，(3)中的求和应该遍及各整数 $\tau_1\cdots\tau_r$ 的正值和负值.

这样一个 r 重周期性的体系的定态，现在就由下列形式的一组 r 个量子关系式来确定：

$$J_k = n_k h\,(k=1,\cdots,r), \tag{4}$$

式中 h 是普朗克恒量，而 $n_1\cdots n_r$ 是整数，即所谓量子数，$J_1\cdots J_r$ 是表征运动的某些力学性质的一组量，而且它们满足关系式

$$\delta E = \sum_k \omega_k \delta J_k, \tag{5}$$

式中的微分符号 δ 涉及方程(2)的两个相邻的解. 利用这个关系式，各量 J 就 577
确定到可差一个任意附加恒量的程度. 但是，这些恒量要由进一步的条件式来确定

$$\sum_k \omega_k J_k = \overline{\sum_i p_i \dot{q}_i}. \tag{6}$$

此式的右端代表在一段时间内对横线下面的表示式求的平均值，而这段时间比运动的各基本周期长得多.

现在，按照量子关系式(1)和(4)，我们就得到分别由量子数 $n'_1\cdots n'_r$ 和 $n''_1\cdots n''_r$ 来表征的两个定态之间的跃迁所发射的辐射的频率

$$\nu = \frac{1}{h}(E'-E'') = \frac{1}{h}\int_{''}^{'}\Sigma\omega_k\delta J_k = \overline{\Sigma(n'_k-n''_k)\omega_k}, \tag{7}$$

式中最后一个表示式的平均值是对方程(2)的那样一些解求出的，这些解在 r 维 J 空间中用 $(J'_1\cdots J'_r)$ 和 $(J''_1\cdots J''_r)$ 二点的连线来代表，而此二点则表示过程中涉及的那两个定态.

在各个量子数的值远大于它们的差数 $n'_k-n''_k$ 的那种极限下，我们可以把方程(7)右端的平均值中的各个频率 ω_k 看成恒量，并得到渐近关系式

$$\nu \sim \sum_k \omega_k(n'_k-n''_k). \tag{8}$$

于是,在这种极限下,辐射的频率将渐近地和由(3)表示的运动中那样一个谐振动的频率相重合,对于那个谐振动来说关系式

$$\tau_k = n'_k - n''_k (k = 1, \cdots, r) \tag{9}$$

是得到满足的.

这一结果开辟了在大量子数的极限下在量子的统计结果和经典辐射理论之间得到一种联系的可能性. 但是必须强调,我们在这里涉及的绝不是量子论和经典理论之间那种根本差异在这一极限下的逐渐消失. 事实上,按照经典理论,来自原子的辐射将连续地进行,而且将同时发射许多组不同频率的波,每一组波对应于运动中的某一谐振动分量;而按照量子论,每一列波都是由定态间的一个独立的跃迁过程所发射的,不同过程的发生由几率定律来支配. 正是这种情况,就引导我们把在大量子数区域中追寻得到的运动的谐振动分量和不同的跃迁过程之间的联系,看成关于一条对一切量子数都成立的普遍规律的证据. 按照这一规律,即所谓"对应原理",由(4)式给出的那些定态中任何两个定态之间的跃迁过程,都可以和运动中一个由(9)式定义的对应谐振动分量对照起来. 这种对照意味着,跃迁的发生几率依赖于对应谐振动分量的振幅,其依赖方式和按照经典理论从一个作着谐振动的粒子发射出来的辐射的振幅将依赖于粒子振幅的那种方式相类似. 同时,跃迁中所发射的辐射的偏振态,被假设为依赖于对应谐振动的形状和取向,其依赖方式和辐射的偏振按照经典理论将依赖于发射粒子的轨道的那种方式相类似.

在这篇发言中,利用从关于各元素光谱的研究和关于电场及磁场对谱线的效应的研究中得来的例子,证明了这条对应原理已经怎样得到了足够的支持,以致我们似乎在更加复杂的情况中也有理由用它来作为一种指南;那些情况是我们在原子构造理论中遇到的,而且在那些情况中还没有能够利用从经典理论借来的符号来以一种无歧义的方式确定定态.

2. 线系光谱理论 578

（原文见 Nature，**113**(1924)223—224）

原子结构的量子论建筑在一条假设上，即原子的态的任何长久变化都是原子从一组特选的态即所谓定态中的一个态到另一个态的完全转移. 这个定态集合通过给每一个定态指定上一组整数即一组所谓量子数来加以分类. 虽然在经典力学的基础上来说明定态的存在和稳定性是不可能的，但是已经能够通过力学在描述这些态中的运动方面的应用来发展一种理论，而这种理论已经能够在相当多的细节上说明单电子原子的性质了. 在这样的原子中，电子的轨道[运动]可以看成若干谐振动的叠加，而用来确定运动的某些力学性质的那些量子数的个数则等于运动中独立周期的个数，即所谓周期度. 在多电子原子的情况，这种理论的直接推广是不可能的，因为力学运动方程的通解导致很复杂类型的轨道，它们是不能简单地表示成谐振动的叠加的. 为了得到在这种情况中引入量子数的一种基础，看来必须放弃建筑在经典力学上的运动的严格描述. 这种看法也是由一种情况提示了的，那就是，我们在这种原子中必须对付的关于定态中的运动的问题，是和单电子原子的定态稳定性问题密切联系着的. 事实上，原子中不同电子之间的相互影响，提出了一种和单电子原子之间的或自由电子和原子之间的相互作用相类似的问题. 在后一情况中，定态稳定性的非力学的特点是由一些实验最漂亮地揭示出来的；这些实验证明，通过碰撞，电子和原子之间并不出现任何的能量交换，除非原子被碰得从它的原有态转入了另一个定态.

喏，关于原子结构的一种主要信息来源是在线系光谱的检查中找到的；按照量子论，我们在线系光谱中遇到的是那样一些定态，即其中一个电子是在远远大于原子中其他电子的轨道的一个轨道上运动的. 既然在轨道的较大部分上由原子的其余部分作用在这一电子上的力将很近似地和来自一个点电荷的吸引力相重合，轨道就可以描述成一系列圈线，其中每一个圈都近似地是一个开普勒椭圆. 现在，不必试图对较外电子和原子其余部分之间的相互作用进行更仔细的力 579
学描述，由关于原子和自由电子之间的碰撞的实验结果就很自然地得到这样的结论：相互作用将不会引起能量的交换，从而较外电子的每一个轨道圈线将对应于全都具有相同的能量的粒子绕点电荷的运动. 因此，具有很大兴趣的一个结果就是，只依据这一结论实际上就能够按照量子论的普遍原理来解释已经确立的关于线系光谱中各谱项值的经验公式了.这些公式的解释，以前一直被试着建立在关于原子残骸对较外电子作用的特殊力场的假设上，但是，对于一般的论证来说很为重要的，却是注意到这些公式的成立与否在很大程度上并不依赖于这一力场的本性，从而事实上我们对于在带光谱中遇到的受激分子，也必须预期得到和适用于发射线系光谱的受激原子的那种结果相类似的结果.这一结果已由否勒关于氦的带光谱的工作以一种很有兴趣的方式予以证实；这种工作证明，各谱带的基谱线可以用一些公式来表示，这种公式在类型上和适用于线系光谱中各谱线的黎德伯公式相同.

对于更仔细地检查线系光谱的起源来说很重要的是，能够根据支配着谱项组合的明显限制的那些经验法则，得出关于较外电子的轨道的更多细节的结论.例如，在普遍的对应原理的基础上，我们由这些法则就得到这样的结论：在原子受激的情况下，较外电子的轨道的相继圈线将在形状上是相似的，而且彼此之间的相对取向方式将使得运动可以被描述成在一个平面周期运动上叠加了一种轨道平面上的均匀转动以及轨道平面的一种缓慢旋进.很明显，这样一种类型的规则运动一般是不能通过经典力学定律对较外电子和原子残骸之间的相互作用的严格应用来加以说明的.相反地，上面提到的结论，却可以看成从在电子和原子之间相互作用的细节方面向我们提供着信息的光谱资料得出的经验推论.本演讲人所要强调的一点是，按照这种方式进行下去，看来就能够根据关于光谱的实验证据一步一步地达成原子中各电子的轨道的一种分类，而这种分类将为各元素物理性质和化学性质之间的关系的详细诠释提供一种基础*.

* ［文句和1923年10月22日寄给阮肯的摘要相一致.在《自然》上，最后一句是以“必须强调的一点是……”开头的.标点和印行本相一致.］

XXII. 席利曼演讲的底稿 581

(1923*)

* [见引言第 25 节.]

582

第一篇席利曼演讲

Ⅰ. 引　论

近年来在原子结构问题方面做了许多工作. 由于时间不够, 不可能适当叙述事态的现状. 标题表明, 演讲必须限于那些对元素之间的关系有所揭示的特点. 自然系统.

Ⅱ. 元素的自然系统

A. 化学性质. 这些关系的发现. 元素按化学性质分成族. 在道耳顿以后, 我们知道怎样求出原子的相对重量. 如果元素按原子量排列, 关系就突出地显示出来. 五十年前特别归功于门捷列夫. 参考门捷列夫的表. 简略解释. 元素分成组或周期. 前两个周期中的元素. 第三周期中铁类元素的出现, 稀土元素. 表示系统的许多方式. 参考新的表, 它在许多特点上和原子结构的想法有关. 用线段表示关系, (尤里亚・汤姆森).

B. 别的性质. 不只在化学性质方面显示周期性. 原子体积显示周期性(劳塔尔・梅耶). 图示.

C. 光谱. 辐射的知识和光的分析的发展导致了由元素的特征谱线构成的光谱的发现. 我们在这里遇到一种不依赖于化学组成的原子性质. 氢光谱的表. 描述. 界限. 频率的标度. 巴耳末发现各谱线服从简单定律

$$\nu = K\left(\frac{1}{(n'')^2} - \frac{1}{(n')^2}\right). \tag{1}$$

583 巴耳末线系对应于 $n''=2$, $n'=3, 4, 5$. 赖曼线系 $n''=1$ 的稍后发现. 帕邢发现红外线系 $n''=3$. 线系 $n''=4$ 于去年由布喇开特发现. 至少从数学观点来看公式很简单. 氢原子简单性的第一种指示. 黎德伯关于其他光谱的工作——全都和氢光谱相类似. 对于氢光谱, 发现

$$\nu = \frac{K}{(n'')^2} - \frac{K}{(n')^2}, \tag{2}$$

所有光谱由下式给出

$$\nu = T'' - T', \tag{3}$$

$$T = K/(n-\alpha)^2. \tag{4}$$

K 对一切元素都相同,表明所有原子的某种共同性. 瑞兹所强调的谱线普遍组合原理,例子. 以后再谈细节. 黎德伯也指出了各元素族中的光谱类似性. 第一次看到我们涉及了利用整数进行的分类,而原子量只是对元素系统有帮助的指标. 这一点首先由 X 射线清楚地表明. 巴克拉发现元素发出特征 X 辐射,其穿透本领以一种简单方式而从系统中一种元素到另一种元素发生变化. 波长的测量由于劳厄的工作而成为可能. 摩斯莱证明了简单性和相似性. 图示. 解释. 很简单的规律——和原子体积曲线相对照. 确定几种未知的元素. 第 43 号元素. 不涉及原子量而无歧义地确定原子序数. 近来同位素的发现表明充分理解了原子量对问题的关系的局限性;同位素具有不同的原子量,但却具有如此相似的化学性质,以致它们必须摆在表中同一个位置上.

Ⅲ. 原子构造的概念

本演讲的目的将是指明原子理论怎样照亮了这些关系. 发展曾经是最为出人意料的. 以前的建议是通过物性的研究来推进到原子. 现在我们却从完全不同的来源得到了原子的图景. 对于原子的存在的怀疑消失了. 运动论建筑在把原子看成服从力学定律的质点的想法上;通过这种运动论的发展来计数原子. 布朗运动. 通过物质导电实验发现了电的原子性(法拉第,亥姆霍兹,阿瑞尼乌斯). 气体放电导致了作为物质的公共成分的电子的发现. 阴极射线包含分离的电的原子 584
(J·J·汤姆孙). 和原子相比,很小,很轻. 建筑在电动力学的简单应用上的 e 和 m 的测定. 密立根的精确测定. 解释周期表的尝试包含许多有成果的想法,但是却不包含关于把电子保持在原子中的那些力的知识,即不包含关于原子中的正电分布的知识. 放射性的发现,α 射线. 卢瑟福的研究导致了原子核的发现. 所有这一切给出了一种原子图景. 图示. 核很重,几乎具有全部质量. 图景的主要特点是结构的空阔性. 和太阳系密切类似. 粒子比起彼此间的距离来极其微小,从而带来了简单性. 允许区分两类物性. 一类属于核结构方面. 放射性是核的爆炸. 普通的物理性质和化学性质依赖于电子体系. 硬度和反抗位移的阻力有关. 化学亲和力和交换电子的难易有关. 颜色. 光谱由运动在受到外界干扰后而复原时出现的辐射所造成. 所有这一切依赖于电子在其中运动着的那一力场;这一力场不依赖于核的结构,而只依赖于它的总电荷. 我们就这样理解了同位素,它们具有不同的放射性质,但却具有相同的电子分布. 一切普通的性质都可以追溯到电子的数目,而这个数目实际上被发现等于原子序数. 这一结果归功于许多工作者. 巴克拉根据汤姆孙的 X 射线散射理论第一次接近确定原子中的电子数. 卢瑟福的 α 粒子散射实验给出核电荷的第一次直接确定;这起初不很准确,但是经过改进以后精确地证明了电子数等于原子序数,于是就确立了原子序数和范登布若克所建议的原子数的等同. 来自光谱特别是来自 X 射线谱的证实将在以后考虑. 放射性位移定律. 图示. 清楚地表明现代原子观点的一切主要特点. 核结构问题有它自己的领域. 卢瑟福的核蜕变实验通过元素嬗变而在科学中开始了一个新纪元. 但是,忽视核结构就使我们能够在问题的表述方面前进一大步.

IV. 原子物理学的纲领

纲领就是要把原子的性质归结为整数的考虑. 金银之不同并不是大自然的
585 轻率之作. 不能和狮虎之不同相提并论. 这一纲领迄今还只刚刚开始,但我即将力图证明它已部分地实现.

但是在这一类的任何问题中都是有困难的. 力学和电动力学不允许我们根据有核原子来诠释物性. 和太阳系的不同在于稳定性. 在太阳系中,轨道会被外界干扰所永久改变的,但是为了解释原子的性质我们必须假设,如果受到干扰原子会回到相同的态. 在太阳系中,一年的长度和轨道的大小是由过去的历史来确定的. 氢轨道具有一种很不相同的稳定性. 按普通电动力学发射的辐射. 频率等于绕转频率. 能量减小而轨道越变越小. 没有线光谱而是连续光谱. 对于建筑在这一图景上的诠释来说,对力学定律和电动力学定律的背离是必要的. 这不是意外结果,因为这些定律是建筑在关于许多许多原子的实验上的,但现在我们却可以说能够作关于单个原子的实验了. 事实上原子的结构已经确立,而物理学的问题也倒过来了. 我们不必通过关于普通的物理学定律的知识从物性推到原子结构,而却必须根据我们的原子结构图景找出什么样的定律将能解释观察到的物性.

第二篇席利曼演讲 586

Ⅰ. 上篇演讲的回顾

元素性质之间的关系的简单处理. 在实在一词可以应用于物理现象的意义上可以看成实在的原子结构. 原子有一个带正电的核，周围有一些电子，中性原子中的电子数等于原子序数. 这就在物性的确定中引入了明晰性.

纲领就是通过只建筑在数字上的考虑来说明这些现象. 在直接处理中，存在应用普通的力学和电动力学方面的困难. 稳定性的欠缺. 支配单个原子中的运动的定律不同于支配许多原子的运动的定律.

Ⅱ. 量 子 论

新定律的特点在其他方面被指示了出来. 温度辐射. 例子——其壁面具有均匀温度的盒子. 盒中辐射的统计平衡. 基尔霍夫根据热力学的推理证明，热力学平衡下的能量分布只依赖于温度. 这作为对普遍规律的一种检验是重要的，因为它不依赖于材料的特定性质. 根据普通电动力学来说明观察到的定律的不可能性. 普朗克在利用某些形式化假设来说明这些定律时所取得的成功. 普朗克假说. 普朗克振子.

$$E = nh\omega_0, \tag{5}$$

h 是普适恒量. 结果的奇特性，它暗示了能量的一种原子性，这是和运动的连续性相抵触的. 普朗克的结果受到怀疑. 爱因斯坦指明普朗克假说可以怎样更直接地加以检验. 那些比热应该和经典力学所给出的不同，特别是在低温下. 能斯特和别人的工作对这一点的证实.

爱因斯坦也指出，能量应该以量子形式被发射. 光的频率等于振动的频率 587

$$\nu = \omega_0, \tag{6}$$

$$\Delta E = h\nu. \tag{7}$$

如此得到的光电效应的简单解释. 光电效应的简略描述. 速度只依赖于光的频率. 实验证实了爱因斯坦的预言. 密立根的工作. h 的测定. 爱因斯坦由此观点进

而建议光的传播不是通过波来进行，而是具有原子本性. 但这不能看成一种严肃的光传播理论. 光并不仅仅是一种能流，而应该认为我们对于辐射的描述涉及大量的物理经验，这些经验涉及包括我们的眼睛在内的光学仪器，为了理解这些仪器的作用，似乎除了光的波动理论以外什么理论都不能令人满意. 没有波，ν 这个量就没有意义. 这种佯谬是物理学现状的一个例子，这是一种很有希望的现状. 当前的观念的不合适. 以下不处理哲学问题，但是我们要看看量子概念将怎样为诠释物性提供一个线索.

Ⅲ. 原子结构的量子论

这种理论依赖于建筑在量子论上的两条简单假设.

A. 定态的存在，这给原子的稳定性提供了依据.

B. 通过跃迁的辐射发射.

$$E''-E'=h\nu. \tag{8}$$

这些假设是这样的：它们允许我们说明光谱. 参照黎德伯的结果，$\nu=T''-T'$.

瑞兹的普遍组合原理. 于是各条假说就导致下列假设

$$E=-hT. \tag{9}$$

这就给组合原理提供了一种形式上的诠释，这是和普通那种自然的描述不同的. 对初态和末态的依赖性. 以后将回到这些假说的物理实在性问题.

氢光谱的诠释. 图示. 对于有核原子，我们由普通力学有

$$a=\frac{e^2}{2W}, \tag{10}$$

588

$$\omega=\sqrt{\frac{2W^3}{\pi^2 e^4 m}}. \tag{11}$$

既然对于氢光谱中各谱线的频率有

$$\nu=K\left[\frac{1}{(n'')^2}-\frac{1}{(n')^2}\right].$$

我们就有

$$W=-E=\frac{hK}{n^2}.$$

而定态则由下式给出

$$a_n=n^2\left(\frac{e^2}{2hK}\right),\ \omega_n=\frac{1}{n^3}\sqrt{\frac{2h^3K^3}{\pi^2e^4m}}$$

定态的图示.

第一个定态中的轨道大小和运动论给出的原子的大小相近. 轨道上的频率通常和谱线频率并不相同,但是对于大量子数我们应该有 $\nu \sim \omega \sim 2K/n^3$,这可以是正确的,——只在当我们能把黎德伯恒量写成下式

$$K = \frac{2\pi^2 e^4 m}{h^3} \text{时}.$$

由密立根的 e、m 和 h 的值求得的数值. 考虑到量子论对普通概念的背离,这就提供了运动和光谱之间一种像所能希求的那样密切的联系. 某些考虑进一步提供了把量子论看成经典想法的合理推广的希望,这种推广在一些可以直接观察的事例中和经典理论给出相同的结果.

氢光谱的这种诠释照亮了元素之间的关系. 实验室中得到的和来自星体的氢光谱的巴耳末线系的照片. 两种情况中的等同. 匹克灵线系. 氢谱线和氦谱线的表. 由下式给出的匹克灵线系

$$\nu = K\left(\frac{1}{2^2} - \frac{1}{\left(n+\frac{1}{2}\right)^2}\right).$$

而且匹克灵假设这些谱线是来自氢的,因为两种元素如此切近的相似性是未之前闻的. 黎德伯指出,匹克灵的结果指示了一种和碱金属光谱的类似性,巴耳末线系是漫线系,匹克灵线系是锐线系,他并且预言了一个主线系,由下式给出

$$v = K\left(\frac{1}{\left(1+\frac{1}{2}\right)^2} - \frac{1}{n^2}\right).$$ 589

这一预见由于在 4686 处观察到一条谱线而得到证实,这将是这一"主线系"的第一条谱线. 否勒在十年以前在氢和氦的混合物中发现了所有这些线系,而且还发现了另外一个线系

$$\nu = K\left(\frac{1}{\left(1+\frac{1}{2}\right)^2} - \frac{1}{\left(n+\frac{1}{2}\right)^2}\right).$$

所有这些线系都被认为是属于氢的. 但是量子论不允许我们认为它们都属于氢,而却指示了解释它们的一个途径. 单电子原子的普遍光谱由下式给出

$$\nu = \frac{N^2}{1+m/M}\frac{2\pi^2 e^4 m}{h^3}\left(\frac{1}{(n'')^2} - \frac{1}{(n')^2}\right).$$

暂时把由核质量引起的微小改正项考虑在内,我们就得到适用于氦离子光谱的

一个公式；在这个公式中，K 被换成了 $4K$，而这个公式就能给出匹克灵的、黎德伯的和否勒的所有谱线. 演讲者本人指出了这一点，但并没有得到普遍的相信. 否勒的测量表明简单公式是不正确的，但是经发现，其分歧恰好可以用核质量所引起的微小改正项来说明. 和氢谱线相距很近的伊万斯谱线，排除了光谱属于氢的一切可能性. 氢光谱和氦光谱之间的关系恰好就是根据有核原子所应预料的那种关系. 进一步的同一类型的关系后来由摩斯莱所发现. 在理论和实验经过改进以后，帕邢对 $4K'/K$ 进行了更精确的测量，此处 $4K'$是出现在氦谱线的线系公式中的恒量. 如果理论是正确的，由于所处理的课题的普遍性，这种理论就要求[理论和实验的]完全的符合.

基尔霍夫证明了的许多情况中的吸收和发射之间的密切关系，表明二者必然和相同的过程有关. 吸收和逆过程有关系；通过逆过程，原子被照射而从较低的转入较高的量子态.

氢谱线的吸收. 不存在巴耳末谱线的吸收，因为原子在通常条件下并不会存在于第二个定态中. 这些谱线的吸收出现在星体中，因为温度甚高. 照片.

不同的定态应看成化学上的变态体，而不同温度下的统计分布是和化学问题密切联系着的. 光谱提供了研究星体中物理状态的手段. 匹克灵谱线幻灯片上的可能实例. 片上 4686 处是一条发射谱线，而其余的是吸收谱线. 提到萨哈的理论. 钠的吸收光谱. 在普通条件下只有主线系被吸收.

伍德关于黄色钠谱线的实验. 瑞利关于主线系中其次一条谱线的实验. 关于双重线中单条成分线的实验.

图示. 主线系头上的连续吸收. 散射和吸收. 线系光谱和 X 射线谱在吸收方面的比较. 巴克拉的研究就已证明了 X 射线谱的吸收和发射之间的最密切的联系，但是布喇格和摩斯莱的精密测量证明不存在 X 射线的吸收谱线而只存在吸收限.

量子论的诠释. 电子分布稳定性的指示. 将电子带到原子外面，(考塞耳). 碰撞实验. 从气体放电所得事实的证据. 观察方法的改进使得观察单次碰撞的效应成为可能. 弗兰克和赫兹关于汞蒸气的碰撞实验. 从电子向原子的能量传递首先在 4.9 伏特处开始. 然后就出现来自原子的辐射，其频率对应于 4.9 伏特的能量. 钠图示的例证. 弗兰克和赫兹起初设想 4.9 伏特是电离电势，但是正如高舍
592 尔和戴维斯所证明的，这其实是光电效应. 仪器的图示. 真正的电离发生在 $10\frac{1}{2}$
伏特处. 单线光谱. 马克楞南的照片. 若干工作者的扩大研究. 提到福提和摩勒尔. 碰撞实验的根本重要性，它们提供了测量定态能量的直接手段，以致关系式 $E''-E'=h\nu$ 可以看成一些能够直接测定的量之间的经验地确立了的关系式，而完全和它的最终意义问题无关. 碰撞工作对于化学的重要性. 逆碰撞(克莱恩和罗西兰). 根据热力学推理，电子和原子相碰撞而激发原子的过程必然是可逆的. 受激原子和其他原子的碰撞阻止辐射. 伍德的实验. 弗兰克用存在汞蒸气时的汞光照射来激发镉光谱的实验. 当和汞蒸气混合时由光引起的氢的解离. 强调对化学的重要性.

第三篇席利曼演讲 590

Ⅰ. 第二篇演讲的回顾

定态假说和跃迁辐射假说. 组合原理. 氢光谱的诠释. 具有一个绕核转动电子的原子的光谱. 氦离子谱线的诠释. 这种诠释照亮了摩斯莱关系式的简单性. 图示.

Ⅱ. X 射线谱和线系光谱

由于核电荷对电子的优势所引起的 X 射线谱的简单性. 不过这些别的电子的存在仍然引起一些复杂性,从而摩斯莱公式只是第一级的近似. 在原子的外面,力更加复杂,而性质的周期性是和这些较外的电子密切联系的. 不过原子外面的某些相似性还是导致线系光谱. 例子——钠光谱. 图示.

这种光谱比氢光谱更复杂,而且包含若干个线系. 谱项的计算及其图示. 每一谱项序列都显示和氢谱项的相似性,其谱项是 $T = K/(n-\alpha)^2$ 而不是 K/n^2.

对某些序列来说相似性是如此之大,以致不能和氢谱项相区分. 通过假设在线系光谱中我们有一个电子在原子的外面,这一点就可参照氢中轨道的大线度来直接诠释. 按照这种看法,黎德伯恒量的普遍出现简单地是由一切原子中的电子都相同这一事实所引起的.

否勒发现火花光谱. 这些光谱包含四倍的黎德伯恒量. 理论的解释,按照这种解释我们应该预期具有

$$K = R\left(\frac{N^2}{1+m/M}\right)$$

的一般光谱. 帕邢发现三重电离的氦的光谱,否勒发现四重电离的硅的光谱. 这 591
些光谱提供了关于电子逐个被俘获的信息. 这种光谱和 X 射线谱的根本区别;在 X 射线谱中,我们遇到的是内部受到扰动以后已完成的原子的重新组织.

Ⅲ. 光谱理论的物理基础

光谱线的吸收实验和激发实验所给出的证实.

第四篇席利曼演讲 593

Ⅰ. 上篇演讲的回顾

原子的图景. 困难被量子论所克服. 理论的基本想法在光谱的诠释中的应用.

Ⅱ. 量子论的形式发展

A. 周期系.

量子论的起源在于普朗克对一个在平衡位置附近作着振动的振子的考虑. 对于这样一个振子，量子论导致下列结果

$$\omega=\omega_0 \quad \updownarrow \quad \begin{aligned} &E=nh\omega_0\\ &E'-E''=h\nu\\ &\nu=\omega_0. \end{aligned}$$

在氢原子的情况，我们从光谱的考虑得到

$$\omega=\sqrt{\frac{2W^3}{\pi^2e^4m}} \qquad \begin{aligned} &-E=W=\frac{1}{n^2}\frac{2\pi^2e^4m}{h^2}\\ &E'-E''=h\nu\\ &\nu=\frac{2\pi^2e^4m}{h^3}\left(\frac{1}{(n'')^2}-\frac{1}{(n')^2}\right). \end{aligned}$$

两种运动都是单周期性的. 已经能够发展一种求出这种周期体系的定态的普遍方法. 量子化不是通过能量而是通过作用量积分 I，这一积分由 $I=\int 2Tdt$ 来给出，而且对于这种体系我们有 $I=nh$. 这一积分对于运动的缓慢变动，例如对于由场的变化所引起的缓慢变动，是不变的. 不变性首先由艾伦菲斯特指出. 氢原 594
子中的例证. 稳定性不能利用力学来说明，正如碰撞实验所证明的那样. 电子不能在力学上适应突然加上去的新场，但对缓慢的变化却是能适应的. 这种不变性暗示了这一积分在量子关系式中的应用. 但是它却具有这样一种性质：对于两

种相邻的运动，有 $\delta E=\omega\delta I$.

由此可以推得普朗克的振子能量公式，也可以推得氢原子的能量公式. 对于任一跃迁的频率，我们有

$$\nu=\frac{1}{h}(E'-E'')=\frac{1}{h}\int_{'}^{''}\omega\delta I \quad \nu\sim(n'-n'')\omega.$$

按照量子论确立光谱和运动之间的联系的可能性. 振子情况和氢原子情况中的运动表示为谐振动之和.

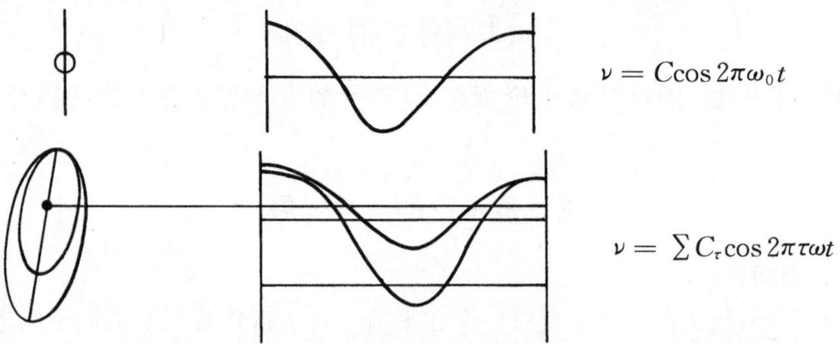

按照经典理论，从这种体系发出的辐射将是一些频率为 ω、2ω、…的波列. 按照量子论，这在极限情况下也是对的.

两种理论的区别. 按照经典理论，波是同时发出的，而按照量子论它们却是由不同的跃迁引起的. 对应原理. $n'-n''=\tau$ 的跃迁依赖于运动中第 τ 个泛频振动的存在. 对普朗克振子的应用，$n'-n''=1$. 但是，在氢原子中，由于运动中两种泛频振动的存在，一切种类的跃迁都是可能的. H_β 在某种意义上是 H_α 的泛频振动. 普朗克振子是一种形式化的考虑，但是这样一种体系却出现于平衡位置附近的分子振动中. 微幅振动永远是谐振动. 这样的振动出现在双原子气体光谱
595 的吸收谱线中. 这些谱线和很弱的倍频线一起出现，但倍频并不和泛频确切地重合. 量子论的解释和经典理论的解释. 量子论用 E 对量子数的依赖关系和线性振子情况中的依赖关系不同来解释偏差. 这里也可以提到转动光谱. 转动在振动上的叠加. 瑞利勋爵指出这应该显示在一种光谱中. 但倍频只出现在分子中. 杰尔汝姆用这种办法解释了谱线结构，但起初并没有根据量子论. 温度的效应. 杰尔汝姆的量子化条件. 后来的发展带来的修订. 带光谱理论.

B. 多周期体系.

量子化可以在位移由下式给出的普遍运动情况中做到：

$$x=\sum C_{\tau_1\cdots\tau_u}\cos 2\pi\left[(\tau_1\omega_1+\cdots+\tau_u\omega_u)t+\gamma_{\tau_1\cdots\tau_u}\right]$$

对于定态,有

$$I_1 = n_1 h,\ \cdots,\ I_u = n_u h,$$

对于两种相邻的运动,有

$$\delta E = \omega_1 \delta I_1 + \cdots + \omega_u \delta I_u,$$

而对于频率则有

$$\nu \sim (n'_1 - n''_1)\omega_1 + \cdots + (n'_u - n''_u)\omega_u.$$

许多物理学家参加了这一发展. 索末菲. 普遍情况的对应原理.

多周期体系举例. 氢谱线的精细结构. 照片. 氢原子中的运动由于相对论效应而是双周期性的. 转动轨道的图示. 轨道转动和轨道运动周期相比的缓慢性. 转动轨道的分解. 用图示来解释.

$$x = \Sigma A_\tau \cos 2\pi[(\tau\omega + \sigma)t + \alpha_\tau] + \Sigma B_\tau \cos 2\pi[(\tau\omega - \sigma)t + \beta_\tau],$$

$$\delta E = \omega\delta I + \sigma\delta P.$$

量子化由下式给出

$$P = kh,\ I = nh,\ n \geqslant k.$$

轨道的图示,轨道用符号 n_k 来表征. 轨道的 n 和 k 的意义——长轴和参数. E 的 596
表示式是

$$E_n = -\frac{2\pi^2 e^4 m}{I^2}\left[1 + \left(\frac{2\pi e}{c}\right)^2\left(-\frac{3}{4I^2} + \frac{1}{IP}\right) + \cdots\right].$$

离子化氦中的精细结构图示,轨道的图形. 轨道的转动,精细结构的必备要素. 和索末菲观点的不同. 低温下氢本身中的精细结构的观察(施汝姆). 表.

597 # 第五篇席利曼演讲

Ⅰ. 上篇演讲的回顾

量子论的形式发展. 单周期体系和多周期体系的量子条件. 光谱和运动之间的联系. 对应原理. 氢谱线的精细结构. k 的变化的限制. 由于现象的不稳定性,很难证实.

Ⅱ. 电场和磁场对氢谱线的效应

按照经典理论来说明塞曼效应是可能的. 拉摩尔旋进. $\rho = eH/4\pi cm$. 转动对运动的效应

$$x = \sum C_{\tau} \cos 2\pi(\tau\omega t + \gamma_{\tau})$$

$$y = \Sigma D_{\tau,\pm 1} \cos 2\pi[(\tau\omega \pm \rho)t + \delta_{\tau,\pm 1}].$$

说明塞曼效应的能力曾被看成维护经典效应[按"效应"疑当作"理论"——中译者]的有力论证. 量子论的解释.

量子化:

$$I = nh\,,\ Q = jh$$

$$\delta E = \omega\delta I + \rho\delta Q,\ \Delta E = \frac{He}{2mc}G,\ Q = 2\pi G$$

$$E = E_0(I) + \rho Q = -\frac{2\pi^2 e^4 m}{n^2 h^2} + jh\rho$$

$$\nu = \frac{2\pi^2 e^4 m}{h^3}\left(\frac{1}{(n'')^2} - \frac{1}{(n')^2}\right) + \frac{He}{4\pi mc}(j' - j'').$$

解释导致和经典理论相同的结果. 这对量子论来说是典型性的. Q 的意义——运动中的角动量.

电场对氢谱线的效应. 斯塔克的 $H_{\beta,\gamma,\delta}$ 的照片. 不同谱线的分解不同. 按照
598 经典理论来解释斯塔克效应是不可能的;在经典理论中,对线性振子的效应将只

是平衡位置的改变，最多和 F^2 成正比. 观察到的关系是和 F 成正比. 已经能够按照量子论来解释斯塔克效应的一切细节. 艾普斯坦和施瓦尔兹席耳德的工作. 场对椭圆轨道的效应. 图示. $\Delta E = ZeF$.

电心按照频率为 $\lambda = 3IF/8\pi^2 em$ 的振动而在垂直于电场的平面上运动. λ 只依赖于长轴而不依赖于形状. 运动的分解*

$$\begin{matrix}x\\y\end{matrix}\Big> \sum C_{\tau,\mu}[(\tau\omega+\mu\lambda)t+\gamma_{\tau,\mu}] \qquad \lambda+\mu\Big<\begin{matrix}\text{偶}\\\text{奇}\end{matrix}$$

量子化由下式给出

$$I = nh \ S = sh$$

$$\delta E = \omega\delta I + \lambda\delta S.$$

能量和频率由下式给出

$$E = E_0(I) + \lambda S = E_n + sh\lambda n$$

$$\nu = K\left(\frac{1}{(n'')^2} - \frac{1}{(n')^2}\right) + \frac{3hF}{8\pi^2 em}(n's' - n''s'').$$

成分线的偏振

$$\begin{matrix}\text{偶}\\\text{奇}\end{matrix}\Big>(n'-n'')+(s'-s'')\Big<\begin{matrix}\text{平行}\\\text{垂直}\end{matrix}$$

对应原理给出强度估计(克喇摩斯). 大量的证据和此符合. 运动的一切细节都反映在光谱中，但反映方式和经典理论所要求的不同. 自然科学中如此细致符合的例子并不多见. 相对论效应的精细结构. 只能用微扰方法来计算. 克喇摩斯的图示. 简略的描述. 尚未证实.

III. 其他光谱的结构

钠光谱中的组合法则. 由 $k'-k''=\pm 1$ 给出的量子化，表明轨道是有心的. 带有量子数的钠光谱图示. 钠中的轨道. 这里的问题从力学观点看来是很复杂的，但是量子关系式对于一个电子和一个离子的相互作用必能成立，因为这同一个自由电子和一个原子的相互作用是类似的. 由组合法则推断的轨道转动. 受到电场对这种谱线的效应的支持. 劳 · 塞尔多实验方法的简略描述. 高岭的 599
氢 γ 谱线的幻灯片，同片并有未受场影响的汞谱线. 解释——电场对迅速转动的轨道没有影响. 效应和转动频率成反比. 佛斯特尔的场中氦光谱的幻灯片. 转动

* [中译者按：下列表示式漏掉 cos 符号，现保存原状，未予改动.]

频率量度对氢谱项的偏差——从而斯塔克效应依赖于对氢谱项的偏差. 电场中新的组合谱线的出现. 解释. 较高谱项的发现. 磁场的效应. 双重谱线的反常效应. 以量子论为依据的解释还没有充分达成. 应用经典力学的限度.

第六篇席利曼演讲 600

Ⅰ. 以上各篇演讲的回顾

一些考虑使得处理原子构造的问题成为可能. 现在将讨论关于原子结构的结果.

Ⅱ. 原子的建造

氢光谱给出第一个电子的跨步式束缚过程的证据. 钠光谱给出第十一个电子的束缚过程的证据. 显示束缚过程的各阶段的光谱图示. 图示的描述. 氢光谱和氦离子光谱显示一切原子中第一个电子的束缚过程. 第二个电子的束缚过程. 正氦光谱和仲氦光谱的图示. 第二个电子可以通过两种途径被束缚. 具有大 k 值的谱项对应于氢谱项. $k=1$ 的谱项和氢谱项有偏差. 在仲氦中,第二个电子束缚在 1_1 轨道上. 在正氦中,最紧密的束缚是在 2_1 轨道上. 实验证明亚稳态的存在(帕邢和弗兰克). 这一发现的化学重要性. 第三个电子的束缚过程. 锂中第三个电子的束缚过程的图示. 由吸收看到的第一个 s 谱项正常态. s 谱项对氢谱项的偏差的原因. 第 11 个电子的束缚过程. 钠谱项的图示. 钠中、镁中、铝中和硅中第 11 个电子的束缚过程. 图示. 光谱学的发展提供了完善光谱数据的希望. 针对一切元素的轨道分类. 表. 碱金属轨道的电弧光谱. 第 12 个电子的束缚过程. 铝中第 13 个电子的束缚过程. 大的 p 谱项. 铁组元素的出现. 钾中轨道的图示. 对于一个和两个轨道比对于三个轨道束缚得更牢固. 束缚的相对强度随原子残骸的电荷的变化. 3_3 轨道在钪中第一次更牢固地被束缚. 这些结果可由轨道的几何性质推出,而且得到光谱材料的证实. 稀土元素和 4_4 轨道的初次出现. 较轻元
素中的轨道图示. 惰性气体中的轨道. 镭原子. 放射性质由核而来,核比轨道小得 601
多. 如果理论是正确的,稀土元素的出现就是必不可少的.

能够计算轨道的大小,而且通常和离子体积曲线相符合.(林赛的计算和格利姆的曲线). 原子的磁性质. 离子的磁性质初次出现在铁组元素中. 完成的组不显示磁性质. 铁组元素中的离子磁性曲线.

X 射线谱. 席格班和考斯特尔对摩斯莱工作的继续. X 射线能级的完备分

类. 图示. 关于从原子取走电子时所需的功的证据. 考斯特尔图示. 曲线在一切细节上都可以用理论来解释. 考斯特尔关于周期表的讨论. 尤里亚·汤姆森. 表示相似性的线段的意义. 钪只在三价化合物中才和铝相似,但在物理性质方面则显示巨大的差别. 铁组只和钯组相似. 稀土元素. 第 72 号元素必然和锆相似. 乌尔班的工作. 考斯特尔和希维思发现 72. 在锆矿石中的出现. 和锆的相似性通过 X 射线波谱学来进行定量的分析.

理论和化学的关系. 异极化合物和同极化合物. 理论给出异极化合物的细节. 说明同极化合物的困难. 我们目前必须满足于化学家们所提供的那种图景. 这样一种理论和现有理论之间的差别. 没有任何可能在静态原子中使用我们现有的关于电子和原子的实验资料,这种资料是通过检查它们在电场和磁场中的运动而得到的. 但是通过理论来对化合物进行分类的可能性是存在的. 描述这种化合物中的轨道本性时所涉及的困难的本性.

Ⅲ. 结 束 语

希望已经在理论的实在性方面同样也在它的不完备性方面使大家得到了印象.

第二编　通信选(1917—1923)*

* [中译者按：和第二卷中的"通信选"重复者计有两封信，即 1916 年 8 月 25 日克喇摩斯致玻尔函和 1917 年 2 月 28 日玻尔致奥席恩函.]

引　言

和本卷所收内容有关的许多信件中的一些段落，曾在第一编的引言中被引用过；所有这些信件的全文（除了一两封不重要的以外），都用原文重印在这里（其为丹麦文或瑞典文者皆附以英译本）［现皆译为中文］．此外，在第一编的引言中所曾全文引用的八封信中，有四封用德文写的信也按其原样收在这里．各信件按通信人（以姓氏字母为序）分组，每一组前面有一张所收信件的表；这些表中也包含第一编引言中曾经全文引用的四封英文信件的标题．

［中译者注：本编信件中凡原系德文本者，皆由华东石油学院毕玫同志协助译出，并在信件标题后用符号Ⓖ标明．其原系丹麦文或瑞典文者皆据英译本译出，并分别用Ⓓa和Ⓢw标明．］

P·德　拜

P·德拜致N·玻尔(1918年6月6日)

P·德拜致N·玻尔(1918年6月6日)Ⓖ 607

物理学研究所

数学部　　　　哥廷根,6月6日,1918

尊贵的同道阁下:

承蒙惠寄您的论文,甚为感谢.当我说它掀起了普遍的兴趣时,我是丝毫没有夸张的.尤其是你那个计算强度的法则,显然更具有最大的重要性.但是,当我看到您把这种强度和某一单独轨道的傅立叶系数联系起来时,我却多少有点不满意.在我看来,如果体系从轨道 $n_1, n_2, n_3, \cdots$ 过渡到轨道 $n'_1, n'_2, \cdots$,则前一个轨道的傅立叶系数将是 C 而后一个轨道的傅立叶系数将是 C'.那么,假如用 $(C+C')/2$ 或 $\sqrt{CC'}$ 来表示这种过程的几率,是不是更加合乎上述想法呢?或者,我也许没有正确地理解您的想法?

致以最美好的问候!

您的

P·德拜

P·艾伦菲斯特

N·玻尔致P·艾伦菲斯特(1918年5月)*

P·艾伦菲斯特致N·玻尔(1920年5月14日)

P·艾伦菲斯特致N·玻尔(1920年8月19日)

P·艾伦菲斯特致N·玻尔(1920年10月17日)

N·玻尔致P·艾伦菲斯特(1920年11月22日)

P·艾伦菲斯特致N·玻尔(1920年12月27日)

N·玻尔致P·艾伦菲斯特(1921年1月20日)**

N·玻尔致P·艾伦菲斯特(1921年3月23日)***

P·艾伦菲斯特致H·A·克喇摩斯(1921年3月25日)

P·艾伦菲斯特致N·玻尔(1921年3月25日)

N·玻尔致P·艾伦菲斯特(1921年3月28日)

N·玻尔致P·艾伦菲斯特(1921年4月12日)

P·艾伦菲斯特致N·玻尔(1921年4月26日)

N·玻尔致P·艾伦菲斯特(1921年7月10日)

P·艾伦菲斯特致N·玻尔(1921年7月17日)

N·玻尔致P·艾伦菲斯特(1921年7月)

P·艾伦菲斯特致N·玻尔(1921年8月7日)

N·玻尔致P·艾伦菲斯特(1921年9月1日)

N·玻尔致P·艾伦菲斯特(1921年9月16日)

P·艾伦菲斯特致N·玻尔(1921年9月27日)

N·玻尔致P·艾伦菲斯特(1921年10月10日)

N·玻尔致P·艾伦菲斯特(1922年5月19日)

---

* [已见第一编的引言.]

** [已见第一编的引言.]

*** [中译本已见第一编的引言.]

P·艾伦菲斯特致N·玻尔(1920年5月14日)© 609

［明信片］

亲爱的玻尔：

前几天寄去了一份校样,那里的§8中有一个虽不怎么重要但却愚蠢得可怕的差错.我原先只是想把在化学恒量中引用σ_i的做法弄得有道理一些,没想到完全干了件蠢事;因为除了$A'A''B$还有$A'A'B$和$A''A''B$,除了$A'BA''$还有$A'BA'$和$A''BA''$,而我把这些都忘了.于是问题变得错综复杂得很,以致无从得出依据了.我也忽略了塔特劳德(Tatrode)已经注意到σ_i的出现这件事.

爱因斯坦在我这里住了一个星期,真好极了!如果你们两个都能在这儿那该多好!他非常热情地谈到了他在柏林时关于您的所见所闻,并且对于您的操劳过度甚表关注.你们两个必须到范·阿尔登(van Aardenne)附近的马尔伦(Maarn)来一次.我们大家——尤其是孩子们——谨对你们所有的人致以衷心的问候.请代致候克喇摩斯,望他多来信!您若来信就写丹麦文好了.

P·艾伦菲斯特致N·玻尔(1920年8月19日)©

［明信片］

19 Ⅷ 1920

亲爱而又亲爱的玻尔：

这几天克喇摩斯在我这里,从而我又能感受到从您那里过来的气息了.我向您、您的夫人和刚出生的孩子致以衷心的祝愿!!听说您一直操劳过度,我很难过.干脆把一切次要的东西都放下吧!!!!例如,如果您后悔接受出席索尔威会议的邀请,那就毫不犹豫地撤消诺言吧.谁也不会比洛伦兹更了解您.您知道,我因为您将失去和爱因斯坦见面的机会而很感遗憾.无论如何,您谢绝演讲吧.只参加参加讨论就行了.

现在,如果您同意,请克喇摩斯帮我一个忙.我的彼得格勒物理界的朋友们 610
迫切需要有关原子结构方面的较新文献.请您让克喇摩斯给我寄来下列文献:1.您的较新论文的抽印本,以及您不需要的较新校样;2.斯堪的纳维亚其他物理学家的论文.我的朋友们将如饥似渴地阅读这一切的!如果您能写信告诉卢瑟福或《自然》期刊有关英国物理学家和俄国物理学家不通音讯的情况,那就太好了.

P·艾伦菲斯特致N·玻尔(1920年10月17日)©

17 Ⅹ 1920

亲爱的玻尔：

赫兹施普隆和韦伯已经告诉过我，您是多么地疲劳和烦躁．因此，我要尽快地告诉您这样一件事：洛伦兹和卡莫灵-昂内斯在一次谈话中对我说起，如果因为准备在布鲁塞尔(索尔威)会议上的演讲而将增加您的肩上本来就已很重的负担，那就太遗憾了．特别是，洛伦兹表示，如果您的工作已经很多，那就可以完全不必准备这篇演讲了．

您不演讲并不会引起任何人的不快，而且，不论大家多么盼望能在布鲁塞尔见到您，所有的人还是肯定认为，与其把您累坏了倒不如请您别来的好．但是，也许准备一次演讲还不致把您累得不能来开会．

请接受我们大家——特别是我那些如此喜欢您的孩子们——对您的诚恳问候．

您的

P·艾伦菲斯特

请代我感谢克喇摩斯的来信，我不久将写回信给他．

611 N·玻尔致P·艾伦菲斯特(1920年11月22日)©

11月22日，[19]20

亲爱的艾伦菲斯特：

你不知道我多么想念您，多么感谢您对一切问题所表示的极大兴趣．我感受到您的友情，有如我平生所得到的最大的好运气之一种．我所满意的关于好运的唯一定义，而且是我在许多情况下曾经强烈感觉到它的正确性的唯一定义，就是超过人们所配享受的那种幸运；我用不着说这个定义在现在这一情况下是多么正确了．但是，这并不意味着我从来不曾想去改善这一事态．为此，我曾经不止一次地动手给你写几封长信．但是今天我不打算再去申说这些信件的内容，也不再解释为什么没有寄出这些信件．我只想请您对一个情况发表意见．最近几个月来，我一直忙于一些实际工作和建立新实验室的工作．我常常感到自己似乎完全淹没在这些事务中了．在此期间，我根本静不下心来做自己的研究．明天我打算离开哥本哈根到乡下去住几天，以便不受干扰地把一直挂在心头的几种有关原子结构的新想法整理出来．今晚打算尽可能地把我的事情安排好，而其中第一件事就是为自己的失礼做法而向您致歉．我只想请您相信,我将接受朋友们的忠告,开始一种新的生活.这就有赖于朋友们给予的技术协助,有赖于我希望新实验室的建成即将带给我的安定,而您的光芒四射的来信也已经给我带来了助力.新的一年的到来真使我说不出地高兴,特别是因为又能和您及爱因斯坦发生个人之间的联系.这一回我们都将在布鲁塞尔见面了.但是我特别希望您能到哥本哈根来,那将使我和我的妻子多么高兴啊! 目前我妻子和她父母想必正在意大利.我准备过几个星期,当我把所想到的都写出来后就去接她回来,而且在1月上旬我们就将回到哥本哈根,那也就是新实验室建成的时候了.我只想用这封信向您和您的全家致以最良好的祝愿,并且请您相信我确实将开始过一种全新的生活,此外也 612
希望您忘掉我过去的过失,继续来信并期待我的回信.我将尽量不负您的所望.

谨向你们大家致以最热情的问候.

您的最忠实的

[N·玻尔]

附言:最近收到以前的哥本哈根论文的新版本.现随函寄上三本,请转给您的俄国友人.同时寄上的还有我的柏林演讲的几份印本,其内容和我在莱顿所讲的相近.请来信见告,我能否以某种方式按照你上次信中对克喇摩斯提出的要求来协助您的俄国友人.

P·艾伦菲斯特致N·玻尔(1920年12月27日)Ⓖ

27 Ⅻ 20

亲爱的玻尔:

请让克喇摩斯复信而不要自己复信——因为这是您所不懂的一门艺术,正如您最近这封虽然亲切但却绝对无用的复信所证明的那样.

下面谈谈有关的情况.洛伦兹可能已经写信告诉您了,他大约在2月中旬就要求收到索尔威会议的演讲提纲.他和昂内斯都知道您操劳过度,所以不想再给您加重负担了.因此他问我能否在您的同意下[*]和您共同完成报告.我回答说,仅仅从我所知道的您的写作风格来看,我认为这就是根本不可能的.要知道,只由我自己来写就够难的了.要写的话,恐怕除了一份由您的几条观点摘要(由您的两篇长篇论文和柏林演讲摘出)组成的简短稿子以外就再也提供不出什么东西了.我甚至担心我连这个都难以胜任,而且在作为第三者的您看来,我甚至是很难完成您的想法的一种必要表达的.

* [原文下面画了三条着重线.]

因此希望您能了解以下几点：1. 为了免除您的沉重负担，如果您同意的话我愿意试着概括出关于您的想法的几条提纲. 但是那时您当然不能对我要求过高，不然就不近人情了.

613 2. 如果您有兴趣，您自己也可以到布鲁塞尔来，并且爱说什么就说什么，完全不必顾及我的提纲!!!!!!!

3. 我很乐于适应您的独特思维方式，但是一个提纲总难免要论证某事或至少对某事提出问题，因此难免在进化着的软体中加进一两根教条式的硬骨头.

4. 您必须了解，对我来说，接受这样的任务只是为了使您得到休息，此外没有任何别的目的，因此您也可以完全痛快地拒绝我这样做.

那么现在就请您让克喇摩斯转告我，您的最后决定到底如何吧！

顺便谈到，我也愿意通过克喇摩斯得悉您对下述几个问题的看法：

1) 您对索末菲在他的伦琴射线理论中提出的关于“L 环”的 2 量子诠释是否有些相信？

2) 我很想知道您在反常塞曼效应的研究中是否已经有所进展!! 因为您在柏林演讲中的暗示已经更加增强了我的好奇心.

3) 能否用谐振动电压来解释一种稀有气体的持续放电而并不需要什么奇特的假设？

我什么时候能够再见到您？什么时候能够和您一个人或和您及爱因斯坦两个人再一起过几天呢？

艾伦菲斯特全家向玻尔全家致以最良好的问候　　　　您的

P. E

> 和爱因斯坦、朗之万、外斯、昂内斯在一起的日子
> 对我来说是何等地美妙和有趣啊！

请代我们向克喇摩斯夫人致以衷心的问候，甚感.
我也以俄国人的名义感谢您寄赠柏林演讲的印行本！

614 N・玻尔致 P・艾伦菲斯特(1921 年 3 月 23 日)©

亲爱的艾伦菲斯特：

我刚刚给洛伦兹发了电报，您也许已经从他那里得悉我因健康欠佳而不得不放弃布鲁塞尔之行了. 您知道，我劳累过度已经有很长一段时间了，而且我现在觉得很不好.

因此，大夫已经极其迫切地建议我彻底休息几星期，而且他很强烈地建议我不要再受到布鲁塞尔会议所将给我带来的劳累. 您应该明白，要我做出这样的决定曾经是很困难的. 因为我曾经抱着那样的欣喜心情，盼望和那么多的杰出物理学家相见，尤其是再和你聚首.

至于有关原子的报告，现在是刚刚完成，但是只有其中的第一部分是已经准备好了的，这一部分处理的是普遍的观点. 随信附寄的文本将于今天分寄给参加会议的人们，而处理特殊应用的第二部分则要到复活节以后才能准备完毕，那时将立即寄上. 整个报告完成得这么晚，实在抱歉；但是我的越来越差的精力已经把工作大大推迟了.

我对此特别抱歉，因为在目前的情况下我必须请您替我向会议参加者们提出报告了. 事实上，既然它是以书面的形式出现的，我就不知道以演讲的形式提出这种内容到底是不是必要的了. 我只知道，如果这是必须做的，您就能够比我做得好得多，尤其是您在开始和引导关于一个课题的讨论方面会比我高明得多.

关于在这么晚的时候才来请求您同意替我承担工作，我再次表示歉意，而且希望这不会给您带来太多的麻烦和不快. 我对这一次的和所有以前的帮助都是满怀感谢的.

您的忠实的

［尼耳斯·玻尔］

P·艾伦菲斯特致 H·A·克喇摩斯（1921 年 3 月 25 日）© 615

25 Ⅲ 1921

亲爱的克喇摩斯！刚刚收到玻尔的辞退信. 这真是非常、非常遗憾的，但是他需要彻底的休息，但愿他早日康复. 爱因斯坦也因有美国之行而不能到会. 这真是太不凑巧了. 我希望这一点还有挽回的余地. 于是，有一件事情就是非常、非常重要的了. 请您立即给我向布鲁塞尔发信，尽可能多地告诉我玻尔和您本人对每一篇报告的意见. 这些报告已经寄给玻尔了（其中有洛伦兹、德布罗意、卢瑟福、昂内斯〔尚未到〕等人的报告）. 另外（对我十分重要的）还有：1）关于反常塞曼效应的解释，2）为什么有些材料是顺磁性的而另一些材料却不是，3）怎样阐明德哈斯-爱因斯坦效应中关于 m/e 的反向结果. 关于这些，请您用电报式的但是可读懂的文体写信来！请您完全是概略地和不必承担责任地写出这些（只是为了告诉我消息，一切责任由我承担），并将上百的信件给我寄到布鲁塞尔来，每次只要漫不经心地写一两条意见就可以付邮. 如果有些意见到得比报告的发表还晚,那也没有关系!!! 只是要写得有趣!! 请您把完全自发地想到的关于会议的意见也寄来. 我将会说,“如果我对玻尔和克喇摩斯的理解是正确的话……”;这样你们两个就是得到充分保护的了. 衷心问候您的夫人、玻尔及其夫人. 您的P·艾伦菲斯特,荷兰,莱顿. 从3月31日以后,我在布鲁塞尔的通信处是:教师广场,不列颠旅馆. 请寄“快信”来.

P·艾伦菲斯特致N·玻尔(1921年3月25日)Ⓖ

[明信片]

25 Ⅲ 1921

亲爱的、可怜的玻尔! 真是可怕的憾事,但是您保重自己是完全对的. 爱因斯坦也因美国之行而不能到会. 这真是太不凑巧了. 因此我已写信给克喇摩斯说:“请您立即向布鲁塞尔给我发信(3月31日以后的通信处是教师广场,不列颠旅馆),尽可能多地告诉我玻尔和您本人对每一篇报告的意见. 这些报告已寄给玻尔了(其中有洛伦兹、德布罗意、卢瑟福、昂内斯 超导体/低温下的顺磁体(尚未到) 等人的报告). 另外(对我
616 非常、非常重要的)还有:1) 关于反常塞曼效应的解释,2) 为什么有些材料是顺磁性的而另一些材料却不是,3) 怎样阐明爱因斯坦-德哈斯效应中关于 m/e 的反向结果. 此外请您尽可能多地写些玻尔和您本人偶尔想到的关于会议的自发意见. 请您用电报式的但是可以读懂的文体写信来. 每有一两条意见就请立即发信. 请寄‘快信’. 如果有一两条意见到得比报告的发表还晚,那也没有关系!!! 只是要写得有趣. 而且请放心,因为我将总是说,‘如果我对玻尔和克喇摩斯的理解是正确的话,……’这样你们两个就是得到充分保护的了. 请用这种办法来帮助我并尽量挽回一切损失吧.”

我明天将见到洛伦兹,我将问问他能否设法让克喇摩斯去布鲁塞尔. 可能性恐怕不大. 真是太遗憾了. 最最亲爱的玻尔,您和爱因斯坦的缺席使我感到是一件无法想象的事,但是我却同意这件事!!

问候您的夫人和孩子.

P·艾伦菲斯特教授
于莱顿

N·玻尔致P·艾伦菲斯特(1921年3月28日)Ⓖ

亲爱的艾伦菲斯特:

我很抱歉,现在告诉你我不能遵守上封信中对你许下的诺言. 我上次说过,

会议报告的第二部分还没有写好，尽管已经把不同的各点完全弄清楚了. 但是我过高地估计了自己的力量，从而在把第一部分寄走并休息了一段时间之后，我却感到没有能力把各个部分组织成一个和谐的整体了. 于是我只好很遗憾地决定不再寄出已经允诺的第二部分.

所要处理的是许许多多互相关联着的问题，而且我认为，为了对原子理论的现状给出一个概貌，就不但必须介绍各种事物的重要特点，而且要介绍有关的论证，而这一工作的困难性也就可想而知了. 因此我想，为了理解我发表在《自然》上的短文中提出的那些结果，也有必要谈谈我在柏林演讲中 617
在处理线系光谱时所采用的和我在最近时期联系到伦琴射线谱而进行了推广的那些观点. 因为您对所拟报告的很多内容是熟悉的，所以我在此只想提到几点，它们对于理解《自然》上的短文可能有帮助，而且是在柏林演讲中所不曾提到的.

首先要处理正常原子中量子数大于一的轨道的出现. 对于通过索末菲的工作几乎已经得出的这一结论，我曾因论据不足而一直抱有怀疑，直到不久以前我才发现，人们恰恰能够从量子论的基础中为此找到结论式的理论根据，而且能够同时得出关于作为线系谱而出现的伦琴射线谱的合理的发生图景. 我在柏林演讲第 434 页上的插图中曾经假设了的一点是，在正常态中，碱金属中价电子的轨道是单量子轨道——尽管这一假设对于所探讨的问题并无原理上的重要性. 但是，不久以前我却发现，较内电子的作用可能属于那样一种类型，即这种作用将排除作为可能力学运动的单量子轨道的出现，而且，只要承认这样的较内电子的作用，就能对碱金属光谱的特征结构得到简单的理解. 于是就可以推知，观测到的 S 谱项和氢谱项之间的很大偏差是这样一件事实的结果：在相应的定态中，线系电子在每一个近核点上都比内部电子离核更近一些. 从而在电子绕转的这一部分中就会有一种大得多的吸引力，这就引起近核点的较大旋进，从而得出比氢谱项大得多的 S 谱项的值. 如果人们并不把单量子轨道排除掉(我起先没有找到这种做法的根据)，那就必须假设另一个方向的偏差，而我现在认为这在力学上是不太可能的，但是我从前却认为这和前面提到的那个方向的偏差是先验地同样可能的. 当时我没有想到可以特别重视罗切斯文斯基的见解，因此，如果能够得知他的见解是建筑在系统数值的基础上的还是建筑在力学的基础上的，我将很感谢.

但是，更进一步探索这种想法的可能性，首先是通过研究中性氦原子而得到
的，这种研究可以通过详细的计算来达成. 事实上已经发现，一些简单轨道形式 618
的进一步研究，导致了弗兰克关于存在氦原子亚稳态的这一重要发现的直接解释，而那些轨道形式是克喇摩斯和我已经发现了的，而且是我在莱顿已经谈到过

的. 已经求得，正常态属于仲氦轨道(非共面轨道)，在正常态中，两个电子都是沿单量子轨道运动的；和仲氦轨道相反，正氦轨道(共面轨道)由于力学的原因不允许外层单量子轨道的存在，这和弗兰克根据他的实验而得到的结论是完全一致的. 在我按照由碱金属光谱得出的上述观点进行探索以前，我们遇到了这个问题，正如朗德也遇到了这个问题一样. 此外我想强调指出，朗德对于氦问题的理解是和我们的理解大不相同的. 我的理解并不像在朗德的论文中那样，到一个连通运动类的简单空间量子化中去寻求出现两种分离的氦光谱的原因. 因为，第一，在其他原子的光谱中也会出现同样的情况；第二，按照那种理解，并不能排除两种光谱的相互组合. 在我看来，这种组合谱线的不存在(即使存在外力场，使得许多本来不存在的组合谱线都出现，这里所说的相互组合谱线也不存在)，恰恰就明显地证明了这样一个事实：人们在两种氦光谱中所看到的，必然是两个完全不同的运动类，它们被并不能截然地量子化的运动形式互相分开，正如克喇摩斯和我所研究的那些运动类一样.

在这个例子中，您将找到关于对应原理的倾向的简单例证；该原理的表述见报告第一部分的最后几页. 正如在《自然》上的短文中已经提到的，只要问题涉及的是原子中的正常态，这一原理就导致一种必要性，即必须认为圆周运动、椭圆运动和多面体对称运动是不可能的. 这样的组态是在量子论上不稳定的，也就是说，它们不能通过发射辐射的电子逐次束缚过程来得以形成，从而当电子由于外部原因而被取走时也不能通过辐射的发射而得以重建.

在我看来，如果永远用理论的眼光来看经验事实，我致《自然》的信中关于电子排列的那些细节想法，就会自然而然地从上述观点的系统阐述中得出. 没有事
619 实的指引，当然是很难想象我们可能已经得出什么结果的(无论如何这是超出我的工作方法的主张之外的)，但是我认为，正是根据周期系中包含 8 种、18 种和 32 种元素的那些周期，就可以看到一个很自然的依据了.

在《自然》上只是简短地提到的另外一点和伦琴射线谱有关. 这儿的观点首先提供一种物理图景，在这种图景中，不但索末菲的计算可以得到自然的位置，使得他的计算能够和吸收现象相容，而且还以一种简单方式对各种困难做出了阐明，那些困难是人们在纯形式的表达中所一直感受到的. 于是人们就可以直接理解，吸收端的经验公式中的“屏蔽常数”远大于较内电子的数目，这种屏蔽是可以从精细结构双重线的成分线间距直接求得的. 这是由于，当所谈到的成分线间距只涉及某一内“壳层”中的变化时，人们在一个吸收端的出现中就将遇到也有较外电子参加的过程，当一个较内电子被取走时，这些较外电子就“浸渐地”向核靠拢. 如果人们以在《自然》上给出的那种电子排列作为依据，则这种计算的许多结果是和经验完全一致的.

我很遗憾的是没有机会和您谈论所有这些事情.我在这封信中谈到的，只是少数几个最重要的问题而已.但是我反复考虑了和这些事情或多或少有关的全部问题，而且，尽管我们面前还有许多问题，但还是可能在许多情况下得出有关问题的一种很有希望的图景，而且无论如何根本图景是不会有什么原则上的改变了.

我还想提到，我在《自然》上关于原子磁性的短文的最后一句中所指出的，正是关于反常塞曼效应的看法；这种看法我在莱顿也谈到了，而从这种看法就可以推知，原子的力学矩和顺磁矩之间不可能有那种简单的联系，即一个具有动量矩 $nh/2\pi$ 的电子轨道不可能只对应于一个顺磁矩 $(n-1)he/4\pi cm$. 尽管我还没有能够建立一种满意的关于反常塞曼效应的理论，但是我却相信，按照这种方式就能够阐明原子磁性现象的本质特点，而且，正如我在柏林和爱因斯坦讨论过的那 620 样，在关于磁转动效应的新近研究的反常结果中，人们想必看到的是这种想法的一种最直接的根据.从这些问题来看，用其他铁磁性的元素及合金来做实验是有着巨大意义的.

我已经给您添了这么多的麻烦，希望这封信不会过多地打搅您.请代我向洛伦兹和其他与会人士尽量致歉，我因为没有能够很好地尽自己的职责而深感不安.

屡扰清神，统此致谢.

您的很忠实的

[N·玻尔]

N·玻尔致P·艾伦菲斯特(1921年4月12日)Ⓖ

4月12日，[19]21

亲爱的艾伦菲斯特：

尼德森刚刚已经对我讲述了布鲁塞尔会议的情况，也谈到了您承担并完成我的任务时的那种友好而美妙的方式；对于这一切，我真说不出地感谢.在此期间，我和妻子在乡间休养，而且已经感到好得多了，但是我觉得，为了重新负担起真正的工作，我还需要多多静养，因此我遵照医生的吩咐，决定取消原计划的剑桥之行和哥廷根之行，我本来是应邀于今年上半年到那两个地方去发表关于原子问题的系统演讲的.尽管我对这些邀请正如对去布鲁塞尔的邀请那样很感兴趣，但是既经决定不再前往，我也就感到痛快多了.现在我将力争在实验室建成以后能够安安静静地工作.一想到布鲁塞尔会议，我就因失去和您聚首的机会而深感遗憾.同样，在这个春天的季节里，我也无法忘记荷兰和莱顿留给我的深刻印象;在那里,我在物理学、哲学、您的夫人和孩子、郁金香花园、伦勃朗、葛饰北斋、克喇摩斯在鹿特丹的家园以及阿尔登的朗道尔特(Landort)之间真是目不暇接.关于后者,还像我们当时商定的那样,永远欢迎他到研究所来工作,但是我妻子和我所首先希望的是您和您的夫人能够来此一行,那样我们也将能够使您们得到关于哥本哈根的友好回忆了.

我们大家谨向您和你们全家多多致候.

您的很忠实的

[N·玻尔]

621 P·艾伦菲斯特致N·玻尔(1921年4月26日)©

[明信片]

26 Ⅳ 1921

亲爱的玻尔! 衷心感谢您的亲切来信.我还有许多问题要问.但是,我现在来不及了,因为我很快就要去柏林(约在5月7日起程,希望能在那里留到5月17日左右).现在只讲这些:

1. 您终于决定休息一下,这是很好的.

2. 我希望您无论如何不要接受别的邀请,就像您不能去布鲁塞尔一样.不然的话,您将使出席那次会议的人们很不高兴,因为他们曾经全心全意地盼望您的到来.我为了劝阻您错走一步而冒昧地说这些话,请您原谅.我们最最衷心地问候你们所有的人.如果能到哥本哈根去拜访,那将是我的一个盛大的、完全盛大的节日.你看,我终于又能旅行了!! 您的P·艾伦菲斯特.

N·玻尔致P·艾伦菲斯特(1921年7月10日)©

7月10日,1921

亲爱的艾伦菲斯特:

您不知道您的来信给我和我们大伙带来多大的快慰,不知道我们多么希望早些见到您.为了请您尽快前来,我建议您在9月间到这里来,但是我想您也许要到时机适当时才能前来,因为我知道莱顿的讲课要到10月才开始,而不是像此地一样学期从9月1日开始.如果任何另外的时间对您合适,对我们也是同样地好的,而且,如果像您所希望的那样能于12月间前来并使我们有幸和您共度圣诞节,那就再好不过了.听到您的夫人表示不能一起前来,这真是一大憾事，但是，您打算带您女儿坦尼亚来却无论如何是我们的一大快事，而且我妻子已经因为即将见到她并尽力使她在哥本哈根度过一段快乐的时光而很感高兴了.

至于您的来信的其他内容，您难以想象您的友谊对我意味着什么，特别是在我几乎觉得对此地的和别处的许多人犯了罪的这个时候，因为我劳累过度而没有在生活方面和工作方面的事务上尽自己一份微力. 您可以想象，当我体验到您
的友好情意时是多么地感动. 除了别的问题以外，一件重要的事情就是我在这整 622
个索尔威事件中感到特别对不起洛伦兹. 他曾经非常友好地写信来，并且问起继续撰写报告的工作，而且我也已经答应在本月初就把报告寄给他. 喏，最近四个星期以来，我确实是把所有的时间都花在这件事情上了. 但因力不从心，而且很难把思想中的图景用一种令人满意的形式表达出来，所以事情进行得并不像我所指望的那么好. 但是请您也不要以为这事就搁置起来了. 我已经写成了三十页稿子，其余的部分大约在十天到十二天内可以写完，而寄到洛伦兹那里大约就得月底了. 最糟糕的是，我担心他将认为这篇稿子对于它的目的来说涉及面太广了. 我还无法准确地说出到底篇幅多大，但是我觉得，这个第二部分将比已经寄到会上去的那个第一部分长出一倍. 因此，如果您能把实际情况对洛伦兹说明一下，那无疑将对我是很大的帮助. 从我的精力和工作内容来看，我无法想象再把它写成个提纲挈领的简短报告了，因为很遗憾的是，我写完了面前的报告就觉得必须稍微休息一下. 如果您能告诉洛伦兹，请他准备在大约两个星期之内收到我的也许篇幅并不合适的报告，那就太好了. 耽误了洛伦兹的事情实在使我过意不去，我担心他以后将不再信任我了. 您最好亲口告诉他，我是充分热心地要完成它的；事实上，一旦将这件事办完，那对我就将是关系重大的一个问题了.

我有生以来还不曾处在如此尴尬的境况下，这种强烈的感觉使我觉得在信中向您道谢都是件烦恼事了. 但是，在结束这封信之前我还要说，整个哥本哈根物理学界都满怀巨大的期望和喜悦等待着您的来访，而且我的妻子(她正按照我的口授在写这封信)和我自己也都将是非常高兴的.

谨向您的夫人和孩子致以衷心的问候.

您的

N·玻尔

附言：您的关于塞曼效应的作品使我非常地感兴趣. 我以前不知道这种作品. 但是我长期以来就有一种设想，认为事情终究会被证实为是这样的.
无论如何，我确信在帕邢-贝克效应中就涉及了一种也许是不可量子化性质 623

的简单后果.这种后果也许只有当存在交叉的外电场和外磁场时才是必须考虑的.

P·艾伦菲斯特致N·玻尔(1921年7月17日)[©]

莱顿,17 Ⅶ 1921

自然科学实验室

莱顿大学

亲爱的、亲爱的玻尔! 衷心感谢您的亲切来信(并感谢尊夫人费神代写此信!!!).这封信使我悲喜交加.我要把所有的问题一一说清.首先,我已经立即给洛伦兹写了信,并且告诉了他,索尔威问题在您的精神上造成了多大的负担,特别是任何的篇幅精简将给您带来多大的麻烦.喏,亲爱的玻尔,我所认识的每一个人都只为一件事而哭叫,那就是您把您的文章写得那么简略而紧凑,以致人们在从压缩饼干("Press-Kuchen")中弄出所有的概念来时总是遇到最大的困难.因此,我毫不怀疑地认为洛伦兹将立即告诉您,不必为报告的篇幅而担心.由于时间关系,洛伦兹也许来不及给您直接去信了,因此请您暂时接受我的下列建议:

1. 请您不要担心涉及的范围太广,因为人们对您的概念的胃口是那样地巨大,以致您写得越多,他们就越高兴;这是一件定而不移的事实,在这方面我是比您更有判断能力的.2. 请您不必精简,要写多长就写多长.3. 您可以在任何地方结束,并且请你声明:这里还应该考虑……,但是这些问题我将在……上发表.

那么,请您明白形势是这样的:

1) 索尔威论文集最后必将出版,里边有一篇玻尔的作品是必要的,而把整个的玻尔都放进去则是不必要的.

2) 您不但要完全康复,而且要心情愉快和无忧无虑,这对于物理学的发展来说,要比您的一篇著作是否有些零乱或差错更重要得多.因此,我向您保证,圣彼得在天国的大门那儿是不会因为这个而责怪您的.而自今一百年后,绝不会有人因为您的一篇论文中有小错而感到烦恼,他们感到烦恼的却将是您以36岁的年龄而受到了被累垮的威胁(而且那时他们不会责备您,而是会责备那些加重您的负担的人们!!!!!!)

624 3) 洛伦兹一直很喜欢你,正如他喜欢所遇到的每一个好人那样.而且最糟糕的事情顶多是这样:如果您像他的最小的和最宠爱的孩子那样爬树磨破了裤子,他就像一个父亲那样对您板一板面孔(放声大笑!!!!!)——不过没关系,反正您离洛伦兹远着呢.

请您简单地告一段落,打上句号,并把稿子寄出去吧.玻尔啊玻尔,那文章写得好点儿或坏点儿毕竟不是那么重要的.最糟糕的是,人们连一份您在哥本哈根出版的论文的第一部分和第二部分也找不到.请您绝对不要改动这些了不起的东西,事实上在德国又出了英文本(!!).翻译是完全不必要的,而改动就是犯罪了(就像洛伦兹修改他的论文集而把它弄坏,以致最后无法出版那样)*.

N·玻尔致P·艾伦菲斯特(1921年7月)Ⓖ

[铅笔底稿,未标日期,玻尔夫人的手迹]

亲爱的艾伦菲斯特:

我不知道应该如何感谢您的亲切来信,从而我将尽量听从您的盛情忠告.我也收到了洛伦兹的十分友好和充满感情的来信.尽管我尽了最大的努力来继续撰写报告,而且也因此而取得了进展,但是很可惜,再不休息一下我就无法工作了,因此我现在决定和一位朋友出去徒步旅行两个星期.我一回来就将以新的力量投入工作中,以便尽快地结束这项工作,而且我希望能够在一定程度上真正把我的想法表达完毕.但是您也许会把我看成一个不正常的人了,因为尽管我很惭愧,却还要谈谈报告的篇幅问题.随着工作的进行,涉及面又大大扩充了,现在连同寄出的部分已经完成了大约一百页打字稿,估计全篇报告不会少于一百页印刷版面.最近几天我才发觉,这样的文章恐怕无法用作索尔威会议的报告了,从
而我希望按照您关于报告的建议,把曾经寄出的部分加上一个结束语来说明一 625
下计划中的第二部分的意图和结果,就作为会议报告来出版,因为第二部分我在目前是无法彻底完成的.如果您和洛伦兹同意这种计划,我旅行回来后就把稿子和结束语一起寄去,而详细的文章则将在别的地方用英文和德文出版.我很惭愧,我本来应该早些想到这样一条自然的出路的,但是您和洛伦兹必须把这一点归罪于我的愚蠢而不是归罪于我的本意.一听到您的意见,我就将给洛伦兹写信,并就此结束这一工作.

---

* [这封信的结尾不全.只剩下了三行,不成一个完整的句子.这封信中附寄了一张艾伦菲斯特的照片,背面题字如下:

送给我们大家都需要的玻尔!

P·艾伦菲斯特

莱顿 17 VII 1921]

P·艾伦菲斯特致N·玻尔(1921年8月7日)©

7 Ⅷ 1921

自然科学实验室

莱顿大学

亲爱的玻尔！我相信,没人反对把您的大约一百页的报告印在索尔威会议论文集中,因为这个第三届会议本来就是以您为中心和重点而筹备的.因此,也就谈不到把您的一篇例如一百五十页的报告编入论文集中有什么“不得体”.印刷费用不成任何问题,而且,既然别人的报告也不难长达四十页左右,那么作为核心的您的报告也就完全不妨长达一百页、一百二十页、一百五十页(只要分成几个部分就成)！相反地,如果您在主标题下只印了上次寄到布鲁塞尔的那个第一部分,那倒会显得“不相称”了.我对您的建议如下:请您照它现有的样子把那一百页打字稿寄给洛伦兹.如果您现在没有更多的时间和精力,就请用例如十条简短的论断来
626 最后组成一篇完整的概略结束语*!! 然后您让洛伦兹去处理一切好了!!! 他会用一两句编者按语来说明这一百页的文章和这零散的三四页是怎么回事.这种解决办法将使洛伦兹、卢瑟福和所有您的朋友都很满意.假如您只出版“第一部分”再加个简短的附言,那就将意味着索尔威会议论文集的一个大大的损失和减色.那样一来,糟踏了会议的就是您了.我要说的就这么简单.最良好的祝愿.

您的P·艾伦菲斯特

N·玻尔致P·艾伦菲斯特(1921年9月1日)©

9月1日,1921

亲爱的艾伦菲斯特:

感谢您最近的来信和关于我的索尔威报告所提的看法.然而我还是坚持了我原来的计划,并且已于今天把报告的第一部分加上了几条非常简短的结束语寄给了洛伦兹,请他就按照这种形式进行翻译和出版.我这样做的理由,主要是我的休假被迫比原定的延长了,从而我直到现在才重新开始这件工作.虽然我觉得好多了,但是为了把整个工作正常地告一段落,我首先需要安静,从而不能心

* 这个结束语也可以不要!! 洛伦兹会用三言两语把事情说清楚的.别忘了大家多么喜欢你.汤姆孙和台特的《自然哲学》印了三版还是个未完成本,可是又有谁在乎这个呢?

里老是挂着索尔威报告，尤其是我很抱歉已经耽搁洛伦兹太久了. 如上所述，我很感谢您的建议，但是我知道您也可以理解我为什么没有遵照您的建议去做. 当我对整个工作有了更进一步的了解时，我将写信更详细地告诉您. 我很高兴的是，我们用不了等很久就可以再次见面了. 我们所有的人谨向您和您的全家致以友好的问候.

您的

［N·玻尔］

N·玻尔致P·艾伦菲斯特(1921年9月16日)[c]

蒂比尔克，9月16日，［19］21

亲爱的艾伦菲斯特：

希望您不要因为索尔威报告的事而对我太不满意. 因为事态的发展使我没
有别的办法. 我必须把报告脱手，以便能够再次投身于自己的工作. 自从来到这 627
远离大陆的最优美的环境中以后，我已经进行了许多关于原子的工作，而且我确实相信能够对大量的事实作出说明，其中许多说明甚至比我所敢于希望的还要简单得多. 在此期间，工作本身也在某些地方澄清了我的想法，从而我已经寄了一封短信给《自然》；现附上该信的副本一份，这封信在一个本质性的地方对前一封信的内容进行了修订和改进. 正如您将看到的，尽管前一封信几乎全都是正确的，但毕竟还是干了件蠢事，对此我实感惭愧，而且也找不出任何借口. 我只能说，我在这整整一年的时间中怎样遇到这种思想结构的最初痕迹，而却直到现在一直没有做到真正彻底地考虑这些问题. 但是，在一个什么都未曾确定而一切都只系于一种有关和谐性的感觉的那种领域中，彻底考虑一词是很难适用的. 但是，抛开那些迟疑和踌躇不谈，您不知道我在最近这段时间中得到了多大的喜悦，而且，在您从我这里受到了那么多的埋怨和麻烦以后，我但愿你能够对这种喜悦有一个印象. 很高兴的是不久就可以和您相见并畅谈一切了. 现在谨代表我们这里所有的人们向您和您的全家致以衷心的问候.

您的

［N·玻尔］

P·艾伦菲斯特致N·玻尔(1921年9月27日)[c]

27 Ⅸ 1921

亲爱的、亲爱的玻尔！在耶拿见到您的弟弟真是我的一大快事. 那里的上百个物理学家用他们冷酷匆忙的装腔作势使我完全窒息了,全仗其中少数几个还有人情味儿的人物才使我苏醒过来.我在这里指的是J·弗兰克、普朗克,而特别是您也许不认得的几个青年人.我觉得,这里的青年人的咄咄逼人的愤慨和老年人的装模作样的架子,都比整整一个星期以前我在爱因斯坦那里看到的更加严重.这样您就能够理解,在这种令人窒息的喧嚣之中遇到“一个真正的玻尔”会使我多么高兴了!

但是我只能和您的弟弟谈很少的几句话,因为我看到他早已因为一位数学
628 家的打搅而大为生气了.但是,如果能够在哥本哈根和你们单独在一起,无拘无束地谈一些非实际的东西,那是会使我非常高兴的.

回来以后,我昨天看到了您的亲切来信(附有致《自然》的信).最使我高兴的是,您的信中到处洋溢着某种类似于“神秘的狂喜”的东西.——上帝和您同在!

我满怀兴趣地读了您致《自然》的信(在耶拿,只有索末菲有这封信,而且也有那种牢不可破的讨厌的学术垄断——就像当年的福兰克福货栈老板把关于国外消息的电报当作密件那样).您在信中概略描述了的图景,事实上要比外面的量子数重新减小的那种图景好得多.当然,特别使我感兴趣的是,您是在对应关系的考虑中看到这一切的.特别说来,我感兴趣的是:使您找到了从前一封信中的解到后一封信中的解的路线的那些困难是怎样看出的.我对这一点甚为好奇.

我不得不承担一项很不愿意承担的任务(主要是遵循洛伦兹的意见);那就是,既然您的索尔威报告是没有写完的,关于我在会上简短叙述您的对应原理的那篇谈话的讨论就是和您的报告不相适应的了,于是洛伦兹就要求我把我在那里的发言压缩成几条“摘要”.虽然很不乐意,我也不得不顺从地接受这个任务.

尤其是,这使我对您很感为难,因为这样做当然绝不可能使您对那些“摘要”不生气.因为,一般说来,我只能概略地然而却是教条式地表述这一切,这对您来说(理所当然地)是一大罪过.因此我预先请您原谅.无论如何我必须讲明白,我本人认为这样一种由僵硬的“摘要”组成的表述基本上是不适用于您的想法的.您将看到校样;*您可以完全不必考虑我!!* 在那些您特别不同意的地方,请打一个星号,并且注明:“蒙玻尔先生见告,打星号的地方大大背离了他所愿意表达的看法.”

629 亲爱的玻尔,请您想一想,我根本没有争取在索尔威报告集上写什么东西,我只是大大违背了自己的意图而满足洛伦兹的愿望而已.在会议上谈谈您的对

应原理，这实在是我的一大快事，因此我欢欢喜喜地接受了(主要是由卢瑟福提出的)这一邀请，尽管要在36小时之内完成底稿，而且我根本不能安静地进行准备.

没有任何东西能比一种好的色散理论更能引起我的兴趣了. 那是谁发现的？什么时候发现的？我在若干时候以前曾经(经过长时间的寻索)对此有过一个新的(如果我没搞错的话就是新的)概念，但是我又把它放弃了，因为这要求以太中出现正弦振动. 但是，不但我的妻子，而且现在连爱因斯坦也认为这种怪念头是好的，认为我应该继续考虑这个问题. 但是，很可惜的是，完成这项工作实在不是我这种微薄的能力所能奏效的，因此只能希望别的什么人把它贯彻到底了.

我非常、非常想听听您对这个问题的看法，但是我不敢把问题向你提出.

1. 因为我担心，您将根据您在最近的短文中反驳汝宾诺维兹时的那些见解而从一开始就予以否定.

2. 因为我除了这种“怪念头”以外手中几乎一无所有，而这个“怪念头”也还只是个半成品，从而很可能是一种完全错误的判断(猜测).

3. 因为如果我的猜测是正确的，以太就只能进行“可发光的正弦运动”. [我起初在这一推论面前完全退缩了. 这是您能够理解的！但是后来我渐渐习惯了，这主要是由于我妻子的提醒；她差不多每天都要对我说三遍：但是辐射理论中的(普朗克)振子起初也是作着正弦振动的，而现在却有了非正弦的玻尔原子，而且也没有破坏黑体辐射呀！]

4. 您自己已经有那么多的工作要做，又有那么多人来向您请教问题，因此我有点不敢再加重你的负担.

但是，如果您给我一个机会，让我对您讲讲这个完全不成熟的猜想，那么，听到您对这一问题的意见将是对我大有裨益的！[问题非常简短！]

我很高兴地在耶拿见到了努德森. 我正在迫不及待地盼望着和您见面. 请代问尊夫人好，并代向克喇摩斯和他的可爱的夫人致候.

我的妻子和孩子一直怀着巨大的同情在想念您.

您的P·艾伦菲斯特

N·玻尔致P·艾伦菲斯特(1921年10月10日)© 630

亲爱的艾伦菲斯特：

衷心感谢您的亲切来信，此信使我欣幸不已. 我只是抱歉，竟然使您为了我的原因而在索尔威报告方面费那么多心. 难道不能只作为您自己的演讲和讨论来写您的报告，而根本不必宣称代表任何别人在当时所抱有的确切观点吗？不过，总的说来我当然还是欣赏表示在我的报告中的那些普遍观点的，即使在这段时间内这些观点已经在若干方面有所发展，特别是在力学在量子论中的应用方面.

撰写一篇新的详细处理原子结构这一整个问题的长论文的工作现在正在顺利地进行，而且我希望很快就把样本寄给您.

您关于色散问题的那些说法当然使我特别感兴趣，而且也迫切地盼望着得到有关您的观点的一种更详细的阐述. 在这方面我愿意说，我的关于偏振问题的那篇论文的目的，只在于以尽可能清楚的方式做一个客观的综述而已.

您所谈到的这篇文章的"倾向"，或许是指"简谐波列"之类的说法. 但是，使用这些说法只是为了使人们想到整个辐射理论所依据的经验，此外并无任何更多的用意，而无论是"波"还是"波列"，也都只是指的说明衍射光栅的简单作用所必须应用的那些概念，此外并无别的意思.

盼望更多地听到您的见解，我代表我们这里所有的人们向您致以最衷心的问候.

您的

[N·玻尔]

N·玻尔致P·艾伦菲斯特(1922年5月19日)[G]

5月19日，[19]22

亲爱的艾伦菲斯特：

请原谅我亲自给您写回信. 但是，我觉得需要也像您一样表达一下我的思想
631 和心情. 我曾经希望在去英国的途中在莱顿和您见面，但未能如愿，实在遗憾. 但是，当我在最晚的一天初次从哥本哈根动身时，那真是一个激动人心的时刻呢. 我在英国过得很好，特别是，卢瑟福比以前任何时候都更令人惊喜了. 从我很喜欢的瑞查孙那里也得到了很大的快慰，但是，由于演讲很频繁，整个的访问都是相当紧张的. 由于这许多事务的干扰，至少我的论文写作是进行得很缓慢了. 但是我已经收集了相当多的资料，并且希望在几天之内写出一系列有关原子结构的短篇论文中的第一篇. 这些论文将主要处理量子论的普遍原理，而且您将发现我已经从我们的讨论中获益匪浅. 您知道我多么重视表达，而且我也无法把事态更好地告诉您，而只能讲讲这个情况：我已经通过事态本身强迫我自己感到应该重新采取浸渐原理的叙述，而且我已经如此地心悦诚服，以致只谈论统计权

重，并为了反对先验几率的应用而和这里的人们进行了争论. 我已经有幸研读了您的关于悬置问题(Galgenproblem)的最新论文，而且我现在相信，用一种简单而自然的方式对您所提出的佯谬进行反驳是可能的.

您给《自然》的信使我们很感兴趣，而且对于我的关于整个问题的新考虑给予了很大的促进. 我已经和克喇摩斯讨论了这一问题，而且已经径自给《自然》写了一封信，信中主要包括的是由克喇摩斯提出的一种想法，那就是，根据线系电子进入原子内部而达到离核很近处的这一事实，可能得到关于铅同位素的麦尔顿结果的一种阐明. 现附上该信的副本一份，并已将您致《自然》的信转去了.

关于利用碰撞着的低速电子对原子内部的透入有可能阐明关于氩的拉姆造尔-赫兹结果，我们在这里也讨论了这种想法. 此外，弗兰克也写信告诉了我这一点. 我打算和克莱恩合写一篇短文来简略地探讨一下碰撞着的气体分子之间的力.

来信所谈关于钾的火花光谱的塞曼效应问题使我最感兴趣. 关于这一点，我还说不出什么确切的看法. 我们在这里得到了关于光谱问题的一些微小的结果.
第一，根据氦光谱的激发，似乎可以为弗兰克关于氦的亚稳态的发现找出一种直 632
接的支持. 第二，似乎可以证实，正如根据关于原子结构的设想所预期的那样，钪光谱显示出和铝光谱完全不同的特点.

我不久将去哥廷根，因为我要在圣灵节后的头两个星期在那里发表演讲. 为了在动身以前把我的上述旧讲稿尽可能地进行一些说明性的修改，我将和全家去乡间住一个星期. 我们全家谨向你们全家致以衷心的问候. 我也应该代表克喇摩斯向您致以衷心的问候. 他说，给您写回信的不是他而是我，这并不是他的本愿. 如果爱因斯坦还在您那里，请代我向他致以全心全意的问候.

您的

［N・玻尔］

633

A·爱因斯坦

A·爱因斯坦致N·玻尔(1920年5月2日)*

N·玻尔致A·爱因斯坦(1920年6月24日)

* [中译者按：原书此处所印系德文本，此信的英译本见原书第一编的引言，现都译为中文.]

A·爱因斯坦致 N·玻尔(1920 年 5 月 2 日)© 634

5 月 2 日,1920

亲爱的玻尔先生:

从牛奶和蜂蜜仍然在流动着的中立世界传来的华贵礼品,使我有幸给您写信. 在生活中很少有人像您那样,仅仅由于他的在场就能使我如此地愉快. 现在我明白为什么艾伦菲斯特那么喜欢您了. 我现在正阅读您那些伟大的论文,而且在阅读中——当我在什么地方被卡住时——很高兴地觉得您那年轻的面孔如在目前,正在微笑着和解释着. 我从您那里学到了很多东西,特别是也学到了您怎样很有感情地对待科学问题.

您从一些量子态导出另一些量子态的那种方式("黎曼曲面方式"),还使我有些地方弄不明白. 事实上我觉得,从态 $I_1 = h$ 得出态 $I_2 = 2h$ 的那种过程的逆过程,将从态 $I_1 = h$ 得出态 $h/2$,而态 $h/2$ 肯定不能被假设成一个量子态. 归根到底,人们是在某个地方引用了积分时间的不连续变化,如果我对您的意思理解得正确的话.

我正很高兴地盼望能在哥本哈根和您谈谈. 同时,祝您生活愉快,工作顺利!

您的

A·爱因斯坦

N·玻尔致 A·爱因斯坦(1920 年 6 月 24 日)©

Stockholmsgade 37

6 月 24 日,1920

亲爱的爱因斯坦教授:

得悉您将到哥本哈根来,我无法形容这使我多么高兴,以及我们大家正以何等的热诚期待着您的演讲. 见到您并和你交谈,是我所曾有过的最伟大的经验之一,而且我也无法说出我多么感谢在访问柏林时受到的您的一切亲切接待,多么感谢您那封我很惭愧地没有及早作答的热情来信. 能够有个盼望已久的机会当面听到您对我所探索的那些问题的看法,您不知道这对我是多大的鼓舞. 我永远 635
不会忘记我们在从达莱姆(Dalem)去您家的路上的那次交谈,而且我非常希望在您来访期间我们可以把这种交谈继续下去. 可惜的是,我的妻子近来因分娩(生一男孩)而住了医院,所以只好等您在归途中经过哥本哈根时再邀请您到舍下来赏光了. 在您此次在哥本哈根小住期间,如果您有时间和兴致同我一起到美丽的哥本哈根郊区去散步,并且和我自己或再邀几位挚友一起进餐,则我将引为莫大的荣幸.

谨代我妻子向您致以衷心的问候.

您的很忠实的

N·玻尔

P·S·艾普斯坦

637

P·S·艾普斯坦致N·玻尔(1918年5月14日)©

慕尼黑,18年5月14日

Krumbacherstr. 7/Ⅳ

很尊贵的博士阁下:

承蒙惠寄很有兴趣的大作,甚谢. 您的有关跃迁情况的考虑(从第28页开始)由于其惊人的简单性而很有说服力. 量子处理和经典处理之间的分歧,终于显得不像以前所设想的那样巨大了. 我在此可以不再赘述关于斯塔克效应的条件的那些说法,因为那些说法我在不久以前已经在一篇有关量子论的通俗文章(刊于《自然科学》)中提出了*. 在结束这封信以前,我愿意指出您的观点对我所进行的一些计算有多大的重要性,并且首先谈谈您的其他有趣考虑中的几点.

1. 如果以艾伦菲斯特理论作为依据,则一切轨道的先验几率都将相等. 您可能是对的,但是我却倾向于赫兹菲耳德所提出的一种依据(Ann. d. Phys. 〈**51**〉(1916)〈261〉),即这些几率不尽相同. 就是说,在氢(原子或分子)的情况下,玻耳兹曼因子 $e^{-E_n'/kT}$ 不是随着 n 的增大而趋于零,而是趋于一个最终的极限. 因此,一个原子中的电子必然是在较远的圆形轨道上转动的. 于是,除了大数 n 以外,它的几率还包含一个因子 $\frac{1}{6}[(nh)^3-(nh-h)^3]$**. 如果您在以后的某一部分中谈到这一问题,那将是很有兴趣的,因为在我看来,赫兹菲耳德为了解决这一困难所提出的看法是不充分的.

2. 关于公式(23)和(24)(第22页),我想指出公式事实上是

$$J=\overline{W}=J_1+J_2+\cdots+J_f=(n_1+n_2+\cdots n_f)h$$

即 $\kappa_1=\kappa_2=\cdots=\kappa_f=1$. 关于这一点,索末菲已经针对某些特殊情况证明过(Münch. Ber. 1915). 赫兹菲耳德教授曾经在口头上告诉了我一种很简单的普遍证明. 雅科毕函数

$$W=\int\Sigma p_i\,\mathrm{d}q_i$$

的全微分是

$$\mathrm{d}W=\Sigma\frac{\partial W}{\partial q_i}\mathrm{d}q_i+\Sigma\frac{\partial W}{\partial\alpha_i}\mathrm{d}\alpha_i$$

---

* [可能是指 Naturwiss. **6**(1918)230.]

** [第二个括号中的最后一个符号看不清楚.]

现在， 638

$$\frac{\partial W}{\partial q_i}=p_i;\frac{\partial W}{\partial \alpha_1}=t+\beta_1,\frac{\partial W}{\partial \alpha_i}=\beta_i$$

在一个时刻 $t=t_1$，有

$$\mathrm{d}W_{t_1}=\Sigma p_i \mathrm{d}q_i+\Sigma\beta_i \mathrm{d}\alpha_i+t_1 \mathrm{d}\alpha_1$$

经过一个周期 τ 以后，在 $t=t_1+\tau$，就有

$$\mathrm{d}W_{t_1+\tau}=\Sigma p_i \mathrm{d}q_i+\Sigma\beta_i \mathrm{d}\alpha_i+(t_1+\tau)\mathrm{d}\alpha_1$$

现在 p_i 和 q_i 是周期性的，它们将回到原值，而 β_1 和 α_1 不依赖于时间. 由此即得

$$\mathrm{d}[W_{t_1+\tau}-W_{t_1}]=\tau \mathrm{d}\alpha_1$$

但是，$W_{t_1+\tau}-W_{t1}$ 不是别的，而恰恰就是 $\overline{W}=\overline{W}_1+\overline{W}_2+\cdots+\overline{W}_f$. 从而就有

$$\mathrm{d}\alpha_1=\frac{1}{\tau}\mathrm{d}\overline{W}$$

这就是应用于单自由度体系的您的公式(8). 由此得到，α_1 和 τ 只是 $\overline{W}$ 的函数. 这一点对于任意的坐标都同样成立，不论是否可以分离变量. 现在我正在写一本关于量子论的书，书中将给出这种漂亮的证明.

3. 关于第 29 页上的脚注，我也要说一些话. 克喇摩斯的证明是完全漂亮而简单的. 它是由关于雅科毕的一条定理的知识推得的，这种知识我在两年以前还不曾得到. 总的说来我当时一直在思索施瓦尔兹席耳德条件是否和我的条件相重合，直到我发现了这种关系时为止. 正如我事后得悉的，这种关系并不是完全未知的. 由查尔利的书的第二卷第 345 页可知，这位学者已经知道这种情况，尽管他没有给出证明. 无论如何，施瓦尔兹席耳德本人和作为最著名的力学家之一的赫尔格劳兹教授，都并不知道这种关系.

4. 您谈到按照施瓦尔兹席耳德的形式来定义定态运动不如按照我的形式来定义定态运动为好，对于这一点我并不完全同意. 按照索末菲的看法，条件式

$$\int(p_i-p_0)\mathrm{d}q=nh$$

是根本性的，而按照我的看法，则

$$\overline{W}_i-\overline{W}_i^{(0)}=nh$$

是根本性的. 这恰恰就像施瓦兹席耳德认为首先要通过相空间的奇点来确定 $\overline{W}_i^0$ 那样. 至于普朗克所提出的对于相对开普勒椭圆应有 $p=eh/c+nh/2\pi$ 的说法 639
之所以不对，您从索末菲的著作中即将看出其原因.

5. 我强烈反对布尔杰斯的看法,他认为可以独立于有关周期运动的其他理论来应用施瓦尔兹席耳德方法. 事实上,布尔杰斯在这儿成了英国数学家惠台克尔的错误论断*的俘虏. 事实上,情况却是这样的:一种中间运动的各个角坐标,是把汉密尔顿函数展成习见的傅立叶级数时的一种方便的手段:

$$H = H_0(p_i) + \Sigma a\, s_1 s_2 \cdots s_f(p_i) {}^{\cos}_{\sin}(s_1 w_1 + s_2 w_2 + \cdots + s_f w_f).$$

式中 p_i 代表和角坐标共轭的动量($w_i/2\pi$). 二级近似就是汉密尔顿函数

$$H_1 = H_0(p_i) + a_{000\cdots 0}(p_i) \cdot \cos(s_1 w_1 + \cdots + s_f w_f).$$

由这个函数来给定的问题是个条件周期性的问题,从而可以通过分离变量来直接求解. 因为只要将 $s_1 w_1 + \cdots + s_f w_f$ 代成新变量 w' 就能完成分离变量. 因此,**这种手续就是利用条件周期体系来求逐次近似**. 诚然,当 H 不再是动量的二次函数时,这一情况就和海开耳(Häckel)情况有所不同,但是这只导致运动特点的不关紧要的改变. 当各恒量经过特殊选定时,这里的 w' 也介于确定的极限(振动极限)之间,但是在极限附近动量 p_i **并不**变为零. 尽管如此,还是可以按照旧的法则求出这种运动的角坐标,而且角动量仍和以前一样是

$$p''_i = \oint p'_i \mathrm{d}w'_i.$$

惠台克尔的错误在于认为 w' 从 0 变到 2π,然后按照他的办法计算 p''_i. 然而这只是一个特例. 不加分析地使用他的方法,无论如何将得到不完备的结果,而从实际重要性来看则是错误的结果. 除了遵循针对分离变量法提出的那些法则以外,并没有正确求得这种运动的坐标和动量的其他方法. 在这方面,我不认为这种方法还可以推广:那只是同一样方法而已. 也应该指出,戴劳内在外尔斯特喇斯很久以前而且是在并不知道角变量概念的情况下就已处理了这一问题**.

640 6. 如果我提到我认为您的结束语中没有引用普朗克的工作是一种不足之处,希望您不要见怪. 为了撰写上述通俗文章,我不得不认真研读了他的 1915 年和 1916 年的著作,而且我发现他比其他研究者对普遍原理理解得更深和发展得更好. 尤其是公式(25)(第 25 页),他在 1915 年就已明确地求得了. 而且,施瓦尔兹席耳德和我的量子条件的提出,也起源于由他更确切地建立起来的基本原理. 我已经把一篇有关这一问题的短文寄给了柏林科学院,该文不久应可发表.

关于在第 5 点中提出的关系,我已经进行了仔细的考察,因为我已按照这种方法处理了三体问题(氦光谱). 我是在独立于布尔杰斯而且也不知道戴劳内和

---

* [E. T. Whittaker, Proc. Lond. Math. Soc. **34**(1902)206.]

** [Delaunay, Mém. de l'Acad. des Sci. **28**(1860); **29**(1867).]

惠台克尔的工作的情况下注意了这种可能性的.后来布尔杰斯向我提到了惠台克尔,当我用这种“方法”得出了和以前完全不同的而且根本没有意义的结果时,我真是惊讶极了.看来惠台克尔确实连一个具体例子也没有彻底计算过,不然他一定会知道,他那些反驳戴劳内和彭加勒的论点代表了一个大大的退步.我很遗憾的是,甚至正确的计算也不能得出和氦光谱的任何一致性,于是我就认为整个思维过程都没什么实际意义了.您的论文中所提出的想法,使我觉得问题有些苗头了.就是说,我在没有限制轨道平面位置的情况下只考虑了小偏心率的轨道.但是,或许只有相邻轨道之间的跃迁才是可能的,因此这就导致根本不可能用这种办法得出线系.由于这种原因,我现在打算把我的计算整理出来准备发表,而且以后很可能也考察考察偏心率较大的轨道;对于这种轨道来说,数学困难是小得多的,而必须计算在内的傅立叶级数的个数却是多得多的.

请代致候您的尊贵的弟弟.

您的完全忠实的

保罗·艾普斯坦

P·S·艾普斯坦致N·玻尔(1918年10月2日)Ⓖ 641

[明信片]

慕尼黑,10月2日,[19]18

Krumbacherstr. 7/Ⅲ

很尊贵的博士阁下:

多谢您亲切的明信片.得悉贵体欠安,甚为惦念,但愿早日康复.我也因为个人的情况而在工作方面大为受阻.至于有关周期性体系中的能量的表示问题,我在这段时间内已经明白您是以对周期性的更普遍(更正确)的理解作为依据的,而我却只考虑了单周期的(单频的)过程.因此我撤消我的原议,但是我仍然认为惠台克尔理论是错误的,因此,我急于知道您在即将问世的论文中将提出什么样的支持我的看法的论证.近来我按照您的理论彻底计算了否勒线系的斯塔克效应的强度,并且和我已经在校样上看到的新的斯塔克测量结果得到了很好的吻合.作为量子论最新观点的美好证实,我已把这些计算寄给《物理纪录》(Ann. d. Phys.).

致以衷心的问候.

您的忠实的

保罗·艾普斯坦

P·S·艾普斯坦致N·玻尔(1918年10月24日)[1]

[明信片]

慕尼黑,10月24日,[19]18

Krumbacherstr. 7/Ⅲ

很尊贵的教授阁下:

多谢您寄来的亲切的明信片,以及这张明信片给我带来的消息.我在《物理学报》上看到您已获得古耳德伯(Guldberg)奖章,从而愿意因您获得这一当之无愧的荣誉而向您衷心致贺.假如我早先知道克喇摩斯先生已经讨论过否勒线系
642 中的关系式,我就不会发表这方面的论文了.但是,将这一组高度重要的问题在尽可能多的刊物上提出,也很可能是自然的.目前我正在撰写一篇小文,我在文中将提出处理三体问题的数学手段.与此同时,我也将进一步考虑我在反驳惠台克尔时所曾提出的那些论点.

谨此多多致候.

您的完全忠实的

保罗·艾普斯坦

甚盼您的论著的其他部分早日问世.

J·弗兰克

N·玻尔致J·弗兰克(1920年10月18日)

644 N·玻尔致J·弗兰克(1920年10月18日)[c]

10月18日,1920

亲爱的弗兰克教授:

我上次在柏林小住,这完全是我的一种美好而动人的经验,而在那里得以和您相见并相识,则是我最大的快事.我本来就一直怀着最大的兴趣注意着您那很有意义的研究,而亲自看到您的实验程序和听到您关于实验结果的看法则是更有兴趣的了.尤其是我近来考察了您的那些关于氦的新研究,而且在关于原子和电子之间的碰撞机制的考虑方面遇到了一个问题,关于这个问题若能听到您的意见我将非常感谢.一些简单的考虑表明,氦原子通过碰撞而从正常态被纳入任何不对应于两种氦光谱中某一 S 谱项的一个态的几率,可以是很小的.这就可能意味着,只有在20.5、21.3、23.6、23.9、25.3〈伏特〉的电势下,非弹性碰撞才会多次地出现.但是,您在最近的一篇论文中却除了上述各电势外还给出了一个21.9伏特的电势,这个电势应该对应于到达和一种氦光谱中的 P 谱项相对应的一个态的过渡.因此我很希望知道,您在实验的进行中是否得到了相应的结果,或者说,在21.9伏特处的非弹性碰撞的发生中,是否很可能存在某种不规则性,这种不规则性可能和一个很小的碰撞几率有关.我对这一点特别感兴趣,因为我在有关出现不同类型的碰撞的几率的研究中看到了关于正常态运动的直接信息来源的可能性,而且正是在近几天中,我已经在决定着原子正常态的条件方面得到了一种见解,利用这种见解将对您的关于氦原子亚稳态的重要发现做出自然的阐明,正如对和原子构造有关的其他问题做出自然的阐明一样.因此,如能抽暇惠我数行,将您关于上述问题的看法见告,我将是十分感激的.

由于对您所开辟的实验物理学领域很感兴趣,我常常考虑一种可能,即您是
645 否能够到哥本哈根来一段时间,以便帮助我们这个新的理论物理学研究所中的工作;这个研究所不久就将成立,而且特别关心光谱问题及其有关问题.我特别关心的是和您当面讨论与您的研究领域有关的各种理论问题,并请您对我们的实验研究的安排提出宝贵的建议.现在我已得悉,您很快就将到哥本哈根来,但是我不知道您是否要等暑假开始时才来,以及您能否逗留到1921年的前几个月.我之所以敢于写信邀请您前来,是因为我已经从几位对新研究所感兴趣的朋友那里得到一笔捐款,可以用来聘请一位有成就的外国物理学家来此短期工作,以便用他的到来作为研究所中的科学研究的一个开端.因此我很迫切地请问您,您是否有兴致和机会光临哥本哈根并在此停留到明年的头几个月.我能够提供给您的款项共计3000丹麦克朗,但愿这足以供应您的旅行和在此停留期间的费

用.如上所述,因为研究所刚刚成立,我们将提供更多的必要款项来购买您的实际工作所需要的仪器.我无法形容我们大家正以多大的热情期待着您的光临,以及能有机会和您当面谈论我们两个都如此有兴趣的那些问题使我感到何等地高兴.

致以友好的问候.

您的很忠实的

[N・玻尔]

A·哈 斯

N·玻尔致A·哈斯(1922年4月11日)

N·玻尔致 A·哈斯(1922 年 4 月 11 日)Ⓖ 647

4 月 11 日,[19]22

高贵的同道阁下:

收到您 4 月 8 日的亲切来信,作为答谢,现寄上论文集一册,其中包括所提到的发表在《物理学报》[Zs. f. Phys.]上的论文,以及几篇较早的论文. 看到有关光谱的和有关原子结构的较新理论已经在您的宝贵著作中得到了详细的处理,而这本著作正如在这里这所大学中那样在理论物理学的教学中得到了如此广泛的应用,这当然使我很高兴. 为了您的书的利益起见,我可以借此机会指出:照我的观点看来,在大多数专门书籍(例如索末菲的有名著作)中可以找到的这一理论的表达方法,不论是从这一理论的发展过程来说还是从它目前的立脚点来说,都显得并不特别合适,即不能使读者对于量子论的原理得到一种对这一理论的内容可称公正合理的洞察. 除了此次寄上的论文以外,您还可以在我两篇较早的演讲稿中找到我的看法;这些演讲稿和近来的一篇演讲稿不久将由 Vieweg 公司编集出版;另外,我的看法也可以在我的一些早期英文作品的德文译本的前言中找到,这个德文本我已经在一年以前寄给您了.

致以崇高的敬礼.

[N·玻尔]

W·海森伯

N・玻尔致 W・海森伯(1924 年 1 月 31 日)Ⓖ 649

1 月 31 日,1924

亲爱的海森伯先生:

收到您的亲切而特别有趣的来信,已经一个多月了,没能及早回复,实在说不出地抱歉.如您所知,我对所处理的问题非常地有兴趣,而且,只要我能够像觉察其物理学的方面那样觉察其形式化的方面,我就将很欢迎您所指出的那种解决有关的根本性困难的出路.因为希望有时间来认真地考虑考虑这个问题,我竟日复一日地拖延了回复您的信.但是,我从美国回来以后就承担了许多无法推卸的任务,从而我还没有来得及考虑上述问题.然而我却越来越感到过意不去了,所以只好先写信向您道歉,而不能对有关问题进行深入的探讨.

最近几天,我计划联系到为出版者写完我关于量子论和原子结构的论文第二部分的工作,再次把注意力转向反常塞曼效应所引起的问题;论文的第一部分已经在一年以前在 Z. Phys. 上刊出了.在泡利离开这里的不久以前,他曾精力充沛地在完成这个第二部分方面帮了我的忙.虽然已经弄出了一份稿子,我却不得不延期发表它,而我则很不幸地一直没能亲自来致力于这件事.在这个第二部分中,我曾经企图比以往稍微更详细地考察多电子原子的问题,特别是对于所涉及的量子论的基本问题采取一个立场.联系到这一作品的完工以及您所提出的新观点的讨论,使我特别感到高兴的是在不久的将来就有机会和您当面讨论这些问题,而且我还想请问您,能否在您认为方便的时候到哥本哈根来停留几个星期.从研究所为此目的而准备的经费来看,我们是有能力负担您的旅费和在停留期间的费用的.我常常很高兴地回忆我们在哥廷根的聚会,而且很希望能够在哥本哈根和您共同工作一段较长的时间.在这方面,如果您有一天能给我写封信来
把您将来的计划告诉我,我就将是很感谢的.但我现在首先希望的是你最近能到 650
哥本哈根来作短期的停留.

致以最衷心的问候,并问候弗兰克教授、玻恩教授和哥廷根的其他共同朋友们.

您的很忠实的

[N・玻尔]

N・玻尔致 W・海森伯(1924 年 6 月 18 日)Ⓖ

6 月 18 日,1924

亲爱的海森伯博士:

我现在请克喇摩斯代写此信,来说明我在哥廷根得悉您和玻恩教授的想法

所可能得到的未来发展时是何等地高兴. 我很惭愧的是,在为这种前景感到兴高采烈的时候曾经说了那么多没意义的话,但却因为对计算情况了解得不够而不能做出更好的判断. 如果您和玻恩教授能有机会把这种想法的进一步发展告诉我,我将是非常感激的. 想到等克喇摩斯回来时我很可能听到这方面的消息,我就已经喜不自胜了. 我打算延期发表我的长篇综述文章,直到您于 9 月间来到此地为止. 因此,我曾想到也许写一篇关于光谱理论的问题的短文,其范围涉及主量子数的诠释和确定. 但是,这将只能得出您已经知道的东西. 现寄上我在不久以前发表在《自然》上的有关这些问题的一篇短文*.

谨向玻恩教授、弗兰克教授和哥廷根的其他共同朋友们致以最良好的问候.

您的很忠实的

[N · 玻尔]

---

* [Nature **113**(1924)223.]

H·A·克喇摩斯

H·A·克喇摩斯致N·玻尔(1916年8月25日)

H·A·克喇摩斯致N·玻尔(1917年3月12日)

H·A·克喇摩斯致N·玻尔(1917—1918年,新年)

N·玻尔致H·A·克喇摩斯(1922年7月15日)

H·A·克喇摩斯致N·玻尔(1923年10月11日)

652 H·A·克喇摩斯致 N·玻尔(1916 年 8 月 25 日)

哥本哈根,8 月 25 日,1916

N·玻尔教授:

首先让我自我介绍:我是一个荷兰大学生,学的是物理学和数学.我已经在莱顿求学四年,听了克于诺恩教授以及后来的洛伦兹教授和艾伦菲斯特教授的物理课程.我通过了所有的考试,因此我现在是我们在荷兰所说的“候选博士(doctorandus)”了;我希望写一篇论文来取得博士学位.这四年以来,我一直希望而且很想到一个外国大学去一次,以便继续求学.因为我不愿意到一个正有战争的国家中去,所以我决定去哥本哈根,并且希望现在去学习数理物理学.我还没有专攻这一分支,而只是跟随艾伦菲斯特教授做了一些题目.

我当然首先是非常愿意认识你,也愿意认识你的弟弟哈若德.因此,如果你允许我有一天前去拜访,我将是很感高兴的.望你费神给我写一张明信片或是向我的住处打个电话,通知我何时可去谒见.我的通信处是 Missionshotel Løngangsgade(B) *

十分尊敬你的

H·A·克喇摩斯

H·A·克喇摩斯致 N·玻尔(1917 年 3 月 12 日)[Da]

654 Drottningsgatan 38[III t. v.]

斯德哥尔摩

3 月 12 日,1917

亲爱的玻尔教授:

多谢您寄来的明信片.上星期六,在昆塞耳教授讲完了 X 射线和晶体结构以后,我讲了原子模型的问题.当然,我根本没有讲完我所要讲的一切,而这实在太糟了,因为无论如何我还是讲了足够多的没有被人理解的东西.在此以后,进行了很热烈的讨论,而且正如在这种讨论中所期望的那样,没有任何人提到课题的逻辑方面.有一位云孙博士相信理论并不和实验精确地相符,他并且声称,在其他元素的光谱公式中,并没有什么精确的整数;关于前一项声明,我可以援引帕邢的看法,而关于后一项声明我则可以说,按照理论,对于其他元素根本不应该预期那

* [此系笔误,应为 Missionshotellet Løngangsstræde.]

样漂亮的公式. 这里许多人批评了频率关系式 $h\nu = E_1 - E_2$；他们说，电子将需要一个情报局来计算即将发射的频率，幸亏公式只是形式化的，从而人们不能导出有关辐射机制的任何东西，等等. 本尼狄克斯教授讲了些我根本没有听懂的话，但是下星期二我将和他一起进餐，而且我希望能了解他的意思. 他一般地对量子论很表怀疑，而且并不认为关于浸渐不变量的考虑和关于在缓慢振动下过渡到力学的考虑会给理论带来任何有力的支持. 他坚决主张，原子本身必须具有对称性，以便能够形成晶体. 有时能够听到很不相同的意见，倒也可能是有趣的.

我见到了封・科赫和瑞依兹，他们都很和蔼. 瑞依兹已经邀请我到数学院去听一次演讲.

我也认识了奥伦；今天他将领我去参观他所在的诺贝尔研究所. 我相信他将和我讨论他的X射线，我希望能够听懂他的瑞典话.

我听了弗雷霍姆的一次关于力学方程的演讲；他显得很老了，而且对学生很不耐烦(除了我以外听众中还有四个学生)，而且眼睛只瞪着黑板上的公式. 如果出现了一个并不能证明其为收敛的级数，他就很不满意地对自己嘟嘟囔囔.

本尼狄克斯给我看了他的金属(?)中的光电效应；也可能他是错的，但是他的仪器却高高兴兴地在转动，我亲眼看到了这一点. “无论如何，这是相当显然的”，本尼狄克斯如是说.

我还没有去乌普萨拉，从而还没有见到奥席恩并把您的信交给他；斯德哥尔 655
摩有这么多需要接受的东西，从而我想无论如何还要在这里再停留一个星期. 除了别的东西以外，我现在将读您的电子论.

我希望您身体很好，并希望您在工作中不致受到过多的烦扰. 请代我向您的夫人和儿子多多致候.

您的忠实的

H・A・克喇摩斯

附言：上星期六演讲以后，在“Phoema”举行了小小的晚宴；我坐在本尼狄克斯和霍耳姆之间并且喝了三杯混合酒，这就是我的报酬.

H・A・克喇摩斯致N・玻尔(1917—1918年，新年)[Da]

新年，1917—1918 656

亲爱的玻尔教授：

首先让我祝您、您的夫人和小克瑞斯先过一个美好而幸福的新年，并且表示一个愿望，即在新的一年中我将比过去的一年更好地为你效劳. 正如您能看到的,我现在有了一部很好的打字机,而且我每天都在用它打印我的论文.但是,这一工作的进度并不像我所希望的那样迅速;这不是由于打字机不好,而是因为在写文章时总要想一想.另外,我在这里弄不到计算器,从而我必须等到回去以后才能得到关于斯塔克效应的数字.我或许在下星期四或下星期五回去.

我当然希望您已经休息了几天,但是我还是很想知道最后一章进行得怎样.当你能够把您的论文向全世界公开时,那将是一件绝大的乐事.我同样很想知道现在汉森博士正干什么.我已经看到您的说法是对的,就是说,对于受扰的开普勒椭圆运动,如果准确地知道了各轨道要素的缓慢变化,就能够计算各个傅立叶系数;在斯塔克效应的情况,整个的问题就又归结为某些简单积分的确定,而且这对于相对论式的斯塔克效应或许也成立,只是那些积分变得相当复杂而已.

我非常盼望再见到您,但是我无权这样做,因为我还没有结束我的强度计算.致以亲切的问候.

敬慕您的

汉斯·克喇摩斯

N·玻尔致H·A·克喇摩斯(1922年7月15日)(Da)

658　7月15日,[19]22

亲爱的克喇摩斯:

我希望您和您的夫人在芬兰度过了一段很好的时光.我弟弟和您在一起感到很高兴,他谈到了您的演讲,认为那是很成功的.我本人在哥廷根过了一段紧张的但也很有趣的时光.我盼望当和您又见了面时把某些详情告诉你.今天我只想告诉您一件我认为您将感兴趣的事,那就是泡利将于10月间到这里来大约停留半年.他是一个在各方面都很优秀的人,而且肯定会对我们有所帮助.他现在正在汉堡,和楞茨在一起,但是直到最近却一直在哥廷根,他在那里和玻恩一起计算形形色色的问题;除了别的问题以外,他们已经解决了氦轨道的问题,而且他们已经在一切细节方面证实了我们的结果;这些结果是我在柏林时曾经对玻恩简单谈过的.泡利现在已经完成了 H_2^+ 的计算,他的结果很快就会在 Ann. d. Phys. 上刊出——我对这种结果还未详细了解.他现在很想在氦原子上一试身手,而且我相信他目前正在忙着用一种和您所用的方法不同的方法来考察这一问题.他坚决地强调指出,他只是为了好玩才做这件事,而且在您发表您的结果以前您当然不会发表任何东西.我曾经想到,如果您愿意考虑在今年夏天写一篇关于这一问题的短文,那是不会有什么坏处的.而且,我们也不能拖得太久再来发表我们关于氦轨道的计算了.我盼望当您回来后和您讨论所有这些问题.我回来以后忙了一阵,因为当然,我没有遵循您的很有见地的建议;但是,当我收到物理学会的一封盛情的来信时,我是如此地感动,以致我曾力图写完那篇不幸的古茨瑞讲稿.当然,我不得不放弃了此事,而且我刚刚已经给瑞查孙写了一封长信,请他尽力而为地向物理学会解释清楚,并使他们有所准备,即等到今年秋天才能拿到稿子.除此以外,还有许多别的事情.罗西兰的论文已经写完了和交来了,而且我已经和沃尔诺谈到了一些他的结果以及汉森的结果.通过更仔细地考虑这些问题,我已经弄清楚了这样一个情况:汞谱项的若干个量子数(6_2 等等),本来是被我看成完全确定的,其实却必须加以改变,但是我想这种改变却将导致各式各样的有趣结果.除此以外,近来是充满了差错的一段时间;举一个例子,我已经寄出了为 Vieweg 公司那本小书写的一篇短短的后记;现寄上该文的一份副本,以便您能够了解它处理的是什么问题.您关于具有完全普遍结构的分子的转动量子化的计算进行得怎么样?我和泡利谈了一点关于带光谱的问题,而且在我看来,您的计算即使对于 HCl 这样的简单化合物也可能是有价值的.泡利的意见是,光谱表明角动量轴线是和分子的轴线夹着一个角的;但是他还没有能够独 659
自解决这个数学问题.是的,有许多事情需要讨论,而且,即使我有些疲劳而需要一次休假,我心中却有许多计划,并且相信下一年度对于我们所有的人来说都将是一个有趣的时期.

我只是匆忙地向我妻子口授了这封信,然后就要动身到乡间过一个真正的假期去了.我妻子一度进了医院,但是现在完全好了.她要我向您的夫人多多致谢,感谢她惠赠的鲜花和美丽的碗.

我们两人向你们三人致以最亲切的问候.

您的忠实的

尼耳斯·玻尔

H·A·克喇摩斯致 N·玻尔(1923 年 10 月 11 日)[Da]

哥本哈根大学 661

理论物理学研究所

漂布塘路 15,哥本哈根 Ø

10 月 11 日,1923

亲爱的玻尔教授:

今寄上尤瑞关于瑞兹公式的已经得到的计算结果.在钾的情况中,存在着某些困难,这给他提供了一个机会来做大量的计算并练习应用他所不熟悉的最小二乘式法.他现在正在继续研究主线系,然后将考察 Cu、Ag 和 Au.

可惜的是,我还没有整理好您的德文论文,因为我把最近的两个星期用来做了这些事情:(a) 接待泡利,(b) 将我和霍耳斯特合写的那本书译成英文,(c) 校订我寄给 Phil. Mag. 的论文,不经过对某些东西进行重新计算我是不敢把这篇论文付邮的,(d) 其他的零碎事. 但是,从今天开始,我将全力以赴地搞德文译本,并且希望在不多几天之内把它结束. 舒耳兹女士已经将我们在英国写成的部分全都打印好了.

研究所的电报挂号已经办好,它是"Theorphys".

泡利在经过几个高高兴兴的告别夜晚之后已经平安无事地离开了. 他离开我时就像希罗(Hero)通常离开林德尔(Leander)时那样[*].

陶尔森又开始做真空摄谱仪的工作了.

我们大家都希望旅行能使您愉快;我很迫切地希望有时能听到您的一点经历.

致以亲切的问候,我妻子附笔致意.

您的忠实的

汉斯 · 克喇摩斯

附言:阿培耳或任何别人曾否提起过我应该申请丹麦国籍的事?

662 [以下见第一页信纸的背面,系手写体. 按此信有第二页,是一些数据,中译从略.]

沃尔诺正在起劲地做着铪的可见光谱的工作. 关于紫外谱线的论文校样已在两三天以前寄还给《自然》.

仁科芳雄短期休假,已经和另外两个日本人一起到挪威和瑞典旅行去了. 我们觉得他有资格这样做,而且他给我们大家都寄来了美丽的明信片.

我刚刚收到罗西兰的一封信. 他在莱顿过得很好,他在那里和赫兹施普隆在一起. 他正在精力充沛地进行着关于星体中的辐射平衡的计算,而且他还和艾伦菲斯特及爱因斯坦讨论了这个问题. 他又谈到,他在某些 B 星中的稳定钙谱线方面已经取得了一些进步.

他曾经(a) 被邀请到菲利普斯发表关于随便什么问题的演讲,通过演讲他将赚得一些很可观的款子,(b) 被艾丁顿邀请于 11 月 9 日到伦敦参加皇家天文学会的会议.

H. A. K.

---

* [中译者按:典出希腊传说. 希罗是一位修道女,和林德尔相爱,后酿成悲剧. 此处形容泡利走时和克喇摩斯难舍难分.]

A·朗德

664 A·朗德致N·玻尔(1920年10月26日)Ⓖ

26. Ⅹ.20

很尊贵的玻尔教授阁下!

几天以前我回到了法兰克福. 在哥本哈根时受到了您的热情款待,并且从您那里得到了许多物理学方面的教益,为此我再次表示感谢. 我也把您关于不同的电子壳层可以互相穿透的想法告诉了玻恩教授和斯特恩,而且我正在热切地盼望着答应过的将对 $n=1$、$n'=1$ 的一组轨道进行更深入论证的那篇论文. 我自己还须整理一下关于金刚石的计算,而且在这方面有一个情况可能使您感兴趣,那就是,杰尔汝姆教授对我的电势计算方式的反驳经过更进一步的分析发现是站不住脚的,从而我的计算仍然是成立的;他的反驳认为远核时间没有得到足够的考虑. 玻恩很盼望您的第一部分和第二部分尽快出版德译本. 即此也向克喇摩斯、希维思和O·克莱恩致以最良好的问候.

感谢您和尊敬您的

A·朗德

N·玻尔致A·朗德(1922年5月9日)Ⓖ

5月9日,[19]22

很尊贵的朗德博士:

承赐大作《量子论的进展》一册,至为感谢. 您对我的近期论文那么感兴趣,我当然是很高兴的;不然的话,由于这些论文的形式不是那么容易接受,它们就可能只受到很少的注意. 我相信您那特别清楚的表示方式会使得人们更容易理解这些文章的趋势. 如您所说,上述这些文章构成了我的关于原子结构的看法的出发点. 我很遗憾的是,由于外在的阻力,这些工作的详细报道迄今未能发表. 但是我已经打算在几星期内寄一篇论文给《物理学报》,这是一系列短文中的第一篇,这些短文将详细讨论我的演讲所依据的那些看法.

我们这里所有的人都向您致以友好的问候,我也希望在7月间访问德国时能够再见到您.

您的很忠实的

[N·玻尔]

H·A·洛伦兹

666 N·玻尔致H·A·洛伦兹(1920年6月13日)

Stockholmsgade 37

哥本哈根,6月13日,1920

亲爱的洛伦兹教授:

多谢你的亲切来信.承蒙告知“索尔威国际物理学研究所”的科学委员会邀请我参加1921年4月间的会议并为会议准备一篇报告,这是给予我的巨大荣誉,甚谢.

接受这一邀请,并得到这一机会和这么多的杰出物理学家见面,这是我很大的快事.

关于会议的安排,努德森教授已经亲切地告诉了我更多的消息,而且我也盼望从你那里得知来信所提到的那些报告的安排和长短.

我常常想到去年我到荷兰的那次有趣访问,以及我在那里所受到的一切亲切接待,而且,有机会听到你关于我正与之相斗的那些科学问题的意见,我真说不出这是我的一种多么美妙的经验.

谨向洛伦兹夫人和你本人致以最亲切的问候.

你的很忠实的

N·玻尔

H·A·洛伦兹致N·玻尔(1921年5月20日)

哈勒姆,5月20日,1921

Julianastraat 49

亲爱的玻尔教授:

从布鲁塞尔的“物理学会议”到现在,又过了许多个星期了.我现在要再一次告诉你,我们大家没能和你在一起都感到何等地惋惜.我们全都深深地为你的病体担忧,而且我最真诚地希望你现在已经完全恢复健康,并希望你又能够重新开始对科学进步具有那么巨大的重要性的工作了.

艾伦菲斯特教授已经尽其所能来弥补了你的缺席,而且他向我们就对应原理所做的阐述取得了很大的成功.我们全都很赞赏他这次阐述,而且我确信,假如你曾经能够听到,这次阐述也会使你很感满意的.

但是,当然,如果能够得到你当时未能完成的报告的第二部分,以便将它印入会议的论文集中,我将很高兴.从你来看,有没有可能在少数几个星期之内把

它寄给我呢？如果能，那将是我的一大快事，但是我声明，我一点也没有想要使 667
你为难的意思. 如果对你来说是方便的，你可以例如在 7 月的上半个月中把报告寄给我.

致以亲切的问候和最佳的祝愿.

你的忠实的
H・A・洛伦兹

N・玻尔致 H・A・洛伦兹(1921 年 5 月 29 日)

5 月 29 日，[19]21

亲爱的洛伦兹教授：

非常感谢你的亲切来信，也感谢你和艾伦菲斯特教授在有关布鲁塞尔会议的问题上对我的盛情. 我没能出席这次会议，心中是很遗憾的. 在此期间，我曾经休假一次，而且现在觉得好些了，我这些天来正在把我的工作重新承担起来. 我正在考虑的第一件事当然就是我的报告的第二部分，而且我希望在几星期内就能把它寄给你了.

致以最亲切的问候和最良好的祝愿.

你的忠实的
[N・玻尔]

H・A・洛伦兹致 N・玻尔(1921 年 7 月 17 日)

哈勒姆，7 月 17 日，1921

亲爱的玻尔教授：

我很高兴地从艾伦菲斯特那里得知，你已经即将写完你为布鲁塞尔会议所撰报告的第二部分，从而我可以希望不久就收到它了. 艾伦菲斯特还告诉我，你担心你的文章可能有点太长了. 关于这个问题，请你一点儿也不必为难你自己. 你的课题是那样地重要，致使我们急于发表你关于它所要说的一切. 因此，如果你就在现有的形式下把稿子寄来，那就是我很大的快慰了. 稿子将立即交弗尔沙弗耳特教授译出(他也翻译了卢瑟福的论文)，而我们即将麻烦你的，只是请你在内容方面帮我们看看校样. 弗尔沙弗耳特先生将负责校样的改正工作.

我将是分外感谢你的，因为我知道你是在精力尚未完全恢复的时候，而且是在你有许多使你更感兴趣的工作要做的时候做了这件工作的. 我衷心希望你将能得到一定的休息并到乡间某处去欢度夏天. 确实，请允许我这样说，你已经做 668

了那么多的工作,所以你完全有资格得到一段真正的而不仅仅是虚设的休假时间.

谨致亲切的问候.

你的忠实的

H·A·洛伦兹

N·玻尔致H·A·洛伦兹(1921年9月1日)

9月1日,1921

亲爱的洛伦兹教授:

接到7月17日的亲切来信,这对我来说是一种巨大的快慰和鼓励,甚为感谢.但是,我感到非常抱歉,因为我现在才给你写信,而尤其是因为我不能提供更好的建议,而只能建议发表我为索尔威会议所撰报告的原始稿件;现将这份稿子寄上,并为了便于用一种更加一致的形式发表完整论文而加了一些引言性的和结束语性的说明.我确实很遗憾,因为在这么长时间以后并且是在给你添了这么多麻烦以后,我还是不能向你提交一篇供会议报告集用的较好的和较完全的报告;但是我的工作精力还不像我所希望的那样好,而且,尽管还没有完全结束,原计划报告的第二部分已经在正式属稿的过程中大大地加长了,这样也就不便再在上述报告集中发表它了.我希望你能够原谅我没有在很久以前就把现在这种形式的论文寄给你,但事实却是,我最近才初次想到在当前情况下完全近在眼前的这样一条解决困难的出路.

多多感谢你在这一方面对我表示的善意和宽容,并且希望我现在的建议在当前情况下能够得到你的赞许.

你的最忠实的

[N·玻尔]

C·W·奥席恩

N·玻尔致C·W·奥席恩(1917年2月28日)

670 ## N·玻尔致C·W·奥席恩(1917年2月28日)

Gersonsvej 55. Hellerup

哥本哈根,28-2-1916[*]

671 亲爱的朋友:

现请克喇摩斯博士向你转交这封信;他是一个青年荷兰数学家,最近半年以来在哥本哈根和我合作,他要去瑞典访问几星期,以便认识瑞典的数学家和物理学家,而且他很愿意见见你.你一定因为这么久没得到我的消息而颇感纳闷,而且我也因为没有写信而深感抱歉;但是,自从我从英国回来以后,我就为大学的任务而忙碌不堪,而且有点操劳过度,因此我还没能设法写完我在英国时曾在信中和你谈过的关于量子论基础的那篇论文,而且我认为应该等到能告诉你关于此文的更多情况时再给你写信.我对和克喇摩斯博士合作感到很高兴;我认为他是极有才能的,并且对他抱有最大的期望.我们曾经一起做了氦光谱方面的工作,而且已经在问题的纯力学方面做了一项相当大的工作.我们也得到了和测量结果的部分符合,我希望这将是有兴趣的.克喇摩斯博士现在正在瑞典,而我现在就将试图把所有的东西都写出来,这样我们就可以希望不久将能发表它了;为了得到安静环境来做这件事,我正在考虑想法请几个星期的假到乡下去.

我希望你身体有所好转;我非常盼望和你再见面,但是全世界的绝望情况使人对什么东西都没希望,而且根本不想旅行了;但愿这种情况早日结束.我有那么多非常希望和你谈谈的事情,因此我正盼望着当克喇摩斯博士回来时听听他所要谈的一切.我甚至没有写信告诉你,我在一两个月以前得了一个儿子……[**]我的妻子和我一起向你致以最良好的问候和新年祝愿.

你的朋友

尼耳斯·玻尔

---

* [原函有误,应作1917.]

** [有几个字看不清楚.](第二卷上这几个字是"我的妻子和小孩都很好."——中译者注)

W·泡　利 672

673 W·泡利致N·玻尔(1923年7月16日)Ⓖ

16. Ⅶ

很尊贵的亲爱的教授阁下：

我至今没有回去，希望您不要生气. 我将于23日或24日回到哥本哈根，希望您在此期间已经抽暇休养.

我自己也已经很好地休息过来，并且被太阳晒得黑黑的了. 在这波罗的海的海岸上，我一点没有管什么物理学. 我在汉堡已经基本上结束了关于辐射和自由电子之间的热平衡的某些计算. 这项工作给我带来了很多喜悦；我很希望和您谈谈与此有关的原理问题，然后把这些考虑予以发表.

当我从哥本哈根动身时，我曾经担心近来德国的经济状况和政治状况已使研究所的科学工作陷于停顿. 而我现在却很高兴地看到，至少在汉堡情况并非如此. 自从斯特恩来到以后，那里就出现了生气勃勃的科学生活. 在此期间，斯特恩已经研究了磁场中的Hg原子射线和Cd原子射线. 正如所预期的那样，这些原子已证实为非磁性的.

今天我收到了柏林诺的来信(迟到了一点儿，信上的日期是7月4日)，谈到您的即将在《自然科学》上发表的诺贝尔演说的德译本. 他认为，如果再在文笔方面进行一些润色，特别是把一些长句子改成短句子，那就更加容易接受了. 由于信件从哥本哈根寄到汉堡，又从汉堡寄到这里，这样就耽误了时间，所以我也不知道您在此期间是否已经将最后的定稿寄出去了. 柏林诺建议把他整理过的带有修改意见的样本寄给我们. 我今天答复他说，不和您商量我无法作出任何决定. 他应该或是收回意见，或是等到下星期二我回到哥本哈根时再说，如果他在此期间并未和您作出另外的决定的话. 而且我认为，您不应该再为此事而费心费力. 如果完全不再修改，那也是很好的.

想到能够再见到您并和你一起工作，我已经觉得很高兴了. 在度夏的过程中，您也许将终于得到关于线系光谱的多重结构和反常塞曼效应的一种关键的
674 想法. 但是，如果您竟然改变了你的计划并放弃为Z. Phys. 写的论文而宁愿更多地休息一下的话，我希望您千万别由于为我考虑而影响您的决定.

请代我向您的夫人致意. 我谨向她保证，绝不使您工作得太过度. 再次祝愿您好好地休养.

永远感谢您的

泡利

W·泡利致N·玻尔(1923年8、9月间)[G]

星期三晚上

很尊贵的教授阁下：

您鼓动克喇摩斯随你去英国，这真使我大大地不高兴. 因为我早就心心念念地盼望着和他一起玩一阵子，这在我最近的科学失败之后是对我非常必要的. 您这么晚才制定这个计划，就使我不能再实现我的某些计划了. 不然的话，我应该已经到了波恩，但是现在我却一点办法也没有了. 另外，我在夏天就和您谈过，如果可能我就和克喇摩斯一起去波恩，而您那时对我说这样做不太好，因为这里的课程将受到影响. 现在克喇摩斯既然要去英国，我看这个理由也就不成立了吧？

如果我可以把这一切看成并不是对我的真正的多么关心，那么我就会认为，正如我所看出的，您根本并不需要克喇摩斯陪你前往. 然而我并不这样想. 据我看来，您的主要理由还在于希望能够在船上或在英国进行为 ZS. f. Phys. 撰写论文的工作(别的理由都是次要的，而且早已存在). 但是这实际上是根本谈不到的. 因为，这已经不是您力所能及的事，而且会大大影响您的健康. 此外，您还要忙于准备在英国和在美国的演讲. 但是，最重要是，现在您所能支配的时间在任何情况下都不足以完成整篇的论文了. 或是现在只发表一部分，或是把整个问题留到明年1月再说，除此以外没有别的选择. 如果你以为还有别的可能，那就只是一种错觉. 而且我相信我只是通过力图使您消除这一错觉而为您做一件好事. 675
我相信您早晚会放弃您的打算. 如果把论文留到1月，我认为这根本没有什么不好. 这只会使论文的内容更完善一些，而且您也可以过几天安静的日子！

我相信，您只要稍微考虑一下就一定会同意我的看法. 但是我不该受到不公平的待遇，这使我很伤心. 因为您对和克喇摩斯一起旅行的实用性和必要性考虑得太少，而且这一决定是和我关系很大的. 我的朋友的在场现在对我的精神是多么重要啊！ 我一直是尽量地为您效劳的，而且无论如何我以后也还乐于为您效劳. 目前我对克喇摩斯的即将动身感到如此地悲哀，从而我迫切地请您原谅，星期六晚上我就不去出席了，因为那将只能破坏了大家的周末欢笑.

我至今一直是尊敬您的和爱您的，请不要把我想得太坏.

您的很伤心的泡利

附言：再过几天我是否会觉得好一些并来研究所工作，我现在还没有把握，即此奉告.

M·普朗克

M·普朗克致N·玻尔(1920年5月7日)

M・普朗克致 N・玻尔(1920 年 5 月 7 日)[G] 677

柏林- Grunewald,5 月 7 日,1920

亲爱的尊贵的同道阁下：

昨天我很高兴地收到您寄还的载有能斯特文章的小册子《论文集》(这是我早就等待着的),今天就接到了您的亲切来信,为此我愿意向您衷心致谢.您带着如此高兴的心情回顾你的柏林之行,这实在是您的好意,但是我向您保证,而且是衷心地保证,我有这样一个信念,而且我知道我的许多同道也有这样的信念,那就是,我们从您那里得到的,在许多方面远远超过了我们所能给予的.

就我来说,我完全明白我并没有夸大.因为我很遗憾的是,没有能够很快地对您的鼓舞作出反应;但是,要做到这一点是很困难的.请相信我,您的许多说法仍然萦绕在我的心中,我常常回想起它们来.现在我将更注意地和更详细地研读您的论著的第三部分,在研究中我将经常想到您所谈到的一切.以后我非常可能还要重读一遍.因为您所建立起来的这个大厦显得是如此地美丽而和谐,从而我对它还有许多不清楚和不了解的地方,在我看来要弄清楚这些问题是很不容易的.

我的妻子感谢您的问候,并且向您致候.请代我们向尊夫人问好.愿您长久地保留您的关于柏林之行的亲切回忆.

[您的]真诚的

M・普朗克

O·W·瑞查孙

N·玻尔致O·W·瑞查孙(1918年8月15日)*

* [全文已见本卷第一编的引言.]

A·汝宾诺维兹

N·玻尔致A·汝宾诺维兹(1921年8月22日)

680 N·玻尔致A·汝宾诺维兹(1921年8月22日)[G]

8月22日,[19]21

亲爱的汝宾诺维兹:

多谢您亲切的明信片和来信.又一次听到您的消息使我很高兴,因为您所提到的那封信我并没有收到.至于《物理学报》上的那篇短文,我是应用了您的短文来借机报道曾经常常萦绕在我心中的某些想法的;谈到您的短文,我相信,和对应性观点更加不一致的不是您的做法而是您的结果,这是我不能同意的.至于您的计算,我相信在那里看到了确定耦合观点方面的实质性进展,而且,有机会听到您对这个问题的看法以及对我在信中提到的与此有关的问题的看法,是使我特别高兴的.

谨向您和您的夫人致以友好的问候.

您的很忠实的

[N·玻尔]

E·卢瑟福

N·玻尔致E·卢瑟福(1917年12月27日)

682 N·玻尔致E·卢瑟福(1917年12月27日)

[55 Gersonvej Hellerup
哥本哈根,12月27日,1917]

亲爱的卢瑟福教授:

今天收到你的亲切来信,我感到说不出地高兴.得悉你的新的和如此重要的结果,极感兴趣;我多么希望不久就能听你亲自谈谈你的工作啊!我的妻子和我都为听到你和卢瑟福夫人以及爱琳一切安好,并得到实验室中所有友人的消息而很感高兴.

这么久没有给你写信,实在抱歉;但是最近几学期我身体不很好,而且由于和大学工作有关的各式各样的任务而忙得不可开交.因此,完成我的关于普遍量子论的论文就比我所预料的用去了更长的时间,而我也就一天天拖下来没有给你写信,因为我觉得总说还没有完成现在已经撰写了这么久的论文是很不好意思的.但是,最近几个月来我的工作有了颇大的进步,而且恰恰是在收到来信的今天早上我就打算就此给你写信了.现在看来,果然能够在一定程度上从一种统一的观点沿着我在曼彻斯特已经试过并和你多次谈过的那同一普遍路线,对整个理论及其一切不同的应用作一番概观了,尽管我当时为之工作的那些粗略概念现在当然并不是更新一些了或已经被别人的工作所超过了.我也已经试图通过照顾到量子论的新发展来追寻在我的第一篇论文中讨论了的这一理论和普通电动学理论之间的类比,并且试图用这种办法来发展一种可以在一定程度上把强度和偏振问题也纳入那些考虑之内的普遍论证,那些考虑在以前是只涉及不同谱线的频率的.用这种办法,已经能够例如对那些表观上离奇莫测的定律做出一种直截了当的解释;那些定律支配着每一条氢谱线在出现电场时劈裂而成的那些为数颇大的成分线的强度和偏振,而且人们对那些定律是迄今不曾提出过任何解释的.理论也能够详细解释一直给量子论带来那么多困难的氢谱线的塞曼效应,并且也能够在很大程度上阐明其他元素光谱的一般结构,以及这些光谱中的谱线受到外电场或外磁场的影响的那种方式.我很抱歉在信中谈了这么多
683 细节,但我实在渴望能够再次和你谈论这一切并听到你的有关意见.在目前,我自己对理论的前途是极感乐观的.

最近这一学期我曾经用了我的全部空闲时间来完成一篇关于量子论的普遍原理的长论文.但是,由于通邮方面的巨大困难,我曾经认为最好是首先把它发表在这里的丹麦皇家科学院的院报上;在那里我可以用英文发表,而且我有特殊的优待,即不必等长论文的结尾完全弄好就可以开始排印.我现在已经有了头七

页的打字稿，而且在最近几天内正在完成论文的最后一页. 一旦我得到了全文的清样，我希望就能寄给你. 我十分希望今后 Phil. Mag. 能够发表此文，尽管它最初是在这里问世的. 我几乎无法想象，当我在上边花了这么多精力和时间的这篇论文真正脱手时我将感到何等地轻松，而且我打算那时立即开始结束关于特殊问题的若干考察，这种考察的完成是我曾经不得不暂时搁置了的. 在所有这些工作中，我曾经得到一位青年荷兰物理学家克喇摩斯的协助，我在上一次写给你的信中已经谈到过他.

我时常想起我在曼彻斯特的停留中所学到的东西，这不但是从你的教导，而且是从我在英国获得的全部经验中所学到的东西，同时我也曾经力图把英国方法引入我在这里的大学工作中. 我也曾试图使某些大学生对光谱问题方面的实验工作发生兴趣. 尽管一方面由于缺乏经验和另一方面由于没有适当的仪器而一直进展很慢，但是我却希望不久就将得到从理论讨论看来是有兴趣的一些结果. 我也有很大的希望得到一个由我支配的小小实验室，它应该是专门适应于这种工作的.

我的妻子和克瑞斯先都很好. 小男孩很活泼、很强壮，而且现在正在开始学步并咿呀学语了. 他是我们两个人的快乐源泉. 在其他方面，这里的生活在这种可悲的年月也是十分安静的.

向你、卢瑟福夫人和爱琳以及实验室中所有的人们致以最亲切的问候和最良好的新年祝愿.

你的很忠诚的

N·玻尔

再启者：随函寄上所索的我已发表的论文目录，望查收.

论文目录

684 1) 用水注振动法测定水的表面张力.

Phil. Trans. Roy. Soc. **A209** p. 281—317, 1909.

2) 论新形成的水表面的张力的测定.

Proc. Roy. Soc. **A84** p. 395—403, 1910.

3) 金属电子论的研究. p. 1—120.

学位论文,哥本哈根,1911.

4) 关于温差电现象的电子论的札记.

Phil. Mag. XXIII p. 984—986, 1912.

5) 论运动的带电粒子在通过物质时的减速理论.

Phil. Mag. XXV p. 1—31, 1913.

6) 论原子构造和分子构造.

第一部分,Phil. Mag. XXVI p. 1—25, 1913.

第二部分,Phil. Mag. XXVI p. 476—502, 1913.

第三部分,Phil. Mag. XXVI p. 857—875, 1913.

7) 论电场和磁场对光谱线的效应.

Phil. Mag. XXVII p. 503—524, 1914.

8) 论氢的线系谱和原子的结构.

Phil. Mag. XXIX p. 332—335, 1915.

9) 论辐射的量子论和原子的结构.

Phil. Mag. XXX p. 394—415, 1915.

10) 论快速运动带电粒子在通过物质时的减速理论.

Phil. Mag. XXX p. 581—612, 1915.

A・索末菲

A・索末菲致N・玻尔(1918年5月18日)

A・索末菲致N・玻尔(1919年2月5日)

N・玻尔致A・索末菲(1919年7月27日)*

A・索末菲致N・玻尔(1920年11月11日)

N・玻尔致A・索末菲(1922年4月30日)

---

* [中译者按：原书此处所载系该信的德文原本，其英译本见原书第一编的引言，今都译为中文.]

686 # A·索末菲致N·玻尔(1918年5月18日)©

理论物理学研究所
慕尼黑大学,
路德维希大街17号

慕尼黑,5月18日,1918

亲爱的玻尔同道:

多谢您的论文和亲切来信.您的论文是我怀着迫切的心情盼望已久的了.接到以后,我立即从头到尾研读了一遍.正好弗拉姆先生从维也纳来此访问,而艾普斯坦也就在讨论会上向我们介绍了您的论文.汝宾诺维兹博士对你的论文有点不十分满意(他是我的助手,但只到下月为止.约于6月15日回他的故乡切尔诺维兹,到那里的物理学研究所去任助教*).4月23日是普朗克的60岁寿辰,为了庆祝,我在柏林发表了一篇演讲;我在演讲中也提到了一个问题,即量子论和波动论的调和.我所依据的,部分是刊登在Physikal. Ztschr. 1918年第6期上的弗拉姆的文章,部分是同样刊登在同一期Physikal. Ztschr.上的汝宾诺维兹的文章.我的演讲中的立脚点(基本上是汝宾诺维兹的立脚点)如下:波动过程只发生在以太中,它服从麦克斯韦方程并且按照量子论作为具有任意本征频率ν的一种线性振子而起作用.原子只供应一定数量的能量和角动量来作为波动过程的原料.但是它和振动毫无直接关系.以太按照您的$h\nu$定律由能量来确定其频率,并由角动量确定其偏振.汝宾诺维兹通过比较能量和角动量而求得了关于角量子数的一个条件:它最多能够改变一个单位(0,±1).这样一来,就排除了多余的塞曼效应成分线,而且也改正了我的"量子不等式".您通过在高量子数下对经典的和量子论的发射进行有趣的对比而得到了相同的结果.您的方法可能更普遍一些,但是上述观点似乎在物理学上对我更有启发.我从您的论文的第34页得知您也是知道我们这种看法的,不过没有像我们这样重视它而已.

我的一篇关于伦琴射线谱的作品(第一部分)已经付印.我在这里遇到了许
687 多困难,特别是组合原理方面的困难.我还远远没有达到确定每个环上的电子数的目的.

我从艾伦菲斯特那里听说您年轻时就已结婚而且生活美满.这真使我高兴.如果我们能够再见面,那就太好了!致以最美好的问候,并请代向令弟致意.

您的

A·索末菲

---

* 如果你能够寄给他一篇您的论文的抽印本,例如论文续编的抽印本,他将是很感谢的.

A·索末菲致N·玻尔(1919年2月5日)Ⓖ

A·索末菲博士教授
慕尼黑,Leopolstr. 87.

2月5日,[19]19

亲爱的同道阁下:

衷心感谢寄赐您的最新论著. 两份抽印本均已收到. 其中一份已转赠楞茨博士,他也已经从乡间回来了. 他的由H原子建成He原子的尝试,您或许已经知道了. 同时我也给他寄去我的关于K_β双重线的短文一篇. 如果您能给楞茨寄去一篇您的哥本哈根论著的第一部分,他将是十分感谢你的. 他本人也正在做这方面的工作.

您在您的论著中承认了我和我的学生的结果,对于您这种豁达而诚恳的态度我也衷心感谢. 这就将迫使那些避而不谈德国的任何成就的敌国同道们看到,即使在战争期间德国的科学也并没有停滞不前.

我发现进一步研究伦琴射线谱是十分困难的. 关于环的位置和环上电子数的那些假设,太富有假说性了. 我又从这方面回到了可见光谱的研究;关于可见光谱,我从帕邢那里得到了新的资料. 我越来越确信我对H. S.、I. N. S.和B. S.的解释是正确的了*.

我很想知道您对色散理论的看法如何. 假如您在这方面找到一条更好的出路,我将是很高兴的. 如果您能用一个更好的模型来代替现在还有很多争议的H_2模型,我也是并不反对的.

您的关于经典理论和量子理论之间的类比的那一形式原理,是很有兴趣的和很有成果的. 但是,汝宾诺维兹的论述尽管不那么广泛,目前在我看来却是更加令人满意的.

目前我正在写一本叫做《原子结构和光谱线》的书,此书应该让非物理学家 688
也能读懂.

对于您所谈到的尽可能早地和外国同道们聚会的那种愿望,我是衷心赞同的. 特别是如果能够再见到您,那将是我的一大快事.

请代向您的弟弟和努德森先生致意.

您的忠实的
A·索末菲

* [中译者按:这些缩写大约是指氢光谱,碘、氮光谱(?)和硼光谱.]

N·玻尔致A·索末菲(1919年7月27日)©

Gersonsvej 55,Hellerup
哥本哈根,1919-7-27

亲爱的索末菲教授:

我已经从盖特勒那里听到您儿子早逝的不幸消息,我愿意对您的深切悲痛表示由衷的同情.我正好要给您写信,因为我已经从席格班教授那里听说您将于9月到伦德来,从而我满怀巨大的期望和喜悦盼望在那里和您相见.我想,您大概会因为很久没听到关于我的论文续篇的任何消息而感到纳闷了.虽然我已经把拙文第三、四部分的稿子搁置了一年多,但是由于受外界条件的影响,我却还很不幸地没能把它们准备到可以付印的地步.我现在刚刚从荷兰旅行回来,在那里,我在莱顿发表了一篇有关原子问题的演讲;今年夏天我正忙着对我的论文的第三部分进行最后的修改,这一部分和我在莱顿的演讲一样,主要处理的是元素的线系谱.

我从您和考塞耳合写的优美论文中看到,您已经又在为这些同样的问题而忙碌了.我完全同意您的看法.您所谓的选择原理,我在莱顿是详细讨论了的.但是,正如在拙作的第一部分中一样,我是把它当作关于强度的更加概括性考虑的特例来看待的,而且,仅仅是为了尽可能清楚地强调这一点,我在拙文中才没有
689 更多地强调关于角动量的考虑;附带提到,关于角动量的重要性,我甚至在还没有得出普遍观点时就已经认识到了.

读到您和考塞耳所写的关于位移定律的那些话,也使我十分高兴,我认识到这一定律的重要性已经很久了,而且早在两年以前我们就在哥本哈根的物理实验室中开始了一些实验,希望观察锂的火花光谱,其专门目的就是要检验一种普遍氦光谱理论的推论,那种理论是我在1916年秋天就已经和克喇摩斯博士一起建立的.

我无法形容因为迟迟没有发表我的论文而感到多么惭愧.但是,在为了使论文具有令人满意的形式而遇到的那些困难中,以及在我那种使一切结果以一种系统化的次序而出现的不幸癖好中,我曾经受了许许多多的罪.当我读了朗德的美好论文时,我给他写了一封长信,并且对他谈到了我们的工作;附带说到,这种工作我在莱顿已经简略地报告过了.在一级近似下,我们和朗德得到了相同的结果,但我们却是从一种实质上不同的观点得到的,这种观点和在拙文第二部分中给出的那种处理方式直接有联系.

和朗德相反,我们曾经假设,尽管内部电子轨道是偏心的,但是内部电子的能量(动能加上相对于核的势能)的平均值却是恒定的.我们根据关于受扰周期

体系的平均值的一条普遍定理得到了这种结论，该定理是我在上述论文中推出的. 不过，我们之所以像朗德一样均得到了和测量结果的符合，却起源于我们曾经以一种稍有不同的方式确定了各个定态这一事实.

例如，我们没有像朗德那样令外层电子的平均角动量等于 $h/2\pi$ 的整倍数，而是令整个体系的总角动量等于这样一个倍数，而这就恰恰给出一个结果，它是和人们根据内部轨道的偏心率所得的结果不同的：内部电子的平均角动量要小于 $h/2\pi$.

通过这样确定各个定态，人们就不但能够在辐射的发射过程中满足角动量守恒原理，而且在这一情况下该原理的推论还成为量子论和普通辐射理论的普遍类比原理的特例. 例如，和朗德相反，克喇摩斯和我在定态能量之差和外层电
子的运动所能分解成的那些谐振动的频率之间得出了一个关系式，这一关系式 690
对应于简单有心体系的定态能量和定态频率之间的关系式.

不幸的是，目前克喇摩斯卧病在鹿特丹，因此我们可能还要过一段时间才能发表我们的详细计算.

致以衷心的问候，并期待着很快能够和您见面并有机会和您讨论所有这些不同的问题.

您的很忠诚的

尼耳斯·玻尔

A·索末菲致 N·玻尔(1920 年 11 月 11 日)[6]

理论物理学研究所

慕尼黑大学，

路德维希大街 17 号

慕尼黑，11 月 11 日，1920

亲爱的玻尔：

我把您的 1916 年的论著拖延了这么久而没有寄还，实在抱歉之至. 您可能会想，我在那些时间之内并没有研读这篇论著.

现寄上论著数册，其中一册请转赠汉森教授，他现在是塞曼效应方面的专家. 我发现我的“劈裂定律”是很好的；关于这一定律我在伦德已经讲过，当时您也在场. 这一定律对于氖光谱也能很好地适用，正如您在第 254—259 页上所将看到的那样. 黎德伯的“交换定律”看来可以针对氖得出有趣的结论. 就是说，在氖光谱中只能出现三重线和单线. 事实上，帕邢正在把 10 个 p 谱项和 d 谱项区分成互相对应的三重线和单线，而按照塞曼效应方面的证据，这些谱线有一部分

是和出现在 Hg 中的谱线完全相似的.

在我那本书的附录中您可以看到,我曾经努力对您的对应原理比在第一版中给予了更大的注意.第 528 页上利用微商和差商所做的表述是非常漂亮的.不过我必须承认,您的原理的那种超出量子论之外的根源仍然使我烦恼不已,尽管我完全承认该原理揭示了量子论和经典电动力学之间的一种最重要的联系.

691 这在您的柏林演讲中表现得特别美妙;关于这一点,考塞耳刚刚还很热诚地表示了自己的看法.我迫切地盼望着您把 Vieweg 版的印本寄给我们.

下面的叙述对于您的有关氦的研究将是重要的;我从帕邢那里听说,He 双重线并不能通过磁场来予以合并(不显示帕邢-贝克效应),这是和正常的双重线(例如钠的双重线)根本不同的.此外,这也是和"交换定律"相适应的,就是说,在周期系的第 0 个周期中不可能出现实质性的双重线.

我们在 3 月上旬一起到巴伐利亚区的阿尔卑斯山上去滑一次雪好吗?在那里,大约从 10 日起,您将看到一个团体(W · 维恩、米意、艾瓦耳德、楞茨、劳厄、我),我们将热烈地欢迎您.我希望您能到慕尼黑在我们这儿来住几天,并且在讨论会上和我们谈一些最有兴趣的问题.如果您愿意来给我们作作演讲,当然是越早越好,我将给您寄一部分旅费去;但是,在我们当前的货币情况下,这当然是不可能有多大用处的.

我相信,您的亲爱的夫人和母亲一定支持我关于滑雪的倡议;请代我向她们两位致以衷心的问候.

最近是否相见!?

您的

A · 索末菲

N · 玻尔致 A · 索末菲(1922 年 4 月 30 日)©

亲爱的索末菲:

多谢寄赠大著的第三版;这本书的迅速再版和它的广泛流通,清楚地显示了科学界对它的承认以及您和您的合作者们近年来在所处理的问题方面所作出的非凡贡献.对于这一切,我愿意表示我最良好的祝愿和惊喜.与此同时,对于您对我的合作者及我本人的工作所采取的那种友好的态度,我也愿意表示我的谢意.最近几年以来,我曾经在一种印象下常常感到自己在科学上是很孤独的,那种印象就是,我那种尽我所能来系统地发展量子论原理的努力曾经很少为人们所理解.在我看来,达到如此一种内在的和谐以使人们得到一种今后发展的可靠基

692 础,这不是一件徒托空谈的小事而是一种严肃认真的尝试.我很清楚事情澄清得

还多么不够，也很清楚我在以一种容易接受的形式表达我的思想方面是多么无能.在您的书的新版中看到这种情况即将有所改变，这是使我特别高兴的.在科学的发展过程中，许多东西都在酝酿，当然不可能每个人的观点在一切问题上都完全一致.例如，我必须承认，您和您的合作者们在那种关于反常塞曼效应的很有成果的理论中所曾论证的一些假设，从我的关于量子论的统一观点看来是不相容的.我将在一篇文章中更深入地论述这样一些问题，该文不久即将在《物理学报》上发表，并将包含对于作为我的有关原子的演讲的依据的那些东西的进一步讨论.

我们这里所有的人谨向您和所有慕尼黑的共同朋友们致以衷心的问候.

您的

N・玻尔

索　引*

---

* 索引据原书辑译，改为汉英对照，并以汉语拼音字母为序. 索引中的页码，是指英文版原书中的页码，即中译本中的边码.

频繁出现的项目或常见的名词，例如“普朗克恒量”、“巴耳末公式”、“斯塔克效应”和“塞曼效应”，一般在本索引中不予收录.

图书在版编目（CIP）数据

尼耳斯·玻尔集. 第 3 卷，对应原理：1918～1923/（丹）玻尔（Bohr，N. H. D.）著；戈革译. —上海：华东师范大学出版社，2012. 5
ISBN 978-7-5617-9556-9

Ⅰ.①尼… Ⅱ.①玻… ②戈… Ⅲ.①玻尔，N. H. D.（1885～1962）—文集②对应原理—文集 Ⅳ.①Z453.4②O413.1-53

中国版本图书馆 CIP 数据核字（2012）第 109027 号

尼耳斯·玻尔集
第三卷 对应原理（1918—1923）

著　　者 （丹麦）尼耳斯·玻尔
译　　者 戈　革
策划编辑 王　焰
特约策划 黄曙辉
项目编辑 庞　坚
审读编辑 沈毅骅
装帧设计 高　山

出版发行 华东师范大学出版社
社　　址 上海市中山北路 3663 号　邮编 200062
网　　址 www.ecnupress.com.cn
电　　话 021-60821666　行政传真 021-62572105
客服电话 021-62865537　门市（邮购）电话　021-62869887
门市地址 上海市中山北路 3663 号华东师范大学校内先锋路口
网　　店 http://hdsdcbs.tmall.com

印 刷 者 上海中华商务联合印刷有限公司
开　　本 787×1092　16 开
印　　张 34
字　　数 594 千字
版　　次 2012 年 6 月第 1 版
印　　次 2012 年 6 月第 1 次
印　　数 1—1500
书　　号 ISBN 978-7-5617-9556-9/O·219
定　　价 128.00 元（精）

出 版 人 朱杰人